PLATON
SA PHILOSOPHIE

AUTRES OUVRAGES DE M. CH. BÉNARD

A LA MÊME LIBRAIRIE

HEGEL. — **Esthétique.** (Ouvrage couronné par l'Académie française.) 2ᵉ édition. 2 forts vol. in-8. . . . . 16 fr.

HEGEL. — **La Poétique.** 2 vol. in-8 . . . . 12 fr.

SCHELLING. — Écrits philosophiques. 1 fort vol. in-8.   9 fr.

ARISTOTE. — **L'Esthétique d'Aristote et de ses successeurs.** 1 vol. in-8. . . . .

Philosophie ancienne. *Histoire générale de ses systèmes*, T. I. (Couronné par l'Académie française.). . . . .   9 fr.

Chez Ch. DELAGRAVE, 15, rue Soufflot

Précis de Philosophie. 11ᵉ édition, augmentée de notions de Métaphysique, Esthétique, etc. . . . . 8 fr. 75

Questions de Philosophie. Esquisses et modèles de dissertations, précédés d'un *Traité de la dissertation philosophique*. 3ᵉ édition. . . . . 6 fr. 75

Le Gorgias de Platon. Traduction précédée d'une *Étude philosophique*. 1 vol. in-12. . . . . 2 fr. 75

La Philosophie dans l'Éducation classique. (Ouvrage couronné par l'Académie française.) . . . . 5 fr.

PLATON
SA PHILOSOPHIE

PRÉCÉDÉE D'UN APERÇU

DE SA VIE ET DE SES ÉCRITS

PAR

CH. BÉNARD

ANCIEN PROFESSEUR DE PHILOSOPHIE

Οὐδεὶς ἡμῶν θαρρήσει ὅτι πάντα οἶδε τοῦ Πλάτωνος
(Orig. contra Celsum, I, 12.)

PARIS

ANCIENNE LIBRAIRIE GERMER BAILLIÈRE ET Cⁱᵉ

FÉLIX ALCAN, ÉDITEUR

108, BOULEVARD SAINT-GERMAIN, 108

1892

PRÉFACE DE L'AUTEUR

I. — A cette époque d'anarchie intellectuelle où l'esprit critique s'alliant à l'esprit positif semble ne rien laisser debout dans les intelligences de ce qu'avaient admiré et cru comprendre nos devanciers, les grands systèmes de la philosophie ancienne n'ont pu échapper au discrédit général qui atteint les hautes spéculations de la pensée. Tout a été remis en question sur le sens et la valeur de ces systèmes, leur portée spéculative et pratique, etc.

D'autre part, les travaux de science pure et d'érudition sur les écrits qui les renferment et les points particuliers qui y sont traités se sont tellement multipliés qu'il est difficile même aux esprits les plus versés en ces matières de s'y reconnaitre et de s'y orienter. On se demande comment le lecteur ordinaire, le plus instruit, s'y prendra pour se faire une opinion sur l'ensemble de la doctrine philosophique en elle-même, au milieu de toutes ces investigations partielles, plus ou moins savantes : mémoires, dissertations, revisions, contributions, gloses, commentaires, monographies de toute espèce, où les affirmations et les négations se succèdent et se heurtent, sans que le souci apparaisse bien nettement de reconstituer ce qui est détruit et de rien édifier à la place.

Nous sommes comme enveloppés d'un nuage épais de poussière érudite et de science diffuse, qui nous dérobe la vue de ce qu'on a la prétention de nous montrer dans tout l'éclat d'une lumière supérieure. C'est à peine si, en ce temps d'éclipse totale ou partielle, il nous est permis de discerner en leurs traits principaux, les grandes figures que nous étions accoutumés à regarder comme celles de nos maîtres et de nos guides, en ce qui est de l'antiquité classique.

On en est même à se demander si ce sont bien leurs ombres que nous avions cru apercevoir dans les portraits jusqu'ici tracés par les auteurs les plus accrédités et les plus estimés. Sous ce rapport, nous ne ressemblons pas mal aux captifs enfermés dans la caverne de Platon (*Rép.*, VII) attachés en face du mur sur lequel se dessinent les objets éclairés par la lumière placée derrière eux, ne pouvant tourner la tête et incapables de juger si ce qu'ils voient à défaut de la réalité, en est au moins la ressemblance véritable.

Ainsi en est-il précisément de Platon lui-même parmi les anciens philosophes, de Platon dont nous avons cependant sous les yeux toutes les œuvres traduites en notre langue avec les arguments, les notes et les éclaircissements, les écrits spéciaux sur chacun de ses dialogues, propres à nous les expliquer et faire apprécier. Mais sur l'ensemble de la doctrine platonicienne et sur chacun de ses points principaux, des doutes de toutes sortes se sont élevés, des controverses sans fin se sont engagées, comme sur l'authenticité, la date, l'ordre de succession de ses écrits.

Si vous interrogez les érudits ou historiens de l'École positiviste (Grote, Lewes, Stuart Mill, etc.), vous en obtiendrez cette réponse : « De

Platon et de sa doctrine, rien de positif et de précis ne peut être affirmé. Le caractère dogmatique est ce qu'il y a de plus éloigné de son esprit et de sa méthode. Quant aux résultats auxquels celle-ci l'aurait conduit dans l'emploi qu'il en a su faire, rien de bien certain ne saurait être nettement connu et articulé. »

Qui n'a entendu également de la bouche d'hommes très instruits, plusieurs même très distingués comme savants, érudits, penseurs, etc., des propos comme ceux-ci : « Platon qui souvent se sert du mythe, lui-même est un mythe, Platon est un sphinx ; tout son système est une énigme. Il est plein de variations, de réticences, de doutes et de contradictions. Platon, en somme, n'est qu'un grand promoteur d'idées. Il n'a d'opinion arrêtée sur aucune des questions qu'il traite. Sa méthode, comme celle de son maître Socrate, est purement investigatrice ou inquisitive. Platon est un grand artiste qui se joue de son lecteur, et lui laisse à deviner ce que lui-même ne sait pas, ou ne fait qu'entrevoir et ne croit pas devoir enseigner. »

Le livre que nous publions est un démenti formel donné à cette opinion et à ses partisans. C'est du moins le but que s'est proposé l'auteur ; le lecteur éclairé jugera s'il a réussi à prouver du moins, combien ces assertions sont fausses ou exagérées.

Sans doute, personne ne peut se flatter de tout connaître de Platon. C'est la devise que nous avons prise pour épigraphe ; mais notre conviction est que l'essentiel de sa doctrine, non seulement quant à la théorie qui en est la base, mais sur chacun des points principaux qui la constituent, peut être parfaitement connu, clairement exposé et apprécié. Selon nous, il est possible, en tout ce qui est d'une importance réelle, de saisir la vraie pensée du philosophe, de distinguer chez lui le certain du probable, le probable lui-même de ce qui est douteux, obscur ou problématique, et cela pour Platon lui-même qui n'hésite pas souvent à en faire l'aveu. Il en est ainsi de chacune des grandes questions que lui-même a soulevées et débattues et dont la solution est clairement indiquée sinon toujours formulée dans ses écrits.

En tout cas, si une pareille tâche offre de grandes difficultés que nous-même avons reconnues et énumérées (p. 52), on nous saura gré de l'avoir entreprise, la voyant délaissée par ceux qui auraient dû et auraient su beaucoup mieux la remplir. On excusera notre témérité, si, jugeant que la chose est réellement utile, on admet qu'elle répond à un besoin plus élevé qu'on nous permettra plus loin de caractériser.

II. — Pour mener à bonne fin, autant qu'il était en nous, cette œuvre difficile, nous avons dû nous éclairer des travaux les plus récents publiés en France sur Platon, sa doctrine et ses écrits. Nous regrettons de n'avoir pu nous mettre aussi bien au courant de tout ce qui est dû à la science et à l'érudition allemande, anglaise, etc. Parmi les premiers de ces écrits, nous mentionnerons les principaux dont nous nous plaisons à reconnaître les mérites et dont nous avons souvent profité, tout en signalant leur insuffisance, relativement au but que nous nous sommes proposé d'atteindre. Mais c'est Platon lui-même que nous avons dû avoir, sans cesse, sous les yeux, ses écrits, quoi qu'on dise, étant la vraie source de sa philosophie (p. 49).

La traduction complète des œuvres de Platon par *V. Cousin*, chez nous, occupe le premier rang parmi les publications contemporaines. D'autres traductions totales ou partielles (*Schwalbé, Chauvet* et *Saisset*, etc.) ont également rendu accessibles aux esprits cultivés la lecture des œuvres du grand philosophe, qu'avaient déjà mis en partie auparavant à la portée du public lettré les traductions plus anciennes de *Dacier*, de *Grou*, de *Rey*, etc.

C'est un service considérable et qu'on ne saurait trop apprécier. Mais l'embarras subsiste tout entier pour qui cherche à saisir l'ensemble de la philosophie de Platon. Il y a plus, chacune des parties détachées de l'ensemble ne saurait être bien comprise que par son rapport avec la pensée totale qui les pénètre toutes et sert à les expliquer. Les arguments placés en tête des Dialogues peuvent, tout au plus, faciliter l'intelligence des sujets qui y sont traités. Encore manquent-ils aux principaux dans la traduction de V. Cousin. Il est à regretter que l'illustre écrivain, qui a tant fait pour l'histoire de la philosophie, n'ait pas tenu sa promesse de clore son œuvre par un exposé complet de la philosophie platonicienne.

Certaines parties de la philosophie de Platon ont été traitées avec une rare distinction par divers auteurs dont le mérite philosophique aussi bien que le savoir et le talent sont bien connus. Le livre de M. *Henri Martin* sur le « Timée » de Platon, avec les savantes dissertations et les notes qui suivent sa traduction; l'Etude sur la Dialectique de Platon et de Hegel de M. *Paul Janet*; la Théodicée de Platon, par M. *Jules Simon*; la Psychologie de Platon, par M. *A. Chaignet*; les Études spéciales de M. *Ch. Huit* sur le « Parménide », le « Philèbe », le « Sophiste », etc.; les intéressants chapitres sur l'Esthétique de Platon de M. *Ch. Lévêque*, dans sa « Science du beau », d'autres non moins remarquables de divers auteurs, ont jeté une vive lumière sur la doctrine de Platon envisagée sous ses aspects divers; mais chacun de ces écrits ne l'offre toujours que par le côté spécial et limité qui en est l'objet et y est étudié.

Le seul ouvrage publié jusqu'ici en français qui donne un aperçu complet du système platonicien, est celui de M. *Alf. Fouillée* intitulé « la Philosophie de Platon »(Exposition, Histoire et Critique de la *théorie des idées*). Nous sommes des premiers à reconnaître les mérites supérieurs de ce livre, justement appréciés par les juges qui lui ont décerné le prix sur le sujet proposé par l'Académie des sciences morales et politiques et dont le succès est attesté par une seconde édition enrichie de notes, additions, etc. On ne saurait que louer la rare intelligence de l'auteur, la sagacité profonde dont partout il fait preuve dans l'interprétation, la discussion et l'appréciation de la partie la plus haute et la plus difficile du système de Platon.

Mais, outre la hardiesse d'une exégèse quelquefois contestable et un peu subtile, on ne saurait nier ce qui manque à cette œuvre pour être une exposition complète de la philosophie platonicienne. La théorie des idées est le centre et la base du système, elle n'est pas le système entier. L'auteur, pour se conformer à son programme, a dû en faire son sujet principal, sinon unique, y rattacher simplement les autres parties et faire voir leur lien avec elle; il n'a pu donner à celles-ci leur développement convenable. La Métaphysique, comme il est juste, domine en souveraine. La Physique, la Psychologie, la Théologie, etc., dès lors, y sont traitées comme de simples annexes de la Dialectique. La philosophie pratique (Morale, Politique, Éducation, Esthétique) est à peine esquissée en quelques pages. Le plan total, sans être arbitraire, ne répond pas à la division naturelle adoptée par les successeurs de Platon et, depuis, par les historiens.

Notre livre, dégagé de ces entraves, ayant un autre but, exécuté sur un autre plan, tout en accordant à la philosophie spéculative (à la Dialectique, à la Physique, etc.) leur importance, a dû restituer à la philosophie pratique, chez Platon d'un si haut intérêt, tous ses droits et la place étendue qu'elle occupe dans le système et dans les écrits du plus grand des moralistes de l'antiquité.

Nous avons cru devoir faire précéder l'exposé du système d'un aperçu de la *Vie* et des *Écrits* de Platon, et, à ce sujet, préciser et caractériser la forme adoptée par le philosophe pour l'expression de sa pensée, ce qui n'est pas sans jeter une vive lumière sur le fond même de la doctrine et les procédés de la méthode. La place que le platonisme occupe dans le développement général de la philosophie ancienne n'était pas moins nécessaire à indiquer pour le faire comprendre.

III. — Nous désirons qu'on ne se méprenne pas sur le caractère et le but de notre travail, qu'on n'exige pas de l'auteur ce qu'il n'a ni voulu ni prétendu faire.

Ce livre s'adresse non aux savants et aux érudits de profession, mais au public éclairé, désireux de connaître dans son ensemble et ses parties principales la philosophie platonicienne. L'auteur s'est cru dispensé d'aborder, encore plus de résoudre les questions ardues et délicates que le platonisme a de tout temps soulevées et sur lesquelles il ne sera peut-être jamais donné aux plus savants esprits de s'entendre. Mais, nous l'avons dit et nous le répétons, il est pour nous hors de doute, qu'en dehors de toutes les controverses, si l'on s'en tient à ce qui est clair et certain, pour quiconque n'a pas de parti pris et veut en juger avec impartialité, la philosophie de Platon, dans ses grandes lignes, sur chaque point et sur l'ensemble, c'est-à-dire sur ce qui, en définitive, intéresse véritablement le lecteur ordinaire, peut être exposée, appréciée, mise à la portée de tout esprit sérieux, convenablement instruit, au courant des matières et de la langue philosophiques.

Nous devons aussi ajouter que c'est surtout à la jeunesse de nos écoles que ce livre s'adresse et est dédié. L'auteur, qui est un de ses plus vieux maîtres, n'a cessé, par sa parole et par sa plume, de lui enseigner les grandes et nobles doctrines du spiritualisme et de l'idéalisme qui, malgré les dissidences et les moments d'obscurcissement, ont toujours été le fond et le trait caractéristique de la philosophie française avant et depuis Descartes, son principal et vrai représentant.

Convaincu que son pays ne se relèvera tout à fait et ne reprendra ici, comme en tout, son rang et le rôle qu'il a toujours eu dans l'histoire, que quand les croyances spiritualistes, aujourd'hui menacées et obscurcies, auront repris leur légitime empire, il n'a pas cru pouvoir mieux faire que de consacrer ses loisirs à retracer, comme il la conçoit, la figure du philosophe grec père de l'idéalisme. Platon, en effet, est le philosophe de l'idéal. Que son idéalisme, trop séparé du réel, doive aujourd'hui nous servir en tout de modèle, qui songe à cette résurrection? Mais l'idéal vrai, l'idéal de la raison, non des sens, qu'il conçoit et proclame, n'est pas moins ce qui seul élève les esprits, échauffe les cœurs, enflamme les courages. Tant que parmi nous luira son flambeau, tant que l'élite des intelligences, éclairée de sa lumière se laissera guider par elle, il n'y a ni à se décourager ni à douter de l'avenir de la France; la foi reste intacte en son génie et dans ses destinées [1].

Ch. BÉNARD.

Juillet 1892.

---

[1]. Pour l'intelligence de la philosophie de Platon, inséparable de celle de Socrate et de ses devanciers, nous avons cru pouvoir renvoyer souvent à notre premier volume de la *Philosophie ancienne* (Phil. anc.), consacré surtout à Socrate et à la Sophistique ainsi qu'aux écoles socratiques.

LA VIE

ET

LES ÉCRITS DE PLATON

LES SOURCES DE SA PHILOSOPHIE

SECTION I

VIE DE PLATON

I. Sa naissance et son éducation. Ses premières études. — Ses rapports avec Socrate. — Ses voyages; séjour à Mégare et en Égypte. — Retour à Athènes, fondation de l'Académie. Son enseignement, ses disciples et adversaires. — Nouveaux voyages en Sicile. — Dernières années; sa mort. — II. Sa personne et son caractère. Son génie; éloignement des affaires publiques; rôle politique.

I. — Platon naquit à Athènes (ou à Egine) quatre cent vingt-neuf ans avant J.-C., l'année de la mort de Périclès, la deuxième de la guerre du Peloponèse. Il était d'une famille illustre d'Athènes. Son père Ariston descendait, dit-on, de Codrus; sa mère Perictione comptait parmi ses ancêtres le frère de Solon. Critias, l'un des Trente, était neveu de sa mère. La noblesse d'origine, même s'il s'agit d'un philosophe, n'est pas chose indifférente. L'instinct héréditaire et les traditions de famille, l'éducation, l'entourage, le genre de vie, etc., toutes ces causes exercent sur l'esprit une action puissante et indélébile qui se fera sentir jusque dans les spéculations les plus hautes de la pensée. Le caractère aristocratique de la philosophie de Platon, conforme à la nature de son génie, ne s'explique pas moins par sa naissance et le milieu où dut s'écouler sa jeunesse. Il est à noter qu'à cette époque, et dans la suivante, toutes deux si fécondes en esprits supérieurs voués à la philosophie et qui l'illustrèrent, aucun n'eut cette situation élevée due aux ancêtres et à la famille. Le contraste est frappant avec Socrate né de parents pauvres et resté pauvre, avec ses amis ou disciples, sans excepter Xénophon. La plupart (Euclide, Aristippe, Antisthène, Simon) étaient sortis des rangs inférieurs de la société; les autres, Criton, Phédon, etc., avaient une position médiocre. Aristote, lui-même, bien qu'élevé à la cour de Macédoine, n'avait pas cette origine illustre. On dit même que dans sa jeunesse, abandonné des siens, il fut obligé de pourvoir, en exerçant un art, aux nécessités de la vie. Sans parler des Cyniques, les chefs des écoles suivantes, Zénon, Epicure, Pyrrhon et leurs adhérents sont de provenance obscure ou étrangère. Il faudrait remonter à l'époque antérieure, à Pythagore, à Héraclite, à Empédocle, pour trouver à Platon des termes de comparaison, sous ce rapport, comme il en est d'ailleurs de son système [1].

Son nom d'Aristoclès fut changé, on ne sait pourquoi, en celui de Platon : les uns disent à cause de la largeur de ses épaules ou de son front (ses portraits y prêtent peu), les autres par allusion à l'ampleur de son génie et de son style (ce qui n'a pas de sens, ceux-ci ne s'étant révélés que plus tard). Les fables qui ont trait à son enfance ont, au moins, pour elles la vérité poétique. On raconte qu'il fut nourri par un essaim d'abeilles pendant que son père faisait un sacrifice aux Muses. Le songe de Socrate (infra) n'a pas moins de grâce significative. Les Grecs, avides de ces fictions, en ont pour tous leurs grands hommes, poètes, artistes, philosophes, etc.

II. — On ne sait rien de ses premières années. Son éducation en rapport avec sa naissance dut être fort soignée. Les heureuses dispositions de son esprit et les belles qualités de son âme durent chez lui se révéler de bonne heure. Le souvenir s'en est conservé dans les traditions de famille. Il y est fait mention de sa vive intelligence, de son amour

---

1. Voir *Philosophie ancienne*, p. 110, 190, 192, 202, 203, 223.

pour l'étude, de son ardeur au travail, de la candeur du jeune homme, prémices des vertus de l'âge viril [1].

C'était le moment le plus florissant de l'art grec. Outre les exercices de la palestre dans lesquels il aurait excellé et qu'il recommande dans ses écrits (*Rép.*, III; *Lois*, VII), il se serait d'abord adonné aux arts du dessin, à la peinture. Il apprit aussi la musique de Dracon et de Métellus. Mais la poésie devait avoir sa préférence. Il est dit qu'il composa des poèmes dithyrambiques et épiques, des épigrammes; que, jugeant ses vers inférieurs à ceux d'Homère, il les jeta au feu. Il se serait même essayé à faire des tragédies, qu'il se disposait à faire jouer aux fêtes de Bacchus, lorsqu'après avoir entendu Socrate, comprenant mieux sa vocation, il renonça aux arts et à la poésie pour se livrer tout entier à la philosophie; celle-ci, du reste, fut toujours pour lui le premier des arts (*Phédon*, 61), comme il est resté pour nous le plus poète des philosophes. — Il avait vingt ans quand il connut Socrate.

Bien qu'assidu à suivre ses entretiens, il ne négligea pas de s'instruire de ce qu'avaient pensé et enseigné les autres philosophes. Déjà de bonne heure, ἐκ νέου, il avait pris des leçons de Cratyle et d'Hermogène. Du premier, qui fut disciple d'Héraclite, il apprit à connaître sa philosophie. Le second l'initia au pythagorisme dont la part est si grande dans son propre système (V. Steinhart, *Plat. Leben*, 83). L'Éléatisme, très haut placé dans son estime et qu'il connut mieux plus tard par Euclide, ne dut pas même, à cette époque, lui être étranger. L'atomisme de Démocrite, alors dans sa célébrité à Athènes, ne fut pas sans fixer aussi son attention. La philosophie d'Anaxagore, dont Socrate avait été si vivement frappé (*Phédon*, 98, B), elle-même fort connue à Athènes, où le maître et l'ami de Périclès avait passé vingt ans de sa vie, ne fut pas sans avoir une moindre part à sa curiosité. Quant aux Sophistes si, trop jeune, il n'entendit pas les principaux (Gorgias, Protagoras), leur mémoire était vivante dans

---

1. « Nam Speusippus domesticis instructus documentis pueri hujus acre in percipiendo ingenium et admirandæ verecundiæ indolem laudat : et pubescentis primitias labore atque amore studendi imbutas refert, et in viro harum incrementa virtutum et cæterarum invenisse testatur. » (APUL., Dogm. plat., II.)

tous les esprits. Sans cesse en rapport avec les autres, il dut les observer comme un peintre fait des modèles qu'il doit fixer sur la toile. La connaissance parfaite qu'il a de ces hommes, de leur esprit et de leur caractère, comme des doctrines, de la manière d'enseigner et de discourir, atteste que leur art n'eut pas de secret pour celui qui, quoique plus tard leur adversaire déclaré, a tracé de chacun de ces personnages un portrait fidèle et de la sophistique un idéal vrai pour tous les siècles.

III. — Mais c'est à Socrate surtout qu'il s'attache. Il suit avec ardeur et assiduité ses entretiens. Ce qu'il goûte en lui c'est surtout, avec sa méthode, l'idée qu'elle recèle, qu'il comprend mieux que les autres, dont il mesure la portée. S'il faut en croire Diogène Laerce, il fut neuf ou dix ans son disciple. Peu de chose néanmoins nous est transmis des rapports du jeune homme avec celui qui eut sur son esprit une si grande influence. Socrate a-t-il su deviner en lui le génie spéculatif qui devait avec tant d'éclat le continuer et le surpasser? A-t-il entrevu que de sa méthode et de sa doctrine agrandie et transformée, devait éclore le vaste et beau système que nous connaissons? Ce qui est raconté (Xénoph., *Mém.*, III; Plat., *Apol.*, *Criton*, *Phédon*) ne le ferait pas croire. On voit seulement qu'il a pour lui de l'estime, mais il ne le place pas au-dessus des autres disciples. Les paroles qu'on met dans sa bouche après la lecture du *Lysis* ou du *Phèdre* : « que de choses ce jeune homme me fait dire auxquelles je n'ai jamais songé[1] », semblent un propos inventé pour caractériser, au début, la différence des deux esprits et de leurs doctrines.

Ce qui, beaucoup mieux que ces récits douteux, exprime pour la postérité le vrai rapport du maître et du disciple, c'est encore la fiction, celle-ci toute poétique, et qui symbolise de la façon la plus heureuse ce que l'histoire est trop avare à nous révéler; c'est la gracieuse allégorie du songe de Socrate que la biographie elle-même n'hésite pas à recueillir. Il est dit que pendant que Socrate dormait, il lui sembla qu'un jeune cygne, envolé de l'autel de l'Amour, vint se poser sur son

---

1. Ἡράκλεις, ὡς πολλὰ μοῦ καταψεύδεται ὁ νεανίσκος οὗτος. (Diog. L., III, 35.)

sein, puis, devenu grand, déploya ses ailes, s'éleva dans les airs, réjouissant par son chant harmonieux les oreilles des hommes et des dieux. Le lendemain Socrate en voyant arriver Platon le reconnut pour l'objet de son rêve. (Diog. L. Cf. Pausanias, I, 10, *Olymp.*, 3.) La poésie qui invente ainsi ne justifie-t-elle pas le mot d'Aristote qu'elle est souvent plus vraie que l'histoire? (*Poét.*, IX.)

Mais ce qui n'est ni fictif ni sujet au doute, ce sont les sentiments à l'égard de Socrate de son vrai disciple, son amour pour lui, l'admiration qu'il professe, et qui se révèlent partout dans ses actes comme dans ses écrits. On dit (Plutar., *in Mario*, 4, 34) que, vers la fin de sa vie, il remerciait le ciel de l'avoir fait naître d'abord homme, puis Grec plutôt que barbare, mais avant tout contemporain de Socrate. Pendant le procès, il est dit qu'il voulut monter à la tribune pour le défendre. Le fait invraisemblable prouve au moins l'opinion qu'on avait de lui. Dans l'*Apologie* (34, A) il offre l'argent qui doit acquitter l'amende. Si, malade, il n'assista pas aux derniers moments de Socrate (*Phédon*, 59, B), l'impression qu'avait faite sur lui l'issue du procès laisse du mal deviner assez clairement la cause. Qu'il ait donné des larmes à sa mémoire, on doit le penser. Il fit mieux, il entreprit de l'immortaliser dans ses œuvres. Le portrait de Socrate que partout celles-ci nous offrent, bien qu'idéalisé, ne conserve pas moins tous les traits du modèle. Et quant à la doctrine, à laquelle Platon a mêlé la sienne, s'il n'est pas toujours aisé de reconnaître ce qui est de l'un et de l'autre philosophe, il ne faut pas trop en blâmer le disciple. L'accuser d'avoir voulu tromper la postérité en mettant sous le nom de son maître ses propres idées serait injuste. L'inconvénient d'ailleurs n'est que pour nous; il a voulu que celle-ci, la postérité, connût Socrate, non tel qu'il fut, mais tel qu'il devait être aux yeux de celui qui devait le continuer. Héritier de sa pensée, il a cru pouvoir en disposer à son gré et, sans l'altérer, l'enrichir de son propre fonds. Artiste autant que philosophe il a fondu le tout ensemble; la doctrine entière s'est transfigurée. De Socrate, il ne s'est pas borné à représenter, dans ses entretiens, la vivante figure; il a remis sous nos yeux la fin tragique qui achève sa longue carrière. Si, comme il n'y a guère à en douter, l'*Apologie*, le *Criton*, le *Phédon*, sont de la même main, ces trois dialogues où la défense, la prison et la mort de Socrate sont racontés et mis en scène, forment une trilogie qui, dans un sujet emprunté à l'histoire la plus calme, celle des idées, ne le cède pas en intérêt dramatique aux créations d'un art destiné à émouvoir les passions humaines. Dans tous les dialogues de Platon, les *Lois* excepté, le personnage principal est toujours Socrate. Jamais Platon ne parle en son nom. Il met dans la bouche de Socrate ses conceptions les plus hautes et les plus personnelles; ce qui d'ailleurs, comme on l'a fait remarquer (Zeller), est très favorable à l'œuvre d'art. (Cf. *Baur*, *von Stein*, etc.)

IV. — La mort de Socrate ayant rompu le lien qui retenait autour de lui ses amis ou disciples, ceux-ci se dispersèrent. Plusieurs même crurent le péril assez grand pour devoir s'éloigner d'Athènes. Platon fut du nombre. Il se réfugia auprès d'Euclide qui lui offrit un asile. De ses relations avec le chef de l'École mégarique rien ne nous est parvenu. Quelle fut l'influence mutuelle de ces deux esprits? Dans quelle mesure Platon de ce contact reçut-il une impulsion pour ses études, et la formation de son système? Ce point reste ignoré. (*Phil. anc.*, 194.)

Cette seconde période de la vie de Platon est surtout marquée par ses voyages, sur lesquels il règne beaucoup d'incertitude et de confusion. On n'est d'accord ni sur leur date et leur succession, ni sur la réalité même de quelques-uns, comme sur le motif qui les fit entreprendre et les résultats qu'il dut en rapporter. Revint-il d'abord à Athènes? Cela est probable. Selon les uns, il se serait ensuite rendu à Cyrène, sur la côte d'Afrique, auprès de Théodore, célèbre mathématicien (*Théétète* [1]). On sait quel fut toujours son goût pour les mathématiques, la place qu'il leur donne dans son système (*Rép.*, VII). Ce que, pour la culture de son esprit, il dut retirer de ce nouveau commerce reste indéterminé.

---

1. Cic., *de Finib.*, IV : « Post in Italiam, Post Tarentum ». — Voir Huit, *Comptes rendus de l'Académie des sciences morales*, juillet, août et octobre 1882.

Il faut écarter les récits de pure invention qui, comme Pythagore, Démocrite et tous les premiers philosophes, le font voyager chez les anciens peuples de l'Orient, non seulement en Asie Mineure, mais chez les Chaldéens, les Syriens et les Phéniciens, jusqu'aux confins du monde civilisé, *in ultimas terras* (Cic., *Tusc.*, IV, 19, Lactance, *Inst.*, IV, 2). S'il n'alla pas, dit-on, jusqu'en Perse et dans l'Inde consulter les mages et les gymnosophistes, c'est que la guerre qui désolait ces deux pays l'aurait empêché. Ces récits dont l'origine est connue ne méritent aucune croyance.

V. — Que Platon ait visité l'Égypte et y ait plus ou moins longtemps séjourné, on ne peut en douter, tant les témoignages sont nombreux et affirmatifs ; mais ce qu'on voudrait le plus savoir est ce qu'on ignore le plus : l'impression que fit sur le philosophe grec cette civilisation si différente de la sienne, la façon dont il la comprit et la jugea, ce qu'il dut en emprunter pour sa propre philosophie. Tout cela est incertain, livré à la conjecture. On dit qu'il parcourut la contrée en tout sens, et y passa plusieurs années accompagné du mathématicien Eudoxe. Le motif qui l'y aurait conduit, celui de s'instruire, comme pour les autres philosophes, n'est pas même bien précis. Il y serait allé, selon Cicéron (*de Fin.*, V, 29) pour apprendre l'arithmétique et l'astronomie. D'autres (Clém. d'Alex., *Str.*) disent qu'il apprit la géométrie des Égyptiens et l'astronomie des Babyloniens, des Thraces les formules magiques. Il se serait fait initier aux formules de la sagesse égyptienne, ἱερατικά (Plutarq.), opinion que Quintilien adopte : *Sacerdotes adiit eorumque arcana perdidicit* (*Inst.*, 14). On montrait la maison qu'à Héliopolis il avait habitée avec Eudoxe (Diog. L., VII, 86). Les prêtres auraient d'abord refusé de lui dévoiler leur science, puis vaincus par son insistance y auraient consenti. On cite le nom du prêtre juif (Sékuphis) dont il aurait été le disciple (Plutarq., *de Genio Socrat.*).

De toutes ces histoires d'une date postérieure et qui portent le cachet de l'imagination orientale, aucune n'est certaine. Il est vraisemblable que, forgées après coup, elles l'ont été à l'appui de l'opinion généralement reçue que toute sagesse est venue de l'Orient et que la science des Grecs y a ses origines (*Phil. anc.*, I, CXXIII).

Pour qui cherche avant tout la lumière, la source la plus sûre ce sont encore, à notre avis, les écrits du philosophe. Du moins en est-il ainsi du point principal, celui des emprunts par lui faits à la sagesse égyptienne et de la part qu'elle peut réclamer dans son système. Or, ce qui en cela y est dit des Égyptiens, de leur esprit, de leur caractère, etc., est plutôt fait pour contredire l'opinion commune [1]. C'est du moins ce qui résulte de la lecture de ses écrits. Sa connaissance de l'Égypte, de sa civilisation, de ses mœurs s'y révèle en plusieurs endroits. (*Lois*, II, 656; V, 799, 819. *Polit.*, 264, 290. *Phèdre*, 247, C.). Mais il ne paraît pas avoir une bien haute idée du savoir spéculatif des Égyptiens. De l'Egypte il vante la stabilité de ses institutions, la fixité de ses arts, le type invariable et consacré de ses peintures (*Lois*, V). De la science il ne parle pas, ou il semble en faire peu de cas. Il y a plus, il refuse l'esprit scientifique à ce peuple, à ses yeux le type de la nation commerçante et industrielle. Le trait saillant du caractère est l'amour du gain en opposition avec la sagesse (τὸ φιλοχρήματον). (*Rép.*, IV, 436.)

La haine des étrangers, qui s'ajoute, ferait croire qu'il n'y a pas été bien accueilli ni traité. Est-il vrai, comme on le dit (Teichmüller), que les dialogues de Platon sont pleins de la sagesse égyptienne? Il faut laisser, selon nous, à Plutarque (*de Iside et Osiride*) et aux Alexandrins cette opinion depuis tant de fois reproduite. Le vrai, pour qui en fait l'examen, c'est qu'aucune trace d'égyptianisme n'apparaît chez Platon, ni dans sa manière ni dans son système. La méthode est celle de Socrate, la dialectique perfectionnée. La partie mathématique (les nombres) est empruntée aux pythagoriciens. La mythologie même, très librement traitée, est grecque. La transmigration des âmes était dans les mystères. Quant au fond de la doctrine, la théorie des idées, elle est, comme le système entier, toute platonicienne. La manière de philosopher des prêtres de l'Égypte n'a rien de commun avec la

---

[1]. Cf. Hermann, *Gesch.*, 57, 115. — Teichmüller, *Neue Stud.*, t. I, chap. XXIII.

sagesse grecque et la façon de raisonner des Grecs. Le régime des castes, tant cité, de la *République*, n'offre pas plus de similitude réelle. Cette aristocratie de l'esprit d'un petit État gouverné par des philosophes n'a rien qui ressemble à la théocratie monarchique et sacerdotale des dynasties égyptiennes. Nullement héréditaire, le pouvoir est confié aux plus dignes et ne s'y transmet pas; le choix seul y préside et se renouvelle au sein de la communauté. La religion (*Lois*, VI, VIII, XI, XII) est toute grecque, empruntée aux traditions mythologiques de la Grèce. La théologie égyptienne tient peu de place dans ces écrits; à peine y est-elle indiquée.

En tout cela, Platon imite peu et le peu qu'il imite, il le transforme. Se sert-il des mythes, il leur attribue un sens particulier, tout moral, fort éloigné du sens symbolique ou sacerdotal (V. *Phèdre*, *Cratyle*, *Gorgias*, *Polit.*, *Rép.*, X). Il faut en conclure que Platon, malgré l'impression réelle que son esprit dut recevoir du spectacle d'une civilisation pour lui si curieuse à étudier, conserva toute son originalité. Grec il dut rester Grec et lui-même, comme il l'est en effet par tout son génie et le caractère de ses œuvres[1].

1. Voir dans le *Politique* ce qui est dit des *Prêtres égyptiens*. — *Lois*, XII : De l'exclusion des étrangers des repas et des sacrifices, etc.

RAPPORTS AVEC LES HÉBREUX

Pendant son séjour en Égypte, Platon a-t-il pris connaissance des livres des Hébreux, et s'est-il inspiré de la révélation mosaïque? A-t-il fait des emprunts non seulement à Moïse, mais à Salomon, aux Prophètes, etc.? Le nom qui lui est donné par saint Clément de philosophe hébraïsant, ὁ ἐξ ἑβραίων φιλόσοφος, peut-il se justifier?

Cette opinion qu'on trouve chez les Pères de l'Église (voir Eusèbe, *Præp. evang.*) et dans saint Augustin (*Cité de D.*, VIII, 11), depuis affirmée par les uns (Dacier, van Weyer au XVIIe siècle), niée par les autres (Leclerc, Ménage, Buddée, Lenfant), admise par des historiens de la philosophie (Brucker), plus récemment reproduite en notre siècle (de Maistre, *Soirées*, Ventura, Schopenhauer, Teichmüller, etc.), et qui compte toujours des partisans très respectables, ne saurait ici être discutée. Selon nous, l'examen des preuves extérieures et intérieures montre qu'elle n'a pas de fondement solide. Elle s'appuie : 1° sur l'autorité des Juifs de la période alexandrine (de Philon, etc.). Or, on sait ce que vaut ce témoignage. Aristobule, saint Justin, saint Clément, Eusèbe, saint Cyrille, Théodoret, saint Ambroise l'ont reproduite sans rien ajouter de concluant qui la fortifie; — 2° L'existence supposée d'une traduction en Égypte de l'Ancien Testament, antérieure à celle des Septante, n'est nul-

VI. — Ce qui suit, moins obscur, est loin d'offrir dans le détail la clarté désirable.

Platon fit trois voyages en Sicile, le premier à la cour de Denys l'Ancien, les deux autres auprès de Denys le Jeune. Du premier, le dénouement seul est bien connu. Fut-il appelé par Denys? Le désir de voir les Pythagoriciens et de connaître les Éléates fut-il le motif principal? Ce qui est clair, c'est que le philosophe et le tyran ne purent se convenir. On rapporte que blessé de sa hardiesse Denys aurait conçu une haine violente contre Platon, qui, par son ordre, fut embarqué, confié à Pollis, le Lacédémonien, jeté sur les côtes de Sicile, vendu comme captif ou esclave. Racheté par un Annicéris de Cyrène, il revint à Athènes et fut rendu à ses amis. (Diog. L.)

De ce voyage, il dut au moins profiter pour mieux connaître les Pythagoriciens, étudier leurs doctrines et leurs livres. Il dut aussi plus fortement s'initier à la doctrine des Éléates, de Parménide et de Zénon dont les écrits étaient répandus dans la Grande Grèce. L'influence dut en être grande sur ses propres idées et la formation de son système

---

lement prouvée. La présomption d'une vive curiosité de la part des Égyptiens relativement aux livres juifs, la retraite et le retour de Barück en Égypte ne sont guère d'une plus grande valeur historique; — 3° Pour ce qui est de l'accord des dogmes platoniciens avec les dogmes judaïques, la comparaison des doctrines fait plutôt éclater les différences. Aux yeux d'une critique sérieuse, qui ne se laisse pas abuser par des analogies extérieures, sur tous les points où l'on essaie le rapprochement (von Stein, Bauer, etc.), les divergences sont telles que les idées du philosophe grec conservent toute leur originalité, et les prétendus emprunts disparaissent; — 4° Ce qui a été dit plus haut des dogmes égyptiens s'applique à plus forte raison à la tradition hébraïque, celle-ci toute religieuse, nullement conçue dans le sens de la pensée philosophique (*Phil. anc.*, xxi). L'opposition avec l'esprit grec n'y est pas moins manifeste. Les ressemblances, s'il en est, doivent être mises sur le compte de l'identité de l'esprit humain qui, malgré sa diversité, se retrouve au fond le même dans les dogmes religieux et dans les doctrines philosophiques. Leibnitz qui avait étudié la question des origines de la philosophie grecque conclut ainsi : « utrum ab Hæbræis aliquid Pythagoras et Plato, quod id credi suadeat, nihil comperi. » (Opp., t. II, 222. Cf. Zeller, *Introd.*, 26.)

Avec un auteur plus récent, il nous semble qu'on peut dire : « Il faut être chrétien pour comprendre toute la grandeur de Platon; mais toute sa grandeur disparaît dès qu'on fait de lui un disciple ou un maître de l'Ancien Testament. » (Von Stein, Sieben Bücher, t. II, 325-354.)

qui porte des traces si profondes du pythagorisme et de l'éléatisme.

VII. — De retour à Athènes (il avait quarante ans), il fonda son école qui prit le nom d'*Académie*, de celui du lieu où il donnait ses leçons. L'Académie était un gymnase planté d'arbres : Academiæ sylvis, Academiæ inter sylvas (Hor.), ainsi appelé du nom du héros Hécadémus, à quelques stades d'Athènes. (Voir Chaignet, *Vie de Plat.*, 76.) Il y avait là un bois sacré de Diane avec une statue et un temple dédié à l'Amour. Là se trouvaient les tombeaux des guerriers morts à Marathon. Platon y eut un petit jardin et une petite maison (hortulus, villula. Cic.). Il y consacra un temple aux Muses. Lui-même y enseigna et en devint comme le dieu ou le héros. (Hegel.)

Sans anticiper sur la doctrine, plusieurs caractères distinguent son enseignement de celui de ses prédécesseurs, de Socrate en particulier. D'abord il est plus fermé. Socrate s'adressait à tous; il allait chercher le premier venu sur la place publique, de quelque état ou condition qu'il fût, s'entretenait avec lui, le questionnait, etc. (*Phil. anc.*, 120.)

Platon n'admettait que des esprits préparés à l'entendre : « Nul n'entre ici qui n'est géomètre ». Cette devise peu authentique, au sens large, fait allusion à l'élite des esprits qui venaient écouter le grand philosophe. Mais ce n'est plus l'enseignement pythagoricien fait pour des initiés. Plus libéral et moins dogmatique, le sien, comme celui de Socrate, ne réclame en rien la soumission à la parole du maître. Il laisse au contraire toute la liberté de penser, qu'il excite même et provoque. On verra ce qu'il faut penser de l'ésotérisme de la doctrine.

Le mode d'exposition est plus difficile à décider. Etait-ce le discours suivi ou le dialogue ou l'un et l'autre, et dans quelle mesure? Le plus probable est que les deux formes devaient se mêler ou se succéder (voir Steinhart, 103; Zeller, 362). Il est à croire aussi que la partie la plus élevée et la plus difficile, ἀκρόασις, était réservée à un petit nombre de disciples; mais on ne saurait admettre qu'il y eut une doctrine secrète, autre que celle qui nous est livrée dans les écrits. On peut donc caractériser cet enseignement et l'école elle-même de Platon, comme une sorte de milieu entre la société pythagoricienne et celle des amis ou disciples de Socrate [1].

La renommée de Platon et la célébrité de la nouvelle école lui attirèrent bientôt de nombreux disciples. Non seulement l'élite de la jeunesse athénienne se presse autour de lui; mais de toutes parts des hommes de profession diverse se joignent à elle pour l'entendre et profiter de ses leçons. (Diogène Laerce en donne la liste, III, 46.) Les principaux, cités parmi les philosophes, sont *Speusippe*, le neveu de Platon, *Xénocrate*, *Dion* de Syracuse et celui qui les éclipsa tous, *Aristote*, dont la gloire devait au moins égaler celle de son maître. On voit figurer dans cette liste parmi les orateurs et les hommes d'État : *Hypéride, Lycurgue, Isocrate*, et le plus grand de tous, *Démosthène*, qui, au dire de Cicéron, ne fut pas le moins empressé à recueillir ses paroles et à profiter de sa doctrine : Cujus epistolis intelligi licet quam frequens fuerit Platonis auditor (*de Orat.*, X ; id., *de Orat.*, I, 20, 89. *Brut.*, 31. *Orat.*, 4, 15. Cf. Quintil., XII ; Plutarq., *Vit. Demosth.*) On trouve des généraux : *Chabrias, Phocion* (Plut. adv. Colot. Voir Steinhart, 195, 222). Il y avait aussi des femmes : *Lasthénie*, célèbre courtisane ; *Axiothée* de Phliase, qui assistait en habits d'homme à ses leçons [2]. On peut discuter cette liste, en retrancher des noms, Démosthène et d'autres (Voir Steinhart). Néanmoins, si elle ne reste entière, les plus connus des vrais disciples ou successeurs, Speusippe, Xénocrate, Aristote suffisent à attester que Platon eut un auditoire digne de lui et que sa parole, comme ses écrits, exerça autour de lui une grande influence.

A côté des admirateurs et des disciples, les adversaires, les ennemis même ne manquèrent pas. Les purs socratiques, y compris Xénophon [3], ne virent pas d'un œil favorable, peut-

---

1. Il faut tenir compte aussi non seulement des sujets à traiter et des auditeurs, mais aussi des époques. L'élément acroatique dut de plus en plus dominer. Les écrits en offrent le type variable et pourtant au fond le même. (Steinhart.)

2. Les femmes, les hétaires, cherchaient déjà la culture de l'esprit. Depuis, parmi les femmes qui s'adonnèrent à la philosophie, beaucoup suivirent la doctrine platonicienne. (Voir *Ménage*.)

3. Il ne figure pas une seule fois dans les Dialogues de Platon. Lui-même

être même sans jalousie, le succès du nouvel enseignement si différent pour eux de celui du maître. Leur peu de goût pour la spéculation et la hardiesse du nouveau système devaient les mal disposer pour son auteur. Eschine, Phédon, Antisthène, Aristippe n'étaient pas des plus bienveillants. On connaît les plaisanteries de Diogène (*Phil. anc.*, 205). Antisthène composa un dialogue (*Sathon*) contre lui (Diog. L., III, 35). Les épigrammes et les satires des poètes comiques ne l'épargnèrent pas. Diogène Laerce en a recueilli plusieurs qui font allusion au faste de Platon, à son orgueil, plus à son caractère qu'à sa philosophie.

Cette rivalité d'en bas a pour nous peu d'intérêt. Ce qui est dit d'Aristote, de la mésintelligence du maître et du disciple a plus de gravité, mais doit trouver place ailleurs.

Les incidents de cette longue carrière du philosophe, de son enseignement et de sa vie privée sont tout à fait inconnus. Le cours paisible n'en fut guère interrompu que par de nouveaux voyages en Sicile.

VIII. — Cette partie de la biographie de Platon consignée dans ses *Lettres* (la 7e) n'est pas non plus sans obscurité et a donné lieu à de nombreuses conjectures.

Divers motifs durent engager le philosophe à entreprendre un second voyage malgré l'issue peu encourageante du premier : d'abord ses relations avec Dion, oncle et beau-frère de Denys, le désir de lui être utile, peut-être aussi des vues politiques (voir Steinhart, 143), l'espoir de réaliser sous un jeune prince, ami de la philosophie, son rêve d'une république idéale sur une terre vierge de révolutions. Tout cela put n'être pas étranger à sa détermination comme le donne à penser le passage des *Lois*, IV, 709, où l'on a cru reconnaître les traits de Denys. En tout cas, le bien qu'on disait du jeune prince, de ses heureuses dispositions pour la philosophie, de son vif désir d'être dirigé dans son étude devait suffire. Plus tard Platon dut être singulièrement désabusé. Il crut alors devoir se rendre

---

ne cite Platon qu'une fois (Mém., liv. III, vi; Aulu-Gelle, XIV). La mésintelligence fut-elle aussi grande qu'on le dit? Plus âgé que Platon, longtemps absent d'Athènes, ayant des rapports peu suivis, etc. (Voir Steinhart, p. 195, 222.)

aux sollicitations de Dion [1]. Pris d'un vif désir de voir Platon Denys lui fait une réception magnifique. Il est amené sur un char traîné par quatre chevaux blancs conduit par Denys lui-même. (Pline, *Hist. nat.*, VII 30.) Mais l'esprit mobile du jeune prince gâté par les flatteurs ne résista pas longtemps aux intrigues et aux calomnies des courtisans ligués contre Dion et Platon. Dion accusé de conspirer est exilé, embarqué, jeté sur les côtes d'Italie, Platon gardé à vue quoique accablé de témoignages d'amitié. Blessé et peu rassuré il revient à Athènes. Denys, jaloux, s'entoure alors de philosophes et de sophistes, puis dégoûté d'eux veut revoir Platon. Celui-ci à la sollicitation d'Archytas et d'autres pythagoriciens puissants à Crotone, dans l'intérêt de Dion, se décide à retourner de nouveau en Sicile.

Ce troisième voyage ne fut pas plus heureux que les précédents. Malgré les honneurs dont il était comblé, la situation pour Platon se trouva la même, aussi équivoque, avec les mêmes dangers. Entre le grave, le profond philosophe, et le tyran, esprit superficiel, médiocre et léger, habitué à être flatté, aucun lien de sérieuse amitié ne pouvait s'établir. La défiance était réciproque. Étranger à la cour, exposé aux outrages, sentant sa vie même en péril, Platon se vit dans la position la plus critique. Redemandé par une députation de ses amis, il est renvoyé par Denys toujours avec les mêmes honneurs.

IX. — Revenu à Athènes, Platon consacra les dernières années de sa vie aux Muses et à la Philosophie; tout entier à son enseignement, à l'achèvement et à l'amélioration de ses œuvres. Ses dernières années furent paisibles. Il mourut à quatre-vingts ou quatre-vingt-un ans, les uns disent dans un festin de noces, ἕν γάμοις δειπνῶν (Diog. L., III, 2; *Olymp.*, 108); les autres, corrigeant ses écrits, le début de sa *République* [2]. Il fut enterré dans le Céramique, auprès de l'Académie. Pau-

---

1. Sur Dion, son caractère, ses rapports avec Platon, Steinhart. (Plat., L., 146.)

2. « Est enim quiete et pure et eleganter actæ ætatis placida ac lenis senectus qualem accepimus Platonis qui uno et octogesimo anno scribens est mortuus. (Cic., *de Senect.*)

sanias vit encore son tombeau (I, 30). De grands honneurs furent rendus à sa mémoire. Une statue, œuvre du sculpteur Silanion, lui fut élevée par le Perse Mithridate. Elle représentait le philosophe assis s'entretenant avec ses amis. On dit aussi qu'un autel lui fut consacré par Aristote. On frappa des médailles en son nom. Plus tard il fut comme divinisé par les philosophes et presque canonisé par les chrétiens [1].

Sa personne, son caractère, son génie.

I. — Ce qu'on sait de digne de foi sur sa personne et son caractère, son genre de vie et sa conduite, le montre d'accord avec son génie. On vantait sa douceur et son aménité, la pureté de sa conduite et de ses mœurs, sa continence. Sa gravité fut telle qu'on ne l'avait jamais vu rire. Il avait sur lui-même un empire absolu, qu'attestent divers traits racontés par les auteurs. Rien de plus éloigné de son caractère que l'amour du gain et le soin d'amasser des richesses [2].

En butte, de son vivant, aux attaques de ses adversaires, Platon devait encore moins y échapper après sa mort. Les propos malveillants de la médisance, les inventions odieuses de la calomnie ne lui furent pas épargnés. La plupart ne méritent pas d'être relevés. Les accusations d'orgueil et de vanité, de faste, de flatterie envers les tyrans se comprennent de la part d'un Diogène et des autres Cyniques; ailleurs elles n'ont plus de sens. D'un rang distingué et d'une famille illustre, son genre de vie ne pouvait être celui de Socrate; pas plus que par son système il ne devait tout à fait l'imiter, ni calquer sa méthode sur la sienne. Il est ridicule de vouloir qu'un philosophe ressemble de tout point à un autre parce qu'il fut son ami ou disciple, qu'il s'attache à copier sa vie, ses manières (voir Zeller, 377). Cela convient à la médiocrité d'un Antisthène. Les natures supérieures ne ressemblent qu'à

---

1. Nicolai Securi : « Plato beatus sive de salute Platonis, pia contemplatio (Venise, 1866); — Maximi Sandarii Plato christianus (Mayence, 1624).
2. Dans son testament transmis par Diog. L., dont il n'y a pas de raison de contester l'authenticité, on voit qu'il eut une très petite fortune, deux fonds de terre et quelques esclaves. — Cf. Aulu-Gelle, l. III, 17. « Memoriæ mandatum est Platonem philosophum tenui admodum pecunia familiari fuisse. »

elles-mêmes et gardent, avec leur indépendance, leur originalité.

Les autres griefs n'ont pas plus de valeur aux yeux d'une critique sérieuse (voir Steinhart, Ast, Chaignet).

Au physique, Platon nous est connu par ses portraits. Ce sont des bustes qui offrent ses traits sans doute idéalisés. La comparaison avec Homère, comme écrivain, trop naturelle pour n'être pas étendue à la personne, a dû diriger aussi la main des artistes. C'étaient deux âmes en tout harmoniques (παναρμόνιοι), nous dit son biographe (Olympiodore). Ce qu'on sait, c'est qu'il était grand et beau, doué d'une force physique (καλός καὶ ἰσχυρός) qui lui permit dans sa jeunesse de se mesurer avec les athlètes. Sa santé se soutint jusque dans la vieillesse, mais sa voix était grêle. Sa physionomie calme, noble et sérieuse, où se reflétait son âme, autorisait le rapprochement avec Apollon qu'on trouve chez ses admirateurs.

II. Son Génie. — L'étude approfondie des œuvres et du système peut seule donner l'idée de son génie. Le système atteste la puissance créatrice qui l'a conçu dans son ensemble et exécuté dans toutes ses parties. Et quant à la forme d'exposition, on sait ce qu'il faut penser de l'artiste et de l'écrivain. Ce qu'on peut dire ici de plus général du génie de Platon, c'est qu'en lui se sont trouvées réunies à un degré qu'aucun philosophe n'a offert avant et après lui, les deux grandes facultés de l'esprit que la nature ordinairement sépare ou qu'elle répartit très inégalement chez ceux qu'elle gratifie le plus libéralement de ses dons : la *raison* spéculative qui conçoit les idées abstraites, et l'*imagination* créatrice qui les rend sensibles. D'autres sans doute les ont eues encore à un degré supérieur (Plotin, saint Augustin, Malebranche, Schelling, etc.), aucun dans une aussi grande perfection harmonique, surtout avec une aussi parfaite appropriation au système.

Il en résulte qu'en étudiant ses œuvres, si l'on essaie de faire la part du métaphysicien et celle de l'artiste ou du poète, la distinction est artificielle, tant la synthèse des opérations de l'esprit concourant au même but par des procédés différents, est vivante et naturelle. Le résultat est l'unité d'un tout organique et indivisible. Il est des dialogues, comme le *Parménide*, le *Théétète* et le *Sophiste*, où la différence paraît mieux autorisée; mais, là même encore, la prédominance du raisonnement abstrait, jointe à la subtilité d'analyse du dialecticien, n'empêche pas la spontanéité naturelle de l'imagination de se produire. Le souffle de l'inspiration parcourt et pénètre l'ensemble. Tout cela est inné dans Platon, découle sans effort des sources jaillissantes de son génie. Il est vrai qu'un heureux accord de circonstances lui permit de cultiver ses talents divers et de les faire arriver à leur parfaite maturité.

Un des traits saillants de l'esprit de Platon est ce qu'on est convenu d'appeler sa tendance *contemplative ou mystique*. Mystique au sens propre, Platon ne l'est pas, ce qui sera démontré plus tard; le vrai mysticisme a d'autres caractères. Pour ce qui est du côté spéculatif, il ne faut pas non plus l'exagérer (voir infra). On n'en doit parler ici que pour indiquer les causes qui ont dû favoriser cette tendance et lui donner une direction particulière.

Parmi ces causes, l'état social et politique de la Grèce, d'Athènes surtout, fut sans doute la principale. Comme son maître Socrate, Platon comprit qu'il n'y avait pour lui rien à faire dans la société où il était appelé à vivre. Ses talents oratoires, quoique sa voix fût grêle (ce qui n'arrêta pas Démosthène) et que son genre d'éloquence, quoi qu'en dise Cicéron (*De Off.*, 1), ne fût pas l'éloquence politique, lui permettaient encore d'y briller. Il se tint constamment éloigné des affaires publiques. Sa naissance aristocratique et ses relations devaient déjà sans doute l'exclure; mais le spectacle, qu'il avait sous les yeux, des mœurs publiques et privées de ses contemporains, n'était pas propre à pousser vers la vie active un esprit aussi élevé que le sien, encore moins à l'entraîner dans l'arène des passions politiques. Il était né dans la seconde année de la guerre du Péloponèse, qui fut si fatale aux Athéniens. A l'âge de seize ans, il vit l'expédition de Sicile et sa malheureuse issue, quelques années plus tard la prise d'Athènes et la tyrannie des Trente; huit mois après leur tyrannie abolie, succède le règne de la démocratie qui dégénère vite en démagogie. A vingt-huit ans, il eut la douleur de perdre son maître, victime de l'orgueil, des préjugés démocratiques et de l'ignorance de ses juges. On conçoit sa haine de la démocratie et des démagogues, son mépris qui s'exhale partout dans ses écrits (*Rép.*, *Lois*, *Gorgias*, *Théétète*, *Apologie*, *Criton*, *Phédon*, etc., etc.). La fin tragique de Socrate, surtout, laissa dans son âme une amertume qu'il ne cherche pas à dissimuler. Il suffit de citer le passage, par lui mis dans la bouche de Socrate lui-même parlant à ses juges : « Non, il n'échappera pas à la mort l'homme qui tentera de lutter contre les passions du peuple athénien ou de tout autre peuple. Il faut que celui qui combat pour la justice, s'il veut vivre au moins pour quelque temps, reste dans une condition privée sans prendre part au gouvernement. » ἰδιωτεύειν ἀλλὰ μὴ δημοσιεύειν. (*Apolog.*, 32.)

On connaît aussi l'endroit de la *République* (VI, 110) où, après avoir tracé le tableau des mœurs d'Athènes et de la démagogie athénienne, Platon représente le petit nombre d'hommes esprits élevés, vivant dans la retraite, le sage convaincu de la folie des hommes et du désordre introduit dans les États, etc.[1].

Tel est Platon, génie spéculatif et contemplatif, mais non mystique, aristocratique et que sa naissance avait fait tel, mais en qui les circonstances qu'il n'avait pas faites ne contribuèrent pas peu à développer ses dispositions innées. Lui-même conçoit ainsi le philosophe dans le portrait qu'il trace de l'esprit spéculatif opposé à l'homme pratique, dans le *Théétète*, probablement à l'époque encore de sa jeunesse[2]. Plus tard il

---

1. « Il est pourtant encore un petit nombre de vrais philosophes, d'esprits élevés, qui, retirés dans la solitude, se consacrent à la philosophie par le mépris qu'ils ont avec raison des charges publiques. Or, parmi ce petit nombre, ceux qui goûtent le bonheur dans la possession de la sagesse, convaincus de la folie des hommes et du désordre introduit dans les États par ceux qui se mêlent de les gouverner, se regardent comme étant au milieu d'une multitude de bêtes féroces, dont ils ne veulent point partager les injustices et à la rage desquels ils essaieraient en vain de s'opposer, sans se rendre inutiles à eux-mêmes et aux autres et de périr avant d'avoir rendu service à leur patrie et à leurs amis. Pleins de ces réflexions, ils se tiennent en repos, uniquement occupés d'eux-mêmes. Et comme un voyageur assailli par l'orage s'estime heureux de rencontrer un mur pour se mettre à l'abri de la pluie et des vents.... Ailleurs il prodigue les épithètes comme celles-ci : Δῆμος ἐστιν ἀχάριστον, ἀψίκορον, ὠμόν, βάσκανον, ἀπαίδευτον. (Voir Ast, *Lexicon*.)

« Voyant que l'injustice règne partout impunément, ils mettent leur bonheur à vivre dans la retraite. » (*Rep.*, VI, 110.)

2. Le philosophe ne connaît pas le chemin de la place publique, etc., etc. (*Théétète*.)

paraît être revenu en partie de cette opinion (voir Zeller, Schwegler, 57). Il déclare qu'il n'y a pas de salut pour les États s'ils ne sont gouvernés par les philosophes. D'autre part, il ne croit pas que le philosophe ait rempli sa destination la plus haute s'il n'a pas pris en main la direction des affaires humaines et des sociétés (*Rép.*, VII). Enfin s'il ne croit pas à l'efficacité d'une intervention directe, il pense qu'il doit s'employer à conseiller les Princes, à tracer le plan des institutions. C'est peut-être le secret motif qui le décida à obtempérer aux désirs de Denys.

On voit d'ailleurs que, s'il ne croyait pas qu'une réforme efficace pour sa patrie fût possible, il ne désespérait pas autant des autres cités plus près de la simplicité des mœurs primitives. On en a la preuve dans le crédit dont il jouissait auprès des villes et des princes de la Grèce. Les Arcadiens et les Thébains lui demandèrent des lois. On parle de sa faveur auprès de Perdiccas de Macédoine. Il entretenait des relations avec les Pythagoriciens (Archytas), très puissants à Crotone et dans d'autres villes. Son amitié avec Dion, l'oncle de Denys, n'était pas de pure sympathie. Il n'est pas invraisemblable qu'il ait songé à réaliser ses vues politiques en Sicile et à y fonder une république. Le portrait qu'il trace d'un prince comme il le désire autorise assez à le croire [1].

S'il en est ainsi, outre qu'il se serait bercé d'un espoir chimérique, Platon se serait trompé sur lui-même et sur le rôle que la philosophie pouvait jouer à son époque et dans les âges suivants. La mission du philosophe en Grèce et dans le monde ancien est désormais tout autre. Déjà, une nouvelle direction a été imprimée à la pensée par Socrate : le retour de l'esprit sur lui-même, la concentration de ses forces à l'intérieur. Le véritable objet ce sont les idées. Ce mouvement qui se continue dans toutes les écoles socratiques se prononce et s'achève en Platon qui en donne la formule. (Voir *Phil. anc.*, 129, 174.)

La philosophie, dès lors, abandonne le monde de l'action

---

[1]. « Donnez-moi une ville gouvernée par un tyran, que ce tyran soit jeune, qu'il ait de la mémoire, de la pénétration, du courage, de l'élévation dans les sentiments, etc. » (*Lois*, IV, 709.)

pour celui de la pensée, qui est son vrai domaine. Dans la période antérieure, presque tous les philosophes (Héraclite excepté) furent à la fois des penseurs et des hommes d'État, législateurs ou nomothètes, aussi bien que des savants et des physiciens, y compris les Sophistes. C'est de la pensée pure que maintenant elle relève et son empire est celui des idées. Aristote lui-même, esprit positif, vante la spéculation qu'il préfère à l'action (*Eth. Nic.*, X, viii). La vie du philosophe devient une vie à part; philosopher est une profession en dehors des autres professions qui ont un rang et une fonction dans l'État.

Platon comprenait donc mal son propre rôle et l'influence qu'il devait exercer sur les esprits. Mais en se renfermant dans sa sphère propre, la philosophie n'est que plus puissante et son action plus profonde. Placée au centre du monde intellectuel, qu'elle remue en tout sens, elle agit sur les idées et les croyances, les transforme, les détruit et les renouvelle, et par là aussi elle change et renouvelle les institutions et les mœurs.

Quelle fut, sous ce rapport et à ce point de vue, la part du Platonisme? C'est ce que l'histoire de l'esprit humain, aux siècles suivants, peut seule nous apprendre.

SECTION II

LES ÉCRITS DE PLATON

I. Authenticité, date et ordre de succession. Problèmes à ce sujet. Points fixes à maintenir. — II. La forme de ces écrits : le Dialogue platonicien; sa nature et son rapport avec le système. Sa valeur absolue et historique. — III. Le Mythe platonicien; sa place et son rôle dans la philosophie de Platon. Règles d'interprétation.

Authenticité, date et ordre de succession.

Socrate n'avait rien écrit : *nullam litteram reliquit* (Cic., *Orat.*, III). Sa doctrine ne nous est connue que par ce que deux de ses disciples, Xénophon et Platon, nous en ont directement transmis, non sans faire regretter le modèle. D'autres, Aristote, Plutarque, etc., l'ont moins exposée que jugée et ne l'ont fait qu'en partie. Platon a consigné la sienne dans des écrits de tout temps justement admirés, de ceux mêmes qui ne partagent pas ses idées. Leur contenu est un des plus riches trésors de la pensée humaine. Par un rare destin ils sont tous arrivés jusqu'à nous, et, ce qui est plus rare encore, dans leur intégrité. Ce n'est pas toutefois sans laisser à la critique de graves et difficiles problèmes dont plusieurs peuvent être plus ou moins jugés insolubles.

I. — En ce qui est d'abord de l'*authenticité*, on peut dire que le débat, loin d'être terminé, ne le sera jamais. Du moins en est-il ainsi de plusieurs dialogues. Ne pouvant y prendre part, nous nous bornons à quelques réflexions. — La première est que ce dont tout le monde convient doit être maintenu. Ainsi : 1° plusieurs de ces dialogues, de peu d'importance, il est vrai, déjà reconnus par les anciens comme apocryphes, doivent être rejetés. 2° Des plus importants : le *Phèdre*, le *Banquet*, le *Théétète*, le *Protagoras*, le *Phédon*, le *Timée*, le *Gorgias*, la *République* et les *Lois*, l'authenticité est parfaite et ne saurait être contestée. Ils suffiraient déjà à donner du système, de la méthode, etc., une idée exacte sinon complète en toutes les parties. 3° D'autres, d'une grande portée spéculative, le *Parménide*, le *Sophiste*, le *Cratyle*, le *Philèbe*, etc., admis par les anciens, sont aujourd'hui contestés. Rejetés par les uns, défendus par d'autres, ils offrent des doutes plus ou moins fondés, tout en conservant pour eux de graves autorités. Toutefois il serait peu rationnel de ne pas s'en servir pour l'établissement de la doctrine dans ce qu'elle a de plus élevé, comme pour la méthode qui y est suivie. 4° Des dialogues, quoique de moindre étendue, d'un mérite incontestable et du plus vif intérêt, de tout temps ont été attribués à Platon comme faisant partie du cercle de ses écrits. Aujourd'hui qu'une critique plus sévère a élevé des doutes à leur égard, ils n'en conservent pas moins leur valeur, et ne sauraient être aussi légèrement rejetés; ils restent, au moins, très probables. Ce qu'on peut dire c'est que, tout à fait dignes du maître, s'ils ne sont de sa main, ils sont au moins de ses disciples. Ceux-ci, imbus de ses idées, parfaitement au fait de sa doctrine, étaient astreints à la fidèlement reproduire, sans quoi ils eussent été contredits. Qu'ils aient été composés sous ses yeux ou plus tard, ils seront toujours regardés comme vraiment platoniciens. Il serait de l'esprit le plus étroit de les exclure comme ne faisant pas assez bien connaître et apprécier les doctrines du grand philosophe qui les a inspirés. Il en sera toujours ainsi de ces charmants dialogues, les uns purement socratiques, les autres où la doctrine de Platon se mêle à celle de son maître : l'*Apologie*, le *Criton*, le *Ménon*, l'*Eutyphron*, l'*Hippias*, I, etc., où la vivante figure de Socrate est reproduite en traits d'une originalité parfaite, où sa méthode est mise en action et sont débattus les points intéressants de sa philosophie.

5° Quant à ceux que la critique la plus récente, par des raisons qu'elle croit décisives et qui ne le sont pas toutes, a cru devoir définitivement rejeter, il y a encore quelque parti à en tirer, ne fût-ce que pour compléter et préciser divers points que les disciples et les anciens, plus rapprochés du véritable auteur, connaissaient mieux que nous, et sur lesquels ils sont plus à même de nous renseigner [1].

II. — D'autres questions relatives à ces écrits : 1° sur la *date* de leur composition [2], 2° l'ordre de leur *succession* [3], 3° la manière de les *classer* et de les *coordonner* [4], ne sont pas moins difficiles à décider [5]. Ce sont des points sur lesquels la

---

1. Les *Écrits de Platon* au nombre de 44, réduits à 36, y compris les *Lettres*, sont les suivants : 1° *Dialogues dont l'authenticité n'est pas contestée* : Phèdre, Protagoras, Théétète, Banquet, Gorgias, République, Timée, Phédon, Lois; — 2° *Authenticité contestée* : Parménide, Sophiste, Euthydème, Philèbe, Politique, Critias, Lysis;—3° *Authenticité probable quoique également contestée* : 1er Alcibiade, Apologie, Criton, Ménon, Euthyphron, Ion, 1er Hippias, Ménexène; — 4° *Dialogues non authentiques* : Lachés, 2° Alcibiade, 2° Hippias, Charmide, Hipparque, Rivaux, Theagès, Minos, Épinomis, Eryxias, Sysyphe, Axiochus; — 5° *Lettres* (toutes apocryphes, sauf, peut-être, la 7°); 6° les 10 rejetés par les anciens, Diog. Laerce) : Médon, Eryxias, Alcyon; Sysyphes, Axiochus, les Phéaciens, Demodochus, Chélidon, la Semaine, Epiménide. — On ajoute des Définitions.

2. *Dates ou chronologie*. Préciser la date de chacun de ces écrits est impossible. Plusieurs périodes sont admises dans la longue carrière d'écrivain (50 ans) du philosophe, auxquelles sont attribués ses ouvrages. 1re *Période : Écrits de la jeunesse*, celle où Platon est en rapport avec Socrate; *Dialogues socratiques* où sa doctrine est fidèlement reproduite; 2° *Période* : celle de la maturité où le système est formé et où la doctrine est tout à fait platonicienne; 3° *Période* : *Écrits de la vieillesse*. Retour au Pythagorisme (les *Lois*). La difficulté est de reconnaître et d'assigner les ouvrages qui appartiennent à ces trois périodes.

3. *Ordre de succession*. Problème analogue au précédent. Même divergence d'opinions. But et moyens différents servant de critérium. Principaux auteurs qui ont traité ce sujet : *Schleiermacher, Ast, Ed. Zeller, Schwegler, Steinhart, Uberweg, Teichmüller, Susemihl.*

4. *Division et Classement*. Même diversité d'opinions. Divisions principales : 1° ancienne division, celle de *Thrasyle* ou *Tétralogies*, tout à fait extérieure et artificielle. Divisions plus modernes : 2° celle de *Schleiermacher*, plus naturelle et plus philosophique, mais conçue d'après un plan unique successivement développé de la philosophie de Platon (voir Ast); 3° *Uberweg* : *Uber der Echtheit und Zufolge der Plat. Schriften.* Ed. *Zeller* divisé en quatre périodes : *Gesch. der phil. der Griech*, Steinhart, Plat. Leben, Hermann. G. *Teichmüller* : Die Reihenfolge... — Selon *Schwegler et Köstlin*, 3 périodes : 1° Platon, disciple de Socrate, Dial. socratiques ou négatifs ou réfutatifs; 2° période : Apologétiques et polémiques; 3° période : Platon s'élève à la spéculation, dialogues spéculatifs. La totalité du système au point de vue des idées, *Phèdre, Banquet*, etc.; 4° période : les *Lois*. — Autre classification : Trendelenburg, Schaarschmid. (Voir Ed. Zeller.)

5. Les questions d'authenticité soulevées à l'occasion de plusieurs des écrits de Platon ont été en France récemment l'objet d'études spéciales. On doit citer surtout celles de M. *Ch. Huit*, auquel l'Académie des sciences morales a décerné le grand prix Cousin, 1887. Ce savant écrivain refuse nettement à Platon : le *Parménide* (Thèse de Doctorat, Paris, 1873); le *Sophiste*

lumière est loin d'être faite, malgré les efforts multipliés des savants, des érudits et des philologues qui ont cru et croient y réussir, dont chacun a son critérium et prétend sûrement l'appliquer. Il serait injuste de déclarer leurs efforts stériles. Mais, à quelque degré de vraisemblance qu'aient jusqu'ici conduit ces recherches, il serait aussi trop hardi d'affirmer que l'incertitude puisse en être bannie; une grande place y devra être faite à l'hypothèse et à la conjecture.

Nous n'avons pas à nous engager heureusement dans ces controverses. L'authenticité parfaite des dialogues principaux auxquels les autres d'une provenance moins certaine, ou même réputée fausse, consultés avec mesure, doivent s'ajouter, sans négliger les sources postérieures dont Aristote est la principale, permet de recomposer le système platonicien dans ses traits essentiels, ce qui suffit à la tâche que nous avons entreprise.

Mais ce qui doit fixer notre attention, c'est la forme de ces écrits. Si, sur bien des points, la doctrine de Platon a pu changer, ou se modifier, cette forme n'a pas varié. C'est qu'elle tient à la méthode et au fond même de sa philosophie et la caractérise. A ce titre, elle n'appartient pas seulement à l'histoire littéraire et doit être ici sérieusement examinée.

Le Dialogue platonicien.

Sauf les Lettres, au nombre de treize et dont la septième seule est, peut-être, authentique, tous les écrits de Platon sont des dialogues. 1° Quelle est la nature du dialogue platonicien ? 2° Pourquoi Platon a-t-il choisi exclusivement cette forme pour l'exposé de son système? 3° Est-elle la meilleure qu'on doive préférer en philosophie et qui con-

(Comptes rendus de l'Acad. des sc. mor.), 1870-1880; le *Politique* (Étude sur le *Polit.*, Paris, 1885); le *Menexène* (Journal de l'Inst. publ., 1885); les *Lettres* (Comptes rendus de l'Acad. des sc. mor., 1889). Dans d'autres articles, il discute l'origine platonicienne du 1er *Alcibiade* (Comptes rendus, 1889), de l'*Apologie* (Instr. publique, 1882), du *Ménon* (ibid., 1884) et du *Philèbe* (Paris, 1886). Dans les deux volumes qu'il se propose de publier sous ce titre : *Platon et son Œuvre*, il promet d'autres études sur le *Gorgias*, le *Protagoras*, le *Phédon*, le *Banquet*, la date du *Phèdre*, etc.

vienne le mieux à cette science? 4° Quel rôle après Platon a dû lui être réservé dans les écrits des philosophes?

De ces questions les deux premières surtout doivent être ici traitées avec quelque détail.

I. SA NATURE. — Le dialogue platonicien est à la fois une composition philosophique et une œuvre d'art. On l'a défini avec raison un drame en prose [1]. (Von Stein.)

Quoique partout Socrate y soit le personnage principal et que sa méthode y soit suivie, là même où c'est sa doctrine qui est mise en action, le disciple s'éloigne du maître. Par la manière dont l'œuvre est conçue et exécutée, celle-ci diffère de l'*entretien socratique*, tel que les autres disciples ont essayé de le reproduire. Chez Socrate, la discussion conduite avec une grande habileté, est sujette aux hasards de la conversation ordinaire. Les incidents qui s'y mêlent, doivent, sans cesse, en interrompre la marche et en changer le cours. Ici, rien de pareil, rien qui soit livré à l'aventure ou à l'arbitraire. Pour Platon, qui compose à loisir, tout est calculé, prévu, arrangé, combiné d'après un but fixé d'avance quoique soigneusement dissimulé. Deux choses doivent ici s'accorder, qui semblent s'exclure ou se contredire : la nécessité logique, d'une part, et la liberté artistique, de l'autre. Dans le dialogue platonicien, l'artiste a autant de part que le penseur; tous deux doivent marcher de front sans se nuire. L'un, l'artiste, doit cacher son dessein, conserver son allure libre et spontanée; le second est obligé par là de laisser au lecteur le soin de deviner sa pensée; il ne peut l'énoncer ni catégoriquement ni régulièrement, comme le voudrait l'exposé scientifique et logique.

L'œuvre totale conserve son unité; mais c'est une unité variée qui admet, pour le fond même du sujet, une grande diversité d'éléments en apparence hétérogènes. La forme se déploie en une riche multiplicité d'incidents et de détails qui autorise la plus grande liberté.

Tel est le dialogue platonicien pris dans son ensemble,

---

[1]. Les anciens comparaient le dialogue platonicien aux Mimes de Sophron. — Cf. Quintilien, I, 10; Athénée, XI, 15; Olympiodore (voir Chaignet : *Psych. de Plat.*, 155).

véritable drame et qui en offre les conditions. Le lieu de la scène (*Phèdre, Banquet, Rép., Gorgias*, etc.) est admirablement choisi. Le sujet, en ce qui en forme le nœud, est amené naturellement et comme à l'imprévu. Les personnages ont un rôle distinct. Chacun y a son caractère et sa physionomie propres qu'il conserve jusqu'à la fin. L'action s'y meut librement. Rien d'apprêté, de commandé, de contraint. Le tout a l'apparence d'une conversation animée, où chaque interlocuteur intervient, prend la parole, la conserve, la quitte et la reprend quand il veut, ou la laisse à d'autres et disparaît. Il n'y a là rien qui ressemble à une discussion suivie entre gens venus pour débattre une question d'intérêt pratique, pressés de la résoudre, ainsi qu'il s'agit au barreau ou dans une assemblée publique ou une réunion privée.

Il en résulte que, si l'on se place au point de vue ordinaire, une pareille œuvre sera mal comprise et l'on s'expose à prendre des qualités pour des défauts. On y trouvera des longueurs [1] et des répétitions, un manque d'unité. On s'étonne et on est choqué de voir qu'à la question principale succèdent ou se mêlent d'autres questions secondaires ou importantes, qui souvent prennent sa place et la font perdre de vue, pour qu'on y soit ramené ensuite, sans plus de nécessité, après de longs détours. La conclusion le plus souvent omise ou purement négative, ou contraire à ce qu'on attendait, achève de dérouter le lecteur. L'esprit ainsi tenu en suspens, puis troublé et embarrassé, se trouve finalement en face de plusieurs énigmes au lieu d'une, dont aucune n'est résolue ou dont la solution est renvoyée à un autre temps.

Telle est l'impression produite sur quiconque ne s'est pas, par une étude longue et difficile, non toujours couronnée de succès, initié aux secrets de ce grand artiste, ne s'est pas familiarisé avec les procédés de son art et de sa méthode.

Artiste sans doute, mais philosophe avant tout et dialecticien. Sous ce désordre apparent un ordre réel se cache et est

---

1. « La licence des temps m'excusera-t-elle de trouver traînants les dialogismes de Platon même estouffant par trop la matière et de plaindre le temps que met à ses longues interlocutions vaines et préparatoires, un homme qui avait tant de meilleures choses à dire? » (Montaigne, *Essais*.)

observé ; la logique et la dialectique ont conservé tous leurs droits. Quoique non accusé, le but qu'elles poursuivent n'est pas un instant oublié et perdu de vue. A travers cette complication de raisonnements et de détails, souvent d'une finesse extrême, un œil exercé sait reconnaître et démêler la pensée principale, rattacher les parties au tout et saisir l'ensemble. L'enchaînement régulier que commande le mouvement interne de la pensée est maintenu tel que le prescrit la plus sévère méthode. L'extérieur même le prouve. Ainsi, il est clair qu'un seul personnage, Socrate, conduit toute la discussion ; il en tient en main le fil ; lui seul la dirige à son gré et la mène où il veut, à tel point que les autres personnages ou interlocuteurs sont réduits souvent au rôle de muets, tantôt se bornent à répondre par oui et par non aux questions qui leur sont faites ; en tout cas ils se laissent conduire de la façon la plus docile et la plus complaisante, comme le fait très bien remarquer le rhéteur Quintilien [1].

Quand la discussion roule sur des points ardus et difficiles, qui ont besoin d'être approfondis et longuement débattus (*Sophiste, Parménide, Théétète*, etc.), la marche du dialogue paraît fatigante, surtout au lecteur moderne habitué à d'autres méthodes, pressé d'arriver au but, impatient d'être retardé par de si longs détours, accoutumé à mesurer le temps à qui s'est emparé de la parole. On ne voit pas que c'est l'inconvénient du genre, moindre d'ailleurs pour les Grecs, qui passaient leur vie à discourir ou à converser, sans s'inquiéter de la clepsydre [2].

Aussi, qu'on le fasse au point de vue de l'art ou à celui de la science, rien n'est plus difficile que d'analyser un dialogue de Platon. Et même on n'y réussit jamais tout à fait. Est-ce l'artiste qu'on étudie ? il en est comme d'une œuvre de Phidias, de Sophocle ou d'Aristophane, d'un fond si riche qu'il ne peut être épuisé. Si c'est le philosophe dont on cherche à saisir et à étreindre la pensée, le plus souvent elle échappe à

---

[1]. « Adeo scitæ sunt interrogationes, ut quum plerisque bene respondeatur, res tamen ad id quod volunt efficere perveniat. » (*Inst.*, V, 7, 28. Cf. Cic.)

[2]. Platon lui-même l'a reconnu et le constate sans trop se mettre en peine de se justifier. (Voir *Rép.*, III, 394.) — Sur la μακρολογία, cf. le *Politique*, 286.

l'esprit le plus exercé et le plus pénétrant, ou elle ne se livre pas tout entière[1]. Le sujet lui-même n'est pas toujours clairement défini et l'on n'est pas sûr de le tenir[2]. Sur un seul point trois ou quatre questions se mêlent et se confondent, entre lesquelles il est malaisé de discerner la principale. Ce qu'on doit dire c'est que tout est dans tout, chez Platon; du moins en est-il ainsi des grands dialogues. Bien d'autres difficultés, qui seront plus tard indiquées, s'y joignent relatives à la forme poétique allégorique ou symbolique, etc. Il y a, de plus, à compter avec la distinction des époques, et les variations d'une doctrine qui s'est formée successivement et a dû se modifier, ce qui fait le désespoir et aussi l'excuse de l'historien chargé de l'exposer.

II. Rapport avec le système. — On peut se demander si cette forme d'exposition que Platon a préférée puisqu'il l'a partout employée est, chez lui, l'effet d'un choix arbitraire, ou si d'accord avec son génie d'artiste, elle est liée aussi au système et est un caractère propre de sa philosophie. Est-il à regretter qu'il n'en ait pas adopté une autre? Ce point mérite d'être examiné.

Une observation générale est celle-ci : le moment où nous sommes parvenus dans la Grèce, cette terre classique du beau, est celui où la philosophie, même après deux siècles d'existence, ne s'est pas encore tout à fait séparée de l'art. Du moins, en est-il ainsi quant à l'expression des idées. L'alliance qui n'a jamais cessé, ne doit pas brusquement se rompre. Dans la première époque, la forme, on le sait, est

---

[1]. C'est ce qui a fait dire de Platon : οὐ λέγει, οὔτε κατακρύπτει, ἀλλὰ σημαίνει. (Voir Stein.)

[2]. « Lorsqu'on a commencé un dialogue de Platon on trouve d'abord une magnifique introduction, de belles scènes, quelque chose qui vous élève l'âme (erhebendes), ce qui convient particulièrement à la jeunesse. Le commencement et la fin produisent cet effet. S'est-on laissé exalter par les belles scènes et vient-on à passer à la partie dialectique et spéculative, il faut y renoncer et, pour ne pas se sentir piquer par les épines et les ronces, sauter par-dessus la dialectique et la métaphysique. S'intéresse-t-on à ce qui est spéculatif, on passe ce qui est d'imagination et de sentiment. Il en est comme du jeune homme de la Bible qui, ayant fait ceci ou cela, demande au Christ ce qu'il doit faire pour le suivre. Mais comme le Seigneur lui demande de vendre ses biens et de les donner aux pauvres, il s'en va tout triste... Il en est de même de la philosophie pour ces hommes. Du vrai, du bien et du beau, ils ont le cœur plein, etc. » (Hegel, XIV, 228.)

empruntée à la poésie; les premiers philosophes écrivent en vers; leurs systèmes (Parménide, Empédocle, etc.) sont des poèmes. Peu à peu, la pensée tend à s'émanciper. Devenue plus réfléchie, elle engendre un langage abstrait comme elle et, par là, plus ou moins prosaïque; mais la science n'est pas moins un art, et la philosophie, la science par excellence, ἐπιστήμη, le premier et le plus grand des arts. Platon, qui l'appelle ainsi (*Phédon*, 61), est la plus haute personnification de ce moment dans la philosophie ancienne.

Moment de transition, sans doute, mais nécessaire. La forme elle aussi change et d'épique devient *dramatique*. Le dialogue est ici le mode d'exposition le plus propre, celui où la pensée discursive est mise en action, vivante, animée et figurée. Elle s'exprime par la bouche de personnages qui jouent un rôle dans le drame, comme il convient à une œuvre d'art qui s'adresse à la fois à l'imagination et à la raison.

Cette forme si bien adaptée à ce moment ne l'est pas moins au nouveau système? C'est ce qu'il est aisé de démontrer par des raisons prises dans la nature même de cette philosophie.

1° D'abord la *méthode* qu'emploie Platon et qui sert à édifier son système, comme à réfuter ce qui lui est opposé, c'est la *dialectique*. Le dialogue, qui la met en scène, est aussi le meilleur moyen de rendre possible l'emploi de tous les procédés de cette méthode savante. Sans cela ceux-ci ne pourraient trouver place ou manqueraient d'espace, comme il sera montré dans l'exposé de cette méthode. Cette forme s'y prête à merveille.

Le but et l'esprit de cette méthode l'appellent également.

La dialectique socratique, en effet, devenue la dialectique platonicienne n'est pas la logique ordinaire, celle qui déduit et démontre (*Phil. anc.*, p. 132) et qui pour cela s'appuie sur des principes. C'est l'inverse. Partant des données fournies par les opinions régnantes et qui sont en question, ou bien encore des maximes obscures et voilées de la conscience humaine, elle s'efforce d'en extraire par voie d'analyse la vérité cachée sous des apparences souvent trompeuses ou des erreurs même qui la dérobent aux regards de l'esprit dans les jugements particuliers que portent les hommes sur leurs propres actes ou sur ceux de leurs semblables. Le but que se propose Platon est de dégager du *particulier* l'*universel*, pour lui l'*idée*. Cette dialectique, qui n'est ni celle des Éléates, ni celle des Sophistes, est seule propre à y conduire. L'office du dialecticien est de soumettre à l'examen les opinions particulières, exclusives ou fausses, de les discuter, de les sonder, d'en démêler le côté faible ou exclusif, mais aussi d'en dégager l'*idée générale* et vraie. Le philosophe, par de longs détours et d'une manière indirecte, parvient ainsi à se frayer la voie à ce qui échappe et est supérieur à la démonstration ordinaire, aux vérités premières, aux causes ou aux principes (ἐπ' ἀρχάς). Bref le procédé est l'*analyse*, le moyen la *discussion*, le résultat l'*induction*. La forme la plus naturelle est le *dialogue*; lui seul permet de placer l'esprit dans les conditions nécessaires ou les plus favorables, de lui présenter toutes les faces d'un sujet tour à tour ou successivement et de les lui donner à considérer.

Cette méthode, Socrate en avait déjà donné l'exemple. Platon qui se l'approprie, la régularise et la constitue. Chez lui plus systématique, elle est aussi plus dogmatique. Il la fait servir à un but positif et qui est son propre système. Elle l'y mène par des routes que lui seul connaît et qui toujours y ramènent. Or, pour cela, le dialogue est la forme la plus convenable, la mieux appropriée au dessein que se propose le philosophe et à sa méthode.

2° Par un autre côté, le *système* aussi la réclame. Le centre en effet, c'est l'*idée*. Or ce principe du système nouveau, on le verra, permet au métaphysicien d'opérer la synthèse des éléments contenus dans les autres systèmes, ses devanciers. L'auteur qui les réfute essaie ensuite de les réintégrer, de réunir les contraires, ainsi absorbés, accordés et conciliés dans l'unité totale d'un principe supérieur. De toutes les doctrines que lui lègue le passé Platon extrait ce qui est homogène à la sienne, comme il rejette ce qui est hétérogène ou contraire. Or, cette synthèse des opinions opposées ou diverses par la vertu d'une idée nouvelle et supérieure, elle exige un travail antérieur, long et difficile, d'examen et de discussion. Tous ces éléments doivent être corrigés, façonnés pour entrer dans le cadre plus vaste qui doit les recevoir. Ils doivent passer au feu de la critique pour être ainsi purifiés et utilisés. C'est l'office encore de la dialectique, non d'une dialectique stérile et négative comme celle des sophistes, d'opérer cette fusion ou ce choix.

Aussi le dialogue qui la représente n'est pas seulement la mise en scène, comme on l'a cru souvent, des opinions contraires dans un but négatif, réfutatif ou sceptique (Grote, Lewes). La dialectique y a un rôle plus élevé, tout autre même que celui que lui reconnaît Aristote (*Topiques*), quand il le réduit à n'atteindre que le probable ou le vraisemblable. C'est le vrai, la vraie vérité qui en sort harmonique et pure.

Quoi qu'il en soit de ce côté du platonisme, qui sera plus loin démontré, les opinions dont il s'agit, pour être contrôlées et jugées, doivent descendre dans l'arène, être attaquées et défendues par les auteurs eux-mêmes qui les représentent. Ce n'est qu'après avoir été convaincues d'insuffisance ou d'exclusivité qu'elles doivent livrer ce qu'elles ont de réel et de vrai, de vital qui doit leur survivre.

Le système, d'ailleurs, n'est pas achevé. Platon, qui, comme Socrate, est un grand promoteur d'idées, va plus loin que lui dans la carrière par lui ouverte. Mais il ne la ferme pas. On a tort de voir en lui un sceptique ou demi-sceptique (Grote). Sur bien des points, il est très dogmatique; mais sur d'autres, il est loin d'être fixé et affirmatif. Une multitude de problèmes se dressent devant lui qu'il ne se croit pas en état de résoudre. Il y a dans son système, avec les tâtonnements de sa méthode, des lacunes, des imperfections, des contradictions que lui-même aperçoit; sur d'autres, il a des doutes et des incertitudes. Il ne dit pas qu'il ne sait rien, mais qu'il ignore encore plus qu'il ne sait. Beaucoup de ses opinions sont de simples conjectures ou des hypothèses. Platon fait, défait et refait souvent ses opinions. Du moins il les modifie. Il cherche en tâtonnant la vérité. Il invite les autres à faire de même afin de découvrir ce qu'il ne sait pas. Il le dit et le répète.

Il ne faudrait pas en inférer qu'il ne conclut rien, qu'il ne fait que remuer les idées (Grote). Mais ce rôle, à coup sûr, est aussi le sien. Il soulève et agite plus de questions qu'il ne peut en résoudre. Il laisse libre chacun de choisir ce qui à ses yeux est la vérité ou s'en rapproche le plus. Niera-t-on que le dialogue, tel qu'il l'a conçu, ne soit parfaitement adapté à cette fin comme il l'est à tout le système?

3° Ce n'est pas tout. Platon, comme Socrate, a en face de lui des adversaires et la lutte contre les sophistes n'est pas finie. Le fût-elle, le souvenir n'en doit pas être effacé. La postérité, elle aussi, doit assister à ce grand débat où la vérité morale et pratique aussi bien que théorique fut en cause, et, quoi qu'on dise, en péril. Cette polémique savante, animée, dramatique qui remplit les dialogues de Platon, n'est pas un des moindres services rendus à l'humanité comme à la philosophie.

Un autre mérite est de nous avoir rendu présent et vivant celui qui fut le héros et le martyr de cette lutte. Autrement Socrate qui n'a rien écrit n'eût laissé après lui de sa personne, de sa vie, de son enseignement, qu'un imparfait souvenir. Son portrait dessiné en traits généraux, avec les points principaux de sa doctrine, par Xénophon et d'autres disciples, est bien pâle et insuffisant. Cette histoire, réduite au simple récit de son procès et de sa mort et à quelques maximes, restait au-dessous de la réalité du rôle accompli par un si grand homme. Le génie de Platon l'a ressuscité; il en a fait une figure éternellement vivante, immortelle, un des types les plus élevés de l'humanité.

4° Ces motifs sont palpables. Pour qui a pénétré plus avant dans la pensée du philosophe, il est une raison plus profonde encore et plus cachée qui explique et justifie le choix du dialogue par Platon, et cela comme expression ou forme adéquate de sa doctrine combinée avec sa méthode. Je veux dire la manière dont lui-même comprend la pensée, dans son mouvement interne, et son procédé *discursif*. N'a-t-il pas défini la pensée un discours intérieur, ou l'identité du discours et de la pensée : διάνοια καὶ λόγος ταὐτόν? Le raisonnement, c'est un discours muet, ἄνευ φωνῆς, que l'âme se tient à elle-même (*Soph.*, 263). Au fond Socrate l'entendait ainsi, lui qui interroge sans cesse, qui invite son interlocuteur à rentrer en lui-même, à s'interroger et à se consulter. Le dialogue extérieur ne fait que refléter le dialogue intérieur. Il le traduit et le formule. Dans le *Phèdre* l'enseignement écrit est placé bien au-dessous de l'enseignement verbal ou oral, le seul qui sème ou qui écrit dans les âmes, seul fécond, qui vivifie et fructifie. Celui-ci est la parole vivante qui fait éclore les germes déposés dans l'âme, ce que ne saurait faire la parole écrite (*ibid.*). Mais ce qui est vrai du discours suivi ne l'est plus autant du dialogue où revit la conversation réelle et qui participe de son efficacité.

Par tous ces côtés est évident le rapport étroit et nécessaire de la forme du dialogue avec toute la philosophie de Platon.

III. SA VALEUR RELATIVE ET SON ROLE HISTORIQUE. — Ce mode d'exposition de la pensée philosophique est-il le plus propre qui lui convienne? Des esprits éminents l'ont pu croire; ils se sont trompés[1]. 1° On peut remarquer d'abord que cette perfection du dialogue, tant admirée dans Platon, n'existe que chez lui. Tous ceux qui depuis, parmi les écrivains plus ou moins philosophes, l'ont imité, sont restés fort au-dessous du modèle. Chez Cicéron, elle dégénère en plaidoyer. La rhétorique, chez les uns, en fait les frais (Plutarque); chez d'autres, la satire (Lucien), etc. Quand les modernes s'en servent, c'est en général comme d'un moyen commode pour mettre aux prises des opinions diverses qui s'exposent chacune à leur tour, se réfutent, dont l'une triomphe des autres ou qui, par une discussion suivie, arrivent à une conciliation finale. C'est alors plutôt l'Entretien, lequel diffère du vrai dialogue[2]. Ici pas de fable ni d'action, le côté dramatique est nul ou faible; au lieu de vrais types, de pâles figures personnifiant des généralités. Chez Platon, l'œuvre d'art est vivante, libre, naturelle; ailleurs

---

1. « Le dialogue est la plus haute forme, la seule, à notre opinion, que la philosophie arrivée à son développement puisse admettre dans un esprit indépendant et libre : Die einzige, nach meiner Meinung welche die bis zur Selbständigkeit ausgebildete Philosophie, in einem freien Geiste annehmen kann. (Schelling, cité par Teichmüller : *die Wirkliche und Scheinbare Welt*, préf., XXXVII. »

2. Voir Malebranche, Leibnitz, Locke, Hume, Berkeley, Schelling, etc.

c'est une composition réfléchie plus ou moins froide et artificielle. Les personnages sont des étiquettes ou des noms apposés à des systèmes. Tout y est transparent. Le ton oratoire domine, etc. — 2° Pour Platon le dialogue est la forme même de sa philosophie; mais par là même elle est transitoire. Avec Platon le dialogue trône dans la philosophie ancienne, parce qu'il représente ce moment unique où l'art et la science ne sont pas séparés. Après lui, il descend de ce haut rang et joue un rôle secondaire. Il rend encore d'éminents services; mais n'est plus qu'un auxiliaire utile affecté à un but *spécial, réfutatif, polémique, zététique* ou *didactique, pédagogique, édificatif* ou *satirique*, etc. Le *Traité* prend sa place. Avec lui l'exposition devient simple et directe, abstraite et régulière. Le discours se dépouille de ses ornements. La discussion conserve son importance, mais l'analyse et la démonstration dominent. Ne visant qu'à la clarté méthodique, l'auteur qui fait connaître une doctrine se borne à l'exposer; il rejette tout ce qui peut nuire à la clarté de la pensée, ce qui l'embarrasse, la complique ou la retarde, marchant à pas comptés, sans détours ni points d'arrêt, vers le but que lui marque la logique, comme le veut et l'exige la science. A la savante ordonnance du dialogue platonicien se substitue une forme du discours moins agréable, nullement dramatique, mais claire, régulière et précise, celle qu'Aristote, le premier, a donnée à la philosophie et qu'après lui elle ne quittera plus.

Le Mythe platonicien.

Le mythe a aussi un rôle important dans l'exposé de la philosophie platonicienne. Il apparaît dans tous les grands dialogues : le *Timée*, la *République*, le *Protagoras*, le *Politique*, le *Gorgias*, le *Phédon*, le *Banquet*, les *Lois*, le *Théétète*, etc. Pourquoi cette autre forme d'exposition de sa pensée, adoptée par le philosophe? Quelle est la nature du mythe platonicien? Comment doit-il s'interpréter?

Ces points, longuement débattus par les auteurs, doivent être ici brièvement indiqués.

I. — Le mythe dans Platon est affecté à cette partie du système, la plus élevée, mais aussi la plus obscure, qui ne comporte pas la démonstration philosophique ou rigoureuse. S'agit-il d'une de ces hautes et mystérieuses questions qui ne sauraient être méthodiquement traitées et dont la solution claire et certaine échappe à la raison humaine parce qu'elle est au-dessus de sa portée, sur le commencement et la fin des choses, la structure générale de l'univers et l'ensemble de ses lois, sur la nature, l'origine et la destinée des âmes, leur mode d'existence après la mort, etc., le philosophe, alors que la lumière naturelle lui fait défaut ou que sa clarté lui apparaît vacillante et voilée, se tourne vers une autre lumière. Après avoir épuisé tous les raisonnements que lui fournit sa dialectique, il a recours à des sources d'information différentes, moins directes et moins précises, mais capables encore, ou qu'il croit telles, de donner la vérité dans une certaine mesure. Il interroge la tradition, les antiques croyances, les fables ou récits anciens, παλαιοὶ λόγοι, les proverbes, παροιμίαι. La sagesse des poètes elle aussi lui revient en mémoire; il les cite avec complaisance. Souvent même il s'en sert comme d'une forme nouvelle d'expression à laquelle il confie ses propres pensées. C'est quand il ne veut pas trop s'engager et se compromettre, ni en prendre tout à fait la responsabilité.

II. — Ces raisons expliquent très bien la nature et la place du mythe, son rôle dans les écrits de Platon et dans le système platonicien.

Mis au service de la science il en est, on le voit, l'auxiliaire et le complément. La mythologie grecque, pour laquelle Platon est si sévère et qu'ailleurs (*Rép.*, II, III) il maltraite si fort, du moins celle d'Homère et d'Hésiode, se trouve ainsi réintégrée et comme réhabilitée. Elle-même est accueillie au sein de la philosophie; mais c'est dans des conditions et avec des restrictions qu'elle n'aurait, sans doute, pas acceptées, ni sans subir des retranchements et des changements auxquels elle n'eût pu se prêter sans cesser d'être elle-même et abdiquer son caractère véritable.

Platon philosophe, a-t-on dit, ne cesse pas d'être poète. Il l'est même en tant que philosophe; aussi quand il revêt sa pensée du voile brillant de l'allégorie mythologique, c'est en philosophe et en poète, non en théologien qu'il le fait. C'est-à-dire qu'il use de la plus grande liberté. En cela il imite les anciens Sages ses prédécesseurs. De plus, Platon poète et métaphysicien, l'est à la manière des Grecs, pour qui la poésie est un jeu, un noble délassement, παιδιά. (Voir *Aristote*, *Polit.*, VIII.) La muse grecque, si amoureuse de la fiction, ne se résigne pas à ne parler qu'une seule langue, même en philosophie. Le langage aride et froid de la métaphysique ne lui suffit pas. Après avoir cheminé d'un pas lent et pénible par tous les sentiers ardus où se traîne la dialectique, elle sent le besoin de déployer ses ailes, de parcourir d'autres régions et de s'y jouer librement. Pythagore, Empédocle, Héraclite, Xénophane, Parménide avaient fait de même avant Platon et lui donnaient l'exemple. Socrate avec ses ingénieuses et riches comparaisons, bien qu'empruntées à la réalité vulgaire, n'était-il pas aussi un poète à sa manière? On sait qu'il traduisait les fables d'Esope dans sa prison, qu'il y composa un hymne à Apollon (*Phédon*). Il déclare que sa vraie vocation, d'après un songe, est d'être poète [1]. Cette voie tracée à son génie poétique, Platon ne pouvait manquer de la suivre.

Aussi ne faudrait-il pas s'y tromper, méconnaître la nature de ce moyen qu'il emploie, quoique avant tout le but soit philosophique et moral. C'est, pour lui, d'abord un divertissement et un jeu, mais un amusement et un divertissement des sages. A ce titre, s'il ne faut pas trop le prendre au sérieux, il ne doit pas non plus être tenu pour frivole. Le milieu est à prendre.

Fatigué de raisonner et de discuter, le dialecticien ou le disputeur se repose, comme il dit, en faisant un beau discours, ἄκουε δὴ μάλα καλοῦ λόγου (*Gorgias*, 523, a), un discours fabuleux, μυθικὸν λόγον. C'est aussi une sorte d'hymne sacré, μυθικόν τινα ὕμνον (*Phèdre*, 265), que la science adresse aux dieux à la fin et comme couronnement de la recherche.

Le plus souvent le mythe a un sens plus sérieux encore, et que l'on trouve en dégageant de la forme allégorique la

---

[1]. Le même songe me disait : Socrate, cultive les beaux-arts, μουσικὴν ποίει καὶ ἐργάζου. (*Phédon*, 60, E.)

pensée profonde qu'il renferme : « Nous avons composé un discours assez plausible en nous jouant avec décence et avec piété » : οὐ παντάπασιν ἀπίθανον λόγον, μυθικόν τίνα ὕμνον. (*Phèdre*, 265, c.)

III. — D'après la nature du mythe platonicien on voit comment il doit être envisagé et interprété, les règles à suivre à ce sujet : 1° Le mythe est un accessoire de la doctrine et aussi un moyen de l'insinuer ou de la confirmer lorsque les preuves sont insuffisantes ou ne mènent qu'à une conclusion probable. 2° Il ne faut pas le prendre à la lettre ni au sérieux quant à la forme, car on doit savoir ce qu'est Platon. Qu'il parle ainsi sérieusement, ce n'est pas d'un philosophe tel que lui héritier de Socrate et de son ironie. 3° Pour lui c'est bien une sorte de *révélation*, de λόγος divin, mais un logos énigmatique, un oracle à double sens, qui a besoin d'être interprété, expliqué.

L'imagination en a fourni l'enveloppe, le fond seul est le vrai. La pensée cachée, l'ὑπόνοια, c'est le côté rationnel, le sens métaphysique ou moral, qu'il faut deviner, comme le dira plus tard Aristote (*Met.*, 1) qui pense de même de la mythologie. Quelquefois, il est vrai, mêlé à la discussion, il n'y faut voir guère qu'un badinage, σχεδὸν παιδιὰν (*Polit.*, 268, d.), un repos qui aide à supporter les fatigues du voyage. Il en est comme d'un jeu pour les enfants, καθάπερ παῖδες. Mais ailleurs il est plus grave; c'est l'écho d'une grande tradition, μεγάλου μύθου προσχρήσασθαι, comme il est dit du règne de Saturne (*Polit.*), des révolutions célestes, du mouvement circulaire des astres, de l'âge d'or, de l'origine du mal, etc.

IV. — Quelle idée, d'après cela, Platon se fait-il de la tradition religieuse? On aura plus tard à l'examiner.

Quant aux règles à suivre, elles sont difficiles à tracer et à appliquer. Il suffit de poser ici la principale. Pour démêler le vrai du faux, on doit faire la part de l'imagination et celle de la raison; ce qui revient à l'une et à l'autre n'est pas aisé à déteminer.

Pour nous la règle générale est celle-ci :

Si la *forme* qui appartient à la première ne doit pas être prise à la lettre, elle ne doit pas être en opposition flagrante avec l'*idée* qui s'adresse à la seconde. Les deux termes ne doivent pas se contredire. L'image ou le récit ne peut pas traduire une pensée opposée à elle-même et qui la détruise. Car alors c'est un *mensonge* formel, ce qui ne saurait s'admettre d'un vrai philosophe, bien que Platon admette (*Rép.*, *Lois*, II, 377) des mensonges vrais au point de vue pédagogique. Mais ceci viendra en son lieu à propos de ces hautes et mystérieuses questions de l'immortalité de l'âme et de la vie future, de la personnalité divine, de la Providence, etc. Le sens du mythe ne doit toujours pas y contredire l'idée dont lui-même est le symbole.

Sur un sujet si délicat et si important, voilà ce qu'on peut dire ici de plus général.

Platon déclare lui-même que le mythe contient une pensée vraie [1]. La vérité y serait-elle à ce point dissimulée et cachée par la forme qui la revêt que celle-ci fût précisément destinée à induire en erreur celui à qui elle est enseignée ou à lui faire croire le contraire de ce qu'il s'imagine en comprendre et lui être ainsi transmis ? Il est difficile de l'admettre d'un si grand moraliste, et c'est plutôt selon nous faire injure à sa mémoire que de le lui attribuer.

---

1. *Gorgias*, 524, B. Ταῦτ' ἐστίν, ὦ Καλλίκλεις, ἃ ἐγὼ ἀκηκοὼς πιστεύω ἀληθῆ εἶναι.

Sur le mythe platonicien : Henskius, *Dissertatio de philosophia mythica, Platonis præcipue*, in-4°, Helmst., 1776. — Huttner, *de Mythis Platonis*, in-4°, Leipzig, 1788. — Eberhard, *Sur le but de la philosophie et sur les mythes de Platon*, mélanges, in-8°, Halle, 1788. — Fraguier, *Dissertation sur l'usage que Platon fait des poètes*. — Garnier, *de l'Usage que Platon a fait des fables*, dans les *Mémoires de l'Académie des Inscriptions*, t. III et XXXII, et les auteurs récents cités par Zeller, p. 483.

SECTION III

LE STYLE ET LA TERMINOLOGIE DE PLATON

I. Le style de Platon; ses mérites supérieurs selon les divers auteurs. Ce que la critique abstraite a pu y relever; son rapport avec le système et sa place dans l'histoire. — II. La terminologie. La langue de Platon, en quoi elle consiste; ses mérites et ses imperfections; son rôle dans le développement général de la pensée humaine. Comparaison avec Aristote.

Le style de Platon.

I. — Que le premier rang, comme écrivain, appartienne à Platon parmi les philosophes de l'antiquité, personne ne le conteste. Sa diction et son style ont des beautés d'un ordre supérieur que les Grecs surent, les premiers, goûter et admirer. Les adversaires de sa philosophie, ses ennemis eux-mêmes les plus disposés à le rabaisser et à le dénigrer, les reconnaissent et les vantent. Si l'on veut donner une idée de l'effet que produisit la forme de ses écrits sur ses contemporains, il suffit de citer ce qu'en dit, en une de ses épigrammes, Timon le satirique, habitué à tourner en ridicule la doctrine et la personne du grand philosophe. Parlant du lieu où se donnait son enseignement : « C'est là que se rendait leur maître à tous, Platon au large front, dont la parole éloquente et les écrits ont une grâce et une douceur semblables au chant des cigales, qui cachées dans les arbres d'Hecadémus font entendre leur voix harmonieuse. » (Diog. L.) Ce que, depuis, les auteurs les plus divers ont dit de cette langue, la langue de Platon, par laquelle il est resté lui-même, ne peut être ici rapporté. On sait en quels termes enthousiastes en parle Cicéron, pour qui le mérite oratoire était le principal, en divers endroits de ses œuvres. Il ne croit pas que pour l'éloquence Platon puisse être surpassé. « Num eloquentia Platonem superare possumus? »

Par la suavité et la gravité de sa diction, il tient de beaucoup le premier rang parmi tous ceux qui ont écrit ou parlé [1]. Sa parole, comme sa pensée, a quelque chose de divin qui en fait comme un dieu des philosophes [2]. Si Jupiter parlait grec, il ne parlerait pas autrement [3]. Pour la richesse abondante, quelle diction peut être comparée à la sienne [4]? L'abondance, l'autorité, la variété, répandues dans ses discours sont les qualités que l'orateur romain devait surtout priser [5]. L'ampleur, la puissance et la majesté devaient également avoir place en cet éloge [6]. Une grâce particulière à Platon et qui lui est naturelle a donné lieu à cette fable d'un essaim d'abeilles qui se serait reposé sur ses lèvres dans son berceau pendant son sommeil [7].

Si l'on essaie de rassembler les traits épars chez divers auteurs qui de ce style ont signalé les mérites principaux, ce sont surtout : le naturel et la simplicité, joints à l'ampleur et à la richesse, la douceur et la gravité, l'autorité tempérées par les grâces enjouées de Socrate et dont le disciple semble avoir hérité de son maître comme de son ironie. Et encore celle-ci, l'ironie platonicienne, devait différer de l'ironie socratique unique en son originalité, moins sereine et plus familière, celle-là ayant du caractère et de la doctrine quelque chose de plus élevé et de plus calme. On trouve dans ce style l'harmonie constante sans l'uniformité qui la rendrait ennuyeuse et fatigante; cela tient aussi à la grande variété

---

1. « Omnium quicunque scripserunt aut locuti sunt extitit et suavitate et gravitate princeps Plato. » (Orat., I.)
2. « Non intelligendi solum sed etiam dicendi gravissimus auctor et magister, longe omnium in dicendo gravissimus et eloquentissimus, uno verbo philosophorum deus. » (Orat., VIII; cf. Orat., I; 2.)
3. « Jovem sic, aiunt philosophi, si græce loquatur loqui. » (Ibid.)
4. « Quis uberior in dicendo Platone? » (Orat., 31).
5. « Platonis auctoritate qui varius et multiplex et copiosus fuit (Sermones), utrique Platonis ubertate completæ. » (Acad.)
6. « Amplitudo potentiæ aut majestatis aut aliquarum copiarum magna abundantia. » (de Invent., II, 5.)
7. « Platoni in cunis parvulo dormienti apes in labellis consedissent, responsum est singulari suavitate orationis fore. » (De Divin., 36.)

de ton observée suivant le caractère et le rôle des personnages.

On signale un très grand soin dans la composition (Quintil., IX, II), mais sans affectation ni recherche comme dans les faux ornements qu'avaient mis à la mode les sophistes et dont les orateurs (Lysias) n'avaient pu se défendre. Tous ces défauts (le rhéteur Longin lui-même le fait observer), Platon les avait évités [1]. On remarque encore dans ce style, la savante contexture des périodes, une heureuse abondance qui, selon l'idée qu'en donne aussi Longin, ne nuit pas à l'élévation et qui, parce qu'elle n'est pas trop rapide, coule sans bruit [2]. On ne doit pas omettre le souffle poétique qui parcourt l'ensemble et, avec tout cela, une certaine faculté ou qualité propre pour laquelle l'expression manque aux modernes et que les Grecs n'ont su définir qu'en l'appelant divine et homérique : divina quadam facultate et homerica. (Quintil., X, I, 80.)

Cette dernière qualité du style de Platon, le caractère poétique qui s'ajoute aux mérites oratoires et qui l'élève au-dessus de la prose, a été célébrée par Quintilien en des termes qui font de Platon un génie inspiré qui parle une langue voisine de celle des oracles et des devins [3].

Quant à ce qui a été dit de cette langue et de ce style par les auteurs modernes qui en ont fait l'éloge, la liste serait longue même des plus illustres [4]. Il y aurait à distinguer des

---

1. Pour ce qui est de Platon, il surpasse Lysias non seulement par l'excellence, mais par le nombre des beautés; je dis plus, Platon n'est pas tant au-dessus de Lysias que Lysias est au-dessous de Platon par un grand nombre de défauts (Longin).

2. Platon dont le style ne laisse pas d'être fort élevé, bien qu'il coule sans être rapide et sans faire de bruit. (Id.)

3. « Quis dubitat Platonem esse præcipuum sive acumine dicendi sive eloquendi facultate divina quadam et homerica? Multum enim supra prosam orationem, et quam pedestrem Græci vocant, surgit, et mihi non hominis ingenio sed quodam delphico videatur oraculo instinctus. » (Quintil., *Inst.*, X, 1, 81). « Plerumque instinctis divino spiritu vatibus comparandum. » (*Ibid.*, X, III, 3.)

4. Parmi les non philosophes, Thomas (*Essai sur les Éloges*) est souvent cité. Malgré le ton déclamatoire qui lui est ordinaire, on ne peut trouver son appréciation mauvaise. « On a souvent attaqué Platon comme philosophe; on l'a toujours admiré comme écrivain. En se servant de la plus belle langue de l'univers, Platon ajoute encore à sa beauté. Il semble qu'il eût contemplé et vu de près cette beauté éternelle dont il parle sans cesse et que, par une

purs érudits, commentateurs ou philologues, les vrais écrivains et parmi eux les philosophes, ceux qui ont traduit Platon ou qui ont été le plus en commerce intime et direct avec ses écrits. On trouverait, du reste, qu'ils n'ont guère fait que reproduire en les développant les traits déjà signalés par les anciens [1].

II. — Mais ces mérites littéraires reconnus, c'est à un autre point de vue, celui de sa valeur philosophique, que la forme ici doit être jugée. La règle à appliquer est celle de l'appropriation exacte du langage à la pensée, de l'expression adéquate des idées avec les idées elles-mêmes. Et ici le jugement peut être plus sévère.

On a reproché à cette langue et à ce style d'être trop figurés, d'emprunter aux images sensibles une clarté plus apparente que réelle, de n'être qu'un reflet de cette lumière plus haute et plus pure, la seule vraie suivant Platon lui-même, celle qui s'adresse non au sens, mais à l'esprit et dont la clarté ne réside que dans l'expression abstraite. On a trouvé aussi la forme trop oratoire, comme trop poétique. Et alors tous les éloges décernés à l'éloquence platonicienne seraient retournés contre elle. Déjà les anciens avaient usé de cette critique.

---

méditation profonde, il l'eût transportée dans ses écrits. Elle anime ses images, elle préside à son harmonie; elle répand la vie et une grâce sublime sur les sons qui représentent ses idées. Souvent elle donne à son style ce caractère céleste que les artistes grecs donnaient à leurs divinités. Comme l'Apollon du Vatican, comme le Jupiter Olympien de Phidias, son expression est grande et calme; son élévation paraît tranquille comme celle des cieux. On dirait qu'il en a le langage. Son style ne s'élance point, ne s'arrête point; ses idées s'enchaînent aux idées; les mots qui composent les phrases, les phrases qui composent le discours, tout s'attire et se déploie ensemble; tout se développe avec rapidité et avec mesure, comme une armée bien ordonnée qui n'est ni tumultueuse ni lente et dont les soldats se meuvent d'un pas égal et harmonieux pour avancer au même but. » (Thomas, *Essai sur les Éloges.*)

1. Voir Thomas, *Essai sur les Éloges*. Ce que disent les traducteurs est particulièrement à remarquer. Voir Grou, Préf. de *la République*; Victor Cousin, *Œuvres*, Littérature, IVe série, t. I, Avant-propos. « Platon sans doute a des grâces incomparables, la sérénité suprême et comme le demi-sourire de la sagesse divine. » (*Hist. gén. de la phil.*, 7e Leçon.) « Sa prose est constamment pénétrée d'un souffle poétique. Le style de Platon est très simple comme tout style du temps de Périclès, mais dans cette simplicité attique domine la sublimité. » (*Ibid.*) Schleiermacher (Einleitung). Sur le style de Platon voir van Heusde, *Plato et Aristoteles*, p. 19; Fr. Hermann, *Hist. gén. de la Phil. de Platon*, p. 401 et 572.

On la trouve dans Denys d'Halicarnasse, lui-même rhéteur pourtant et historien. Diogène le Cynique, on le sait, raillait l'interminable faconde du chef de l'Académie. (Diog. L., VI, 26.) Des modernes (Hermann, Schasler), non moins sévères, ont insisté sur ces défauts dérivant des beautés elles-mêmes de ce style.

La réponse est ce qui a été dit du dialogue (*supra*).

Sans doute, au point de vue d'une critique abstraite, le reproche n'est pas sans justesse; mais, sans nier les conditions absolues de la science et ses exigences, l'historien qui retrace le développement de la pensée humaine en juge autrement. Pour lui c'est se placer en dehors du temps, ne pas tenir compte du rôle qu'a dû remplir le philosophe à ce moment de la philosophie ancienne.

Le caractère général du style de Platon c'est, ainsi que l'a défini Aristote, de tenir le milieu entre la poésie et la prose : μεταξὺ ποιήματος καὶ πέζου λόγου. (Diog. L., III, 37.) Or, en cela, qui ne voit qu'il répond tout à fait à la place que Platon occupe dans la philosophie ancienne? Ce qui est vrai du dialogue ne l'est pas moins du langage et du style. Celui-ci est ce qu'il devait être pour réaliser cet accord signalé de l'art avec la philosophie à ce moment précis où ils ne font qu'un, ou ne se sont pas séparés.

Or, nul écrivain n'a égalé Platon dans cette perfection, si l'on veut, relative, mais réelle et nécessaire. Ni avant ni après lui, aucun philosophe n'offre le modèle d'une telle conformité, celle de l'image ou de la figure avec la pensée; nulle part, n'apparaît au même degré cette justesse d'appropriation des deux termes, cette transparence de la forme à travers laquelle reluit et resplendit l'idée. Elle est merveilleuse à la fois dans les termes et dans les comparaisons. C'est au point que bon nombre de ces métaphores ou figures ont pris rang pour toujours dans le langage humain usuel et aussi le plus élevé : le soleil des esprits (*Rep.*, XI), les ailes de l'âme (*Phèdre*), l'attelage du bon et du mauvais coursier (*ibid.*), la caverne et les captifs (*Rep.*, VI), le colombier où logent et d'où s'envolent nos opinions et nos erreurs (*Théétète*), le raisonnement défini un dialogue de l'âme avec elle-même (*ibid.*), et tant d'autres locutions devenues comme proverbiales et des définitions. Tant qu'il sera parlé des choses divines et humaines, de celles de l'âme, de l'amour, de l'idéal, le vocabulaire platonicien sera usité. La science elle-même la plus exacte y puisera et ne pourra s'en passer.

Ce qui est vrai des termes, l'est aussi des comparaisons. La plupart ne sont pas moins heureuses. Que Platon n'en ait pas abusé ce serait trop dire; mais, en général, il serait aisé d'en relever la parfaite justesse d'analogie scientifique aussi bien que le mérite poétique. Pour n'en citer que quelques-unes, a-t-on trouvé une meilleure assimilation pour désigner les magistrats que celle de gardiens des lois (*Rép.*, *Lois*)? Celle des matelots qui, après avoir enivré le patron sourd et aveugle, s'emparent du navire, jettent le pilote à la mer, s'enivrent eux-mêmes et vont faire échouer le malheureux vaisseau sans boussole et sans guide sur les écueils, ne symbolise pas mal les excès de la démagogie. Dans l'ordre purement moral, les passions assimilées aux maladies du corps, leur remède principal celui d'être purgées ou tempérées, la médecine des âmes, la fausse éloquence des Rhéteurs qui flatte le goût des auditeurs assimilée à la cuisine (*Gorgias*), le monstre à plusieurs têtes que chaque homme porte en lui-même (*Rép.*, IX), les formes de la société civile et du gouvernement des États répondant au gouvernement intérieur des âmes, etc. (*ibid.*, VIII), une foule d'autres comparaisons qu'on rencontre à chaque instant au milieu des discussions les plus savantes, fournissent la preuve surabondante de la proposition émise. Quiconque a lu Platon n'en a nul besoin.

Platon, d'ailleurs, n'est pas seulement métaphysicien. Disciple de Socrate il est aussi moraliste, le plus grand, à notre avis, des moralistes anciens. Si son langage même à cet égard, n'eût été qu'oratoire, on aurait pu l'en blâmer. Mais chez lui le moraliste éloquent ne cesse pas pour cela d'être le théoricien, le dialecticien méthodique et profond, qui raisonne et discute, analyse et démontre, n'ayant souci que de la vérité qu'il cherche ou veut faire admettre. Il en est ainsi des savantes et sévères discussions si admirablement conduites, d'une fermeté et d'une élévation incomparables, où sont examinées et réfutées les doctrines contraires. Cette sévérité de langage redouble encore quand lui-même établit ses principes, l'idée du bien et les autres principes de la moralité humaine (*Rép.*, VI, *Gorgias*). Sa langue alors est claire, précise au point que le reproche de sécheresse ne lui a pas été épargné. A cette rigueur de dialectique a-t-il eu tort d'ajouter l'éclat du style et même, si l'on veut, le mouvement oratoire chez lui toujours tempéré par la sérénité? Ce qui en tout cas serait vrai de la science théorique ou métaphysique ne l'est plus de la morale ou de la vérité pratique. Celle-ci s'adresse à la volonté et au sentiment comme à la raison et à la conscience. Sous ce rapport, les défauts reprochés à Platon pourraient bien être de grandes et nécessaires qualités : l'éclat, le mouvement, la vie, la grâce persuasive, unis à la fermeté, à l'élévation, la majesté, quelquefois la sublimité, toujours la beauté plastique, toutes ces qualités qu'on nomme oratoires, loin de nuire à la pensée philosophique, la servent admirablement, ne fût-ce que pour rendre la vérité plus aimable, plus frappante et plus touchante. Elles la font pénétrer plus facilement et plus avant dans les âmes.

Ce que Platon a dit du philosophe, qu'il doit philosopher avec toute son âme, σὺν ὅλῃ τῇ ψυχῇ (*Rép.*, VII, 518), s'applique très bien à lui-même et à son style. Sa parole s'adresse à l'âme tout entière, à ses diverses puissances ou facultés : raison, imagination, sentiment. La doctrine ainsi se grave dans les esprits. La vérité se fait aimer quand la beauté s'y ajoute et en est inséparable.

Les écrits de Platon auraient-ils exercé une telle influence sur un si grand nombre d'esprits parmi lesquels on en compte de tous les genres et à toutes les époques, moralistes, théologiens, poètes et orateurs, savants, hommes d'État, etc., sans le charme particulier qui les distingue et qui vient de la richesse même de ces qualités diverses[1]? Qui voudrait leur

---

1. Les sceptiques eux-mêmes n'ont pu s'y soustraire, témoin Montaigne : « J'ai relu Platon avant d'exposer sa philosophie et c'est de lui surtout qu'on peut dire : les lieux et les livres me rient toujours d'une fraîche nouveauté. » (*Essais*, I, 2; cf. Goethe, *Maximes*.)

en ôter une seule même au prix des avantages d'une froide diction, ou d'un exposé purement abstrait, scientifique et didactique?

La Terminologie de Platon.

I. — Tout penseur original se crée un langage technique approprié à ses idées et, s'il est philosophe, à un nouveau système. En donnant à la pensée spéculative un plus haut essor et une direction nouvelle, Platon ne pouvait manquer de faire accomplir à la langue philosophique, si étroitement liée à la pensée, un progrès analogue. On ne saurait, sous ce rapport, méconnaître la valeur et la portée de cette langue qui est la sienne. Elle a été adoptée par toutes les écoles idéalistes qui aujourd'hui encore la parlent et n'en ont pas d'autre. Les termes qui la composent sont de deux sortes, ceux qu'il a faits ou inventés en petit nombre, empruntés aux radicaux de la langue grecque, et ceux qu'il a fixés en leur donnant une signification nouvelle ou plus précise, beaucoup plus nombreux, et qu'il trouvait en partie chez ses prédécesseurs ou dans la langue commune. A ceux-ci il a donné une acception particulière propre à exprimer ses idées, en a fixé le sens qu'ils ont depuis, en grand nombre, conservé. Les rechercher et les constater est le sujet d'une étude intéressante qui ne peut trouver ici sa place [1].

Il y aurait à distinguer dans chaque partie de la philosophie les termes qui y correspondent, ceux qui sont nouveaux, qui ont été changés, modifiés ou étendus, ou spécifiés [2]. Ainsi :
1° avant tout s'offrent les termes métaphysiques qui sont la langue du système. Exemples : εἶδος, ἰδέα, οὐσία, τὸ ὄν, τὸ μὴ ὄν, τὸ ὄντως ὄν, ταὐτόν, θάτερον, τὸ ἄπειρόν, la μετέξις, etc.;
2° après eux, les mots les plus significatifs ou techniques en

---

[1]. On y distingue (Eucken) : 1° des termes isolés, détachés, αἰσθητικός, ἀναλογία, στατικός, συλλογισμός, etc.; 2° des termes qui marquent une opposition, αἰσθητός, νοητός; τὸ ὄν, τὸ μὴ ὄν, etc.; 3° une foule de termes qu'il élève au rang de termes techniques et qui sont restés tels, plusieurs modifiés et fixés par Aristote, αἰτία, δύναμις, ἰδέα, εἶδος, οὐσία, etc.

[2]. Voir Ast. *Lexicon philosophicum*; Dr Peipers, « Ontologia platonica ad notionum terminorumque historiam symbola » (Leipsiæ, 1883); Rudolph Eucken, *Gesch. der philos. Terminologie* (Leipsig, 1870).

physique, en psychologie, en morale, en politique, etc.; 3° les locutions qui sont des formules, etc. L'exposé de la doctrine entière les fera en partie connaître.

II. — Elle-même, cette terminologie n'a pas échappé au blâme et aux objections. Outre l'inconvénient du mélange de l'idée avec l'image et de la substitution de l'une à l'autre dans les termes figurés, on a dû relever les équivoques, les incertitudes, l'emploi de mots, tantôt les mêmes pour signifier des choses différentes, tantôt différents pour exprimer les mêmes idées, le vague et l'obscurité de plusieurs, leur caractère d'abstraction et de trop grande généralité qui les rend impropres souvent à exprimer les choses concrètes ou sensibles. L'écho de ces plaintes se trouve déjà chez les anciens, dans Diogène de Laërce et dans Denys d'Halicarnasse. On a même reproché à l'auteur de vouloir par là rendre ses ouvrages inaccessibles au vulgaire (ce qui est inepte), de voiler à dessein sa pensée, etc. (ce qui ne l'est pas moins).

Il est certain que cette langue, la langue technique de Platon, n'a pas la solidité, ni la précision de celle d'Aristote, lequel restera l'artisan (*opifex*), le vrai créateur de la langue philosophique; mais il serait injuste de ne pas reconnaître tout ce dont cette langue, comme la langue humaine en général, est redevable à Platon et à ses écrits. Combien de termes métaphysiques sont devenus la monnaie courante dans le langage de toutes les sciences! D'autres dont le sens primitif n'était pas fixé ont reçu une signification nouvelle et déterminée dans les diverses parties du système. Aristote lui-même s'en sert sans cesse; en les modifiant, il se les approprie. Il ne rejette que ce qui est réfractaire à son propre système. Mais même alors n'est-il pas trop sévère quand il reproche à Platon d'employer des mots vides (κενόλογει) et de faire des métaphores poétiques et cela à propos de la μετέξις (*Mét.*, I)? Sa langue à lui, moins figurée et plus précise, est-elle exempte de ces défauts? Est-elle toujours sans obscurité, exempte de confusion et d'équivoque? N'a-t-il jamais abusé de la métaphore? L'εἶδος ou la *forme* opposée à la matière, l'acte et la puissance, etc., n'ont-ils jamais donné lieu à des malentendus? En morale, où les idées sont plus aisées à déterminer, le *juste milieu* (τὸ μέσον), comme définition de la vertu, en donne-t-il bien l'idée ? Sur la μίμησις et la καθάρσις ? la guerre des textes n'est pas finie. Sur l'ἦθος et le πάθος, on dispute encore.

Mais à quoi bon ces représailles ? N'est-ce pas un reproche fait à tous les auteurs de systèmes ? Les mots font leur entrée dans le monde de la pensée avec les idées qu'ils représentent. Ils valent ce que les idées valent elles-mêmes, qu'ils servent à fixer comme à formuler. Platon lui-même le reconnaît. (V. *Cratyle*.)

Il serait plus à blâmer peut-être d'avoir employé des termes étrangers à l'ordre des idées ou des faits qu'ils doivent représenter, comme les cercles de l'âme (*Timée*), d'avoir eu recours aux triangles pour la composition des corps, abusé des *nombres*, etc., d'avoir soumis aux lois mathématiques les révolutions des États (*Rép.*, VIII). Cette langue, plus pythagoricienne que platonicienne, dont il a eu tort de se servir, ne lui est pas habituelle. Sa langue ordinaire, même pour les idées abstraites, est plus claire et est celle de sa philosophie. Malgré ses imperfections inhérentes au système, elle n'est pas moins, dans son ensemble, une langue très claire, devenue partie intégrante de la langue universelle des peuples civilisés ; c'est celle que parlent tous les esprits d'élite, aujourd'hui comme dans l'antiquité grecque et latine, païenne et chrétienne, et cela parce que cette philosophie elle-même que nous allons étudier est, par sa base et en principe, sinon adéquate, conforme à la vérité éternelle.

SECTION IV

LES SOURCES DE LA PHILOSOPHIE DE PLATON

I. Les écrits de Platon, source véritable; suffisante à établir sa doctrine. Examen de l'opinion qui écarte certains dialogues. Pourquoi ils doivent être maintenus et comment employés. — II. Des autres sources et d'Aristote en particulier. En quoi il doit être suivi, en quoi il peut être récusé. Des autres sources. — III. Difficultés d'exposition. — IV. D'une double doctrine, exotérique et ésotérique, dans Platon; raisons de la rejeter. En quel sens peut-elle être admise? D'une doctrine transcendante opposée au sens littéral.

I. — La véritable source de la philosophie de Platon ce sont sans doute ses écrits, en première ligne les dialogues dont l'authenticité ne peut être contestée. Le platonisme y est déjà, quoi qu'on dise, tout entier tracé de la main de son auteur en caractères aussi clairs que cela peut être, étant données les conditions de fond et de forme plus haut signalées.

Les changements que Platon lui-même a dû apporter à sa doctrine, dans le cours de sa longue carrière, aux diverses époques de sa vie et de son enseignement, ne touchent pas au fond de sa philosophie. Cela nous paraît en dehors des discussions sans nombre et de toute divergence d'opinion en ce qui est des points particuliers, d'une haute importance, il est vrai, sur lesquels se sont de tout temps divisés les savants, les érudits, les historiens de la philosophie et qui ne seront peut-être jamais bien éclaircis.

Quant à prétendre que Platon, le vrai Platon, n'est pas dans Platon, que c'est ailleurs que dans ses œuvres qu'il faut chercher la vérité de son système, nous laissons ce paradoxe à ceux qui l'ont émis avec le soin de le prouver par l'efficacité de leur méthode.

Une remarque aussi, par d'autres déjà faite, au sujet de l'*authenticité* de certains dialogues, c'est que la raison qui les a fait mettre en doute, à savoir qu'ils seraient peu dignes de Platon, est en réalité très faible. Vouloir qu'un homme de génie n'ait produit que des chefs-d'œuvre ou qu'un penseur de premier ordre n'ait traité que des sujets difficiles et de haute importance, n'est conforme ni à la nature de l'esprit humain, ni à la réalité de l'histoire. Autant dire que le théâtre de Corneille, de Racine, ou de Shakespeare se réduit à quelques pièces que tout le monde connaît et admire. Quant aux dialogues, non authentiques ou douteux, s'ils ne sont pas de Platon, ils sont sortis de son école et en cela, au moins, avons-nous dit, platoniciens. Conçus dans l'esprit du maître, composés dans le sens de sa doctrine qu'ils complètent et dont ils remplissent, pour nous, les lacunes, on aurait tort de se priver de la lumière qu'ils projettent sur des points obscurs ou difficiles du système, surtout quand ils lui sont conformes, en ce qui est des conséquences ou des corollaires et des principes. Ce sont comme des planètes ou des satellites qui sortis de l'astre central lui renvoient la lumière qu'ils en ont reçue. Si faible que soit leur clarté, en temps d'éclipse, on aurait tort de la dédaigner.

Mais que dire d'autres charmants dialogues (l'*Eutyphron*, le *Ménon*, l'*Apologie*, le Ier *Hippias*, etc.) qu'on nous dit n'être pas de Platon, en s'appuyant sur des raisons assez faibles souvent de textes, de mots et de syllabes? Cette poussière d'érudition subtile ne doit pas nous aveugler à ce point de faire méconnaître les beautés de ces écrits que l'antiquité elle-même a pu admirer et qu'elle nous a transmis sans soupçonner qu'ils fussent d'une autre provenance que les autres. Tout en n'ayant pas une confiance entière, l'historien, qui ne se laisse pas arrêter par ces scrupules, peut puiser à ces sources avec discernement et mesure, d'autant plus que ceux qui, en théorie, les rejettent, s'ils ont quelque thèse favorite à soutenir, ne manquent pas eux-mêmes d'y recourir et de s'y désaltérer.

En tout cas, on voudrait savoir à qui revient la paternité de cette lignée déclarée bâtarde, souvent sans preuves bien évidentes, et pourtant non dépourvue de traits de ressemblance avec le véritable auteur, comme de mérite et d'agrément. Derrière le vrai Platon y a-t-il un autre Platon, singe du premier, puis un second, un troisième, esprits imitateurs, pleins de malice, qui n'osent s'avouer, tout en ayant donné le jour à ces œuvres, satisfaits seulement de s'y reconnaître eux-mêmes, et de s'y contempler? Nous laissons ce problème à résoudre aux savants chargés sur ce point de nous éclairer, comme d'expliquer la modestie de ces auteurs anonymes et introuvables de l'antiquité. Quoi qu'il en soit, si les anciens les ont souvent confondus avec l'original, cela prouve qu'ils sont bien platoniciens, et cela suffit pour que nous devions les accueillir dans notre exposition.

II. — Quant aux autres sources, *Aristote*, sans doute, est la première en autorité comme en certitude, Aristote, disciple de Platon, génie égal au sien et plus sévère, le mieux fait pour le bien connaître et le comprendre, lui le véritable historien de la philosophie grecque, pour tout ce qui lui est antérieur. Aussi, quand il parle de son maître et de sa doctrine, il faut le croire. Mais s'il n'y a pas à soupçonner sa véracité, ce n'est pas sans réserve qu'il faut l'écouter et le suivre. Est-il vrai que c'est dans ses écrits seulement qu'est le vrai Platon, le Platon philosophe ou théoricien? D'abord ce serait nous condamner à n'avoir de sa philosophie qu'une partie, la plus haute il est vrai, sa métaphysique, avec quelques traits de sa morale et de sa politique. Un système aussi vaste contenu dans ce moule étroit n'est plus le vrai système. Mais, de plus, ceci est la raison principale, Aristote créateur après Platon d'un système opposé au sien, pour l'établir a dû le critiquer et le contredire. Dieu sait s'il s'y emploie et jusqu'où il va dans son entreprise.

Il en résulte pour l'historien plus d'une fâcheuse conséquence. — 1° Aristote juge Platon plus qu'il ne l'expose; et il ne le fait guère que pour le critiquer. Cela seul met en défiance l'historien impartial. 2° Grande est l'autorité d'Aristote quand il reproduit la doctrine de son maître, moindre quand il la juge ou la réfute. 3° Souvent il la prend trop à la lettre, et voit en elle ce qu'elle doit être plutôt que ce qu'elle est. Il lui prête les déductions que lui-même tire de ses principes. Il en résulte qu'il faut s'éclairer d'Aristote, non s'asservir à ses jugements. S'élever au-dessus de la polémique est le devoir de l'historien qui, placé à distance, est mieux en état de juger l'ensemble des doctrines. Mais citer à tout propos Aristote, l'invoquer comme un infaillible oracle est d'une dévotion étroite, contraire au véritable esprit philosophique professé par Aristote lui-même quand il se déclare ami de Platon, mais encore plus de la vérité. C'est nier le progrès de la critique actuelle, attentive à saisir les ressemblances plutôt que les oppositions, et ce qui est le vrai de ces deux grands philosophes.

Des autres sources, Diogène de Laërce, etc., les anciens et les nouveaux Académiciens, Cicéron, Plutarque, les Alexandrins, etc., nous n'avons rien à dire sinon qu'on doit y puiser avec réserve et sobriété en tenant compte de leur esprit, des époques, etc. Mais notre conclusion est toujours que Platon lui-même et ses écrits sont la vraie source. C'est lui que doit avoir sous les yeux l'historien de la philosophie.

III. Difficultés de l'exposition. — Celle-ci toutefois n'offre pas moins des difficultés très grandes. Elles tiennent à tout ce qui vient d'être dit du fond comme de la forme du système, à ce que celui-ci ne s'est pas créé, ni fixé en un jour, à l'impossibilité de démêler les époques de son éclosion, ou à bien d'autres causes déjà indiquées. Quoiqu'il soit, en principe, homogène, ce système toutefois n'est pas sorti d'un seul jet de l'esprit qui l'a conçu et développé. Platon l'a souvent repris et modifié pendant les périodes de sa longue existence. Grand promoteur d'idées, on l'a dit, Platon remue plus de problèmes qu'il n'en résout; sur bien des points il reste indécis, ce qui l'a fait à tort passer pour sceptique. Beaucoup de contradictions s'offrent chez lui, qui sont apparentes, mais d'autres sont réelles qu'il faut discerner. Platon, quand il désespère d'atteindre à la solution vraie et certaine des questions qu'il traite, émet des conjectures, qu'il qualifie lui-même telles, comme étant du domaine de l'opinion (δόξα). On sait, de plus, l'emploi qu'il fait du mythe. L'ironie socratique est un bien autre embarras. Elle lui sert à dissimuler son opinion qu'il faut alors deviner. Encore faut-il se garder de conclure trop vite. Ici le champ est laissé aux interprétations diverses. Mais rien n'y doit être forcé, absolu, exagéré; car Platon, comme on l'a très justement remarqué, ne dit pas, ne cache pas, il indique, οὐ λέγει, οὐδὲ κρύπτει ἀλλὰ σημαίνει. Mais il ne faut pas non plus que tout y soit obscur et problématique (Grote). Rien de plus faux qu'un tel scepticisme. Sa philosophie est parfaitement claire.

IV. — Une difficulté plus grande serait celle de deux doctrines dans Platon, l'une extérieure ou *exotérique* pour le vulgaire, l'autre *ésotérique* pour les initiés, celle-ci n'étant pas toujours d'accord avec la première. (Voy. Tennemann.) Ce qui, dit-on, ferait croire à cette distinction, ce seraient les ἄγραφα δόγματα mentionnés par Aristote, le livre *du Bien*, περὶ ἀγαθοῦ, par lui également cité. Faut-il croire à une doctrine secrète que Platon ne voulait pas livrer au public et réservée à ses vrais disciples? Les contradictions que l'on relève sur divers points du système données à l'appui de cette opinion sont une raison très faible. Quel est le philosophe, étant donnée la lettre de ses écrits, qu'on ne se croit pas en droit d'opposer à lui-même et cela sur un grand nombre de points? De pareilles contradictions, il en est dans Aristote et en grand nombre. Les Stoïciens, les Académiciens, les Épicuriens, les Sceptiques en sont remplis; les modernes, Descartes, Spinosa, Leibnitz, en sont-ils exempts? Cette opinion d'une doctrine en partie double est aujourd'hui avec raison rejetée.

Mais cette difficulté écartée fait place à une autre plus grave et, dans la pratique, moins aisée à résoudre. Le vrai, en effet, de cette distinction c'est que tout grand système a, dans sa partie métaphysique ou spéculative, un côté ésotérique, qui ne peut être compris que des esprits préparés pour l'entendre, tandis que d'autres parties plus accessibles n'exigent pas cette préparation : la morale, la politique, l'esthétique, etc. (Voy. Hegel.)

Cet ésotérisme est dans Platon; on ne peut le nier. Le *Parménide*, le *Sophiste*, le *Théétète*, le *Timée*, le *Philèbe*, etc., le vi⁰ et le vii⁰ livre de la *République* contiennent une doctrine transcendante où il n'est pas facile de le suivre et de saisir le vrai sens de la doctrine. Mais il ne faut pas admettre qu'elle soit contraire à celle qui est dans les autres écrits. Prise à la lettre cette distinction serait injurieuse pour le grand philosophe. Lui-même ne l'a-t-il pas dit : « Il n'est jamais permis de consentir à l'erreur et de tenir la vérité cachée », ἀληθες ἀφανίσαι οὐδαμῶς θέμις. (*Théétète*, 151, D). Le mensonge qu'il croit permis (*Rép.*, *Lois*) quelquefois ne touche qu'à la forme ou à la langue, non à l'idée qui doit rester la même. C'est ce qu'on verra lorsqu'il sera question de ces hautes et difficiles questions sur Dieu, la personnalité divine, l'âme, son immortalité, etc. Etablir une distinction qui, en réalité, est une opposition, entre le sens philosophique pour la raison (Teichmüller) et le sens littéral pour l'imagination, n'est plus admissible. Rester dans la mesure s'impose à l'historien, comme règle d'exposition et d'interprétation.

En ce qui est de l'ésotérisme proprement dit, ce qui est décisif et tranche la question, c'est qu'Aristote ne reconnaît pas dans Platon de doctrine ésotérique. L'exposé qu'il fait lui-même de la théorie platonicienne est tiré des dialogues que nous connaissons; si le disciple n'en connaît pas d'autre, c'est qu'elle n'existe pas et nous pouvons bien nous en contenter. (Ritter.)

LA
PHILOSOPHIE DE PLATON

INTRODUCTION

CARACTÈRE GÉNÉRAL DU PLATONISME. — SA PLACE DANS LA PHILOSOPHIE ANCIENNE

I. L'idéalisme platonicien dans sa généralité. — II. Son rapport avec le Socratisme. En quoi il le continue et le dépasse. Caractère objectif et transcendant de l'idée platonicienne. Le monde des idées. Extension donnée au point de vue socratique : formation d'un système embrassant le cercle entier de la spéculation; maintien du caractère moral; sa conséquence. — III. Rapport avec les autres systèmes : avec le pythagorisme, l'ionisme, l'éléatisme, l'atomisme et la sophistique.

I. — Le Platonisme c'est l'*idéalisme*. Ce nom donné depuis à d'autres systèmes et qui marque une des deux grandes directions de la pensée humaine, convient en propre à l'œuvre du grand philosophe qui, le premier, proclama l'*idée* le principe des choses et, sur cette base, construisit le monde entier physique et moral d'après le modèle des idées. *Idéalisme* et *platonisme* devinrent ainsi presque synonymes. Tous les problèmes en effet que la spéculation philosophique enfante, ceux que déjà, dans la première période de la philosophie grecque, la raison avait soulevés, et qu'elle a essayé de résoudre, ceux qui, au début de la seconde, lui sont apparus, d'autres non aperçus, mais qui d'eux-mêmes se posent à l'esprit, prennent place dans le nouveau système, y reçoivent leur solution nouvelle ou virtuelle de la notion première qui en est le principe.

II. — Avant d'exposer ce système dans son ensemble et ses diverses parties, il convient de montrer son rapport avec ce qui le précède et de marquer sa place dans le développement de la philosophie ancienne.

1° RAPPORT *avec le Socratisme*. — La conception socratique telle qu'elle a été exposée ailleurs (*Phil. anc.*, 128, 136) c'est l'*universel*, τὸ καθόλου, comme devant servir de base à la science et son objet véritable. La notion du bien, τοῦ ἀγαθοῦ, universelle et nécessaire, que conçoit la raison comme son essence même, est ce principe. (*Ibid.*) Déjà entrevue par Anaxagore, mais seulement au point de vue cosmique ou de l'ordre et de la finalité dans l'univers, cette notion avec Socrate se dégage et se généralise. 1° Consciente d'elle-même, elle se pose (p. 128) devant l'esprit qui s'y reconnaît et y voit l'essence même de sa nature spirituelle et raisonnable (174); 2° de plus, elle se formule et s'applique à l'ordre moral qu'elle constitue et régularise. Jusque-là concrète et non raisonnée, elle devient abstraite et réfléchie et elle prend le caractère scientifique. Elle est puisée dans la conscience humaine dont elle est extraite par le procédé à la fois négatif et positif de la méthode (la maïeutique; *ibid.*, 135-138).

Mais Socrate, l'auteur de cette méthode et qui la pratique dans ses entretiens, ne sort pas de la conscience, qui recèle cette idée et la lui révèle. Lui-même s'y renferme. En outre, elle reste pour lui encore indéterminée, non définie (128). Elle est, comme on dit aujourd'hui, *subjective*. La détermination, chez lui, ne s'acquiert qu'autant qu'elle s'applique aux choses humaines (151) ou aux actes humains. Sa valeur consiste à fournir à l'homme sa règle de conduite, à la société sa base morale; aux institutions et aux lois leur vrai principe également puisé dans la nature morale et intellectuelle de l'homme comme être raisonnable (140). Le monde physique en lui-même, dans l'ensemble de ses phénomènes et de ses lois, lui reste à peu près étranger. Si elle y apparaît, c'est indirectement comme notion d'*ordre* ou de *fin*, émanée de la raison qui le gouverne et s'y rend visible, mieux encore dans son rapport avec l'homme, but et fin de la création terrestre

(155-156). La nature elle-même est conçue d'après ce point de vue anthropologique. (*Ibid.*)

Tel est le fond de la pensée de Socrate le résumé métaphysique de toute sa philosophie. (*Ibid.*)

Platon qui recueille cette pensée, l'adopte sans doute, mais il la conçoit tout autrement. D'abord il l'étend, la transforme, et lui donne une plus haute portée. Sans perdre pour cela son sens subjectif de conception rationnelle, elle prend avec lui le caractère *objectif* et *transcendant* qu'elle n'avait pas. Ceci est la première et la grande originalité du système. Ce n'est plus d'une simple conception de la raison humaine qu'il s'agit, d'une idée que l'esprit trouve en lui-même ou que la dialectique fait jaillir de la discussion engagée sur les objets et les intérêts de la vie humaine soit privée, soit sociale. C'est bien ainsi qu'on la voit apparaître dans Socrate comme résultat positif de ses entretiens (136). Elle vient à la suite de ses interrogations et de l'*induction* dans les recherches sérieuses mêlées d'ironie de sa dialectique. Ou bien encore elle se donne comme servant de base aux *espèces* et aux *genres* d'une classification à peine indiquée (p. 138). Pour Socrate, bien qu'elle soit objet de la science, c'est toujours la pensée humaine, émanée de l'esprit, qui la contient et en est le sujet. Elle n'est pas la pensée *en soi*, ayant une existence propre, universelle et absolue, la pensée en même temps présente aux choses, qui ont en elle leur réalité, de même qu'elle a elle-même son substratum dans un principe supérieur éternel et unique.

De cette transformation métaphysique quelle sera la portée? Quelles conséquences devront en sortir? C'est ce que fera voir l'exposé du système. Ici c'est du principe qu'il s'agit et il doit être bien compris.

L'*idée*, disons-nous, la notion générale et scientifique, reste, sans doute, la base de la connaissance; mais elle va au delà; sa nature et son rôle sont changés. Elle est l'*être lui-même*, le τὸ ὄν, ou le fond de l'*être*, l'être de l'être : le τό ὄντως ὄν. Elle est l'*essence*, οὐσία, la substance même des objets. Ceux-ci n'existent que par elle, ou la *participation* à son existence. Ainsi en est-il de tous les objets finis du monde physique ou matériel aussi bien que du monde spirituel ou moral. Dans l'un comme dans l'autre, tout ce qui existe, ce qui apparaît aux sens et à la conscience, n'est qu'une *imitation*, une copie, un reflet des idées, ainsi qu'il en était des nombres dans le pythagorisme, (*Phil. anc.*, 32.) Ceux-ci y étaient également donnés comme principes des choses; le monde est leur imitation.

La pensée humaine, qu'est-elle aux yeux de Platon? c'est, comme on le verra, une copie plus exacte et plus parfaite de l'original divin, plus parfaite parce qu'elle est plus rapprochée du modèle, ce qui la rend plus ressemblante. L'univers entier est la manifestation de ces idées, *types éternels* et immuables, qui constituent eux-mêmes un monde à part, accessible à la seule intelligence, le *monde des idées*.

En attendant que l'exposé qui doit suivre ait mis en lumière ce résultat, on peut donc ainsi formuler le principe du Platonisme dans son rapport avec la doctrine qui le précède et où il était en germe, en disant que : supérieure aux êtres individuels du monde sensible, supérieure à la pensée humaine qui a en elle son origine et sa vérité, l'*idée platonicienne* se détache des objets et s'en sépare, pour prendre une existence indépendante, quoiqu'elle y apparaisse et y soit présente, tandis que pour Socrate, qui du reste ne précise pas, elle n'en est pas séparée. « Il ne faisait pas les genres *séparés* des êtres réels. » Τὰ καθολοῦ οὐ χωριστὰ ἐποίει, dit Aristote[1], qui connaît bien l'une et l'autre doctrine, Aristote, adversaire déclaré de cette même théorie et qui la réfute, mais qui lui-même, après l'avoir combattue, y revient dans ce qu'elle a d'essentiel et en est la base : l'essence, ou l'idée unie dans la *forme* à la *matière*; ce qui est à son tour la base de toute la métaphysique aristotélicienne.

2º Une autre différence, conséquence elle-même de ce qui précède et qui ne marque pas moins le progrès de l'une à l'autre doctrine, est celle-ci : Toute la philosophie de Platon, comme celle de Socrate, offre un caractère sans doute essen-

---

[1]. Socrate s'est bien occupé de l'universel dans les définitions; mais il ne l'a point séparé des êtres particuliers et il a eu raison de ne pas les séparer. Sans l'universel, il n'est pas possible d'arriver à la science; mais la séparation du général et du particulier est la cause de toutes les difficultés qu'entraînent les idées. (Arist., *Met.*, XIV.)

tiellement moral. Mais Platon ne reste pas confiné dans les recherches dont la moralité est l'unique objet. Il voit de plus haut et plus loin. Le côté spéculatif, chez lui, n'est pas isolé du côté pratique, seulement il le domine.

Au sommet du système est l'*idée du bien* ou plutôt le *Bien*, principe suprême, source de lumière et de vie (*Rép.*, VII). De là le regard du philosophe embrasse le monde entier à la fois physique et moral. Au-dessus de ces deux mondes plane le monde des idées, qui lui-même se rattache à l'idée du bien. D'après ce concept nouveau s'ordonne et s'organise tout le système. Il y a toute une *cosmologie*, une *physique*, une *anthropologie* et une *psychologie* construites sur ce modèle idéal. La *morale* privée et publique, le *droit naturel* et la *politique*, la *législation*, l'*éducation*, l'*esthétique* même y ont leur place et en reçoivent des réponses à leurs questions diverses en conformité avec ce principe. Ces questions Socrate, sans doute, les avait aussi, à sa manière, agitées. Mais sur chacune il n'a que des aperçus ou des opinions raisonnées, pas de théorie proprement dite nette et précise. Socrate n'eût jamais osé s'avancer aussi loin dans la spéculation que son disciple. Et probablement s'il avait connu ses solutions, il les aurait la plupart répudiées comme trop hardies et trop systématiques [1].

3° Toutefois, et c'est là ce qui rapproche le disciple du maître, on ne saurait méconnaître, ce qui sera également démontré, le caractère essentiellement moral de la philosophie de Platon dans toutes ses parties. Quelle que soit la hardiesse systématique de ses conceptions, malgré les écarts de son génie où la spéculation quelquefois l'entraîne et dont témoignent ses écrits, le disciple, sous ce rapport, reste toujours en communauté d'idées avec son maître, profondément pénétré de son esprit et de sa pensée.

Il est toujours essentiellement moraliste. Il l'est soit comme métaphysicien soit comme physicien, aussi bien que comme théologien, homme d'État, législateur, éducateur ou esthéti-

---

[1]. On connaît le mot qu'on lui prête après la lecture du *Lysis* ou du *Phèdre* : « Que de choses ce jeune homme me prête auxquelles je n'ai jamais songé ! »

cien ; il l'est même avec excès et dépasse le but, comme le fera également voir l'exposé du système.

De là même des contradictions qu'il sera difficile autrement de comprendre. Elles ne s'expliquent que parce que Platon métaphysicien d'abord, ou politique ou esthéticien, mais redevenu moraliste et voyant qu'il a dû s'égarer, a senti le besoin avant tout de ne pas blesser ou heurter de front la vérité morale qui se trouvait compromise par telle ou telle de ses conceptions théoriques et systématiques, s'il fallait les prendre à la lettre et en tirer les déductions. Il s'attache inébranlablement à cette vérité; devant elle doit plier toute doctrine, même la sienne, qui lui serait contraire. C'est ainsi que se résolvent ces contradictions qui ne tiennent pas seulement, comme on l'a cru, à la diversité des époques ni aux variations de son esprit dans la formation de son système, encore moins au dualisme d'une doctrine en partie double, où la forme, c'est-à-dire la langue, serait opposée au fond (Teichmüller) ou à l'idée, ce qui constitue un véritable antagonisme et une insoluble antinomie.

III. — Moins facile à apercevoir est le *rapport avec les autres systèmes*. Il suffit d'en indiquer ici le mode ou le caractère.

Né d'une grande réforme spéculative, le système platonicien est profondément original. Il n'opère pas moins la fusion de toutes les doctrines antérieures. Il en est ainsi des plus opposées, de celles que Platon lui-même attaque et réfute dans ses écrits. En cela encore Platon diffère de Socrate, qui adversaire des sophistes se sépare aussi de tous ses prédécesseurs. Pour opérer sa réforme, Socrate rejette et combat tout le passé de la philosophie grecque. Il n'épargne pas même celui qui fut son vrai précurseur : Anaxagore. Platon est loin d'être aussi exclusif. Il soumet à la critique la plus sévère, il est vrai, les doctrines différentes de la sienne et sa dialectique ne les épargne pas. Seulement, s'il les discute et les examine, ce n'est pas simplement pour les réfuter, c'est aussi pour en extraire ce qu'elles ont de vérité, se l'assimiler en ce qui peut s'accorder avec son propre système. Tout ce qu'avait produit le travail spéculatif de la philosophie grecque avant lui dans les diverses écoles reparaît en lui renouvelé et transfiguré.

On l'a même accusé d'avoir pillé ses prédécesseurs et par là manqué d'originalité. C'est ne pas le comprendre. Ce qu'il prend aux autres, il ne le prend pas pour le laisser tel qu'il est, mais il le transforme; il l'adopte en le modifiant et en le subordonnant à sa propre conception théorique et systématique. Il n'est pas éclectique au sens vulgaire. Son système n'est pas le résultat d'un simple choix ou agencement de parties, sans lien vivant qui les réunisse. Mais comme il en est de tout vrai système où se marque un progrès réel de la pensée, il est une assimilation ou absorption de tout ce qu'il y a de vital dans ces doctrines combinées avec le principe qui est le sien et que lui-même a établi.

Il en est, comme on dit, la *synthèse organique.* C'est ainsi que les *nombres* de Pythagore, la Monade et la Dyade *pythagoriciennes*, l'*être* des *Éléates*, le *non-être* ou le *devenir* d'Héraclite, les *atomes* de Démocrite, le νοῦς d'Anaxagore s'ajoutant à l'*universel* de Socrate entrent pour une part plus ou moins grande dans le nouveau système. Mais ils y apparaissent conciliés, expliqués, coordonnés et transformés; et cela par la vertu d'une pensée nouvelle et d'une méthode supérieure qui, bien qu'elle soit celle de Socrate, n'est pas tout à fait la sienne, méthode plus régulière, plus puissante et plus féconde, capable ainsi d'opérer ce changement, de réaliser cet accord. Du moins, c'est la prétention de son auteur. Car il ne faut pas s'y méprendre, c'est le principe nouveau qui permet d'opérer cette fusion, d'accorder des principes si différents ou opposés; sans cela ils resteraient ce qu'ils sont, hétérogènes et inconciliables. C'est elle qui effectue le mélange[1], comme le disaient les esprits les moins clairvoyants en ces matières. Ce qu'il y a en eux d'essentiel et de vrai s'allie avec la conception originale et supérieure de l'idée, base du système entier, s'y subordonne et s'y coordonne. Pour donner un exemple, cette idée, l'idée platonicienne, contient le nombre des pythago-

---

1. Diog. L., III, 8, μῖξιν ἐποιήσατο τῶν τε Ἡρακλειτείων λόγων καὶ Πυθαγορικῶν καὶ Σωκρατικῶν. — Apulée... Quamvis hæc essent philosophiæ membra suscepta naturalis ab Heracliteis, intellectualis a Pythagoreis, rationalis atque intellectualis ab ipso Socratis fonte, unum tamen ex omnibus et quasi proprii partus corpus effecit.

riciens, aussi l'être des Eléates; mais c'est en passant à une plus haute puissance. L'élément *fixe* invariable de la pensée devient la *pensée* elle-même, l'*intelligible* que conçoit la raison où celle-ci se reconnaît et qui constitue sa véritable essence. D'autre part, elle renferme aussi l'élément opposé, l'élément multiple variable, le *devenir* que les Ioniens, Héraclite surtout, avaient développé. Car elle-même, l'*idée*, se déploie en variété. Elle n'exclut même pas le sensible quoiqu'il soit placé en dehors d'elle et qu'elle ne lui accorde pas une place assez grande. La *loi des contraires*, que ce philosophe avait aperçue, qu'Empédocle avait reconnue sans l'expliquer, chez lui s'explique; elle se résout en un véritable accord, une loi d'harmonie. L'*intelligence* d'Anaxagore, le νοῦς, donnée par lui comme cause de l'ordre dans l'univers, mais que Socrate avait trouvée insuffisante, Socrate lui-même l'avait conçue d'une façon trop étroite, d'un point de vue anthropologique. Cette notion supérieure dans Platon se transforme et se transfigure. Elle est la notion vivante du *Bien*, l'*Idée* par excellence. Placée au faîte du système, elle est la raison suprême, la cause universelle et féconde, l'être lui-même, principe de la vie des êtres du monde physique et moral. Elle est la source de lumière et de vie, le soleil de vérité qui éclaire les intelligences. Une part, moins grande il est vrai, mais pourtant réelle, est faite à l'*atomisme* de Démocrite, dont le principe matériel pour lui, l'indéterminé, le *non-être* est nécessaire, comme élément négatif à la naissance des êtres et au développement de l'idée dans le monde réel ou sensible. La *sophistique* elle-même, si fortement et victorieusement combattue, comme opposée à la science et à la moralité, n'est pas tout à fait exclue. Vaine en effet, si c'est l'apparence phénoménale ou sensible seule qu'elle prend pour mesure du vrai, la base de tout jugement, elle reprend quelque valeur si c'est de la vraisemblance qu'il s'agit et si celle-ci n'est que l'image de la vérité qu'elle suppose.

Tout ce qui suit le fera mieux comprendre.

PREMIÈRE PARTIE

CHAPITRE PREMIER

DE LA PHILOSOPHIE EN GÉNÉRAL

I. Idée de la philosophie. — La philosophie identique à la science. — Les degrés du savoir humain; le vrai savoir. — Les conditions : côté pratique allié à la spéculation. — L'amour et l'enthousiasme. — La sagesse humaine et son idéal. — II. L'esprit et le caractère philosophiques. — La sophistique. — III. Rapports : avec les autres sciences; avec les arts et la poésie, le sens commun et le langage. — IV. Origine et division de la philosophie.

I. LA PHILOSOPHIE. — 1° Aux yeux de Platon, qui ne prend pas la peine de la définir, la philosophie est le plus haut degré du savoir humain. Pour mieux dire, elle est la science même dans l'acception propre et véritable. Les autres sciences ne sont pas des sciences ou elles ne méritent ce nom qu'autant qu'elles sont parties intégrantes de la science une et universelle, comme ayant en elle non seulement leurs principes ou leur base commune, mais aussi leur achèvement ou terme final dans le principe supérieur, l'être absolu, à la fois source de l'être et du savoir (*Rép.*, VI, VII).

Ainsi l'avaient entendu sans doute ses prédécesseurs (*Socrate, Pythagore, les Éléates*); mais, chez lui, cette idée en rapport avec tout le système, se détermine et se précise. Elle est formellement exprimée, et partout impliquée dans ses principaux écrits (*Théétète, Phèdre, Philèbe, Phédon; Rép.*, VI, VII).

L'homme ne parvient à ce savoir supérieur que par l'emploi légitime et régulier de toutes ses facultés, de la raison surtout, la faculté souveraine qui le met en rapport avec les idées. Cette science est la seule vraie (*Théétète*). Seule elle peut embrasser l'ensemble des choses. Ce qui sera dit de la dialectique lui convient. Elle seule est capable de remonter aux vrais principes, d'en déduire les autres vérités, d'expliquer les faits du monde réel, physique et moral, etc. Aristote, qui fait honneur à Platon de cette conception et qui l'adopte pour lui-même (*Mét.*, I, III), s'exprime à ce sujet en termes formels [1].

2° Au côté spéculatif se joint le côté pratique, celui d'une égale perfection dans tous les actes de la vie humaine. Les deux aspects, comme pour Socrate, ne peuvent se séparer. Tout ce qui est excellent dans l'âme douée de sensibilité, d'intelligence et de volonté, doit s'y trouver, fait partie intégrante de la *sagesse*. Ainsi, l'amour, un amour pur et désintéressé, le désir et les affections nobles y sont compris dans leur tendance la plus élevée. C'est avec l'âme tout entière qu'on doit philosopher. (*Rép.*, VII, 518 c.)

Cette notion, déjà si précise, s'éclaircit et se complète à mesure qu'on avance dans le système et que les degrés de la connaissance et de l'amour y sont mieux marqués (*Phèdre, Banquet*). On y distingue d'abord l'élément intellectuel, celui du vrai savoir. « La philosophie est l'acquisition de la science, κτῆσις ἐπιστήμης (*Euthyd.*, 288). Elle est la science entière, la science des autres sciences et d'elle-même (*Philèbe*, 518), αὐτῆς δὲ καὶ τὰ τῶν ἄλλων ἐπιστημῶν αὐτὴ ἑαυτῆς. (*Charm.*, 168; cf. *Rép.*, V, 135, 476.)

3° Nous nous bornons ici à indiquer les degrés de la connaissance qui mènent à la connaissance suprême, la seule au sens platonicien qui soit la science véritable.

L'homme, esprit qui anime un corps, dans sa vie présente, ne peut connaître la vérité que dans la mesure et selon les conditions attachées à sa nature et à l'exercice de ses facultés.

Pour y parvenir, son intelligence doit passer par plusieurs degrés qui sont les formes successives de la pensée humaine, et qui conduisent de la connaissance élémentaire ou la plus

---

1. *Eth. Nic.*, I, 2. Εὖ γὰρ καὶ Πλάτων ἠπόρει τοῦτο καὶ ἐζήτει πότερον ἀπὸ τῶν ἀρχῶν, ἢ ἐπὶ τὰς ἀρχάς ἐστιν ἡ ὁδός.

basse à la connaissance la plus haute, celle de la vérité ou des idées.

1. La première est la *sensation*, αἴσθησις. Celle-ci est l'impression que font sur nos sens les objets extérieurs et la perception qui la suit. Ses caractères sont d'être mobile, confuse, de ne donner qu'une image ou apparence, φαινόμενον, souvent trompeuse, des objets. Elle ne peut en aucune façon être prise pour la mesure du vrai. Contradictoire, elle nous montre les objets tantôt grands, tantôt petits, selon la distance et la position des corps, la disposition des organes et les causes qui la font varier. Aucun jugement certain ne peut s'appuyer sur elle (*Théétète...*).

2. Une seconde forme, déjà supérieure, est celle de l'*opinion*, δόξα, c'est-à-dire le jugement que porte l'esprit avant d'avoir réfléchi ou raisonné. C'est l'affirmation positive ou négative des objets, de leurs qualités ou de leurs rapports sans qu'on ait une raison suffisante de les affirmer. Elle peut être vraie ou fausse. L'*opinion vraie*, ὀρθὴ δόξα, est une sorte de révélation ou d'*inspiration* de la vérité. Elle vient soit d'une disposition naturelle, ἕξις, ou rectitude de jugement, ὀρθότητος, soit de l'éducation, παιδεία, soit même d'une faveur divine, θείᾳ μοίρᾳ (*Ménon*, 99, E). Mais le jugement non raisonné est plus souvent faux que vrai. Son caractère essentiel est la *mobilité*, l'*instabilité*. Celui qui le porte ne sait se tenir ferme dans son opinion. Il ressemble aux *statues* de *Dédale*, qui, lorsqu'on veut les toucher, se meuvent et ne peuvent se saisir (*Ménon*, 97, D...). Elle a donc besoin d'être *fixée*. Vraie elle tient le *milieu* entre l'*ignorance* absolue et la *sagesse* véritable μεταξύ φρονήσεως καὶ τῆς ἀμαθίας (*Banquet*, 202).

3. L'*opinion raisonnée*, μετὰ λόγου, ou λογιστικὴ δόξα, est un degré supérieur de la connaissance. Mais si elle approche déjà de la science, elle n'est pas la science. Le raisonnement, λογιστικόν, l'engendre ou la produit; sa supériorité est due à ce qu'elle sait se rattacher à des principes; mais, comme ils sont dérivés, qu'elle ne les a pas eux-mêmes raisonnés, qu'elle les emploie sans les avoir approfondis ni discutés, ils ne lui appartiennent pas. Elle relève de la faculté *discursive*, de cette forme de la pensée que Platon appelle διάνοια,

distincte de la vraie pensée, νόησις. Celle-ci, la raison véritable, le λόγος ou le νοῦς, est seule capable de concevoir et d'établir les principes. La première le cède donc à la vraie *science*, quoiqu'elle-même soit une science. La différence, c'est que le vrai savant a le secret de la science, qu'il sait remonter aux véritables principes, s'en rendre compte et les coordonner. Ces principes, ce sont les *idées* (*ibid.*).

4. La *science* (ἐπιστήμη), on voit dès lors en quoi elle consiste et quelle en est la définition. Elle est *la science des principes*. Elle seule est la vraie connaissance. Sa vérité est la *Vérité des idées*. L'*opinion raisonnée* peut bien fonder *les sciences* particulières qui prennent ou usurpent ce nom. Les plus vraies sont les *sciences mathématiques*, l'*astronomie*, la physique mathématique, la musique elle-même (science des nombres). Elles donnent la *certitude*, mais non l'*intelligence* de ce qui est. On voit en quoi l'*opinion vraie*, même certaine et raisonnée, diffère de la *science* et de l'*intelligence*, δόξα νοῦ διαφερεῖ. Cette *science* supérieure, nous dit *Platon*, « est le partage des dieux et d'un petit nombre d'hommes » (*Timée*), qui encore très imparfaitement la possèdent.

Mais ce qui est propre à la théorie platonicienne et la caractérise, c'est que la connaissance, comme il a été dit des idées, étant à la fois *objective* et *subjective*, le côté subjectif y emprunte du premier son intelligibilité avec sa certitude. Elle doit sa propre clarté à l'être qui lui communique sa lumière. Aussi y a-t-il une correspondance parfaite entre les degrés de la *connaissance* et les degrés de l'*être* ou de la vérité.

Ce parallélisme est marqué dans la *République* et le *Théétète* de la manière suivante :

1. Au plus bas degré la *sensation*, αἴσθησις. A elle répond dans la sphère de la vérité l'apparence, εἰκασία, le *non-être*, μὴ ὄν, qui n'est pas pour cela le *néant*, la négation absolue de l'être, mais le *non-être* relatif;

2. A un second degré l'*opinion*, la δόξα. Elle-même est divisée en opinion simple et opinion raisonnée, λογιστικὴ δόξα; la croyance, πίστις, qui l'accompagne, fait partie de la raison discursive, διάνοια;

3. Au 3ᵉ degré la science, ἐπιστήμη, le vrai savoir. Son objet est la vérité des idées, l'intelligence ou la raison, le νοῦς, le λόγος (*Rép.*, VI).

La même gradation s'établit dans l'objet entre ses espèces :

1. Le monde des sens, τὸ αισθητον, ou l'espèce sensible, le non-être τὸ μή ον;

2. L'espèce intermédiaire entre l'être et le non-être, τὸ μεταξύ;

3. L'espèce intelligible, le τὸ ὄν, l'essence, οὐσία, le τὸ ὄντως ὄν, les idées dont la source ou le principe est le bien, l'idée des idées, ἰδέα τοῦ ἀγαθοῦ.

On verra la même correspondance et la même gradation s'établir pour la beauté comme pour la vérité, dans le plaisir, l'amour, etc., infra (*Philèbe, Banquet*).

En résumé, savoir, au sens vrai (γνῶσις, ἐπιστήμη), c'est connaître suivant la raison, c'est-à-dire d'après des principes, qui eux-mêmes ne supposent pas d'autres principes, qui se conçoivent par eux-mêmes. Eux seuls donnent la vraie raison des choses; seuls ils sont la base solide de toute connaissance raisonnable. C'est, de plus, avoir de ces principes une notion non vague et confuse, mais claire et distincte, être capable de fixer sur eux le regard ferme et assuré de l'esprit, afin d'en pouvoir faire la règle de ses jugements.

Un tel savoir ne s'obtient que quand l'esprit dégagé des notions sensibles et des préjugés de l'opinion vulgaire, est arrivé à contempler l'essence des choses à leur véritable source, les *idées*, à voir celles-ci en elles-mêmes, et dans leur ensemble. Ceux qui y sont parvenus jouissent de la lumière. Ils vivent de la vie véritable. Pour les autres, la vie n'est qu'un songe, ὄναρ, ou, s'ils sont éveillés, la connaissance dont ils jouissent est une connaissance moyenne, dont l'objet est un intermédiaire entre l'*être* et le *non-être* (*Rép.*, IV : μεταξύ τοῦ τε μὴ ὄντος καὶ τοῦ ὄντος, 479, E), éclairés qu'ils sont d'un demi-jour, sorte de crépuscule qui leur tient le milieu entre la lumière et les ténèbres (*ibid.*, VI). Leur demi-savoir est sujet à l'erreur. Seule la science, lorsqu'elle s'appuie sur les vrais principes, est infaillible. Cette science c'est la science de l'*être*, qui le connaît tel qu'il est : τὸ ὄν γνῶναι ὡς ἔχει (*Rép.*,

VI, 477)[1]. En un mot, les vrais philosophes sont ceux dont l'esprit peut atteindre à la connaissance de ce qui existe toujours d'une manière immuable (περὶ τὰ ὄντα ἀεί; *Philèbe*, 58). Les autres, errant sans principes autour de mille objets divers et qui changent sans cesse, ne sont rien moins que philosophes (*Rép.*, VI, 484). Les uns sont des *amateurs de l'opinion*, φιλοδόξοι; les autres les *contemplateurs de la vérité* (*ibid.*, II).

Dans cette définition est déjà comprise en germe toute la philosophie de Platon. Il n'y aurait qu'à la développer pour en faire sortir tout le système.

4° Le côté pratique, a-t-on dit, est lié au côté spéculatif. Aux degrés du savoir répondent les mêmes degrés d'activité volontaire ou morale. Il en est de la conduite des hommes et de leur genre de vie comme de leur manière habituelle de connaître et d'envisager les choses. 1° Le plus grand nombre passent leur vie à poursuivre des biens trompeurs, adonnés qu'ils sont aux plaisirs des sens. 2° D'autres moins nombreux admettent déjà des biens supérieurs, et plus vrais, mêlés aux premiers qu'ils voient confusément mais non d'une vue distincte, n'ayant pour guide que l'opinion, toujours vacillante et incertaine. Ne sachant démêler clairement le bien véritable, ni poursuivre le but avec persévérance, quand ils suivent le droit chemin, c'est guidés par une sorte d'instinct ou de faveur divine, ou par l'habitude contractée dès l'enfance, ou qu'ils doivent à l'éducation ou à un heureux naturel. 3° D'autres encore se rendent mieux compte de leurs actes et des motifs qui les font agir. Ceux-là raisonnent leur conduite; mais leurs motifs sont inférieurs; ils agissent par calcul ou par intérêt. Ils ne savent pas rattacher leur conduite à des motifs d'un ordre plus élevé (*Rép.*, II), incapables de distinguer ce qui est vraiment utile et fait le bonheur véritable; gens habiles rompus aux affaires ou aux exercices de la parole (*Théétète*), mais esprits étroits qui se croient supérieurs, par cela même qui les rend inférieurs. 4° A un petit nombre il est donné d'agir par raison, de se conduire par des principes

---

[1]. Le désir de rechercher la nature de l'univers, le plus grand bien que la nature mortelle ait reçu des dieux. (*Timée*, 17, B.)

invariables, puisés à leur véritable source, l'*idée du bien absolu*, les yeux fixés sur ce modèle d'où découlent tous les autres biens (*Rép.*, VI). Ceux-là sont les vrais sages (σόφοι) ou plutôt les amis de la sagesse (φιλόσοφοι). Autant qu'il est donné à des êtres mortels, ils participent de la vie divine. Le philosophe n'est pas un dieu; mais il est un être divin (οὐ θεός θεῖος). La philosophie, pour Platon, c'est la divine philosophie. (Θεία φιλοσοφία, *Phèdre*, 239, B.) L'épithète ne lui semble pas outrée, malgré ce qui sera dit de la sagesse humaine.

Le parallèle que Platon établit entre la vertu *philosophique* et la vertu *démotique* ou populaire (*Ménon*, 99; *Phédon*, 82; *Rép.*, X) est dans le même sens. Celle-ci, fondée sur un autre principe que la science, l'habitude, le naturel, la faveur divine, n'est jamais bien sûre d'elle-même. Celle-là, éclairée de la science véritable, par là, non comme l'autre exposée à faillir, lui doit sa supériorité. Le caractère aristocratique de la philosophie de Platon s'y reconnaît, tempéré il est vrai par plus d'une contradiction. Ce point sera mieux traité ailleurs (*Morale*).

5° Mais ce n'est pas là encore dans la pensée de Platon l'idée vraie et complète de la philosophie. Platon qui, on l'a dit, met en elle toute la perfection de l'être humain, prend l'homme tout entier, dans sa nature sensible aussi bien qu'intellectuelle et morale. L'*amour* et l'*enthousiasme*, qui en participent, se mêlent chez lui au *savoir* et à l'*action*. Platon, de plus, est artiste. La philosophie est pour lui le plus grand des arts (*Phédon*). A l'idée du *vrai* et à la pratique du *bien*, s'ajoute l'amour du *beau*; ces trois idées chez lui sont identiques. Si la spéculation n'est pas sans la pratique, l'intuition sans la volonté dans l'idée qu'il se fait de la sagesse, de même la contemplation de l'idée n'est pas sans l'amour, sans le désir de la posséder et de s'unir à elle. La vraie connaissance engendre l'amour, comme cela avait été pour Socrate.

Connaître, en effet, n'est que le premier acte de l'esprit. La vue claire et distincte de l'objet aimable excite dans l'âme le désir ardent de le posséder. Aussi l'amour ne va pas sans la connaissance, ni la connaissance sans l'amour chez le philosophe. L'un et l'autre ne font qu'un. L'amour, lui aussi, est une science. Socrate se disait expert en amour; il n'avait, disait-il, qu'une science, celle de l'amour (*Théagès*, *Banquet*). Le disciple va plus loin : de l'amour il fait la théorie, qui coïncide avec celle des idées. Il en décrit la nature et l'origine, analyse ses formes ou espèces et remonte au principe (*Banquet*). L'amour, chez l'être fini, est l'effet du besoin, d'un manque ou défaut. De la privation, naît le désir de posséder l'objet aimé (*ibid.*). L'âme aperçoit-elle cet objet qui est la vérité, elle brûle de s'unir à lui. Lui est-il donné de la contempler et de la posséder, elle jouit d'un bonheur pur et sans mélange analogue à la félicité divine. « L'amour est philosophe », est-t-il dit dans le *Banquet*; mais la philosophie aussi est amour : « l'amour de la sagesse ».

A la suite de l'amour naît l'*enthousiasme*. Ceci est, si l'on veut, le côté *mystique* dans Platon. Il est certain qu'il fait partie de sa philosophie. Le philosophe, pour lui, l'ami des Muses est un homme inspiré (*Phèdre*). En cela Platon ne s'éloigne guère non plus de Socrate.

Socrate, on le sait (*Phil. anc.*, 114), n'était pas étranger à l'enthousiasme. Lui-même, dans ses méditations profondes, était comme ravi en une sorte d'extase (*Banquet*). De ce fait mystérieux, son démon est une des formes (135). Sans doute, dans Platon, comme dans Socrate, la réflexion retient l'élan mystique et le tempère. Autrement ce ne serait plus la pensée philosophique. Le philosophe est dialecticien; mais l'intuition s'allie très bien à la réflexion. Le raisonnement lui-même la suppose; elle l'accompagne et le suit. L'esprit ne cherche la vérité que parce qu'il en a l'idée et qu'ainsi déjà, en partie, il la possède (*Ménon*). Avant de la voir, souvent il l'a pressentie ou entrevue. L'a-t-il trouvée? il frémit, tressaille à sa vue; l'espèce de ravissement qu'il éprouve ne le laisse pas maître de lui (*Phèdre*). Cela s'appelle l'*enthousiasme* (ἐνθουσιάζειν); c'est une sorte de délire, μανία. Celui-ci n'est pas toujours une maladie; il y a plusieurs espèces de délires : le délire des initiés, le délire des amants, celui des poètes (*Phèdre*). Un quatrième délire est celui des philosophes, des amants de la vérité. Le philosophe est un inspiré, possédé de la divinité.

Méconnu du vulgaire qui voit en lui un être étrange, il passe souvent pour un fou, il est inspiré. Il n'est pas un dieu, mais un personnage divin : θεός μὲν ἀνὴρ οὐδαμῶς, θεῖος μὲν (*Soph.*, 282). C'est ainsi, dit Platon, que j'appelle tous ceux qui sont philosophes. (*Ibid.*)

« Ainsi, la philosophie est le foyer où tous les rayons de la vérité, de la beauté, de la vertu se réunissent. Elle est la perfection absolue de la vie spirituelle, l'art royal, βασιλικὴ τέχνη que cherche Socrate dans l'*Euthydème*. »

6° Mais c'est là un idéal. Plus qu'aucun autre philosophe, y compris son maître Socrate, Platon sait ce que vaut en réalité la sagesse humaine, ἀνθρωπίνη σοφία (*Apol.*, 23). De l'homme il connaît les imperfections et les faiblesses. Nullement sceptique, malgré la hardiesse de ses conceptions, il sait mesurer la distance qui sépare l'esprit humain de son objet véritable, la vérité absolue. Il connaît tous les obstacles qui s'opposent à ce qu'il la possède entière et parfaite. La philosophie est une recherche laborieuse ; c'est un effort, une aspiration plutôt qu'une jouissance et une possession. Philosopher, selon le mot attribué à Pythagore, c'est aimer la vérité et y tendre, la désirer : τὸν φιλόσοφον σοφίας φησόμεν ἐπιθυμητὴν εἶναι (*Rép.*, 475, B). La philosophie se définit elle-même le désir des choses éternelles, τῶν ὄντων ἀεὶ ἐπιστήμης ὄρεξις (*Théétète*, 186). A Dieu seul appartient la vérité : θεῷ μόνῳ πρέπει (*Parménide*, 134, C), τῷ ὄντι ὁ θεὸς σοφὸς εἶναι. Socrate l'avait dit devant ses juges (*Apol.*, 23) ; Platon devait le répéter.

Cette croyance, d'ailleurs, pour Platon, s'allie très bien, on le verra, à sa doctrine sur l'âme et sa destinée présente. « L'homme sorti des mains de la nature n'a pas en lui la lumière » (*Lois*, VI, 216). Son âme tombée dans un corps mortel ne peut apercevoir la vérité ni complète, ni pure (*Phédon*). Il ne la voit d'abord qu'en reflet (*Rép.*, VI). Pour lui, la vie actuelle, c'est la mort ; la vraie vie c'est la vie divine dont il ne peut que *participer* (*Phédon*). Aussi, ceux qui s'adonnent à la philosophie ne sont ni des sages ni des ignorants, μήτε οἱ σοφοὶ μήτε οἱ ἀμαθεῖς, ils tiennent le milieu (*Banquet*, 203, E) entre la sagesse et l'ignorance, μεταξὺ εἶναι σοφοῦ καὶ ἀμαθοῦς. (Cf. *Lysis*, 218.)

En résumé, la philosophie, aux yeux de Platon, est l'exercice le plus parfait des facultés humaines. En elle sont réunis, à leur degré le plus élevé, tous les éléments de la vie intellectuelle et morale, dont l'ensemble ainsi conçu est un idéal : idéal parfait qui, chez l'homme, n'existe que dans les limites de l'être fini et de sa condition présente.

II. De l'esprit et du caractère philosophiques. — A cette notion abstraite et générale se rattache ce que Platon dit de l'esprit, du *naturel* philosophique longuement décrit dans la *République* (V, VI).

Ces qualités dont se compose la nature du philosophe, il en énumère avec soin toutes les parties, μέρη. Le portrait qu'il trace est en parfait accord avec son idée de la philosophie.

1° Ce qui distingue cet esprit c'est d'abord le désir de savoir, mais non d'un savoir étroit et borné qui s'arrête à tel ou tel objet particulier, s'y concentre et s'en contente, non de telle ou telle science mais de la science entière (ἀλλὰ πάσης. *Rép.*, V, 474, B). La première marque de l'esprit philosophique c'est d'aimer avec passion toutes les *sciences* qui peuvent le conduire à la connaissance de l'être immuable (*Rép.*, VI). Ce n'est pas non plus cette vaine curiosité qui se repaît les yeux et les oreilles du spectacle des choses sensibles, qui se plaît à voir de belles figures, de belles formes, mais celle qui veut connaître l'essence des choses, non les choses belles mais le vrai beau, αὐτὸ τὸ κάλον, non les actions justes mais le *juste*, τὸ δίκαιον, en un mot qui remonte sans cesse aux *idées* et les saisit dans leur rapport, leur vérité, leur immutabilité.

Il doit y joindre la mémoire, la facilité à apprendre et à retenir. De ces qualités de l'esprit sont inséparables celles du *caractère* et que doit réunir en sa personne le vrai philosophe. Ce sont, outre l'amour de la vérité, le plus parfait désintéressement, l'éloignement des plaisirs frivoles et des occupations vulgaires. Il sera tempérant, exempt d'avarice et de cupidité; il méprisera les richesses. Il montrera de l'élévation, de la grandeur d'âme, le contraire étant incompatible avec une âme qui embrasse dans ses recherches l'ensemble des choses divines et humaines. Un esprit qui porte sa pensée vers tous les temps et tous les lieux, doit considérer la vie humaine comme peu de chose. Une âme de cette trempe ne craindra donc pas la mort. Platon veut aussi que, dans le discernement des qualités d'une âme née pour la philosophie, on prenne garde si elle montre de l'équité, de la douceur, l'habitude de l'ordre dans sa personne et dans ses actes. Le philosophe doit être l'ami des *Grâces* (εὔχαρις) ; il doit aimer l'ordre, la mesure (κόσμιος, ἐμμετρία). (On reconnaît ici le Grec, l'artiste.) Toutes ces qualités, dit Platon, se tiennent par la main; elles sont également nécessaires. (*Rép.*, VI.)

Ailleurs (*Théétète*) Platon oppose l'esprit *philosophique* ou *spéculatif* à l'esprit *pratique*; dans le parallèle qu'il trace du *philosophe* et de l'*homme d'affaires*, on peut reconnaître chez lui la tendance contemplative déjà signalée. Le philosophe y est représenté comme étranger aux choses de la vie commune, ne sachant ni s'y reconnaître ni s'y conduire[1], inférieur en cela à l'homme pratique, mais retrouvant sa supériorité dès qu'il s'agit des hauts problèmes de la spéculation et qui intéressent véritablement l'homme, des lois du monde physique et moral, contemplant avec sérénité le cours des événements humains. (*Théétète*.)

Platon, plus tard, a pu modifier son opinion; les deux portraits et le contraste frappant n'en conservent pas moins leur vérité.

2° Au *philosophe* est opposé le *sophiste*. Partout cette opposition se produit dans les écrits de Platon. La *Sophistique*, non seulement il la combat et la met en scène, mais il la définit et la caractérise.

Si des caractères extérieurs ou dérivés on dégage ceux qui constituent l'*essence* même de la sophistique, le principal est l'*apparence*, τὸ εἰκός, mise à la place de la vérité ou de l'idée, le *non-être*, τὸ μὴ ὄν, substitué à l'*être*, τοῦ ὄντος (*Soph.*, 240, B). Telle est la notion métaphysique. (Cf. Arist., *Mét.*, IV). Le sophiste s'attache à l'*apparence*, à l'image (εἴδωλον), il s'en repaît et s'en nourrit. De plus il l'*imite*, μιμεῖται. Lui-

---

1. Les philosophes dès leur jeunesse ne connaissent pas le chemin de la place publique. (Voy. le passage entier du *Théétète*.)

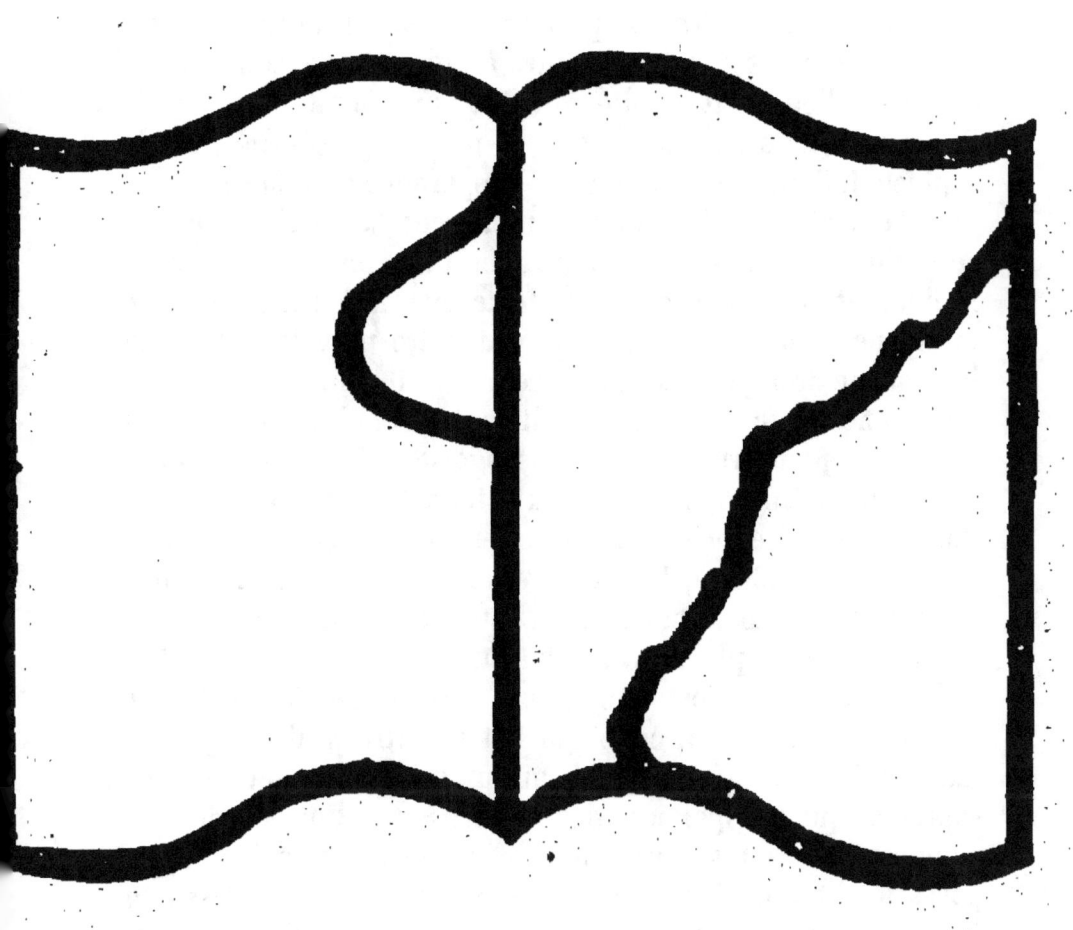

Texte détérioré — reliure défectueuse
NF Z 43-120-11

même vit dans l'ombre et l'obscurité, il se réfugie dans les ténèbres du *non-être*. Le philosophe au contraire, dans ses raisonnements, s'attache toujours à l'idée de l'être et c'est la clarté du lieu qu'il habite qui fait qu'il n'est pas aisé de l'apercevoir. De l'obscurité naît le mensonge (ψεῦδος), car le sophiste imitateur du sage imite l'apparence et la fait prendre pour la vérité. Le philosophe, qui cherche la vérité par amour pour elle, cultive la philosophie avec une âme droite et pure. Indifférent à la vérité, le sophiste n'a nul souci que de lui-même et de l'opinion qu'il veut faire prévaloir. Il revêt le masque trompeur de l'apparence qu'il imite. Il abuse de l'ignorance et de la crédulité du vulgaire. Il se fait de tout un moyen pour arriver à ses fins égoïstes. Pour faire triompher son opinion, il a recours à tous les prestiges : il est l'imitateur ou le *mime* par excellence, τὸ μιμητικόν (335).

L'âme du sophiste, bien différente de celle du vrai savant, a d'autres qualités, l'habileté, la souplesse et la ruse.

L'art qu'il emploie est la dialectique à laquelle il joint la rhétorique, mais c'est une fausse dialectique et une fausse rhétorique (*Gorgias*), celle qui fait paraître vrai ce qui est faux et faux ce qui est vrai, au moyen de raisonnements captieux qui s'appellent des *sophismes*. Eux aussi, les sophistes ont leur sagesse bien différente de la vraie. Protagoras le dit : « Bien loin de ne reconnaître ni sagesse ni homme sage, je dis au contraire qu'on est sage lorsque changeant la face des objets on les fait paraître et être bons à celui à qui ils paraissent et sont mauvais. » (*Protagoras*, 66.)

Pour achever cette comparaison du philosophe et du sophiste, Platon (*Rép.*, VI) montre comment un si beau caractère, le *naturel philosophique*, se pervertit ou se corrompt et comment chacune des qualités d'une âme née pour la philosophie, engendre, par sa corruption, les qualités contraires. Suivant Platon, la cause principale est le milieu social où l'individu est placé. Et à ce sujet, il fait le tableau des mœurs démagogiques d'Athènes. Le peuple est par lui appelé le plus grand des sophistes. Mais ce peuple lui-même n'est-il pas aveuglé et perverti par les sophistes, qui sont les démagogues, les harangueurs de la multitude? (*Rép.*, VI.)

III. Rapports avec les autres formes de la pensée humaine. — Si la philosophie est le point culminant de la pensée, le plus haut degré de perfection auquel l'homme puisse arriver en faisant usage de sa raison, toutes les autres formes de l'intelligence et de l'activité humaines lui sont inférieures et subordonnées. Elle est d'abord la première des sciences, comme il a été dit : la science souveraine. Elle est aussi le premier des arts, l'art royal, ὡς φιλοσοφίας μὲν οὔσης μεγίστης μουσικῆς (*Phédon*, 61, A).

1° Ses rapports avec les autres sciences sont aisés à établir. Toutes ont en elles leurs principes. Elle seule peut dévoiler l'essence immuable des objets particuliers que chacune d'elles étudie, la connaissance la plus vraie étant celle de l'être.

2° Elle les embrasse toutes dans leur ensemble et leur généralité, συνοπτικῶς. Le philosophe ou le dialecticien sait marquer le lien qui les unit et les différences qui les séparent.

3° Il fixe à chacune sa place et son rang dans l'ensemble : car c'est l'office du dialecticien de les comparer, de recueillir et d'utiliser les résultats que chacune a obtenus. (Voy. *Phi***.*) Platon compare les autres sciences aux chasseurs qui savent saisir la proie, mais non en tirer parti. La dialectique enseigne à faire cet usage. (*Euthydème*, 290.)

Le rang qui doit être assigné à chaque ordre de sciences se détermine de la manière suivante (*Philèbe*, 48, 518) :

1° En première ligne doivent se placer les *Mathématiques*, mais les *Mathématiques pures*. On sait le lien qui unit le platonisme au pythagorisme. Seulement la science des *nombres* n'est plus, comme pour les pythagoriciens, la philosophie même, mais elle est la plus voisine de la science des idées. Les liens les plus étroits de parenté subsistent. On le verra d'abord pour les *nombres idéaux* dont le rôle n'est pas tout à fait celui des idées (*infra*). Il s'agit de la science des *nombres* elle-même, pour laquelle Platon, grand mathématicien, professe l'estime la plus haute, dont il signale l'importance et l'utilité (*Rép.*, VII). Elle sert à tous les usages de la vie; mais ce qui la recommande surtout à ses yeux, ce qui fait sa dignité et sa supériorité, c'est moins son utilité que sa vertu pédagogique, comme moyen de culture de l'esprit et de ses facultés. Par là elle est un acheminement, une préparation à la philosophie (*ibid.*). Seulement elle doit être cultivée dans un esprit libéral et désintéressé. Cette science : l'arithmétique, la géométrie (*Lois*, VII, XII), indispensable à tout art et à toute science, elle aiguise l'esprit ; elle élève l'âme par la considération des vérités abstraites à la contemplation de ce qui est, ne passe pas et ne change jamais. Elle l'accoutume à se détacher des choses sensibles, à se familiariser avec les idées et les vérités nécessaires (*Rép.*, VII ; *Epinomis*). C'est l'éveil donné à l'entendement, en attendant qu'il soit capable de porter ses regards sur des objets plus élevés. Elle facilite le passage de la génération à la vérité et à l'essence (*ibid.*). L'*Astronomie*, non une astronomie vulgaire, celle qui apprend à regarder en bas quand on croit regarder en haut, mais l'astronomie mathématique vient ensuite, qui calcule les révolutions des astres (*ibid.*). A l'astronomie se joint la *Musique*, elle aussi la musique mathématique, non celle qui ne flatte que les oreilles, mais qui étudie les rapports des sons harmoniques. (*Ibid.*)

Toutes ces sciences sont comme les avenues ou les préambules (προοίμιαι) de la vraie science, de la philosophie.

2° Les *sciences physiques* occupent un rang inférieur. Platon les regarde à peine comme des sciences. Objet de conjecture et de vraisemblance (*Timée*), elles sont plutôt un amusement, mais un amusement noble et un délassement pour l'esprit qui a besoin de se satisfaire même en essayant de se procurer un moindre savoir sur des choses qu'il ne lui est pas donné de connaître avec certitude. (*Ibid.*)

3° Les *sciences morales* (la Morale et la Politique, etc.). — Quoiqu'il n'en soit point parlé d'une façon distincte, on peut dire que Platon les place à un rang beaucoup plus élevé que la physique. Tout ce qui a trait à l'homme moral, aux actes et aux rapports de la vie humaine privée et sociale, pour Platon comme pour Socrate, est la préoccupation principale du philosophe. Seulement une pareille étude n'a de caractère scientifique qu'autant qu'elle est en rapport direct avec la vraie science, la science des idées. Il faut bien distinguer aussi le côté pratique du côté spéculatif. La science du bien pour Platon est la science la plus haute. Elle est de toutes les sciences le but final. Platon se tient sur les hauteurs et n'aime guère à en descendre. C'est le défaut de tout le système. Quoiqu'il soit profond observateur, il ne tient pas assez compte de l'expérience et de l'habileté pratique. L'art de manier les hommes, de se servir de leurs mobiles secrets, de leurs passions, de se plier aux circonstances, il ne l'estime pas assez; plutôt il le dédaigne (voy. *Gorgias*). Pour lui le moraliste et l'homme d'État sont des esprits adonnés à la spéculation la plus haute, ils n'en sortent guère. Il traite avec assez de mépris la simple connaissance des faits et des détails si nécessaire pour établir des lois et administrer les affaires publiques. Les plus célèbres politiques, Périclès, Cimon, Aristide, Lycurgue, Solon même, sont jugés avec une sévérité extrême (*Gorgias*). Aristote sur ce point lui est très supérieur.

4º *Les Arts et la Poésie*. — Les anathèmes lancés par Platon dans sa *République* contre les poètes (IV, X) ont fait méconnaître, à ce sujet, sa véritable pensée. Sous le nom de musique (μουσική), on sait qu'il désigne tous les arts libéraux, y compris la Poésie. Or, que Platon dédaigne la poésie et les autres arts, c'est une erreur qui doit être rectifiée. La part de sagesse et de vérité qu'il leur fait, moindre sans doute qu'à la science, est encore assez grande. Et ce n'est pas de la forme purement qu'il s'agit, comme simple ornement ou parure de la vérité; c'est aussi une révélation. Guidés par une sorte d'instinct, mus par une force divine, les poètes disent de fort belles choses, λέγουσι μὲν πολλὰ καὶ καλά. (*Apol.*, 22, c.) Mais ils ne savent rien de ce qu'ils disent, ἴσασι δὲ οὐδὲν ὧν λέγουσι. (*Ibid.*) Partout Platon professe le plus profond respect pour ces personnages divins. Leur inspiration est analogue à celle des devins et des prophètes (*Timée*, 682; *Lois*, III, 622); φύσει τινὶ καὶ ἐνθουσιάζοντες (*Timée*).

Sur les grands poètes, Hésiode, Simonide, Homère, etc., même quand il les blâme, il s'exprime sur le ton de l'admiration la plus vive. « Les vers d'Hésiode sont inspirés par les dieux. » « Les poètes sont de race divine et, quand ils chantent, les Muses leur révèlent la vérité. » Lui qui traite leurs fables de mensonges (*Rép.*, II) quand le sens en est immoral, veut ailleurs qu'on les consulte. Il faut examiner ce que disent les poètes, car, en fait de sagesse, les poètes sont pour nous comme les pères de la sagesse et des guides, ὧς πατέρες τῆς σοφίας εἰσι καὶ ἡγέμονες. (*Lois.*)

La philosophie a parlé d'abord leur langue. Héraclite, Empédocle n'ont-ils pas été aussi des poètes comme Pindare, Homère? Ils ont discouru en vers sur la nature (*ibid.*). Ils ont dit des choses admirables. N'ont-ils pas dit que les contraires sont la loi du monde sensible? (*Ibid.*) Ce n'est pas seulement aux poètes philosophes ni aux philosophes poètes qu'est rendu cet hommage, mais à tous ceux qui ne furent que poètes. Tous ont part à ses éloges; il les appelle à son aide comme témoins de ce qu'il dit et des vérités qu'il expose : μαρτυρεῖ δὲ τούτου καὶ Ὅμερος. (*Gorgias*, 525.)

Mais, dans quel rapport avec la vérité la poésie et l'art sont-ils, au jugement de Platon, comparés à la philosophie? C'est toujours dans celui d'une raison inspirée qui aperçoit la vérité, ne la comprend pas et n'a pas le secret d'elle-même [1], obligée, pour l'exprimer et la communiquer, de s'envelopper de symboles [2], tandis que la vraie raison, la raison du dialecticien, voit clairement la vérité dégagée de toute forme sensible et contemple son objet, l'idée pure ou sans images. Il ne faut donc pas s'y tromper; tout en qualifiant de divin l'homme inspiré par les Muses, Platon regarde l'inspiration poétique comme un mode inférieur de la pensée au regard de la réflexion. D'abord le poète ou l'artiste n'a pas conscience de ce qu'il fait; il crée sans savoir ni pourquoi ni comment; il n'a pas le secret de ses œuvres; son émotion se communique, il est vrai, mais d'une *façon magnétique*. (*Alcibiade*, II; *Ion.*) Cette transmission se fait sans qu'il y participe. De plus, la vérité,

---

[1]. Νοῦν μὴ ἔχοντες μηδὲν εἰδότες ὧν λέγουσιν. (*Ménon.*)

[2]. Il est bien difficile de ne pas s'en rapporter à Simonide; c'était un sage, un homme divin, σοφός τε καὶ θεῖος ἀνήρ, mais il parlait en poète, ποιητικῶς, et il ne se comprenait pas. (*Rép.*, I.) — Toute la poésie est de sa nature énigmatique, ξύμπασα αἰνιγματώδες. (*Alcib.*, II, 147, B.)

dans ses chants, est mêlée d'erreurs et de mensonges que le poète ne sait pas distinguer. Le sens lui-même en est caché; il a besoin d'un interprète. L'interprétation des poètes par les poètes est encore un procédé peu sûr pour connaître la vérité. (Voy. *Protagoras, Ion.*) Interprètes d'interprètes, les rapsodes eux-mêmes déchiffrent assez mal ces énigmes. La critique des rapsodes est exposée à toutes sortes de faux sens et de mécomptes (*ibid.*). Le philosophe seul a le vrai savoir; seul il doit expliquer les fables, en fixer le sens. Le vulgaire les cite en témoignage dans ses discours. Les sages laissent là les conversations de cette nature, ils tirent leurs discours de leur propre fonds. (*Protagoras.*) A lui aussi d'approuver ou de blâmer. S'il est moraliste, législateur, il sait les accommoder au but moral qu'il se propose; il en possède la mesure et le critérium. (*Rép.*, X; *Lois*, II, VII.)

Platon n'est donc pas, comme on le croit, en contradiction avec lui-même, quand il invoque la poésie et les poètes dans ses écrits. Poète et artiste lui-même, il se garde de les exclure; mais il fixe les rangs. Il met la poésie à sa place dans l'ordre de la vérité et de la sagesse. Inférieure à la science, surtout à la science maîtresse, celle-ci a sur elle le contrôle. Elle est à ses yeux une certaine forme de sagesse (σοφίας), mais ce n'est pas la véritable. Il y a deux sagesses : l'une consciente et réfléchie, raisonnée, l'autre inconsciente, non raisonnée, incapable de discerner le vrai du faux dans les œuvres qu'elle crée et dans les fables qu'elle invente. La première est la vraie sagesse, elle profite de la seconde, mais la surveille et doit la diriger, comme il sera démontré dans l'exposé du système, surtout quand il s'agira d'organiser l'État sur le modèle que possède et doit tracer la première. (*Rép.*, *Lois.*)

5° *La Tradition et la Mythologie.* — Celle-ci est une autre sagesse émanée d'une source mytérieuse. On a déjà vu, à propos de l'emploi du mythe, dans Platon, comment il entend ce rapport de la philosophie et de la mythologie et la place qu'il lui assigne dans sa philosophie. Marquer le point précis où la mesure exacte est difficile. Ce qui est sûr, c'est que les fables antiques, celles mêmes de la religion populaire ont, pour lui, une grande valeur, quoique non égale à ce que la science découvre et enseigne par ses procédés purement rationnels. Ces vieilles traditions, ces anciens discours, παλαιοί λόγοι, comme il les appelle, non seulement il les respecte, mais souvent il les invoque. Il croit y trouver quelquefois ce que la raison, par ses seules forces, n'a pu ou ne saurait découvrir ni révéler.

Et il n'est pas le seul, parmi les philosophes de cette période, qui ait cette opinion. Aristote lui-même, d'un esprit si sévère, en tout disposé à le contredire, parle à peu près de même [1]. Ni l'un ni l'autre ne vont aussi loin que firent plus tard les Stoïciens et les Alexandrins. Leur point de vue est différent, mais ils sont loin de traiter ces récits traditionnels et ces fictions de mensonges. En brisant l'enveloppe de ces fables, on y trouve un sens profond. C'est une sorte de révélation primitive et inspirée, une sagesse émanée directement de Dieu ou des dieux.

« Les anciens qui valaient mieux que nous et qui étaient plus près des dieux nous ont transmis cette tradition » (*Philèbe*, 16, D). C'est ainsi qu'il en parle. Ou encore : « Les premiers hommes nous ont transmis ces choses étant plus capables de s'en faire une image fidèle. »

Les anciens et les sages nous disent : οἱ παλαιοί τε καὶ σοφοὶ λέγουσιν (*Gorg.*, 510, B), ou, suivant une ancienne tradition, κατὰ παλαιὸν λόγον. Il n'y a pas lieu de ne pas prendre au sérieux ces paroles. Platon parle d'un âge d'or placé à l'origine du monde. Mais, que faut-il croire au juste de ces récits? que doit faire le philosophe en présence de cette révélation? Le point est délicat. Platon qui accueille ces fables se réserve le droit de les interpréter. En séparant le fond de la forme, souvent il les transforme; il use d'une grande liberté. Il n'hésite pas à rejeter ce qui lui paraît faux et de pure fiction : οὐδ'ἂν τοιαῦτα μυθολογῶς (*Gorg.*, 493). Et, il faut

---

1. « Une explication qui n'est pas sans vraisemblance, c'est que les arts divers et la philosophie furent découverts plusieurs fois et plusieurs fois perdus, comme cela est très possible, et que ces croyances sont, pour ainsi dire, des débris de la sagesse antique, conservés jusqu'à notre temps. Telles sont les réserves sous lesquelles nous acceptons les opinions de nos pères et la tradition des premiers âges. » (Arist., *Mét.*, XII, 8.)

le dire, la position est plus difficile que celle de Socrate, qui n'a pas de système. Lui a le sien auquel il est tenu d'accommoder ces fables. Il le fait avec plus de liberté encore que pour les systèmes qui l'ont précédé. Il a derrière lui toute cette sagesse antérieure à la philosophie, les oracles, les mythes auxquels ont puisé avant lui Pythagore, Thalès, Empédocle, et qu'eux-mêmes avaient déjà expliqués. Platon, en général, fait peu de cas des explications purement physiques ; elles lui paraissent *barbares* et *grossières*, ἀγροίκᾳ τινὶ σοφίᾳ χρώμενος (*Phèdre*, 229). Le sens métaphysique a, pour lui, plus de valeur. Rarement toutefois il s'en sert; plutôt il le raille comme il fait des étymologies (voy. *Cratyle*). C'est au *sens moral* qu'il s'attache; mais, s'il le loue, souvent aussi il le condamne. Platon, on l'a dit, s'il se sert de ces mythes au sens moral, les arrange à sa façon et les subordonne à sa doctrine. C'est toujours à la source la plus pure, celle de la conscience, qu'il demande d'expliquer ce qu'il y a d'obscur et d'énigmatique dans ces symboles. C'est elle qui doit nous dire ce que le Verbe divin a voulu révéler aux hommes, sous cette forme et dans un langage symbolique, autre que celui de la science. L'oracle grec, depuis Socrate, n'est plus à *Delphes*, il est dans la *conscience humaine*, cette révélation intérieure, supérieure à la première. (*Phil. anc.*, 171.)

6° *Le Sens commun* (sentences). — Platon, aristocrate d'esprit et de naissance, dont la philosophie est au plus haut degré l'aristocratie de l'esprit, doit mépriser l'opinion vulgaire. Cette forme de la δόξα, par lui classée si bas (*Théétète*), il n'y a pas lieu de croire qu'elle ait une part quelconque à son système. Ce serait se tromper. Dans la spéculation, sans doute, elle est nulle. Il n'est pas donné au peuple d'être philosophe : φιλόσοφον μὲν ἄρα πλῆθος ἀδύνατον εἶναι (*Rép.*, VI, 494). L'opinion d'un seul, τοῦ ἑνός, pourvu qu'il soit raisonnable, vaut mieux que celle de la multitude. (*Criton*, 4, 7, D.)

Mais dire qu'il ne fait aucun cas de l'opinion ou plutôt de la sagesse commune serait aller trop loin. Dans les *maximes* populaires, les *sentences*, les *proverbes* qui se trouvent dans la bouche du peuple, sont contenues des vérités pratiques, d'un sens quelquefois élevé et profond, admirables de justesse et de précision. Elles sont exprimées dans une langue brève, originale et figurée qui les grave dans l'esprit et les fait retenir. On aurait tort de les mépriser. N'est-ce pas ainsi d'ailleurs qu'a débuté la philosophie, par les sentences et les maximes des anciens sages? Toute la sagesse lacédémonienne, que Platon prise beaucoup, qu'il cite avec éloge (*Protagoras*, 322, B), en est composée. Cette sagesse qui devance la philosophie, si elle ne peut marcher de pair avec elle, peut être une utile compagne de voyage. Platon est loin de la rejeter; ses dialogues sont pleins de ces maximes; on ferait un recueil intéressant de ces *proverbes, sentences*, etc., semés dans ses écrits. Ce ne sont pas toujours des locutions propres à orner le discours; souvent venant à l'appui des plus graves pensées, émises, discutées et prouvées, elles sont comme la confirmation de ces preuves. Mais il faut distinguer dans Platon deux sortes d'opinion : l'opinion vulgaire, celle de la foule, pour laquelle il ne cache pas son mépris; c'est pour lui le *préjugé*. Comme Sénèque, il serait disposé à dire *argumentum pessimi turba est* (*De vit. beat.*, ch. II). Il y a une autre opinion plus vraie, le *sens commun*; celle-ci, c'est l'opinion de tous, forme simple de la raison universelle, innée à tous les hommes, ou expression fixée de la tradition. Ce κοινὸς λόγος, Platon ne manque jamais de le mettre autant que possible de son côté en l'opposant au *paradoxe*, bien que trop souvent il l'ait contredit dans ses utopies[1].

7° *Le Langage et les étymologies.* — Lui aussi, le langage ne contient-il pas une sagesse cachée et une admirable philosophie? N'est-il pas, comme forme de la pensée, le verbe en qui elle s'incarne, le λόγος de la parole? Platon ne l'ignore pas. Platon, qui appelle la pensée un dialogue que l'âme se tient à elle-même (*Théétète, Soph.*), ne pouvait que le constater surtout dans les mots qui sont les souches ou racines, les *étymologies*. Cette science du langage, elle était enseignée,

---

1. Voici quelques passages où les *proverbes* sont émis : *Soph.*, 231, C. — *Crat.*, 384, A. — *Philèbe*, 59, E. — *Ménex.*, 248, A. — *Soph.*, 261, B. — *Polit.*, 264, B. — *Conviv.*, 174, B.; 222, B. — *Polit.*, IV, 424. — *Leg.*, V, 741, D. — *Lys.*, 216. — *Leg.*, VI, 755, E. (Voir Ast., *Lexicon*.)

professée par les sophistes qui y voyaient toute la philosophie. Platon le rappelle avec son ironie. « La science de Prodicus paraît ancienne et divine. » Quelle place doit-elle avoir dans la philosophie? On le verra par la suite (*Cratyle*). Tout en reconnaissant ses droits, il se moque de ses prétentions à vouloir la remplacer et fournir la méthode. Tout au plus elle peut et doit servir d'auxiliaire. Mais elle n'est rien par elle-même, sans la science des idées. (*Cratyle*.)

Il faut aller des choses aux idées et des idées aux mots, non des mots aux choses (*ibid.*). Voilà la règle. Dire le contraire est se contredire, ἐναντία λέγειν (*ibid.*). Cette recherche est une étude curieuse et utile. La philosophie ne doit pas se l'interdire. Mais il ne faut pas que, renversant les termes, elle se dise elle-même la méthode et vienne s'installer à sa place. Platon met à nu le cercle vicieux (*ibid.*). S'imaginer qu'avec une pareille méthode on va résoudre les plus hauts problèmes de la raison humaine est absurde. La sagesse humaine n'est pas dans les mots primitifs; si elle y est, il faut l'en tirer. Avec quoi? Expression d'une pensée le plus souvent obscure, ordinairement grossière et superficielle, elle-même figurée, cette langue, la langue des premiers hommes, est chargée d'équivoques, et présente des sens divers qui ont varié selon les temps. Elle a besoin d'être elle-même interprétée, expliquée, clarifiée et précisée, tâche laborieuse et délicate qui est celle du dialecticien, non du grammairien ou du philologue. D'ailleurs, où est la clef? où prendre le critérium? Cette recherche ne peut se faire qu'autant qu'elle est sans cesse guidée, éclairée par une science supérieure. Pour Platon cette science est celle des *idées*, comme il sera démontré ailleurs.

IV. L'ORIGINE DE LA PHILOSOPHIE. — Cette origine, suivant Platon, c'est l'*étonnement* (τὸ θαυμάζειν). Il n'y a pas d'autre commencement à la philosophie que la surprise, οὐ γὰρ ἄλλη ἀρχὴ φιλοσοφίας (*Théétète*, 155). L'*admiration* est le sentiment propre au philosophe. Aristote dit de même et donne le sens de ces paroles. « Ce qui dans l'origine, dit-il, poussa les hommes aux premières recherches philosophiques, ce fut, comme aujourd'hui, l'étonnement. Chercher une explication et s'étonner c'est reconnaître qu'on ignore. Aussi peut-on dire que l'ami de la science l'est en quelque sorte des mythes; car le sujet des mythes est le merveilleux. » (*Mét.*, I,2.)

Cette explication, d'accord avec l'esprit de cette grande doctrine, l'est aussi avec celui de la méthode socratique. Socrate se comparait à la torpille (*Phil. anc.*, 134). Cette secousse est nécessaire à l'esprit pour qu'il sorte de sa torpeur ou de son engourdissement qui est l'indifférence. L'ignorant, l'homme inculte et grossier n'admire rien, ne s'étonne de rien. Il n'y a pour lui ni merveille ni énigme; aucun problème à son esprit ne se pose. Vainement les plus grandes scènes de la nature frappent ses regards et s'étalent à ses yeux. L'habitude rend pour lui ce spectacle indifférent. A tout ce qu'il voit il ne cherche ni la raison, ni la cause [1]. Plus tard, dira Bacon, si l'étonnement est le commencement de la philosophie, c'est elle aussi qui la fait cesser. « *Nil admirari*, sed potius causarum cognitione miraculum rei et stuporem mentis solvere. » (*Nov. Org.*) Le calme qui succède au trouble et à la surprise est un autre genre de surprise, la sérénité de la raison satisfaite que Platon lui-même a très bien décrite. (*Théétète.*)

DIVISION. — N'ayant pas exposé lui-même régulièrement et dogmatiquement sa philosophie, Platon ne l'a pas non plus divisée. Du moins, ne trouve-t-on nulle part une division tracée dans les écrits. La division tripartite en *Dialectique*, *Physique*, *Éthique*, adoptée depuis dans la philosophie ancienne, n'apparaît d'abord que chez Xénocrate, son disciple. Mais elle est si

---

1. C'est ce qu'exprime Lucrèce en ces vers :

Nil adeo magnum nec tam mirabile quidquam
Principio quod non minuant mirarier omnes
Paulatim....   (II, 1026.)

Assiduitate quotidiana et consuetudine oculorum assuescunt animi, neque requirunt rationes earum rerum quas semper vident.(Cic.,*de Nat. deor.*, II, XXVIII.)

« La philosophie, il est vrai, en nous faisant connaître les principes des choses, nous ôte l'admiration et la surprise qui naissent de l'ignorance et du doute; mais elle ne détruit pas la douceur, la grandeur d'âme et la bonté. » (Plutarque, *Comment on doit écouter*.)

bien dans l'esprit de sa philosophie qu'on ne peut hésiter à l'admettre. 1° Liée à la *théorie des idées*, la *Dialectique*, base du système, bien qu'elle y soit partout mêlée, se détache et a une place indépendante. 2° La *Physique*, qui avait presque disparu avec Socrate, est réintégrée dans Platon, quoiqu'elle soit la partie la plus faible du système. 3° L'*Éthique* ou la Morale, qui, pour Socrate, était la science entière, conserve toute son importance ; elle a une place distincte à la suite de la philosophie théorique ou spéculative. Inséparables de la politique et de la législation, l'éducation, l'esthétique, etc., ne forment pas un ensemble et un tout distincts. Nous adoptons ce plan général.

Quant aux *divisions* particulières à y introduire, sans être arbitraires, il est plus difficile de les justifier. Tout est dans tout chez Platon. L'unité qui est le caractère de l'œuvre d'art est si bien empreinte dans chacune de ses œuvres, si bien conforme à son génie synthétique et artistique, qu'on ne peut la morceler sans l'altérer. Mais cela est inévitable ; c'est la condition de toute exposition régulière ; encore est-il malaisé d'éviter les répétitions. On est forcé de suivre le plan indiqué par la logique, de grouper les questions d'après l'ordre de leur affinité. Ainsi à la Dialectique se rattache tout ce qui, dans l'ordre spéculatif, tient de près à la *théorie* des idées, celle de la *méthode*, la théorie de la *connaissance*, celle du *langage* et de la *vérité*, de l'*erreur*, la réminiscence et l'amour, etc.

La deuxième partie, la *Physique*, contient les principes de la physique et le système du monde ; à la suite, l'*anthropologie* et la *physiologie*, les questions sur l'âme, ses facultés et sa destinée. Nous y rapportons aussi la théologie.

La troisième partie, l'*Éthique*, d'un plus haut intérêt, comprendra, outre la *morale* proprement dite générale et particulière, la *politique* et la *législation*, l'*éducation*, la *théorie du beau* et l'*esthétique platonicienne*, la *rhétorique* si étroitement liée à la morale.

Tel est l'ordre que nous croyons devoir suivre.

CHAPITRE II

LA DIALECTIQUE OU LA SCIENCE DES IDÉES

I. La dialectique, son idée, sa place et son rôle dans la philosophie platonicienne ; ses antécédents ; ce qui la distingue. — II. Ses procédés généraux : analyse, synthèse. — III. Procédés particuliers : 1° interrogation, réfutation, réflexion ; 2° procédés logiques (logique de Platon), division, définition, raisonnement ; hypothèse, analogie. — IV. Partie supérieure ; l'intuition platonicienne, l'intuition rationnelle (contemplation des idées). — V. Appréciation.

I. La méthode des idées. — Tout le système platonicien est en principe dans la théorie des idées. De ce centre partent les rayons qui en éclairent toutes les parties. La méthode elle-même qui sert à la construire ne se comprend bien que par elle. La *dialectique*, en effet, qui est cette méthode, διαλεκτική μέθοδος (*Rép.*, 534), qu'est-elle, sinon le mouvement régulier de la pensée, chez le philosophe, par lequel, de degré en degré, du degré le plus bas, la connaissance sensible, sa raison s'élève à la vérité la plus haute, celle des idées et de là à l'idée suprême, l'idée du bien? De cette région supérieure, par un mouvement opposé, elle redescend en passant par les intermédiaires, aux vérités ou aux faits particuliers de l'ordre physique et moral qui s'en déduisent, et qu'elle explique.

Liée à tout le système, elle ne peut s'en séparer. C'est comme méthode, néanmoins, que nous avons d'abord à la faire connaître dans son ensemble et ses procédés particuliers, en observant la gradation que son auteur lui-même a indiquée en plusieurs endroits de ses écrits [1].

---

[1] A consulter : Paul Janet, *la Dialectique dans Platon et dans Hegel* (1861).

Sa nature ou son idée. — La dialectique, aux yeux de Platon, n'est donc pas, ce qu'elle est au sens ordinaire, simplement l'art de discuter ou de raisonner, dont l'emploi principal est dans la dispute. Encore moins est-elle, comme Aristote la définit (*Top.*, I), une espèce inférieure de raisonnement conduisant au probable ou au vraisemblable. On s'en ferait également une idée fausse, si elle était considérée, ainsi que la logique l'a été depuis, comme l'organe ou l'instrument de la science. Elle est la science elle-même, non pas seulement sa forme, mais son procédé générateur et constitutif. C'est ainsi que l'ont conçue tous les vrais platoniciens. « Il ne faut pas, dit *Plotin* (IIIe *Ennéade*), considérer la dialectique comme un ὄργανον pour le philosophe. Elle porte non pas sur de purs théorèmes, sur des pensées vides, ψίλας ἐννοίας, mais sur les choses mêmes ; sa matière, ce sont les êtres. Elle se fraye un chemin jusqu'à eux, unissant à la fois la pensée et l'être. » Elle se confond avec ce qui a été appelé depuis la métaphysique.

C'est bien ainsi, sans doute, que Socrate l'avait lui-même conçue et appliquée (*Phil. anc.*, 132-138). Ce que cherche Socrate, par les « discours inductifs » (136), c'est d'atteindre à l'*universel*, καθόλου. La conception rationnelle est le but de tous les procédés qu'il emploie. Mais elle a un caractère nouveau, chez le disciple, qu'elle n'avait pas chez le maître. Le but que poursuit Platon, outre qu'il est placé au delà du réel, dans une région supérieure, celle de l'absolu, non seulement rend la notion de *subjective objective* (*supra*), elle lui confère un caractère de *transcendance* qu'elle n'avait pas, et qui essentiellement la distingue. La méthode prend ainsi une forme nouvelle en rapport avec le système.

Cet objet, placé dans une région idéale où ni les sens ni le raisonnement ne sauraient atteindre, exige un procédé nouveau, un acte de l'esprit lui-même supérieur. En outre, les autres procédés doivent être sinon renouvelés, mieux définis et raisonnés. La méthode sera plus systématique et plus régulière. Chaque procédé y a sa place et sa fonction propre, son rôle marqué dans l'ensemble, qui forme un tout organisé. C'est ainsi que nous avons à la considérer.

Déjà, par la manière dont Platon la qualifie, on voit l'importance qu'il lui attribue, combien aussi sa dialectique diffère de celle de ses prédécesseurs, y compris Socrate et les autres disciples. Cette méthode, Zénon l'a inventée (*Phil. anc.*, 50). Les sophistes l'ont avec habileté maniée. Socrate lui donne une direction nouvelle, à la fois rénovatrice et féconde. Ses disciples les plus libres (les Mégariques, 194-195, les Cyniques), qui en théorie la dédaignent, aussi s'en servent (210, 195), au moins comme d'instrument. Pour tous, elle est un art qu'ils cultivent plus ou moins avec ardeur, dont ils reconnaissent les avantages et la nécessité. C'est la forme d'exposition habituelle de leur pensée, le moyen de chercher la vérité, de la discerner de l'erreur et de la faire triompher; mais elle ne dépasse pas cette mesure. Avec Aristote elle redescendra à un degré encore inférieur, celui de la vraisemblance ou du probable. (*Topiques*, I, ɪ.)

Dans Platon, on l'a dit, elle a une tout autre portée. Elle est le chemin, ὁδός, par lequel l'esprit de l'homme, plongé dans les ténèbres de l'ignorance, ou éclairé du demi-jour de l'opinion, s'élève par degrés à la lumière et prend possession de la vérité. C'est l'élévation aux choses d'en haut, ἀνάβασις (*Rép.*, VII). Elle est le vrai guide, le seul qui soit sûr dans ce voyage que l'âme entreprend vers la région des idées, voyage long et difficile, semé de pièges et d'erreurs. Elle seule est la manière exacte et vraie de philosopher. Son nom est celui de la *science dialectique*, διαλεκτικῆς ἐπιστήμης (*Soph.*, 253, C). La marche dialectique, πορεία διαλεκτική (*Rép.*, II, VI), est qualifiée la chose la plus belle, οὐδὲν καλλίον ὁδός, le présent le plus noble du ciel fait par quelque Prométhée (*ibid.*). C'est toujours de ce ton enthousiaste que s'exprime Platon, quand il en parle.

II. — Suivant la définition qu'il en donne, elle est l'art de discourir par demandes et par réponses, ἐρωτᾶν καὶ ἀποκρίνεσθαι (*Crat.*, 390, C). Elle exige de l'exercice et de l'habileté pour le faire comme il convient, ὀρθῶς διαλέγεσθαι περὶ τῶν ἐν ἐρωτήσει (Diog. L., VII). Mais ce n'est que son côté extérieur. Dans sa vraie nature où elle est identique à la science, c'est chez celui qui s'en sert et en est capable, d'abord de pouvoir saisir l'unité d'un tout, d'embrasser l'ensemble, pour ensuite le diviser dans ses parties, distinguer chacune d'elles, afin d'en pénétrer l'essence et d'en dégager l'idée (*Rép.*, VII, 534, B). Celle-ci découverte, il doit la rattacher aux autres idées, afin de reconstituer l'unité totale : συνοπτέον εἰς συνόψιν καὶ τοῦ ὄντως φύσεως.

Le dialecticien a le regard *synoptique*, συνοπτικὸς ὁ διαλεκτικός (*Rép.*, VII, 537, C). Cette première vue est une *synthèse* à laquelle succède l'*analyse*, qui elle-même aboutit à une autre *synthèse* (*Soph.*, 266, etc.; *Phèdre*, etc.).

Telle est la méthode dans sa plus grande généralité, dont nous avons à décrire les procédés particuliers en distinguant autant que possible ce qui est socratique et ce qui est vraiment platonicien.

Comme chez Socrate (*Phil. anc.*, 133), les uns sont plutôt négatifs et servent aux autres de préparation ou d'initiation. C'est la partie *inférieure* de cette méthode. Les autres sont positifs. Eux-mêmes se distinguent en procédés logiques; c'est la partie *moyenne* conduisant à d'autres d'ordre *supérieur*, entre lesquels le procédé final doit fixer surtout l'attention.

III. Procédés négatifs (partie inférieure). — 1° On peut les ramener à trois : l'*interrogation*, la *réfutation* et la *réflexion*, bien qu'elle appartienne déjà à l'ordre *supérieur*.

L'interrogation. — Pour Platon, comme pour Socrate (*Phil. anc.*, 120), l'art de questionner et d'interroger n'est pas une moindre partie de la méthode. « Le dialecticien sait interroger et répondre, ἐρωτᾶν καὶ ἀποκρίνεσθαι, et il est beau de savoir le faire. » (*Phèdre*, 75; *Rép.*, VII, 334, C.) Selon Aristote, la dialectique est interrogative, ἡ διαλεκτικὴ ἐρωτητικὴ (*Soph., Él.*, XI). Cet art, on sait jusqu'à quel point il est porté dans Platon. Il n'y a rien à retrancher de ce qui a été dit par les auteurs de sa manière habile de poser les questions, de s'emparer de l'interlocuteur, et de profiter de ses aveux, de se servir de ses réponses pour le conduire où l'on veut sans qu'il s'en aperçoive. Cette méthode pour celui qui l'emploie, c'est le moyen d'examiner les diverses faces d'un sujet compliqué, de les élucider et d'apprécier la valeur des solutions possibles d'un problème, sans toujours se prononcer définitivement sur elles. Ce talent, le maître et le disciple le possèdent au même degré. Mais non seulement les conditions ne sont pas les mêmes pour celui qui parle et pour celui qui écrit, le but que chacun d'eux poursuit introduit dans la méthode des différences encore plus profondes, moins visibles dans les dialogues purement socratiques, déjà manifestes dans ceux qui le sont moins. Dans le dialogue platonicien, l'œil le moins exercé les reconnaît; la principale tient à l'objet même que l'un et l'autre ont eu en vue; moins métaphysique et plus pratique chez le maître, plus spéculatif et théorique chez le disciple. C'est ce qui en fait pour ce dernier un simple moyen, l'auxiliaire d'une autre méthode que celle-ci recouvre et qui est la véritable. Aussi, la traite-t-il avec une liberté sans pareille. On voit bien qu'il ne s'agit pour lui que de trouver un auditeur complaisant qui s'y prête et consente à le suivre jusqu'au bout et à se laisser docilement conduire. Platon, qui le sait et le dit, passe outre non sans ironie. Il continue sa marche dialectique sans s'arrêter. En réalité il n'interroge plus, il se contente de *oui* et de *non* comme réponses.

La pensée suit son cours à travers le dédale des questions et des réponses qui se succèdent et se croisent sans interruption. L'auditeur muet n'est là que pour la forme. Le dialogue lui-même a changé de face; la logique en fait tous les frais, c'est l'entretien de l'esprit avec lui-même, le mouvement de la pensée qui s'analyse, qui considère les divers côtés d'un sujet, examine le pour et le contre, apprécie tous les côtés d'un problème difficile dont la solution le plus souvent échappe et est ajournée. Le but est d'amener l'esprit à la conclusion (voir *Philèbe*), qui est l'*idée* elle-même dans son unité et aussi dans sa diversité; de signaler les oppositions et d'indiquer l'accord qui les réunit, les harmonise ou les concilie. L'esprit placé en face de son objet ne le quitte plus; il le sonde et le retourne en tout sens afin de lui arracher son secret; après avoir aussi longuement cheminé, il arrive par des négations et des oppositions successives à l'affirmation la plus haute qui est l'*idée* même où se rencontrent et se réconcilient les contraires. (Voir *Parménide, Sophiste, Philèbe*.)

La réfutation. — Déjà mêlée à l'interrogation, son rôle et sa nécessité sont marqués avec force dans plus d'un endroit par Platon. Sans perdre aucun de ses caractères qu'elle avait dans Socrate, elle en prend d'autres qu'elle emprunte, elle aussi, au système. Comme pour Socrate, elle est avant tout une préparation à la science. Elle a pour effet de convaincre l'homme qui s'abuse sur lui-même de l'ignorance qui pèse sur lui, l'aveugle et l'égare, de le débarrasser de ses erreurs et des préjugés. Elle tire l'esprit de sa fausse sécurité, le trouble et le réveille. Son fruit est cette première science, condition de la vraie, l'ignorance qui se sait. Elle invite à la recherche. Mais dans Platon s'ajoutent d'autres caractères qui ne sont plus ceux de l'*ironie* socratique. Les comparaisons dont il se sert dans un langage presque religieux et mystique déjà les expriment. Elle est appelée une délivrance de l'âme, λύσις; elle est une purification, κάθαρσις, analogue à celle des initiés aux mystères. C'est aussi un moyen de lever l'obstacle placé entre l'esprit et la vérité, de déchirer le voile qui la lui dérobe, d'écarter les ombres, de forcer l'esprit à se tourner vers la vérité et la lumière. A ce côté métaphysique se joint le caractère moral. Cette méthode, qu'il nomme utile et bienfaisante, elle vient rompre les chaînes des captifs assis et attachés dans la caverne et qui tournent le dos à la lumière du jour (*Rép.*, VII). Comme Socrate, Platon place dans le doute et dans l'ignorance qui se sait la première condition du savoir réel et de la sagesse. L'ignorance qui s'ignore est la première cause, l'origine de toutes nos erreurs; mais de plus elle est une maladie dont il faut de toute nécessité se guérir. La réfutation a cette efficacité. Elle fait descendre dans l'âme la honte; elle extirpe les opinions qui s'opposent à la science. Elle est la plus importante, la plus sûre de toutes les purifications. Celui qui ne l'a pas subie, fût-il le grand Roi, doit passer pour un homme rempli de souillures, sans éducation, plein de laideur par rapport aux choses par lesquelles il faudrait avoir le plus de pureté et de beauté pour être vraiment heureux.

Cette partie de la méthode dans Platon, si différente déjà de ce qu'elle était dans Socrate, outre qu'elle est empruntée à d'autres arts, tels que la médecine, et à son analogie avec le corps, a un caractère plus étendu et plus scientifique comme aussi plus moral. Le côté métaphysique s'y ajoute. Pour Platon, il ne s'agit pas seulement de purger l'esprit de ses erreurs et de ses préjugés, mais de s'élever par degrés au-dessus de l'opinion vraie, à ce qui est pour lui la science. L'esprit doit lui-même la traverser, franchir ce degré intermédiaire s'il veut parvenir au terme supérieur, celui de la science véritable, s'il veut jouir de la vue immédiate des idées (*Rép.*, VII). Socrate n'eût pas visé si haut. Sa maieutique s'arrête en deçà; elle n'a pas non plus cette prétention scientifique et systématique. (*Phil. anc.*, 135.)

De ce procédé, du reste, Platon reconnaît lui-même les limites. Ce n'est pas encore la sagesse qui naît de cette méthode; car elle laisse encore l'âme vide, elle ne donne pas encore la vérité, mais elle est la condition pour l'obtenir. Platon appelle cette dialectique négative « une sophistique de noble race, γενναία σοφιστική (*Soph.*, 231, B). A elle doit se joindre une autre purification que Platon dialecticien, mais aussi moraliste, n'oublie jamais d'associer à la première. Celle-ci s'adresse à une autre partie de l'âme, le cœur, le θύμος (*Cratyl.*, 403, E), τὸν καθαρὸν νοῦν (405, B). L'œil de l'esprit n'est pas un œil sec, que les préjugés seuls aveuglent; c'est un œil humecté par les passions. Il faut que l'âme s'en délivre, qu'elle soit purifiée de ses vices, si elle veut contempler la vérité. Platon revient sur cette condition, si souvent et si bien exprimée par les auteurs chrétiens. L'amour du vrai, la pureté du cœur, sont inséparables de cette méthode qui, réduite à elle-même et à ses procédés logiques, reste impuissante. La vérité ne se montre qu'à celui dont l'âme est pure, καθαρῶς καὶ δικαίως φιλοσοφοῦντι (*Soph.*, 253). Que manque-t-il au sophiste? une âme droite, qui est celle du vrai philosophe.

La réflexion. — Ce procédé déjà supérieur joue un très

grand rôle dans la méthode platonicienne. Il n'est autre que le retour de la pensée sur elle-même, qui a pour condition le détachement des choses sensibles. Ce mouvement de *conversion* ou d'*évolution* a pour effet de placer l'âme en face d'elle-même; son but est pour l'homme la *connaissance de soi*. C'est, au fond, on le sait, en quoi consiste toute la révolution socratique (*Phil. anc.*, 135). Le γνῶθι σεαυτόν en est la formule. L'esprit doit rentrer en soi, se replier sur lui-même et s'interroger. Dans ce dialogue de l'âme avec elle-même, elle prend connaissance des plus hautes vérités que la conscience recèle. Celle-ci, la pensée, n'est-ce pas sa partie divine? Ainsi ce qu'elle cherchait en dehors dans les phénomènes du monde sensible et ses lois, lui est révélé du dedans. Ces principes de vérité éternelle, l'universel et le nécessaire, la raison les possède. Socrate de ce procédé fait un précepte; sa méthode d'accoucher les esprits n'a pas d'autre sens. (*Phil. anc.*, 135.)

Sur ce point essentiel, Platon, qui continue son maître, est en plein accord avec lui. Mais pour lui c'est plus. Il ne reste pas dans l'indétermination du principe et du précepte qui l'exprime. Le mouvement de réflexion, ce retour de l'esprit sur lui-même, a une condition qui, sauf à dépasser le but, le précise, savoir : une véritable séparation, χωρισμός (*Phédon*, 67), ou scission, que produit cette conversion. Pour s'effectuer, elle oblige l'esprit à rompre avec les choses extérieures, à se détacher des sens. La différence est notable (*ibid.*, 67). La direction suprasensible, peu marquée dans Socrate, est manifeste dans Platon. Socrate invite l'esprit à rentrer en lui-même; mais nulle part il ne veut rompre toute communication avec le monde sensible. Son bon sens le retient en deçà d'un spiritualisme exagéré, qu'il n'aurait pas approuvé, dont nulle trace ne se retrouve dans les dialogues socratiques. C'est dans d'autres (le *Phédon*, le *Phèdre*, le *Banquet*, la *République*, VI et VII), là où Platon est lui-même, que sa pensée s'exprime en termes précis, ceux de sa langue, où la théorie des idées est exposée et constituée.

Réfléchir, pour Platon, ce n'est pas simplement méditer; il ne dit pas, comme Descartes, « je fermerai mes yeux, je boucherai mes oreilles » (*Médit.*, III). Mais l'âme doit, autant qu'il est possible à l'être actuel, se séparer du corps, χωρίζειν ὅτι μάλιστα ἀπὸ τοῦ σώματος, mourir à la vie corporelle (*Phédon*, 67). Tous les passages du *Phédon*, du *Phèdre*, de la *République* sont très explicites à cet égard. « Les vrais philosophes ne s'appliquent ici-bas qu'à mourir, à vivre, comme s'ils étaient morts. » Jamais Socrate n'eût été jusque-là. « Ce qui distingue le philosophe, c'est qu'il travaille plus particulièrement à détacher son âme de la société du corps » (*ibid.*). Le corps est un obstacle quand on l'associe aux recherches de la science. « La vue et l'ouïe manquent de méthode et les poètes ont raison de nous répéter que nous ne voyons rien exactement » (*ibid.*, 129). Leurs sensations sont pleines d'inexactitude et de confusion. La philosophie, reconnaissant que la force du cachot vient des passions, etc., exhorte l'âme doucement à s'en délivrer; elle lui montre que le témoignage des sens est trompeur, l'engage à se séparer d'eux, lui conseille de se recueillir et de rentrer en elle-même. Tous les spiritualistes, outrés si l'on veut, sans doute ont plus ou moins tenu ce langage. Chez Platon, c'est le système qui parle ainsi; il n'y a ni à peu près ni hyperbole. Ce que voit l'âme au moyen des sens, c'est le sensible, le visible; ce qu'elle voit par elle-même, c'est l'intelligible, l'immatériel. (*Ibid.*, *passim.*)

Il est difficile, quand on lit ces passages, d'absoudre Platon de mysticisme. Toutefois ce serait méconnaître du vrai disciple de Socrate la pensée, comme de l'esprit grec le caractère, que d'omettre le côté scientifique qui partout dans cette méthode en réalité domine. A cette extrémité en effet Platon n'arrive pas du premier coup, comme d'un seul bond et d'un vol rapide, mais lentement, graduellement, après avoir passé par une série d'opérations intellectuelles laborieusement conduites et qui sont en réalité de cette méthode, non seulement le côté négatif, mais positif, ceux-ci d'un caractère scientifique, abstrait et *logique*. L'esprit philosophique doit s'y être exercé, savoir les employer avant d'arriver à la contemplation de la vérité. Elle-même, a-t-on dit, offre deux parties, l'une moyenne, l'autre supérieure. La première contient tous les *procédés logiques* propres à la raison *discursive* (la διάνοια), que réclame la faculté logique (τὸ λογιστικόν). Placée au-dessus de la sensation, αἴσθησις, elle est au-dessous de la *raison* (νοῦς ou λόγος). Pour celle-ci, l'unique procédé qui la constitue, c'est l'acte même de la pensée (la νόησις) par lequel l'esprit convenablement préparé se tourne vers la vérité et reçoit sa lumière, la saisit et la contemple par la seule vertu qui lui est naturelle (*Rép.*, VII).

Nous avons d'abord à décrire les *procédés logiques* de la raison *discursive*. Cette partie, quoique inférieure, de la dialectique, que l'on peut appeler la *logique de Platon*, mérite d'être, à son tour, sérieusement examinée et appréciée.

2° Procédés logiques (partie moyenne). — Placés au début de tout raisonnement, ils sont nécessaires pour en établir la base et le constituer : 1° déterminer l'objet de la recherche ; 2° le définir au moins nominalement. Platon les désigne sous les noms de *synthèses* et d'*analyses*, συνθέσεις, διαιρέσεις (*Rép.*, VII, 533, B ; X, 602). Le procédé initial lui-même est une sorte de synthèse préparatoire ou vue d'ensemble, συναγωγή, où se reconnaît d'abord le dialecticien. Platon la décrit ainsi lui-même. (*Phèdre*, 266.)

« C'est d'abord de réunir par comparaison dans une notion générale toutes les notions disséminées çà et là, afin de montrer clairement par une définition exacte le sujet que l'on veut traiter. »

La seconde opération, διαίρεσις, que nous appelons *analyse*, est de diviser à son tour la notion générale ou le genre en ses espèces (cf. *Politique*), en ses articulations (ἄρθρη) naturelles et détachées, de ne pas mutiler chaque membre comme ferait un mauvais écuyer tranchant (*ibid.*). Platon ajoute, parlant par la bouche de Phèdre : « Ce sont ces sortes d'*analyses* et de *synthèses* que j'aime, afin d'acquérir le talent de parler et de penser. Ceux qui ont ce talent, Dieu sait si j'ai tort ou raison, je les appelle dialecticiens. » (*Phèdre*, 266.)

Platon insiste sur ce procédé, la *division en espèces*, dont il connaît les difficultés (*Polit.*)[1]. Il en fournit le modèle par

1. *Soph.*, 341. « Diviser en genres et ne pas prendre la même espèce pour

des exemples (*Soph.*, *Philèbe*, *Polit.*). « Il faut, dit-il, une grande force d'attention pour s'y maintenir. Diviser par genres et par différences est une opération délicate » (*Soph.*, 243). — Cette méthode est de la plus haute importance dans ces sortes de recherches (*Polit.*, 263). C'est le chemin le plus court qui mène à la définition (*ibid.*, 267). Distinguer, retrancher, faire de nouvelles divisions, marquer les différences, μέροι ἀεὶ μέρως, tout cela est difficile, demande une main habile et exercée (*Philèbe*).

Sans doute, mais si l'expérience ne vient ici en aide à la dialectique et ne la féconde, ne risque-t-on pas à chaque pas de perdre pied et de s'égarer dans des distinctions subtiles et verbales en dehors de la réalité?

On voit dans Platon lui-même qu'il comprend, avec la longueur, l'incertitude de cette méthode; mais il a en vue sa théorie. Son analyse et sa synthèse, quel en est en réalité le but? introduire l'unité dans la variété et rétablir la variété dans l'unité, caractère essentiel des *idées*.

« Ainsi l'homme capable de le faire, de distinguer comme il faut une idée répandue d'une manière absolue dans plusieurs autres qui existent chacune séparément (ὡς δυνατὰ κοινωνεῖν ἀλλήλας), et plusieurs idées qui diffèrent entre elles comprises sous l'idée générale. » — « Et c'est là ce que j'appelle savoir discerner parmi les genres ceux qui peuvent entrer en communication [1]. »

Le résultat général, si Platon ne le dit pas, est évident. C'est en réalité la division tripartite, le rythme de la pensée que suit l'idée. Tout le système platonicien n'est-il pas conçu et ordonné d'après cette méthode [2]?

En résumé, la méthode ici, dans sa partie logique, contient deux procédés distincts : un procédé de *réunion* d'abord, de *division* ensuite, auquel s'ajoute un troisième très réelle-

---

différente ni pour la même celle qui est différente, ne dirons-nous pas que c'est la fonction de la science dialectique? » Τὸ κατὰ γένη διαιρεῖσθαι καὶ μήτε ταὐτὸν εἶδος ἕτερον ἡγήσασθαι, μήτ' ἕτερον ὂν ταὐτὸν μῶν τῆς διαλεκτικῆς φήσομεν ἐπιστήμης εἶναι. (*Soph.*, 253, D.)

1. *Soph.*, 253. E. : δυνατὸς ὁρᾶν μίαν ἰδέαν διὰ πολλῶν καὶ μίαν αὖ δι' ὅλων πολλῶν ἐν ἑνὶ ξυννημένην.
2. En quoi cette méthode paraît ressembler à la méthode hégélienne, en quoi elle en diffère? voir P. JANET.

ment désigné aussi dans Platon et qui s'appelle la *coordination* des genres, συναγωγή, également *synthétique*. Il consiste à saisir et à discerner les côtés par où les genres s'accordent et par où ils ne s'accordent pas, et cela au moyen d'une distinction nette et précise des qualités semblables et des différences réelles.

Or, cette troisième opération, non moins essentielle, n'appelle pas moins l'attention que les deux précédentes. Le dialecticien connaît l'accord et le désaccord des genres et des espèces, ποῖα ποίοις συμφωνεῖ τῶν γενῶν (*Soph.*, 253, B). Connaître les idées qui s'accordent ou se repoussent, en déterminer la mesure commune, les mélanger ensemble dans une savante harmonie, c'est l'œuvre de la vraie musique, de la philosophie et de la dialectique. (*Soph.*, 253.)

Sans poursuivre plus loin l'exposé de cette méthode, on voit que c'est toujours de l'*idée* qu'il s'agit, de la théorie des idées à édifier. Cet art, dit Platon (*Soph., ibid.*), les sophistes eux-mêmes le possèdent; mais ils l'exercent mal et en gens inhabiles. Ils lui doivent d'être devenus d'habiles discoureurs. Ils ignorent cependant l'art dont ils parlent. Cet art demande un regard assuré, une grande fermeté et sagacité. Il s'agit ni plus ni moins que de découvrir et de dégager l'idée. (*Ibid.*)

La découverte de l'idée, en effet, voilà le but. L'une des deux routes (*Philèbe*) mène à l'unité; l'autre, à la diversité; mais toutes deux ramènent à l'unité, μίαν τινὰ δύναμιν καὶ ἰδέαν δημιουργεῖ.

Platon en fait le plus grand cas. C'est l'office de la Muse royale, τῆς βασιλικῆς μουσῆς (*Polit.*, 309). Pour lui, le philosophe, c'est le philosophe de l'unité, le grand musicien qui en tout sait mettre l'harmonie. C'est l'art divin. Elle tâche de saisir le lien entre les contraires, de les concilier et de les accorder, ἐναντία πειρᾶται ξυνδεῖν καὶ ξυμπλέξειν (*Philèbe*, VI). Une fois l'harmonie trouvée, elle sert comme d'un lien divin. De tous ces fils, elle fait une toile unie, λεῖον ὕφασμα. (*Polit.*, 311.)

La définition. — Son importance aux yeux de Platon n'est pas moindre qu'elle était pour Socrate. Les grands comme les petits dialogues auxquels elle a fourni le second titre, la

République, le *Gorgias*, le *Philèbe*, le *Théétète*, etc., lui sont ou lui paraissent uniquement consacrés [1]. Elle y est annoncée comme devant être l'objet et le but même de toute la discussion. Combattre les fausses définitions des sophistes et, s'il se peut, en trouver de meilleures, remplacer les définitions superficielles ou trop étroites dont se contente trop aisément le sens commun, par d'autres plus approfondies et plus exactes, n'est-ce pas ce qui fait les frais de tous ces entretiens où figurent les personnages représentant à divers titres la science contemporaine?

La définition platonicienne offre plusieurs points à examiner : 1° sa *nature*; 2° les *moyens* de la former; 3° sa valeur ou sa *légitimité*.

1° Fidèle encore ici à la méthode socratique ou inductive (*Phil. anc.*, 137), celle qui conduit au *général*, Platon, qui fait de même, de chaque chose cherche à dégager l'*élément général* ou la *notion*. Celle-ci doit être la base de la définition. Elle est la condition de toute science; sans elle aucune science ne peut s'établir (*Théétète*). Mais à cela elle ne doit pas s'arrêter; elle doit aussi déterminer de cet objet ce qui lui est propre et le distinguer : la *différence spécifique*. Ce sera le second terme à ajouter au premier et lui-même nécessaire. Ainsi en est-il de tout objet particulier, de toute idée, même la plus générale.

Car l'idée est à la fois une et multiple, unité et pluralité. Les idées les plus métaphysiques, comme la notion la plus commune, y sont soumises. Ainsi en est-il du beau, du bien, du vrai, de la justice. L'élément particulier en sera donc partie intégrante. Ce qui de la définition doit être exclu, c'est l'*accidentel* et l'*individuel*. Ce sont aussi les qualités extérieures, accessoires et superficielles des êtres, qui ne touchent pas à leur essence ou bien où celle-ci n'est pas complète. L'*essence*, c'est ce qui constitue la vraie réalité de l'être, le τὸ ὀντῶς ὄν, l'être de l'être. Elle seule doit être retenue comme ayant droit à entrer dans la définition. Cette essence est encore

---

1. La *République* ou *de la Justice*, le *Gorgias* ou *de la Rhétorique*, le *Phèdre* ou *de la Beauté*, le *Banquet* ou *de l'Amour*, etc., le *Théétète* ou *de la Science*, etc., le *Charmide* ou *du Courage*, etc.

générale mais propre. D'elle seule la science doit s'occuper.

2° Pour atteindre à ce but, quels *moyens* sont à employer? Ceux-là d'abord, sans doute, que pratique et enseigne la dialectique et dont plusieurs ont été indiqués, l'analyse ou la division, la synthèse. Il s'y joint l'*hypothèse* et l'*analogie*. L'*expérience* elle-même ne sera pas bannie. Elle a sa place dans cette méthode quoique insuffisante; avec elle l'*observation* et la *comparaison* des objets. Platon ne s'y arrête pas assez; trop tôt il *généralise*. C'est le défaut de son idéalisme. En quoi consiste chez lui le procédé de généralisation? Est-il, comme on le dit, purement comparatif ou collectif, de façon qu'il en sorte une vide généralité? διαλεκτικῶς καὶ κένως, comme dit Aristote. Cela est excessif [1].

3° Ce qui est vrai, c'est que Platon généralise trop vite; c'est le côté faible de sa méthode et de son système. De plus, comme Aristote lui-même en convient, la définition n'est pas toujours possible. Du moins Platon hésite souvent à la formuler.

Les genres les plus élevés, les essences premières qui sont les idées véritables, échappent à la définition. Le *vrai*, le *bien*, le *beau*, l'*être* lui-même et les catégories de l'être, la *quantité*, la *qualité*, l'*affirmation* et la *négation*, la *relation*, etc., ne sauraient guère être déterminés. Ce qui sert à définir ne saurait se définir. (Arist., *Analy.*, *Post.*)

Ce qu'on ne saurait nier, c'est la tendance généralisatrice de cette méthode dont les conséquences apparaissent dans tout le système.

Est-il vrai néanmoins qu'elle ne conduise qu'à de vaines et chimériques abstractions? Ceux qui le disent trouveraient en eux-mêmes la réponse comme dans les écrits du grand philosophe. Eux-mêmes citent les définitions sorties de cette méthode en les corrigeant, mais sans en méconnaître la valeur, ne fût-ce qu'en ce qui touche à l'ordre métaphysique et moral : la science, l'âme, la justice, le bien, le beau, etc. Si le second terme, la différence y est trop effacée, le premier où est la ressemblance subsiste, savoir : l'idée. Elle reste la base de

---

1. Sur ce point voir P. Janet, qui s'y étend longuement, p. 153 et suiv.

la définition. Qui peut nier qu'elle ne soit souvent admirablement reconnue et déterminée, dégagée des fausses définitions qu'avaient mises en vogue les sophistes, ou des vagues définitions dont se contente le sens commun? La vérité est que Platon, lui aussi, cherche les différences. Il s'efforce de les marquer. La différence souvent lui échappe, ou il l'affirme sans la montrer. Chez lui, trop souvent, elle s'efface. Le particulier disparaît dans l'idée, que simplement il reflète. La tendance platonicienne sans doute est de généraliser. Mais pourquoi? c'est que le général rend raison du particulier, ce qui est vrai. Il en est la *cause*, la *loi*, la *fin*. Ainsi, pour Platon, le beau c'est le bien; le bien est aussi le vrai, le saint, le juste, l'être à son suprême degré. L'identité est maintenue dans la diversité. Mais la diversité, qu'est-elle? Elle aussi a des droits, car elle est le réel. Que devient-il? On le sait. Dès lors la barrière qui sépare les genres et les espèces n'est pas solide. Il est de fait qu'avec la dialectique non opposée à l'expérience, mais que celle-ci ne retient pas, tout chancelle et est compromis. L'esprit s'élève d'un vol rapide des individus aux espèces, des espèces aux genres, qui eux-mêmes disparaissent dans l'universel. Les intermédiaires sont supprimés. Les caractères propres des individus sont peu de chose par rapport aux idées dont ils participent. C'est le défaut général de cet idéalisme.

Pour Platon, cependant, il faut le reconnaître, il y a identité à la fois et aussi différence, opposition même. La pensée se meut entre deux extrêmes opposés qu'il s'agit d'accorder et de concilier (voir *Philèbe*, *Parménide*, *Sophiste*). Y parvient-il? Ici l'insuffisance est manifeste du procédé dialectique. L'essence véritable que recèlent les individus doit échapper aux prises d'une telle méthode à laquelle manquent l'observation suffisante et l'expérimentation, elle-même réduite en art et patiemment poursuivie. Mais l'essence véritable ne sera pas moins l'*idée*, que l'intuition seule peut atteindre et contempler, et cela lorsque tous les autres procédés auront été employés et que l'esprit y sera convenablement préparé.

Pour tout dire en quelques mots, chez Platon, le terme général domine et efface l'autre; chez Aristote, le particulier contient l'essence, celle-ci à la fois générale et propre. Le rapport est renversé, mais l'idée est conservée. Lui-même Aristote en convient : « Il n'y a de science, dit-il, que de *l'universel.* »

Le raisonnement (λογισμός). — Si l'on s'en tient au côté pratique, on trouverait difficilement un aussi habile raisonneur que Platon et sous ce rapport un plus admirable logicien. Plusieurs de ses dialogues offrent des modèles où la rigueur et l'exactitude sont égales à celles de la démonstration mathématique.

Mais il s'agit ici de théorie. Or, la théorie du raisonnement (λογισμός), objet propre de la logique formelle, appartient au disciple. Aristote y a attaché son nom. Tout au plus, Platon a pu mettre sur la voie des points les plus généraux; mais le mécanisme entier du raisonnement, ses formes et ses règles, comme objet d'analyse et de synthèse, après lui, resteront à étudier; c'est en quoi consiste l'œuvre d'Aristote.

Il n'est pas néanmoins sans intérêt de voir si, sur quelques points, Platon a pu devancer l'auteur de la logique.

1° Le *syllogisme* est-il dans Platon? Le mot est souvent employé, συλλογισμός, mais pour désigner toute espèce de raisonnement (*Théétète*, 186, D; *Cratyle*, 412). Encore est-ce plus en dialecticien qu'il en parle qu'en logicien. Platon se sert de toutes les formes du raisonnement aussi bien inductif que déductif, analogique, hypothétique, etc. D'un principe il sait admirablement tirer les conséquences, de celles-ci remonter au principe, suivre les deux voies de la démonstration. Cet instrument de la pensée, il le manie avec une dextérité merveilleuse, quelquefois avec subtilité; mais il ne songe pas à l'étudier en lui-même dans la forme typique et dans toutes les autres formes, à le décomposer dans ses éléments et à en tracer les règles, bien qu'il insiste souvent sur la manière générale de s'en servir. Tout cela, c'est l'œuvre propre du disciple.

2° Quant à l'axiome qui sert de base au raisonnement, et qui relève de la métaphysique, il n'a pu échapper au théoricien des idées. Ce principe, le *principe de contradiction*, il le signale en plus d'un endroit. Il le pose même formellement, comme en toute occasion il s'en sert, ne fût-ce que contre les sophistes qu'il veut amener à se contredire. Il le proclame sans doute, mais il ne s'y arrête pas, ni le discute; il ne le soumet pas à l'analyse, il n'en établit pas la légitimité. Cela revient encore à Aristote qui y consacre tout un chapitre de sa *Métaphysique* (liv. IV, iv). Pour lui c'est plutôt un principe analogue, mais différent et tout métaphysique, celui de l'opposition des *contraires* qu'il a en vue comme plus en rapport avec son système. — Opposer les contraires pour les accorder ensuite est la tâche du dialecticien. C'est là ce qui, au plus haut degré, l'intéresse et le préoccupe. Et, en effet, à ce point de vue supérieur, une chose peut être et ne pas être en même temps sans qu'il y ait contradiction. L'*unité* y est opposée à la *multiplicité*, l'*identité* à la *diversité*, le *repos* au *mouvement* (*Soph.*, 260). Les deux termes coïncident dans le même sujet sans s'exclure. N'est-ce pas là même qu'est la vérité la plus haute? (*Ibid.*)

Il en est tout autrement de la logique proprement dite. Ici, de deux propositions contradictoires, l'une ne peut être vraie sans que l'autre ne soit fausse. Le *oui* et le *non* ne peuvent s'accorder, et la conclusion le constate. On ne peut, sans admettre le *pour* et le *contre*, soutenir que la même chose est et n'est pas en même temps et sous le même rapport (voir Arist., *Mét.*). Ceci est la base même de toute logique, sans laquelle le raisonnement s'évanouit et la parole humaine n'a plus de sens. Platon semble l'avoir fort bien aperçu (*Théétète*, 186, D). Mais il ne l'a ni établi théoriquement ni examiné scientifiquement. Il se contente de dire que la science ne réside pas dans les sensations, mais dans le raisonnement sur les sensations : ἐν δὲ τῷ περὶ ἐκείνων συλλογισμῷ. Cela ne dit pas ce qu'est le raisonnement, ce qui le constitue, ni ce qui le fait être légitime ou illégitime. Tout ceci concerne la *déduction*. Quant à l'*induction* platonicienne, elle n'est ni celle d'Aristote, ni l'induction expérimentale ou baconienne (voir *infra*); ce qui suit le démontrera.

Comme auxiliaires de cette méthode, il nous reste à parler de deux formes de raisonnement souvent employées : le raisonnement *hypothétique* et le raisonnement par *analogie*.

1° Le *raisonnement hypothétique* a aussi sa place assez grande dans la dialectique platonicienne. Platon, qui l'emprunte aux géomètres, épris de la clarté rigoureuse des sciences exactes, mathématicien lui-même, s'en sert volontiers pour remplacer la démonstration directe. Cette méthode indirecte, on le sait, consiste à faire sur un sujet donné toutes les suppositions qu'il comporte, à les examiner et les discuter afin de découvrir celle qui, seule, peut être admise, toutes les autres étant rejetées. Les géomètres s'en servent à défaut du raisonnement direct (*Ménon*, 81, D), Platon la donne d'abord comme une sorte de gymnastique, τίς ὁ τρόπος τῆς γυμνασίας. (*Parm.*, 135.)

De ses règles, la première est de ne pas se contenter de supposer l'existence de chaque idée, mais de voir les conséquences qui résultent de chaque hypothèse. Il en parle comme d'une méthode difficile dont il connaît les fatigues et les longueurs. Il la prise beaucoup et lui fait jouer un rôle très élevé comme procédé de dialectique qui conduit aux principes (*Rép.*, VII, 533, D). Le *Parménide*, en entier, en est la mise en action et l'exemple. Le résultat est de maintenir, par l'*opposition des idées*, la nécessité de les unir (*supra*). C'est l'union des contraires que cette méthode veut établir. Ainsi, la vraie *unité* n'est pas l'*unité simple des Éléates*, c'est l'unité d'où sort la pluralité, l'unité à la fois *une* et *multiple*, *finie* et *infinie*. Le *Ménon* fournit un autre exemple plus facile (81, D). *La vertu est-elle une et plusieurs?* Est-elle *science* ou ne l'est-elle pas? Est-elle habitude? Elle est l'un et l'autre. Peut-elle s'enseigner? Comme habitude elle ne s'enseigne pas. On le saura en faisant les suppositions qui révèlent son essence et qui montrent que l'un et l'autre est vrai, si on l'entend bien d'une certaine manière. (*Ibid.*)

Il en est de même des hypothèses dans les sujets métaphysiques, comme il est dit dans le *Phèdre*. Elles ne servent que de degrés pour arriver aux principes eux-mêmes et à ce qui est en dehors de toute hypothèse, au principe des principes, ἵνα μέχρι τοῦ ἀνυποθέτου ἐπὶ τὴν ἀρχὴν ἰών. (*Phèdre*, 101.)

2° L'*analogie*. — Ce procédé familier à Socrate (*Phil. anc.*, I, 136), dont l'entretien abonde en comparaisons, ne l'est pas moins à Platon dont la manière et le style en cela n'ont pas été épargnés (*supra*). Or, il est à remarquer que chez lui la comparaison a un caractère supérieur propre au système platonicien. Pour Socrate, que sont les analogies? de simples ressemblances tirées des objets, comme procédé d'induction servant d'exemples propres à conduire l'esprit du particulier au général (véritable induction expérimentale) (*ibid.*, 137). Pour Platon, c'est bien cela aussi, mais c'est beaucoup plus, comme le veut le système.

Le monde est un reflet des idées. Les idées y apparaissent dans les objets. Ceux-ci en sont les images, εἴδωλα, dont les idées sont les modèles, παραδείγματα. Ce sont comme des miroirs, où l'on se peut voir comme dans les eaux. Il y a d'autres miroirs plus purs, les *nombres*, également reflet des idées, plus voisins des idées (*supra*).

Telle est l'analogie dans Platon : procédé inférieur utile et nécessaire, en outre légitime et naturel. La dialectique aurait tort de le négliger. Elle s'en sert aussi comme d'un degré pour s'élever plus haut dans la région des idées. Platon le dit : « La faiblesse de notre esprit rend nécessaire cette méthode. Il est difficile d'exposer avec une clarté suffisante de grandes choses sans se servir d'exemples » (*Polit.*, 277). — On ne peut d'ailleurs qu'admirer avec la richesse, la justesse des comparaisons, où l'imagination, mise au service de sa pensée, l'a si bien traduite ou suppléée. Mais on ne doit pas non plus méconnaître les défauts et les dangers de cette méthode. La symbolique des nombres lui appartient. Et l'on sait combien Platon en abuse. Ceux-ci obscurcissent souvent sa pensée s'ils ne la rendent inintelligible. (*Timée, Rép.*, IX, *Lois*.)

Aristote est ici très dur envers son maître qu'il accuse d'émettre des mots vides de sens, κενολογεῖν (*Mét.*, I). Lui-même est-il sur ce point toujours à l'abri du reproche? Le fait est qu'il est difficile, même au savant le plus en garde contre ce procédé, de s'en passer. En user avec sobriété et à sa place, le subordonner est la condition. Platon le sait et il décrit très bien son rôle. L'exemple, dit-il, prend naissance lorsque ce qui est le même en deux choses séparées est reconnu et jugé comme tel dans les deux cas et qu'il devient l'objet d'une opinion vraie (*Polit.*). Mais ce n'est toujours qu'une *opinion* et une *conjecture*. L'opinion n'est pas la science ; elle égare souvent le savant qui trop souvent s'y confie et ne sait pas maintenir l'opposition. Le procédé habituel à Platon, que lui-même indique, est celui de chercher d'abord à voir le type général d'une chose dans un petit exemple, ἐν σμικρῷ (*Rép.*, III, 402), ensuite de s'élever de ce qui est inférieur à la notion en elle-même qui, pour être très vaste, n'est pas moins la même. « Afin que l'état de veille, dit-il, remplace en nous le rêve. » Il faut faire comme les enfants, à qui on fait d'abord épeler les *syllabes* pour former de là les mots. L'emploi le plus saillant de l'analogie est, dans la *République*, la définition de la *justice*, l'assimilation de l'État à l'individu, les formes de gouvernement (*Rép.*, IX), la caverne et les captifs (*ibid.*, VI) Le petit exemple sert de modèle pour arriver au grand, εἰς μάκρας συλλάβας — ἐπὶ τὸ μέγιστον. (*Rép.*, III, et *Polit.*, 286.)

On voit les avantages et les abus de cette méthode dans Platon. Lui-même reconnaît l'infériorité de tels procédés. Il insiste sur la nécessité d'un procédé supérieur et plus direct que celui d'un mode d'explication tiré des objets sensibles (*Polit.*, 286). « Il est des choses très grandes et très considérables, dit-il, pour lesquelles il n'existe point d'image claire, οὐκ ἔστιν εἴδωλον, qui frappe les hommes. C'est pourquoi il faut travailler à se mettre en état de saisir la raison de chaque chose (*ibid.*). Car les choses immatérielles, qui sont aussi les plus grandes et les plus belles, ne peuvent être exposées clairement que par la raison et par aucun autre moyen, διὰ δεῖ μελέταν λόγον κτλ (*Polit.*, 286). Ceci nous conduit à la partie supérieure de cette méthode.

IV. Partie supérieure. — Les procédés logiques employés comme préparation : la *définition*, la *division*, la *coordination des genres et des espèces* (classification), l'*hypothèse*, la *démonstration* elle-même, ne peuvent qu'aider l'esprit, faciliter le moyen final, non le remplacer (*Rép.*, VII). Il faut sortir de la voie du raisonnement ordinaire. Ces opérations retiennent encore l'âme dans une région moyenne. Ce qu'il faut ici, c'est faire l'emploi d'une faculté nouvelle, supérieure au raisonnement comme au sens, et qui est la *raison*, νοῦς, λόγος. Tout le secret de la méthode consiste à éveiller cette faculté, à susciter cette force cachée et innée, ἐνοῦσαν δύναμιν (*Rép.*, VII, 518), à diriger convenablement l'œil de l'intelligence, ὄψιν (*Rép.*, VI, 4). Car « l'âme est capable de voir par elle-même » (*ibid.*). Elle est douée de cette vertu qui est son essence. L'esprit a la faculté de concevoir par la pensée, νοήσει, la vérité éternelle. La méthode, en réalité, ne consiste qu'à ôter l'obstacle, et, après l'avoir enlevé, à tourner l'œil de l'esprit vers son objet, « qui est en haut et non en bas ». — « Dans cette *évolution* que l'on fait faire à l'âme, dit Platon, tout l'art consiste à la tourner de la manière la plus aisée et la plus facile pour elle. » (*Rép.*, VII.)

C'est donc une sorte d'*induction* ou plutôt d'*évolution*, περιαγωγή (*ibid.*), mais une induction toute *rationnelle*, distincte du procédé empirique, pur résumé d'une analyse antérieure. Au lieu d'*étendre* et de *généraliser* des expériences, d'aller du même au même, ou de déduire des principes donnés des vérités qui y sont contenues, l'esprit remonte ou plutôt *monte* et s'élève aux principes et de ceux-ci à la vérité absolue, au premier principe. Dans cette marche *ascensionnelle*, ἐπίβασις (*ibid.*), il part des faits ou des *vérités contingentes*, il s'élève aux vérités *nécessaires*; après avoir contemplé quelque temps (*Phèdre*) ces *essences*, ces *copies*, ces *divins fantômes*, il s'élève enfin jusqu'à Dieu, leur principe immuable, éternel. On peut appeler cette méthode une élévation de l'âme vers les choses d'en haut et une intuition, ἄνω ἀνάβασιν καὶ θέαν τῶν ἄνω (*Rép.*, VII, 517). Arrivée à ce terme de son voyage, τέλος τῆς πορείας, l'intelligence se repose; elle *contemple* la vérité et s'en nourrit.

Tel est le procédé supérieur, dans sa *généralité*; du moins en est-il ainsi de la *raison*; c'est sa dernière démarche, l'acte spécial qui lui est propre, et qui couronne tous les autres actes. L'*amour* (ἔρως), on l'a dit, s'y joint, l'accompagne ou le suit dans la région du sentiment, comme il sera démontré ailleurs. (Voir *infra* : *Amour*.)

Cette méthode, Platon l'expose en plusieurs endroits de ses dialogues. (*Rép.*, VII, *Phèdre*, *Banquet*, etc.)

Si l'on essaie de la préciser, le procédé propre de cette méthode n'est ni l'*induction* ordinaire, procédé de généralisation, ni aucun des procédés de la *déduction*. L'induction empirique s'appuie sur l'expérimentation qui multiplie et varie les expériences. Or ici, sans négliger tout à fait l'expérience, la dialectique ne s'appuie pas sur elle. Elle opère sur un seul fait, elle part du particulier, τῷ ἑκάστῳ. Le travail accompli, elle dégage et saisit immédiatement l'*idée*, la vérité nécessaire qui y est contenue. Elle extrait l'infini du fini que, pour mieux dire, elle élimine. Elle dégage de l'individuel l'universel. De là elle remonte au premier principe de toute idée, qui est le *bien absolu*. Elle s'y arrête et le contemple, et cela par un acte simple, direct d'*intuition* (θέα). C'est ainsi que l'absolu, suivant Platon, apparaît à l'homme autant qu'il lui est donné en cette vie de le concevoir et de le contempler, enfermé qu'il est dans un corps mortel.

Cette partie supérieure de la méthode, pour être pratiquée, exige des exercices préalables où tous les procédés antérieurs déjà décrits sont mis en jeu et deviennent des *habitudes*. Platon les décrit longuement dans sa théorie de l'éducation destinée à former des philosophes. (*Rép.*, VII.)

Les plus efficaces sont les *sciences abstraites*, les *mathématiques pures*, puis l'*astronomie*, la *musique*, celles-ci elles-mêmes *mathématiques*. (Voir *Rép.*, VII.)

Nous terminons cet exposé de la méthode platonicienne par les paroles de Platon lui-même qui la désigne ainsi dans sa marche générale et progressive après en avoir décrit les autres procédés :

« La dialectique, cette science, toute spirituelle qu'elle est, peut être représentée par l'organe de la vue et par ce passage progressif (la caverne) dont nous parlions, de l'aspect des animaux à celui des astres et enfin à la contemplation du soleil même. Ainsi, celui qui s'applique à la dialectique, s'interdisant absolument l'usage des sens, s'élève par la raison seule jusqu'à l'essence des choses et, s'il continue ses recherches, jusqu'à ce qu'il ait saisi par la pensée l'essence du bien. Il est arrivé au terme des connaissances intellectuelles, comme celui qui voit le soleil est parvenu au terme de la connaissance des choses sensibles. N'est-ce pas ce que vous appelez la marche et le progrès de la dialectique? » (*Rép.*, VII, 552.)

Pour compléter cette méthode, il y aurait à décrire les actes de l'âme appartenant à une autre sphère que celle de la raison, qui l'accompagnent et la suivent dans la contemplation des idées et du bien : l'*amour*, l'*enthousiasme*, etc. Car c'est avec l'âme tout entière que doit se faire cette *évolution*, σὺν ὅλῃ ψυχῇ περιάκτεον (*Rép.*, VII). Mais l'*amour* suit la connaissance, et l'accompagne à tous ses degrés. Lui-même est l'effet, non la cause; le *principe* est l'*idée* que l'acte intellectuel doit avant tout saisir et contempler.

Cette partie de la doctrine platonicienne sera donc mieux placée ailleurs lorsqu'aura été parcouru tout le domaine de l'intelligence. (Voir *infra* : *Théorie de l'amour*.)

V. Appréciation. — Un examen sérieux de cette méthode ne saurait trouver ici sa place. Elle ne peut d'ailleurs être bien appréciée que par ses résultats, par l'application que l'auteur en a faite aux différentes parties de sa philosophie. Nous nous bornons à quelques réflexions.

Le vice fondamental, celui de ne pas donner à l'*expérience* la place et le rôle légitime qu'elle doit avoir dans la science, a été trop souvent signalé pour qu'il soit besoin d'y insister. Ce reproche qu'Aristote, le premier, lui adresse et qu'ont encouru plus ou moins depuis toutes les écoles idéalistes, lui-même a été réduit (*supra*) à sa juste valeur. Ce qui est hors de doute, c'est que, dans cette méthode, domine le raisonnement *abstrait*, la διάνοια, telle que la nomme son auteur. Le défaut capital est de réaliser des abstractions, de peupler le monde d'entités, etc. Ceci est le *lieu commun* qu'il est également inutile de répéter.

Quant aux procédés inférieurs ou moyens de cette méthode, on a pu en apprécier les mérites, comme ce qu'ils laissent à désirer.

Mais le point important qui mériterait d'être approfondi et discuté, c'est ce qui est relatif au procédé supérieur, rationnel et supra-sensible par lequel l'esprit se met en communication directe et immédiate avec la vérité. Sur ce point capital, où le sort de la métaphysique entière est engagé, sans dissimuler notre opinion, nous nous bornons à poser la question suivante.

Est-il vrai que l'acte d'*intuition*, qui clôt la série des opérations de l'esprit, dans ce qu'a de transcendant cette méthode, ne soit qu'un procédé d'abstraction généralisatrice, incapable d'atteindre et de concevoir dans sa réalité concrète le principe des choses, l'être à la fois réel et parfait, universel et individuel, distinct du monde et présent dans le monde de la nature et de l'esprit? Sans entrer dans ce grand débat, qu'il soit au moins permis à l'historien de faire remarquer qu'il n'est pas fini et que la controverse dure encore. Aristote qui le premier affirme comme simplement généralisateur ce procédé, l'affirme et ne le prouve pas. D'autres qui, après lui, l'ont répété et le répètent, ne le font pas davantage. Ce qui est certain, c'est que cet acte, transcendant, si l'on veut, ce n'est pas la logique ordinaire qui le donne et le décrit, mais bien la métaphysique. Platon qui, en cela, peut n'être pas assez conséquent, ne le fait pas concevoir autrement. Mais Aristote lui-même, comme métaphysicien, n'admet-il pas cet acte supérieur de la pensée? Le νοῦς, la νόησις, est la faculté dont cet acte relève. Pour d'autres, ce sera l'*intellect* pur, etc. (*Plotin, Malebranche*, etc.) Ce sera la raison pure (*Kant*), l'intuition intellectuelle (*Schelling*), la *pensée* elle-même (*Gedanke*) ou l'*esprit* (*Geist*) (*Hegel*). De quelque manière qu'on le désigne, c'est par cet *acte* supérieur de l'esprit que celui-ci saisit l'*universel* sans doute; mais est-ce comme une vide généralité, n'est-ce pas comme *unité réelle, activité éternelle et vivante*? Or, n'est-ce pas ainsi que Platon lui-même le conçoit et le représente? Les comparaisons dont il se sert, la lumière du soleil, etc. (*Rép.*, VI), ne laissent aucun doute à cet égard. Cette façon de contempler l'idéal n'a cessé d'être admise dans les écoles idéalistes. L'acte intellectuel reste ce qu'il est, distinct de tout autre et des opérations de l'esprit qui le précèdent. Qu'il soit impossible de détacher l'*idéal* du *réel* et le *réel* de l'*idéal*, qu'il y ait *immanence*, etc., encore l'*expérience* n'y suffit-elle pas pour saisir l'un dans l'autre et des deux termes reconnaître le principal. On doit en dire autant des opérations de l'esprit travaillant sur les données de l'expérience. Platon invinciblement le démontre, c'est le côté impérissable de sa méthode. Quant à prétendre que la *dialectique* de Platon n'est capable que de mener au *probable* ou au *vraisemblable*, il faut laisser à Aristote le poids d'une telle assertion, qu'il ne s'est nulle part donné la peine de justifier et ne démontrer.

Le *probabilisme* de la nouvelle Académie, à demi sceptique et inconséquent, pourra s'en prévaloir, mais pour prouver qu'elle-même n'a rien compris à la méthode de celui qu'elle regarde comme son fondateur, et qu'elle n'a nul droit à l'héritage de ce qui est la vraie doctrine du chef de l'Académie.

CHAPITRE III

THÉORIE DES IDÉES

I. Son origine : l'idée de la science : systèmes opposés d'Héraclite et de Parménide. Polémique de Platon contre ces deux systèmes : résultat positif; accord des contraires dans l'idée. — Observations préalables. — II. Nature des idées : 1°·l'idée platonicienne en général. — 2° Ses formes, aspects et noms divers : — L'idée, le général (genre ou espèce). — L'idée, essence de l'être. — L'idée, unité dans la pluralité, principe d'identité ou de permanence. — L'idée, le déterminé; la mesure, la loi ou la forme, principe d'ordre. — L'idée, le nombre idéal. — L'idée modèle ou type idéal opposée à l'image sensible et à la notion abstraite généralisée. — L'idée à la fois objective et subjective, la pensée et son objet, principe d'intelligibilité, base du jugement et du raisonnement. — L'idée, la vérité dans les choses et dans l'esprit ou la pensée en soi, etc. Exemples. — III. Caractères des idées, simplicité, pureté, immutabilité, etc. Le monde des idées. — IV. Le système des idées. Gradation et coordination : hiérarchie des idées. — V. Le Bien, idée suprême. Détermination de ce principe. — Les nombres idéaux. — Conclusion. Synthèse du passé; progrès sur les systèmes précédents.

I. Origine de cette théorie. — Avant de l'exposer en elle-même, dans ses traits principaux, il est bon de montrer comment cette théorie, base du système entier, est née dans l'esprit de son auteur et s'y est formée.

C'est le moyen : 1° de la faire bien comprendre; 2° de justifier ce qui a été dit du système platonicien dans sa généralité et de sa place dans le développement historique de la philosophie ancienne (*supra*, p. 55).

Le point de départ de la théorie des idées de Platon, c'est la notion de la *science*, la manière dont le problème se trouvait résolu à l'époque où lui-même commença de philosopher.

Deux principaux systèmes, en effet, se trouvaient alors en présence, auxquels avait abouti tout le développement antérieur de la philosophie grecque : le système d'*Héraclite*, qui représentait l'Ionisme, et celui de *Parménide*, le chef de l'Éléatisme, lequel avait succédé au Pythagorisme. (*Phil. anc.*, 16, 55, 48.)

L'un, le premier, ayant pour base unique l'observation sensible, affirmait, au point de vue objectif, l'*instabilité* de toute chose. Le second, appuyé sur la raison seule, niant le témoignage des sens, affirmait le contraire : la *permanence* d'un être unique, à la fois l'un et le tout, ἓν καὶ πᾶν, éternel et immobile (*ibid.*). « Tout change, tout s'écoule » : telle était la formule d'Héraclite, de sa philosophie de la nature. Au point de vue subjectif ou de la vérité dans l'esprit, la *sensation* donnée dans ce système comme source unique de la connaissance et règle du jugement, avait le même défaut de stabilité et de généralité. C'était le sens de la maxime de Protagoras, disciple d'Héraclite : « l'homme (sensible) est la mesure de toute chose »; ce qui fait disparaître la vérité générale et, à la place de la science, met l'opinion variable, personnelle et individuelle (*ibid.*, 89). — Un autre disciple d'Héraclite, Cratyle, dont Platon avait reçu des leçons, faisant de ce principe l'application au langage, en tirait la conséquence qu'il n'y a aucune fixité dans la signification des mots. La parole n'a de valeur que pour celui qui l'emploie. Il n'y a pas plus de certitude et de vérité dans le discours que dans la pensée qu'il exprime et dans les choses que celle-ci est censée représenter. — Conclusion : la science est impossible. (*Cratyle, Théétète.*)

Par une voie opposée, l'éléatisme ou le rationalisme abstrait conduisait au même résultat. Pour lui, en effet, la pluralité des êtres n'existe pas; le monde sensible est une vaine et fausse apparence. L'*être* véritable c'est l'*être unique, immuable, immobile*. Ce que le maître affirme, le disciple, Zénon, le démontre par sa *dialectique*; il nie le mouvement par des arguments que l'on connaît (*Phil. anc.*, 50) et restés sans réponse.

La pluralité, le fini, le mouvement, la durée, tout s'évanouit dans l'éternelle substance. L'être absolu seul existe, sans que le terme opposé (le *non-être*) puisse réclamer la moindre part d'existence. C'est ce que la raison, par la dialectique, démontre. Mais alors, que devient la science? Elle-même n'est pas possible. Car avec l'opposition la distinction s'efface. L'être absolu n'ayant plus de terme corrélatif qui aide à le saisir, n'offre plus de prise à l'esprit et il devient impossible de le définir. Il n'y a plus de place dans la science pour la définition.

Lui-même, cet être, n'est plus qu'une vide abstraction, qui, pour l'esprit incapable de s'en faire une idée, n'est pas plus l'*être* que le néant ou le *non-être*. Le sophiste et rhéteur Gorgias, qui avait été le disciple de Parménide, tire à son tour cette conséquence. Là-dessus il établit ses trois thèses dont la première est : *Rien n'existe*, l'être n'est pas plus que le non-être. (*Phil. anc.*, 89.)

La conclusion est toujours la négation de la science, dans l'une comme dans l'autre école; ce qui assure le triomphe de la sophistique. Celle-ci, qui assiste à ces débats, s'empare de leurs arguments; elle profite de leur défaite et se pare de leurs dépouilles. Dans le discrédit où est tombé le dogmatisme des écoles rivales, elle s'installe à leur place. La science écartée, le règne de l'opinion personnelle et individuelle est assuré, sans obstacle.

Ce triomphe, il est vrai, dure peu. Avec Socrate la science reparaît. Comment et sur quelle base il la réintègre, on le sait : 1° par le retour de la pensée sur elle-même, le regard de l'esprit dirigé sur lui-même, la nature humaine mieux observée. 2° Le point fixe c'est l'idée morale que la conscience recèle. Interrogée, scrutée à une plus grande profondeur, la raison humaine révèle ce principe et son caractère universel. C'est le côté positif de la méthode de Socrate, le but de la recherche dans ses entretiens : le τὸ κάθολου que réclame la science (*Phil. anc.*, 129, 136). C'est le fruit de sa dialectique dirigée contre les sophistes et de sa maieutique. (*Ibid.*, 119.)

Mais on sait aussi combien sa doctrine est imparfaite au point de vue théorique et systématique. Tout, chez lui, se réduit à sa méthode et à un petit nombre de vérités morales, que, par cette méthode, il sait extraire de l'âme de chacun, établir et défendre avec une conviction profonde et une fermeté inébranlable. Mais l'art habile où il excelle, que personne depuis n'a égalé, son bon sens assaisonné d'ironie, ne suffisent pas pour créer un système ni même pour fonder une théorie. Lui-même n'y songe pas et n'y prétend pas. (*Ibid.*)

Ce que le maître ne fait pas ou n'ose faire, le génie plus hardi du disciple l'entreprend. Lui, veut fonder une vraie théorie, construire un système véritable. Cette théorie, l'œuvre platonicienne par excellence, et qui assure à son auteur un si haut rang dans l'histoire de la pensée spéculative, c'est la *théorie des idées*.

Mais avant de se produire et afin de prouver son efficacité, il fallait montrer ce qu'a de faux l'un et l'autre système qu'elle doit remplacer, faire voir aussi comment tous deux, convaincus d'insuffisance par leur exclusivité, peuvent néanmoins s'accorder et se réunir dans une conception supérieure capable de remplir le rôle où elles ont échoué, de les expliquer elles-mêmes, de faire aussi à chacun sa part après en avoir éliminé ce qui est faux ou exagéré.

C'est le sens et l'objet de la *polémique* de Platon contenue dans ses principaux dialogues de l'ordre spéculatif et réfutatif, dont le caractère le plus frappant et le plus apparent est négatif, mais dont le fond et le but, souvent méconnu, est dogmatique : le *Sophiste*, le *Parménide*, le *Théétète*, comme du *Philèbe* et de la *République* en partie. Que l'on admette ou non l'authenticité des deux premiers, c'est bien l'esprit et le fond de la doctrine platonicienne qui y est contenu, le sens de la théorie qui est le centre de cette philosophie.

Aussi a-t-on eu raison de dire (*Ritter*) que cette polémique est la pierre angulaire du système.

Cette discussion savante, quelquefois subtile, ne peut être ici reproduite même dans ses points principaux ; il faut savoir la suivre, sans se rebuter, dans l'œuvre originale où elle est consignée.

Ce qu'on peut faire, c'est, en indiquant le côté négatif, de faire ressortir le côté positif moins visible et plus difficile à saisir que le premier. Nous l'essaierons brièvement.

1° Pour le premier de ces systèmes (l'*Héraclitéisme*), la réfutation est contenue dans un des dialogues authentiques de Platon les plus remarquables au point de vue théorique, le *Théétète*, intitulé *de la Science*. Elle y est dirigée et suivie régulièrement contre Héraclite et son disciple Protagoras, au double point de vue objectif et subjectif, celui d'abord du principe et de sa formule : *tout s'écoule*, puis de la maxime de Protagoras : la sensation comme critérium de la vérité. L'argumentation contre l'empirisme sensualiste, d'une sagacité, d'une vigueur, d'une clarté précise qu'on ne saurait qu'admirer, n'a rien perdu de sa valeur. On peut dire que le sensualisme théorique ne s'en est jamais relevé. L'impossibilité de fonder la science sur cette base unique, la sensation, y est démontrée sans réplique possible aux principaux arguments successivement dirigés contre le maître et le disciple, et qui ont été maintes fois reproduits.

L'argumentation peut ainsi se résumer.

La science ne peut consister dans la perception plus ou moins distincte ou confuse de la multiplicité des objets que le monde sensible offre à nos regards et dont le caractère est la diversité et la mobilité. Ce n'est pas non plus dans la connaissance variable et diverse des faits de l'ordre soit physique, soit moral, qui, dans la réalité, se succèdent sans laisser de trace après eux. Cette face extérieure et mobile des choses n'a rien de permanent; tout y est dans un perpétuel devenir : γένεσθαι (Héraclite).

D'autre part, la *sensation* (Protagoras), née du contact de l'objet sensible et du sujet sentant, n'offre pas plus de fixité. Elle aussi varie sans cesse avec la manière d'être, de sentir et de percevoir de celui qui l'éprouve, avec la nature des individus, les causes extérieures ou internes qui la font varier. — L'*opinion* personnelle, qu'elle soit *raisonnée* ou non *raisonnée*, si on essaye de la substituer à la science, n'a pas plus de valeur. Le raisonnement qui n'a pas d'autre base ne saurait fonder rien de solide ni servir d'instrument à la science pour l'édifier.

Là s'arrête le dialogue. Le résultat semble négatif; mais ce n'est pas connaître Platon et sa méthode que de s'y arrêter avec lui. Ce qu'il veut prouver, le résultat positif, c'est qu'il faut, de toute nécessité, recourir, si l'on veut fonder la science, à une autre source de connaissance que le témoignage des sens, lequel a besoin, pour être vrai, d'être contrôlé, à un autre également que l'opinion non moins trompeuse et incertaine et au raisonnement qui s'appuie sur elle; c'est qu'il y a une autre autorité que celle que ce système et ses héritiers reconnaissent. Cette autorité, c'est la *raison* avec ses *idées*. A elle seule est dévolu le pouvoir de fonder la science. Elle seule est capable de s'élever au-dessus des données des sens et du raisonnement, de percer cette enveloppe extérieure des choses, de saisir le principe que ces apparences recouvrent et qui échappe au flux perpétuel des phénomènes sensibles. Ce principe, c'est l'*idée* qui leur est commune, qui les rassemble et les unit, qui en est la loi. Elle seule rétablit la permanence au sein du changement, fait voir l'identité sous la diversité. A la fois une et multiple, l'*être* et le *non-être*, elle est la vérité dans les êtres qui la révèlent et la manifestent. Dans le monde visible où elle apparaît, elle fait l'ordre et la stabilité de ses lois. Il en est de même du sujet que de l'objet. C'est elle, la raison, qui, sous la sensation mobile et successive, aperçoit ce qui en elle est fixe, le lien caché qui unit les états successifs de l'être sentant et les actes de l'esprit. Non seulement le rapport des sensations, comme le rapport des pensées, est par elle aperçu clairement; mais l'unité de cet être, son identité se révèle dans ses divers états, ce qui en fait un être unique et réel, malgré la diversité de ses actes et de ses pensées. Tout cela, perçu par la conscience ou conçu par la raison, est d'une évidente clarté. Par là encore, se trouve rétablie la fixité, la permanence au milieu du changement, et la science redevient possible.

Tel est le sens de cette augmentation qui porte à la fois sur la pensée et son objet et qu'il est facile de transporter au discours, expression de la pensée. (Voir *ibid.* et *Cratyle*.)

Aristote, dans la critique exagérée qu'il fait de cette théorie, en indique aussi très bien au moins, par ce côté, la *genèse* ou la manière dont elle s'est formée dans l'esprit de son auteur. Platon, dit-il, dans le commerce de Cratyle, son premier maître, s'était familiarisé avec cette opinion d'Héraclite que tous les objets sensibles, τὰ αἰσθητά, sont dans un écoulement perpétuel et qu'il n'y a pas de *science* possible de ces objets. Plus tard, il conserva cette opinion. D'un autre côté, héritier de la doctrine de Socrate, habitué à la recherche du *général*, il pensa que les définitions doivent porter sur des natures stables, μένουσας, autres que les objets sensibles; car, comment donner une définition commune, κοινὸν ὅρον, de ces objets qui changent continuellement? Ces *existences*, il les appelle idées : ἰδέας. (*Mét.*, I, vi; XIII, 4, 31 [1].)

C'est ainsi qu'est née cette doctrine, fille, il est vrai, de Socrate, mais, théoriquement, très supérieure à la sienne. Comme chez lui, dans Platon, elle est motivée par la nécessité de réintégrer dans la science l'élément de fixité que l'ionisme en avait banni et qui seul peut la rendre possible.

2° Mais ce n'est qu'un des côtés de la controverse et du problème, la face sensible. Platon aborde aussi le côté *rationnel*. Il attaque et réfute l'*éléatisme* en ce qu'il a au moins d'exclusif. Il le fait avec plus de respect et de mesure. A son chef il prodigue des éloges [2]. Il le combat aussi moins directement et cela comme étant plus rapproché de lui et de son propre système [3]. C'est le sens de la discussion engagée dans deux grands dialogues : le *Sophiste* et le *Parménide*, auxquels il faut joindre une partie du *Philèbe* et certains endroits de la *République*.

Le *Sophiste* est intitulé : de l'*être*. Le *Parménide* a pour titre les *idées*. Ce n'est, dans l'un ni dans l'autre, de la pure sophistique ou de l'éristique qu'il s'agit, comme on le peut croire, du dernier surtout, à cause des aridités ou des subtilités de la forme. La réfutation y est très sérieuse, très savamment conduite. Elle l'est (il ne faut pas oublier) avec l'art, dans la langue et selon les habitudes que la dialectique des

---

1. Aristote, *Mét.*, XII, iv, lui-même le dit : « Il n'y a pas de science des choses qui passent »; οὐ γὰρ εἶναι τῶν ῥεόντων ἐπιστήμην. — *Nulla est fluxorum scientia.* (Bacon, *Nov. Org.*, 1.)
2. *Théétète*, 183 : Ce philosophe me paraît tout à fait respectable et redoutable pour me servir des termes d'Homère, etc.
3. *Sophiste*, 24 : C'est pourquoi il faut attaquer le principe de notre père ou renoncer à la discussion si quelque respect nous empêche de le faire.

éléates avait fait admettre, sinon prévaloir, sans que la subtilité de l'esprit grec s'en soit trop étonnée ni choquée.

Quoi qu'il en soit, le résultat positif aujourd'hui admis, du *Parménide* (*Hegel, Stallbaum, Zeller, Peipers, Fouillée*, etc.) comme du *Sophiste*, c'est l'*accord des contraires* dans le principe supérieur qui doit les réunir : ce principe c'est l'*idée*, à la fois l'être et le non-être, l'élément de stabilité, qui, loin d'exclure le changement, l'appelle et le contient, qui aussi renferme la diversité, la pluralité, où résident le mouvement et la vie [1]. L'élément rationnel sans doute est le premier. Le second est loin de l'égaler, il le domine mais ne l'exclut pas. Lui-même, celui-ci est nécessaire, ne fût-ce que pour le manifester.

L'*idée*, qui émane de l'esprit, elle-même participe de l'être. Elle est l'être elle-même, à la fois stable et mobile, une et multiple, diverse et identique, comme l'est la pensée, comme l'est le sujet, l'être pensant lui-même, en qui elle réside, diverse comme le sont les actes de l'esprit, qui ne reste pas moins lui-même dans sa vie successive. Elle est en même temps le principe de la connaissance et de l'existence, ce que fera voir l'exposé qui suit.

Tel est le but et l'objet de cette polémique, la partie négative si l'on veut, mais aussi positive du système platonicien. Il y aurait à la compléter par ce qui a trait à d'autres systèmes, au *mégarisme* et au *pythagorisme*, au *cyrénaïsme* et au *cynisme*, de moindre importance, la critique d'ailleurs étant la même.

Il nous suffit d'avoir montré comment est née la théorie nouvelle, base métaphysique du système, d'en avoir par là fait voir la nouveauté, la supériorité et le progrès qui s'est accompli en elle dans la philosophie ancienne.

Cette théorie ne peut être ici exposée dans ses détails, approfondie et discutée, comme elle le mérite, par son importance. Encore moins faut-il s'attendre à en voir dissiper les obscurités ni lever les difficultés que son auteur lui-même

---

[1]. Mais il faut, imitant les enfants dans leurs souhaits, reconnaître à la fois le repos et le mouvement, στάσιν καὶ κίνησιν, dans l'être et dans l'univers. (*Soph.*, 249, D.)

souvent a bien vues (*Philèbe*, 15) et qu'il a laissé le soin de résoudre à ses successeurs. Parmi les problèmes qu'elle soulève, il en est d'une nature ardue sur lesquels les plus savants esprits ont été et sont en désaccord; il est à craindre de ne les voir jamais s'entendre. C'est d'une façon discrète qu'ils doivent être abordés. D'autres, plus faciles et non, pour cela, moins importants, appellent à un haut degré l'attention.

Il est plus aisé de se prononcer et d'en dire ce qui paraît être la vérité. Quant aux nombreuses contradictions qu'à l'exemple d'Aristote, la critique, ancienne ou moderne, a cru devoir y relever en accumulant les objections, il semble plus juste de les restreindre que de les multiplier. Il en est en effet qui sont plus apparentes que réelles et qu'un examen plus attentif fait disparaître; d'autres, qu'il est impossible de nier, appellent encore la réserve et l'indulgence. C'est le sort de tous les systèmes de se contredire. On doit y tenir compte de la difficulté des sujets, de l'esprit général et de l'état de la doctrine à son moment d'apparition dans l'histoire. Surtout faut-il se garder de se plier aux déductions que la logique intéressée des systèmes contraires a cru pouvoir tirer de l'interprétation des principes, défaut dont la critique moderne et même contemporaine n'a pas su se préserver souvent plus que l'ancienne.

II. Nature des idées. — En quoi consiste d'abord le nouveau principe? Comment doit-il être conçu dans sa généralité?

La réponse à cette question ne peut être d'abord que celle-ci : Platon, par *idée*, εἶδος, ἰδέα, entend tout ce qui est objet de la raison, ce qui, à la fois dans l'esprit et dans la réalité, étranger aux sens et au raisonnement, représente le côté constant, invariable ou immuable des choses, tout en comportant la diversité qui y est réunie. L'idée, c'est ce qui, au double point de vue objectif et subjectif, constitue la *vérité* proprement dite, réunissant les deux côtés de l'être et de la pensée, distincts mais inséparables.

L'idée, ce sera donc le principe de la connaissance et de l'existence, le côté intelligible de chaque être et de chaque objet, ce qui en rend la science possible, comme il a été dit précédemment. — Il n'y a pas d'autre définition, selon nous, à donner de l'idée platonicienne dans sa généralité.

Mais l'idée, dont le concept est ainsi commun à toutes les idées, revêt différentes formes; elle présente divers aspects, et prend des noms différents, qui y répondent, selon qu'elle est envisagée non plus dans son unité, mais dans la diversité de ses formes qui elles-mêmes sont des idées, et cela aux degrés différents de l'existence et de la pensée, selon aussi les rôles que dans son développement chacune d'elles remplit dans le monde soit métaphysique, soit physique, soit moral. Toute l'*ontologie* platonicienne y est comprise. On n'en peut indiquer ici que les points principaux.

1° Au point de vue scientifique ou logique, l'idée, c'est donc le *général* : τὸ κάθολου, le caractère commun à tous les objets d'une même classe ou d'une même espèce, τὸ ἐπὶ πᾶσι κοινὸν (*Théétète*, 185; *Parménide*, 131). Autrement dit, c'est l'élément de généralité dont la science (*supra*) a besoin pour se constituer et qui, venant à lui manquer, la rendrait impossible.

C'est bien le genre, γένος ἑκάστου (*Parm.*, 135), tel que Socrate lui-même s'est attaché à le déterminer, occupé qu'il était à la recherche des genres, διαλέγειν κατὰ γένη. (Xénoph., *Mém.*, IV.)

2° Pour Platon, c'est plus. L'idée, le genre est aussi considéré comme essence, οὐσία (*Phèdre*, 247, C; *Prot.*, 349; *Phèd.*, 78, C; *Parm.*, 135, A). Celle-ci est opposée à la réalité sensible qui à ce point de vue n'est pas la réalité véritable. Il faut distinguer dans les objets, en effet, leurs propriétés extérieures, changeantes ou accidentelles, et leurs qualités essentielles et constitutives. Celles-ci sont la vraie nature des êtres (φύσις).

C'est l'être de l'être, le τὸ ὀντῶς ὄν (*Phèdre*, 247) ou l'être véritable. Les idées sont donc aussi les *essences*, οὐσίαι, la base des genres. C'est ce qui permet aussi de les classer, de les *coordonner*, d'assigner à chaque genre et à chaque espèce, comme à chaque être, sa place et son rang dans la nature, de les distinguer, et de les accorder (*Tim.*, 30, F). Socrate l'avait déjà essayé. Platon continue et achève son œuvre.

3° D'autres aspects s'offrent qui nous montrent le rapport du système nouveau avec les autres systèmes, d'abord et surtout le caractère *objectif* qui constitue le platonisme.

Ainsi l'idée est aussi l'*unité* opposée à la *pluralité* : τὸ ἕν ἐπὶ πολλοῖς (*Phèdre*, 249). C'est l'*unité variée*, μονάς (*Phèdre*, 105, C; *Rép.*, X), qui elle-même se divise et comporte la pluralité, la diversité.

Ces deux côtés, l'*éléatisme* et l'*ionisme* les avaient séparés. Platon, quoiqu'il soit plus près de l'un que de l'autre, les réunit. L'idée est l'*un*, le τὸ ἕν, l'*unité* servant de lien à la *pluralité*; mais elle aussi est *pluralité*, ἓν ἐπὶ πολλῶν, à la fois *une et multiple*. Ce n'est plus cette unité immobile de Parménide qui exclut tout changement, comme toute diversité, qui ne souffre auprès d'elle rien qui en altère l'invariable unité; qui nie le mouvement, comme avait fait Zénon, et qui, avec le mouvement, supprime la vie et le développement.

4° L'idée, l'élément scientifique, d'autre part, opposée au réel apparent, empêche la réalité multiple de se perdre dans l'infinie variété des phénomènes, ce qui est l'*indéterminé*, τὸ ἄπειρον. Elle rend saisissables les objets qu'elle assujettit à la mesure, πέρας. Sous ce rapport, elle sert d'intermédiaire entre l'être unique de Parménide ou des mégariques et la pure variété d'Héraclite et de Démocrite. Elle tient le *milieu* entre ces contraires et les réconcilie. C'est le sens des deux grands dialogues, le *Parménide* et le *Sophiste*[1] (que l'on conteste ou non leur authenticité). Dans le *Philèbe* est contenue la même doctrine et en une foule d'autres endroits où est exprimée la pensée du philosophe.

5° De même l'idée, on l'a dit déjà, est le principe d'*identité* ou de *permanence*, ταῦτον, ὡσαύτως ὄν (*Tim.*, 48), opposé à la diversité et au mouvement, θάτερον, κίνησις, qui se remarque également dans la succession des choses sensibles. Celles-ci sont sujettes à la naissance, à la génération et à la corruption, γένεσις, ἀλλοίωσις, ce qui constitue le *devenir*, γένεσθαι. Bien qu'elle soit immobile, l'idée n'exclut pas un certain *changement*. A l'immobilité s'unit la mobilité nécessaire à tout

---

[1]. Voir Riebeck, *Ueber Platonis Parmenide* (Phil. Monatschrift, XXIII, 1-2).

développement. Le mouvement et la vie sont inséparables de son existence concrète et réelle. L'unité immobile, c'est l'unité morte et sans vie. La vraie unité ajoute au repos le mouvement, comme au changement la stabilité.

6° Il en est de même du *déterminé* et de l'*indéterminé*, τὸ πέρας, τὸ ἄπειρον. L'idée est la *mesure*, μέτρον, par laquelle l'indéterminé devient le déterminé, qui le régularise et lui donne sa forme. Par elle, l'*ordre*, τάξις, s'introduit dans le désordre, et en triomphe; elle le soumet et le surmonte. Il en est ainsi de la *matière*, ὕλη, élément indéterminé, déréglé. Elle reçoit de l'idée sa *forme*, εἶδος. Le monde composé de ces deux éléments sort du chaos; il devient un tout ordonné, mesuré, harmonique. Il offre l'image de l'*ordre* dans son ensemble et toutes ses parties, κόσμος. (*Timée*.)

Les vrais rapports des choses sont les *rapports des idées*. Le monde en est la représentation ou l'*imitation*. Par elles la nature se conserve et se renouvelle. Ses *lois* sont le reflet des idées.

Le rapport avec le *Pythagorisme* fera mieux connaître encore la nature et le rôle du nouveau système dans le principe qui lui sert de base.

7° L'idée platonicienne, en effet, c'est aussi le *nombre*, ἀριθμός. La théorie des *nombres* joue un grand rôle dans la philosophie de Platon; mais le *nombre* n'y est plus ce qu'il était chez les pythagoriciens qui en avaient fait la base de tout leur système. Chez Platon le nombre, intellectualisé, idéalisé, devient le nombre *idéal*. S'il est purement mathématique, il reste inférieur aux idées (*Rép.*, VII). Le nombre pythagoricien est pure quantité. Quoique rationnel, il a un caractère sensible, presque matériel (*Phil. anc.*, 42). Pour Platon, de purement *quantitatif* il devient *qualitatif*, pour mieux dire, *représentatif*, expressif des idées, en un mot *symbolique*. Il sert d'intermédiaire entre les choses sensibles et les idées (Arist., *Mét.*, XIV). Platon, dans sa vieillesse, revint à la doctrine des nombres (*Lois*), mais jamais au point de confondre les nombres avec les idées ni celles-ci avec les nombres. Le monde à ses yeux, le monde moral lui même (*Gorgias*, 508) est une géométrie *visible*; ses lois sont les lois des nombres. Mais ceux-ci revêtent une forme supérieure à la quantité, qui les transforme en idées et les rend intelligibles.

Il importe de préciser encore plus la nature du nouveau principe qui sert de base à tout le platonisme, afin de mieux faire ressortir : 1° ce qu'il est; 2° en quoi il diffère de tout ce qui le précède, comme de ce qui doit le suivre.

8° L'*idée*, a-t-on dit, c'est le *général* apparaissant dans le *particulier*, le général à qui la science doit sa consistance et sa possibilité. Or, il est à remarquer d'abord que cette doctrine n'a rien de commun avec celle des *idées-images* de Démocrite, d'où l'on tire aussi par comparaison les idées générales, théorie qui, plus tard adoptée par Épicure, a été celle de toutes les écoles matérialistes. Elle est précisément l'inverse. Là, l'idée c'est l'image, εἴδωλον, détachée des corps, qui s'empreint dans l'esprit, pour ensuite, comparée et généralisée, servir de base au jugement et au raisonnement (*Phil. anc.*, 69). Ici, chez Platon, loin d'être la *copie*, l'idée est le *type* ou le *modèle*, παράδειγμα, des objets sensibles, ceux-ci étant simplement des images, εἰκόνες, des ombres, σκίαι, des fantômes, φαντάσματα, des idées. L'opposition est manifeste.

9° D'autre part, l'idée n'est pas la *notion générale*, telle que la conçoit le pur *rationalisme*, telle qu'Aristote lui-même l'a quelquefois définie, une pure abstraction généralisée, qui n'a de réalité que dans l'esprit qui la conçoit. Prise ainsi, elle n'a en soi aucune existence propre, distincte de celle des objets qu'elle sert uniquement à grouper ou à classer : elle n'est que la collection de leurs qualités réunies en une *notion commune*, νόημα. Comme elle est le fruit de la comparaison et de l'abstraction, elle n'est rien que l'acte de l'esprit qui la crée, qui rassemble ces qualités en un faisceau unique. Elle est, comme on dit, purement subjective.

10° L'idée platonicienne est à la fois *objective* et *subjective*. C'est ce dernier côté qu'il s'agit de mettre en relief en énumérant d'autres propriétés et de nouveaux aspects.

L'idée, disons-nous, est dans les choses; mais elle est aussi dans l'esprit; la pensée est l'objet de la pensée. Ce que Parménide avait affirmé de son être sans pouvoir le prouver : l'identité de l'être et de la pensée : ταυτὸν δ'ἐστι νοεῖν τε καὶ οὐνέκέν ἐστι νόημα (*Phil. anc.*, 49), Platon a le droit de l'affirmer de l'esprit; car ce n'est plus, pour lui, l'être pur et sans conscience qui est l'être véritable, mais l'être qui se sait, le véritable esprit. Il y a plus, à considérer l'idée dans l'homme ou par son côté subjectif celui de la connaissance humaine, l'idée est le principe d'*intelligibilité* qui rend toute chose saisissable à l'esprit ou compréhensible. Elle est aussi la base du jugement et du raisonnement, λογισμου. Par exemple, on ne comprend la beauté dans les choses belles que par l'idée du beau que les objets représentent; de même la bonté, la justice, etc., des actions *bonnes* et *justes*, que par l'idée de la *justice* et du *bien* que ces actions réalisent. Elle est dans les choses sans doute, mais elle apparaît à l'esprit comme sa propre essence. C'est elle qui fait qu'une chose est vraie, elle lui apparaît comme la *vérité* des choses, ἀλήθεια τὲ καὶ τὸ ὄν (*Rép.*, VI, 508, D). Comme elle est la pensée elle-même, dans son essence, elle est à l'esprit sa lumière; elle lui fait discerner la vérité de l'erreur. C'est le λόγος à la fois divin et humain, la raison, le *Verbe* qui éclaire à l'intérieur les intelligences. (*Rép.*, VII.)

Mais l'*idée* est surtout *objective*, c'est là son vrai caractère. Déjà au point de vue *subjectif* ou de la *connaissance*, elle a quelque chose d'*absolu*, en ce sens qu'elle ne dépend pas de l'esprit qui la conçoit. L'esprit lui-même, du moins l'esprit fini ou humain, en dépend; elle est la règle et la mesure de ses jugements. Elle en fait la vérité; de même qu'elle préexiste aux qualités des êtres, elle préside à ses jugements et à tous ses actes. La *sensation*, le *jugement*, le raisonnement, la volonté s'appuient sur elle, n'ont de valeur que par elle; c'est par elle que l'on pense, que l'on raisonne, que l'on veut. Elle est la raison, le λόγος, la pensée, νόησις.

C'est bien ainsi, sans doute, que l'entendait Socrate, qui faisait de la notion définie, ὅρος, et de l'universel, καθόλου, le dernier terme de sa méthode, quoique chez lui elle conservât encore le caractère subjectif. (*Phil. anc.*, 138.)

Dans Platon elle devient tout à fait objective. Elle est l'*être en soi*, τὸ ὄν, la pensée en soi, le τὸ αὐτὸ καθ'αὑτό. Ainsi elle est le bien, le beau en soi, le juste, etc. Et ici il faut bien s'entendre. Le *particulier*, τὸ ἕκαστον, ne fonde pas le *général*, c'est le général qui fonde le particulier, sans lui l'individu et le particulier ne seraient rien. Et cela est vrai de la pensée comme de son objet. Aux yeux de Platon l'objet pensé, le particulier n'existe que par son rapport avec le général qu'il manifeste. Le τὸ καθόλου, on l'a dit, c'est l'*unité* dans la *multiplicité* qui s'y déploie. Le multiple n'est rien sans le principe dont il est l'épanouissement et le rayonnement, rien sans l'idée dont il émane et qui l'engendre. Elle motive ou explique son existence. Principe d'*unité* à la fois et de *diversité* opposé à la pluralité, elle est le lien *substantiel* qui unit les deux termes et les ramène eux-mêmes à l'unité.

Tel est le vrai sens de l'idée platonicienne. Pour prendre quelques exemples, parmi ceux qui, dans Platon, reviennent sans cesse : une chose n'est *belle*, n'est *bonne*, n'est *juste*, n'est *grande* ou *petite* qu'autant qu'apparaît ou est présente en elle l'idée qui la fait telle, l'*idée du beau, du bien, du juste*, celle de la *grandeur* ou de la *petitesse*, etc. (*Rép.*, VI, 596, A : αὐτὸ τὸ ἀγαθόν, τὸ κάλόν, τὸ δίκαιον, τὸ ἴσον, τὸ μέγα, αυτη δικαιοσύνη, σωφροσύνη, ἐπιστήμη. *Rép.*, VI, 707 ; *Phédon*, 656 ; *Phèdre*, 247.)

L'esprit, sous la diversité des objets *beaux* ou *laids*, *bons* ou *mauvais*, *justes* ou *injustes*, *grands* ou *petits*, aperçoit l'*idée* qui les rend tels et leur confère ces qualités. Une action n'est belle et bonne ou juste qu'autant qu'elle réalise l'idée du beau ou de la justice qui est en elle et que notre esprit y aperçoit. Autrement, mis en face d'un objet beau, d'une action bonne et juste, l'homme le plus intelligent ne les comprendrait pas, l'*idée* n'arrivant pas à lui. L'image qui s'arrête à ses sens n'est pas même une image ; car elle n'exprime rien, ne représente rien.

L'esprit est frappé, non éclairé, il voit, il ne comprend pas. Il en est de même de la *grandeur*, de l'*égalité*, du *pair* et de l'*impair*. Il est ballotté sans cesse entre deux contraires, incapable de saisir le rapport qui les unit. Placé entre la *grandeur* et la *petitesse*, la *beauté* et la *laideur*, la *malice* et la *bonté*, l'*erreur* et la *vérité*, il ne sait distinguer l'une de l'autre et ne sort pas de l'opposition. La contradiction qui éclate entre les deux termes le rend indécis, sa vue se trouble, son regard s'émousse. L'*idée* fait cesser ce trouble, et rétablit le calme en montrant l'accord. Cet accord, on l'a dit, c'est l'unité que perçoit l'esprit dans la diversité, comme il perçoit la diversité dans l'unité où réside la vérité et d'où naît l'harmonie.

III. Caractères des idées. — Ces caractères sont déjà compris dans ce qui vient d'être dit de leur nature. Les principaux sont la *stabilité*, la *simplicité*, la *pureté*, l'*immutabilité*, l'*éternité*, l'*indépendance* absolue [1], qui reviennent sans cesse dans les écrits de Platon. On les trouve ainsi résumés dans le *Phédon*, 76; μονόειδες, τὸ ἀεὶ ὄν, τὸ αὐτὸ καθ'αὐτό. Les idées sont τὰ αὐτὰ καθ'αὐτὰ (*Rép.*, VI), c'est-à-dire absolues. Elles ont aussi cela de propre, on l'a vu, qu'elles réunissent les contraires. L'unité n'exclut pas la pluralité, l'identité le changement. Elles conservent toutefois leur permanence et leur immutabilité comme caractère le plus essentiel. Invisibles aux sens, contemplées par l'esprit seul, ἀόρατα καὶ ἀναίσθητα μόνῳ θεατὰ τῷ νῷ (*Timée*, 52), elles apparaissent dans les objets qui sont leur image affaiblie et qui imparfaitement les représentent.

Considère-t-on, comme on le fera plus loin, les idées, non en elles-mêmes, mais en rapport avec le monde sensible ou réel, l'*idée* platonicienne est le *type* ou le *modèle*, παράδειγμα, dont les êtres réels eux-mêmes sont les images, εἴδωλα, ou les copies, εἰκόνες. Le monde est l'*imitation*, μίμησις, ou la *représentation* des idées, suivant l'expression pythagoricienne. Chaque genre, chaque individu même a son type dans l'idée qu'il représente ou qu'il exprime. Celle-ci lui confère sa valeur, son importance, son existence même. Elle lui marque son rang parmi les choses visibles. A ce point de vue, chaque objet, soit réel, soit artificiel, peut être conçu comme réalisant cette idée. Pris dans son ensemble, le monde est une imitation des *idées*, comme il en était, pour le pythagorisme, du système des nombres.

1. Τὸ τε βέβαιον καὶ τὸ καθαρὸν καὶ τὸ ἀληθὲς, καὶ ὃ δὴ λέγομεν εἰλικρινές, περὶ τὰ ἀεὶ κατὰ τὰ αὐτὰ ἔχοντα. (*Philèbe*, 59, C.)

Elles sont des *types* ou des *modèles*, παραδείγματα, mais ramenées elles-mêmes à des types supérieurs et plus généraux. Eux-mêmes ces types sont des copies; ce sont des fantômes divins (*Rép.*, VI). Si, en effet, on les rapporte à l'idée dont elles émanent, l'idée des idées, le *Bien* (*ibid.*), elles subsistent par elles-mêmes; mais elles dépendent de cette unité suprême, qui est la vraie unité. Immuables et éternelles, elles apparaissent dans le temps, qui lui-même est mobile et imite l'éternité immobile. Objet de la raison, elles sont aussi la raison, le λόγος divin, la *raison divine*, à la fois la pensée et l'objet de la pensée. Distinctes et séparées, elles s'unissent entre elles, et rentrent les unes dans les autres et toutes dans cette unité supérieure qui est leur principe, d'où elles émanent. Il en est comme de la lumière du soleil, dont les rayons traversent l'espace et éclairent les objets sans se détacher de l'astre qui est leur foyer et leur centre commun. (Voir *Rép.*, VI, VII.)

Il y a ainsi deux mondes, dont l'un est la copie de l'autre, le *monde sensible* et le monde *intelligible*, κόσμος αἰσθητός, κόσμος νοητός, comme il est deux sortes d'objets, les objets *sensibles* et les objets *rationnels*, τὰ αἰσθητα, τὰ νοητὰ, l'un *participant* de l'autre, ainsi qu'il sera montré plus loin, du rapport des idées et des choses sensibles (*infra*).

Il y aura à s'expliquer sur un autre caractère des idées, la *causalité* et la *finalité*, qui leur est contesté. (Voir *infra*, chap. IV.)

IV. Rapport des idées entre elles; le système des idées. — Ayant même nature et même principe, les idées ne sont pas isolées. Dans leur unité et leur diversité elles forment un système.

Platon a-t-il marqué d'une manière exacte ce rapport des idées entre elles et formulé ce système? Il est clair que, s'il l'a essayé, il n'a pas poursuivi, ni achevé cette tâche, qu'il a léguée à ses successeurs. Comme philosophe néanmoins, il devait se la proposer dans une certaine mesure. Jusqu'où l'a-t-il conduite et exécutée? Il est difficile de le décider. Sans doute il ne faut demander ni précision dans les détails, ni enchaînement rigoureux dans l'ensemble. Nulle part n'est dressée une liste complète des *catégories*. On s'est donné beaucoup de peine pour le faire à sa place (Fouillée), selon nous, vainement. Ce qu'on ne peut méconnaître, c'est que Platon, en effet, établit certaines classes d'idées (ou oppositions) entre lesquelles il y a une certaine hiérarchie. Ainsi, l'on s'aperçoit bien qu'il place les *qualités* au-dessus des *quantités*, les *idées* au-dessus des unes et des autres aussi bien que des *relations*. Les *nombres* sont au-dessous des idées. Les idées métaphysiques de l'*être* et du *non-être*, du *pair* et de l'*impair*, de la *monade* et de la *dyade*, occupent un rang inférieur et sont au bas de l'échelle. Les idées supérieures du *vrai*, du *beau* et du *bien*, bien qu'elles soient identifiées, ne sont pas tout à fait semblables; chacune a son rang et le maintient. Les catégories supérieures sont les idées morales, du *beau*, du *bien*, de la *justice*, de la *sainteté*, etc.

Au sommet est l'*idée du bien* qui les domine toutes, leur principe commun et qui forme leur unité. Même entre les idées morales, du vrai, du beau et du bien, la subordination existe; elle est aussi clairement marquée. Le beau n'est qu'une face du bien; le vrai identique au bien et au beau est à la racine, et logiquement les précède, mais non ontologiquement; dans l'ordre hiérarchique il est inférieur au bien. L'idée par excellence, l'idée des idées est l'*idée du Bien*, ou le *Bien*, le point culminant du système.

Suivant Platon, les idées doivent non seulement se coordonner mais se *mêler*. Du moins il l'affirme. Elles ont une certaine *communauté*, κοινωνία. Elles participent les unes des autres, comme de leur principe, σύμμιξις (*Parménide*, le *Sophiste*). Mais le mode de ce mélange et de leur accord mutuel comme de la participation reste une énigme non résolue. (Voir Zeller, 59.)

Platon n'a ni pu ni voulu achever son système, et n'en a donné que l'ébauche. Lui-même a bien indiqué les lacunes (*Parménide*). On doit s'y tenir : faire plus, c'est risquer de dénaturer son œuvre.

V. LE BIEN PRINCIPE DES IDÉES. — Au sommet de la théorie des idées se place l'*idée du Bien*, ἰδέα τοῦ ἀγαθοῦ, ou le *Bien*, τὸ ἀγαθον; c'est le premier principe, la source d'où elles émanent, l'unité suprême qui les réunit.

Sur ce point le plus élevé de la théorie platonicienne des disputes nombreuses se sont engagées (théologie). Ce qu'il y a de clair et de certain doit seul avoir sa place dans cette exposition.

1° Ce qui est hors de doute, c'est le rang que Platon assigne à l'*idée du bien* (*Rép.*, VII). Elle est l'objet de la plus sublime des sciences, ἡ τοῦ ἀγαθοῦ ἰδέα μέγιστον μάθημα, ἰδέα μεγίστης ἐπιστημῆς (*Rép.*, VII, 505, A). Toutes les idées ont en elle leur principe, la *justice*, la *bonté*, la *beauté*. Les autres vertus empruntent d'elle leur bonté, leur justice, etc. Mais comment? Ce problème est celui de la *participation* qui sera traité plus loin.

2° Arrivé à cette hauteur, Platon sent lui-même l'insuffisance de la raison pour pénétrer le mystère et aussi du langage humain pour l'exprimer. Comment trouver ici une forme adéquate à la pensée et qui réponde à la vérité de son objet? Dans son enthousiasme, son style prend un ton inspiré; il emprunte au monde visible les images qui lui semblent le plus capables d'en donner l'idée par *analogie*. Le Bien, c'est le *soleil des esprits*, source à la fois de *lumière* et de *vie*, le soleil qui éclaire les intelligences, dont la chaleur répand partout la vie dans les êtres. Il est dans le monde *intelligible*, ἐν νοητῷ τόπῳ, ce que le soleil est dans le monde visible. Le monde est le fils engendré du Bien, ἀγαθοῦ ἔγγονος. (*Rép.*, VII.)

L'analyse y distingue deux aspects. 1° Dans le Bien, on voit d'abord la *cause* de la *science* et de la vérité, αἰτία τῆς ἐπιστήμης καὶ ἀληθείας, supérieure à la beauté, à la science et à la vertu. Les êtres intelligibles tiennent de lui leur intelligibilité, semblables au bien, sans être le bien lui-même, ἀγαθοειδῆ.... ἀμφότερα ἀγαθὸν δὲ οὔκ. (*Rép.*, VII.)

2° Ceci est la première face du bien, elle répond à la science et à la vérité. La seconde est la *fécondité*, celle de la *cause productrice* ou de la production des êtres. Les êtres *intelligibles* ne reçoivent pas seulement de lui leur intelligibilité, mais aussi leur être et leur essence : τὸ εἶναι καὶ τὴν οὐσίαν.

Ainsi, le Bien ne rend pas seulement visibles les objets, il leur donne la naissance, l'accroissement et la nourriture, ἀλλὰ τὴν γένεσιν καὶ αὔξην καὶ τροφήν. (*Ibid.*)

« Et cependant, ajoute Platon, le Bien lui-même n'est pas cette essence, mais quelque chose de bien *au-dessus de l'essence*, ἀλλ'ἔτι ἐπέκεινα τῆς οὐσίας, en ancienneté et en puissance. » (*Ibid.*)

Ce sont comme deux rois, l'un du monde intelligible, l'autre du monde visible, βασιλεύειν τὸ μὲν νοητοῦ γένους τε καὶ τόπου, τὸ δὲ ὁρατοῦ. (*Ibid.*)

On comprend très bien cette assimilation. Mais quel est cet être supérieur, placé au-dessus de l'essence ? Cet ἐπέκεινα a engendré bien des disputes qui ne sont pas finies.

Quelle peine néanmoins y a-t-il à concevoir et à reconnaître la supériorité du principe premier sur tout ce qui n'est pas lui, mais émane de lui, de la cause sur ses effets, de l'être par excellence sur les autres êtres, et les autres essences, comme sur toutes les idées? Mais ceci touche au point le plus ardu de *l'ontologie* et de la *théologie platonicienne*. (Voir *infra*.)

En résumé : 1° le Bien est *l'idée suprême*, *l'idée des idées* ; 2° la *vérité* y a son principe, l'être et toute existence en dérive ; 3° cette idée qui couronne le système dans l'ordre métaphysique, doit apparaître et s'appliquer dans toutes les parties de la philosophie de Platon, dans l'ensemble et les détails ; 4° cause *efficiente*, elle est aussi cause *finale*. Elle communique sa pensée aux esprits, aux êtres l'existence et la vie. Tout tend vers elle comme tout est sorti d'elle. Elle conserve vis-à-vis des autres existences et des essences une infranchissable supériorité. Si l'on demande le *comment*, nous voici conduits aux mystères les plus obscurs de *l'ontologie* et de la théologie de Platon.

VI. Les nombres idéaux. — Comme complément de la théorie des idées, apparaissent les nombres *idéaux*, qui souvent s'y mêlent, mais s'en distinguent. « Ils appartiennent aux dernières années de Platon et ne figurent pas dans ses écrits. C'est chez Aristote qu'il faut les chercher. » (Zeller, 507.) Ils devaient jouer un assez grand rôle comme dernière forme que revêt le système de Platon. Ainsi qu'on l'a fait observer avec raison (Schwegler), la vraie philosophie platonicienne est celle de la théorie des idées. Les nombres, fruit tardif du génie de Platon, sont un pas rétrograde vers le pythagorisme. Nous n'en dirons que quelques mots.

Platon n'a jamais renoncé au pythagorisme. Il y est revenu dans la dernière phase de sa doctrine et de sa vie. Ses successeurs sont rentrés encore plus après lui dans cette voie. Mais la théorie des idées est restée sa vraie théorie. Originairement indépendante, elle s'en rapproche à la fin. Le germe en est dans le *Philèbe*.

Lui-même ne l'a pas exposée dans ses écrits. Aristote, qui la critique, la fait connaître dans le XIIIe et le XIVe livre de sa *Métaphysique*.

Par nombres idéaux, Platon entend, non les nombres purement mathématiques, ou empiriques, c'est-à-dire inséparables des objets sensibles, mais les nombres tels que les entendent les pythagoriciens eux-mêmes les plus avancés. (Voir Zeller.)

Quel rôle jouent-ils dans la théorie platonicienne? Aristote le dit : « Ils tiennent le milieu entre les idées et les objets sensibles. » Mais cela n'apprend guère ce qu'ils sont. Comment et pourquoi ces intermédiaires? Quel motif les rend nécessaires? Autant de points obscurs. Entrer dans les détails de cette polémique serait fastidieux. Rien de plus subtil que la critique et l'exposé qu'en fait Aristote.

Tout cela même historiquement a perdu pour nous son intérêt. Ses objections accumulées sur les nombres fatiguent sans nous éclairer.

La vraie théorie de Platon, je le répète, c'est la *théorie des idées*. Ce qu'il faut retenir des nombres, c'est qu'ils ne sont, pas plus que les idées, séparés des objets et des réalités, que Platon a tort de les en séparer. Voilà ce qui ressort de plus net de la réfutation d'Aristote; c'est que les hypostasier sans cesse, c'est créer des entités, un monde de formes mathématiques, de quantités séparées des êtres sensibles ou des réalités. La critique d'Aristote sur les nombres est parfaitement exacte; celle qui porte à la fois sur les idées et sur les nombres l'est-elle au même degré pour les idées?

Et il ajoute : « La nature n'est pas, ce semble, un assemblage d'épisodes sans lien, comme une mauvaise tragédie. C'est là ce que ne voient pas ceux qui admettent l'existence des idées. Ils font des grandeurs avec la matière et le nombre. Ils composent les longueurs avec la dyade, les plans avec la triade, les solides avec le nombre quatre ou tout autre nombre. Mais ces êtres seront-ils bien réellement des idées ? Quel est leur lien ? De quelle utilité sont-ils aux êtres sensibles ? Ils ne leur sont d'aucune utilité, pas plus que les nombres purement mathématiques. » (*Mét.*, XIV, III.)

Cette conclusion est bien dure. Il y a plus, elle est tout à fait injuste. La théorie des idées, comme celle des nombres, a pour but précisément d'introduire l'ordre dans l'univers. Aristote lui-même a-t-il bien réussi à composer sa pièce ? L'unité de celle-ci est-elle parfaite ? n'y a-t-il pas à y signaler des lacunes, des défauts, etc. ?

VII. — Mais un mérite qu'on ne saurait nier de cette théorie, et qui résulte de cet exposé, c'est ce qui a été dit déjà du système entier vis-à-vis des systèmes précédents, ce qui constitue le progrès, savoir : l'essai, plus ou moins couronné de succès, de les concilier et de les accorder et cela en vertu de la conception nouvelle qui en fait l'originalité et la nouveauté.

Ce qui précède suffit à le démontrer. Aussi est-il bon, comme résumé de tous ces systèmes, de le rappeler. 1° L'*ionisme*, que représente surtout Héraclite, y reçoit l'élément de fixité qui lui manque absolument et qui pour lui rend la science impossible. — 2° L'*éléatisme*, avec Parménide et son unité, condamné à l'immobilité, acquiert le mouvement, la diversité et la vie. — 3° Le principe qui est la base du *pythagorisme*, la *quantité numérique*, qui en fait une chose matérielle et abstraite, également se transforme ; il passe à une catégorie plus haute, celle de la *pensée*. Par là il s'élève du domaine de la nature dans celui de l'*esprit*. — 4° Le νοῦς, qu'*Anaxagore* avait proclamé, dans sa généralité, comme principe d'ordre, *intelligence ordonnatrice*, mais qu'il n'avait su déterminer, dont, selon Aristote, il se sert comme d'une machine pour la formation de l'univers, sort de son abstraction et de cet isolement.

Le monde n'est plus simplement l'œuvre d'une intelligence qui en coordonne les éléments et l'abandonne à ses lois. Cette intelligence apparaît elle-même dans son œuvre, s'y rend présente et visible. Elle répand dans l'univers physique et moral ses idées qui sont ainsi des lois. — 5° Nous ne reviendrons pas sur ce qui a été dit de *Socrate*, de la transformation qui s'opère en son disciple, celle de la notion socratique en une conception idéale plus complète et plus vaste, à la fois subjective et objective. En outre, la finalité cosmologique de Socrate, comme simplement prouvée et attestée par l'ordre dans l'univers et le dessein qui s'y révèle, prend un autre aspect. Le monde est la représentation et le reflet de la pensée divine. L'idée que manifeste l'ordre physique et moral y est visible, sinon immanente. — 6° Il n'y a pas jusqu'à la *sophistique* elle-même, comme il a été dit, qui ne trouve sa place dans la doctrine nouvelle, bien qu'elle lui soit opposée. L'*apparence* en effet, ou le phénomène (φαινόμενον), si on la donne comme une existence indépendante et réelle, n'existe pas; détachée qu'elle est de l'être qu'elle manifeste, elle est une ombre (σκία) vaine et mensongère; rattachée à l'être, elle n'est plus la simple apparence. Elle est le *non-être*, sans doute, mais lui-même nécessaire à l'*être* pour qu'il se manifeste et se développe. Elle se trouve ainsi réintégrée dans l'être par l'intermédiaire de l'idée. (Voir le *Sophiste*.)

Telles sont les faces diverses et les points principaux de la *théorie platonicienne des idées*. Jusqu'ici rien d'hypothétique. Ceci est bien la base de tout le système, nous avons évité tout ce qui peut la compliquer. On voit déjà en quoi elle diffère de ce qui l'a précédé, en quoi elle est un progrès.

Une *terminologie* nouvelle lui est consacrée. Les expressions les plus habituelles dont se sert Platon sont celles-ci : εἶδος, ἰδέα, οὐσία, τὸ ὄντως ὄν, τὸ νοητὰ, τὰ νοήματα, ou simplement τὸ αὐτὸ καθ'αὐτο, τὸ κάλον, τὸ ἀγαθόν, τὸ ἀληθές. (Voir Ast, *Lexicon*; *Von* Eucker; Cousin, *Fragm. Langue de la théorie des idées.*)

La théorie des idées de Platon dont on n'a pu ici qu'esquisser les traits les plus généraux, est exposée dans ses principaux écrits, dans le *Banquet*, le *Phédon*, le *Phèdre*, la *Répu-*

blique, etc., dont l'authenticité ne peut être contestée. En d'autres également, s'ils ne sont pas de sa main, elle n'est pas moins fidèlement reproduite [1]. Ceci nous paraît en dehors de toute discussion, échappe à la divergence des opinions. Quant aux nombreuses difficultés que cette théorie recèle, nous en examinerons quelques-unes, n'ayant souci que de l'essentiel et sans prétendre les résoudre toutes. Nous en dirons néanmoins notre avis sans sortir du rôle qui nous convient, celui de simple historien.

[1]. Passages principaux : *Républ.*, V; VI; VII; X, 596; — *Phédon*, 74, 75, 76; XLVIII; XLIX, 106; LIII, 104; — *Phèdre*, 249; — *Banquet*, 210; — *Timée*, 521 (S.); — *Parménide*, 132; — *Sophiste*, 341. S. 218, G.; — *Théétète*, 157, 186, 203, 205; — *Cratyle*, 223-439; — *Euthyphron*, 6; — *Ménon* (Réminiscence); — *Philèbe*, 15, 59, A. Cf. Aristote (Exposé et Critique); *Métaph.*, XIII, XIV.

CHAPITRE IV

THÉORIE DES IDÉES (SUITE). — PROBLÈMES SUR LES IDÉES

I. Le *domaine* des idées; de quoi y a-t-il des idées? — II. La *causalité* des idées : les idées causes efficientes et finales. — III. La *substantialité* des idées. — IV. La *participation* aux idées. (Imitation, présence, communication.) — V. Les idées, la *pensée divine*. — VI. Preuves de l'*existence* des idées. Opinions diverses, solution de chacun de ces problèmes.

Ce sont les points les plus ardus de la dialectique platonicienne. Sans les approfondir ici ni entrer bien avant dans la controverse que chacun d'eux, comme leur ensemble (car ils se tiennent), a de tout temps suscitée et qui est loin d'être épuisée, on ne peut, en se bornant à les indiquer, rester neutre ni se dispenser d'émettre, sauf à la motiver, son opinion sur des problèmes d'une nature aussi grave et d'un intérêt suprême au point de vue spéculatif. Nous essaierons de le faire aussi brièvement que possible.

I. De quoi y a-t-il des idées? — Ce point sur lequel Aristote insiste dans sa Polémique offre une première difficulté que Platon a dû au moins essayer de résoudre. Luimême nous dit bien (*Phédon*, 75) que ce n'est pas seulement de l'égalité, du beau en soi, de la justice ou de la santé qu'il y a des idées, mais de tout ce qui se caractérise par ces mots : « ce qui est », τοῦτο ὃ ἐστί. Mais déterminer ce qui est, c'est précisément ce dont il s'agit dans ce système. Or, pour Platon, ce qui est, c'est l'*intelligible*. Dans quelle mesure le *particulier* et l'*individuel* y entrent-ils? A ce titre, y a-t-il des idées seulement des *genres* et des *espèces*, ou chaque individu a-t-il aussi son idée? Y a-t-il la socratité de Socrate, etc.? Y a-t-il des idées des choses viles et méprisables, une idée du vice et de la boue? Y a-t-il une idée du non-être et de la négation?

La réponse de Platon est peu claire. Elle paraît être celle-ci (*Parménide*) : « Tout ce qu'on peut concevoir, ce qui est intelligible, ce dont on peut rendre raison a son idée. L'esprit ne s'arrête que devant l'*accident*. L'accidentel échappe à la raison humaine et ne peut se définir.

Mais, sur ce point, les Platoniciens eux-mêmes se divisent. D'après Aristote, *Mét.*, XI, ch. III, Platon lui-même n'admettait que les idées des objets naturels, ὁπόσα φύσει, non des produits de l'art. Il est dit d'après les Platoniciens qu'il n'y a aucune idée de la maison et de l'anneau [1]. Mais le point reste obscur et malaisé à décider [2].

Platon, nous dit-on, pourrait bien avoir varié lui-même sur ce point. Peut-être aussi qu'embarrassé il aurait éludé la question à l'aide de son ironie. Le problème d'ailleurs, quant à l'art, peut trouver une solution probable. L'artiste qui travaille d'après une idée ne la prend pas tout à fait dans la nature, mais en lui-même ou dans son esprit, d'où elle passe dans son œuvre qui la réalise. Sans doute il n'en est plus de même de Dieu. Mais dans Dieu elle est au moins comme possible. Tous les possibles sont compris dans l'intellect divin en attendant qu'ils deviennent effectifs et se réalisent. (Voir Fouillée.)

L'explication est ingénieuse et ne manque pas de vérité. Quant à nous il nous paraît difficile de ne pas se ranger de l'avis de ceux qui ne font pas d'exception même pour l'art, sauf à chercher à lever la contradiction apparente ou réelle de la doctrine platonicienne. Que Platon ait été embarrassé

---

1. ὁρίζονται δὲ τὴν ἰδέαν παράδειγμα τῶν κατὰ φύσιν αἰώνιον. *Alcinous.* Int. in plat. philosophiam, ch. IX.

2. Definiunt autem ideam exemplar æternum eorum quæ secundum naturam existunt. Nam plurimis ex iis qui Platonem secuti sunt minime placuit, arte factorum ideas esse ut clypei et lyræ, neque rursus eorum quæ præter naturam ut febris et choleræ, neque particularium ut Socratis et Platonis, neque etiam rerum vilium, veluti sordium et festucæ, neque relationum, ut majoris et excedentis, esse *namque ideas intellectiones* Dei æternas ac se ipsis æternas : εἶναι γὰρ τὰς ἰδέας νοήσεις θεοῦ αἰωνίους τὲ καὶ αὐτοτελεῖς.

de répondre à telle ou telle objection qui lui a été faite, peut-être par Aristote lui-même, c'est possible. Qu'il s'en soit tiré avec son ironie habituelle, rien encore d'invraisemblable. Mais qu'il ait affirmé de l'art qu'il n'a rien à voir avec les idées, il n'est pas possible de le concevoir. Tout le système y est contraire. Le dixième livre de la *République* en donne la preuve évidente. N'y est-il pas dit de l'artiste et du poète imitateur, qu'il est à trois degrés de la vérité, c'est-à-dire de l'*idée*? Cette idée où est-elle? Elle existe pour l'œuvre d'art la plus vulgaire. Il y a l'idée du lit, de la table, de la tabléité si l'on veut. Encore n'est-il ici question que de l'idéal au sens propre, de l'idéal de l'art humain opposé à l'art divin (voir *Esthétique*). Dieu lui-même est artiste. Le monde, son œuvre, est une œuvre d'art (*Timée*). Où Dieu prend-il son modèle? Ceci viendra ailleurs (*Cosmologie*).

Il semble donc, pour conclure, que le domaine des idées soit illimité. Il l'est sauf ce qui, en effet, dans chaque individu, est purement accidentel ou individuel, c'est-à-dire ce qui ne laisse plus aucune prise à l'esprit et est indéfinissable. L'idée de Socrate, c'est : 1° ce que Socrate a de commun avec tout homme en général; 2° ce que Socrate est en particulier, mais est en lui de vraiment significatif, ce qui fait sa vraie personnalité, son originalité par là comme réalisant son idée. Le reste, accidentel, ne compte pas, est insignifiant. La science, l'histoire, n'a rien à en dire. Platon n'accorde pas assez, il est vrai, à l'individualité, à la personnalité. C'est le défaut de tout idéalisme et du sien. Aussi a-t-il dû être embarrassé de répondre aux questions qui à ce sujet lui ont été faites. Nous n'avons pas à nous en occuper [1].

II. — Un point plus grave est relatif à la *Causalité des idées*. Les idées qui sont des *essences*, des types ou modèles, objets de la science, principes de vérité, sont-elles aussi principe de *mouvement*, ἀρχὴ τῆς κινήσεως? A ce titre, les êtres du monde réel ou sensible ont-ils en eux la raison de leur existence et

---

1. M. Fouillée consacre sur ce sujet un chapitre intéressant où sont passés en revue les divers points de vue de la question, les *formes ou catégories de l'idée*, *quantités, qualités, relations, nombres*, etc. Nous y renvoyons.

de tous les changements qui s'opèrent en eux? Cette question, beaucoup plus importante que la précédente, exige que l'on prenne parti nettement pour l'une ou l'autre des opinions dissidentes. Nous n'hésitons pas à nous déclarer pour la proposition affirmative.

Aristote dans sa polémique (*Mét.*, XIII, XIV) le nie formellement. Le titre et le caractère de cause réelle soit efficiente, soit finale, par lui est refusé aux idées. Et pourtant Platon leur assigne partout cette fonction. (*Soph.*, 248; *Phédon*, 95; *Phèdre*, 23; *Timée*, *Philèbe*, 23. C. *Rép.*, VI, 508, E. : αἰτία ἐπιστήμης καὶ ἀληθείας.)

Rien selon lui ne se produit et ne s'engendre que par les idées. Elles sont, par leur présence, la cause de la génération des êtres, causes de mouvement, de développement, comme elles le sont d'altération ou de dépérissement par leur absence, ou par le fait de la matière rebelle qui s'y mêle (*Timée*). Aristote n'y voit ou n'y veut voir que des types, des modèles ou des formes vides; elles sont selon lui des principes non de changement, mais de fixité ou de permanence. Il leur retranche avec le mouvement et l'action la causalité réelle et les condamne à l'immobilité.

On ne peut prendre part ici, je le répète, à cette controverse entre les deux grands systèmes de métaphysique ancienne. Ce qui est certain, c'est que Platon admet ce qu'Aristote ne veut pas lui reconnaître. Il est de fait que, loin de refuser le mouvement et la vie aux idées, Platon leur accorde cette efficacité.

En supposant d'ailleurs que les idées soient de simples types, peut-on nier la causalité de leur principe, l'idée souveraine, qui est l'idée du Bien? Celle-ci dont tout émane est-elle immobile et sans vie? on le verra plus tard.

Causes efficientes, elles ne sont pas moins *causes finales*. Rien de plus manifeste que ce caractère que Platon, disciple de Socrate, assigne aux idées. Les idées sont pour lui des principes d'ordre, d'harmonie, comme de stabilité et de fixité. Au sommet des idées est le *Bien*, la fin suprême : beauté parfaite, objet d'amour (*Banquet*). Vers lui doivent tendre toutes les volontés. S'il est la raison des existences, toutes aussi aspirent à lui comme à la source de tout bien, de toute perfection (*Rép.*, VI); il est le *suprême désirable* (*Phèdre*).

Mais, selon Aristote, Platon, s'il l'admet, n'a pas le droit de l'admettre. La raison qu'est-elle? C'est que la tendance au bien suppose l'activité, et l'activité, selon lui, est absente du système.

Ceci est le point en litige. En face d'une doctrine si constamment affirmative du contraire, l'assertion ne suffit pas. Si logiquement cela est, il faudrait le prouver. L'idée platonicienne n'a-t-elle pas, comme opposée à ce qui la précède, la vertu d'allier les contraires? La variété s'y ajoute à l'unité; le mouvement au repos (*supra*). C'est donc pousser un peu loin la rigueur systématique. Cette logique à outrance est celle de tous les systèmes intéressés à nier aux autres ce qui doit chez eux les remplacer, à contester ce qui est leur légitime possession. Ce que cette critique détruit, l'histoire le réintègre; cela est encore plus évident pour la cause finale.

Ce qui, en effet, est manifeste et hors de doute c'est que les mots qui désignent la fin : Τέλος, τὸ ἕνεκα, οὗ ἕνεκα, reviennent sans cesse dans la langue de Platon; ils expriment bien sa pensée et répondent à sa manière de concevoir les idées. Celles-ci, les idées, que sont-elles? des modes de la pensée sans doute; elles forment par leur ensemble le *Logos* universel. Mais c'est aussi en vue des idées et pour réaliser les idées qu'agit leur principe et que le monde visible est créé. A l'idée du Bien ou au Bien il doit son existence. Il y a plus, dans l'idée de chaque être sont compris son but et sa fonction. Chacun fait partie de l'harmonie du tout (*Lois*, X). — La finalité règne partout dans la philosophie de Platon, toute sa physique en est pénétrée; encore plus sa morale et sa politique en portent l'empreinte. Partout la fin morale apparaît; elle préside à l'ensemble et règle les détails. S'il est un reproche à faire à Platon, c'est plutôt d'avoir abusé du principe *téléologique*, reproche déjà fait à Socrate [1].

---

1. « La cause finale, nous dit M. F. Ravaisson (509, *Mét.* d'Aristote), c'est-à-dire le bien ne peut pas figurer dans le système platonicien. Il est vrai que Platon nomme le *Bien*, le principe de l'être et de la vérité... Mais qu'est-ce que le bien d'un être sinon la fin à laquelle il *tend* et où il doit trouver la perfection

L'univers est sorti d'un acte de la bonté divine (*Timée*) agissant en vue du bien (*ibid.*). Cette idée, déjà si fortement marquée dans Socrate, qui regrette (*Phédon*) qu'Anaxagore n'ait pas poursuivi et appliqué ce principe, Platon l'aurait-il omise ou rejetée? Aristote qui la revendiqué comme sienne, s'il le peut à son point de vue, ne le peut absolument. Même théoriquement le point est contestable. Son système s'y prête mieux, soit. Cela est vrai. Mais l'idée platonicienne n'est pas dépourvue de finalité plus que d'activité. Par son essence même elle est capable de mouvement au moins comme alliant les contraires. Il faut donc encore se garder ici de prendre à la lettre ce qu'en dit Aristote, trop intéressé à nier ce qui n'est pas tout à fait sa propre théorie. Autrement toute la philosophie platonicienne n'a plus de sens; il faut en réformer la langue, donner à celui qui s'en sert un perpétuel démenti. L'*acte* et la *puissance* sera un grand pas de fait, une conception supérieure dans l'ordre métaphysique. Ce n'est pas une raison de nier à celui qui a frayé la voie ce que lui-même a trouvé de supérieur à ce qui fut avant lui chez ses prédécesseurs.

Dans la querelle des systèmes, cette manière de raisonner qui les rend intraitables n'est pas rare. L'histoire plus pacifique est aussi plus équitable.

III. La substantialité des idées. — Un autre point de controverse est relatif au mode d'existence des idées. Sont-elles des êtres réels, des entités, des *substances*, ou de simples attributs, des qualités?

Si l'on prend à la lettre ce qu'en dit Platon, il semblerait, en effet, que ce sont des êtres, de véritables substances. C'est bien ainsi qu'il les désigne : αὐτὰ καθ'αὑτά. Elles ont une existence *séparée*, χωρισταί (voir Stallbaum, p. 91, 274). Aristote, qui s'autorise de la langue de Platon pour le criti-

---

de sa nature? Le bien suppose donc le mouvement et le progrès. Le bien n'est donc dans le système platonicien qu'un mot vide de sens. » — Qu'on y prenne garde : avec cette logique le Dieu d'Aristote, qui est aussi le Bien (*Mét.*, X), pourrait se trouver lui-même immobilisé. Ce moteur immobile meut le monde, il est vrai, mais seulement par attrait; il reste la pensée de la pensée, immobile. Le dualisme subsiste. — On suppose toujours d'ailleurs à *Platon* gratuitement qu'il reste dans la sphère des abstractions logiques; ce qui est l'opposé du système, contraire à tout son esprit.

quer, les nomme des *existences réelles* (*Mét.*, I, XIII). Il y puise ses objections. (*Ibid.*)

Mais ces mots ont-ils dans la langue ancienne et dans celle de l'idéalisme platonicien, le même sens que nous attachons à ces termes? Non sans doute, puisqu'ailleurs ils ne l'ont plus. Ce sont alors de simples *modèles*, des *types*, des *essences* ou *noumènes*, νοήματα. La vérité est qu'il n'y a rien ici qui ressemble à ce que nous appelons des *substances* ou des *êtres*, qu'il s'agisse des corps ou des esprits, à ce qui est dit de la substantialité des *atomes*, des formes ou *monades*, des personnes, etc. L'idéalisme a sa langue [1], qu'il faut comprendre. Les *unités*, *enades* ou *monades*, *hypostases* y sont prises substantiellement, mais non matériellement ou corporellement. Que sont-elles? des êtres ou des *déterminations* de l'être? Le mot est encore trop moderne. Nous pensons qu'une certaine indétermination ici est le milieu où la vérité réside; il convient de s'y tenir. La solution paraît peu satisfaisante, mais qu'y faire? Cela tient à tout le système. Ce sont des substances, sans doute, mais comme l'entendent ces écoles.

Que veut dire cette *séparabilité* elle-même? S'agit-il d'une existence réellement isolée ou séparée : 1° séparée de Dieu; l'être par excellence ou du Bien; 2° séparée des êtres finis du monde réel, ou sensible? Alors que signifie la participation, la communication, la présence des idées? Je laisse de côté l'imitation ou la ressemblance. Tout cela n'a plus de sens. S'il y a participation, présence réelle des idées dans les objets, on doit admettre une certaine union, sinon immanence. Les idées néanmoins conservent ce qui est leur essence propre, savoir leur simplicité, leur pureté, leur inaltérabilité. En cela elles sont distinctes ou séparées de toute existence matérielle ou corporelle. Comment? c'est le côté obscur, non résolu du problème. Mais résolu ou non, l'affirmation subsiste [2].

Ce qui est dit des idées par les platoniciens, les pythagoriciens le disent aussi des nombres qu'ils nomment des *causes*, des *principes* distincts des *réalités*. Ce sens est celui que

---

[1]. Dans la langue hégélienne, la *substantialité* appartient aussi aux idées, non aux êtres particuliers. *Id.*, *Schelling* (Weize, Solger).
[2]. Sur ce point M. *Fouillée*, *Teichmüller* en opposition avec Ed. Zeller, etc.

leur donnent les réalistes d'un autre temps qui eux, précisément, sont les idéalistes (formes substantielles) opposés aux nominalistes ou aux conceptualistes, lesquels n'admettent que des individus et leurs qualités communes, telles que l'esprit les conçoit ou se les représente. — Ceci nous conduit à une autre question : la participation aux idées.

IV. La participation aux idées. — Ceci est le point capital, le nœud du système. Tout le platonisme y est engagé. Aussi l'attaque d'Aristote, sur ce point, est très vive. Si déjà, en effet, il est très difficile de comprendre le rapport des *idées* entre elles, dans cette théorie, la difficulté d'expliquer le rapport des idées aux choses ou des choses aux idées est bien plus grande encore. Mais n'en est-il pas de même de tous les systèmes idéalistes? Tous s'efforcent de résoudre le problème. Tous l'ont tenté, aucun n'y a réussi. Qu'il y ait entre eux des différences et un progrès, on peut l'accorder. C'est la pierre d'achoppement des métaphysiciens de toutes les écoles. Le matérialisme, qui nie les idées; le panthéisme, qui absorbe tout en elles et dans Dieu, échappent à la difficulté. En supprimant l'un des termes on supprime ainsi le problème. Celui-ci reste intact. Parviennent-ils seulement à se rendre intelligibles?

La solution platonicienne, on le sait, c'est la *participation*, μέτεξις, substituée à l'*imitation*, μίμησις, des pythagoriciens, que Platon, néanmoins, lui-même reproduit en lui donnant une signification nouvelle.

Le monde pour eux était une imitation des nombres, il est, selon lui, une *représentation* des idées. Les choses réelles ou visibles *participent* des idées qui, elles-mêmes, participent de la raison divine ou de la substance éternelle, de l'idée des idées, l'idée suprême (*infra*).

A la participation et à l'imitation s'ajoute chez Platon la *présence*, παρουσία, ou encore la *communication*, κοινωνία. Les idées sont dans le monde par leur *présence*, elles se *communiquent* aux choses [1].

1. Διότι μετέχει ἐκείνου τοῦ καλοῦ (*Phédon*); τοῦ καλοῦ εἴτε παρουσία, εἴτε κοινωνία. (*Ibid.*, 100, D.)

Mais en quoi consiste cette participation? Comment les idées se communiquent-elles aux choses? Comment y sont-elles présentes [1]? Platon ne le dit pas, il ne l'explique pas, du moins théoriquement, d'une façon abstraite. Il emploie des comparaisons, comme on l'a fait depuis, celle de la lumière qui traverse les corps sans s'y mêler ou que ceux-ci reflètent, celle du soleil et des ombres. En somme, ce sont des *analogies*.

La *participation* est un mot vague et ne résout pas la question. Il y a plus : la tendance évidente est d'absorber le réel dans l'idéal, de faire prédominer l'*idée*. Cela a pour effet d'ôter aux individus leur existence propre, de ne voir en eux que des ombres de réalité. Ainsi ont fait les pythagoriciens, après eux les éléates; Platon, qui maintient aux idées leur généralité, s'efforce de les rapprocher des choses sensibles et celles-ci des idées. On doit lui en savoir gré. Le mot *participation* dit plus qu'imitation, sans doute. Mais le rapport reste indéterminé. Le théoricien des idées n'ose pas trop faire descendre les *idées* de la région idéale. Celles-ci restent en dehors des objets, χωρισταί. Leur présence, παρουσία, qu'est-elle? réelle ou fictive? La *communauté*, κοινωνία, est-ce à la lettre qu'on doit l'entendre? L'idée n'est-elle pas sans mélange? Comment y garde-t-elle sa pureté? Autant de questions à résoudre. Ce qui fait défaut c'est l'individualité, le *déterminé*, l'activité *personnelle*, sacrifiés ou compromis [2].

C'est, dit Aristote, se payer de mots vides et faire des métaphores poétiques : κενολογεῖν ἐστι καὶ μεταφορὰς λέγειν ποιητικάς (*Mét.*, I, vii). C'est trop dire. L'obscurité du problème devait au moins tempérer cette sévérité. Ce problème, Aristote l'a-t-il lui-même résolu? L'idée pour lui, c'est la *forme*, εἶδος, unie à la matière. Soit. La distinction de la puissance et de l'acte est en métaphysique un progrès réel. Supprime-t-elle les difficultés? Et la science a-t-elle pu depuis s'en contenter? Le fait est que toutes les écoles depuis ont repris ce problème et toutes, plus ou moins, y ont échoué. Le panthéisme, on l'a

---

1. Sur la Παρουσία (Praesentia), voir *Phéd.*, 100, D. τοῦ καλοῦ εἴτε παρουσία, D. εἴτε κοινωνία. *Lys.*, 217., E; *Gorg.*, 447, E; *Soph.*, 247, A; *Lys.*, 217; *Polit.*, IV, 437, E.

2. Voir Teichmüller, *ibid.*

dit, y échappe, comme le matérialisme, aisément; mais on sait à quel prix. Ce qui dans Platon est à signaler c'est la *tendance idéaliste* exagérée, l'impuissance à montrer le rapport des deux termes, du *général* et du *particulier*, de l'*infini* et du *fini*. Toute la métaphysique ancienne et moderne roule sur cette opposition [1].

Pour nous, simple historien, la conclusion est toujours la même. La solution est imparfaite sans doute, les mots sont vagues (non vides); partout cette insuffisance éclate dans le système, où la théorie est appliquée. Il n'y a pas à le nier. Ce n'est pas moins un réel progrès, théoriquement et systématiquement, sur tout ce qui est antérieur (*supra*). Il y a plus : la vérité même, à parler absolument, y est contenue, du moins à ce degré. Et ce qui le prouve c'est qu'en définitive, la langue de Platon est restée. Pour les objets de l'ordre spéculatif les plus élevés, elle est employée aujourd'hui comme il y a deux mille ans. On y a substitué, il est vrai, d'autres termes : l'*immanence*, l'*évolution*, l'*identité* dans la *différence*, le *processus dialectique de l'idée*, les *déterminations de l'idée*, etc., etc., propres à la langue de chaque système. Aucun n'a prévalu et n'a pris position dans la langue universelle. Pourquoi? c'est que le *quomodo* de la *participation* reste à trouver. C'est la grande énigme. Mais, en dehors des systèmes, ne dit-on pas toujours de l'homme, de la raison humaine qu'elle *participe* de la raison divine [2]?

N'est-ce pas le langage qui se tient au point de vue religieux, moral, social, esthétique aussi bien que métaphysique, partout où l'idéalisme est admis, en philosophie, en morale, en théologie, etc. ? Bien que le mot reste plus ou moins indéterminé, il faut donc bien ici s'en contenter [3].

---

1. Voir Teichmüller, *Neuen Stud.*, t. III, p. 368.
2. « Homo est particeps rationis. » (Cic., *de Off.*, I.)
3. M. Fouillée, il faut lui rendre cette justice, a fait de louables efforts pour résoudre le problème. Il a, dans le détail, montré toute la souplesse, la vigueur et la sagacité de son esprit afin de donner une explication plausible de la participation, qui fait selon lui tout le sujet du *Parménide*, ce chef-d'œuvre de subtilité de la dialectique platonicienne. Seulement, dans cette explication qui, elle-même, n'est pas sans subtilité, à laquelle cent pages sont consacrées, il n'est oublié qu'une chose, c'est de nous dire ce qu'est cette participation elle-même et de la définir. Le mot est partout, nulle part la définition.

V. Les idées et la pensée divine. — Mais alors si les idées n'ont pas d'existence à part, où sont-elles? où résident-elles? Ce ne peut être que dans Dieu, mais comment y sont-elles? et à quel titre? Est-ce comme attributs de Dieu, ou comme étant la *pensée divine*? Nouveau problème, nouveau débat, où les opinions se divisent. La langue aussi est différente. Parmi ceux qui adoptent la solution affirmative il en est qui approuvent (V. Cousin), d'autres qui rejettent ces mots d'*attributs* ou de pensées, et y substituent les *perfections* (Fouillée, etc.). Selon d'autres, ce sont les déterminations; d'autres conservent simplement les idées ou les *vérités* [1].

Aucun terme n'est adéquat à l'idée qu'il exprime. Mais le fait est que, de tout temps, les platoniciens des diverses écoles ont considéré de même le point essentiel, c'est-à-dire le rapport des idées à Dieu, leur principe substantiel et réel. On reviendra plus loin sur ce sujet (théologie) [2].

Mais ici, quant à la question elle-même, les raisons qu'on allègue pour combattre l'opinion des idées en Dieu comme étant la pensée divine (Trendelenburg, Zeller, H. Martin), quoique appuyées sur les textes, sont plutôt embarrassantes que concluantes. Ces difficultés ou objections, Platon lui-même les a en partie connues. Il a dû s'efforcer de les résoudre. Son disciple Aristote sans doute ne les lui a pas épargnées sans pouvoir y répondre. Le *Parménide*, sans cesse

---

1. L'explication est celle-ci (p. 80) : « L'idée est à la fois unité et variété. Toutes les idées s'enchaînent; elles se résolvent dans une même idée à la fois une et diverse. Or cette unité s'*épanche* et se *déploie*, elle se *dissémine* en variété, principe à la fois un et multiple, l'être et le non-être, immuable et mobile... Le monde est le résultat de l'activité incessante du principe divin qui se *développe* dans l'univers... » — Très bien; mais le *quomodo*? Qu'est-il? Demandez-le à Plotin, à Leibniz, à Schelling, à Hegel, etc. M. Fouillée est un habile plongeur. Des profondeurs du *Parménide* que rapporte-t-il? quelque chose qui ressemble singulièrement à l'*émanation* ou au πρόοδος alexandrin, à l'évolution ou au processus dialectique de Hegel. Bref, son *rapport* aux idées, etc., qu'est-il? *épanchement*, *développement*, *dissémination*, etc. Ce monisme substitué au dualisme platonicien aurait-il échappé à la sévérité du mot d'Aristote?

2. Il nous est impossible d'entrer dans le fond du débat sans revenir sur ce qui précède. Nous dirons que, partisan de l'affirmative tout en laissant sur le choix des mots une certaine liberté, nous préférons celui qui est le plus conforme à l'esprit du système entier et de la théorie elle-même. C'est bien en effet la *pensée divine* qui revient sans cesse, malgré les obscurités et les difficultés qu'un pareil sujet soulève, enveloppé qu'il est de mystères. Les mots du reste peuvent être mal choisis.

invoqué, de part et d'autre, paraît les contenir. Mais cela ne suffit pas pour réfuter un système, pour lui refuser surtout ce qui est conforme sinon toujours à sa lettre, à son esprit. Ce qui est d'ailleurs ici en dehors de la doctrine commune n'a plus de sens; car, il faut le dire, toutes ces objections aboutissent à une contradiction manifeste. En effet, que sont alors les idées? des êtres en dehors de l'esprit divin qui les contemple. Mais alors avec quoi les contemple-t-il, s'il est admis qu'on ne peut penser que par elles? Il en est de l'esprit divin comme de notre esprit, de l'esprit humain. Dira-t-on que Dieu n'en a pas besoin, que chez lui l'intuition directe les remplace? C'est ne rien dire. L'intuition alors qu'est-elle? Voir, ici, n'est-ce pas toujours penser? Dieu se pense lui-même, il voit sa pensée, car il est omniscient. Autrement il n'est plus la raison suprême. Que pense-t-il? Il le pense éternellement. Le monde ne lui est pas étranger. Il est la pensée de la pensée, comme le dira Aristote lui-même, principe à la fois de toute vérité comme de toute bonté. — La pensée humaine, du reste, se perd dans ce mystère de la nature divine comme de tout autre. Quand il s'agit du rapport de la pensée humaine et de ses idées avec Dieu et la pensée divine, il en est de même. Mais, si le comment nous échappe, la vérité subsiste. Aussi tous les grands esprits qui, aux diverses époques, ont suivi la direction idéaliste sont affirmatifs. En variant à peine l'expression, tous sont d'accord pour placer en Dieu le principe des idées et des vérités éternelles [1].

Pour nous, si Platon ne s'explique pas ou s'il ne le fait avec la précision des systèmes modernes, sa pensée est manifeste.

Pour comprendre Platon il faut suivre sa méthode. Un de

---

1. Ces vérités étant antérieures aux existences des êtres contingents, il faut bien qu'elles soient fondées dans l'existence d'une substance nécessaire. C'est là que je trouve l'original des idées et des vérités. (Leibniz, *Nouv. Ess.*, IV, xi.)

« Si je cherche maintenant où et en quel sujet elles subsistent éternelles et immuables comme elles sont, je suis obligé d'avouer un être où la vérité est éternellement subsistante, où elle est toujours entendue... C'est donc en lui, d'une certaine manière qui m'est incompréhensible, que je vois ces vérités éternelles. » (Bossuet, *C. de D.*, IV.)

Cf. Malebranche, *Rech. de la vérité*, 4e part., ch. iv. — Fénelon, *Exist. de Dieu*, 4e part., ch. iv.

ses procédés (*supra*) est l'analogie avec la pensée humaine, le γνῶθι σεαυτον, qu'il pratique quand il s'agit de Dieu et des idées comme quand il étudie l'homme et la raison humaine. L'homme trouve en lui-même ces idées et ces principes qui s'appellent des vérités nécessaires. Elles sont le fond même de sa raison, à la fois sujet et objet. C'est l'essence de son être et de la pensée, la raison elle-même (*I Alcibiade*). Comment en serait-il autrement de Dieu? Elles sont en Dieu la raison divine, le λόγος divin [1], non en dehors de lui, mais en lui. Il est le lieu des idées, νόητος τόπος. C'est aussi en lui-même qu'il les voit.

Autre analogie non moins réelle, celle-ci tirée de l'*art*. Dieu est *artiste*, il crée le monde en artiste (*Timée*), d'après le modèle éternel. Ce modèle où le prend-il, sinon en lui-même? Il en est comme de l'artiste qui conçoit son œuvre avant de le réaliser et qui trouve dans sa pensée le modèle qu'il exécute. — Selon nous, toutes les difficultés qu'on accumule (H. Martin, Zeller, etc.) ne peuvent prévaloir contre cette manière d'entendre et d'expliquer Platon [2].

Sur ce point notre conclusion comme sur beaucoup d'autres, c'est qu'il est plus sage, en admettant le principe, de rester dans l'indétermination d'où son auteur n'est pas sorti lui-même. Ou bien l'on s'expose à se jeter dans les interprétations qui rapprochent le platonisme, mais en l'altérant, des systèmes ultérieurs, néoplatoniciens, etc., ou modernes ou contemporains.

VI. Preuves de l'existence des idées. — Nous terminerons cet exposé de la théorie des idées par un point beaucoup plus aisé à résoudre. Il est relatif au reproche que fait à Platon également Aristote, celui de n'avoir pas prouvé l'existence des idées. Ce reproche est-il fondé? Selon nous, c'est méconnaître tout à fait la manière dont s'établit et se prouve un système. Cela est vrai surtout du *principe* qui en

---

1. Ces vérités que tout entendement aperçoit toujours les mêmes sont quelque chose de Dieu ou plutôt sont Dieu même. (Bossuet, *C. de D.*, IV.) — Cf. Fénelon, *Malebranche*, Leibniz.
2. Sur ce point la polémique de M. Fouillée contre les adversaires de cette opinion (H. Martin, Zeller, etc.) nous paraît victorieuse.

est la base et qui sert à l'édifier. Le moyen, indirect si l'on veut, mais naturel, c'est précisément celui qui a été dit au début comme ayant donné naissance à cette théorie. Il consiste à faire voir l'insuffisance des systèmes précédents, leur inefficacité et en regard l'efficacité du principe nouveau, comme plus capable de résoudre les problèmes qu'ils n'avaient pas ou avaient moins bien résolus. Dira-t-on que Platon ne l'ait pas employé vis-à-vis de ses prédécesseurs (*supra*)? Sa polémique contre Héraclite, Parménide et les autres est, ce semble, une réponse suffisante. Ce qui est curieux à noter c'est que Aristote n'en use pas autrement vis-à-vis de son maître et de tous ses prédécesseurs, toutes les fois qu'il veut établir sa propre doctrine. Il commence par les réfuter. Puis il fait voir que sa théorie nouvelle explique ce que les autres avant lui n'ont pu faire.

Ainsi en est-il de l'idée platonicienne, mise en face des principes avant elle invoqués, de l'*héraclitéisme* et de l'*éléatisme*, du *mégarisme*, etc. L'élément de stabilité fait défaut à l'un, l'élément de variété manque à l'autre. Elle seule, l'*idée*, établit le lien. Elle seule aussi fait franchir à la notion socratique la limite où elle s'arrête. Elle détruit la sophistique, mais elle lui prend ce qu'elle-même a de vrai dans sa négation. Elle ne nie pas pour cela l'*apparence sensible*; elle la réintègre et la remet à son rang, que la sophistique a méconnu.

Cette supériorité du nouveau système, il n'y a pas, malgré ses défauts, ce semble, à la lui dénier. Or c'est ainsi qu'un principe nouveau se démontre; c'est ainsi qu'il prend sa place dans la série des systèmes. Il est à lui-même sa preuve. Il s'affirme : 1° en signalant les vides que lui-même est venu combler; 2° en donnant au problème fondamental une solution nouvelle que les autres n'avaient pas su trouver. Cette solution est-elle définitive? Tous ont cette prétention, aucun n'y peut satisfaire. Aristote lui-même n'y satisfait pas et, après Aristote, où s'arrête le progrès?

Si l'on réclame une preuve plus directe, elle est dans l'analyse que Platon fait de la connaissance humaine, dans l'exposé des degrés de l'intelligence qui conduisent à la vérité vraie, la vérité des idées ou à la science (*supra*). Elle est dans sa méthode qui, elle aussi (*ibid.*), liée au système, porte comme lui sa preuve en elle-même et dont la valeur a été également appréciée (*supra*).

Cette preuve Platon la résume ainsi : « Si l'intelligence et l'opinion vraie sont des choses différentes, il faut absolument admettre l'existence des idées. » Indiquée dans le *Timée*, elle est mise en action ou pratiquée partout, spécialement dans le *Théétète*. Elle ressort de toutes les discussions de la polémique platonicienne, de la réfutation des systèmes dans les autres dialogues. Quant à la méthode, la dialectique platonicienne, elle peut prêter le flanc aux objections; toutefois ce qu'elle a de vrai subsiste et se retrouvera dans Aristote lui-même, dont la métaphysique emprunte à la dialectique platonicienne ce qui au fond est son principe et son but : l'idée, la pensée, et la pensée de Dieu comme étant la pensée de la pensée : νόησις νοήσεως νόησις. (*Mét.*, X.)

Mais la véritable preuve, je le répète, c'est le témoignage que tout véritable système se rend à lui-même par la manière dont il résout les questions avant lui non résolues; c'est sa fécondité, sa portée; c'est la vérité plus grande qu'il révèle et qui s'y manifeste par ses effets, surtout par sa facilité à résoudre les problèmes nouveaux avant lui non posés ou mal résolus, dont la solution est inférieure à la sienne. C'est aussi la vertu qu'il a de susciter de nouveaux problèmes encore non aperçus et qu'il évoque souvent sans pouvoir lui-même les résoudre. Ce sont les découvertes qu'il fait faire ou qui se font en dehors de lui, mais sous son inspiration, par son influence dans toutes les directions de la pensée, même dans les sciences exactes et positives [1]. Qui oserait dire qu'une telle démonstration a manqué au platonisme et à la théorie des idées de Platon aurait contre lui l'histoire entière de la pensée humaine.

Cette haute critique, Aristote ne l'a pas faite et ne pouvait la faire. C'est ce qui le rend injuste envers Platon dans toute sa critique, en particulier quant au reproche de l'absence de démonstration en ce qui concerne l'existence des idées.

---

[1]. Voir Schelling, *Ecrits phil.* de notre traduction, p. 325. — Cf. *Phil. anc.*, Introd., XLVII.

CHAPITRE V

DE LA RÉMINISCENCE

I. Sa place dans le système, rapport aux idées. Comment la science se forme et s'enseigne. Portée du problème. — II. Le vrai sens de la réminiscence platonicienne; de l'acte de la pensée qui la constitue; de l'*a priori* de la connaissance rationnelle; de l'innéité. — III. Comparaison avec Socrate et sa méthode. — IV. Le vrai de cette doctrine; de la maxime : *apprendre, c'est se ressouvenir*. — V. Conséquence relative à l'éducation.

I. — Liée au dogme traditionnel ou pythagoricien de la préexistence des âmes, la réminiscence platonicienne, prise au sens spéculatif, a une place importante dans le système philosophique comme faisant partie à la fois de la physique et de la dialectique. C'est à celle-ci qu'elle se rattache spécialement comme corollaire immédiat et direct de la théorie des idées et de la méthode. Il s'agit, en effet, de la *science*, de la manière dont elle *s'acquiert* et se forme dans l'esprit, dont elle *s'apprend* et s'enseigne ou se communique, et cela en vertu du rapport de l'intelligence humaine avec la vérité, de sa participation aux idées, celles-ci étant la base du savoir réel, l'objet de la connaissance véritable. Ce point de la doctrine de Platon, qui apparaît à plusieurs reprises dans ses dialogues[1], en partie sous la forme allégorique et mythologique,

---

1. *Phèdre*, 72, 74; *Phédon*, 249; *Timée*, 44; *Philèb.*, 343; *Rép.*, III, X, 604; *Lois*, V, 73; *Ménon*, *passim*.

est traité aussi avec la sévérité de la méthode dialectique. C'est le sujet particulier du *Ménon*, dialogue à la fois socratique et platonicien d'une authenticité parfaite.

Comme il y est dit au début, il s'agit de savoir « si la vertu peut *s'enseigner* », διδακτὸν ἡ ἀρετή, et d'abord si elle est une science. Or, ce qui est de la vertu s'étend à tout ce qui, dans l'ordre soit spéculatif, soit pratique, a trait à la connaissance humaine comme ayant pour base une ou plusieurs de ces idées premières l'essence et l'objet de la raison. Cela est vrai de la manière dont elle est acquise et transmise par la parole, dans l'ordre scientifique, moral, religieux, politique, juridique, etc. De là le haut intérêt de cette question, telle qu'elle a été considérée depuis par tous les représentants de l'école idéaliste et spiritualiste à toutes les époques.

II. — Sans se préoccuper de l'hypothèse métaphysique qui, en apparence, lui sert de base, mais peut s'en distraire, si l'on se demande en quoi consiste l'acte de la pensée que Platon désigne sous le nom de réminiscence, ἀνάμνησις, lui-même prend soin de le dire et de la définir.

« Lorsque voyant ou entendant quelque chose, ou l'apercevant par quelque sens, nous n'avons pas seulement l'idée de la chose aperçue, mais que nous pensons en même temps à une chose dont la connaissance est pour nous d'un tout autre genre que la première, nous disons que nous nous ressouvenons de la chose à laquelle nous pensons occasionnellement (*Phédon*, 73). Par exemple, à la vue d'une lyre penser au musicien, à la vue de Simmias penser à Cébès, c'est ce qu'on nomme se ressouvenir (*ibid.*). — Que la réminiscence se fasse tantôt par ressemblance, tantôt par dissemblance, peu importe. » (*Ibid.*)

Dans ce qui est dit ici, on peut ne voir que le fait commun de la mémoire purement sensible. L'*association des idées* y joue le principal rôle.

Mais Platon ne reste pas à ce degré; sa réminiscence est un acte supérieur qui relève non des sens, mais de la raison. Elle a lieu lorsque le *visible* rappelle l'*invisible* et que l'idée contenue dans l'image sensible est par elle évoquée, réveillée ou suscitée; c'est surtout lorsque la *contradiction* éclate, qu'alors celle-ci force l'esprit à concevoir ce que les sens ne peuvent ni voir ni comprendre, savoir : le rapport qui existe entre les deux termes. Autrement l'image visible n'aurait pas de sens. La mesure manquerait pour la discerner et l'apprécier.

Tel est le vrai sens de la réminiscence platonicienne. « Quand nous apercevons dans la nature, des arbres, des pierres, etc., égaux, n'est-il pas vrai que nous pensons à une autre égalité, car peut-on appeler égal ce qui est tantôt égal, tantôt inégal? Nous concevons donc une égalité supérieure absolue, unique, invariable. »

Quoiqu'elle soit éveillée par les sens, cette conception est bien supérieure; car il faut posséder la mesure avant de l'appliquer. (*Ibid.*)

Pour expliquer ce fait, Platon en appelle à la *préexistence des âmes*. Mais sa théorie en est indépendante.

« Ainsi avant que nous ayons commencé à voir et à entendre et à faire usage des autres sens, il faut que nous ayons eu connaissance de l'égalité *intelligible* pour lui rapporter comme nous faisons les choses égales et sensibles, et voir qu'elles aspirent toutes à l'égalité sans pouvoir l'atteindre. »

Il s'agit ici de la *quantité*, et du rapport d'égalité que la raison conçoit dans les objets visibles qui lui sont offerts et sur lesquels elle a à porter un jugement.

Il en est de même de toutes les autres idées, soit métaphysiques, soit morales, du *vrai*, du *beau*, du *juste*, de l'*être* et du *non-être*, comme de la *grandeur* et de la *petitesse*, etc. La vue du fait ou de l'objet visible rappelle l'idée qui leur donne un sens et les fait comprendre. « Le propre de l'homme est de comprendre le *général* contenu dans le *particulier*, c'est-à-dire ce qui, dans la diversité des sensations, peut être compris sous une unité rationnelle, ἐκ πολλῶν ἰὸν αἰσθήσεων εἰς ἓν λογισμῷ. Or, c'est là, dit Platon, se *ressouvenir* de ce que notre âme a vu dans son voyage à la suite des Dieux lorsque, dédaignant ce que nous appelons improprement les êtres, elle élève ses regards vers le ciel véritable. » (*Ibid.*)

C'est ce que fait le philosophe. En apercevant la beauté de

la terre, il lève comme l'oiseau les yeux vers le ciel, et, négligeant les affaires d'ici-bas, il passe pour un insensé. (*Ibid.*, 249.)

La forme originale que prend ici, chez Platon, le point de la doctrine, la réminiscence, n'altère en rien la vérité contenue dans le symbole, ni la force des raisons par lesquelles est soutenue dans le *Ménon* et ailleurs (*Théétète, Rép.*, VII) cette thèse, si souvent depuis débattue et reproduite sous des formes et des noms différents : de l'*innéité* des idées, de l'*a priori* de la connaissance rationnelle, etc., etc.

Qu'on laisse, en effet, de côté ce qui est figure allégorique ou mythique pour ne considérer que la manière dont notre esprit procède, dont la science se forme, s'acquiert et se transmet : l'acte principal de l'esprit qu'est-il?

Le symbole mis de côté, de cette vision ou souvenir d'une autre vie, qu'y a-t-il? l'antériorité *chronologique* se traduit par la priorité *logique*. Nous avons ainsi le vrai sens de ce que le rationalisme, qui est aussi l'idéalisme, a toujours affirmé de la connaissance humaine digne de ce nom, de la manière dont elle se forme et se transmet; à savoir que c'est par l'*abstrait*, c'est-à-dire par l'*idée*, que le concret se conçoit et se comprend quoique ce soit par le concret que l'esprit débute. Le second terme rend le premier intelligible. S'il ne le devance, il le domine; de plus il s'en dégage et se transforme, comment? par la force de la pensée. Autrement ce qui tombe sous les sens s'arrête aux sens. Ce qui n'est que perçu reste inintelligible et ne peut constituer un vrai savoir. Et ceci, je le répète, n'est pas limité à tel ou tel ordre de connaissances, c'est le procédé universel de la raison humaine. C'est la thèse que depuis plus de deux mille ans le rationalisme soutient contre l'empirisme, qui n'a jamais su y répondre, mais plus ou moins adroitement l'a tournée, éludée, non sérieusement réfutée [1].

Platon le dit dans sa langue (qui n'est qu'en partie la nôtre) et il n'a pas tort de le dire : c'est le mouvement interne de la pensée, se dégageant des objets sensibles, par la seule

---

[1]. Je n'excepte pas le positivisme actuel, ni l'évolutionnisme, ni l'héréditarisme, etc.

vertu qui est en elle, et qui est celle de réfléchir, de rentrer en soi (*supra*), bien qu'elle y soit provoquée, excitée par la vue de ces mêmes objets et la contradiction qu'elle y trouve, mais dont elle doit sortir (*Rép.*, VII). En ce sens, réduite à ces termes, la réminiscence platonicienne n'est autre, disons-nous, que la manière dont les idéalistes de tous les temps ont compris l'*a priori* de la connaissance rationnelle et la méthode qui doit servir à fonder la science, du moins en ce qui est du vrai savoir, que l'expérience seule ne peut lui fournir.

Le point mérite qu'on l'approfondisse.

Que l'on admette ou non la préexistence, si laissant le côté mystique on dégage le fond de la pensée, la réminiscence, c'est le procédé de la raison dans l'acquisition des idées. L'analyse y découvre plusieurs éléments : 1° la *perception sensible* et la comparaison des objets; 2° le trouble ou l'embarras que cause la contradiction à l'esprit par la vue des objets semblables et dissemblables, et où elle apparaît (*Rép.*, VII); 3° le réveil de l'esprit qui, à ce propos, conçoit ou découvre le rapport véritable, bref l'*idée* enveloppée sous cette forme concrète et apparente. Le mot de réminiscence désigne l'opération de l'esprit, forcé de revenir sur lui-même ou de réfléchir, l'acte de rentrer en soi (*reputatio, recordatio*). La pensée y prend possession d'elle-même et s'y reconnaît. Ce n'est donc pas le souvenir réel, celui-ci lié à sa notion du temps, simple reproduction de ce qui a été entièrement vu, perçu ou senti, qui la constitue, mais l'acte de l'intellect, la compréhension qui suit la vision ou perception sensible.

Réduite à ces termes, la réminiscence pour Platon est aisée à concevoir. Elle est l'opération fondamentale de la raison par laquelle elle conçoit les idées; mais la raison humaine, pour atteindre à cette conception, a besoin d'être précédée du témoignage des sens, de la perception sensible, laquelle lui apparaît comme insuffisante. L'âme est comme frappée, réveillée, tirée de son sommeil ou de son engourdissement, pour mieux dire encore, de l'oubli où elle vit d'elle-même. Pour être rappelée à elle-même et à la vraie nature, un excitant lui est nécessaire et cet excitant c'est la contradiction qu'elle-même aperçoit dans les objets de la perception sensible. (*Rép.*, VII.)

Voilà le fond de la théorie, le sens rationnel de cette langue figurée. La question de la préexistence des âmes qui, ailleurs, peut avoir son importance (*Physique*), est ici indifférente[1].

III. — Ici encore, la comparaison avec *Socrate* et sa méthode est naturelle et s'impose. Platon continue son maître, mais celui-ci ne va pas aussi loin que lui, ni dans l'emploi de sa méthode, ni dans la forme dont il la conçoit, dans l'idée même qu'il se fait de l'opération intellectuelle qui la constitue.

Toute la *maïeutique* de Socrate (*Phil. anc.*, 135) est comprise, sans doute, dans ce qui est dit ici de la réminiscence platonicienne, mais la différence est grande et doit être signalée.

1° D'abord, en Socrate, il n'y a aucune trace de mysticisme ni de pythagorisme; Platon, lui, revient en arrière et pythagorise. On aurait demandé à Socrate si l'âme immortelle est née plusieurs fois et si elle se ressouvient de ce qu'elle a été : il aurait répondu qu'il n'en savait rien, que ces questions d'ailleurs n'étaient pas faites pour lui.

2° Mais, ce côté écarté dans Platon, la méthode elle-même prend, vis-à-vis de la science, un caractère affirmatif et dogmatique qu'elle n'avait pas dans la bouche de Socrate, étranger à son ironie comme à sa méthode. Lui disait ne rien savoir; Platon au contraire prétend qu'on sait déjà en partie ce que l'on cherche, autrement on ne le chercherait pas.

C'est un des arguments principaux de la thèse que Socrate soutient contre les sophistes, dans le *Ménon* et ailleurs, *Théétète*, 131, qu'il reproduit au sujet de l'Amour dans le *Banquet*, 200. Mais cela c'est du platonisme pur, non du socratisme.

3° Pour Socrate, il n'y a pas non plus de transformation de l'opinion vraie en opinion *raisonnée* et de celle-ci en véritable science. Cette transformation, elle est due au pro-

---

1. P. Janet, 126. — Alf. Fouillée. — E. Zeller, Hegel, W., xiv, s.

cédé dialectique qui convertit une connaissance *virtuelle*, inconsciente, vague, confuse, non raisonnée, en connaissance claire et raisonnée, rattachée à de véritables principes. (Voir supra *Méthode.*) Les opinions véritables ainsi deviennent sciences. (*Ibid.*, 85.)

Mais Platon va beaucoup plus loin encore. Il prétend que non seulement la science se fait de cette manière, qu'elle s'apprend et s'enseigne de même. Pour lui il suffit que la raison soit mise en rapport direct avec elle-même. Par ce retour de la pensée sur elle-même et la puissance innée de réflexion qui est en elle, elle tire d'elle-même, si elle est bien dirigée, toute la science. Du moins en est-il ainsi de celle qui roule sur des données purement rationnelles. La maxime générale est celle-ci : *Apprendre*, c'est se *ressouvenir*, τὸ μανθάνειν ἀνάμνησις ὅλον ἔστιν (*Ménon*, 61 ; cf. *Phédon*). Il y a plus, ne peut-on pas dire que l'âme tire d'elle-même toute sa science, ἀναλαβὼν αὐτὸς ἐξ αὐτοῦ τὴν ἐπιστήμην? (*Ibid.*)

C'est ce que Socrate (ici Platon) prétend prouver en faisant venir devant lui un jeune esclave auquel, par sa méthode interrogative, il fait découvrir par lui-même la solution de plusieurs problèmes élémentaires assez compliqués de géométrie (*ibid.*). « L'induction socratique va-t-elle jusque-là? Ce n'est pas à croire. » (*Phil. anc.*, 136.)

La notion générale suffit, le principe, non l'application ni la déduction, ce qui est proprement la science.

IV. — Il serait très facile, en la prenant à la lettre, de montrer ce qu'a de faux et d'exagéré cette partie de la doctrine de Platon. Le procès fait à l'idéalisme platonicien comme ne faisant pas une part assez grande à l'expérience, dans l'acquisition de la science ainsi que dans sa transmission, est chose jugée; il est oiseux de s'y arrêter. Mais le point principal est toujours à signaler et à maintenir : *l'aprioricité* de la connaissance rationnelle dans le sens expliqué, logique et psychologique. C'est le fond de la querelle qui subsiste, de l'empirisme et de l'idéalisme. Le vrai de cette doctrine, c'est que toute connaissance empirique a sa vérité, son intelligibilité et sa légitimité scientifique, en ce sens sa véritable origine ailleurs qu'en elle-même, dans l'élément rationnel qu'elle enveloppe ou recouvre, mais qui la soutient elle-même, lui sert de base et de mesure, à l'aide duquel elle se transforme elle-même en une vraie connaissance. La théorie platonicienne de la réminiscence entendue de cette façon, liée qu'elle est à la théorie des idées, reste debout et inattaquable.

Il serait plus à propos, sans doute, de rapprocher de cette théorie ce qui lui est analogue dans l'histoire, l'*innéité des idées*, etc., et de montrer en quoi elle lui ressemble ou en diffère. Cette digression nous mènerait trop loin. Quelques mots suffisent. 1° La réminiscence, est-ce l'*innéité*? Cela dépend du sens que l'on attache à ces mots. A la lettre on a pu dire qu'elle est le contraire, l'hypothèse admise de la préexistence (Fouillée), puisque l'âme en entrant dans le corps à la naissance perd le souvenir des idées. Mais cela n'est pas exact. Après ce moment d'éclipse, si elle les retrouve, c'est qu'elle les possède. N'est-il pas plus vrai de dire qu'elle n'a rien perdu de ce qui est son essence? Ce qui en elle se conserve, c'est la force ou faculté innée (*Rép.*, VII) de ressaisir par la réflexion ce qui en elle est sa nature même, ce qui lui est donné de concevoir et de contempler : l'*idée*. Cette science non *formelle*, mais véritable, est *innata, ingenita,* συγγενής.

Cette science l'âme la *tire* d'elle-même, enveloppée et comme ensevelie dans la conscience. Cette science, elle vient du *dedans*, non du *dehors*. Ce qui vient du dehors est le fait à expliquer lui-même, ce sont les conditions plus ou moins favorables; mais les opérations internes qui créent la science lui appartiennent. C'est ce que dira Leibniz. Ceci est le point capital.

Aristote lui-même, tout en combattant son maître et sa théorie des idées, en cela ne le contredit pas [1]. C'est ce que dira *Descartes*, de même à son tour Leibniz qui fait aux sens une part plus grande, mais réserve à l'intelligence une plus grande encore, *nisi intellectus*. « C'est en nous-mêmes, dit-il, que nous trouvons les semences de ce que nous appre-

---

1. *De Anima*, II, 5 : ταῦτα δὲ ἐν αὐτῇ πώς ἐστι τῇ ψυχῇ. — Leibniz : l'esprit est inné à lui-même, ἔμφυτος, etc.

nons. » C'est ce que disent et répètent tous les métaphysiciens de l'école idéaliste en opposition aux partisans de la table rase. (Voir Kant, etc.)

V. — Il est mieux d'*insister* sur la conclusion *pratique*.

Deux systèmes d'*éducation*, on le sait, sont en présence, dont la base, l'une empirique, l'autre rationnelle, est opposée. Leur méthode offre le même contraste ou la même opposition.

L'un, qui considère l'esprit humain comme un être purement passif et réceptif, se borne à transmettre les vérités de la science comme des faits positifs dont celui-ci n'est que le réceptacle et le dépositaire. L'autre conçoit l'esprit comme le principe et l'artisan de ses propres connaissances. Dans cette conviction il veut que l'on fasse sans cesse appel à son activité ; il recommande de le stimuler et de le diriger, de le forcer à concevoir et produire par lui-même. Car, dans les sciences mêmes où l'observation joue le principal rôle, l'esprit ne se borne pas à recueillir les faits, il doit les interpréter, en pénétrer le sens, les rattacher à leurs lois, à leur fin, saisir leur ordre et leur enchaînement. Quant aux sciences rationnelles pures, telles que les mathématiques et la logique, on peut dire qu'il les crée de toutes pièces. Il tire de son propre fonds jusqu'aux matériaux eux-mêmes, qui sont les idées de la raison. Les hautes sciences ne s'*apprennent* pas, elles se *comprennent*. Savoir ici c'est comprendre et comprendre c'est rattacher par la pensée une vérité particulière à une vérité abstraite ou saisir le lien des vérités entre elles.

Or, n'est-ce pas le vrai sens de la réminiscence de Platon ? Que l'on fasse plus grande la part de l'élément empirique, par lui trop refoulé, soit. Mais il sera toujours vrai que le véritable élément scientifique c'est l'élément rationnel. Il sera vrai aussi de dire que dans les sciences démonstratives nul homme ne peut *enseigner* un autre homme, que ce qu'on peut appeler art d'*enseigner* dans un maître n'est que l'art d'interroger son disciple avec méthode pour lui faire découvrir la vérité dans son propre esprit, que ce qu'on appelle *apprendre* dans un disciple n'est que proprement développer par son attention ses propres idées dont l'existence est dans tous les esprits. (P. André.)

« Apprendre suppose qu'on puisse savoir, et savoir suppose qu'on puisse avoir des idées universelles et des principes universels. » (Bossuet.)

« Les hommes peuvent nous parler pour nous instruire; mais nous ne pouvons les croire qu'autant que nous trouvons une certaine conformité entre ce qu'ils nous disent et ce que nous dit le *maître intérieur*. C'est au fond de nous-mêmes que nous trouvons les vérités qu'on nous enseigne. » (Fénelon.)

« L'homme n'instruit pas l'homme. » (Malebranche.)

Pour revenir à Platon, sa conclusion est celle-ci : « Mais si tout ceci est vrai, il ne faut pas croire que la science s'apprenne de la manière dont certaines gens promettent de l'enseigner. Ils se vantent de la faire entrer dans une âme où elle n'est point à peu près comme on rendrait la vue à des yeux éteints. Mais le discours présent nous fait voir que chacun a dans son âme la faculté d'apprendre avec un organe destiné à cela, que tout le secret consiste à tourner cet organe avec l'âme entière [1]. » (*Rép.*, VII.)

---

[1]. Voir notre *Précis de Philosophie*, où ce sujet est traité plus en détail avec l'indication des auteurs à propos de *l'origine des idées*, p. 156 et suiv.

CHAPITRE VI

DU LANGAGE

I. Les antécédents de la doctrine de Platon et son importance. — II. Ses rapports avec la théorie des idées (le *Sophiste*, le *Théétète*). — III. Analyse du *Cratyle* : 1° nature et fonction du langage; 2° son origine : double origine, imitatrice et conventionnelle. Véritable origine. Origine rationnelle; trois facteurs du langage; application à la doctrine platonicienne. — IV. La vérité du langage et des étymologies. — Ce qu'il y a de sérieux sur ce point dans la doctrine et la méthode de Platon. — V. Rapport du langage avec la science et avec la méthode. — Conclusion.

A la théorie des idées et de la connaissance humaine en général est étroitement liée celle de la parole et du langage. Instrument de la pensée, le langage sert non seulement à la transmettre ou à l'exprimer, mais aussi et avant tout à la former. Il l'accompagne dans toutes ses opérations, s'incorpore à tous ses actes, la suit dans toutes ses formes et ses combinaisons, depuis son origine jusqu'à son entier développement. De son bon ou mauvais emploi dépend en grande partie la vérité de nos jugements; il est la source d'une infinité d'erreurs, de préjugés, etc.

I. — Cette question si importante du langage n'avait pas échappé à l'attention des premiers philosophes. Héraclite, le premier, l'avait, dit-on, soulevée (*Proclus*). Démocrite, à son tour, l'avait reprise et traitée (*Diog.*, IX). On sait de quelle importance elle était aux yeux des sophistes. La rhétorique et la dialectique ayant dans le langage leur puissant moyen de convaincre et de persuader, la science des mots était devenue, pour eux, une étude favorite, et ils l'avaient non sans succès cultivée. Prodicus et les autres en avaient fait l'objet de curieuses et utiles recherches. Leurs observations rédigées en théories formaient de véritables traités, dont l'ensemble était une des parties les plus considérables de leur enseignement (*Phil. anc.*, 87, 94). L'emploi des mots, la nature et la valeur des *synonymes*, la recherche des *étymologies*, etc., avec les règles de la Grammaire, en étaient le principal objet. Ils y avaient montré beaucoup de sagacité, le talent de l'analyse et aussi leur subtilité. Un grand nombre de leurs disciples les avaient suivis dans cette voie. *Cratyle*, un disciple d'Héraclite, avait composé un livre sur la vérité des mots qui avait de la célébrité. Les Socratiques eux-mêmes n'avaient pas négligé ce genre de recherches. Antisthène avait traité de l'emploi des mots dans la dispute, περὶ ὀνομάτων χρήσει (*Diog. L.*, VI). Qu'étaient la plupart des sophismes de l'École mégarique et éristique? des jeux de mots sans doute, mais qu'il ne suffit pas de qualifier ainsi, qu'il faut démêler pour les réfuter. Aristote n'y faillira pas. (Soph. Elench.)

Platon qui, dans sa jeunesse, avait suivi les leçons de Prodicus, ne pouvait manquer d'aborder, à son tour, cette question, avant lui et autour de lui, si souvent débattue. Elle tenait de trop près à sa méthode et elle intéresse à un trop haut degré la science pour qu'il pût la négliger. Il rencontrait sur ce terrain ses adversaires habituels et les doctrines qu'ailleurs il avait combattues. Il avait à dévoiler le scepticisme que recouvrent les unes, à rectifier ce qu'avait de faux et de paradoxal le dogmatisme exagéré des autres. L'occasion lui était offerte, en même temps, d'exposer ses propres vues théoriques et pratiques en rapport avec son système. C'est le contenu d'un de ses dialogues, le *Cratyle*, objet de controverse, mais dont le caractère sérieux et l'importance spéculative sont reconnus par les anciens (Proclus). Le sujet traité aussi ailleurs, quoique accidentellement, dans le *Théétète* et le *Sophiste*, n'offre pas moins d'intérêt. Avant d'aborder le fond spécial de la doctrine on ne peut se dispenser d'appeler l'attention sur le côté général, le rapport du langage avec la *théorie des idées*.

II. — Platon semble proclamer l'identité du langage et de la pensée. N'est-il pas dit, en effet, de la pensée, qu'elle est la même chose que le discours? διάνοια μὲν καὶ λόγος ταὐτόν (*Soph.*, 263), un entretien sans voix de l'âme avec elle-même, ὁ ἐντὸς τῆς ψυχῆς πρὸς αὑτὴν διάλογος (*ibid.*) [1]? Le lien qui unit les deux termes, aux yeux de Platon, se trouvant ainsi supprimé, il n'y aurait pas à distinguer la pensée de son signe. Ou le signe, loin de lui être subordonné, prend sa place; la condition devient le principe. C'est ainsi que l'a depuis entendu une certaine école. (De Bonald, etc.)

Comme on l'a justement fait remarquer (Fouillée) [2], c'est tout à fait se méprendre sur la vraie pensée du philosophe, s'écarter du système en ce qui en est la base et l'esprit. Il ne faut pas, en effet, s'y tromper. C'est de la pensée discursive, la διάνοια seulement, de ce qui lui appartient, de la δόξα, qu'elle soit non raisonnée ou raisonnée, que parle ici Platon, non de la pensée elle-même, qui est d'une autre nature et se comporte différemment. La pensée, dans son mode supérieur, est l'acte d'*intuition* qui clôt les opérations de l'esprit et le met en rapport direct avec les idées. Celle-ci, le νοῦς, la νόησις, s'en distingue et s'en dégage comme de toute forme sensible (*supra*, p. 107). Son organe est l'esprit lui-même dont l'acte propre et véritable est la contemplation, θέα. La raison humaine y arrive lorsqu'elle y a été suffisamment préparée (*ibid.*). C'est donc uniquement la pensée dans son mode secondaire ou *discursif* qui est ici désignée, le raisonnement, le jugement et les actes qui la préparent et la constituent. C'est là ce dialogue de l'âme avec elle-même dans le silence de la réflexion, avant que la pensée s'exprime et se communique au dehors par la parole. C'est la *parole intérieure*, qui devance la *parole extérieure*, ce véhicule de la pensée, comme on la nomme.

Rien de plus vrai en effet, à ce degré, que de dire de la pensée humaine qu'elle s'identifie avec les discours; elle s'y

---

1. *Théétète*, 190. « J'entends par pensée un discours que l'âme s'adresse à elle-même sur les objets qu'elle considère. Il me semble que l'âme, quand elle pense, ne fait autre chose que de s'entretenir avec elle-même, interrogeant et répondant, affirmant et niant. Et cela s'appelle juger, δοξάζειν. »
2. Ceci est fort bien développé par M. Fouillée. C'est un des meilleurs endroits de son livre.

incorpore en chacun de ses actes. Chacune de ses opérations successives exige que la parole l'accompagne et la seconde, qu'elle l'aide à se fixer, la soutienne et marque tous ses pas. Tous ses actes s'identifient si bien avec les signes ou les termes qui les représentent que ceux-ci se substituent à elle.

Mais au-dessus de la διάνοια ou du raisonnement est la raison avec ses idées. Elle est au-dessus du jugement et de la notion elle-même abstraite et générale, résultat de l'analyse et de la réflexion. C'est elle qui est la vraie pensée, la pensée pure, le λόγος véritable. Pour avoir la vraie doctrine de Platon il faut donc s'élever plus haut. Et ceci nous ramène à la théorie esquissée plus haut, du mode de *communication* qui s'établit entre les idées et les objets sensibles, et *vice versa*.

Quel peut être ici le rapport? Évidemment le même que celui qui est entre les images sensibles du monde réel et les idées qu'elles représentent. Le langage humain composé de signes, de sons et de mots liés entre eux par des rapports logiques, ne peut être qu'une copie ou imitation imparfaite des idées (*supra*). Lui-même tire toute sa valeur et sa vérité du plus ou moins de ressemblance avec l'original que bien ou mal il représente. Il est ainsi des mots, et aussi de leurs combinaisons dans le discours, des rapports qui les unissent, des règles qui les régissent. Celles-ci, comme les éléments du discours, ne peuvent être qu'une *imitation*, un reflet des rapports qui unissent entre elles les idées. C'est de la *participation* aux idées, de la ressemblance plus ou moins réelle que dépend la perfection relative du langage. Ceci est tout le système. Il n'y a pas moyen d'y contredire sans le renier tout entier. On ne l'attend pas sans doute de son auteur.

La question ainsi posée et résolue, il n'y a plus à se demander où est l'antériorité ou la supériorité. Elle est là où elle doit être, dans ce qui donne au signe sa signification réelle, sa valeur et sa vérité. Il n'y a ici qu'une réponse possible. Le verbe véritable c'est l'*idée*. Le mot sera vrai quand il *l'imitera* plus ou moins, lui ressemblera, en participera. Il sera faux par le rapport contraire. Il en sera de même de la liaison des signes entre eux et de la vérité du discours. Platon le dit partout formellement (*Sophiste. Théétète*). Le

Cratyle l'établira démonstrativement. Les idées ce sont les *essences*, comme il est dit partout : Les lois qui régissent les mots sont les lois qui régissent les idées, dont participe le langage humain, image affaiblie du langage ou du verbe divin.

Ceci admis et compris, on peut passer sans crainte de se tromper à l'examen du *Cratyle*, ce dialogue, dit-on, si obscur et si controversé, qui a donné lieu à tant d'interprétations diverses de la part des philosophes, des érudits, etc. On est sûr d'en avoir la teneur, le sens général, sinon de l'expliquer en tous ses détails.

III. — Le *Cratyle* a pour titre la *justesse* ou la *propriété* des mots. En traitant le problème par ce côté, Platon, dans toute la première partie, se livre à l'interprétation fort longue et selon nous trop prise au sérieux, d'une foule d'étymologies aujourd'hui encore difficiles à trouver même après les progrès de la philologie moderne. Mais chemin faisant ou à la suite (ce qui est pour nous l'essentiel) sont marqués les points principaux qui sont l'objet de la philosophie du langage, savoir : 1° la *nature* et la fonction du langage ; 2° son *origine* et sa formation ; 3° le degré de vérité renfermé dans les *étymologies* ; 4° le rapport du langage avec la science et avec sa *méthode*. C'est à quoi on doit ici s'attacher. Sur chacun de ces points, Platon a montré toute la sagacité de son génie, devancé et deviné ce qu'on a dit depuis de plus vrai et de plus profond sur un sujet d'un si grand intérêt. Sa pensée mêlée à sa critique a été généralement mal comprise. Ce qui seul en donne la clef comme de toute sa philosophie est, on l'a dit, la théorie des idées.

1° La *nature* et la *fonction* du langage sont comprises dans la définition du *nom*, qui est celle-ci : « Le nom est l'instrument qui sert à enseigner ce qu'est une chose et à discerner son essence » : ὄνομα ἄρα διδασκαλικόν τί ἐστιν ὄργανον καὶ διακριτικόν τῆς οὐσίας. (388, B.)

Nécessaire à la pensée qu'il exprime, il n'est pourtant que son instrument, ὄργανον. Pour ce qui est de sa fonction, c'est, dit Platon, « de démêler les manières d'être des choses, comme le battant du tisserand sert à démêler les fils de sa toile », ὥσπερ κερκίς ὑφάσματος (389, C.). Il était difficile de trouver une comparaison plus juste pour exprimer ce que traduit d'une façon abstraite la formule moderne de Condillac : le langage est un instrument d'analyse et d'abstraction (*Grammaire*, I).

Ainsi la parole, signe indicatif de la pensée, n'en est pas simplement le signe; elle sert aussi à distinguer les *attributs* des êtres. Et ce n'est pas seulement leurs qualités sensibles qu'elle montre ou rappelle à l'esprit, elle doit en révéler ce qui fait la vraie nature, c'est-à-dire l'essence. Le nom, s'il est bien fait, s'il est juste (ὀρθός), doit exprimer ce qui constitue la forme ou l'idée, τὸ εἶδος, l'essence, οὐσίαν, le τί ἐστί.

Platon insiste sur ce point capital, qui recèle toute sa théorie. Nommer, c'est définir. La définition y sera donnée avec le mot et par le mot; de sorte que, si celui-ci est un vrai nom, l'essence y sera montrée : ἡ οὐσία τοῦ πράγματος δηλουμένη ἐν τῷ ὀνόματι. (393, D.)

Rien, on en conviendra, n'a été dit de plus net et de plus philosophique dans tout ce qu'ont écrit sur ce point les modernes.

Voici la conséquence :

Il en résulte que celui-là seul sera le vrai inventeur, l'ouvrier ou l'artisan du langage, ὀνοματουργός (389, A.), et aussi son législateur, νομοθέτης, qui aura su créer, d'après ce principe, des mots vraiment significatifs ou expressifs désignant les qualités essentielles des êtres, qui, on le sait, pour Platon sont les *idées* (essences). Ces mots sont les copies ou images vraies des choses, c'est-à-dire des idées que les choses elles-mêmes représentent[1].

Ceci nous donne la clef de toute la polémique du *Cratyle* et aussi de la doctrine positive qui y est contenue.

2º *Origine du langage.* — Cette question, tant agitée par les modernes, l'avait été aussi par les anciens. Elle avait éga-

---

[1]. « Un véritable faiseur de mots, quelles que soient les syllabes qu'il emploie, compose le nom qui est naturellement propre à chaque chose, τὸ τοῦ ὀνόματος εἶδος. — Le législateur, qu'il soit Grec ou Barbare, pourvu qu'il représente le nom qui convient à chaque chose, n'est pas moins bon législateur. »

lement donné lieu à deux opinions différentes et opposées. L'une assignait pour origine aux mots l'*imitation*. Les mots à leur origine auraient été semblables aux choses, τά πρῶτα ὀνόματα ὅμοια τοῖς πράγμασι, nous disons des onomatopées. Le mot imite par la voix, μίμημα φωνῇ (423), comme le peintre imite par ses couleurs. La perfection du signe est dans sa similitude avec la chose. Signe indicateur de la chose, δήλωμα τοῦ πράγματος (433), il doit la montrer. La perfection du langage consisterait à se rapprocher le plus possible de cette similitude.

La seconde opinion les faisait dériver d'une *convention*, ξυντήκη, que confirme l'usage, ἔθος. La première, qui était celle d'Héraclite et de ses disciples, plaçait la justesse des mots dans la similitude des sons ou des lettres avec les objets. Il en résultait que, comme dans le système où tout est en mouvement, πάντα χωρεῖ (402), les mots qui représentent les choses offrent la même instabilité dans leur sens, ce qui autorise et confirme le scepticisme de cette doctrine. — C'est le sens de toute cette réfutation du *Cratyle* qui porte contre l'héraclitéisme, et qui se termine là où il est dit que tout étant dans un perpétuel changement, le sens des mots varie avec les idées. Il en est de même des idées supérieures du *vrai*, du *beau*, du *bien* en soi : τὸ κάλον, τὸ ἀγαθόν, etc. (439, D.)

Suivant la seconde opinion, qui passait pour avoir été celle de *Démocrite*, les langues seraient dues à une *convention* primitive que l'usage aurait perpétuée et consacrée. Les causes accidentelles, la volonté arbitraire des hommes auraient aussi une grande part dans leur naissance et leur histoire.

Par une critique aussi fine que judicieuse, Platon met à nu le vice des deux doctrines. Avec son ironie habituelle il les met aux prises, et il n'a pas de mal à prouver qu'exclusives comme elles sont, elles sont fausses et se contredisent.

On aurait tort d'en conclure qu'il ne reconnaît pas ce qu'elles ont de vrai et qu'il les rejette entièrement.

L'imitation, qui d'ailleurs n'est jamais parfaite, peut bien rendre compte d'un certain nombre de mots, elle ne les explique pas tous. D'autres, en bien plus grand nombre, n'offrent aucun rapport des sons (lettres ou syllabes) dont ils se composent avec les objets qu'ils signifient. Ils varient sans cesse avec les idiomes, le temps, les lieux, etc. Parmi les causes qui ont opéré ce changement, la volonté humaine elle-même a pu et peut intervenir pour en modifier la forme, le sens et la structure, etc.

L'usage se confond avec ce consentement ou formel ou tacite. « Il faut donc reconnaître que la convention et l'usage contribuent en quelque chose à l'expression de nos pensées et de nos paroles. » Mais prise à la lettre l'origine conventionnelle ne peut pas plus se soutenir. Outre qu'on ne peut nier ce qu'a de vrai l'autre origine, elle est en elle-même un cercle vicieux; car, pour former une convention, il faut déjà des mots qui expriment la pensée. Les mots inventés ne seraient plus primitifs.

Mais il est une autre origine que Platon ne dit pas formellement, que partout il laisse à entendre, car elle est la conséquence naturelle et forcée de toute son argumentation et du principe qui y préside, qui revient sans cesse et à chaque endroit de la discussion. Cette cause qu'on oublie, la cause supérieure, la vraie cause génératrice du langage c'est la *pensée* elle-même, c'est cette faculté innée que l'homme seul possède et qui le distingue : la raison, le λόγος, la faculté des idées. Seule en effet elle connaît l'*essence* des choses; seule par conséquent elle est capable de comprendre comme d'imposer des noms aux choses, de leur donner leur signification, de les combiner entre eux, de saisir leurs rapports et d'assigner les règles qui président à cette combinaison. Cette faculté dans l'homme a une double forme. Elle procède par *instinct* en vertu de la force innée qui est en elle, et lui est naturelle; ou elle le fait d'une façon consciente et *réfléchie*, quand elle est développée. Dans le premier cas c'est une sorte d'inspiration qui la guide et à qui elle obéit. Dans le second, où elle est véritablement humaine, elle est la réflexion.

Tel est le vrai sens de la théorie platonicienne pour qui sait voir clair dans toute cette polémique quelquefois subtile engagée avec le disciple d'Héraclite et avec Hermogène, le partisan de l'hypothèse contraire.

Le Logos parlé suppose le Logos non parlé, le verbe intérieur et sans voix, ἄνευ φωνῆς, dont la parole extérieure n'est que la manifestation sensible. C'est à ce *Logos invisible* qu'appartiennent les *vraies racines* du langage, ainsi que toute la structure interne et les articulations du discours. Les autres mots ne sont que les éléments, στοιχεῖα. Lui est le discours même, la *pensée discursive* : διάνοια καὶ λόγος ταῦτον (*Théétète*). Sans lui rien n'a de sens. Les mots s'arrêtent à l'oreille et ne vont pas à l'esprit. C'est ce verbe intérieur qui donne aux mots leur vraie signification, qui les rassemble et les unit. La liaison des mots (la *Syntaxe*) n'est que la liaison des idées. C'est ce qui donne un sens à la *proposition* base du discours. (*Sophiste*, 263 [1].)

Platon d'ailleurs le dit très nettement : s'il est un ouvrier des noms, ὀνοματουργός, et aussi un législateur du langage, νομοθέτης, ce ne peut être que lui. Ce qu'il fait ou invente, ce qu'il nomme ou imite, ce ne sont pas les cris des animaux, des moutons et des coqs (191) aussi bien que des hommes; ce ne sont pas non plus les signes de convention que l'usage consacre et ne fait pas, et qui varient sans cesse, que la volonté arbitraire de l'homme peut changer ou modifier; mais l'instituteur, l'artisan, le tisserand du discours, c'est l'être doué de raison qui crée des signes, leur donne leur *sens* et leur valeur, et qui seul aussi par là même les comprend. Les racines véritables ce sont donc précisément les *idées*, ces notions premières ou innées, comme s'exprime Leibniz. Elles entrent dans les pensées dont elles sont l'âme et la liaison, nécessaires comme les muscles et les tendons le sont pour marcher. (*Nouv. Ess.* : *Av.-prop.*)

La pensée de Platon est donc ici très claire; elle peut se résumer ainsi : L'esprit n'est pas un réceptacle d'impressions ou d'images que les sens lui apportent du dehors. La langue n'est pas non plus un simple écho ou reflet de ces images. D'autre part, si l'homme crée ou invente des signes, ce n'est pas par sa volonté arbitraire qu'il le fait, même déterminée

---

1. Ce point attribué à Aristote, Platon l'établit déjà contre Antisthène et les *Sophistes* au sujet du discours et de la *proposition*. « Le nom seul ne fait pas le discours, ουκ ὀνομάζει. Le verbe, ῥῆμα, base de la proposition, ajouté au nom fait le discours. Le discours est affirmation et négation, φάσις καὶ ἀπόφασις. Il en résulte un discours, le premier et le plus petit discours. »

par des causes extérieures qui la font varier. Mais l'ouvrier, l'artisan véritable du discours, à la fois inventeur et législateur, c'est l'être intelligent doué de raison qui possède en soi au moins en germe ces idées, qui de plus *participe* de la raison souveraine seule vraiment créatrice.

A ce titre l'homme seul aussi est capable de distinguer ce qui est vrai et ce qui est faux dans le discours, ce qui convient et ce qui ne convient pas. Platon le nomme le *dialecticien*, διαλεκτικὸν ἄνδρα (390, D.). Par ce mot, on sait ce qu'il entend (*supra*). Le langage, en effet, n'est-ce pas l'œuvre de la logique, la logique incarnée, reflet elle-même d'une logique supérieure, le λόγος? Le dialecticien, dans le sens le plus élevé, c'est donc la *raison* en acte agissant selon ses lois. C'est elle que le dialecticien représente. C'est cette dialectique innée ou vivante qui impose aux choses, τοῖς πράγμασι, leurs noms. Elle les arrange et les combine d'instinct d'abord, avec réflexion ensuite, selon les lois de la pensée et du raisonnement. Elle en forme le tissu, nous disons la synthèse; seule aussi, elle démêle les fils de cette toile merveilleuse qui est la parole humaine ou le discours. Celle-ci est la première création de l'esprit, la plus voisine de son essence, son verbe engendré par elle, identique à elle.

C'est ainsi, selon nous, qu'il faut entendre Platon, et pour qui comprend le système, il n'y a pas à l'entendre autrement.

La partie supérieure de cette théorie n'est pas moins clairement indiquée. Ces mots premiers, en effet, ce sont ceux qui expriment les *idées*, les *catégories* de l'être et de la *pensée*, dira *Aristote*. Les uns, purement métaphysiques, de l'*être* et du *non-être*, du *même* et de l'*autre*, du *temps*, de l'*espace*, de la *substance*, de la *relation*, de la *cause*, etc., sont ici représentés. Les autres sont d'un ordre encore plus élevé : du *beau*, du *vrai*, du *bien*, du *juste*. Leur institution, nous dit Platon, doit être attribuée aux *Dieux*. Par *Dieux*, Platon, on le sait, entend les *idées* elles-mêmes *éternelles* et *divines*. A ce point de vue l'origine du langage est une sorte de révélation primitive [1].

---

[1]. Une puissance supérieure aux hommes a donné les premiers noms aux choses (213).

Telle est l'origine du langage comme Platon la conçoit, comme on doit la concevoir d'après son système. Si elle n'est pas aussi explicite, c'est qu'elle n'en a pas besoin pour l'initié qui le lit. On peut ainsi la résumer :

Trois facteurs ont concouru à produire le langage et le suivent dans toutes ses transformations et vicissitudes : 1° l'*imitation*, non entière mais imparfaite; 2° la *convention* ou l'assentiment tacite et volontaire; 3° la *raison*. Or celle-ci est le facteur principal, le vrai créateur; inspiré à l'origine ou au commencement des choses, plus tard conscient et agissant avec réflexion. Reconnaissable en un grand nombre de mots, l'imitation en donne la *partie externe* ou *sensible*. Platon énumère un grand nombre de ces mots, qui dans la langue grecque, comme en toute langue humaine, conservent cette propriété de représenter sensiblement les objets et leur caractère. Il désigne les lettres, l'alphabet, les syllabes qui y répondent (426, 427).

D'autres, non moins nombreux, résistent à cette explication et n'ont aucun rapport avec leurs objets. Ceux-là dérivent d'une autre source. La *convention* et l'*usage* eux-mêmes déterminés par des causes souvent inconnues, les expliquent. Il est impossible d'assigner avec certitude leur origine première, malgré tous les efforts des savants ou des érudits.

Platon raille agréablement ceux qui ont la prétention de les expliquer. Mais si l'on pénètre plus avant jusqu'aux vrais *radicaux* des langues, si de plus on en examine la *trame*, si l'on démêle le tissu du discours, on voit qu'il se compose de *termes* et d'*articulations*, qui sont tous des *mots abstraits* nullement imitatifs ni conventionnels, pas plus quant au sens qu'ils expriment que quant aux lois ou règles qui les régissent. Ils ne sont nullement pour cela arbitraires. Ils sont nécessaires comme le sont les lois de la logique. Tous ces termes, isolés ou réunis, indépendants de toute convention comme de toute imitation, expriment des idées. S'ils sont dus d'abord à une certaine analogie prise des objets sensibles, ils la perdent et s'en affranchissent. De leur forme primitive beaucoup ne conservent pas la moindre trace. Platon, qui en cite aussi un grand nombre, se joue ici finement de son interlocuteur ; il montre qu'il se trompe ou que le même mot se prête à plusieurs sens différents ou opposés, que le vrai sens lui échappe lorsqu'il croit le tenir[1]. C'est, selon nous, le caractère de toute cette longue digression sur la *signification* des mots, qui nous paraît subtile et d'une longueur fatigante. L'esprit général, comme on l'a fort bien dit, seul est à retenir. Il n'en est plus de même des mots de la troisième classe. Identiques au fond, quoique différents par la forme, malgré la diversité des sons qui les expriment, ceux-ci se retrouvent en toute langue et forment une sorte de *langage universel* commun aux Grecs et aux Barbares, ce qui fait qu'il n'est guère possible de retrouver leur origine.

La conclusion générale est celle-ci : L'origine du langage, dans toute cette partie vraiment la principale, c'est la *dialectique*, une dialectique *innée* ou instinctive. C'est elle qui a présidé à l'origine et à la formation des langues, qui en forme la base et le tissu. Le reste, ce ne sont que les matériaux, eux-mêmes explicables comme il a été dit. L'*instinct rationnel* est une sorte de *révélation* ou de *divination*. Socrate (*ibid.*), qui recherche ces mots vraiment primitifs, se dit lui-même inspiré d'une sagesse divine dans l'interprétation souvent hardie qu'il en donne ou essaie d'en donner.

C'est ce que veut dire surtout cette phrase significative : « Les premiers mots, ce sont les dieux qui les ont imposés aux choses, τὰ πρῶτα ὀνόματα οἱ θεοὶ ἔθεσαν. » (425, D.)

IV. — Sur ce point capital, sinon le point de départ, le nœud de la question : la *vérité du discours* et le degré de *vérité* qu'on doit attribuer aux *étymologies*, la doctrine est la même. Il n'y a pas non plus à s'y tromper, mais toujours à condition qu'on ait sous les yeux la doctrine entière des *idées*. Autrement on risque d'être dupe de l'ironie perpétuelle qui se mêle aux explications la plupart hasardées ou très hardies que Socrate (Platon) lui-même ainsi qualifie. Aussi Socrate déclare-t-il lui-même que ce n'est pas en son nom

---

[1]. Ceci est dit à propos du mot *emmélie*, nom donné à la *danse* et qui signifie *grâce*, *élégance*. (*Ibid.*)

qu'il parle et les donne (396 *et passim*). En cette multitude de mots de la langue grecque dont lui-même recherche et donne les *étymologies*, sont passés en revue d'abord toute la *mythologie*, puis les termes les plus importants de toute langue au point de vue physique, métaphysique, moral, religieux, esthétique, etc. Or, il en est ici comme dans le *Timée* et la *Physique* de Platon. Dans cette recherche purement philologique des mots grecs qu'il déclare empruntés aux barbares quand il est embarrassé de la retrouver, il ne voit qu'un jeu ou un délassement, plutôt qu'une vraie science; ou ce n'est pour lui qu'un objet de conjecture plus ou moins probable. La plaisanterie poussée souvent jusqu'à la parodie perce dans ces explications. Il recule, dit-il, quand il voit poindre un essaim d'explications savantes, τί σμῆνος σοφίας. (401, E.)

D'ailleurs, pour nous y intéresser, il faudrait ce qui nous manque : 1° les traités des Sophistes, de Protagoras, de Prodicus, etc.; 2° une connaissance plus étendue et plus précise ou moins conjecturale des idiomes anciens, de la langue grecque et de ses origines, etc.

Quant au sujet lui-même, l'essentiel partout à retenir est ceci : la vérité n'est que dans les idées, très imparfaitement dans les mots; car les mots que sont-ils? des images des choses, mais la réalité des choses visibles elle-même n'est pas la vérité; elles-mêmes tiennent leur vérité des idées ou essences qu'elles représentent. Dès lors, la vérité des noms que peut-elle être? un simple reflet de la vérité des choses, celles-ci un reflet des idées qui sont plus ou moins dans les choses. Autrement ils seraient comme il est dit ailleurs des œuvres du peintre, du musicien ou du poète, à trois degrés de la vérité (*Rép.*, X). Leur vérité ne peut être que par leur participation indirecte ou médiate avec les idées. Les noms qui montrent ou enseignent l'essence des choses doivent s'apprécier d'après cette mesure.

A ce point de vue donc, si l'on vient à juger de la justesse ou de la vérité des étymologies, il n'y a d'autre moyen d'y porter la lumière que de se servir du principe posé au début.

1° Il y aurait une première classe à distinguer, celle dont la *justesse* consiste dans la conformité plus ou moins parfaite de la partie matérielle ou extérieure des noms avec les objets ou dans l'imitation. Platon lui fait sa part et les trouve plus ou moins bien faits ou appropriés (ῥέω, couler, etc.).

2° Un autre côté de la recherche, plus conjectural, est celui des causes qui ont fait varier le sens des mots. Ce côté laisse à deviner comment telle ou telle forme a été donnée aux mots par assentiment converti en usage. Quand l'histoire n'est pas là pour l'éclairer, c'est souvent une énigme insoluble.

3° Mais une part plus grande est celle qui répond à la nature même ou à l'essence ; voilà ce qu'il s'agit de montrer dans les mots. C'est surtout de ce point de vue que Platon juge les *étymologies*. Malgré tout ce qu'on peut dire de sa hardiesse souvent aventureuse d'interprétation éloignée de nos méthodes savantes, on ne peut nier qu'il ne rencontre quelquefois très juste. Cette hardiesse conjecturale du reste, lui-même la reconnaît ; lui-même invite à ne pas s'y fier. On aurait tort de croire qu'il attache une grande importance à ses explications. La preuve c'est qu'il s'en réfère à des autorités suspectes, à celle des poètes, d'Homère, à celle du devin Eutyphron qui, dit-il, « s'est emparé de son âme et a rempli ses oreilles de sa divine sagesse » (396), etc.

Ce qui est plus clair c'est la marche allant du sensible au rationnel, recherchant partout si le mot, bien ou mal fait, exprime réellement l'essence de la chose ; Platon en général reconnaît une grande justesse et une sagacité profonde dans la manière dont les mots se sont formés à l'origine[1]. Il en fait honneur à l'instinct rationnel, sorte d'inspiration divine qui préside à la formation des langues. On se rappelle ce qu'il en dit ailleurs (*Lois*, VII). Quant aux noms que les anciens ont imposés aux choses on ne peut, pour la plupart, qu'admirer la justesse et la conformité aux choses. Mais il ne va pas au delà ; il est loin de s'asservir à aucune opinion exclusive.

C'est qu'en effet, selon lui, la vérité est ailleurs. Pour lui, on ne saurait trop le redire, les choses elles-mêmes ne sont

---

1. « Mira in quibusdam rebus verborum proprietas et consuetudo sermonis antiqui quædam efficacissimis notis signat. » (Senec. Ep. 81.)

que des copies ou images des *idées*, et les noms, des copies de ces copies.

Or, il le dit, une image n'est jamais parfaite ou de tout point ressemblante. Autrement ce ne serait pas une image. Elle prendrait la place de la chose, serait une seconde fois la chose même. — « Du reste, que la même chose soit exprimée par telles syllabes ou par telles autres, cela est indifférent pourvu que l'essence de la chose domine dans le nom qui la représente. » (154.) — « Mais nous trouvons surtout les vrais noms parmi les choses immuables et naturelles. »

Voilà le dernier comme le premier mot de toute la théorie et de la polémique platonicienne, celle-ci dirigée surtout contre Héraclite, mais aussi contre les autres faiseurs d'*étymologies*, contre *Protagoras*, *Prodicus* et leur disciple *Cratyle*.

V. — Reste à tirer la *conclusion* : celle du rapport du langage avec la *science* et la *méthode*. Platon, sur ce point, n'est pas moins net et précis. Ceux qui aujourd'hui veulent que la *philologie* serve de base à la *philosophie* (cf. Muller) feront bien de consulter sa réponse et de la méditer.

Les Sophistes, eux aussi, avaient réduit la science de l'esprit humain presque en entier à la recherche du sens des mots et des *étymologies*. Platon met à néant cette prétention, par des raisons qu'il est difficile de réfuter. Il montre surtout la contradiction qu'elle recèle.

Sa réfutation d'une clarté précise est péremptoire.

Le secret des choses est-il dans les mots ? C'est ce que disent Cratyle et ses disciples.

« Est-il vrai que quiconque sait les mots, sait aussi les idées ? Eh bien ! voyons quelle est cette manière d'enseigner les choses telle que celui qui a trouvé les noms a aussi trouvé les choses, que l'on prend pour guides les noms dans la recherche des choses. »

Platon oppose les raisons suivantes : 1° La première est qu'il faudrait placer la science à l'origine des langues, c'est-à-dire lorsqu'elle n'existait pas. Les premiers hommes, ceux qui ont institué les noms, se sont eux-mêmes contredits. 2° Le langage est chargé de mots mal faits, obscurs, équivoques, d'erreurs et de contradictions. Il y a plusieurs sens, quel sera le juge ou l'interprète? Faut-il prendre les mots eux-mêmes pour juges des mots? Les uns sont conformes à la vérité, les autres ne le sont pas. Dans ce désaccord entre les mots qui montrera la vérité des choses?

« La conclusion est que, s'il est un moyen d'apprendre les choses par les noms et l'autre par les choses, le meilleur est évident. Est-ce de connaître l'image elle-même ou la vérité par sa propre lumière et ensuite l'image si elle est bien faite? Car ce n'est pas au moyen des noms, mais plutôt au moyen des choses qu'il faut les apprendre et les chercher. » (*Ibid.*[1].)

Ce qui ressort de cet exposé, c'est qu'il est peu de points de la philosophie du langage que Platon n'ait abordés et déjà supérieurement traités. Les progrès de cette science, depuis l'objet de savantes recherches dans sa partie positive, n'ont fait que confirmer, en ce qui est la base ou les principes, ce que l'auteur du *Cratyle* a fait mieux que deviner [2]. On peut dire encore ici qu'il est le vrai fondateur de cette science en sa partie générale et métaphysique. — C'est pour cela que nous avons cru devoir y insister.

1. « Il n'est pas d'un homme sage de se soumettre lui-même à l'empire des mots, de leur accorder sa foi ainsi qu'à leurs auteurs. » (*Ibid.*)
2. Pour plus de détail de ce qui est du système *étymologique* en particulier et de la comparaison avec la *philologie* actuelle, nous renvoyons à M. A. Fouillée, dont le chapitre sur le *langage* est un des meilleurs de son livre.

CHAPITRE VII

DE LA VÉRITÉ ET DE L'ERREUR

I. DE LA VÉRITÉ. — Le problème de la vérité dans Platon. Solution donnée par le système. La vérité objective. La vérité de la connaissance humaine. Identité du sujet et de l'objet dans la connaissance rationnelle. Participation aux idées et à la vérité absolue. — La vérité a son critérium en elle-même. Comparaison avec les modernes. — Le dogmatisme de Platon conséquent à sa théorie. Sa démonstration indirecte de la vérité. — II. De la *Certitude* et du *Doute* au point de vue platonicien. Résumé de la théorie. — III. De l'*Erreur* : 1° sa possibilité ; 2° sa nature et sa définition ; 3° son origine ou sa cause première ; 4° ses formes ou espèces : erreurs des sens et de la mémoire, de l'imagination, du jugement et du raisonnement. — Causes morales et remèdes de l'Erreur.

L'effort de la dialectique, chez Socrate, avait été de réintégrer la vérité que le scepticisme des Sophistes ébranlait dans sa base (*Phil. anc.*, 89). Ses entretiens avaient pour but de donner à la science, rendue par eux impossible, un fondement solide (*ibid.*, 128). Aussi, la forme sous laquelle le problème de la vérité se pose est toujours celle de la *Science*, de sa possibilité, des moyens de l'acquérir, de la posséder, de l'enseigner, etc. C'est ainsi qu'il apparaît dans les écrits de Platon, le *Théétète*, le *Protagoras*, le *Sophiste*, le *Ménon*, etc. La question de l'erreur, de ses causes, de ses formes ou espèces, s'y mêle, n'en est point séparée. Bien que la solution en soit déjà comprise dans ce qui précède, un examen particulier doit être consacré à ce sujet, ne fût-ce qu'à cause de son importance.

I. DE LA VÉRITÉ. — Au point de vue *objectif* ou métaphysique, le vrai pour Platon, τὸ ἀληθές, la vérité, ἀλήθεια, c'est l'être, τὸ ὄν, ou l'*idée*, seul objet de la connaissance véritable : τὸ παντελῶς ὄν, παντελῶς γνωστόν (*Rép.*, V, 27). C'est par l'acte le plus élevé de la pensée que l'homme se met en rapport direct avec elle (*supra*). Il en est comme de l'être lui-même ou du bien, source de toute vérité comme de bonté, de justice, etc. (*Ibid.*)

A un autre point de vue, celui de la vérité proprement dite où il s'agit de la connaissance, l'homme est-il capable de connaître la vérité? Selon la doctrine platonicienne il l'est au moins d'y *participer*. Car sa raison qui est un reflet de la raison divine est sa nature même et son essence. Par la raison, il est sans cesse en rapport direct ou indirect avec la vérité. Intérieurement même il la possède; il ne peut jamais en être complètement séparé; il ne serait plus alors lui-même. Mais comme être fini il ne la possède pas entièrement ni parfaitement. Sa raison d'abord sommeille. Elle est enveloppée, obscurcie, voilée. Elle subit des éclipses. Elle n'est d'abord qu'à l'état virtuel ou en puissance. Quand elle est développée, convenablement dirigée, elle peut de la connaissance la plus basse et la plus vulgaire s'élever à la connaissance la plus haute, celle des idées. Rien à ajouter, sur ce point, à ce qui précède (voir p. 67, 106, 116).

Le problème, on le voit, pour Platon, ne se pose pas, comme pour les modernes, où il s'agit de passer de l'*idée* à l'*être*, du subjectif à l'*objectif*. Il est résolu par l'identité des deux termes. Il suffit que l'intelligence humaine, c'est-à-dire la raison, dans son activité pure et d'accord avec elle-même, soit mise en face de son objet pour qu'elle l'aperçoive et le reconnaisse; car cet objet, on le sait, n'est pas distinct d'elle; c'est l'esprit lui-même avec ses idées. Si elle ne le voit pas ou si elle le voit mal, ce n'est pas à elle qu'il faut s'en prendre; c'est que la condition de la vision claire et distincte n'est pas remplie. Entre elle et son objet un obstacle existe qui lui en dérobe ou lui en cache la vue. L'œil de l'esprit est mal dirigé, ou il est aveuglé, obscurci, troublé par une ou plusieurs des causes que l'on connaît et qui l'empêchent de voir ou de bien voir : l'ignorance, la passion, le préjugé, la faiblesse des organes, l'impression trop vive que font sur eux les objets sensibles, leurs illusions, etc.

Mais la raison, pour mieux dire l'âme humaine, rendue à elle-même et purgée de ses vices, affranchie du joug qui pesait sur elle, aperçoit et ne peut pas ne pas apercevoir la vérité. Elle la saisit, soit immédiatement, par l'acte pur de la pensée, l'*intuition*, soit par les moyens indirects qui lui en sont donnés, le *raisonnement*, la *mémoire*, etc. Elle la voit moins bien par ces actes inférieurs. Celle-ci lui apparaît alors divisée, fractionnée, imparfaite; elle la voit néanmoins et peut la discerner de ce qui n'est pas elle. L'erreur, en tout cas, n'est jamais absolue. Souvent l'esprit de l'homme est obligé de se contenter d'une *demi-vérité* ou du vraisemblable et du probable. Sans cesse il doit faire effort pour arriver au but et s'y maintenir, pour se mettre à l'abri de l'erreur et du mensonge. Il y parvient le plus souvent; s'il s'y prend bien, ses efforts ne sauraient être vains. L'obstacle étant levé, qui lui cachait la vérité, celle-ci lui apparaît. La communication s'établit; la lumière de l'objet lumineux pénètre dans l'intelligence. L'adhésion, qui suit la *vision*, n'est pas moins nécessaire. L'âme cède à l'attrait de la vérité; elle se soumet à son irrésistible empire.

Telle est, dans sa généralité, la théorie platonicienne du vrai, ainsi que la contient le système et telle qu'elle est exposée en plusieurs endroits. (*Rép.*, VI, VII, *Phèdre*, *Phédon*, *Ménon*, etc.)

Sur un point aussi important, il convient d'insister afin de bien constater ce qui caractérise ici la philosophie ancienne et en particulier le système qui, à ce degré, la représente.

Dans Platon, disons-nous, il n'y a pas à se demander si, pour l'homme, la vérité existe, s'il est ou non capable de la connaître. Le problème, s'il se pose, est dogmatiquement résolu. Il l'est comme résultat du nouveau système et de la polémique engagée par son auteur contre ses adversaires, les sophistes.

Cette réponse est celle de l'idéalisme platonicien, il n'y en a pas d'autre à lui demander. On n'a pas davantage ici à s'enquérir d'un *criterium*. Platon, qui emploie ce mot, ne le prend pas dans le sens qui plus tard lui sera donné. Le signe distinctif de la vérité, dirait-il, c'est la vérité même; il est en elle, ἔχει τὸ κριτήριον ἐν αὐτῷ (*Théétète*, 178, c.), à savoir : la lumière qu'elle porte en elle-même et qui la manifeste. *Verum index sui et falsi*, comme dira plus tard Spinoza, en cela disciple de Platon aussi bien que de Descartes. Ce signe c'est l'*évidence*, non celle des sens, souvent trompeuse, mais de la raison; c'est cette lumière souveraine qui éclaire tout homme venant au monde. Aucun être intelligent ne peut s'y soustraire; car c'est sa nature même ou son essence qui agit en lui; sa puissance est irrésistible. Au moins en est-il ainsi des premiers principes, ou des idées, « ces premières lumières ». La raison, dans sa source, n'est-ce pas le *Soleil des esprits* qui les éclaire et les vivifie, comme le soleil des corps éclaire la nature et la féconde de ses rayons bienfaisants? (*Rép.*, VII.)

L'œil de l'esprit peut d'abord être ébloui de cette lumière, supporter difficilement son éclat; mais peu à peu, il s'y habitue. Sa vue se fortifie, à mesure qu'il la considère; il peut alors fixer sur elle son regard assuré. Il peut, s'il sait se servir des moyens qu'il a en lui de la connaître, suivre la marche qui a été indiquée. Il saura ainsi s'élever jusqu'à elle, la contempler en elle-même ou dans son principe. Ravi de l'apercevoir, il ne voudra plus en détacher sa vue! (*Rép.*, VI, VII.) Il y a plus; s'il redescend de cette sphère supérieure où tout est lumière, il a de la peine à discerner les objets réels que le vulgaire, lui aussi, appelle la vérité, ce qui n'est que son ombre. Il est des esprits malades ou aveugles qui refusent d'admettre ce qui est le vrai en toute chose ou qui le méconnaissent. Il faut les plaindre et tâcher de les guérir. D'autres, qui ne veulent pas la voir, hardiment la nient. Mais quiconque ferme les yeux à la lumière en est puni par son aveuglement même. D'autres se contentent des vérités particulières qu'enseignent les sciences exactes, qui ne sont telles que par leur participation à la vraie vérité, la seule qui soit absolue. Il n'y aurait qu'à rappeler ici tout ce qui a été dit de la méthode platonicienne sous forme allégorique ou abstraite des idées. (*Ibid.*)

Cette réponse générale est celle que feront plus tard toutes les écoles idéalistes dont Platon est le chef, réponse dogmatique si l'on veut, qui n'empêchera pas le scepticisme de se produire. Est-il sûr qu'on en ait trouvé une meilleure ?

Elle n'est pas d'ailleurs tout à fait dogmatique. Platon l'établit au moins par voie indirecte; sa solution est-elle niée, alors, en vrai disciple de Socrate, logicien non moins que métaphysicien, il s'arme de la dialectique et l'on sait comment il en use à l'égard de ses adversaires. Il combat à outrance, chez ceux-ci qu'il appelle *misologues*, ce scepticisme ennemi de la raison qui, pour se soutenir, s'appuie lui-même sur la raison; il le poursuit dans toutes ses voies et ses détours, dans ses déguisements; il dévoile la fausseté de ses arguments jusqu'à ce qu'il l'ait amené à se contredire et forcé ainsi à se taire. Il lui montre qu'il ne peut formuler un seul raisonnement, émettre une proposition, énoncer une parole qui ait un sens, sans invoquer cette même raison qu'il rejette et sans reconnaître la vérité qu'il nie, sans extravagance, semblable, dit-il, à ce fou d'Euryclès (*Sophiste*, 252, c.) qui tirait de son ventre des paroles contraires à celles qu'émettait sa bouche.

Toute la dialectique platonicienne, comme celle de Socrate, est dirigée vers ce but : réintégrer la vérité niée par les sophistes, la replacer sur sa véritable base, celle de la raison et de l'absolu des idées. Aristote lui-même qui combat les idées soutient au fond la même thèse ; il fait voir que la vérité des premiers principes qui ne se démontre pas, n'est pas moins certaine et d'une absolue certitude. (*Mét.*, IV, *Analyt. Post.* : I, ix, 11.)

Qu'on entende et qu'on juge comme on voudra Platon et son système, le service qu'il a rendu à la science et à la raison ici n'est pas moins grand et ne saurait s'oublier.

II. DE LA CERTITUDE ET DU DOUTE. — Cette face du problème (le côté subjectif) n'apparaît pas non plus dans Platon tout à fait comme chez les modernes. Pour lui, la certitude n'est autre que le fait même de la conscience que l'esprit a de la vérité qu'il possède. Une fois qu'il s'est fermement établi dans sa possession, il a la conviction de n'en pouvoir être dépossédé.

Autrement dit, c'est le sentiment intime et profond que l'âme éprouve de son union intime avec la vérité, la sérénité, le calme qui s'y joint. Cet état exclut tout à fait le doute. L'incertitude n'existe que lorsque la vérité n'est pas clairement aperçue. Une ou plusieurs des conditions pour l'obtenir venant à manquer, la raison n'est pas satisfaite. L'âme inquiète se trouble. Le tourment que l'âme éprouve d'être privée de la vérité, condamnée au doute, ce fait si bien décrit par les modernes (*Pascal*), Platon ne le connaît pas; du moins il ne l'analyse pas, ne s'y appesantit pas; mais il est comme corollaire dans ses écrits toutes les fois qu'à la science certaine et véritable il oppose l'*opinion* variable et inconsistante. (*Théétète*, *Ménon*, etc.)

On l'a vu, ce n'est qu'au degré supérieur de la connaissance que l'esprit jouit de ce calme, de cette sécurité complète, c'est quand il est arrivé au faîte. Là seulement il se repose parce qu'il est en pleine lumière. Aux degrés inférieurs ou intermédiaires, où il n'est qu'imparfaitement éclairé, il hésite et chancelle, car sa vue est faible et il cligne des yeux. Pour se raffermir, il faut qu'il voie la vérité, telle qu'elle est dans sa source ou bien que, par une opération légitime du raisonnement, le lien qui unit les faits ou les vérités particulières aux principes, soit clairement établi. Alors les maximes, qui en dérivent elles-mêmes, deviennent certaines. Mais encore ne voit-il la lumière que dans son reflet. Ailleurs, c'est moins encore; car c'est le demi-jour de l'opinion non raisonnée, incertaine et vacillante, qui remplace la science et la supplée. Ce n'est qu'arrivée au terme de la route (*Rép.*, VI), que toute incertitude cesse et que le trouble disparaît. Alors l'esprit vit dans la lumière, il s'en repaît et s'en nourrit. (*Ibid.*)

Tous les successeurs de Platon, Plotin [1], saint Augustin [2], Descartes [3], Malebranche [4], Fénelon [5], Bossuet [6], Leib-

---

1. *Ennéad.*, I, 9; V. *Enn.*, V.
2. *De Vera Relig.*; *De Trinit.*; *De Civ. D.*, etc.
3. *Médit.*, V.
4. *Rech. de la Vér.*, 2ᵉ part., ch. ɪ; *Entret. sur la Métaph.*
5. *Exist. de Dieu*, 2ᵉ part., ch. ɪɪ; 2ᵉ part., ch. ɪv.
6. *Connais. de D.*, 4ᵉ part., § 5, 9, 10; 5ᵉ part., § 14.

niz [1], etc., ont adopté et reproduit cette théorie et plus ou moins dans la langue où elle est ici exprimée.

En résumé et pour présenter sous la face métaphysique cette solution du problème de la vérité et de la certitude en la ramenant à ce qui est la base du système, nous dirons en nous servant de la langue même de Platon :

La vérité considérée dans son *objet*, c'est l'*intelligible* : τὸ νοητόν. Le *sujet*, c'est l'*intellect*, l'esprit lui-même, dans la faculté la plus haute, la raison, le νοῦς, le λόγος. Entre l'intellect et son objet, la distinction en réalité n'existe pas, il y a identité. L'un est le reflet, le dédoublement de l'autre. Il y a donc accord, harmonie des deux termes. S'ils sont ou paraissent séparés, ce n'est que dans les intelligences finies, aux degrés inférieurs où elles-mêmes sont placées dans leur éloignement de la vérité absolue, où elles doivent tendre et aspirer de nouveau à s'unir. Cela tient à leur état présent, de chute ou de déchéance. L'unité se retrouve dans le principe d'où les âmes sont sorties et dont elles participent, mais la science, la science la plus haute, rétablit cet accord et démontre l'unité. L'esprit lui-même qui voit la vérité, non seulement la voit, mais il la sent, il la touche, il est en contact avec elle. L'accord se fait naturellement, spontanément, par l'affinité originelle, la ressemblance de l'âme avec le modèle.

C'est le sens de toute cette doctrine. La raison humaine est un reflet de la *raison* divine; ses idées, ce sont les idées divines dont elle-même *participe* et qui forment son essence. Le même verbe éclaire tous les esprits.

On est ici au centre du système. L'intelligence humaine, comme participant de la raison universelle et divine, divine elle-même dans son essence, possède en elle-même la vérité qui est *idée*. Celle-ci y est objet et sujet à la fois. De même la vérité lui apparaît hors d'elle partout où apparaît, où luit la vérité de l'idée. A ce point de vue, je le répète, il n'y a pas à se demander si la vérité existe, où est la vérité, comment elle se voit, se distingue et s'affirme, ou comment naît et s'établit la croyance dans l'âme, comment à côté s'élève le

---

1. *Nouv. Essais*, liv. IV, ch. IV.

doute. Tout cela s'explique par la *présence* de *l'idée*, son absence momentanée, l'éclipse qu'elle subit, le jour qui y succède, etc.

Mais, ne l'oublions pas, pour la voir, l'affirmer et y croire, il faut que l'esprit soit placé dans les conditions que veut sa nature; sans cela il ne saurait la voir et rien croire, du moins avec certitude, de ce qui est la vérité. L'*idée* est pour lui la mesure et lui sert de contrôle dans tous ses jugements; elle légitime toutes les opérations de la *pensée*. Elle est placée en haut, en bas, au milieu, à tous les degrés où la vérité se trouve.

Au sommet est l'*idée du Bien*, le vrai principe d'où rayonne toute lumière. En elle résident les autres idées. Au-dessous, là où la connaissance est dérivée, où l'*opinion* est raisonnée, l'esprit aperçoit la vérité, mais il ne la voit qu'à la clarté de l'idée et de ses principes. Là pourtant la certitude existe encore. Tombée plus bas de la région moyenne, l'*opinion* non raisonnée peut être vraie (ὀρθή), mais elle a perdu avec sa clarté son entière certitude, ou elle est devenue incertaine et confuse. Un demi-jour a succédé qui n'est pas tout à fait l'obscurité; avec elle sont nés le doute et l'incertitude. Plus haut est le *milieu* entre la *science* et l'*ignorance*. La région la plus obscure est celle des sens souvent trompeurs qui, par eux-mêmes, ne donnent que des apparences que la raison doit contrôler et juger. Toutes leurs données doivent être jugées et corrigées par la raison. Autrement c'est le champ de l'*illusion* ou de la *conjecture*.

C'est ainsi que Platon envisage le problème de la vérité et de la certitude. Ce problème, pour nous si compliqué et si difficile à résoudre, est pour lui très simple, ou du moins ne lui offre pas les mêmes difficultés.

On voit pourquoi. C'est que la distinction qui plus tard sera faite d'abord par les sceptiques, puis, après des siècles, par *Descartes*, *Kant*, etc. : celle du *sujet* et de l'*objet*, pour lui n'existe pas. Platon, qui a derrière lui toute une époque de dogmatisme à laquelle a succédé la sophistique, se borne à combattre les opinions régnantes opposées à la sienne. C'est sur ce terrain que le problème est placé.

L'avènement d'un nouveau scepticisme, plus savant et plus profond, forcera l'esprit à le soulever de nouveau, à trouver d'autres arguments et à suivre une autre méthode.

Platon n'a pas moins le haut mérite, après son maître, de l'avoir fortement agité et, en un sens, selon nous, résolu. Au moins a-t-il celui d'avoir engagé la lutte, sinon enchaîné le Protée et terrassé le monstre, de lui avoir porté des coups dont il ne s'est pas guéri; ses arguments sont de ceux que les sceptiques de tous les temps n'ont jamais pu réfuter.

III. DE L'ERREUR. — La question de l'erreur, de sa possibilité, de sa nature et de ses causes, de ses formes ou espèces, etc., tient une place aussi très grande dans la doctrine et les écrits de Platon. Des discussions souvent subtiles qui lui sont consacrées en divers dialogues (*Théétète*, 148-167; *Sophiste*, 340; *Cratyle*, 385; *Enthydème*, 284; *Ménon*; *Philèbe*, 38; *Enthydème; Rép.*, II, 366, III, 412, VIII, 560; *Lois*, XI, 917, etc.), il n'est pas toujours aisé de dégager la pensée véritable. Pour nous, ce qui suit est le plus clair et a une réelle importance.

D'abord, l'erreur est-elle *possible*? Ce point de controverse abstraite et subtile, longuement débattu entre les écoles alors régnantes, la Sophistique d'une part, de l'autre les Eléates et les Mégariques, a pour nous perdu son intérêt. Nous n'en disons que quelques mots. La question posée par les Sophistes est par eux résolue négativement sous cette forme : « Personne ne peut se tromper. Il n'y a pas d'erreur, puisqu'il n'y a pas de vérité. Socrate, en réintégrant la vérité, a mis à nu ce que cette assertion a de superficiel et de contradictoire. »

La dialectique de Platon en a fait également justice en faisant voir que l'être et le non-être, le vrai et le faux, également existent : 1° dans la réalité de l'objet en soi; 2° dans le sujet ou dans l'esprit et dans ses jugements. Sans cela, la pensée elle-même se détruit. En s'énonçant, elle se renie et se contredit. Le sceptique, en niant la vérité, l'affirme et l'invoque; il la prend pour mesure des jugements qu'il porte; lui-même admet son autorité à laquelle il s'en réfère. Il a un type supérieur auquel il compare sa pensée et le jugement des autres. Autrement ce qu'il dit n'a plus de sens. La négation et l'affirmation venant à se confondre, le discours est inintelligible, il n'y a plus à articuler une parole qui ne soit un démenti donné à celui qui s'en sert. 3° Mais la thèse a une forme plus sérieuse ailleurs, chez les Eléates et les Mégariques. Ceux-ci soutiennent que l'erreur n'est pas possible à un autre point de vue, celui de l'unité absolue de l'être qui seul existe. Lui seul, disent-ils, doit être affirmé. En l'affirmant, on ne peut se tromper. Du non-être, qui n'existe pas, il n'y a rien à dire, ou bien il s'agit d'une fausse apparence dont se repaît l'opinion vulgaire. Celle-ci est une pure illusion. Platon, en cela opposé à Parménide et à ses disciples, en rétablissant la réalité du second terme, le non-être, la pluralité, soit sensible, soit dans les idées, rétablit aussi la possibilité de l'erreur.

Mais à quoi bon nous appesantir sur ce sujet déjà plusieurs fois traité? L'erreur, elle n'est que trop réelle. Nous passons donc à ce qui est le vrai problème, celui de sa nature, de ses causes, etc.

Sa nature. — Platon (*Théétète*) donne de l'erreur plusieurs définitions que, tour à tour, du moins à ce qu'il semble, il rejette : 1° L'erreur est une opinion fausse, ψευδὴς δόξα; 2° Le faux dit ce qui n'est pas ou dit autre chose que ce qui est; 3° Il dit ce qui n'est pas comme étant ce qui est, τὰ μὴ ὄντα ὡς ὄντα λέγει; 4° ou juger ce qui n'est pas, prendre une chose pour une autre, ἀλλοδοξία, c'est se tromper. (*Ibid.*) Ce n'est pas que toutes ces définitions soient mauvaises, mais elles sont insuffisantes et n'échappent pas aux objections des Sophistes.

Il semble s'arrêter à celle-ci :

Croire, penser et dire ce qui n'est pas est ce qui fait le faux dans la pensée et les discours, τὸ γὰρ τὰ μὴ ὄντα δοξάζειν ἢ λέγειν, τοῦτ' ἐστί που τὸ ψεῦδος ἐν διανοίᾳ καὶ λόγοις γιγνόμενον. (*Soph.*, 260.) — Le point essentiel à noter de cette définition, c'est que l'erreur y est placée dans le jugement que porte l'esprit sur la vérité. L'analyse, sur ce point, est d'une clarté et d'une exactitude parfaites. Avant Aristote, Platon démontre que le discours n'est tel que par le *verbe*, ῥῆμα, qui donne un sens aux mots, les unit et les sépare, συμπλέκων τὰ ῥήματα τοῖς ὀνόμασι.

(*Soph.*, 262, D.) La pensée elle-même (διάνοια), qui est un discours intérieur, n'est la *pensée* que par le jugement ou l'affirmation qui s'y joint et la caractérise. Enfin il est montré que l'erreur consiste non à affirmer une chose qui n'est pas absolument (le non-être absolu), ce qui est inintelligible (*Soph.*, *ibid.*), mais à établir un faux rapport entre deux termes : l'attribut et le sujet d'une proposition. 1° Ce rapport est manifeste pour les erreurs des sens, de l'*imagination*, où l'*apparence* diffère de l'objet réel. 2° Il en est de même de l'accord ou du désaccord entre les idées. 3° S'il s'agit de la pensée discursive ou du raisonnement, c'est le *lien* logique qui unit les pensées qui est faux — 4° Quant à l'opération supérieure de la pensée (le λόγος, la νόησις), l'esprit bien dirigé échappe à l'erreur. Celle-ci n'y a aucune part, l'objet étant simple de sa nature et de la plus parfaite évidence (*supra*).

Telle est, dans sa généralité, la théorie platonicienne de l'erreur, au point de vue logique et psychologique. Le côté métaphysique qui s'y ajoute est plus difficile à déterminer. Platon le traite aussi dans le *Théétète*, le *Sophiste* et le *Cratyle*. Il faut y revenir aux idées d'unité, de pluralité, etc. (voy. *supra*), sujet par nous suffisamment indiqué.

Son origine. — La cause première de l'erreur est connue ; mais il convient de la préciser ; la solution est toujours dans le sens de la doctrine et de la méthode.

1° *Subjectivement*, sans remonter jusqu'à la matière, la cause du mal en général et par conséquent aussi de l'erreur qui elle-même est un mal, ainsi que de l'ignorance, etc., l'origine première de l'erreur est dans la nature même de l'esprit, dans l'état d'imperfection de sa condition présente, dans la faiblesse de ses facultés ou moyens de connaître, dans la multiplicité des actes nécessaires pour se mettre en possession de la vérité, non seulement pour l'atteindre mais pour la conserver, dans le grand nombre de causes tant internes qu'externes qui nuisent à la connaissance, l'altèrent, l'effacent, la corrompent, dans une foule d'obstacles qui se placent entre l'intelligence et son objet.

L'âme en effet, enfermée dans un corps, liée à des organes

périssables qui sont ses instruments, douée de facultés multiples et diverses, forcée d'exécuter des opérations difficiles et délicates, obligée de se servir d'un autre instrument, le discours, lui-même imparfait mais nécessaire pour penser avec elle-même comme pour communiquer la pensée aux autres êtres nos semblables, est condamnée à l'erreur qui pour elle est inévitable. L'homme, en cette vie, se sent incapable de jamais embrasser la vérité entière et pure. Dans le peu qu'il lui est donné de savoir avec certitude, il est exposé à errer ou à se tromper. S'il n'est sans cesse attentif et sur ses gardes, l'erreur vient se glisser en tous ses jugements et les fausser. Il en est ainsi dans les cas les plus simples, à plus forte raison partout où ceux-ci ne le sont pas, où il y a des termes à démêler, à distinguer, des genres différents à associer, à combiner ou à séparer. L'erreur passe dans le langage, ce miroir lui-même trompeur et infidèle de la pensée, complice et dépositaire de toutes nos erreurs et de nos préjugés.

Dans un pareil état, sauf ce qui a été dit des idées les plus simples et des premières vérités, l'âme n'aperçoit la vérité que par fragments, morcelée, divisée, sous des aspects divers souvent opposés, à travers des intermédiaires qui la lui cachent ou la dérobent, l'empêchent de la bien voir, claire et distincte ou sous des dehors trompeurs et qu'elle prend pour vrais. L'erreur absolue, pour elle, n'est pas possible, mais par combien de portes l'erreur proprement dite ou le mensonge ne pénètrent-ils pas dans la tête humaine et une fois qu'ils y sont entrés ne sont-ils pas difficiles à expulser et à déraciner? Ce lieu commun, depuis si souvent rebattu, ici chez Platon, n'en est pas un. Nul n'a mieux retracé cet état de l'esprit humain, mieux décrit ses faiblesses sans lui ôter la confiance en lui-même et dans ses forces, dans le triomphe de la vérité comme de la justice. Pour lui, la cause principale, la mère de toutes les erreurs, c'est l'*ignorance*, qui entraîne comme conséquence l'erreur.

Celle-ci, l'erreur, n'est-ce pas avant tout la privation, le défaut de connaissance! — Elle est surtout dans l'ignorance dont nous n'avons pas conscience, la première et la plus fâcheuse de toutes les ignorances, comme l'avait enseigné

Socrate, celle qui fait croire qu'on sait quand on ne sait pas. (*Soph.*, 359.)

2° *Objectivement*, si l'on veut remonter plus haut, c'est bien le rapport et la participation du *non-être* à l'*être*, du *multiple* à l'*unité*, du monde *sensible* au monde intellectuel, qui explique l'erreur et sa nécessité. La *participation* aux idées en est le dernier mot. La question logique et psychologique se trouve ainsi ramenée à la question métaphysique, au centre du système. Platon considère en effet l'erreur comme une forme de l'existence finie, contingente, conséquence de la chute des âmes et des idées. Elle est fatalement attachée à la condition humaine. L'homme, être fini, intelligence bornée, éloignée de son principe, participe à l'être et aux idées, mais aussi au non-être et à la matière source du mal et de l'imperfection. L'erreur ainsi conçue, comme le non-être opposé à l'être, est attachée à l'esprit individuel et à sa raison. Elle est partout ici-bas à côté du vrai, dans toutes les formes de la pensée; dans les sens, l'opinion non raisonnée ou raisonnée, dans les sciences mêmes, où il est si difficile de se maintenir dans la vérité, partout où le multiple s'associe à l'unité. Ceci nous conduit à examiner quelques-unes de ses formes principales.

Ses formes ou espèces. — Il ne faut pas en chercher dans Platon une analyse complète, exacte et régulière; mais conforme à la théorie elle n'est pas moins intéressante. 1° Il y a les erreurs des *sens*, celles de l'*imagination* et de la *mémoire*. Platon, pour les désigner, emploie des comparaisons d'une parfaite justesse; il montre très bien comment elles se forment. Les sens ne nous montrent que la face extérieure et mobile des choses. Leurs apparences nous trompent; la raison doit les distinguer et les rectifier, etc. — 2° La *mémoire* assimilée à des tablettes de cire dont les empreintes aisément s'effacent, comparaison bien des fois reproduite, n'est pas moins bien caractérisée. — 3° Quant à l'*imagination*, on se trompe en prenant une image pour une autre ou une apparence pour une réalité, comme à distance on prend une apparence pour un objet réel. On se trompe ensuite en prenant une réalité pour une autre réalité, comme la chaussure d'un pied pour un autre. On s'écarte de la réalité en adaptant mal un moyen à une fin. — 4° L'*opinion* fausse rapporte l'image de l'objet à la sensation, semblable à un archer maladroit qui met à côté du but, etc. — 5° Il y a aussi confusion de *signes* avec d'autres signes. Nous ne parlons pas des *sophismes* auxquels le vulgaire se laisse si aisément prendre (voy. *Euthydème*), etc. Toute cette théorie a dû être mise à profit par Aristote. (*De Soph. Elenchis.*) Les germes en sont dans Platon. — 6° Les erreurs de la *pensée* et du *raisonnement* sont plus difficiles à expliquer. Il faut entrer plus avant dans l'analyse et la théorie pour les distinguer. Platon essaie de montrer comment l'esprit doué qu'il est de la faculté de comprendre et possédant en lui *virtuellement* les germes de toutes les connaissances (qu'il appelle ici des sciences), se trompe quand il veut prendre possession de ces sciences ou de la vérité à l'aide des opérations de son intelligence, qui lui sont données pour discerner les objets, les distinguer, les analyser, les comparer et dont les deux principales sont, comme on sait (*Méthode*), l'*analyse* et la *synthèse*. La formation des *genres* et des *espèces*, leur *coordination*, la manière subtile de s'en servir et de les appliquer, tout cela exige la plus grande attention. En tout cela que d'erreurs sont possibles! Platon se sert ici d'une gracieuse métaphore. L'esprit humain (*Théétète*, 197, c.) est comparé à un colombier où sont enfermés des pigeons avec toutes sortes d'oiseaux sauvages ou apprivoisés. (*Ibid.*) Il possède les sciences virtuellement, mais il ne les tient pas, et quand il veut les saisir elles lui échappent. Il prend souvent, comme cela arrive pour le plus simple calcul, l'une pour l'autre. Dans cette recherche où le désordre de ses idées est fréquent, il est exposé à se tromper, à prendre un objet pour un autre, un pigeon pour une tourterelle ou une tourterelle pour un pigeon. (*Théétète*, 199, B.)

On ne peut mieux symboliser l'état d'un esprit qui possède en soi virtuellement la vérité, qui a en lui le germe de toutes les connaissances, mais n'en est pas moins obligé de former et de créer sa science, de la perfectionner, de l'utiliser et de l'appliquer, qui, dans les opérations auxquelles il se livre, est exposé sans cesse à confondre et assimiler ce qui est différent comme à séparer et opposer ce qui est semblable, et, dans l'inévitable confusion de ses idées, ne peut échapper à l'erreur attachée à sa condition présente.

Le sens de cette comparaison est que l'erreur réside surtout dans un rapport difficile à apercevoir entre les idées, comme par exemple dans la distinction des genres et des espèces et de celle des individus.

Dans ce travail si compliqué auquel est condamné l'esprit humain, l'erreur sans cesse est à craindre. Il est sujet à toutes sortes de méprises; car, comme le dira plus tard Aristote, l'erreur est toujours dans ce qui est composé : ἐν συνθέσει ἀεί.

Quant aux éléments, στοιχεῖα, comme ils sont simples, l'esprit qui les possède ne se trompe pas ou ne se trompe guère, mais bien dans leur combinaison. De là les erreurs de calcul et de *raisonnement*. Ce sont de fausses combinaisons. Platon en donne des exemples tirés de la science des nombres. Nous n'irons pas plus loin.

Causes morales de l'erreur. — Platon, si grand moraliste, et chez lequel le côté moral n'est jamais séparé du côté intellectuel, excelle à les décrire. Sa description se trouve partout mêlée à tous les sujets où il s'agit de la sagesse, de la justice, du beau, du bien comme du vrai. Il suffit de rappeler sa maxime principale et fondamentale, la *purification*, κάθαρσις. C'est que, pour voir et contempler la vérité, il faut que l'œil soit pur, l'âme dégagée et purifiée de ses souillures. Elle se formule ainsi : A celui qui n'est pas pur, il n'est pas permis de contempler la vérité (*Phédon*).

Sur les *Causes physiques*, qu'il est loin de méconnaître, voir *Timée*, *Rép.*, *Lois*, etc.

SES REMÈDES. — La nature des causes de l'erreur en indique les remèdes. Platon n'en traite donc pas séparément. L'erreur ayant, selon lui, sa cause première dans l'ignorance, c'est celle-ci surtout que par tous les moyens il s'agit de combattre. La méthode fournit le moyen principal; la science, si elle est réelle, est infaillible. On sait comment on y arrive (voy. MÉTHODE).

CHAPITRE VIII

DE L'AMOUR

I. Sa place dans la philosophie de Platon; son rapport avec la dialectique et la théorie des idées. — Les antécédents de la théorie platonicienne. — Exposé de cette théorie. — Analyse du *Banquet*. — Les éléments de la doctrine représentés par les personnages. — II. 1° L'amour, sa puissance et ses effets. — 2° Les deux amours et les deux Vénus. — 3° L'amour au point de vue cosmologique. — 4° L'amour au point de vue physiologique et anthropologique. — 5° Défaut de ces explications. — III. La théorie platonicienne proprement dite. L'amour né du besoin chez les êtres finis. intermédiaire entre l'imparfait et le parfait. — Sa fin, le bonheur parfait; son objet, la génération dans la beauté. — Ses formes ou espèces; leur gradation. — La Beauté divine ou absolue, but suprême et dernier terme de l'amour. — L'hymne à la beauté. — Le complément de cette théorie. — IV. Son appréciation, ses mérites et ses défauts. — Comparaison avec l'amour chrétien. — L'amour platonique. — Conclusion.

I. — A la théorie des idées se rattache, par un lien nécessaire, celle de l'amour. Mêlé à toutes les autres parties du système, ce sujet doit former ici le complément de la dialectique platonicienne.

La philosophie de Platon, en effet, n'est pas ce qu'on peut appeler un pur et froid intellectualisme. L'intelligence, sans doute, y a le premier rôle; c'est par elle que l'homme, être doué de raison, se met en communication avec la vérité des idées. Mais, ainsi qu'il a été dit, l'âme, pour atteindre ce but, doit mettre en jeu toutes ses facultés; l'entendement seul n'y suffit pas. Le désir de connaître, la volonté, le sentiment doivent y participer et concourir à l'œuvre commune. Dans la notion même de la philosophie (p. 45, 64, 69), de la science véritable, l'amour s'ajoutant à la connaissance doit caractériser la sagesse humaine.

On a vu comment en obéissant aux lois de la pensée l'homme, par un effort successif de sa raison, peut s'élever, de degré en degré, jusqu'à l'idée suprême, le Bien, source de lumière et de vie (106, 128). Mais, à sa vue, l'âme ne reste pas impassible et indifférente. Elle se sent émue et attirée. L'attrait vif et puissant qu'elle éprouve, l'élan, qui la porte vers cet idéal, c'est l'amour. Le mouvement qui se produit en elle, c'est la tendance à s'unir à l'objet aimable, non seulement pour le contempler, mais s'unir à lui, le posséder et en jouir, afin de trouver en lui son repos et sa félicité. Cette vertu d'attirer les âmes qu'exerce sur elles la vue des objets où apparaît l'essence éternelle et divine, n'est pas le privilège d'une seule de ces idées; toutes la possèdent. S'il en est une qui l'ait au plus haut degré, c'est l'idée du beau, l'objet à la fois « le plus manifeste et le plus aimable », comme il est dit dans le *Phèdre*, 550, D). Mais le beau lui-même qu'est-il, sinon l'éclat ou la splendeur du bien? avec l'amour naît l'enthousiasme, qui est une sorte de délire (*ibid.*). Par là s'expliquent les autres sentiments qu'excite, dans l'âme humaine, la vue du beau et qui prennent des noms différents selon les divers objets où son idée apparaît et se rend visible.

Avant d'exposer la théorie de Platon, qui tient une si grande place dans l'histoire de la pensée humaine, il est bon d'en rappeler brièvement les antécédents, ce qui permettra de la mieux apprécier.

Ce mystérieux et universel problème de l'amour n'était pas nouveau pour l'esprit humain quand Platon entreprit de le traiter dans le sens de sa doctrine et selon sa méthode. La solution en était au fond des mythes les plus anciens. L'Amour y est donné comme étant le plus ancien des dieux ayant tiré le monde du chaos. Partout il joue un rôle considérable dans ces fables. Cette notion y était sous la forme qui leur est propre, symbolique ou énigmatique, c'est-à-dire obscure et voilée (*Phil. anc.*, LI), avec la diversité de ses sens, plus ou moins difficiles à interpréter, quelquefois même contradictoires. D'autre part, ce que, d'un si grand fait, le spectacle de la nature et l'expérience journalière mettent sans cesse sous nos yeux, dans la vie réelle, se trouvait déposé dans des sentences, maximes ou proverbes appelés gnomes, par lesquels s'exprime, non sans justesse ni profondeur, le bon sens naïf de la sagesse populaire (*ibid.*, LIX). L'art lui-même qui représente les idées sous des formes sensibles, plus transparentes que la réalité, est une sorte d'enseignement visible qui les fait entrer dans l'esprit par la porte des sens. On sait jusqu'à quel point, chez les Grecs, ce sujet avait inspiré les artistes. C'est à la poésie surtout, elle qui devance la science, qui offre à l'homme dans un tableau successif et animé, l'image idéalisée de sa vie entière, de ses intérêts, de ses idées, de ses passions, qu'il était donné de représenter celle-ci dans son développement complet, ses phases, ses conflits, etc. (*ibid.*, LX). De tout temps, l'amour fut le thème favori des poètes. Bien que sa place ne soit ni aussi grande ni la même chez les anciens que chez les modernes, l'amour, sous ses diverses formes, avec ses joies, ses souffrances, les malheurs et les tourments qu'il cause, apparaît partout dans les œuvres qu'inspire la muse la plus élevée et la plus légère. Homère, Hésiode, comme Anacréon, l'avaient chanté. Mais ni les récits épiques ni les accents lyriques, ni la mise en scène de cette ardente passion, si féconde en effets dramatiques, même avec les réflexions qui se mêlent à l'action dans la bouche des personnages, ne sauraient, pas plus que les maximes et les sentences, tenir lieu d'une véritable théorie, abstraite, raisonnée et systématique. Celle-ci, la spéculation philosophique seule est capable de la donner.

La philosophie grecque, dans sa première période, n'y était pas restée tout à fait étrangère. Chacune de ses grandes écoles avait envisagé le problème à son point de vue, cosmologique ou physique, plutôt que par le côté anthropologique et moral.

Celui-ci du moins y apparaît peu. Les Pythagoriciens, les Éléates, Héraclite, Empédocle, Parménide, avaient émis des vues générales conformes à leur système et laissé des formules devenues célèbres; mais aucun de ces philosophes n'avait embrassé le sujet dans son ensemble, ni essayé de le traiter en lui-même et pour lui-même, d'en faire l'objet d'une étude sérieuse et approfondie.

Socrate lui-même qui, pourtant, se disait expert en amour et n'avoir point d'autre science [1], n'avait, à l'appui de sa devise, émis aucune doctrine bien connue et précise qui pût la justifier. Pour ce qui est des Sophistes, s'il est vrai, comme il est dit dans le *Banquet* (177, B), qu'ils eussent tout à fait omis d'en parler (ce qui n'est guère vraisemblable), même en traitant des objets les plus frivoles (*Eloge du Sel, ibid.*), on ne pouvait attendre d'eux que ce qui était selon leur esprit et leur méthode, quelque chose d'analogue aux discours d'apparat de Lysias, leur disciple, dont l'ironie de Socrate met à nu l'inconsistance superficielle et les contradictions (*Phèdre*, 227, B).

Platon est le premier philosophe qui, méthodiquement et théoriquement, ait traité de l'Amour, en ait scruté la nature intime si complexe et si mystérieuse; il est le premier qui l'ait étudié sous ses faces diverses et ait su remonter au principe. Son nom est resté attaché à la forme la plus élevée et la plus pure, qui répond à l'idéalité de son système.

Déjà indiquée dans le *Phèdre*, le *Lysis* et en d'autres endroits (*Philèbe, Timée, Lois*), la théorie platonicienne de l'amour est exposée tout entière dans le *Banquet*, auquel elle fournit son titre. Dans ce chef-d'œuvre, sont réunies les qualités les plus diverses de son génie, celles de l'artiste, du poète et du mythologue, comme du dialecticien philosophe. Elle est mise dans la bouche des personnages qui y prennent successivement la parole, et dont le dernier est Socrate, c'est-à-dire Platon lui-même, de Socrate dont le portrait fait par Alcibiade et qui termine le dialogue, nous rend vivante, dans le contraste harmonisé de ses traits, une des figures les plus originales de l'antiquité classique. Diotime, la femme de Mantinée,

---

[1]. *Banquet*, 177, E : οὐδέν φημὶ ἄλλο ἐπίστασθαι ἢ τὰ ἐρωτικά. Cf. *Théagès*, 128, B. « Je ne sais rien, pour ainsi dire, si ce n'est une petite science, l'amour; mais dans cette science j'ose me vanter d'être plus profond que tous les hommes d'autrefois et d'à présent. »

de qui Socrate dit avoir appris toute sa science de l'amour (201, D), qui l'a initié aux mystères (*ibid.*), est là pour personnifier ce que la tradition religieuse ajoute à la spéculation philosophique. Elle achève ce que celle-ci ne fait qu'entrevoir et ne saurait préciser. Quant à la pensée propre du philosophe, si l'on se reporte à la théorie générale, celle des idées, il est aisé de la reconnaître et de la dégager. Mais surtout, ce qu'il ne faut pas perdre de vue, c'est le caractère, souvent signalé, de cette méthode, qui est, on le sait, non d'exclure, mais au contraire de concilier les opinions diverses ou même opposées qui sont mises en scène, et, après en avoir montré le côté faible ou l'insuffisance, de les unir dans une doctrine supérieure, dont le lien est le point principal de la théorie. Nulle part, moins que dans le *Banquet*, cette méthode n'est dissimulée et plus heureusement pratiquée.

Aussi ce qu'il y a de mieux à faire est d'extraire de chacun de ces discours, le contenu abrégé, en insistant particulièrement sur le dernier qui est le point essentiel de la théorie platonicienne, et en observant la gradation qui y est elle-même clairement marquée.

II. — 1° Ce qui frappe d'abord dans l'amour (disc. de *Phèdre*), c'est sa puissance, son action bienfaisante et universelle. Aussi, les poètes l'ont chanté, les théologiens en ont fait le plus ancien des Dieux. Les Dieux eux-mêmes sont soumis à son empire. Rien de grand et de beau ne se fait sans l'amour. Il enflamme les courages et inspire les dévouements les plus sublimes. Ce n'est pas seulement Orphée descendant aux enfers pour en ramener Eurydice; ce sont aussi des femmes, Alceste qui meurt à la place de son mari. Achille et Patrocle fournissent d'autres exemples. L'amour, dit la fable, est le plus ancien et le plus puissant des Dieux, πρεσβύτατος καὶ κυριώτατος.

2° Un simple aperçu, et c'est encore la fable qui le fournit, fait distinguer en lui deux formes ou espèces qui répondent à deux espèces de beauté; car l'amour accompagne toujours la beauté et la beauté n'est pas sans l'amour : οὐκ ἔστιν ἄνευ ἔρωτος Ἀφροδίτης. En lui-même l'amour n'est ni beau ni laid, il est beau ou laid selon son objet : beau, s'il est honnête, laid, s'il est déshonnête. Il est honnête si c'est l'âme qui est son objet, laid si c'est du corps qu'il fait son idole. Il y a deux Vénus, l'une, la Vénus populaire ou *démotique*, l'autre, la Vénus *céleste*, πάνδημον καὶ οὐράνιον (180, E), comme la fable le reconnaît, l'une plus âgée, fille de Jupiter et sans mère, ἀμήτηρ; l'autre qui suit le corps est plus jeune. De même aussi il y a deux amours, δυό ἔρωτα, l'un l'amour du *corps*, l'autre l'amour de l'*âme*, τῆς ψυχῆς. Ce qui est remarquable c'est que l'amour d'une belle âme lui reste fidèle toute sa vie, tandis que l'amour du corps s'affaiblit à mesure que lui-même vieillit et s'affaiblit. L'amour vicieux est passager; la beauté du corps est une fleur qui passe vite et se fane : la beauté de l'âme est durable et ne se flétrit jamais. Donc l'amour est beau si l'on aime selon les règles de l'honnêteté.

Pourquoi faut-il qu'à une si belle et si pure doctrine soient associés des images et des exemples en contraste avec elle et qui la déparent? Le vice antique, que Platon ailleurs flétrit et condamne, y est donné comme la chose la plus naturelle et la plus honnête. Le moraliste a beau faire, même avec le correctif qui le transforme en amitié, son objet étant selon lui l'âme seule dont la beauté corporelle n'est que l'image ou l'emblème, le simple récit d'une passion semblable et les traits qui s'y mêlent nous choquent et nous révoltent.

Ainsi se continue ce parallèle dont Aristote lui-même s'est servi pour sa théorie de l'amitié (*Eth. Nic.*, X et XI). De ces deux amours, l'un est libre, l'autre est esclave. Car la servitude volontaire où l'on s'engage pour la vertu est la liberté véritable. Ce n'est pas tout, l'amour doit donner la science et la vertu à celui qui s'y attache, qui aime et désire la sagesse. « Tant il est beau d'aimer pour la vertu. C'est le plus beau des amours. » (185, B.) Cet amour est celui de la Vénus céleste. Il est céleste lui-même. Il est utile aux États comme aux particuliers parce qu'il oblige l'amant et l'aimé à veiller sans cesse sur eux-mêmes et à se rendre véritablement vertueux. Tous les autres appartiennent à la Vénus populaire (*ibid.*).

Tout cela est bien socratique et platonicien. Mais il sera pour nous toujours très difficile d'accorder le fond avec la forme en conservant celle-ci et de rester dans les limites de l'amour purement platonique.

3º Mais c'est encore trop restreindre le rôle de l'amour et ses effets. Si on l'envisage d'une façon plus générale au point de vue de la science (*Erysimaque*), il apparaît tel que l'ont considéré les anciens savants, physiciens ou médecins. L'amour y est donné comme la grande *loi de l'univers*, physique et moral. Ainsi en est-il aussi dans les anciens mystères orphiques, etc. L'amour y est l'*harmonie* des *contraires*. Héraclite l'avait ainsi formulée : l'amitié et la *discorde*, φιλία καὶ ἔρις.

La même pensée était exprimée symboliquement dans la mythologie. Esculape, le dieu de la médecine et de la musique, en est la personnification, dans l'harmonie de l'arc et de la lyre, ὥσπερ ἁρμόνιαν τόξου καὶ λύρας (*ibid.*). Dans Platon, cette conception prend une forme supérieure. C'est l'unité de l'*idée* qui, en se développant, se divise et retourne à elle-même, est ramenée à l'unité. Platon le dit : « Il y a nécessité d'une conciliation. Autrement tant que l'opposition subsiste entre les choses, elles ne peuvent s'accorder (*ibid.*). » Les pythagoriciens déjà l'avaient aperçu. La triade pythagoricienne opère cette réunion (*Phil. anc.*). L'amour réalise cet accord des contraires : ἔρωτα καὶ ὁμόνιαν ἀλλήλων ἐποιήσατο (187, C). Ainsi s'explique sa puissance universelle. Cette puissance, qui partout se fait sentir dans la nature : en astronomie, en médecine, dans les arts, dans la divination, etc. Elle régit les actes humains, la vie humaine tout entière soit privée, soit publique. Là aussi règne la même loi et c'est ici surtout que la distinction des deux amours a son importance. Aussi l'éducation y est soumise. « L'éducateur y fera l'attention la plus grande. S'il est un habile artiste, il devra encourager l'amour légitime et céleste, celui de la Muse Uranie. » (Cf. *Rép.*, VII; *Lois*, II, VII.)

4º Mais cela ne donne pas encore le secret de l'amour, surtout au point de vue physiologique ou anthropologique. En sondant son *origine* peut-être y réussira-t-on mieux. Cette origine, elle est racontée diversement par les poètes et les mythologues dans les fables inventées pour la symboliser.

Et cependant tous s'accordent sur un point, l'*unité primitive* du genre humain qui, s'étant divisée, cherche à se reconstituer. L'amour est le besoin du retour à l'unité. L'amour nous ramène a notre unité primitive. Platon qui met cette explication dans la bouche d'*Aristophane*, pour se conformer à l'esprit et au procédé de son art, lui donne une forme burlesque : dans la fable de l'homme *androgyne*, il est aisé de reconnaître la pensée du philosophe.

L'unité primitive y est symbolisée. C'est la raison de l'universelle sympathie qu'éprouvent les uns pour les autres tous les membres de la grande famille humaine : ὁ ἔρως ἐμφύτος ἄλληλοις ἀνθρώποις. C'est celle aussi de l'amour proprement dit : de l'amour restreint, exclusif, borné à deux êtres, de l'amour sexuel, comme de l'amitié proprement dite. Il tend à faire de deux un seul, ἐπιχειρῶν ποιῆσαι ἓν ἐκ δυοῖν (191, D). Car si le semblable cherche son semblable, c'est aussi le dissemblable. L'harmonie réside dans cette opposition ellemême ramenée à l'unité. L'amour a pour principe la tendance des êtres finis à chercher dans les êtres qui leur ressemblent le complément des qualités qui leur manquent.

La force ainsi s'unit à la faiblesse et à la douceur; l'énergie virile, à la grâce féminine; la raison s'allie au sentiment, etc. Le but poursuivi est toujours l'union de deux natures d'essence diverse bien qu'identiques, le désir de deux êtres différents et semblables, de se fondre ensemble, de ne faire qu'une personne de deux êtres réunis, ἀντὶ δυεῖν ἕνα εἶναι (192, E).

Platon emploie les expressions les plus fortes, depuis tant de fois reproduites par les moralistes (Aristote, Plutarque, Plotin, Montaigne, etc.).

Avec le fait en est aussi donnée la cause. Cette cause, c'est que, à l'origine, notre nature primitive, ἀρχαία φύσις, était une et parfaite; c'est que nous étions un tout complet. « On donne le nom d'amour au désir ou à la poursuite de cet ancien état » (193, A).

5° Toutes ces explications, la tradition mythologique, le bon sens, la science même, l'opinion raisonnée les avaient émises. Le problème, en quelques-unes de ses faces, y est résolu, mais non d'une façon satisfaisante. Leur principal défaut, c'est de n'être pas vraiment philosophiques. L'absence de méthode dans la recherche s'y fait sentir; l'amour d'ailleurs y est considéré plutôt dans ses effets que dans sa nature véritable. Or, avant d'énumérer les avantages d'une chose, il faut savoir quelle est sa nature vraie et première, πρῶτον φύσιν (195, E), ou son essence, οὐσιαν. D'où la nécessité de changer de méthode.

Avant de donner la parole à Socrate à qui revient cette tâche, Platon fait parler Agathon, le poète tragique, en l'honneur de qui la fête est donnée et qui y préside. Il représente l'*opinion* vraie, ὀρθὴ δόξα, qui n'est pas encore la science, mais la devance et y prépare (*supra*, 65). Ce qu'il peut faire est de marquer la transition, d'ouvrir la voie à un plus habile que lui, au vrai théoricien ou au philosophe. Lui, le poète inspiré, pour rester dans son rôle, en appellera encore à la mythologie, à la tradition, aux anciens discours. Mais la réflexion dont il est doué, lui fait déjà très bien remarquer qu'il y a contradiction dans ce qu'ont dit les autres avant lui.

L'amour, a-t-on dit, est le plus ancien des dieux. C'est le contraire qui est vrai. Est-il même un dieu? Ce qui est bien plus selon la vérité, c'est que l'amour est le plus jeune des dieux, qu'il se plaît dans la jeunesse; c'est qu'il s'attache à la beauté parce qu'il ne peut produire dans le désordre et la laideur; il est tendre et délicat, d'une essence subtile, il pénètre dans les cœurs. De même il est inoffensif, circonspect, bienveillant; il est juste, tempérant, fort, habile en expédients. Il est le lien des familles et des sociétés, le principe de la concorde et de la paix. Il inspire les poètes et les artistes; son but est la production dans la beauté, c'est de procurer aux êtres mortels une sorte d'immortalité terrestre.

Tout cela est d'une parfaite justesse; c'est tout ce qu'un poète bien inspiré peut dire; mais cela ne peut satisfaire un philosophe. Ce sont autant de faces diverses du sujet, des qualités, les unes plus extérieures, les autres plus profondes, d'un même fait qui n'a pas livré son secret et dont le principe est à trouver et à définir, comme on doit savoir en déduire les conséquences et en tirer la conclusion.

III. — 6° L'explication dernière et définitive est réservée à la philosophie. La dialectique sera la vraie méthode. C'est à Socrate (Platon) qu'il appartient de trouver la vraie solution du problème.

Quelle est donc la vraie nature de l'amour? Il s'agit ici de l'amour tel que nous le connaissons en nous, non en Dieu, l'être parfait. La vérité est que l'amour chez tout être fini, non parfait, est un besoin, qu'il provient d'un manque ou défaut, c'est-à-dire d'une imperfection sentie. Ainsi conçu, il se confond avec le *désir*, ἐπιθυμία, lui-même né du *besoin*, ἔνδεια. Il a pour objet ce qui doit le satisfaire, « la plénitude ou l'abondance ». Ce que l'être imparfait désire, c'est de posséder la perfection qui lui manque. En soi donc, l'amour n'est ni bon ni mauvais, ni immortel ni mortel ; mais il est le lien de deux termes qui se fuient et se rapprochent sans cesse, le fini et l'infini, la négation et l'affirmation, le néant et l'être. L'amour ainsi conçu est un *intermédiaire*, μεταξύ, entre l'*imparfait* et le *parfait*; il est le lien qui les unit. C'est ce qu'explique très bien un autre mythe qui contredit le précédent.

L'amour y est le fils de la *Pauvreté*, πενία, et de πόρος, le Dieu de l'*abondance*. Lui-même est un demi-dieu, un *démon*, non un dieu. Dieu étant parfait n'a besoin de rien; parfait il est heureux. L'amour en général est « le désir de ce qui est bon et nous rend heureux. C'est là le grand et séduisant amour inné dans tous les cœurs, μέγιστός τε καὶ δολερὸς ἔρως παντί. » (205.)

L'amour tend au bonheur, il aspire à la félicité, c'est la soif de l'infini qui est le fond de l'amour chez tout être fini, qui aspire au parfait sentant son imperfection.

« La nature mortelle cherche, autant qu'il est en elle, à être immortelle, ἡ θνητὴ φύσις ζητεῖ κατὰ τὸ δυνατόν ἀεί τε εἶναι καὶ ἀθάνατος. » (207, D.)

Ainsi l'amour suppose à la fois ce qu'il a et ce qu'il n'a pas. La science en fournit un exemple. L'ignorant, s'il n'en avait aucune idée, ne la chercherait pas. Il a l'idée d'un bien qu'il n'a pas, mais que sa nature réclame, sans quoi il ne voudrait pas avoir ce qu'il ne possède qu'en partie. Sa demi-ignorance l'invite à chercher la vérité totale. L'aspiration au vrai suppose que déjà on le connaît. L'amour n'est pas sage, mais il est philosophe. La philosophie est l'amour de la sagesse. L'amour naît et périt pour renaître, vivre et mourir.

Quel est son objet? L'objet de l'amour, on l'a dit, c'est la *génération* par le corps et par l'esprit, la production dans la *beauté*, τόκος ἐν καλῷ (206, B); car la beauté, c'est le signe de l'ordre; elle-même est harmonie. C'est : 1° la tendance à revivre par le corps dans des êtres semblables à nous; 2° à se perpétuer par l'esprit dans des œuvres dignes elles-mêmes de vivre ou d'être conservées. Ultérieurement et finalement, c'est le désir de l'*immortalité*. Tout être mortel, autant qu'il est en lui, cherche à se la procurer. Les hommes la poursuivent sous des formes diverses selon la diversité de leurs facultés et de leurs caractères. Ceux-ci, qui veulent revivre par le corps, s'attachent à la beauté corporelle; d'autres préfèrent la beauté intellectuelle. Féconds par l'esprit, ils produisent la sagesse et la vertu.

Mais le vrai principe et la fin de l'amour, son objet véritable c'est la *beauté absolue*, la beauté *éternelle ou divine*. L'amour suit cette gradation. Les divers genres de beauté ne sont que des degrés pour y arriver. Ces degrés, Platon les marque et les décrit avec soin selon sa méthode. 1° C'est la beauté *physique*, celle des beaux corps; mais celle-ci n'est pas dans une forme individuelle, elle est dans la forme générale qui s'offre en plusieurs individus, dépouillée de ses imperfections, purifiée de ses taches.

2° De ce genre de beautés considérées dans leur type, non dans leur individualité, mais où déjà reluit l'idée du beau, l'esprit s'élève à la beauté de l'âme, qui se traduit et se manifeste par les beaux sentiments, les actions éclatantes, les belles œuvres où rayonne le génie, les actes où se fait admirer l'héroïsme, etc.

3° Au-dessus est le beau intellectuel, là où il s'agit vraiment des créations de l'esprit, dans leur plus haute généralité, la beauté des lois, des sciences, etc.

4° Mais toutes ces beautés elles-mêmes ne sont que des degrés et des formes par lesquels la raison, dans sa marche ascensionnelle, en vertu d'une dialectique naturelle, doit passer avant de parvenir à la beauté unique, celle qui est la vraie beauté, la beauté suprême, dont celles-ci ne sont que des images, des reflets et des ombres. Indépendante des temps et des lieux, immuable et incréée, elle est la beauté dont toutes les autres dérivent, celle à laquelle elles aspirent à s'unir, dont l'union seule peut procurer la paix et la félicité. Socrate (Platon), ici, par la bouche de la femme inspirée qui l'a initié aux mystères de l'amour, adresse à la beauté divine une espèce d'hymne, partout cité et que tout le monde connaît. Nous-même ne pouvons nous dispenser d'en reproduire quelques paroles comme complément de cette imparfaite analyse [1].

Pour achever cette théorie, il y aurait à joindre ce que Platon dit ailleurs : 1° dans le *Phèdre*, 241 de l'*enthousiasme* que fait naître la vue du beau dans l'âme qui s'est élevée jusqu'à son idée; de l'espèce de *délire*, μανία, propre à l'amour et aux amants (*ibid.*), « des ailes de l'âme » qui la portent vers la région supérieure des idées (*ibid.*); de ce qui est plus figuré encore, « de l'attelage et des deux coursiers, du cocher qui les dirige » (*ibid.*, 254), etc. 2° Dans le *Lysis*, le sujet est l'*amitié* et la définition répond à celle de l'amour, comme étant le désir de la perfection, etc. 3° Il y aurait

---

[1]. « Celui qui dans les mystères de l'amour s'est avancé jusqu'au point où nous en sommes par une contemplation progressive et bien conduite, parvenu au dernier degré de l'initiation, verra tout à coup apparaître à ses regards une beauté merveilleuse qui est la fin de tous ses travaux précédents : beauté éternelle, non engendrée et non périssable, exempte de décadence comme d'accroissement, qui n'est point belle dans telle partie et laide dans telle autre, belle seulement en un temps, dans tel lieu, sous tel rapport, belle pour ceux-ci, laide pour ceux-là, beauté qui n'a point de forme sensible.... Quand de ces beautés inférieures on s'est élevé par un amour bien entendu jusqu'à la beauté parfaite et qu'on commence à l'entrevoir, on n'est pas loin du but de l'amour. En effet, le vrai chemin de l'amour est de commencer par les beautés d'ici-bas et, les yeux attachés sur la beauté suprême, de s'y élever sans cesse en passant, pour ainsi dire, par tous les degrés de l'échelle, d'un seul beau corps à deux, de deux à tous les autres, des beaux corps aux beaux sentiments, des beaux sentiments aux belles connaissances, jusqu'à ce que de connaissances en connaissances on arrive à la connaissance par excellence, qui n'a pour objet que le beau lui-même et qu'on finisse par le connaître tel qu'il est en soi. O mon cher Socrate, continue l'étrangère de Mantinée, ce qui peut donner du prix à cette vie est le spectacle de la beauté éternelle. Auprès d'un tel spectacle que seraient l'or et la parure, etc.? Je le demande, quelle ne serait pas la destinée d'un mortel à qui il serait donné de contempler le beau dans sa pureté et sa simplicité, à qui il serait donné de voir face à face la beauté divine? » — Trad. Cousin.

Telle est la théorie platonicienne du *Banquet*. Le reste est un épilogue.

aussi à citer d'autres passages du *Philèbe*, des *Lois*, de la *République*, du *Phédon*, où l'amour pur, l'amour vraiment platonique, inséparable de la vertu, est opposé à l'amour sensuel, cette passion intempérante et fougueuse dont l'objet est la volupté et qui engendre d'insatiables désirs. L'amour pur chez Platon, sans doute, est désintéressé, mais lié à un certain degré à l'attrait de la beauté physique. 4° On doit aussi mentionner ce qui est relatif à l'amour contre nature que Platon condamne sévèrement (*Lois*), quoiqu'il se conforme aux habitudes de son temps et lui emprunte ses comparaisons. 5° Enfin ce qui dans la partie psychologique concerne le θύμος, ce principe des affections nobles et généreuses, ne serait pas à négliger dans cette théorie, l'amour ayant été donné par les moralistes comme le principe unique de toutes les passions (Bossuet, *C. de D.*, I, § 6; Malebr., *Rech. de la Vér.*, V, ix).

On aura occasion ailleurs d'y revenir. Mieux vaut ici l'apprécier dans sa généralité et, à cet effet, la comparer à ce qui est le plus propre à en faire ressortir le mérite et l'insuffisance, à l'amour chrétien, dont la nature et les effets bien connus donnent un intérêt particulier à ce parallèle.

IV. — Un mérite plus haut démontré et, selon nous, trop souvent oublié, de cette théorie c'est d'avoir été la première en date dans l'ordre de la pensée spéculative ou philosophique.

A-t-elle été beaucoup dépassée? Ce qui est évident, c'est qu'elle est la source commune où tous les successeurs de Platon, platoniciens ou non-platoniciens, philosophes des diverses écoles, moralistes, théologiens, etc., ont puisé, souvent en se bornant à la reproduire et à la commenter, plus souvent encore en l'affaiblissant, l'altérant, la défigurant ou l'exagérant.

La partie empirique, cela va sans dire, a dû s'enrichir des observations de la science, etc. Au point de vue théorique, elle a pu se modifier dans le sens propre de chaque système. On ne voit pas toutefois que le fond essentiel ait varié. Elle reste la même dans ses points principaux, au moins pour l'idéalisme; ce qu'un court examen suffit à justifier.

1° L'amour, pour Platon, dans sa vraie nature, c'est le

désir de s'unir au divin, de participer au bonheur parfait qui n'existe que dans Dieu. Son origine est le besoin des âmes sorties de l'essence divine, de retrouver dans cette union avec l'être parfait, la félicité dont il jouit et qui est un de ses attributs. L'amour ainsi conçu n'existe pas dans Dieu, auquel rien ne manque, puisqu'il est la perfection même. En Dieu, l'amour, c'est sa bonté qui lui fait créer des êtres semblables à lui et communiquer à ses créatures, autant qu'il est possible, à des degrés différents, quelques-unes de ses perfections. Dans celles-ci, c'est toujours l'aspiration au bonheur, la soif de l'infini qui partout cherche à s'apaiser et se satisfaire, mais qui ne trouve cet apaisement que dans l'union complète avec celui qui est la source de tout bien comme il est la beauté et la bonté absolues.

Sauf le matérialisme, qui est aussi l'athéisme, on ne voit pas trop ce que, je ne dis pas le spiritualisme chrétien, dont le dogme est identique, mais l'idéalisme de toutes les écoles qui se sont succédé dans la philosophie ancienne et moderne, a trouvé à redire à cette conception dans cette généralité. De même le mysticisme et le panthéisme ont pu exagérer; mais l'idée principale et fondamentale n'a pas été sérieusement attaquée ni remplacée.

Lui-même Epicure n'admet-il pas un idéal de bonheur parfait dans la conception de ses dieux, et cela pour répondre à l'idée et à la croyance communes? (Voir, dans Diogène Laërce, la *lettre* à Ménécée).

Un des grands mérites de Platon, selon nous, c'est précisément d'être resté dans les limites d'un idéalisme sage et modéré, où le principe peut seulement être accepté de la raison et du bon sens. L'union en effet, chez lui, ne va pas jusqu'à l'identification complète de l'un des termes dans l'autre, au point de s'y perdre ou de s'anéantir. Encore moins sa dialectique, malgré sa tendance abstraite, le conduit-elle jusqu'à ce degré de perfection chimérique où les deux termes s'absorbent dans l'unité d'un principe soi-disant supérieur, lui-même sans conscience ni personnalité. On ne voit pas que Platon (je ne dis pas ses successeurs) ait donné dans cet excès, ce qui est l'inévitable écueil du panthéisme ou d'un mysticisme exagéré (Plotin, Schelling, etc.). Il faut le reconnaître et lui en savoir gré. Partout au contraire est maintenue avec la dualité la distinction. On n'a pas le droit (Teichmüller) de lui attribuer ce qui n'est ni de son langage, ni de sa doctrine, telle que lui-même l'a exprimée.

Un autre genre de mérite où Platon est bien lui-même et de Socrate le vrai disciple, c'est la condition expresse qu'il met à cette union finale de l'âme avec Dieu et à la félicité qui doit en être le résultat. Le passage est trop caractéristique pour ne pas devoir être cité.

« Et ce n'est pas seulement en contemplant la beauté éternelle, avec le seul organe par lequel elle soit visible, qu'il pourra y enfanter et y produire non des images de vertus, parce que ce n'est pas à des images qu'il s'attache, mais des vertus réelles et vraies, parce que c'est la vérité toute seule qu'il aime. Or, c'est à celui qui enfante la véritable vertu qu'il appartient d'être chéri de Dieu. C'est à lui plus qu'à tout autre homme qu'il appartient d'être immortel. » (*Phèdre*.)

Ainsi c'est la vertu active, non la contemplation oisive et mystique, que Platon donne ici comme le moyen efficace d'arriver à l'immortalité.

2° Qu'on examine les *formes* de l'amour, qui, chez Platon, n'est pas seulement ce qui s'appelle l'amour platonique, et les degrés successifs pour arriver au bonheur suprême, son analyse n'est pas moins exacte. Aucune des formes principales, dans sa généralité, n'est omise et chacune est bien ce qu'elle doit être et à sa place.

Au degré le plus bas est l'amour physique, le besoin d'engendrer et de se perpétuer, de se procurer une sorte d'immortalité terrestre par la procréation d'êtres semblables à nous, dans lesquels notre existence se prolonge et se renouvelle. C'est aussi d'assurer par l'union des sexes la perpétuité de l'*espèce*[1].

Aristote ne dit pas autrement et après lui tous les physiologistes ou les naturalistes. On sait en quels termes Platon décrit cette loi et ses effets, la puissance de l'instinct de reproduction

---

[1]. On sait que, dans Schopenhauer par exemple, tout dans l'amour est ramené au penchant sexuel, qui a pour but la volonté aveugle de perpétuer l'espèce. (Die Welt....)

dans tous les êtres de la nature vivante ou animée. « N'as-tu pas remarqué dans quel état étrange se trouvent tous les animaux volatiles ou terrestres quand arrive le désir d'engendrer ? » etc. (207.)

Ce qui est dit des degrés supérieurs de l'amour, de sa forme morale et spirituelle n'est qu'indiqué, mais rattaché au même principe et par là très bien motivé. C'est le besoin des êtres intelligents de s'immortaliser soit dans des actes éclatants ou par des œuvres du génie propres à perpétuer notre nom dans les âges futurs, soit à nous procurer une immortalité plus réelle dans une autre vie.

3° Tout cela devenu lieu commun trouverait difficilement des contradicteurs parmi les observateurs de la nature humaine et les vrais moralistes.

Dans tous ces cas et sous des formes diverses, l'amour n'est toujours qu'un intermédiaire, un *terme moyen* entre le *fini* et l'*infini* destiné à rapprocher l'un et l'autre comme le veut la théorie générale socratique et platonicienne.

Platon ne peut être contredit quand il affirme que c'est toujours la présence de la beauté, soit physique, soit morale ou intellectuelle, qui est la condition de l'amour à tous ces degrés. La raison qu'il en donne, c'est que l'idée du beau est à la fois celle qui a le plus de splendeur ou d'éclat; elle est la plus visible et la plus aimable. Elle-même est harmonie. C'est la génération dans la beauté que l'amour désire. Ainsi s'expliquent l'universelle puissance et son rôle dans la création entière. C'est, comme l'avaient vu les premiers physiciens, la loi universelle des êtres. Elle régit l'ensemble comme toutes les parties de l'univers. Elle y est la loi d'*attraction* qui unit le semblable au semblable, mais aussi le dissemblable; ce qui est l'harmonie véritable. Cette loi d'un accord mutuel fait cesser le désaccord et ramène à l'unité ce qui est partout diversité, opposition, antagonisme. La théorie des idées nous a familiarisés avec cette solution métaphysique du problème.

4° Une autre explication conforme à la métaphysique du système est celle du dualisme de la *matière* et de l'*esprit*. La matière indigente ou informe reçoit sa forme de l'esprit qui l'ordonne et l'organise. C'est l'élément indéterminé, le non-être relatif. Le dieu de l'abondance, c'est-à-dire l'idée, la rend visible, la détermine et la régularise. Les métaphysiciens (les alexandrins, Plotin) insistent beaucoup sur ce côté de la théorie.

Ce ne sont là, il est vrai, suivant Platon, que les degrés qui conduisent à la beauté suprême où toutes les beautés se réunissent. Cette beauté elle-même est invisible, sans formes. L'intuition intellectuelle, cet acte supérieur et définitif de l'intelligence, seule peut la faire contempler. Sur ce point comme pour le Bien (*supra*), la critique réaliste a dû se concentrer. Nous renvoyons à ce qui a été dit ici de la dialectique (*supra*, 109).

On y arrive par les degrés que Platon indique et qui se terminent par l'hymne que l'on connaît. Le reste s'exprime symboliquement. Ce que la science n'explique pas ou ne saurait tout à fait expliquer, revêt cette forme qui lui convient (*supra*). Ce qui est en même temps d'une métaphysique abstraite, la partie la plus élevée du système, s'accommode de cette forme qui s'adresse aux initiés. Quel est en effet le but de ce *mythe*, de la naissance de l'Amour, fils de la Pauvreté? Très claire dans sa généralité, l'idée, dans ses accessoires, le jardin de Jupiter, les noces de Vénus, etc., l'est moins et a dû prêter aux interprétations diverses. Nous n'avons pas à les reproduire [1].

Nous ne nions pas, pourtant, les côtés faibles de cette théorie. Il est clair que, comme l'ensemble du système, et la théorie plus générale qui en est la base, elle offre prise aux critiques qui lui ont été adressées.

Ce qu'on peut faire ici c'est de signaler, en essayant de la motiver, ce qui a été dit bien des fois et ce que l'histoire entière démontre : l'infériorité de l'*amour platonicien* vis-à-

---

[1]. L'explication que donne Plotin (*Ennéades*) est ainsi conçue : « L'Amour existe nécessairement depuis que l'âme existe elle-même, et il doit son existence au désir, ἔφεσις'. C'est un être mixte. Il participe à l'indigence parce qu'il a besoin de se rassasier, et il participe aussi de l'abondance parce qu'il s'efforce d'acquérir le bien qui lui manque encore. On a donc raison de dire que l'Amour est fils de Poros et de Penia. Ce sont en effet le manque, le désir et la réminiscence des raisons (idées) qui, réunis dans l'âme, y ont engendré cette aspiration vers le Bien qui constitue l'amour. Il a pour mère Penia, parce que celle-ci est l'indigence complète, l'indétermination même qui caractérise le désir du Bien. »

vis de l'*amour chrétien*, malgré les ressemblances et même l'identité remarquables en tout ce qui précède.

Le côté faible de l'amour *platonique* ou *platonicien*, qui éclate dans cette comparaison, c'est ce que l'on peut qualifier par ces deux mots : la *froideur* et l'*exclusivité*.

1° La flamme qui caractérise l'amour chrétien lui fait défaut; le mot qui sert à le désigner et le caractérise, la *charité*, perdrait ici son sens et serait impropre à la définir. Il est facile de le démontrer et de s'en rendre compte.

La théorie platonicienne, il est vrai, débute par un magnifique éloge où l'amour est donné comme étant le mobile des plus belles actions et des plus sublimes dévouements (Alceste, etc.). Mais outre que les exemples sont rares où cet amour apparaît, la cause n'en est pas donnée; on ne voit pas ce qui le fait naître et inspire de pareils actes. Platon, il est vrai encore, invite, sans cesse, à la vertu, en vante la beauté; il fait de la vertu la condition de la vie heureuse; l'union avec Dieu et la félicité sont à ce prix. Son dieu, le dieu de la théorie des idées, est le souverain bien. La bonté, qui est son premier attribut, est aussi le motif qui le décide à sortir de lui-même et à créer le monde.

Mais de la hauteur où il se tient, il ne descend pas; il ne s'abaisse pas jusqu'à ses créatures. Comment dès lors naîtra chez elles cet amour qui, comme il le dit fort bien, rapproche l'un de l'autre le mortel et l'immortel, le fini de l'infini, et l'imparfait du parfait? Comment cela se fera-t-il, si l'on descend jusqu'aux derniers degrés de l'imperfection humaine?

On ne le voit pas; le problème reste non résolu.

Ce point étant capital dans la théorie platonicienne, on nous permettra d'y insister.

L'amour platonicien, disons-nous, part d'en bas pour s'élever en haut; il ne descend pas d'en haut pour aller en bas. Il n'en descend pas pour allumer ce feu sacré qui embrase les cœurs, qui rend capables des plus sublimes dévouements les plus simples souvent et les plus humbles créatures qui n'appartiennent pas moins à l'humanité, et cela à tous les degrés, en toutes les conditions, sous tant de formes diverses. On ne voit pas comment, en cet état d'imperfection ou d'abaissement, il leur est donné de remonter si haut jusqu'à la source première de l'amour et du bien. Dans le dogme chrétien, au contraire, c'est Dieu lui-même qui, ayant créé le monde aussi parce qu'il était bon, va plus loin dans sa bonté. Dieu s'abaisse jusqu'à sa créature, la pénètre, l'attire à lui, et, si elle a failli, la relève de sa chute. Or, ceci, c'est le miracle de l'amour divin. Dans le platonisme, les âmes tombées qui s'unissent à des corps se relèvent toutes seules de leur chute ou ne se relèvent pas. Les unes perdent leurs ailes, les autres les recouvrent. Elles s'en tirent comme elles peuvent. Il n'y a qu'à relire le mythe du *Phèdre* pour s'en convaincre et voir la différence (245-249).

Platon le dit très bien (c'est sa théorie) : l'amour est l'intermédiaire entre le fini et l'infini, l'humain et le divin ; il est le lien qui les rapproche et les unit. Ce qu'il ne dit pas, c'est comment l'union est possible et s'établit. Malgré tout, la distance subsiste, l'abîme n'est pas comblé. Dans l'amour chrétien la distance est comblée et on a vu comment. La créature se trouve en communication directe avec le créateur et cela d'une double manière : 1° par l'acte de la bonté divine devenue ainsi *créatrice*, 2° surtout par l'*incarnation* du Verbe, qui s'immole pour racheter la créature tombée. Non seulement la distance est franchie, mais l'*humain* et le *divin* s'associent ; un lien de confraternité, sinon d'égalité, avec la nature divine est formé. L'amour en est le principe. — Anthropomorphisme, mysticisme, dira-t-on. Mystère *inaccessible* à la *raison* humaine ! — Soit, mais le problème n'est pas moins en fait résolu. Il l'est mystérieusement, symboliquement, si l'on veut, d'une manière que la raison conçoit ou non, mais réelle et historique. C'est le grand événement de l'histoire du monde. Je n'insiste pas davantage sur ce sujet qui appartient à la théologie chrétienne ; mais le devoir de l'historien est de constater le fait et de faire saisir la différence ; elle est capitale.

Si l'on veut de ceci la preuve palpable, elle est dans le *Timée*. Dieu ne crée pas le monde tout entier, il laisse aux dieux inférieurs (les jeunes dieux) le soin d'achever son œuvre (p. 43), de veiller à la conservation et à l'observation de ses lois ; de donner à l'âme humaine les perfections qui lui manquent. La destinée des hommes y est comprise. Lui, le Souverain bien, rentre dans son éternel repos, ἔμενεν ἐν τῷ ἑαυτοῦ κατὰ τρόπον ἤθει (42).

Ainsi placé sur les hauts sommets de sa dialectique, Platon, non plus que son Dieu, ne sait pas et ne peut en descendre. Aussi sa théorie de l'amour reste froide; elle est, on peut le dire, impuissante et inféconde. Elle ne saurait être, je l'ai dit, celle du feu divin qui embrase les âmes, leur fait accomplir des œuvres au-dessus de l'humanité et, par ces œuvres, leur prépare et leur fait mériter le retour à Dieu dans l'union qui achève leur destinée.

2° Le second défaut de cette théorie, en partie conséquence du premier, savoir, son *exclusivité*, ailleurs (*Politique*) plus manifeste, peut en quelques mots ici se caractériser.

Cette exclusivité tient précisément à ce qu'elle est une théorie philosophique, non une doctrine religieuse. A ce titre, elle est faite pour une élite, pour quelques-uns, non pour tous les membres de la grande famille humaine. Elle s'adresse à des esprits spéculatifs, capables de la comprendre et de s'y conformer, non à tous les hommes, à l'humanité tout entière. C'est l'amour philosophique, comme lui-même l'appelle. Or, il n'est pas donné à la foule d'être philosophe (*Rép.*). Elle est faite pour les grands, non pour les humbles et les petits, pour la race humaine tout entière. Malgré tout son génie, qui élargit son regard et lui fait devancer les temps, Platon ici encore est Grec et reste Grec. Il l'est par sa manière étroite de concevoir la société humaine. Pour lui, en effet, ce qui, quoique humain, n'est pas Grec, est barbare, comme il en sera de l'esclave. Ce qui est en dehors du monde grec ne l'occupe pas ou n'éveille pas sa sympathie. S'il est philanthrope, c'est à la manière de Socrate (*Phil. anc.*, 133). Ce qu'on voit poindre chez les Cyniques, malgré leur orgueil et le mépris des autres, l'idée *cosmopolite* n'est pas la sienne. La vue des misères humaines ne va pas jusqu'à troubler sa sérénité. Le sentiment de bienveillance universelle qui chez les Stoïciens s'élève au-dessus de la nationalité, la *caritas generis humani*, qui n'est pas encore le vrai amour chrétien, n'existe pas pour le philosophe grec disciple de Socrate. Pour lui l'humanité est le monde grec.

Son système, d'ailleurs, de sa nature aristocratique et séparatiste, si ce mot peut être employé, est contraire à cette idée. Loin d'unir ou de rapprocher les membres de la société humaine, comme étant de nature identique et de même origine, il les sépare. L'idéal pour lui de la société civile, sa République, calquée sur le modèle de l'âme humaine et de ses facultés, admet trois classes de citoyens qui y répondent. Ils sont frères, dit-il. Mais la dernière, celle des artisans, représente la *sensibilité* ou les besoins inférieurs, et elle a pour unique fonction de les satisfaire. Ces nourriciers de l'État, comme il les appelle, la classe la plus nombreuse, sont assez bien traités (*Rép.*, IV). Que sont-ils? ont-ils une âme et une âme immortelle? De cette âme, en tout cas, le philosophe ne s'occupe pas. Pas un mot n'est articulé sur leur éducation. Et la femme, qu'est-elle? On verra ailleurs ce qui la concerne (*Rép.*, V; *Lois*). L'amour conjugal n'est pas même soupçonné. Ce qui le remplace, c'est l'amour entre les jeunes gens, purifié dans le sens, il est vrai, de l'amour platonique, ce qui très peu nous édifie. Quant aux esclaves et aux pauvres, à tout ce monde des humbles et des petits, il semble qu'il n'existe pas. Nulle mention n'en est faite, si ce n'est dans les *Lois* (*infra*).

Quoi qu'il en soit de ces imperfections, si, revenant à la spéculation philosophique, il était possible de poursuivre la comparaison avec les doctrines philosophiques émises dans les écrits anciens et modernes sur l'amour, sa nature, son principe, etc., il serait aisé de montrer que l'auteur du *Banquet* a été fort peu dépassé et, en signalant les emprunts qui lui ont été faits, de lui maintenir tous les mérites supérieurs qui lui ont été plus haut reconnus [1].

1. *L'amour platonique*, au sens vulgaire, proverbial, confirme ce qui précède. Deux caractères le distinguent, dont l'un est le corollaire de l'autre. 1° Le premier est la pureté désintéressée d'un sentiment exempt de tout désir sensuel, chez celui qui l'éprouve. Le sujet aimant s'attache à l'objet aimé pour lui seul, par le seul attrait qui le rend aimable; ne lui demande rien, se repait uniquement de sa vue. 2° Or ce caractère contemplatif a pour effet de ne pouvoir passer de la contemplation à l'action, de rester inefficace et stérile. De là l'espèce de défaveur, de ridicule même qui s'y attache, aux yeux de tout esprit pratique, objet de plaisanteries, de sarcasmes, qui ne lui sont pas épargnés.
On peut justifier Platon et sa doctrine en disant que ce n'est pas la

sienne, du moins qu'il n'est pas aussi exclusif; citer les endroits du *Phèdre* et du *Banquet*, du *Philèbe*, etc., où il admet d'autres sortes d'amour également légitimes. Cela est vrai : mais le sens commun n'y regarde pas de si près. Pour lui la définition est dans le maximum, au plus haut degré, non aux degrés inférieurs. Pour lui, le vrai, et il n'a pas tort, c'est la tendance platonicienne contemplative sinon mystique. C'est le défaut de cet idéalisme, où le général en théorie domine le particulier et ne tient pas assez compte de l'individuel. L'amour, en effet, y a pour objet l'*idée*. Sauf en Dieu où l'idée devient un être réel, elle est plutôt une généralité. Du moins l'individu comme être réel n'en est qu'une copie, un reflet, une ombre. C'est ainsi que dans le *Banquet*, l'amour à son premier degré, où il est l'amour physique, a pour objet les beaux corps, non tel ou tel corps en particulier. La personne, l'individuel ainsi disparaissent.

On a pu, dans de belles pages (A. Fouillée, t. II), démontrer que l'amour véritable a pour objet, non les qualités abstraites dans les individus, mais l'individu lui-même, la personne réelle. — Est-ce bien là du platonisme? N'est-ce pas d'ailleurs toujours par ses qualités que l'individu est aimable? Ce sujet qui ne peut être ici approfondi appelle une grande réserve.

Il en est de même du caractère *désintéressé* et intéressé de l'amour (*ibid.*). L'amour, dit-on avec raison, est à la fois l'un et l'autre. L'antinomie y est résolue. — Très bien, mais l'accord est rare et la pente est glissante. — Enfin quand on ajoute que l'amour est principe de *connaissance* aussi bien que d'action, qu'il est le vrai mobile de toute activité même intellectuelle, il faut encore s'entendre, ne pas exagérer, surtout ne pas intervertir l'ordre des termes. En tout, l'intuition doit précéder l'action, ou celle-ci est aveugle. « Le cœur, dit-on, a ses raisons »; soit, mais ce sont des raisons et les raisons ont toujours pour principe la raison. L'amour échauffe la raison; mais la raison l'éclaire; autrement il est aveugle et, avec le bandeau de la fable, l'inévitable *fatum* reparaît. On a beau répéter que l'amour au degré supérieur est *libre*. Une pareille liberté est un leurre. L'activité que la pensée ne précède et ne guide pas est fatale. Cela seul est clair. Pour y échapper on tombe dans l'obscurité d'un langage abstrus et inintelligible.

DEUXIÈME PARTIE

PHYSIQUE

COSMOLOGIE, ANTHROPOLOGIE, PSYCHOLOGIE, THÉOLOGIE

CHAPITRE PREMIER

LE MONDE (COSMOLOGIE)

I. Observations générales sur cette partie du système. — Division. — II. Passage du monde idéal au monde réel; raison de l'existence du monde. — La création; difficultés qu'elle soulève. — Les imperfections du système. — Ses mérites, comparé aux systèmes précédents. — III. Les bases de la physique platonicienne. — La matière, sa nature et ses propriétés. — Le dualisme de Platon.

I. — Cette partie de la philosophie de Platon (*Physique générale, Philosophie de la nature*) offre à celui qui, sans entrer dans le détail, essaye d'en faire connaître les points principaux, des difficultés et des obscurités auxquelles il est impossible de faire face ou même de s'arrêter dans une exposition sommaire. Elles tiennent, sans doute, au sujet lui-même, à l'imperfection des sciences physiques à cette époque, encore plus à la forme le plus souvent symbolique ou allégorique que l'auteur a choisie pour l'exposition de sa pensée. Mais, avant tout, la manière dont Platon conçoit la nature ou le monde sensible dans son rapport avec les idées suffit déjà pour expliquer la hardiesse de ses hypothèses, les incertitudes et les conjectures, les énigmes et les contradictions, apparentes ou réelles, dont sa doctrine, plus que partout ailleurs, ici est semée.

Pour lui, en effet, les idées ont seules, on le sait, une existence réelle. En elles résident, avec la fixité et l'immutabilité, la vérité (*Timée*, 29, B). Le monde visible est leur ombre. Les êtres qui le composent dans leur nature intime et leur composition, les lois particulières qui les régissent, etc., ne peuvent être connus que d'une façon qui leur est analogue, comme étant le non-être opposé à l'être : par conséquent d'une manière inadéquate, peu propre à satisfaire la raison qui s'y emploie. L'incertitude de l'objet se communique au sujet, qui ne l'aperçoit que confusément, non d'une vue claire et distincte (*supra*, 66). La connaissance, non scientifique, ne saurait être qu'approximative et conjecturale. Le vrai y fait place au vraisemblable.

Platon ne croit donc pas que la science de la Nature soit possible. Le monde des sens est celui de la contingence, de la mobilité; il est plein de confusion et d'obscurité. Nul effort de la raison humaine n'est capable de soulever le voile qui en dérobe à notre esprit la profondeur mystérieuse. Cicéron traduit très fidèlement sa pensée quand plus tard il dit : *Mirabiliter occulta natura est, — ut nulla acies humani ingenii tanta sit quæ penetrare in cœlum, terram intrare possit* (*Acad.*, II, 39).

En d'autres termes, ce monde n'a d'existence que par les idées qui y apparaissent. Elles seules y introduisent l'ordre, la régularité, la fixité. Mais, comme elles sont séparées des objets réels, qui ne les imitent que très imparfaitement, elles ne peuvent aussi être qu'imparfaitement connues. Toute recherche de ce genre n'aboutit qu'à la vraisemblance. Il ne faut rien chercher au delà, μηδέν πέρα ζητέιν [1].

Aussi Platon n'attache-t-il qu'une importance médiocre à cette partie de son système. Il ne l'expose pas en son nom; il la met dans la bouche d'un pythagoricien, Timée de Locres. Les notions les plus positives, quand elles ne sont pas empruntées aux Pythagoriciens, le sont aux Ioniens, à Empé-

---

[1]. *Timée*, 60. — « Si donc, après tant de discussions, de tant d'auteurs, sur les dieux et la formation du monde, je ne suis pas en état de donner des explications d'un accord et d'une rigueur parfaits, il faut s'en contenter; sur un pareil sujet, il convient d'accepter les discours vraisemblables. »

docle, à Héraclite ou à Démocrite. Les derniers physiciens ou physiologistes de cette école, surtout Hippocrate, sont mis à contribution. S'il y mêle ses vues propres dans le détail, on voit qu'il n'y tient pas. Ce qui est original et nous importe, c'est sa conception générale de l'univers, la manière de procéder et les résultats qui tiennent à l'ensemble. A cela seul nous devons nous attacher.

Quoique, à ce point de vue, la forme allégorique ou symbolique soit en général assez transparente, bien préciser la pensée totale qui y est contenue n'est pas facile. On ne sait trop où commence, où finit le sérieux dans cet exposé mythique ou poétique qui ne doit pas être pris à la lettre. Démêler ce qui est du poète ou du mythologue offre une énigme dont la solution laisse toujours à désirer.

Lui-même Platon nous en avait averti. Dans « ce festin hospitalier de discours » (27, D), comme il l'appelle, auquel le lecteur lui-même est convié, il est à choisir entre les mets qui lui sont offerts. Il ne faut voir dans tout cet entretien qu'un amusement modéré, μέτρον παιδιάν, des sages (60). Les contradictions mêmes ne sont pas rares, que l'auteur ne prend guère la peine de lever et même de dissimuler.

Division. — Ce qui, de cette seconde partie, est pour nous d'un véritable intérêt est ce qui suit :

1° Le passage du monde idéal au monde réel ou de la dialectique à la physique;

2° Les bases métaphysiques de la Physique platonicienne;

3° Le système du monde considéré dans son origine et sa formation, sa structure générale;

4° Ce qui doit fixer surtout notre attention et exige qu'on entre dans les détails d'une étude particulière, c'est ce qui concerne l'*homme* au physique et au moral, l'*anthropologie* et la *psychologie*;

5° A celle-ci se rattache particulièrement la *théologie*, le point culminant de la philosophie spéculative.

II. *Passage du monde idéal au monde réel.* — Le dernier mot de la dialectique de Platon, l'*idée du bien* ou plutôt le

Bien, est aussi le premier de sa physique. Le monde a sa raison d'être dans la bonté divine, la bonté étant l'attribut essentiel de l'être parfait par lequel il se définit (*supra*). Le texte du *Timée* où cette pensée est exprimée est célèbre et toujours cité :

« Disons par quel motif l'auteur de l'univers l'a ainsi composé : il était bon, or celui qui est bon ne conçoit jamais d'envie, ἀγαθός ἦν, ἀγαθῷ δὲ οὐδεὶς περὶ οὐδενὸς οὐδέποτε ἐγγίγνεται φθόνος (*Tim.*, 29, E).

Le commentaire qui en est partout donné est celui-ci : Dieu, le bien absolu, ne reste pas enfermé en lui-même. Il sort des profondeurs de son être pour se manifester. Etre et cause à la fois, il devient cause féconde. Comment? en donnant l'existence à d'autres êtres auxquels il communique une partie de ses perfections et de ses attributs à des degrés différents, sans cesser d'être lui-même l'être parfait. Et cela il le fait en vertu de sa bonté. Or, la bonté ici c'est l'amour, non l'amour tel qu'il est donné dans le *Banquet*, comme étant né du besoin, d'un manque ou défaut, de la privation, ce qui est le sentiment de l'imperfection chez les êtres finis. L'amour ici, ce n'est plus cet intermédiaire entre l'être et le non-être comme il a été alors défini. Dans l'être parfait au contraire, il est « l'abondance » ou la plénitude de l'être, qui s'épanche au dehors et devient fécond. Dans sa fécondité, il engendre d'autres êtres semblables à lui et qui tiennent de lui leur existence, auxquels il ne peut porter envie, qu'il doit aimer puisqu'ils sont sortis de lui-même, et sont ses créatures, qu'ils lui ressemblent, mais seulement dans la mesure où le fini, l'imparfait peut ressembler à l'infini, au parfait.

Tel est le sens de ces paroles. L'optimisme de Platon n'y est pas moins clairement indiqué, comme le prouve ce qui suit : « Car, puisque Dieu voulait que tout fût bon, et qu'il n'y eût rien de mauvais autant que possible, trouvant toutes les choses visibles, non en repos, mais dans un mouvement sans règle, il l'a fait passer de la confusion à l'ordre, jugeant que cela était préférable. Or, il n'est pas permis à un être excellent de rien faire qui ne soit très beau : θέμις δὲ οὔτ' ἔστι τῷ ἀρίστῳ δρᾶν ἄλλο πλὴν τὸ κάλλιστον (30, A).

« Grande et noble pensée, dit Hegel. Dieu n'y ressemble pas

au *fatum* antique ni à la Némésis, à la Dicé, le Dieu suprême, qui, loin de créer, détruit[1]. » (*Gesch. der Phil.*)

Mais, si le passage est ainsi trouvé, de l'idéal au réel, de Dieu au monde, de l'invisible au visible, bien des difficultés subsistent qui rendent la pensée de Platon peu claire et insuffisante surtout pour les modernes.

D'abord, il ne s'agit pas ici de *création* au sens propre; Dieu est cause sans doute. Mais comment cette cause agit-elle? comment se conçoit l'action divine? Celle-ci, suivant Platon, opère au moyen des idées. Mais comment du lieu intelligible où elles habitent, de l'entendement divin, le λόγος, les idées passent-elles dans le monde réel, pour elles-mêmes s'y réaliser? La dialectique ne nous l'a pas appris; la physique l'explique encore moins. Il n'y a aucune déduction possible (voyez Zeller). Les idées sont absolues, éternelles, indépendantes, simples et séparées, χωρισταί. Comment, sans perdre leur pureté, conservent-elles leur immutabilité, leur simplicité en s'introduisant dans le monde sensible? Cela reste un mystère. La pensée de Platon sans doute est formelle. Seulement, à la prendre en ce qu'il dit, les difficultés s'accroissent; on ne voit pas à quel titre, ni comment on sort de la sphère idéale. Reste toujours en effet que l'idée, c'est l'*être*. Tout ce qui n'est pas l'idée est le *non-être*. Comment le non-être devient-il l'être, au moins son reflet, son image? Comment acquiert-il un certain degré d'être ou d'existence réelle, qui devient de plus en plus grande à mesure que l'on s'avance dans la création, ou que l'on gravit l'échelle des êtres créés? Comment la négation y devient-elle l'affirmation[2]?

Comment en sort-elle et y rentre-t-elle? Encore une fois, là est le mystère et il reste tel.

Le problème est toujours de savoir comment le monde de

---

[1]. L'observation est juste, mais l'idée hégélienne qui, dans son mouvement dialectique, nous fait assister au spectacle de la destruction incessante, aussi bien qu'au renouvellement des êtres, n'est-elle pas un autre *fatum* substitué à la Némésis antique?

[2]. M. Fouillée fait ici de louables efforts pour l'expliquer (liv. II, ch. 1). On ne voit pas qu'il y réussisse. Son explication ingénieuse, trop dogmatique et subtile, manque de clarté. Le *Parménide* est-il un guide bien sûr? La langue dont il se sert : détermination, évolution, etc., n'est plus de Platon; et rappelle de nouveaux systèmes.

la réalité visible est engendré de cet idéal invisible qui lui sert de modèle. Est-ce un développement? un perfectionnement ou une chute? Est-ce une simple manifestation? Si le réel vient de l'idéal, s'il est sa détermination, on ne voit pas comment cette détermination s'opère, ni même sa nécessité. Y a-t-il *évolution* ou simple *émanation*? ou bien, ce que semble indiquer le terme de bonté, où l'amour est implicite, est-ce par un *acte libre* de la volonté divine que le monde a été créé? Sur ce point capital, qui engendrera plus tard tant et de si hautes disputes, le système est muet. L'*immanence* des idées au sein du monde sensible (Spinoza, Hegel, Teichmüller), telle que l'entendent les modernes, ne peut s'admettre de Platon. Ce serait un contresens là où le réel est une ombre, un reflet de l'idée (*Rép.*, VI; *Phédon*). La *matière* vient encore compliquer le problème (*infra*). On a beau soutenir (Fouillée) que le passage est dans la nature même de l'idée et dans le rapport des idées entre elles. C'est précisément ce qui est à prouver. L'idée, dit-on, est à la fois une et multiple; elle ne conserve pas son immobilité. « Elle s'épanche, s'épanouit, se développe. De plus, les idées se distinguent entre elles et s'ordonnent. Elles rentrent les unes dans les autres et dans l'unité suprême qui les comprend toutes et d'où elles dérivent. » (*Ibid.*)

Au fond, cela n'explique rien. C'est masquer le problème sans le résoudre. Et même l'amour y étant ajouté, avec sa fécondité, n'y suffit pas; Aristote est ici peut-être trop sévère pour son maître (*Mét.*, XIV); mais ses objections subsistent. Lui-même a-t-il donné la solution?

Il vaut mieux avouer qu'il y a là une lacune dans le système. L'idée même conçue comme vivante dans son principe, le Bien, explique-t-elle la création? La tendance platonicienne n'est-elle pas de tout sacrifier à l'idée? C'est là ce qui a nécessité un progrès et de nouveaux essais. Platon qui voit lui-même la difficulté, l'élude. *Imitation, participation, communication, présence*, ces mots ne remplissent pas le vide, c'est le grand écueil de l'idéalisme que ce passage de l'*idéal* au *réel*, l'éternelle antinomie de l'*infini* et du *fini* léguée aux systèmes postérieurs.

Mais si, par ce côté, l'imperfection du platonisme ne peut être niée et doit être signalée, le progrès par rapport aux systèmes précédents n'est pas moins réel et ne doit pas être méconnu. Ce progrès, il est : 1° dans l'idée du bien, l'idée suprême, dans la conception de Dieu comme le bien absolu agissant par amour et avec intelligence, non en vertu d'une aveugle nécessité. Le monde est issu du bien, ou plutôt de l'être souverainement bon. C'est la raison d'être du réel. L'univers visible, y compris l'homme et tous les autres êtres, n'existe et ne s'explique que par un acte incompréhensible, il est vrai, mais réel, émanant de la bonté dans la cause qui l'a produit. Platon, s'il ne dit pas comment, l'affirme. 2° Il y a plus : il dit que, cela étant, l'œuvre totale elle-même sera bonne, qu'elle sera semblable à sa cause, autant qu'il est possible à l'imparfait de ressembler au parfait. C'est assez déjà pour honorer un système.

Mais, il faut l'avouer, de cette difficulté inhérente au problème naissent bien d'autres difficultés que Platon ne résout pas quoiqu'il les ait peut-être entrevues. Aujourd'hui qu'elles sont mieux comprises, la solution qu'on en donne est-elle bien satisfaisante? Une des principales est la *matière*. Elle-même, le *non-être* opposé aux idées, n'a de réalité que parce qu'elle reçoit en son sein les idées. Elle existe cependant et celles-ci ont besoin d'elle pour se manifester. C'est la condition. Comment cela se fait-il? Dire que la matière est le *possible* avant l'acte, est devancer Aristote (Fouillée). Platon tranchera le nœud en faisant intervenir la force créatrice ou divine qui forme le monde à la manière de l'artiste (ποιητής) agissant sur un bloc de marbre. Cela n'explique pas le comment, cela ne supprime pas le dualisme. Platon s'en tire par des métaphores et des analogies. Dieu, la cause, αἰτία, agit avec intelligence, les yeux fixés sur le modèle éternel, παράδειγμα. Il place l'intelligence dans l'âme, l'âme dans un corps mortel, etc. Qu'est-ce que l'âme du monde elle-même, distincte de la divinité?

La seule excuse est de dire que nous sommes en face du problème le plus difficile pour la raison humaine, celui de la création, la pierre d'achoppement des nouveaux comme des anciens systèmes.

III. Les bases de la physique. — 1° Dieu la cause première d'où est sorti le monde, 2° la *matière* sur laquelle s'exerce l'action divine, 3° les *idées* médiatrices servant de modèles, παραδείγματα, à l'ouvrier, δημιουργός, qui façonne le monde dans son ensemble et lui donne ses lois, telles sont les trois bases de la physique platonicienne [1].

Les idées nous sont connues. Entre elles et leur *principe* la réduction aussi a été opérée (*supra*). Les idées, en effet, ne sont que des modes ou attributs de l'entendement divin ou, si l'on veut, des perfections divines.

Dieu et la matière mis en présence, tels sont les deux facteurs du système.

De Dieu nous aurons spécialement plus tard à déterminer l'existence, la nature et les attributs (*théologie*). Nous n'avons à en dire ici que ce qui est relatif au monde en cet endroit du système.

Dieu, l'auteur de l'univers, ἀρχὴ τοῦ παντός, lui-même n'ayant jamais commencé d'être, γενέσεως ἀρχὴν ἔχων οὐδεμίαν (28, B), apparaît ici comme *cause efficiente* non simplement *formelle*, ainsi que le veut Aristote. Est-il aussi *cause finale*? on le verra mieux plus loin. Il donne naissance, γένεσιν, au monde. On ne saurait formuler plus nettement la nécessité d'une cause première. « Tout ce qui naît doit venir nécessairement d'une cause, ὑπ'αἰτίου τινός ἐξ ἀνάγκης γίγνεσθαι (28, A). Cette cause est-elle vraiment créatrice? Nous n'y reviendrons pas, si ce n'est pour faire remarquer que les anciens n'avaient pas de la création l'idée nette que nous avons. Si pour eux le vague de cette idée est dans le langage, c'est qu'il est dans leur esprit. Cette idée de Dieu tirant de lui-même ou du néant des êtres finis mais réels, et cela sans autre condition qu'un acte de sa pure volonté, faisant qu'une chose qui n'était pas soit par sa volonté, leur est étrangère. Cette conception plus tardive et toute chrétienne ne leur est jamais apparue. Pour nous, nous devons nous en tenir à ce qui est du pur platonisme, c'est-à-dire à la solution, qui n'en est pas une, donnée par Platon, à ce pro-

---

1. Πλάτων τρεῖς ἀρχὰς τὸν Θεόν, τὴν ὕλην, τὴν ἰδέαν. (*Aétius*, I, ch. xii.)

blème de la genèse du monde, et aux termes dont il s'est servi pour l'exprimer.

Platon appelle Dieu l'auteur et le père de cet univers : τὸν ποιητὴν καὶ πατέρα τοῦδε τοῦ παντὸς (28, C). Mais s'agit-il d'aller plus loin, de déterminer sa nature et de la comprendre, le philosophe s'arrête, on l'a vu, comme devant un insondable mystère. Ce qui est clair, c'est que Dieu, cause non seulement de l'ordre, mais de l'existence du monde, n'est toujours à ses yeux que le *démiurge*. Il l'est, puisque n'étant pas créateur de la matière, il se borne à la façonner. Le *dualisme* subsiste malgré les efforts de Platon pour l'atténuer et le dissimuler. La matière étant coéternelle à Dieu, Dieu agit sur elle à la manière de l'artiste. C'est ainsi qu'il apparaît dans tout le système. Il est dit l'*ouvrier* du plus beau et du meilleur des *ouvrages*, τοῦ καλλίστου καὶ ἀρίστου δημιουργός (28).

La matière. — Définir la matière, ce second principe, dire non seulement ce qu'elle est, mais dans quel rapport elle est avec le premier dans ce système, n'est pas facile, et Platon lui-même ne croit pas pouvoir le faire avec exactitude. La matière, il la nomme une espèce bien difficile et bien obscure à comprendre, χαλεπὸν καὶ ἀμυδρὸν εἶδος (49, A). Elle est non proprement un être, mais seulement quelque chose d'analogue. Sa propriété, qui marque son rôle, est d'être le *réceptacle* de toute génération, πάσης εἶναι γενέσεως ὑποδοχήν. Métaphysiquement elle n'est pas l'être, τὸ ὄν, mais le *non-être*, τὸ μὴ ὄν, par *opposition* à l'*être*. Cela pourtant ne veut pas dire qu'elle n'est pas du tout ou qu'elle n'existe pas; mais n'étant pas une substance ni une essence, elle est comme le négatif opposé à l'affirmatif, l'*indéterminé* au *déterminé*, ἄπειρόν, πέρας. Platon n'accorde, on le sait, la vraie existence qu'aux idées. Le reste est d'une existence secondaire, quelque chose qui ressemble à l'être. Ainsi quoiqu'elle ne soit pas l'être, τὸ ὄν, elle est seulement τὸ τοιοῦτον οἷόν, τὸ ὄν, quelque chose qui ressemble à l'être. Quel est ce τοιοῦτον? C'est, dira-t-il ailleurs, l'*autre opposé* au *même*, τὸ ἕτερον, ταὐτόν. Au point de vue quantitatif, elle est la *dyade* du *grand* et du *petit*, opposée à la monade ou énade. Elle est aussi appelée la *nécessité*, ἀνάγκη, le principe *aveugle* ou irrégulier, qui s'oppose à l'action régulatrice de l'intelligence, la *limite* et lui résiste, fait obstacle à la perfection de ses œuvres. Physiquement, qu'est-elle et quel rôle lui est assigné? On l'a dit. Elle est l'élément passif ou *réceptif* opposé au principe *actif*, à la cause proprement dite et qui est active. Ce principe passif, ce réceptacle universel, ἐνδεχόμενον, ἐκμαγεῖον, reçoit toutes les empreintes, il prend toutes les formes et n'en a aucune, ἄμορφη. Cause de la génération des êtres, il l'est aussi de leur destruction, de la corruption, du mal et du désordre; il est encore appelé la mère, μήτηρ, et la nourrice, τιθήνη, des êtres engendrés.

Rien donc de plus difficile à déterminer que la matière dans Platon. Elle répond à la dyade pythagoricienne. Ici, dans la physique, le système du monde, elle apparaît partout comme l'élément désordonné, rebelle à l'action divine, à la régularité, à l'ordre, à l'harmonie. C'est le principe du mal (*Théét.*, 176, B). Platon cherche, autant que possible, à diminuer son rôle. Elle n'est pas moins *éternelle* comme Dieu et l'on ne peut éviter ainsi le *dualisme* qui, d'ailleurs, sauf pour les Eléatiques, est un caractère commun à tous ces systèmes.

Il en résulte, pour ses propriétés, qu'elle n'en a aucune qui soit positive. Toutes sont négatives, elle est *informe*, ἄμορφον, *invisible*, *intangible*, etc.; elle échappe aux sens et n'est perceptible que par une sorte de raisonnement bâtard, λογισμῷ τινὶ νόθῳ, qui n'en donne point une notion précise. Elle n'est pas moins éternelle et la condition de toute production sensible.

On distingue aussi en elle une *matière première*, ὕλη πρώτη, et une *matière seconde*, celle dont les corps sont formés et qu'on distingue en eux, d'une nature diverse, le *feu*, l'*air*, l'*eau*, etc.

En tout, c'est l'être *indéterminé*, ἄπειρόν; c'est aussi le *lieu*, τόπος, dont l'unique propriété est de *recevoir*, de contenir: χώρα, τὸ ἐνδεχόμενον.

Mais cet espace, alors, comment le remplit-elle et devient-elle étendue? Comment résiste-t-elle? Timée l'appelle le lieu, τόπος, ce qui reçoit la forme ou l'empreinte, ce en quoi les choses naissent, τὸ ἐν ᾦ γιγνέται. Platon identifie aussi la nature avec l'espace. Aristote, du moins, le dit (*Phys.*, IV, 12). On se demande qu'est-ce que l'espace vide? Perceptible à l'aide des sens par un raisonnement bâtard, elle nous apparaît comme un songe, etc. (p. 52, 55, etc.).

En résumé, et sans vouloir insister sur les difficultés insolubles du sujet, on voit ce que Platon entend par matière. C'est : 1° la condition de l'existence sensible. Lui-même dit qu'il y a trois choses distinctes : l'être (l'*idée*), le lieu et le devenir, et qu'elles existaient avant le ciel.

2° Cette matière qu'il appelle aussi la *nourrice* de la génération apparaît en lui sous toutes sortes d'aspects ou de formes. Si l'on s'en tient aux expressions de Platon, elle est le *non-être* et n'a rien de *réel*; du moins ce n'est pas une substance, mais non pas aussi un *pur néant*, c'est une sorte d'intermédiaire entre le *néant* et l'*être*; mais elle est nécessaire. Elle est la nécessité, élément d'imperfection, de désordre et de résistance. Elle apparaît partout comme le côté d'*indétermination* dans les choses réelles.

Livrée à des forces dissemblables, elle-même est une *force aveugle*; « elle s'agitait à leur gré au hasard et les agitait à leur tour, etc. ». Le rang et le rôle que Platon lui assigne dans la création sont fort obscurs et cependant ce rôle est considérable. Il revient sans cesse dans tous les endroits obscurs de sa philosophie.

Dans l'ordre moral, il apparaîtra aussi sous la forme du *mal*, de la *nécessité* opposée à la liberté des âmes (*Politique*; *Rép.*, VIII). Ce qu'il y a de clair, c'est que Platon lui-même est embarrassé toutes les fois qu'il en parle, et néanmoins il ne peut s'en passer. Il a beau atténuer son rôle, elle n'est pas moins éternelle et nécessaire.

Le dualisme de Platon. — La Physique de Platon offre donc deux principes. Le dualisme n'y peut être nié. Dans quels rapports sont-ils? Sur ce point Platon n'hésite pas. Dieu est le premier, le vrai principe. Sa supériorité est affirmée de la façon la plus formelle et la plus haute. La matière, le second principe, lui est subordonnée et lui obéit. Elle n'est que la matière que l'ouvrier travaille et façonne à son gré. Il la plie à ses desseins et la marque de son empreinte, et en tire ce qu'il veut.

Est-elle bien même un principe? En un sens, on pourrait le nier. Elle s'efface, mais elle oppose au vrai principe une résistance qui est une limite.

Le *dualisme* de Platon est évident. Il est chez lui, comme chez tous ces philosophes pour qui la Nature est éternelle. Dieu est l'auteur du monde, ποιητής τοῦ κόσμου, le démiurge. En est-il vraiment le père, πάτηρ, qui l'a créé et engendré? Platon qui l'appelle ainsi en a le droit, mais cela ne répond pas, je le répète, à ce que nous entendons au sens moderne, à l'idée vraie d'un créateur et de l'action créatrice qui a tiré le monde du néant.

Il faut se résigner à laisser non résolues les difficultés que soulève ce point obscur du système. Vouloir ici expliquer Platon quand Platon ne s'explique pas, dépasse le devoir et la tâche de l'historien.

Ces difficultés, Platon lui-même les a senties et c'est pour cela que son langage est obscur, enveloppé, énigmatique et figuré, plein de métaphores et d'analogies. Les explications cherchées en dehors de sa doctrine ne font que l'altérer sans l'éclaircir. Nous retrouvons ces obscurités, cette indécision et le même embarras sur bien d'autres points, en particulier sur la formation du monde [1].

---

1. *Philos. Monatshefte*, XXII Band, Heft. 3, 1886 : Dr M. Sartorius, *Die Realität der Materie bei Plato.* — Siebeck, *Untersuchungen zur Philos. der Griechen, Plato's Lehre von der Materie*, Frieburg, 1888.

CHAPITRE II

LE MONDE (COSMOLOGIE)

I. Le monde, son origine et sa formation. — Questions qui s'y rapportent : Le monde a-t-il commencé? — Origine temporelle, origine logique ou métaphysique. — Opinions à ce sujet. — II. Sa formation. — Le monde formé à l'image de Dieu. — Le modèle éternel. — L'âme universelle, sa nature et sa composition. — Les âmes particulières. — Rapport de l'âme et du corps. — Le temps. — III. Cosmologie (système du monde). — Mode de formation des êtres. — Principe téléologique. — L'astronomie platonicienne. — Physique générale et particulière. — Les éléments, la succession des êtres, etc.

Dans l'aperçu général auquel doit se borner l'exposé de cette partie du système, les points principaux qui doivent fixer l'attention sont : 1° le *commencement* du monde et les raisons qui ont déterminé son auteur à l'appeler à l'existence; 2° la manière de procéder et les principes qui président à sa *formation*; 3° le résultat général qui est le *monde* lui-même dans son ensemble et les parties essentielles, ainsi que la gradation des existences qui y est observée.

Il va sans dire que la forme allégorique et mythique, qui défend de prendre à la lettre le récit du *Timée* et rend si difficile la tâche de l'interprète, permet aussi d'intervertir l'ordre dans l'exposition.

I. — Le monde a-t-il *commencé* ou est-il éternel? c'est par là que Platon débute et il s'exprime en termes si formels qu'il semble ne pas laisser le moindre doute à ce sujet.

« Il faut d'abord traiter la question : si le monde a existé de tout temps ou n'a pas eu de commencement. Le monde est né », car il est visible, tangible et corporel, etc. (*Timée*.)

Si précis que soit ce langage, faut-il le prendre à la lettre ? C'est ce que fait Aristote : *de Cœlo*, II, ch. II.

Mais cela doit-il s'entendre au sens chronologique ou au sens métaphysique et logique, celui de l'antériorité de la cause sur son effet, celui-ci nécessairement postérieur et toutefois qui coexiste avec elle ? D'ailleurs comment concevoir une antériorité dans le temps, si le temps n'existait pas, et si lui-même est créé ? (*Infra*.) Le problème est difficile à résoudre. Aussi a-t-il été résolu en sens opposé par ceux qui l'ont soulevé [1].
— Pour nous, bien que la dernière solution nous paraisse la plus philosophique, nous préférons le laisser indécis.

II. Le monde, être animé, vivant, est formé à l'image de Dieu sur le modèle divin. Dieu l'a créé d'après ce modèle.

Or, ce modèle, παράδειγμα, qu'est-il ? Dieu lui-même, ou ce qui est le même, l'idée du Bien, le Bien, l'idée suprême qui en Dieu est son premier attribut. « Il faut dire ensuite quel est l'animal à la ressemblance duquel le suprême ordonnateur a fait le monde. » — Ce modèle, Dieu le prend en lui-même : l'idée qui est en lui et qui est lui-même. Il est éternel et c'est ce que dit le *Timée*. Mais si le monde est beau et que son auteur soit bon, il est clair qu'il a contemplé le modèle éternel et non le modèle engendré, hypothèse que Platon repousse comme contraire à l'idée du Dieu bon et à la beauté de l'univers.

---

[1]. « Plutarque et d'autres platoniciens en s'appuyant sur le *Timée* ont prétendu que, suivant Platon, le monde avait commencé. D'autres, les Alexandrins, le nient. Voici ce que répond Proclus : 1° de l'aveu de tous les platoniciens, les âmes sont éternelles. Donc l'âme du monde l'est aussi, Socrate le dit d'ailleurs expressément dans le *Phèdre*. Or, d'après le *Timée*, celui qui a fait l'âme l'a unie au corps immédiatement après sa naissance ; 2° Platon déclare dans le *Timée* que le monde est ἄφθαρτος ; or il est très bien établi dans la *République* que tout ce qui a commencé doit finir ; 3° le monde est σύζυγος τῷ χρόνῳ ; or le temps, cette image de l'éternité, n'a ni fin ni commencement. Platon le dit dans les *Lois*. » (P. 88, sq. J. Simon, *Comment. de Proclus sur le Timée*, p. 141.) En général, les Académiciens sont pour l'éternité du monde, les péripatéticiens pour le commencement selon Platon. Voyez *Zeitschrift.*, ibid. L'auteur prétend qu'il n'y a pas contradiction. Voyez aussi *Teichmüller, N. Stud*.

Les expressions dont il se sert sont ici d'une force singulière. Pour le reste, parlant du contingent ou du *devenir*, il hésite ou il se contente du vraisemblable. Mais ce qui est stable demande des expressions constantes et immuables qui, autant que possible, ne puissent être ni réfutées ni ébranlées : Ce que l'être est au devenir la vérité l'est à la vraisemblance (493).

Suivent les conséquences : la première est l'*unité* de l'œuvre totale.

De l'unité du modèle suit l'unité du monde. Platon l'appelle l'animal dont les autres animaux intelligibles (les idées) sont sortis, de même que le monde comprend tous les êtres visibles. « Ainsi Dieu, voulant rendre le monde semblable au plus beau et au plus parfait des êtres intelligibles, en forma un animal visible, unique. Il n'a fait ni deux mondes ni une infinité, il n'a produit que le seul ciel qui est et sera unique. »

La seconde est relative à la *durée*. La création s'accomplit dans le temps et son existence est temporelle. Le monde ne peut être éternel; mais en cela comme en tout il imite son modèle, dans sa durée mobile, l'éternité immobile. D'où la définition du temps donnée par Platon, sur laquelle on reviendra plus loin.

Un autre point plus difficile à expliquer est l'*âme du monde*, ainsi que le rôle que Platon lui donne dans sa genèse. Ce qui est clair, c'est que Platon a besoin d'un intermédiaire entre les idées et les êtres du monde sensible, et cela afin de les animer et vivifier, afin de répandre partout la vie, avec l'ordre et la régularité dans la nature. L'*âme* est cet intermédiaire. Elle-même ici est créée, bien qu'ailleurs les âmes soient dites éternelles (*Phèdre*, *Phédon*).

Qu'est-elle? et quel est son rapport avec les idées? nouveau problème plein d'obscurité, et qui plane sur tout le système.

L'âme, c'est le principe de la vie des êtres, il n'y a pas de vie sans elle. Mais elle-même diffère-t-elle des idées? Comment l'âme du monde sort-elle de Dieu? Est-ce par émanation, production, génération, participation? Platon ne le dit qas.

A côté de l'âme *universelle* il y a les âmes particulières nées de la première. Dans quel rapport sont-elles avec elle? Comment en dérivent-elles? Les âmes en sortent ou sont engendrées de l'âme universelle et voilà tout. Platon ne s'explique bien que sur la nature et la dignité de l'âme, sur sa composition, sa supériorité vis-à-vis du corps et son antériorité. Il le fait en termes en un sens très clairs et très énergiques.

« Dieu ne la fit pas la dernière : Dieu fit l'âme plus respectable que le corps et par son âge et par sa vertu, comme étant sa maîtresse et faite pour lui commander. » Quant à sa composition, Platon l'explique par une théorie métaphysique qui laisse beaucoup à désirer et qu'Aristote déclare en dehors du système (*de Anima*). Pour le reste, il a recours à une explication mathématique arbitraire et à peu près inintelligible, celle des *cercles* de l'âme.

Métaphysiquement l'âme se compose de trois principes, 1° l'*essence* indivisible ou identique, du même, ταῦτον; 2° l'essence divisible et variable, θάτερον, de l'autre; 3° l'essence du même et de l'autre. Faut-il entendre les trois principes, qui plus tard seront dans l'âme humaine? « Il les mélangea en une seule espèce et en fit un tout; puis il divisa le tout en autant de parties qu'il le fallait. Même laconisme. Ici commence la théorie mathématique d'abord arithmétique, puis géométrique des cercles de l'âme, du même et de l'autre. On y trouve la progression et les principales lois du monde astronomique et musical. Tout cela emprunté aux Pythagoriciens n'a pas pour nous un véritable intérêt [1]. L'âme humaine et ses facultés, voilà ce qui, à un haut degré, doit nous intéresser.

Mais un point à remarquer, c'est le rapport de l'âme au corps ou au monde corporel. Ce rapport, Platon le conçoit à l'inverse de l'opinion commune. Le corps est enfermé dans l'âme, non l'âme dans le corps. Non seulement par là de l'âme est exprimée l'ubiquité, mais sa vraie fonction, qui est d'être le lien de toutes les parties de l'organisme, comme elle est le centre, le principe de la vie du tout, qui l'anime en toutes ses

---

1. Voir l'application assez plausible, mais pour nous conjecturale, qu'a donnée M. Zeller.

parties. Elle l'enveloppe, le maintient et le conserve comme elle dirige ses mouvements. Elle assure au monde une vie sans fin. « Invisible, elle préside à tous ses mouvements. Participant de la raison et de l'harmonie des êtres intelligibles qui existent toujours, elle fut la meilleure des choses produites par le meilleur des êtres. »

Quand le suprême *ordonnateur* eut achevé à son gré la *composition de l'âme*, il construisit au dedans d'elle le *monde corporel* et les unit tous deux en plaçant le milieu de l'un sur le milieu de l'autre. Quant à l'âme s'étendant partout dans le Ciel, du centre aux extrémités, l'enveloppant en cercle extérieurement en tournant sur elle-même, elle commença divinement une vie sans fin et sagement ordonnée pour toute la suite des temps. Le corps du Ciel devint visible, mais l'âme demeura invisible et participant à la raison et à l'harmonie des êtres intelligibles qui existent toujours elle fut la meilleure des choses produites par le meilleur des êtres.

Le *Timée* se termine ainsi : « Voilà comment a été produit ce monde qui comprend tous les animaux mortels et immortels et qui en est rempli, cet animal visible dans lequel tous les animaux visibles sont enfermés, ce Dieu sensible, image de l'intelligible, ce Dieu très grand, très bon, très beau et très parfait, ce ciel, un et unique. » (*Tim.*, 91, C.)

Le monde a été formé dans le *temps*; mais qu'est-ce que le temps? Platon, qui le distingue de l'éternité, le confond avec le monde. Il naît et périt avec lui, se continue avec lui, se divise de même en passé, présent et avenir. Il est mesuré et réglé par le nombre.

Le passage, dont le début rappelle la Genèse, quoique bien connu, mérite d'être cité : « Lorsque le père du monde vit l'être qu'il avait produit à l'image des dieux éternels, se mouvoir et vivre, il fut ravi d'admiration et, dans sa joie, il songea à le rendre encore plus semblable à son modèle. Comme celui-ci était un animal éternel, il résolut de donner cette perfection à l'univers autant que cela est possible. Or la nature de l'animal en soi, l'exemplaire éternel, se trouvant être éternelle, il n'était pas possible de l'attribuer complètement à l'animal qui avait été produit (l'univers visible). Il entreprend de faire alors une image mobile de l'éternité; εἰκόνα κινητόν τινα αἰῶνος et, en même temps qu'il dispose tout avec ordre dans le ciel et que l'éternité demeure dans son unité, il en crée l'image éternelle, mais soumise dans sa marche au nombre, que nous avons appelée le temps. Car les jours, les nuits, les mois et les années n'existent pas avant le ciel et ce fut en le formant que Dieu leur donna naissance. Ce sont des parties du temps; et le passé et le futur sont des formes du temps que nous appliquons sans réflexion et sans fondement à l'être éternel. »

Le temps naquit donc avec le ciel, afin que, nés ensemble, ils périssent ensemble, s'ils sont destinés à périr un jour; et il fut fait à l'image de la nature éternelle afin qu'il lui ressemblât le plus possible. Le modèle est durant toute l'éternité, tandis que le monde a été et sera jusqu'à la fin pendant toute la durée du temps (506).

Cette fin, qui semble assigner au monde une durée infinie, cependant le limite à la durée finie.

Dans le passage plus haut cité, avec le *motif* est compris déjà le *but* de la création. Ce but est de produire un monde qui soit l'*image de Dieu* et où se reflètent les perfections divines. Sans revenir sur ce qui précède, nous ferons remarquer que le *beau* y est toujours confondu avec le *bien*. Le monde est l'œuvre la plus excellente et aussi la plus belle. « La meilleure des choses est aussi la plus belle. » C'est toujours l'ordre qui en est le principe. Trouvant les choses dans une agitation sans règle et désordonnée, il les fait passer de la confusion à l'ordre, jugeant que c'était tout à fait préférable. »

En conséquence de cette réflexion il met l'intelligence dans une âme, l'âme dans un corps et organise l'univers de manière à en faire un ouvrage qui fût par sa nature même d'une beauté et d'une bonté parfaites, ὅτι κάλλιστον εἴη κατὰ φύσιν ἄριστόν τε ἔργον...

Ainsi est donné, disons-nous, à la fois avec le motif le but de la création. Le motif est la bonté, le but le *bien* et le *beau* qui doivent s'y réaliser. C'est de communiquer au monde et aux êtres qu'il renferme quelque chose de la perfection de l'être bon et qui a en lui son modèle, de le rendre semblable à lui autant qu'il est possible. Le monde, image de l'ordre, manifestation des idées ou de la pensée divine, l'est non de la pensée seule, mais aussi de l'*amour* qui l'a créé, à qui est due son existence.

Conformes au but seront les moyens et la manière de procéder.

Si, en effet, dégageant de la forme du récit la pensée, on examine la manière dont Dieu procède dans la formation du monde, on voit partout le point de vue *téléologique*, combiné avec le côté *mécanique* [1], celui d'une fin rationnelle et bonne présidant à l'œuvre totale. L'idée dominante est celle de fin, de la conformité des moyens à cette fin, bref, l'idée d'ordre ou d'arrangement harmonique en vue du bien, le but suprême et final. De plus, cette fin est surtout ou éminemment la fin morale, le bien moral, la *vertu*. Vers elle tout s'achemine, elle est le couronnement de l'œuvre. C'est elle qui doit finalement éclore. Pour cela le monde visible ou créé doit en être surtout le théâtre, c'est à cela que visent surtout la sagesse et la bonté divines. De sorte que cette physique, on l'a dit, tout ce système du monde est comme enveloppé, pénétré d'une sorte d'atmosphère morale. La vertu, c'est la plante céleste qui doit éclore et fleurir sur le sol de la vie terrestre. Elle est le but auquel concourt tout le système aussi bien physique que moral.

On verra partout s'accuser cette conception. En cela Platon est d'accord avec Socrate, son maître, et son vrai disciple (*Phil. anc.*, 155).

III. Cosmologie (système du monde). — Ce système qui a son importance dans l'histoire des sciences astronomiques et physiques n'a pas pour nous le même intérêt.

Il suffit d'en indiquer, au point de vue philosophique, le plan et les traits principaux.

1° La marche générale n'est pas aisée à suivre dans le *Timée*. Platon commence par poser les bases et tracer l'en-

---

1. Cf. Susemihl, *Timée*, 493, 495, t. III. — Le microcosme est-il le but du macrocosme? — Susemihl le nie contre Steinhart. Nous n'entrerons pas dans cette discussion.

semble. Il revient ensuite sur ses pas et entre dans le détail. L'*astronomie*, la *physique générale* et *particulière*, la *composition* des corps et leurs *éléments*, l'*homme* et l'*organisation* du corps humain, le rapport des organes et des facultés sont les parties à parcourir sans nous y arrêter.

L'auteur y rattache les principes des *arts* relatifs au corps et à l'âme et termine par l'indication des *espèces animales* inférieures à l'homme. Celles-ci se rapportent à l'homme comme point central et but de la création terrestre. L'homme est l'animal type d'où sortent tous les autres animaux par des dégradations successives.

Une remarque auparavant est à faire relativement à la genèse qui précède. *Dieu* le père ne créé pas le monde en entier, son action s'arrête à l'ensemble. Le plan général tracé et exécuté, il se repose. Après avoir fourni l'exemplaire éternel et créé l'âme du monde, il abandonne le détail aux dieux *inférieurs* et le soin d'achever son œuvre. Eux sont chargés de confectionner, dit-il, les *races mortelles*. Quel est le sens du mythe? La pensée est assez claire et aisée à deviner. Platon en donne la clef. Le monde ne peut être parfait, égal à son auteur; il est imparfait, plein d'imperfections. Si Dieu l'a créé en entier, comment les expliquer? Il semble que Platon ait reculé devant la difficulté. Il a bien d'abord recours à la nécessité. La matière lui fournit une autre raison, mais cela paraît ne pas suffire; il s'en tire en confiant à des divinités, puissances subalternes, le soin de produire les êtres soumis à la mort, et en qui l'imperfection réside. Le mal et une part du désordre leur reviennent. L'ensemble est parfait autant qu'il peut l'être; ses parties peuvent être défectueuses (voyez *Optimisme*).

Doit-on ajouter que Platon ne regarde que comme probable tout ce qui s'écarte du plan général que lui-même croit pouvoir tracer d'une façon certaine? L'imperfection de la science lui est aussi une excuse.

2° Voici le plan et les principaux résultats :

Astronomie. — Elle est presque entièrement pythagoricienne. Timée de Locres qui l'expose est un pythagoricien. Platon y ajoute peu, et le peu qu'il ajoute, on voit qu'il n'y tient pas. Le monde a la forme *sphérique* ; elle est la plus parfaite. Dans ce système, les astres accomplissent les lois des nombres par leurs révolutions. Le *soleil*, flambeau de l'univers, l'éclaire et produit la naissance des jours et des nuits. La *Terre*, notre nourrice, gardienne du jour et de la nuit, est placée au centre du monde, enroulée autour de l'axe qui le traverse. Autour se meuvent les planètes au nombre de sept. Au-dessus les étoiles fixes, dont le mouvement est celui de rotation sur elles-mêmes. Les astres pour Platon sont des êtres animés et raisonnables. Leur vie est parfaite. Ce sont des espèces de dieux. Platon est Grec; il divinise les astres et la nature entière. Il admet aussi des êtres supérieurs à l'homme, des démons, etc. (voyez *infra*).

Comment cela s'accorde-t-il avec la personnalité dans les astres? Platon ne l'explique pas. Pour les *démons* il s'en réfère à la tradition. Sur ce système tout pythagoricien, nous n'avons pas à insister. Le point sur lequel Platon diffère des pythagoriciens est la Terre placée au centre du monde. Pour eux c'était le feu central. Plus tard il paraît être revenu à cette opinion.

Le monde est un grand animal, expression de l'exemplaire éternel et divin ou de l'idée (pour les détails, voyez *Zeller*).

3° *Physique générale et particulière.* — La physique générale est aussi en partie toute pythagoricienne. Le reste est emprunté à Empédocle, à Anaxagore, etc. Platon explique la nature des corps par des figures géométriques, d'abord les corps simples ou les *éléments* : le *feu*, l'*air*, l'*eau*, la *terre*. Le *feu* répond à la forme pyramidale, formé de petites pyramides; la *terre* est un cube; l'*air*, un octaèdre; l'*eau*, un icosaèdre. Il en est de même pour la composition des corps, formés de petits triangles.

Platon explique également, par la forme géométrique de ces corps, leurs mouvements, leurs dispositions et les principales lois de la physique, la dissolution et la composition, les transformations, la *pesanteur*, le *repos* et le *mouvement* des corps, l'expansion, la condensation, la légèreté, la diversité des corps *solides*, *liquides*, *aériformes*, la fusibilité, la *chaleur* et le refroidissement, etc.

Ces explications, qui feraient sourire la science moderne, Platon, il faut le dire, n'y attache lui-même aucune importance. Quand, dit-il, « on cesse de discourir des choses éternelles, ce n'est plus qu'un délassement honnête » (331). Il continue donc « selon la vraisemblance » à expliquer les principes de la nature, les différentes espèces de corps, leurs figures, leurs *mélanges*, leurs *transformations* ; il décrit la formation de la glace et de la rosée, les différentes espèces de liquides, le vin, l'huile, le miel et l'opium ; les espèces de la terre, les pierres, la silice, les sels, le verre, les pierres fusibles, etc.

Puis viennent les *qualités sensibles* des corps, les causes des impressions qu'ils font sur nous, ce qui suppose la connaissance de ces impressions. L'auteur en parle toujours en pythagoricien. La *chaleur* a sa cause dans les triangles aigus du feu ; la dureté, la pesanteur, la légèreté, le rude, le poli, etc., s'expliquent de même. — Ce qui offre plus d'intérêt c'est l'explication physique du *plaisir* et de la *peine*. Les sensations agréables et désagréables sont causées par l'*équilibre* ou l'*excès*, le manque d'équilibre, la conformité ou non-conformité à la nature. Toute impression qui se produit en nous conforme à la nature produit le *plaisir*, toute impression trop forte la *douleur*. Les impressions particulières à chaque sens, *saveurs, odeurs, sons, couleurs*, sont aussi mentionnées. Le *tact* est omis, considéré qu'il est comme sens général réparti sur tout le corps.

Tout cela pour nous n'a d'intérêt que comme conduisant à l'*homme*, objet principal de tout ce système.

CHAPITRE III

L'HOMME. — ANTHROPOLOGIE

Anthropologie.

L'homme, sa place dans la création. — L'homme, âme et corps. — Le corps façonné pour l'âme. — Le corps humain. — Sa structure générale et particulière. — Sa forme totale et ses principaux organes. — La tête, le tronc, les membres. — La station droite. — Les sens : la vue et l'ouïe. La voix et la parole, la musique et le chant musical. — Les autres sens. — L'âme marquée dans les divisions du corps. — Localisation de ses facultés. — Influence du physique sur le moral. — Les maladies; leur cause générale. — Leurs remèdes. — Hygiène et gymnastique. — Médecine. — Appendice. — Les sexes. — La femme; les animaux.

L'homme, dans la pensée de Platon, doit être considéré comme le but et le centre de la création terrestre. De l'homme selon lui procèdent tous les autres êtres animés et inanimés. A l'inverse de l'opinion commune qui, pour arriver à lui, suit une marche ascendante, eux, au contraire, les êtres inférieurs sont formés par dégradation du type humain qui leur a servi de modèle. Socrate s'était contenté d'assigner à l'être humain le premier rang dans la création. Platon va plus loin, sa genèse nous montre l'homme comme une sorte d'abrégé de la création entière, le petit monde dans le grand, le microcosme dans le macrocosme. Il est aisé de voir du reste que l'auteur du *Timée* attache à cette partie de son sujet une importance toute spéciale et qu'il s'y étend le plus volontiers.

La partie descriptive du *Timée* (44-48), à ce point de vue, offre un intérêt tout spécial, ce qui nous oblige à y insister.

Arrivé à l'homme, c'est avec un soin particulier qu'il étudie la forme du corps humain, sa structure générale, la nature et la destination spéciale de ses principaux organes, leur corrélation, etc. Comme chez le physicien, le métaphysicien, encore plus le moraliste, se révèlent dans le naturaliste. Si ce qui est conforme à la science d'alors, ou lui est emprunté, nous paraît peu de chose, on ne peut nier, qu'au point de vue où il se place et où il est plus original, l'idée *a priori* du système ne suggère à l'auteur plus d'une conception heureuse, que la science actuelle la plus sévère accueille ou ne dément pas. On est forcé de reconnaître qu'il a plus d'une fois rencontré juste. Plusieurs naturalistes philosophes (Blumenbach, Schubert, Goethe) n'ont pas hésité à lui en faire honneur.

Dans la façon toute mythique ou symbolique dont est annoncée l'apparition de l'homme sur la terre, est manifeste déjà l'intention de faire ressortir la supériorité de sa nature et sa dignité comme un être à part qui s'élève au-dessus des autres êtres et forme une espèce particulière. « Les âmes semées dans le temps devaient produire l'animal *religieux*, θεοσεβέστατον » (42, A), etc.

C'est par ce caractère distinctif que l'homme se définit : la notion que seul il a et qui lui est innée, de la divinité, sa participation directe et réfléchie aux idées.

Toutefois, dans ce récit symbolique, l'homme n'est pas l'ouvrage direct de Dieu. Le soin de le former est confié aux dieux inférieurs (*supra*). Seulement le Dieu suprême leur fait des recommandations toutes spéciales de donner à l'âme et au corps toute la perfection possible.

De ces détails conçus dans le même esprit, ce qui suit, pour nous mérite seul d'être signalé.

L'homme est *âme* et *corps*; mais, dans ce tout, l'âme domine, elle est la partie maîtresse, le principe et le but; lui, le corps n'est que l'*instrument* ou le *moyen*. Tout se fait et s'organise en vue d'elle. Un premier aspect nous montre le corps répondant aux trois parties de l'âme : la *tête*, le *tronc* et les *membres*. En la tête, de forme sphérique, pour imiter la forme ronde de l'univers, loge la partie divine ou supérieure, la pensée. Le corps entier est le serviteur de l'âme. Les membres étendus et flexibles, aptes à tous les mouvements, lui servent à exécuter tous ses actes. La raison de cette structure, c'est que ce qu'il y a de plus sacré en nous est placé au point le plus élevé.

La *station droite*, comme attribut distinctif de l'homme, est en rapport avec son origine et sa destination. En vertu de sa parenté céleste, elle nous élève de terre comme étant des plantes, non de la terre, mais du ciel, ὡς ὄντας φυτὸν οὐκ ἔγγειον ἀλλ' οὐράνιον (90, A). Suspendant la tête, etc., la divinité dresse vers le ciel le corps entier, ὀρθοῖ πᾶν τὸ σῶμα [1].

Cette description continue dans le même sens *téléologique*. « Pour tous ces motifs, les *bras*, les *jambes*, s'ajoutent au corps. Les parties antérieures sont les plus nobles, plus dignes de commander que les postérieures. Notre marche s'exécute en avant, le visage tourné de ce côté auquel sont attachés les organes de la vie intellectuelle ou de la prévoyance, la vue en particulier. En avant sont placés les *yeux* porteurs de la lumière. »

Tout cela, vraiment platonicien et idéaliste, ne conserve pas moins sa valeur physiognomonique au point de vue de la science positive. Partout la subordination des causes physiques aux causes finales y est observée; c'est le principe de toute cette méthode.

Dans la description des *sens*, dans la manière surtout dont Platon fait ressortir la supériorité et les avantages de la *vue* et de l'*ouïe*, les deux sens affectés à l'exercice de l'intelligence, on reconnaît le caractère spéculatif et moral de toute cette philosophie de la Nature.

« La *vue*, cet organe de l'intelligence, nous ouvre la connaissance de l'univers; sans elle, nous n'aurions vu ni les astres, ni le soleil, ni le ciel, les jours et les nuits. Les années se succédant sous nos yeux nous ont fourni le *nombre*, nous ont donné l'idée du temps et le désir de rechercher la nature

---

[1]. Ovide semble avoir traduit Platon :

Os homini sublime dedit cœlumque tueri
Jussit, et erectos ad sidera tollere vultus.

de l'univers, d'où est née pour nous cette philosophie, le plus grand bien que la race mortelle ait reçu de la libéralité des dieux. » (47, B.)

Mais où le vrai disciple de Socrate, Platon lui-même tout entier, se révèle, c'est dans ce qui suit, sur le *monde* et ses *lois*. Le monde, pour lui, la nature extérieure, qu'est-il ? un reflet de la pensée divine, une image de l'*exemplaire* divin, la manifestation des idées. Les lois de l'univers physique sont les mêmes lois, le reflet d'autres lois que l'esprit humain porte en lui-même. Et l'homme doit apprendre par la contemplation de ces mêmes lois à se gouverner lui-même.

Le passage est trop significatif pour ne devoir pas être cité[1].

A l'*ouïe* et à la *voix* sont assignées de même leurs fonctions. L'*ouïe* est le sens de l'harmonie par où pénètrent dans l'âme le nombre, le rythme, l'*harmonie*. Grec et Pythagoricien, Platon n'en pouvait parler autrement. Mais encore ici ce qui le distingue, c'est le sens moral qui se révèle et qui prime le reste. Le rôle de la *musique*, dans la politique et l'éducation, y est expliqué et tracé d'avance dans ces mots où le rapport de la parole et de la voix avec l'*ouïe* est également marqué comme ayant toujours pour cause la fin morale.

« Quant à la voix et à l'*ouïe*, nous dirons encore que c'est pour la même fin et d'après les mêmes motifs que les dieux nous les ont données. Car la parole est faite pour la même fin que la vue et contribue puissamment à l'atteindre. Et le chant musical, qui a bien aussi son utilité, a été donné à l'ouïe à cause de l'*harmonie*. Or l'*harmonie* ayant des révolutions semblables aux révolutions de l'âme qui est en nous ne paraît point, à l'homme qui s'adonne sagement au commerce des Muses, avoir pour toute utilité, comme on le pense maintenant, un plaisir déraisonnable, οὐκ ἐφ' ἡδονὴν ἄλογον. Mais c'est pour réduire la révolution de notre âme à l'ordre et à

---

1. « La vraie cause pour laquelle Dieu a inventé la *vue* et nous l'a donnée, c'est afin que, contemplant dans les cieux les révolutions de l'intelligence, nous puissions nous en servir pour les révolutions intérieures de notre pensée, qui sont de même nature que celles de l'âme du monde, mais troublées, tandis que celles-ci ne peuvent l'être ; et afin qu'instruits, ainsi élevés à la participation de la rectitude naturelle, de la raison et imitant les révolutions, devenues exemptes de toute aberration, nous pussions faire passer les nôtres de leurs erreurs à la régularité. » (*Ibid.*)

l'accord avec elle-même, qu'elle nous a été donnée comme un puissant secours des Muses. Le *rythme* nous a été donné par elles pour la même fin, comme un moyen de régler ces manières dépourvues de mesure et de grâce que se forment la plupart des hommes. » — La *vraie musique*, c'est l'accord de l'âme avec elle-même, l'harmonie intérieure, selon le pythagorisme : le *secum mens ipsa consonans*, comme diront les Stoïciens.

Nous ne poursuivons pas cette description du corps humain où le but constant est de montrer le lien étroit qui unit les deux parties de l'homme et la subordination de l'une à l'autre. Le supérieur y explique l'inférieur. C'est l'âme qui sert à marquer les divisions du corps par ses facultés. L'âme se divise en deux parties : l'une divine ou raisonnable, νοῦς, λόγος, l'autre, mortelle, l'irrationnelle, ἄλογος. Celle-ci se subdivise en deux parties : le θύμος, l'appétit noble, et l'appétit sensuel, le τὸ ἐπιθυμητικόν. Le corps se divise de même et ces facultés s'y *localisent*. La tête reçoit la semence divine; ronde de toutes parts elle contient la *cervelle*, ἐγκέφαλον, logée dans le *crâne*, qui est une sphère osseuse. Les fonctions de la vie intellectuelle et morale sont dans la *tête*, comme tout ce qui est intellectuel, la *bouche*, la *langue* et les *lèvres*. « Le langage, le ruisseau de paroles, qui coule des lèvres pour le service de la sagesse, est le plus beau et le meilleur des ruisseaux. »

Entre la tête et le corps, le *cou* forme une espèce d'isthme qui les sépare. La tête, citadelle de l'âme, devait être distincte et séparée afin que, logeant la partie divine, elle fût plus éloignée des parties inférieures; l'une, le θύμος, plus noble a pour siège le *cœur*; l'autre, affectée aux appétits sensuels, est logée plus bas dans la région au-dessous du *diaphragme*. Sur les organes de la vie physique, le poumon, le foie, les artères et les veines, leurs fonctions, la respiration, la circulation, etc., le tout, emprunté sans doute à Hippocrate, n'a pour nous que peu d'intérêt et doit être renvoyé à l'histoire des sciences.

Ce qui est dit des maladies doit nous intéresser davantage. Cette *nosographie* contient deux parties, les maladies du corps et celles de l'âme. La cause générale des maladies du corps d'accord avec le système est celle-ci. La santé pour l'âme et pour le corps, c'est l'*équilibre*, la mesure et la proportion gardées, l'*ordre* des parties et des fonctions du corps, l'*harmonie* en un mot (cf. *Rép.*, II). — La maladie est le contraire, la rupture de cet équilibre soit dans le corps entier, soit dans l'une de ses parties. Quand elle y entre, c'est toujours par excès ou par défaut, parce que l'ordre est troublé ou interverti. Le dérangement, les transpositions, dans la composition primaire et secondaire, le mélange des humeurs, etc., telle est la vraie cause de toute maladie. — Tout cela plus ou moins emprunté à Hippocrate (cité ailleurs, *Gorgias*, *Protagoras*, *Phèdre*) ou à d'autres, n'est pas moins conforme à l'esprit platonicien.

Le principe est le même pour les maladies de l'âme : le trouble, le dérangement des facultés. La morale le dira. Mais ici dans la Physique (cela est à remarquer), c'est de l'union de l'âme avec le corps que proviennent les maladies de l'âme.

Platon spiritualiste fait, ici, une part énorme au physique. La source commune des maladies de l'âme, pour lui, c'est l'état des organes, et les influences extérieures. On s'étonnera de le voir accorder une telle prépondérance au corps ; sa doctrine sur ce point est presque d'accord avec les doctrines matérialistes. Mais ce n'est pas chez lui contradiction. L'âme humaine n'est pas l'âme divine, un esprit pur. Composée de deux natures, elle est formée de deux éléments, du *même* et de l'*autre*, ταῦτον καὶ θάτερον.

L'âme participe de la raison. Par là sa nature est divine, sa destination est de connaître l'éternel et le divin. Faite pour la vie pure et sainte, pour la contemplation du monde idéal, elle n'est pas moins unie à un corps. Celui-ci, matériel et mortel, la pénètre de ses influences, l'asservit, la trouble, lui fait commettre des actes contraires à sa nature. En vue de la perfection et de l'immutabilité des espèces, les âmes sont enfermées dans les limites de l'univers. En tant qu'elle est unie à un corps, l'âme subit ses changements et ses vicissitudes. Elle participe de ses états, vit de la vie sensible ; elle reçoit du corps toutes ses impressions et ses désirs ; elle ne peut se conserver dans sa pureté primitive. Tombée du ciel sur la terre, de l'idéal dans le réel, elle est assujettie à toutes les conditions de l'existence mortelle et passagère d'ici-bas. L'âme sans doute régit et contient le corps; mais lui aussi agit sur elle, l'affecte, l'appesantit, la domine, l'entraîne vers la région basse des sens et lui fait oublier sa céleste origine (voyez *Phèdre*).

C'est ainsi que s'explique toute cette partie de la physique de Platon sur les rapports du physique et du moral, en particulier sur la maladie.

Bref, si l'*âme* est malade, la cause en est dans le corps. « Ayant une âme malade et insensée par la faute du corps, νοσοῦσαν καὶ ἄφρονα ὑπὸ τοῦ σώματος τὴν ψυχήν..... »

Aussi est-elle fausse l'opinion qui prétend que l'homme est volontairement mauvais, ὡς ἑκὼν κακός, il est malade. Les vices sont les maladies de l'âme. Ses fautes sont involontaires et un effet de sa mauvaise éducation; c'est parce qu'il y a vice dans la constitution du corps. Ceci reviendra à propos du *libre arbitre* (*infra*).

Proposition excessive, qui a fait nier le libre arbitre, mais que semble corriger celle-ci : ni l'âme sans le corps ni le corps sans l'âme, μήτε τὴν ψυχὴν ἄνευ σώματος κινεῖν, μήτε σῶμα ἄνευ ψυχῆς (98, B). Elle affirme seulement l'*union* nécessaire.

Quant aux moyens de conserver ou de rétablir la santé du corps ou de l'esprit, tout l'esprit de la *médecine* comme de l'*hygiène* platonicienne est dans ce principe, lié à tout le système : La santé, comme la beauté, la bonté, c'est la mesure, la proportion, l'équilibre entre les parties comme dans le tout. Deux moyens sont propres à les maintenir ou à les rétablir dans l'état normal, la gymnastique et la musique. On les retrouvera comme bases de l'éducation.

Pour ce qui est du corps, les préceptes sont simples. La meilleure manière de purger le corps et de lui donner une bonne constitution, ce sont : 1° les exercices gymnastiques, 2° un balancement modéré, 3° ne jamais recourir sans nécessité à la purgation par les drogues et les médicaments; ne pas déranger par des remèdes l'ordre des parties et des fonctions, etc. Surtout que les trois âmes remplissent leurs fonctions spéciales dans leur harmonie.

Cette médecine, plus négative que positive, se termine par un précepte qui résume l'ensemble.

« En voilà assez sur l'animal composé de corps et d'âme et sur la partie corporelle ainsi que sur la manière de le gouverner et de se gouverner soi-même pour mener un genre de vie conforme à la raison autant que possible. Disposer d'abord la partie qui doit gouverner afin qu'elle soit aussi bonne et aussi parfaite que possible, εἰς δυνατὸν ὅτι κάλλιστον καὶ ἄριστον.

Avec ce qui est dit de l'homme, la discussion est terminée. Cependant comme une sorte d'*épilogue* Platon ajoute quelques mots pour nous dire comment se sont formés d'abord les deux sexes, puis les autres *animaux*. La marche qu'il suit est descendante : les transformations sont des dégradations du type humain qui est le modèle. Ainsi des hommes lâches se sont formés les *femmes*, puis viennent les oiseaux, les quadrupèdes, les animaux terrestres, les poissons.

Ici Platon se joue selon sa manière habituelle quand le vraisemblable lui-même l'abandonne et que la licence permise aux poètes remplace chez lui le sérieux. Exemple, ce qu'il dit des quadrupèdes : « formés de l'espèce supérieure, les yeux fixés vers la terre, ils ne s'occupent pas du tout de philosophie et ne considèrent jamais la nature céleste ».

Pourquoi les autres ont-ils plus de quatre pieds, c'est qu'il faut plus de supports à ceux qui sont plus stupides. Les poissons ont la tête allongée et toutes sortes de formes. Les autres rampent, comme le serpent. Le quatrième genre est formé des hommes les plus ignorants de tous, non dignes de respirer un fluide pur, puisque par négligence leur vie entière est devenue impure.

Laissons ces jeux de l'imagination du philosophe, pour revenir au point de départ, à la pensée principale : le lien de toute cette physique de Platon avec sa *morale*. Elle est partout, mais nulle part mieux marquée que dans les paroles suivantes :

« Ainsi quand un homme s'est adonné aux appétits sensuels et aux emportements des passions violentes, un tel homme doit autant que possible devenir mortel, puisqu'il a tellement accru cette partie de lui-même. Au contraire, celui qui a dirigé tous ses efforts vers l'amour de la science et vers la vraie sagesse et qui en a fait son principal exercice doit avoir des pensées éternelles et divines, et participer à l'immortalité aussi complètement que la nature humaine en est capable. Et comme il donne des soins continuels à la partie divine, il doit être éminemment heureux[1]. »

[1]. « Les mouvements sont en rapport avec la nature de la partie divine de nous-même. Ce sont les pensées et les révolutions de l'univers. Il faut donc que nous les suivions; car les mouvements qui ont lieu dans notre tête ayant été altérés dès la naissance, chacun de nous doit les redresser en étudiant l'harmonie de l'univers. Et c'est ainsi qu'en rendant ce qui contemple semblable à ce qui est contemplé, comme cela devait être dans l'état primitif, nous devons atteindre à la perfection de cette vie excellente proposée aux hommes par les dieux pour le présent et pour l'avenir. »

CHAPITRE IV

L'HOMME (SUITE). — L'AME HUMAINE ET SES FACULTÉS
PSYCHOLOGIE

I. Importance du sujet et sa place dans le système. — II. L'âme en général, sa nature, son rapport avec les idées. — III. Les âmes individuelles. — IV. L'âme humaine, sa nature et son essence propre. — Ses parties ou facultés. — Ame irraisonnable et raisonnable. — Subdivision. — Ame raisonnable, irascible et concupiscible. — Analyse de chacune d'elles. — Leur rapport et subordination.

I. — Avant d'exposer plus en détail cette partie de la philosophie platonicienne, qui, par son importance et l'intérêt des questions qui s'y rattachent, exige une étude plus particulière, il convient de marquer sa place dans l'ensemble du système et les rapports avec chacune de ses parties [1].

La maxime socratique : *Connais-toi toi-même*, indiquait le mouvement de réflexion de l'esprit se repliant sur lui-même, afin d'y trouver la base de la science et de la philosophie, vainement placée auparavant dans les spéculations sur la nature extérieure (*Phil. anc.*, I, 128). Platon, qui la met dans la bouche de son maître (*Phèdre*, 229, E; *Alcib.*, I, 122; cf. Xénoph., *Mém.*, IV, 2), l'a partout lui-même appliquée et suivie. On a pu dire avec raison (Proclus) que la connaissance de soi-même est le principe de sa philosophie et de sa doctrine.

---

1. Voyez A. Chaignet, *la Psychologie de Platon*, p. 454-74.

On l'a déjà vu par l'ensemble des procédés, plus haut décrits, de sa méthode et le rôle qui est assigné à la réflexion (p. 93). Le point de départ est toujours la conscience, l'étude approfondie de l'âme et de ses facultés. Bien qu'il soit dit ailleurs qu'il est impossible de bien connaître l'âme si l'on ignore la nature universelle (*Phèdre*, 270, C) (ce qui est vrai en un sens), il n'y a pas à se méprendre sur la marche que suit la pensée, selon l'esprit de la doctrine entière.

Et, en effet, n'est-ce pas dans la raison humaine, cette partie divine de l'âme, qu'apparaît la raison absolue avec ses idées? De ces idées l'esprit humain est le miroir le plus pur et le plus fidèle. Elles y sont plus aisées à saisir et à reconnaître que dans le monde des sens qui n'en donne qu'un reflet obscur et voilé. Sauf les lois les plus générales, tout y est plein d'obscurité, d'incertitude et de confusion.

C'est de la connaissance de l'âme que l'esprit s'élève par degrés à la spéculation la plus haute, jusqu'au degré suprême où il lui est donné de contempler la vérité dans l'Etre qui est son principe et sa fin : le souverain bien (*ibid.*, 93, 106). — Il en est de même de toutes les questions de la dialectique qui touchent de plus près à la théorie des idées, de la connaissance et du langage, de la vérité et de l'erreur, de l'amour et de la beauté, de ses formes et des sentiments qu'elle excite, etc. (*supra*).

La *physique*, qui semble devoir être la plus étrangère à cette méthode et pouvoir se constituer sans elle, est loin elle-même de s'y soustraire.

Le lien qui unit cette partie, la moins rigoureuse du système, à la psychologie est évident. L'âme du monde y joue un rôle essentiel comme servant à le construire et facteur nécessaire dans sa composition. Outre l'âme cosmique ou universelle, les âmes particulières partout répandues dans l'univers y entretiennent, avec le mouvement, la vie, l'ordre et la régularité. Leur présence importe à sa beauté et à sa perfection (*supra*). Mais c'est quand il s'agit de l'être principal, l'être humain, que le problème a toute sa gravité et son intérêt. L'homme, sans doute, est âme et corps; c'est par leur union qu'il est homme. Mais, dans ce composé unique qui est tout son être, l'âme conserve, avec sa nature propre, sa supériorité sur le corps qu'elle anime, dont elle subit les influences, mais auquel elle commande comme elle le précède. C'est en vue de l'âme et d'après son modèle que le corps lui-même est façonné, organisé, divisé, etc. (*Ibid.*)

Tout cela, l'exposé qui précède l'a mis sous nos yeux, en attendant que d'autres questions se posent pour nous encore plus dignes d'intérêt, sur la nature de l'âme humaine elle-même et ses facultés, sa destinée actuelle et future, son immortalité. Un problème déjà entrevu, plus difficile encore et plus élevé, qui domine tout le reste, y trouvera aussi en partie sa solution, celui auquel conduisent toutes les recherches : ce qui achève la partie spéculative du système, sur l'être des êtres, l'Etre dont l'âme elle-même tire son origine. C'est elle, l'esprit fini, qui nous le fait mieux comprendre, car lui-même est esprit. La connaissance que nous avons de nous-même prépare et rend plus facile la conception de cet être, bien qu'il soit infini. Scrutée, interrogée dans sa nature intime, l'âme seule peut nous donner la véritable idée de sa nature et de ses attributs.

Un rôle non moins considérable est réservé à cette étude et à ce qui en est l'objet dans la philosophie pratique. N'est-ce pas en vue de l'âme et de son bien que toute la vie humaine doit être conçue, ordonnée, réglée?

Elle est pour l'homme sa fin véritable, le but de sa conduite et de ses actes. Ce n'est pas Platon, le grand moraliste, qui aurait pu un instant l'oublier. Toute sa *morale* est faite en vue de ce principe, calquée sur ce modèle. Sa théorie des vertus, comme celle des devoirs, lui est empruntée. Sa *politique* elle-même est loin de lui être étrangère. S'il y a un reproche à lui faire, c'est de n'avoir pas assez compris que l'État n'est pas l'individu, d'avoir emprunté à l'âme individuelle, à sa composition, son modèle de société parfaite et d'avoir, sur ce modèle, tracé le plan de sa cité idéale (*Rép.*, IV). Il y a plus, la destinée individuelle des âmes dans un autre monde est donnée par lui comme le dernier mot de la vie sociale elle-même (*Rép.*, X).

La sanction dernière des lois repose de même sur l'immortalité (*Lois*, X).

On verra ce que les autres parties de l'éthique platonicienne, l'*éducation*, l'*esthétique*, la *rhétorique* empruntent également à la psychologie.

Platon a composé sur l'âme un de ses plus grands dialogues, le *Phédon*, dont l'authenticité ne peut être niée, pour prouver que l'âme est immortelle. Que le positivisme ou le scepticisme moderne (Grote), d'accord en cela avec le panthéisme (Hegel), en déclare le contenu dogmatique en désaccord avec la pensée formelle et habituelle de son auteur, c'est un point grave qui sera plus tard examiné pour la doctrine entière (théologie). Les autres dialogues, authentiques ou non, mais composés selon le même esprit et la même méthode, contiennent sous la forme dialectique ou scientifique, çà et là aussi et plus rarement allégorique, tout un ensemble doctrinal sur l'âme, ses opérations, ses facultés, etc., qui, disséminé en aperçus théoriques, discussions, analyses, etc., forme une véritable psychologie platonicienne. On ne peut en donner ici qu'en aperçu les traits principaux.

Division. — Sans revenir sur ce qui a été dit de l'âme du monde, nous avons à examiner ce que pense Platon : 1° de l'âme en elle-même et dans son rapport avec les idées; 2° de l'âme humaine, de sa nature et de ses facultés; 3° de sa destinée présente, passée et future.

II. De l'ame en général. — La définition qu'en donne Platon est celle-ci : L'âme est un principe animé, ζῶον, la cause première du mouvement et de la vie (*Phèdre*, 345; *Timée*, 34, B). On l'a vu pour l'âme du monde. Sans elle, le mouvement est impossible, elle est : ἀρχὴ τῆς κινήσεως (*ibid.*). Sa propriété est de se mouvoir elle-même, μόνον δὴ τὸ αὐτὸ κινοῦν (*Phèdre*, 445, C). C'est ainsi qu'elle apparaîtra partout dans le *Phédon*, le *Timée*, la *Rép.*, les *Lois*, le *Philèbe*, etc. (30, A).

Platon prouve son existence par la nécessité d'un premier moteur (*Phèdre*). Elle-même se meut et sa nature est de se mouvoir par elle-même; elle seule jouit du mouvement spontané [1].

L'âme est antérieure au corps et plus vieille que lui; elle est la maîtresse et lui commande, ὡς δεσπότιν καὶ ἄρξουσαν (*Lois*, 891).

Cette qualification de cause du mouvement et de principe animé, Aristote, il est vrai, la conteste (*de Anima*, I, II). Il la déclare étrangère au système (cf. *Mét.*, XIII, 247), incompatible avec la théorie des idées. A-t-il raison? Il suffit, ce semble, que Platon ait conçu l'âme comme telle et l'ait ainsi décrite. Elle n'est pas simple mais composée, ajoute Aristote, qui abuse d'un texte du *Timée*. Ce sont là, dirons-nous, des difficultés que soulève la logique des systèmes. Mais, en fait, Platon donne cet attribut à l'âme; c'est pour lui son essence [2].

D'autres attributs s'ajoutent, comme de connaître les idées; c'est là qu'est son affinité, car le semblable ne peut être connu que par le semblable (Arist., *de Anima*, I, II, 6). La faculté de connaître est liée à celle de mouvoir, car c'est un mouvement et de plus elle est le sujet de la connaissance; l'objet, ce sont les idées. Or c'est l'âme qui connaît et possède la science. La connaissance de l'idée du bien est la plus grande science (*Rép.*, V).

Rapport avec les idées. — Mais alors s'élève cette question du rapport de l'âme aux idées : point obscur et difficile. Les âmes sont-elles identiques aux idées? Sinon, en quoi en diffèrent-elles? Aristote affirme l'identité, mais c'est l'intérêt de sa polémique. Le fait est qu'il n'y a pas de doctrine précise dans Platon. On voit bien que l'âme est un moyen terme,

---

1. Κινήσεως μὲν ἀρχή, τὸ αὐτὸ ἑαυτὸ κινοῦν; *Phéd.*, 245, D, 215. — Ἡ δυναμένη αὐτὴ αὑτὴν κινεῖν κίνησις; *Lois*, 896. — Cf. *Cratyle*, 400; *Timée*, 34, B.

2. L'âme, nous dit toujours Aristote critiquant son maître, n'est nullement un premier principe; elle n'est pas une cause mais un résultat. Contemporaine du monde, composée de deux principes, elle est un mélange de l'infini (indéterminé) et du fini (mesuré). Il y a plus, l'âme ne serait, comme Platon l'appelle lui-même (*Théétète*, 184), qu'une *idée* et un *nombre*, ainsi que l'a dit depuis Xénocrate. Or qu'est-ce qu'un nombre qui se meut lui-même, qui agit, qui souffre, etc.? L'âme, par son activité, sa spontanéité essentielle, est, dit-on (Ravaisson, 337), une étrangère venue on ne sait d'où et qui ne peut trouver sa place dans le système de formes sans substance et d'abstractions sans réalité.

Cette critique abstraite entre métaphysiciens qui s'efforcent de se contredire, fût-elle fondée, n'ôte rien à la réalité du fait, qui est que Platon conçoit l'âme animée, douée du mouvement et de la vie, et qu'avant Aristote il lui a reconnu ces attributs.

un intermédiaire; elle est *médiatrice* entre l'idée et la *réalité sensible*. C'est son rôle. Principe de la vie et du mouvement, elle est la première détermination de l'idée, ce qui l'a fait sortir de son immobilité et de simple forme devenir cause réelle. Elle n'est donc pas l'idée; mais elle émane de l'idée; elle est l'idée revêtant sa forme dans sa multiplicité, son apparition, sa manifestation.

Comment cela se fait-il? Platon ne le dit pas non plus. On voit d'où vient la parenté, c'est qu'elle participe de l'un et de l'autre; mais celle-ci, la *participation*, est une énigme que Platon ne résout pas.

Il faut donc accepter ce que Platon affirme sans vouloir expliquer ce que lui-même n'explique pas. Ce qu'il dit de l'âme, c'est qu'indépendante du corps, elle a de l'affinité avec l'idée, qu'elle en est voisine (*Phédon*, 79, E), ψυχὴ ὁμοιότερον εἶναι καὶ ξυγγενέστερον.

On ne peut concevoir l'âme sans l'autre, de même que la raison, λόγος, ne peut se manifester, qu'aucun être ne peut exister sans l'intermédiaire de l'âme. Sa vraie nature est d'être sans commencement ni fin; sans elle le monde rentre dans le repos, l'inertie, le chaos (*Phèdre*, *Phédon*).

L'âme ainsi conçue, quelles sont ses propriétés? Comme l'idée dont elle participe, elle réunit en soi les contraires; elle est à la fois une et multiple (*Philèbe*), simple et composée, identique et diverse (*ibid.*). Bien qu'elle soit simple par essence, elle comporte la division. Le *même* et l'*autre*, ταὐτὸν θάτερον, en elle se rencontrent. Et cependant par essence elle est pure, simple et sans mélange (*Timée*, 35, A). Identique et changeante, le fond de son essence est l'invariabilité, la simplicité, la pureté, l'identité, ἀμέριστος καὶ ἀεὶ κατὰ ταὐτὰ ἔχουσα οὐσία (*Timée*, 35).

Voilà ce qu'on peut dire de plus clair de l'âme en général. On doit y joindre l'immortalité. Toute âme est immortelle, πᾶσα ψυχὴ ἀθάνατος, peut-être éternelle (voyez *infra*).

III. *Les âmes individuelles* (et les différentes âmes). — Ce côté du système n'est pas moins voilé que le premier. La forme mythique ou symbolique n'est pas faite pour dissiper les obscurités. Que sont les âmes individuelles et comment sortent-elles de l'âme universelle? Pourquoi s'en détachent-elles pour venir habiter et animer des corps? La chute des âmes est-elle nécessaire? Il le paraît; mais quel est le secret de leur union avec les corps? Toutes ne sont pas semblables. Il y a des âmes de diverses espèces (πολυειδῆ). Pourquoi leur diversité? Est-ce un épanouissement de leur principe ou un dédoublement, une division? Tombées de la région des idées, elles tendent à y remonter (*Phèdre*).

Leurs destinées sont liées aux lois et aux révolutions du monde. Dans leurs migrations et leurs transformations, que deviennent-elles?

Problèmes mystérieux que Platon lui-même n'essaie pas sérieusement de résoudre. On le voit par le ton qu'il prend. Son imagination se joue dans un champ libre. Son génie poétique s'empare des traditions de toute espèce, pythagoriciennes, orphiques, etc.; il les arrange et les façonne à son gré, y ajoute ses propres hypothèses. Lui-même, que croit-il de ce qu'il dit et raconte? Difficile est la réponse. Laissons donc de côté pour le moment toute cette mythologie, sans vouloir en pénétrer le sens ni préciser et définir ce que le philosophe, ici plus poète encore, n'a pas voulu ni pu nous faire connaître.

On doit tâcher seulement de saisir les traits généraux les plus vraisemblables à mesure que chaque question se présentera. — Ce qui suit pour nous a réellement de l'intérêt.

1° D'abord y a-t-il des *âmes individuelles*? Platon partout le dit et son système l'exige. Les âmes sont répandues dans tout l'univers. Les astres, les animaux, les plantes ont des âmes. Tout ce qui vit est animé; et pour les êtres vivants c'est l'âme qui préside à tous leurs mouvements.

2° Ces âmes, que sont-elles? Ont-elles la conscience, la pensée? Ne sont-elles que des modes de l'âme universelle? On ne peut l'admettre malgré les affirmations contraires (Hegel; Teichmüller).

Leur individualité est très bien marquée chez l'homme, elle va jusqu'à la personnalité. Conservant leur nature individuelle, sont-elles indépendantes, séparées, χωρισταί, ou ne sont-elles que des parcelles de l'âme divine? Le point est difficile à préciser. L'existence atomistique ou monadique ne peut pas plus se soutenir que l'entier isolement, la séparation complète d'avec les idées.

3° Détachées de l'âme divine (*Phèdre*) et tombées dans des corps, elles sont unies à la matière; elles en subissent les lois; elles parcourent tous les degrés de l'existence (voy. *Zeller*). Pourquoi? comment? qu'y a-t-il en cela de sérieux, de vraiment platonicien au milieu de tout ce qui est emprunté aux pythagoriciens?

4° Les âmes entrées dans les corps y revêtent différentes formes (*Timée*, *Phèdre*).

De cette partie obscure et la moins philosophique du système on a hâte de sortir, de se placer sur un terrain plus solide et mieux éclairé, celui où il s'agit de l'âme humaine. Celle-ci d'ailleurs est comme le type d'après lequel tout le reste est connu, l'âme du monde elle-même et les autres âmes. Comme c'est elle qui les connaît, elle aussi les fait connaître.

III. L'AME HUMAINE. — Mais, quoique la lumière ici soit plus grande, tout est loin d'être également clair et d'offrir la même certitude. Il y a à distinguer la partie métaphysique de la partie empirique, celle-ci en général plus riche, mais qui échappe à notre analyse, l'autre plus ardue, d'un si haut intérêt, à laquelle sont liés de grands et mystérieux problèmes. Selon la méthode platonicienne, ce sont aussi les premiers à examiner.

Sa nature, ses propriétés. — Elle aussi, comme l'âme en général, est principe de vie et de mouvement. Sa nature ou son essence est la vie. Elle est unie au corps; mais elle s'en distingue (*Leg.*, XII; *Alcib.*, I). Elle ressemble plutôt à ce qui est divin. Simple, indivisible, incorruptible, elle est divine de sa nature, ζυνθεῖον (85). Distincte du corps, elle lui commande et le dirige, τοῦ σώματος ἄρχουσα (*Alcib.*, I). Ce n'est pas lui qui la contient, c'est elle qui le possède, ὅ ἔχει τὸ σῶμα (*ibid.*). Ses propriétés sont différentes, elle est invisible, ἀειδής. Elle est cause, ἀρχή, tandis que lui est sujet à la génération; il change, elle ne change pas. Son immatérialité, sa spiritualité, son incorruptibilité, sa ressemblance avec le divin, tels sont ses attributs (*Phédon*, 78). Ils reviennent sans cesse dans Platon (*Rép.*; *Phédon*).

Bref, si elle est une et identique à elle-même, un, tandis qu'il est multiple (*Philèbe*), si elle est cause, c'est qu'elle a en elle ce qu'il n'a pas, la force motrice ; elle a de plus les autres attributs qui en font un être spirituel, une âme véritable : l'intelligence, le νοῦς, le λόγος, la pensée, νόησις.

Telle est sa nature essentielle et primitive.

Mais quoique incorporelle, étant unie à un corps, elle contracte avec lui, dans cette union, des qualités nouvelles et revêt de nouveaux attributs. Ici les métaphores et les comparaisons ont un sens très clair. Et c'est alors qu'on voit apparaître d'autres facultés qui divisent l'âme sans détruire son unité et qui établissent en elle des parties, μέρη. Avant d'y arriver, on doit compléter ce qui constitue son essence.

L'essence de l'âme humaine est de connaître, γιγνώσκειν, de connaître ce qui est à elle (*Timée*, 72, γνῶναι τά τε αὑτοῦ καὶ ἑαυτὸν), et de se connaître elle-même ; car sa véritable essence est la pensée qui se connaît, se contemple elle-même. Ceci est du pur socratisme. Or cela est vrai surtout de la partie divine ou des idées (*Alcib.*).

Regarder en soi ou dans l'âme et y contempler les idées : αὐτὴν εἰς ψυχὴν αὐτὰ βλέπειν (*Alcib.*, I), c'est là ce qu'il faut savoir faire. Ainsi, la contemplation des idées et des idées en elles-mêmes (*Phédon*, 66, E) dans l'esprit qui les révèle, et les contient, c'est la vie même de l'âme, ce qu'elle était à son origine, ce à quoi elle aspire. Elle y revient toujours, dès qu'elle est délivrée de ses chaînes.

Au socratisme s'ajoute ici le platonisme, savoir : la purification, κάθαρσις, la séparation du corps, ψυχὴ χωρὶς τοῦ σώματος (*Phédon*, 67). La pensée est elle-même sujet et objet, αὐτὴ διάνοια ἐν τῷ διανοεῖσθαι (*ibid.*)[1].

Mais, dans la vie présente, l'âme est unie à un corps. Sans perdre pour cela sa simplicité, sa pureté, elle contracte avec lui, comme il a été dit, des tendances nouvelles, des passions, des désirs, des habitudes nouvelles. Elle acquiert aussi des facultés nécessaires pour se mettre en relation avec les choses extérieures et s'accommoder aux conditions de la vie

---

1. J'en reviens à l'oracle de Delphes : *Connais-toi toi-même* (*Phèdre*, 229). La sagesse est de se connaître soi-même, τὸ γιγνώσκειν ἑαυτόν.

présente. C'est de là que naît la distinction de ses parties, ou puissances, qu'il s'agit de déterminer.

Les parties de l'âme. — Il y a dans l'âme d'abord deux parties : 1° l'une raisonnable ou divine (νοῦς), l'autre irraisonnable et mortelle, d'où naissent les appétits, les désirs sensuels, τὸ ἐπιθυμητικόν. Entre elles se place un intermédiaire, l'appétit courageux, le θύμος, siège des passions nobles et de la volonté. Il sert de milieu entre la raison et les sens ou la sensibilité proprement dite. Ces trois âmes ou parties de l'âme sont-elles distinctes? — Comme puissances sans doute. La dernière seule se trouve chez les animaux, qui n'ont ni la première, ni au même degré la seconde [1].

Faut-il donc admettre dans l'homme trois âmes ou trois parties de l'âme ou trois facultés? Platon emploie successivement ces trois termes : γένη, espèces, εἴδη, formes, μέρη, parties, ἐν ὅλῃ τῇ ψυχῇ (*Phèdre*, 259), ou simplement τρία (*Timée*, 77; *Rép.*, IV, 441; *Phèdre*, 253) : le plus souvent les parties ou simplement le mortel, τῷ θνητόν, le divin, τὸ θεῖον. Dans le *Timée*, 69, il distingue l'espèce divine et l'espèce mortelle, τὸ θνητὸν τῆς ψυχῆς. Elle-même est divisée en deux parties : le θύμος et τὸ ἐπιθυμητικόν, placées en deux endroits différents du corps.

Le mot puissances, δυνάμεις, est plutôt de la langue d'Aristote. — Notre opinion (cf. Zeller) est qu'il faut admettre non trois âmes, ni, au sens propre, trois parties de la même âme, mais trois puissances. Comment cela s'accorde-t-il avec la simplicité? Ce point qui nous paraît obscur dans Platon, pour lui n'avait pas la même difficulté. Dans un système qui admet les contraires, l'unité s'allie à la pluralité : l'une appelle l'autre, loin de l'exclure. Il suffit de dire qu'il en est ainsi de l'âme comme des idées et du reste.

Quant à la localisation dans le corps de ces trois parties elle est clairement marquée. Elles y occupent trois endroits ou régions distinctes, εἰς τρεῖς τόπους. La première, l'intelligence, réside dans la *tête* ou le cerveau; la seconde, dans le *cœur*; la

---

1. Cic., *Tusc.*, I, 10 : Triplicem Plato finxit animam; cujus principatum, id est rationem, in capite sicut in arce posuit et duas partes parere voluit, iram et cupiditatem.

troisième, dans la région inférieure au *diaphragme*. Déjà cette division, comme celle des trois âmes, se trouvait chez les pythagoriciens. Platon l'admet sans chercher à résoudre le problème. Nous n'avons pas à nous en occuper (voyez H. Martin, *Etudes sur le Timée*; Zeller, *Gesch. des Gr.*, 715).

Le νοῦς ou λόγος, le θυμὸς et le τὸ ἐπιθυμητικὸν, voilà chez l'homme les trois grandes facultés. Quelle est la fonction de chacune d'elles? Platon l'a déterminée aussi très nettement. Le νοῦς est la faculté des idées, la raison; à elle appartient la science, le savoir, τὸ ᾧ μανθάνει ἄνθρωπος. Le θυμὸς, ou le courage, est le principe des *affections* nobles ou généreuses, τὸ ᾧ θυμοῦσι. La troisième plus variée comprend tout ce qui est du domaine des affections sensibles, les passions inférieures, les sensations, αἰσθήσεις, les désirs sensuels, etc.

Ici encore le lien est évident de la psychologie et de la dialectique. Celle-ci intervient avec sa division tripartite pour fixer le nombre des facultés, assigner les rangs, établir la hiérarchie. Au-dessus, la région supérieure des idées, ἰδέαι, au-dessous, la région inférieure, αἴσθησις, la région moyenne ou δόξα. On a cru y reconnaître les trois facultés des modernes : raison, sensibilité, volonté. Le θύμος serait la volonté, βούλησις; mais cela est loin d'être aussi exact. Le θύμος n'est qu'une forme de la passion plus élevée, nullement libre; la libre volonté y est étrangère (voyez III⁰ partie, le *libre arbitre*).

On l'a dit, non sans vérité (Chaignet, 225), Platon, comme psychologue, est resté métaphysicien et moraliste. La dialectique tient le fil; la morale, le flambeau dans les analyses; il observe dans le sens du système; son cadre est tracé d'avance. L'âme, indivisible dans sa substance, est divisible dans ses puissances; elle l'est parce qu'autrement elle n'agirait pas sur le corps. Les facultés sont répandues dans le corps et s'y localisent; mais c'est l'âme qui divise le corps comme le prisme, dit Plotin, divise la lumière (*Enn.*, IV, II, 4). De là, une classification, si l'on veut, peu scientifique, pourtant nette et précise, des faits de l'âme. Platon n'a pas réduit en système cet ensemble de faits et de facultés; sa métaphysique est le fondement de sa psychologie, sa méthode est *a priori*. Mais cela n'est pas absolument vrai, cela n'empêche pas le philosophe d'être un profond observateur de la nature humaine, même en ce qui est purement phénoménal, d'avoir laissé, au moins, de précieux aperçus, quelquefois des analyses exactes et suivies, mêlées à la discussion dans tous ses dialogues. Il serait injuste, à ce point de vue, de ne pas ajouter le titre de psychologue à tant d'autres, où il est surtout dialecticien, métaphysicien, moraliste, esthéticien, etc.

De cette partie qui échappe par ses détails à l'exposition, il suffit d'indiquer les traits les plus généraux et, dans le cadre tracé, de marquer le caractère des faits qui appartiennent à ces trois puissances ou facultés.

1. Sur la *faculté cognitive* ou supérieure, nous n'avons rien à ajouter à ce qui en a été dit à propos des idées, des actes de l'esprit qui s'y rapportent, des degrés de la connaissance, etc. Non seulement l'*intuition* est l'acte spécial de l'esprit qui voit ou contemple la vérité lorsque aucun obstacle placé entre lui et son objet ne l'empêche; mais aussi les actes inférieurs de la *raison discursive*, ou du raisonnement, λογισμός, lui appartiennent. Il était réservé à Aristote de les décrire et d'en faire la théorie. Platon, on l'a vu, les reconnaît et leur assigne une place dans sa méthode (*supra*). Il admet aussi comme correspondant à la δόξα une *perception* plus ou moins exacte ou confuse de la vérité par les sens et que doit contrôler la raison. Ceci est de la région moyenne et répond au θυμός.

2. L'*âme sensible*, τὸ ἐπιθυμητικόν, qu'est-elle? Elle est multiple, variée (*Rép.*, IX, 580, D). Elle contient avec la *sensation* tous les faits ou modes de l'âme relatifs à l'intelligence, s'exerçant sur des données sensibles, l'imagination, la *mémoire*, etc.

1° La *sensation*, αἴσθησις, se définit le mouvement de l'âme produit par les choses extérieures et communiqué à l'âme par l'intermédiaire du corps, κίνησις διὰ τοῦ σώματος. Quel rôle joue-t-elle dans la connaissance? On l'a vu, *supra* : mobile, trompeuse, pleine d'illusions, etc., elle ne saurait donner la vérité (*ibid.*).

2° L'*imagination* (φαντασία) est la faculté des images ; jointe à la sensibilité, elle est purement reproductrice. Ces images ou copies des objets sont des fantômes, ou apparences, εἴδωλα. Elles s'associent, se combinent, peuplent l'esprit d'êtres imaginaires, d'erreurs, si la croyance s'y attache.

La *mémoire*, μνῆσις, distincte de la réminiscence, ἀνάμνησις, conserve les images. C'est aussi une faculté purement sensible. Son rôle n'est pas moins nécessaire dans l'acquisition des sciences (*Rép.*, V).

Tout ceci est la sensibilité intellectuelle. La sensibilité physique a un autre caractère. Elle est la source des *plaisirs* et des *peines* du corps; affamée de jouissance, elle redoute la douleur. La *volupté* ou le plaisir physique, ἡδονή, ainsi que la souffrance ou la douleur qui viennent des besoins du corps, la faim, la soif, etc., relèvent de cette partie de l'âme. La joie, la souffrance morale, le remords, le repentir, etc., se rapportent à la partie supérieure.

3° Ce qu'est, à son tour, le θυμός est difficile à caractériser, ainsi que l'ordre entier des faits qui s'y rapportent. C'est bien aussi la faculté de *désirer*. Quoique distinct de la sensibilité, il s'en rapproche; les passions nobles lui appartiennent. Placé entre la raison et la sensibilité, il obéit à l'une ou à l'autre. L'âme alors monte ou descend. Il n'est pourtant pas la *volonté* libre comme nous l'entendons. Ce point reste obscur, équivoque dans la théorie. L'*amour*, ἔρως, qui est aussi le désir (*supra*), à quelle classe appartient-il? Platon ne le dit pas. Quant à la *volonté*, c'est le point le plus difficile à déterminer, le plus faible de cette théorie.

Cette question d'une importance capitale, surtout pour la morale, ne peut qu'être ici effleurée. Ce qui est à remarquer, c'est que Platon identifie la volonté tantôt avec la raison, qui est la puissance délibérative, tantôt avec le désir, ἐπιθυμία (*Ménon, Protagoras*). L'acte volontaire alors est le désir. Ailleurs c'est le caprice, l'arbitraire; ailleurs c'est la détermination raisonnable qui suit le jugement. La volonté, en ce sens, est éclairée ou aveugle. Le νοῦς y préside, ou c'est le simple désir, la passion. Il y a pourtant un terme moyen qui est l'*opinion*, la δόξα, laquelle est tantôt vraie, tantôt fausse, de sa nature flottante et incertaine. Ce serait pour nous l'analogue de la volonté libre; mais cette liberté n'est qu'apparente. En l'approfondissant on voit qu'elle est déterminée par l'un ou l'autre des deux motifs. Bref, en tout ceci, ce que Platon appelle la volonté, le vouloir, n'est que l'acte dont nous avons conscience, l'acte de nous déterminer, sans qu'il en précise la nature et le vrai caractère. L'assentiment éclairé ou non chez lui, synonyme du désir ou de l'inclination, n'est toujours pas l'acte de se déterminer librement, de se maîtriser, de prendre possession de soi, le choix libre entre deux partis contraires. Dans le θυμός en particulier, il ne faut voir que l'énergie, la force, le courage, une passion d'une nature supérieure qui, éclairée par la raison, peut ainsi devenir son auxiliaire, comme aussi être son adversaire si elle cède ou lui résiste et est mal dirigée. C'est le coursier noble et généreux du *Phèdre* qui obéit au frein; c'est aussi le mauvais coursier qui, indocile à la main qui le guide, se cabre et, s'il n'est contenu, expose le char à se renverser. L'âme elle-même peut ainsi monter ou descendre, sollicitée qu'elle est par des motifs contraires. La raison, τὸ ἡγεμονικόν, conduit l'attelage. Elle seule est libre. En elle, dit Platon, réside la vraie liberté.

En résumé, dans cette théorie où la volonté est assimilée au désir et représentée par le θυμός, lequel lui-même n'est qu'un appétit d'un ordre supérieur, il est impossible de reconnaître la liberté morale ou le libre arbitre. La liberté n'est que la raison elle-même, ou elle n'est et ne peut être qu'avec elle. Là où est la raison est la vérité, la justice, le bien, la vertu, le mérite, le droit, aussi la responsabilité [1].

1. Cette question du *libre arbitre* sera mieux placée dans la morale.

CHAPITRE V

PSYCHOLOGIE (SUITE). — LA DESTINÉE DES AMES
L'IMMORTALITÉ

I. La destinée des âmes. — Solution donnée par l'ensemble du système; résultat de la physique et de la dialectique. — La préexistence des âmes; leur chute et leurs migrations, etc. — Indication générale. — II. L'immortalité de l'âme. — Preuves du *Phédon*. — Preuves des autres dialogues. — III. Appréciation. — La survivance de la personnalité. — IV. Le mode d'existence de la vie future. La partie mortelle et la partie immortelle de l'âme.

I. — La destinée de l'âme humaine, dans Platon, est liée à celle des âmes en général. Elle aussi, l'âme individuelle, douée de raison, est assujettie à des migrations successives qui tiennent à la marche totale de l'univers, au cours fatal et réglé de ses lois. Psyché, l'immortelle Psyché, est de trop haute provenance pour avoir commencé avec la vie terrestre et finir avec elle; elle est divine et éternelle; pourtant, elle n'est pas d'essence pure, comme l'idée. Elle a quelque chose de la nature de l'*autre*. Spirituelle et non spirituelle, libre et esclave à la fois, les éléments contradictoires de son être subsistent et se révèlent dans la succession des existences qu'elle doit parcourir.

Notre dessein n'est pas de suivre Platon dans cette partie de ses écrits où il est plus poète que philosophe et, comme philosophe, plus pythagoricien que lui-même, en tout ce qui est dit et raconté de la *préexistence* des âmes (*Phèdre*), de leur *chute* et de leur entrée dans les corps (*ibidem*), des *épreuves* qu'elles subissent, du *jugement* qui les attend après la mort, etc. (*Gorgias, Rep.*, X, *Lois.*). Ce qui réellement nous intéresse en ce qui est de l'âme humaine, c'est sa destinée actuelle et future : 1° ce qu'elle est appelée à faire ici-bas pendant le cours de sa vie présente; 2° c'est de savoir si son existence se prolonge au delà de la mort qui la termine ; 3° ce qu'elle devient, si elle conserve son individualité et sa personnalité, etc.

Sur le premier point, la morale seule peut nous bien renseigner. Quant au second, à cet avenir mystérieux enveloppé de ténèbres que la spéculation pure s'avoue impuissante à dissiper, si la raison pratique s'ajoutant à la raison théorique, par la lumière qu'elle projette, est plus affirmative et mieux propre à nous rassurer dans les questions que l'âme se pose à elle-même avec inquiétude sur sa propre destinée, néanmoins, en restant sur le terrain de la métaphysique du système, en y joignant l'observation directe de la nature de l'âme et de ses facultés, on obtient des réponses qui sont loin d'être sans valeur, attendu qu'elles sont sinon la base, la condition des autres. Platon lui-même, dans le *Phédon*, les a longuement exposées et développées. Elles doivent être ici précieusement recueillies. — Avant d'aborder ce sujet, il est bon de dégager la pensée totale éparse dans ses autres écrits, où elle est exprimée sous la forme le plus souvent allégorique ou mythique, mais toujours conforme à l'esprit du système.

Ce qu'on peut articuler de plus clair et de plus affirmatif, d'après ce qui nous est connu jusqu'ici de l'âme, en rapport avec la dialectique et les idées, de sa nature, de ses conditions, de ses tendances, etc., c'est que sa destinée absolue est d'agir et de vivre en conformité avec elle-même, ou avec son essence propre, de réaliser, autant qu'il est en elle, l'idée éternelle et divine qu'elle trouve en elle-même dans sa conscience, le vrai type et modèle de tous ses actes, la fin vers laquelle elle aspire par toutes les puissances de son être et qui est le bien souverain.

Ceci admis comme étant le centre et le pivot de la doctrine

spéculative entière, en attendant qu'une autre partie de la science vienne ajouter sa sanction impérative aux actes de la vie pratique, voici ce qu'on peut déjà constater et dégager comme résultat général de tout l'exposé qui précède.

C'est que l'âme qui est restée pure en elle-même, qui a bien subi l'épreuve dans le monde visible ou corporel où elle est placée, qui a vécu d'une manière conforme à la justice et au bien, retourne, après la mort, à l'état bienheureux, qu'elle a quitté, pour qu'ensuite, quand elle a goûté pendant un temps plus ou moins grand mais limité, le bonheur qui lui est dû, elle revienne de nouveau habiter un corps. L'âme qui a mal subi l'épreuve, qui a vécu de la vie du corps, est condamnée à passer en d'autres corps, à revêtir les formes plus basses de l'existence ; elle n'en peut être délivrée qu'après avoir recouvré sa pureté. C'est donc la doctrine de l'*épreuve*, d'une série d'épreuves qui est le fond du dogme platonicien, du reste si obscur et si difficile à préciser.

Telle est, en effet, la manière générale et constante dont Platon envisage et résout le problème de la destinée humaine en général. C'est le fond à dégager des formes allégoriques et mythiques dont sa pensée se revêt le plus souvent et que lui-même sans doute craint de trop préciser en l'exprimant d'une manière théorique ou abstraite.

Ailleurs, dans la morale, on aura à déterminer pour l'âme les conditions de la vie présente, les obstacles sans nombre à l'accomplissement du bien. La vertu y est définie une *lutte*, un combat, le plus noble des combats (*Rép.*, X). L'homme y a pour but de se sanctifier, de se purifier, d'assurer le triomphe de la partie haute sur la partie basse, de commander à ses passions. C'est une purification (κάθαρσις), le dégagement des liens du corps. Là est la vraie vie, la vie véritable, la ressemblance avec Dieu en attendant le retour ou l'union définitive que la vertu lui aura méritée et que l'amour réclame comme dernier terme de la félicité (*supra*).

On sait tout ce que la doctrine platonicienne, en ce qu'elle a d'ascétique, ne cesse d'articuler à ce sujet, sur l'état présent de l'âme et sa destinée actuelle. Cette âme, elle est immortelle et éternelle. En vertu de sa nature même, elle devrait être en possession de la vraie connaissance, de la vérité, de la beauté parfaite, indépendante et libre; mais enchaînée à un corps mortel, elle participe de ses imperfections, elle en subit toutes les influences. Elle est faible, chancelante, sujette à toutes les misères de sa nature corporelle, soumise à la souffrance et au mal, portée à la perversité, sans parler de l'ignorance, pour elle le premier des maux. Divisée en elle-même, elle est pleine d'agitation, tourmentée de désirs insatiables, en proie à des passions insensées, livrée aux assauts d'une nature aveugle et des mauvais penchants que contient le principe sensible [1]. Obligée de s'occuper sans cesse de l'entretien du corps et de pourvoir à ses besoins, attirée vers la jouissance et les plaisirs sensuels, désireuse des biens passagers et faux qu'elle prend pour les biens réels, elle se laisse choir et perd ses ailes (*Phèdre*). Elle tombe de la région supérieure dans la région moyenne ou inférieure. D'autre part, le ressouvenir de son origine, qui chez elle néanmoins persiste, la porte à se relever. Elle tend plus ou moins vers ce monde idéal, aspiration qui se manifeste chez les uns par l'amour pour la science, chez d'autres par l'enthousiasme qu'excite en elle la vue du beau, etc.

Cet état prouve que la vie véritable n'est pas la vie présente mais plutôt une autre vie, celle où l'âme délivrée du corps, qu'elle traîne après elle comme un tombeau, doit jouir d'elle-même, et se réunir à son principe. (*Phédon*, 67.)

Mais, sur un point aussi grave de la doctrine, cet aperçu général ne peut suffire. On est conduit à examiner les preuves que Platon lui-même a données de l'immortalité de l'âme : d'abord dans le dialogue célèbre que lui-même y a consacré tout entier, le *Phédon*. Elles sont mises dans la bouche de Socrate ayant pris lui-même ce sujet pour texte du dernier entretien qu'il eut dans la prison avec ses amis, avant de mourir et où sont racontés ses derniers moments. La question y est traitée théoriquement et avec les objections qui s'y mêlent selon la méthode ordinaire, la dialectique. Les autres dialogues, qui également la contiennent et où elle apparaît incidemment mais formellement, à leur tour consultés,

[1]. La comparaison avec Glaucus le marin, fait de l'homme une espèce de monstre (*Rép.*, X).

serviront de complément à ce qui peut manquer à ces preuves au point de vue principal, la personnalité.

II. — Quoique ce soit Socrate qui parle et les expose, les preuves du *Phédon* sont presque toutes métaphysiques, et selon la doctrine platonicienne. En voici le résumé :

1° Philosopher c'est s'exercer à mourir. Le vrai philosophe désire la mort. L'âme en effet ne pense et n'agit conformément à sa nature qu'autant qu'elle se dégage du corps. Le corps est un obstacle à l'exercice de ses vraies et plus nobles facultés.

2° Les contraires naissent des contraires, la mort de la vie, la vie de la mort. C'est la grande loi de la succession des êtres. Rien ne meurt, tout se renouvelle et se transforme. Autrement l'univers serait immobile, ou il rentrerait dans le néant. Donc l'âme ne peut périr.

3° La Réminiscence prouve aussi l'immortalité. Même en cette vie, l'âme qui croit apprendre ne fait que retrouver en réfléchissant ce qu'elle a déjà pensé dans une vie antérieure. Bien interrogée, elle montre que ce qu'elle croit apprendre elle le savait déjà et qu'elle tire d'elle-même toutes ses pensées. Ainsi en est-il de ses connaissances les plus hautes et les plus nécessaires : des notions de la grandeur, de l'égalité, des nombres, du vrai, du beau, du bien, de la justice. Si l'âme a préexisté à sa naissance, elle doit survivre à la mort.

4° L'âme est une substance simple. Comme telle, elle ne peut périr par la dissolution de ses parties; distincte du corps, elle est incorruptible et ne partage pas sa destinée.

5° L'âme est une essence; les formes sont la partie extérieure et variable des êtres. L'âme, étant une essence, participe de ce qui est toujours; elle ressemble à ce qui est divin. Le corps seul périt parce qu'il est changeant et s'altère sans cesse.

6° L'âme commande au corps. Ce qui est supérieur au corps ne peut périr avec lui. Autrement le plus vil détruirait le plus noble, et l'inférieur serait le supérieur. La durée de l'esprit étant moindre ou égale, non seulement il subirait toutes les vicissitudes du corps, mais la catastrophe finale; ce qui répugne à la nature de l'esprit, de la force qui se sert du corps et lui commande.

Des *objections* sont faites auxquelles est jointe la réponse.

1re *objection* : Notre âme, disent les Pythagoriciens, est une harmonie.

Comme l'harmonie d'une lyre cesse, la lyre étant brisée, de même l'âme qui résulte d'un mélange ou d'une combinaison d'éléments n'existe plus quand le corps vient à se dissoudre. — Réponse. Il n'appartient pas à l'harmonie de précéder les éléments, mais de les suivre, car elle-même est un effet, c'est donc mettre l'effet avant la cause. La cause c'est l'âme, c'est elle qui maintient les éléments. — L'harmonie a ses degrés, or une âme ne saurait être plus harmonique qu'une autre à moins qu'on n'entende la vertu et le vice. — L'âme g⋅   ⋅ ou maîtrise les éléments dont on la dit composée, donc elle en est distincte et elle est quelque chose de divin. — 2e *objection* : L'âme ne peut-elle pas s'user et s'affaiblir par sa propre durée? En supposant qu'elle soit bien plus durable que le corps, qu'elle ait été avant lui et soit après lui, qui prouve qu'après avoir parcouru plusieurs existences elle ne soit pas à la dernière, comme un vieux tisserand qui s'est tissé et a usé plusieurs vêtements en est à son dernier vêtement?

Pour répondre, Platon se voit obligé de recourir aux plus hautes conceptions de son système idéaliste. L'âme est quelque chose de fort et de divin. Premièrement il faut savoir qu'elle est la cause de la vie et de la naissance des êtres (âme du monde). Deuxièmement, il invoque les lois générales de l'univers, il interroge la physique d'Anaxagore qu'il trouve insuffisante. C'est à une autre méthode qu'il faut recourir. Son principe est la raison du mieux (causes finales). Cette méthode est celle des *idées*. Elle se résume ainsi : Il est un vrai, un bien et un beau absolus dont participent les choses réelles. L'*idée* existe par elle-même. Elle existe en soi et ne peut admettre son contraire, car il n'est pas un seul contraire qui puisse devenir son contraire. En vain a-t-on dit que les contraires naissent des contraires, ceci n'est vrai que des réalités sensibles; mais ce qui a en soi *la vie* et qui est vivant par essence ne peut cesser de vivre. La véritable *essence* est immortelle.

Telles sont les preuves principales que fait valoir d'abord Socrate (Platon). On voit apparaître ce qui est l'idée mère de son système : sa *théorie des idées*. Plus loin, poussé par les objections, il l'expose régulièrement et avec le développement nécessaire (XLV-LVII). La preuve se résume ainsi : L'âme est une *essence* ou *idée*; or le propre de l'*idée* c'est d'être par elle-même ou absolue. Elle est non seulement le vrai principe de toute connaissance, mais aussi la cause de l'existence des êtres. L'idée existe substantiellement aussi bien qu'idéalement. Immobile, elle est le principe de la pensée et de la vie des êtres; elle a donc tous les caractères de la force, qui produit; elle ne s'épuise pas dans ses effets, mais seulement se renouvelle sous les formes diverses qu'affectent les êtres du monde sensible ou visible. Bref, les idées étant divines participent de l'immortalité, qui est l'essence de la nature divine. L'âme, principe et cause de la vie, ne peut subir son contraire, qui est la mort. Ici le contraire ne peut engendrer son contraire. Son essence est de vivre et de vivre éternellement.

Toutes ces preuves, on le voit, sont d'ordre métaphysique ou spéculatif.

On est étonné de ne pas voir apparaître la *preuve morale* du moins plus formellement énoncée. Elle y est plusieurs fois, mais incidente et en passant. « Si la mort était la dissolution de l'homme tout entier, ce serait un grand gain pour les méchants, par la mort à la fois délivrés de leur corps, de leur âme et de leurs vices. Mais puisque l'âme est immortelle, elle n'a d'autre moyen d'échapper aux maux qui attendent les méchants. Et il n'y a d'autre salut pour elle que de devenir vertueux. » (*Ibid.*)

Qui ne voit d'ailleurs que dans le *Phédon*, la preuve morale est partout? Elle est comme l'âme du dialogue, vivante et incarnée dans le héros de ce drame. Socrate mourant pour la justice, injustement condamné, quelle preuve plus forte de la nécessité d'une autre vie! Mais Platon n'a pas voulu qu'en plaidant pour lui-même, la vertu, dans sa bouche, parût intéressée. Il a tenu son héros à la hauteur où lui-même s'est placé. Socrate croit à la vie future. Mais il croit aussi que la vertu a son prix en elle-même et qu'il vaudrait mieux encore être vertueux sans espoir. A la conscience humaine de nous dire si cela suffit et si elle est satisfaite.

C'est dans d'autres dialogues que la *preuve morale* est exposée. Elle l'est dans toute sa force.

Dans le *Phèdre*, la confusion est possible. Dans le *Timée* l'âme du monde joue le rôle principal quoiqu'il y ait aussi les âmes individuelles. Mais dans le *Gorgias*, la *République* (X) et les *Lois* (X), c'est bien l'âme humaine *individuelle* et *personnelle* qui est en cause, dont l'immortalité est formellement démontrée. Toutes les preuves impliquent la survivance de la personnalité. La preuve morale y est et ne laisse pas d'équivoque; elle y est comme *postulat* nécessaire de la loi morale; comme complément de la justice absolue, qui exige impérieusement l'accord parfait du bien et du bonheur, impossible à réaliser dans la vie actuelle. Nous nous bornons à les indiquer.

1° Dans le *Gorgias*, le dogme de l'immortalité de l'âme est donné comme sanction nécessaire des lois morales, de ces lois qui ont la même valeur que les lois géométriques (508, 509, E); c'est aussi la pensée du mythe final où les âmes sont jugées après la mort, non vêtues mais nues, c'est-à-dire selon leurs actes. Le récit ne peut être pris à la lettre, mais la pensée est formelle. « Je te donne pour vrai ce que je vais te dire (523). Contes de vieille femme, diras-tu (527). — Soit; mais si, après bien des recherches, nous ne pouvons trouver rien de meilleur, suis-moi dans la route qui te conduira au bonheur en cette vie et après la mort ». (*Ibidem.*)

Dira-t-on que cela n'implique pas la personnalité et s'explique par l'absorption, l'identification? C'est dépasser les droits de la critique. Comment concilier ici les deux sens, l'un moral, l'autre métaphysique? Encore faut-il s'en tenir à ce que dit Platon ou l'accuser de mensonge.

La *République* offre deux preuves; l'une qui d'abord paraît singulière, mais toute platonicienne, est celle-ci : L'âme ne peut périr que par son propre mal, non par un mal étranger, le mal du corps. Or le mal de l'âme, c'est le vice, l'injustice. Si l'injustice ne la fait pas périr, c'est qu'elle est incorruptible, partant immortelle. L'idée du mal se confond avec celle de corruption, de dissolution des êtres, comme le bien est le principe de la conservation (liv. X).

La seconde preuve est celle de la *sanction* nécessaire des peines et des récompenses. C'est le fond du mythe final (liv. X). Mais elle s'offre d'abord sous la forme rigoureuse. On sait avec quelle force Socrate avait (liv. I, II et III) soutenu la thèse de la justice désintéressée. Ici est rétabli l'accord nécessaire des deux termes, la *justice* et le *bonheur*. Les paroles sont celles-ci : « à présent que le jugement est prononcé de la justice et de l'injustice en elles-mêmes, je vous somme, au nom de la justice, de lui rendre ces honneurs qu'elle reçoit des hommes et des dieux. » (Liv. X, 613.)

On pourrait ajouter ce qui est dans les *Lois* au livre X, et ailleurs là où le mythe allégorique vient remplacer la démonstration directe tout en conservant le fond que l'imagination ne détruit pas en le revêtant des formes ou des fictions qu'elle invente. La pensée est identique; il est difficile, sans préjugé systématique, d'en distraire la notion de la personnalité, le point capital qui ici nous intéresse et par lequel nous devons surtout apprécier l'ensemble.

III. Appréciation. — On ne peut entrer ici dans une longue discussion sur la nature et la valeur de ces preuves. Ce qui est clair, disons-nous, c'est que la personnalité y est comprise. — Quant aux opinions opposées, l'une qui la nie, l'autre qui la défend, il nous faudrait un plus grand espace pour les examiner et les discuter.

Les principaux arguments par lesquels on prétend (Teichmüller) démontrer que « ni à part ni réunies elles n'ont en vue l'immortalité personnelle », que toutes n'établissent qu'une chose, le retour de l'âme à son principe, l'absorption dans l'âme universelle ou dans Dieu présent immanent dans les âmes, que c'est la vraie pensée du philosophe (*ibidem*) [1], sont

---

1. La base de discussion, pour qui rejette l'individualité (Hegel, Teichmüller; *G. der Ph.*, II, *Neuen Studien*), est la distinction dans Platon, sinon de l'*ésotérisme* formel et de l'exotérisme, de ce qui en est l'équivalent,

loin d'être concluantes. Ce panthéisme platonicien fût-il démontré, il faudrait qu'il fût évident que Platon lui-même l'a compris ainsi. La distinction d'un Platon orthodoxe et d'un Platon hétérodoxe soulève les mêmes difficultés. Nous y reviendrons plus loin (théologie). On prétend même qu'il n'y a pas contradiction, mais accord, en réalité, des deux doctrines. Ce qui est encore plus difficile au sens commun, qu'il est vrai, on récuse, c'est d'admettre que ce qui lui paraît absurde devient au point de vue transcendant et métaphysique la vérité même. Quoi qu'il en soit, au point de vue de la raison vulgaire et du bon sens, il est impossible à l'historien de ne pas reconnaître que Platon a formellement admis et affirmé cette immortalité, et que la survivance de la personne y est comprise.

Cette croyance et cette affirmation positive résultent surtout de la partie morale du système qui nécessairement la postulent, si elles ne la démontrent. Or Platon est, avant tout, et surtout, selon nous, moraliste. Il est impossible d'admettre ce genre d'immortalité, le seul réel dans l'hypothèse d'une double doctrine ésotérique et exotérique, ou, comme on s'exprime en termes nouveaux, spéculative et populaire, hétérodoxe et orthodoxe, l'une clairement en contradiction avec l'autre. Dire qu'il y a accord et que si Platon n'a pas enseigné la première, c'est qu'il ne l'a pas voulu, qu'il a cru qu'il serait compris à demi-mot est trop de hardiesse. C'est prêter à un si grand philosophe un mensonge indigne de lui et faire injure à sa mémoire; ce que le critique moderne lui-même n'a pas le droit de faire, en eût-il besoin pour soutenir sa thèse et celle de l'École à laquelle il appartient.

Le fait premier à constater, c'est que Platon a composé tout un grand dialogue pour prouver l'immortalité de l'âme. Et, bien qu'il mette ses preuves dans la bouche de son maître, ce sont bien ses propres idées qu'il expose. Toutes ses preuves n'ont pas la même portée; mais c'est bien l'âme individuelle qu'il veut démontrer. Elles peuvent paraître

---

du sens *spéculatif* ou philosophique et du sens métaphysique, *pédagogique* ou populaire. Ce qui ne peut, à notre avis, rester dans les limites de l'histoire véritable.

insuffisantes; mais, s'il ne soulève pas directement le problème, elles l'impliquent, du moins les principales. Les autres dialogues achèvent la démonstration et la rendent évidente.

Quant aux autres problèmes tels que l'*état des âmes* après la mort, la *préexistence* des âmes, le *nombre des âmes*, etc., exposés sous la forme mythologique que Platon emploie en de semblables matières, il est difficile de dire au juste ce qu'est en cela sa pensée, comme il est au-dessus de la raison humaine qui aborde ces problèmes de rien savoir de précis. Tout y est livré à la conjecture; ce que dit lui-même le philosophe.

Lui-même s'en réfère à la tradition. Le passage si souvent cité du *Phédon* est dans ce sens. « Il faut choisir parmi tous les raisonnements humains le meilleur,... s'y embarquer comme sur une nacelle, à moins que nous ne puissions le faire d'une manière plus sûre en nous confiant à quelque vaisseau plus solide. » (*Phédon*, 85, D.)

IV. — L'âme étant immortelle, quelle sera sa destinée après la mort? A cette question mystérieuse la raison ne peut répondre que d'une manière très générale. Quant à la forme de cette existence, il lui est impossible de la déterminer. L'homme pourtant a un besoin irrésistible de se représenter les choses, celles même qu'il ne peut savoir. Le philosophe qui veut y condescendre laisse alors à l'imagination le soin d'achever son œuvre. A elle d'esquisser le tableau; la poésie aussi a le champ libre pour ses créations. Platon, poète lui-même, ne s'y refuse pas. Il invente alors ou reproduit des mythes (*Phédon*), dont le sens moral est facile à saisir, mais qui, comme mythes, n'ont rien de sérieux. Il construit à sa façon un monde imaginaire avec les données que lui fournit la science de son temps. (L'astronomie et la physique pythagoriciennes.) Les idées principales qu'on peut dégager de ces allégories sont celles-ci : 1° Le bonheur des justes et le malheur des méchants, une juste répartition des biens et des maux, des *peines* et des *récompenses*. — 2° Pour l'âme une série d'*épreuves* ou d'existences successives marquées par des *expiations* et des *purifications*; pour les âmes des justes un bonheur sans mélange. — 3° L'âme emporte avec elle les *conséquences* de ses actes, ses *habitudes* et ses *qualités*. Le reste est pure fiction.

Tout ce qui est dit de cette conversation sans fin entre les sages, etc., est lié aux idées grecques et n'a guère pour nous d'intérêt.

Mais le point à relever comme le fond de tous ces mythes, c'est que l'âme, après la mort, n'emporte avec elle que ce qui est la suite de ses actes, ses mérites; qu'elle conserve ses habitudes et le fruit de ses vertus comme de ses vices et de ses crimes. (*Phédon*, 107, D.)

Un point plus abordable et qui tient au système est celui-ci : Toutes les parties de l'âme sont-elles immortelles? — Non sans doute; mais seulement la nature ancienne et originelle, ἀρχαία φύσις, c'est-à-dire l'intellect, le λόγος, le νοῦς, plus, ce qui du θυμός également est l'essence : l'amour.

C'est la partie caractéristique de l'homme, seule capable et digne d'être conservée, le siège de la raison, le centre de la personnalité (*Rép.*, IX).

Elle est destinée à la vie contemplative ou divine, celle du philosophe, et où conduit la philosophie, déjà en partie possible et réalisable en cette vie (*Phédon*. Cf. *Banquet, Phèdre*).

Pour ce qui est de la *préexistence des âmes*, on peut dire que Platon lui-même paraît bien y croire. La partie mythique se ramène difficilement à une autre hypothèse, quoique le contraire ait été affirmé (*Hegel*).

Que seraient sans cela la réminiscence et la transmigration, etc.?

Nous n'attachons pas assez d'importance à ce point pour nous croire obligé de le discuter.

CHAPITRE VI

DIEU (THÉOLOGIE DE PLATON)

Caractère religieux de la philosophie platonicienne. — I. De deux théologies dans Platon. — Ce qu'on doit penser de cette opinion. — Raisons de la rejeter. — Règle à suivre à ce sujet. — II. Le Dieu de la dialectique et des idées. — Dieu est-il un simple type ou archétype des idées? — Examen critique et rejet de cette opinion. — Le vrai but que poursuit la dialectique dans Platon à la suite de ses devanciers. — Ce qu'est le Bien au-dessus de l'essence et des idées. — La méthode socratique et analogique à l'appui du résultat. — III. Le Dieu de la conscience religieuse et morale. — Preuves de son existence : 1° par le consentement général; 2° par la nécessité d'un premier moteur et l'ordre dans l'univers; 3° preuve morale. — IV. Appréciation de ces preuves. — Leur rapport avec la preuve métaphysique des idées.

Placé au sommet de la dialectique et de la théorie des idées, Dieu, le souverain bien, le Bien absolu, y est apparu comme le terme suprême auquel, dans sa marche ascensionnelle, aboutit la pensée humaine. Il en a été de même de l'amour dont l'objet véritable est la beauté absolue ou divine. La physique, à son tour, l'a révélé sous un autre aspect, comme l'auteur du monde et de ses lois, cause formatrice sinon créatrice des êtres qu'il renferme, de l'homme en particulier, le plus parfait de ces êtres.

Ce sujet, qui appartient à la spéculation la plus haute, se retrouve, chez Platon, mêlé à toutes les parties de sa philosophie essentiellement religieuse. La morale, la politique et la législation, la théorie de l'art et du beau, l'éducation, etc., sont pénétrés de cette idée, le dernier mot de tous les problèmes, exprimée sous la forme abstraite ou mythique et symbolique.

Nous lui devons ici une place distincte en rapport avec son importance comme couronnement de la partie spéculative du système.

I. — En raison même de cette importance et de la difficulté de bien saisir, sur les problèmes qu'un tel sujet soulève, la vraie pensée du philosophe, sous la forme qu'il a jugé à propos de lui donner, nous croyons devoir rappeler la règle déjà plusieurs fois indiquée, qui est d'éviter tout parti pris de l'interpréter en un sens exclusif approprié à tel ou tel système, ancien ou moderne, ce qui a pour conséquence de la fausser ou de l'altérer.

Et d'abord Platon ne dit-il pas lui-même qu'il n'a pas la prétention de bien connaître ces choses, mais seulement autant qu'il est possible à la raison humaine : ὅσον δυνατὸν ταυτὰ γιγνώσκειν (*Phèdre*, 245).

Il n'est pas étonnant que sa pensée soit restée, en beaucoup de points, non seulement obscure, mais indécise, non toujours concordante, qu'il ne soit pas facile de former un tout homogène de ce qui est épars dans divers dialogues, le *Parménide*, le *Timée*, le *Philèbe*, la *République*, les *Lois*, etc. A l'obscurité du sujet s'ajoute le mode d'exposition, où avec la dialectique alterne la forme allégorique et mythique. Sans entrer dans les controverses sans fin qui se sont élevées à ce sujet, on ne peut se dispenser de prendre parti pour l'une ou l'autre des deux opinions principales qui divisent aujourd'hui les plus savants esprits.

Dans la difficulté de concilier ce qui dans Platon est et n'est pas ou ne paraît pas conforme à son système, on a cru sortir d'embarras en admettant deux théologies, l'une spéculative en dehors et au-dessus de la croyance vulgaire, l'autre orthodoxe, et conforme à cette croyance qu'il a voulu respecter comme capable de donner plus de force et d'autorité à la partie pratique ou morale et politique de son système.

En lisant Platon on aurait ainsi partout à distinguer deux

langues, ou dans la même langue deux sens, deux façons de la parler et de l'entendre : l'une répondant à la théorie des idées, ou à la raison pure et spéculative, l'autre conforme à l'opinion commune ou à l'imagination, à la δόξα; la première s'adressant aux savants et aux philosophes, la seconde au commun des esprits; celle-ci plus ou moins conforme aux traditions morales et religieuses avec lesquelles Platon ne veut pas rompre, dont même il a besoin comme appui nécessaire et sanction dernière de sa morale et de sa politique; l'une s'exprimant par des analogies et des symboles, l'autre parlant le langage abstrait propre à la métaphysique et à la dialectique (voy. Hegel, *Gesch.*, 220; Teichmüller, *Neuen Stud.*).

Des deux doctrines, il va sans dire que la première seule est regardée comme sérieuse. La seconde, quoique respectable, est de nulle valeur philosophique. La critique d'Aristote a surtout servi de base à ce jugement et lui a prêté son autorité.

C'est pousser trop loin, selon nous, le dédain du sens commun, qui a droit à plus de respect, même des plus profonds penseurs. C'est en prendre également trop à son aise avec la conscience humaine, elle aussi intéressée dans le débat. Que, dans un système qui proclame l'identité des contraires, la contradiction soit toute naturelle, qu'elle y soit même donnée comme la vérité la plus haute, ce n'est toujours pas la vérité historique. Est-ce bien là le vrai platonisme, le platonisme de l'histoire?

Telle n'est pas notre méthode. Loin de là, disons-nous. Eût-on épuisé tous les moyens de mettre d'accord Platon avec lui-même, dans la partie théorique, il faudrait encore se garder de donner à croire qu'il n'est pas sincère, qu'il est sceptique dans ce qu'il affirme avec tant d'élévation et de fermeté sur Dieu, sa nature et ses attributs comme sur l'âme et l'immortalité : ou d'insinuer que lui-même a une conscience nette de cette contradiction. Le parti le plus sage est d'admettre qu'il n'a pas vu la contradiction, que s'il l'a vue, il a cru à la possibilité de l'accord, bien qu'il n'ait pu y réussir.

Ceci trace à l'historien la ligne qu'il doit suivre et les conditions de sa tâche qui sont : 1° de préférer toute explication tendant à concilier ce qui paraît inconciliable dans les deux théories métaphysique et morale; 2° de séparer le fond de la forme, mais non au point qu'ils se contredisent; 3° d'embrasser le système dans son entier, sauf à ne pouvoir toujours montrer l'accord entre toutes ses parties.

Une remarque aussi plusieurs fois déjà faite, mais qu'il est bon ici de répéter est celle-ci.

Platon n'est pas seulement métaphysicien, il est encore plus et avant tout moraliste. Platon est le vrai disciple de Socrate. A ses yeux, la vérité morale a encore plus de prix que la vérité logique ou métaphysique à laquelle il tient beaucoup sans doute, mais pas assez pour ne pas, quand il n'aperçoit pas le lien, devoir lui sacrifier même ses théories les plus chères, laissant ce lien à trouver à d'autres, espérant que plus tard on y parviendra.

Peut-être y aurait-il quelque chose d'analogue ici, chez le philosophe ancien, à la distinction entre la raison théorique et la raison pratique de Kant, qui, sceptique en théorie, redevient dogmatique et croyant dans la morale.

Il s'en suit que l'hypothèse de l'ésotérisme d'une doctrine pour les initiés et d'une autre pour les esprits du commun, ou non préparés, n'est admissible qu'avec une très grande réserve (*supra*, 53). La condition expresse est que les deux doctrines, au fond, ne se contredisent pas, et que la forme seule soit différente. Il faut qu'il y ait un point de jonction, difficile à trouver peut-être, mais non une opposition flagrante, que l'on puisse lever l'antinomie sans trop de subtilité, bref, que les deux doctrines venant à se rencontrer, l'une ne fasse pas violence à l'autre. Mais affirmer le oui et le non, sur un si grand sujet, de deux vérités opposées, l'une faite pour l'imagination, l'autre pour la raison, et qui seule est la vraie (Hegel, XIV, 189), est une responsabilité trop forte et que l'historien doit décliner.

Abordant avec cette méthode, les faces diverses du problème théologique, nous examinerons : 1° ce qu'est Dieu dans Platon d'après sa théorie spéculative des idées; 2° ce qu'il est, quand le point de départ étant différent, la considération de l'univers physique et moral, il donne les preuves de son existence, établit sa nature et ses attributs; 3° à cela doivent se rattacher les autres questions, les rapports de Dieu avec le monde ou la Providence, l'existence du mal, l'optimisme platonicien ; 4° quelques mots du rapport du platonisme avec la religion populaire ou le polythéisme grec, devront compléter cet examen.

II. Le Dieu de la dialectique ou des idées. — Ce qui a été dit plus haut du Bien (p. 128, 130) doit ici être repris et précisé sinon longuement et à fond discuté.

Quel est ce Dieu qui, sous le nom du *Bien*, τὸ ἀγαθόν, ou de l'idée du bien, ἰδέα τοῦ ἀγαθοῦ, est placé au sommet de la dialectique ou de la hiérarchie des idées (129)? Ce Dieu, type ou archétype des idées, n'est-il que le résultat final des opérations de la méthode, qui de degrés en degrés conduisant du particulier au général, du général à l'universel, aboutit à l'être pur, dont l'universalité exclut toute détermination comme tout attribut réel, particulier? N'est-il que le *summum genus* où tous les genres inférieurs se réunissent et s'effacent dans la notion de l'être absolu? S'il est ainsi, Dieu, l'être par excellence, l'unité absolue, non seulement est sans conscience, mais immobile et sans vie. Il n'a aucun des attributs qui constituent l'être véritable, surtout l'être moral : intelligence, sagesse, bonté, etc. Il n'est que le principe, si l'on veut, d'où ces attributs dérivent, mais lui-même n'en a aucun. N'étant pas cause véritable, il est privé de mouvement, d'activité, de vie; il est le simple *substratum* des idées, l'exemplaire divin. C'est ce qu'en dit à peu près Aristote dans sa *Métaphysique*, ce qu'ont depuis répété ses partisans et d'autres.

On aurait dû se rappeler qu'Aristote, disciple de Platon, est aussi son adversaire, que, dans le système opposé au sien, il ne veut voir et ne voit que ce qu'il a intérêt à y voir et lui permet de le contredire. Dans sa polémique à outrance, il n'admet que ce qui, au point de vue métaphysique et de la logique abstraite, lui paraît d'accord avec le principe de la philosophie qu'il réfute, et veut remplacer, sans tenir compte du reste.

Est-ce là le vrai Platon, même en tant que métaphysicien et ici théologien? C'est un point qui n'a jamais été admis des vrais platoniciens. Pour nous, sans entrer bien avant dans cette ardue controverse, il nous est permis comme historien de faire remarquer que c'est trop simplifier la question, quant à l'idée que Platon se fait de Dieu, de sa nature, etc.

Il se serait contredit, soit; mais, en ce qu'il affirme sur Dieu, il en est comme de l'âme et de son immortalité. Ce qu'on lui attribue en vertu de la logique ne peut se concilier avec ce qu'il est dit partout, dans sa doctrine, de Dieu, de ses attributs, etc. Comme tous les philosophes, y compris Aristote, Platon a pu se contredire, mais non s'opposer à lui-même, à ce point et de cette manière, du moins sciemment et de propos délibéré. La contradiction, si elle est au fond des choses, n'est pas dans son esprit. Autrement, c'est faire injure au plus grand des moralistes anciens, le ravaler au rang des sophistes que partout il a combattus sur ce point comme sur les autres.

S'il fallait choisir, le vrai Platon, pour nous, ne serait pas celui qu'on propose; celui que, malgré ses contradictions, nous choisirions serait celui, non de la logique pure, mais de l'esprit général de la philosophie platonicienne.

Or, même en restant sur ce terrain plus restreint de la spéculation métaphysique, qui est ici la dialectique, est-il impossible de justifier au moins en partie Platon contre son implacable disciple? Peu de mots ajoutés à ce qui a été dit ailleurs (p. 109) suffiront du moins à en faire douter.

Il s'agit du but final que poursuit la dialectique elle-même suivant Platon et qu'Aristote ici méconnaît, intéressé qu'il est à le méconnaître.

Ce but, l'histoire plus claire et aussi plus équitable que la logique abstraite, le réintègre et le remet sous nos yeux, en décrivant la marche des idées et des systèmes que Platon continue, qu'il s'efforce aussi de réformer et en les corrigeant de perfectionner.

Platon, a-t-on dit, dépassant les systèmes précédents qu'il essaie de mettre d'accord et de combiner, veut accorder les deux principes qui s'opposent, en opérer la synthèse.

Ces principes qui représentent, sous des formes différentes, les deux grandes écoles italique et ionienne, se formulent ainsi: l'*être* et le *non-être*, l'élément *rationnel* et l'élément *sensible*.

Aucune des deux n'y a réussi. Selon l'éléatisme, l'*être* seul existe; le *non-être*, la réalité sensible n'est qu'une ombre vaine, objet de l'opinion. D'autre part, la combinaison de l'*être* et du *non-être* par le *devenir*, chez Héraclite, n'est pas plus réelle, le premier terme rentrant dans ce dernier. Ce qui est permanent c'est l'éternelle mobilité, la fluidité de toutes choses. L'opposition n'est pas moins dans le pythagorisme où la *monade* et la *dyade* se combinent dans le système des nombres, mais où la dualité subsiste. Quant à l'atomisme, il n'y a rien à en dire, si ce n'est qu'il supprime l'opposition. A moins qu'on ne voie le dualisme dans les deux principes du plein et du vide, des atomes et de l'espace. Il n'y a pour lui de réalité substantielle que la matière, c'est-à-dire la pluralité. L'*intelligence* d'Anaxagore semble apporter, avec la lumière, la solution au problème; mais encore avec elle-même se maintient le dualisme de l'esprit et de la matière, ou des homéoméries. L'intelligence dans ce système, selon Aristote, joue le rôle de simple machine (*Phil. anc.*, p. 77). Socrate proclame le Dieu esprit : doué de sagesse et d'intelligence, partout visible, présent surtout dans l'âme et dans la conscience, le Dieu moral, le souverain bien (*ibid.*, 157). Là s'arrête sa réforme. Socrate n'ose trop soulever la question ontologique autrement qu'en affirmant la finalité dans la nature et dans l'homme. Sa théologie, faite au point de vue des causes finales, ne dépasse guère la portée du sens commun. Dieu, l'auteur de l'univers, artiste et providence, est la raison qui préside à ses lois; mais il n'aborde pas les hauts problèmes de la nature divine et les mystères qu'elle recèle.

Platon reprend le sujet; il le traite dans toute son ampleur et sa profondeur, sans reculer devant les difficultés et les obscurités, mais sans prétendre tout éclaircir ni expliquer, ou même bien connaître ce qui est selon lui refusé à la raison humaine (*supra*). Le pas qu'il a fait faire à la spéculation, marqué plus haut (p. 57), doit être ici rappelé.

Ce progrès, c'est l'union des contraires au moyen de l'*idée*. La dialectique qui opère cette fusion ou s'y emploie va au delà de celle de Socrate. Elle a pour but d'établir et de prouver que l'être n'existe pas plus sans le non-être que le non-être sans l'être (Parménide). L'être véritable est composé des deux termes unis et conciliés. Le moyen terme qui les concilie, est l'idée, l'idée à la fois une et multiple, immobile et mobile. C'est le but positif de toute la dialectique de Platon dirigée contre les Éléates [1].

Sans s'engager dans le labyrinthe où la dialectique nous conduit, sans approuver même tout à fait cette méthode contraire à nos habitudes, où à la subtilité grecque s'ajoute l'ironie de Platon, il nous faut bien en admettre le résultat conforme au but et à l'esprit de toute sa philosophie.

Ce but, on l'a dit, c'est d'atteindre à l'être véritable qui est le Bien, non son idée, mais le principe de toutes les idées. — Le procédé doit y être conforme. Ainsi Platon oppose, dans le *Parménide*, la thèse et l'antithèse. Il indique le moyen terme qui doit opérer la synthèse. Mais, ce terme, l'idée, quoique qualifié d'éternel, n'est pas l'être. C'est l'être absolu, mais réel. L'idée est médiatrice; elle se communique à ce qui, sans elle, est le non-être et lui donne un certain degré d'existence. Mais elle-même se rattache à l'être absolu vis-à-vis duquel elle n'est que le relatif. Par là, sans cesser d'être l'absolu, celui-ci sort de son existence abstraite et de son immobilité. Il y a, comme on l'a dit, participation, communication, présence réelle, etc. Par là aussi, épanouissement, rayonnement, manifestation et émanation, quoique ces termes soient prématurés.

Mais l'idée joue partout le rôle de médiatrice. Comment? c'est le problème que Platon ne résout pas. C'est le côté faible du système, qu'Aristote fait ressortir dans sa critique et il a beau jeu. Il triomphe ici dans toutes ses attaques. Mais pour cela, que fait-il? Il réduit l'idée platonicienne à n'être qu'un type, un exemplaire divin, παράδειγμα. Le Bien lui-même est cet exemplaire immobile, un type des genres et des espèces, qu'il sépare et qui flotte entre les deux.

Platon, il faut l'avouer, ajoute encore à la difficulté par des expressions téméraires, comme « l'être placé au delà et au

---

1. *Parménide*, *Sophiste*. Voy. Hegel, Stallbaum, Zeller, le *Théétète* et le *Cratyle*, comme aussi les passages les plus importants du *Philèbe* et du *Phèdre*.

dessus de l'essence » (*Rép.*, VII). Son nombre idéal également immobile est un autre intermédiaire. Comment se fait cette participation? Comment l'idée devient-elle cause (αἰτία) et restant en elle-même passe-t-elle du monde intelligible dans le monde sensible? première difficulté. Comment elle-même participe-t-elle de son principe et communique-t-elle avec lui? Comment celui-ci l'engendre-t-il, et comment devient-elle cause à son tour? Platon a beau répéter que ce n'est pas l'unité seule qui est l'idée, ni l'être véritable, mais l'unité jointe à la diversité; il admet encore que l'unité se détermine, se déploie, etc. Pures métaphores, dit Aristote; cela en effet ne résout pas le problème. Cela même s'accorde assez mal avec ce que Platon dit sans cesse de l'idée, qu'elle est le type, l'exemplaire éternel ou le modèle des choses, qu'elle est en soi et séparée. C'est le tendon d'Achille du système.

Dès lors qu'est-ce que Dieu? Dieu, l'idée des idées, n'est-il lui-même qu'une idée? Est-il le principe qui les contient? Les idées sont-elles indépendantes de Dieu ou sont-elles en Dieu même? Ont-elles en lui leur existence réelle tout en conservant leur caractère?

De ces deux opinions la dernière seule peut, selon nous, être admise. Les raisons en ont déjà été indiquées (p. 130). Mais ici cela est évident, si l'on veut échapper aux absurdités de l'opinion contraire, de plus se conformer à l'esprit général de la philosophie platonicienne.

Quoique difficiles à résoudre, ces objections ne peuvent prévaloir contre les raisons soit indirectes, soit directes, et qui paraissent décisives.

Une première raison indirecte est l'absurdité même de l'hypothèse qui prête aux idées une existence réelle, séparée, indépendante; qui, d'autre part, fait de Dieu un être abstrait, inaccessible, insaisissable à la pensée, vide de tout attribut, l'équivalent de l'être et du néant, l'être pur, en tout point semblable au Dieu des Éléates. S'il en est ainsi, Platon, a-t-on dit, rétrograde jusqu'à Zénon ou à Parménide. Son système est de tout point celui-ci qu'il combat, tout en l'ayant en haute estime. — Cette hypothèse, de plus, crée un *dualisme*, qui n'est pas chez les Éléates, plaçant les idées d'un côté, l'être de l'autre ; il faut même ajouter un autre terme, le monde sensible lui-même séparé des idées [1].

Une seconde raison indirecte déjà signalée est la nécessité d'admettre dans Platon deux théologies diamétralement opposées, qui se contredisent. Car cette doctrine qui serait celle du métaphysicien, serait incompatible avec toute la manière dont Platon s'exprime ailleurs sur la nature de Dieu, sur l'origine et la formation du monde, la providence divine, etc. Dieu y est représenté comme être intelligent avec les attributs de sagesse et de bonté, de justice, etc. Dans l'hypothèse, il ne reste qu'un Dieu dépourvu d'intelligence, de volonté, d'amour, etc., qui ne saurait connaître le monde puisqu'il ne le ferait qu'avec les idées. C'est rétrograder avant Anaxagore et avant Socrate. Le disciple, en opposition avec le maître, loin de lui ressembler, n'est plus le vrai disciple.

Moins aisées à établir, les raisons directes ne sont pas moins graves, et il est difficile de leur refuser l'assentiment.

Celles-ci sont tirées : 1° De la nature même de la *méthode platonicienne* ;

2° Des passages formels où Platon affirme sa pensée, et cela au sens spéculatif aussi bien que moral, en ce qui concerne la théorie des idées.

1° Le but de la dialectique est-il de conduire simplement à l'*universel*, comme le veut Aristote qui a intérêt à le dire? L'*être universel*, ici, puisqu'il comprend tout, au moins en principe, n'est-il pas aussi l'*être particulier*, puisqu'il est l'être seul réel? L'idée des idées n'est pas comme les autres idées; car elle est leur principe. Elle est donc d'une nature particulière et distincte. — C'est le point à décider, et la discussion est loin d'être close. Cette méthode ascensionnelle, qui de degré en degré s'élève à une idée suprême, n'est pas purement généralisatrice (*supra*, 109). Elle ôte et elle retranche sans doute, mais aussi elle conserve à mesure qu'elle avance. Ce qu'elle retranche, c'est le fini, l'imparfait, qu'elle élimine; mais le

---

[1]. Ces raisons, déjà très clairement données par saint Augustin, sont très bien reproduites par M. Fouillée contre H. Martin (Cf. Teichmüller, Strumpf, Bonitz, etc.).

parfait, le vrai, elle le conserve d'autant plus qu'elle y voit l'être ou son essence.

Allant du concret à l'abstrait, elle semble faire le vide; c'est le contraire. Arrivée au sommet, c'est l'être le plus réel (*ens realissimum*) qu'elle atteint, l'être parfait qui possède en lui la plénitude de l'être. Elle le maintient ainsi dans toute sa plénitude; sans quoi, au lieu d'être le plus parfait des êtres, lui-même serait placé au plus bas degré de l'être comme n'ayant rien des autres êtres. Loin de là, il contient en lui toutes les essences comme aussi toutes les perfections, vérité, beauté, bonté, etc. Ainsi l'ont toujours entendu les vrais platoniciens, philosophes et théologiens. Cette thèse n'a pas été renversée.

Dieu est-il alors, comme on le dit, privé de mouvement et de vie, incapable de sortir de lui-même? Loin de là, les idées qui sont en lui ne sont pas autre chose que ses propres idées, la *pensée éternelle*, l'intelligible et aussi l'intellect ou l'*entendement divin*. — En tout cas, il y a là un haut problème qui n'est pas tranché d'un mot purement négatif.

La dialectique de Platon, je le répète, n'est pas celle de Parménide ou de Zénon, c'est la sienne.

Il faut entendre, là-dessus, ce que disent les platoniciens eux-mêmes. Ils disent que c'est mal comprendre Platon et sa dialectique que d'en faire avec Aristote une simple méthode d'induction comparative et généralisatrice. Ils protestent non sans raison. Cette méthode, on l'a vu (page 109), a plusieurs procédés, des procédés logiques, nombreux, mais inférieurs; elle a des procédés supérieurs, et un procédé final, celui par lequel la raison, l'esprit, le νοῦς, atteint et saisit son objet, procédé non discursif, mais intuitif, que tous les autres préparent, mais qui ne leur ressemble pas. Les mots de la langue de Platon clairement le désignent : θεᾶσθαί, νοεῖν νόεσθαί (*Rép.*, VI, *Banquet*, 211, D). L'âme en effet purifiée, dégagée des sens, ayant franchi tous les degrés de la méthode discursive, mise en face de son objet, le contemple. D'idées en idées elle arrive jusqu'à l'idée suprême, l'idée du bien. Cette idée, elle est l'un et l'être à la fois, τὸ ἕν καὶ τὸ ὄν (*Phèdre*).

Mais elle est aussi et surtout le Bien, τὸ ἀγαθον, l'être véritable, qui réunit en soi tout ce qui est dans les autres idées. L'âme humaine, autant qu'il est donné à une *intelligence finie*, enfermée dans un corps mortel, le contemple et le voit. L'amour, ἔρως, joint à la connaissance, achève l'union (*Banquet*). Arrivé à ce terme de sa course, l'esprit s'y repose (*Rép.*, VI). La logique ici n'est pour rien. Elle a fait son office quand elle a conduit l'initié à l'entrée du temple, non au sanctuaire où réside la divinité (*ibid.*).

Cette méthode sans doute a ses dangers. Il est à craindre que, dans ses élans mystiques, elle ne dépasse le but; mais on ne peut dire que tel n'est pas son objet, que cet objet, c'est l'être négatif, une pure abstraction. Ce principe de la vie, mais lui-même privé de vie, objet d'amour, mais lui-même sans amour, l'être, la pensée immobile qui s'appelle le Bien ou l'idée du bien, ce Dieu est celui des alexandrins, non le Dieu de Platon.

Mais Platon lui-même ne déclare-t-il pas (*ibid.*) qu'il est au-dessus de l'essence, cause de la science et de la vérité, αἴτιον ἐπιστήμης καὶ ἀληθείας, supérieur à l'une et à l'autre, dont la science et la vérité sont les images sans être le Bien lui-même (*Rép.*, VI, 509, B).

On s'est emparé de ces mots. Qu'ont-ils pourtant d'étrange et de concluant? La cause n'est-elle pas au-dessus de ses effets, le principe au-dessus de ce qui tire de lui son existence? L'ἐπέκεινα τῆς οὐσίας a servi bien souvent à l'argumentation contre cette méthode, dont Platon lui-même qui emploie cette expression reconnaît l'exagération. La tendance, sans doute, est mystique, mais elle reste encore dans les limites où la froide raison peut l'accueillir. L'esprit est ébloui, non aveuglé; mais l'enthousiasme est permis. Platon ne s'en défend pas, Aristote non plus (*Mét.*, X).

C'est donc méconnaître l'esprit et la nature de la méthode platonicienne, dont Platon lui-même reconnaît l'insuffisance, que de lui reprocher ici de ne conduire qu'à l'universel ou à un idéal abstrait, d'être elle-même purement abstraite.

Il y a d'ailleurs dans cette méthode elle-même, joint au procédé précédent, un autre procédé qui la garantit de ses excès, c'est le procédé socratique, le γνῶθι σεαυτόν qui, pris au sens métaphysique, mais aussi psychologique, la retient, corrige ou supplée le raisonnement abstrait. Platon, fidèle au précepte de son maître, invite, pour connaître le vrai, le pur dialecticien à regarder en lui-même; il y trouvera la divinité, dans l'âme qui est son image, où l'on peut contempler le modèle (*Alcib.*, I). Ici, c'est bien le Dieu vivant qui est présent, source à la fois de la pensée et de l'être. *Est Deus in nobis.* Dira-t-on que lui-même est incapable de penser, de vouloir et d'agir, supérieur en cela à l'individu, sans que celui-ci s'efface et s'absorbe en lui?

Enfin il y a un troisième procédé de cette méthode, inférieur, selon nous, moins direct et moins scientifique, mais dont la science se sert et a droit de se servir. Ce procédé, que Platon emploie, quand les autres lui font défaut, ou qu'il en a besoin pour se faire mieux comprendre, c'est l'analogie. Les images analogues, dont il se sert pour donner une idée de la divinité, sont-elles que l'esprit humain n'en a jamais trouvé d'autres plus vraies et n'a cru mieux faire que de les lui emprunter. La comparaison que Platon emploie sur la manière dont Dieu doit être compris et sur la nature du souverain bien, est le *soleil*, à la fois source de lumière et de vie (*Rép.*, VI), principe de l'intelligence et de l'existence, Soleil de vérité, de justice, qui éclaire à la fois les deux mondes, le monde intelligible et le monde sensible (*ibid.*) [1].

Telle est la manière dont Platon conduit l'âme à Dieu et le lui fait concevoir quand la dialectique elle-même y est impuissante. Cette méthode rend l'esprit capable de saisir Dieu autrement que par les procédés d'une froide abstraction. Il s'y joint de plus le sentiment et l'*amour*, l'*enthousiasme* (*Banquet*, *Phèdre*). Platon appelle à son aide toutes les forces de l'âme. Peut-on dire alors qu'il ne conçoit Dieu, le

[1]. On a cru y puiser une objection en disant que précisément le soleil et la lumière font voir et ne voient pas. De même l'œil par lequel l'esprit voit ne se voit pas lui-même (Teichmüller). Cela est vrai, mais c'est abuser de la comparaison. Il n'en est pas du monde intelligible comme du monde sensible. C'est ici de l'esprit qu'il s'agit. Or, l'esprit, à la fois sujet et objet, se voit lui-même (*supra*) ou il n'est pas esprit. Il se réfléchit. Le vrai symbole de la divinité serait plutôt le cercle qui revient sur lui-même, ou tout au moins la lumière réfléchie.

Bien suprême que comme la plus vide ou la plus abstraite des idées? Aristote a pu le dire parce qu'il ne voit que ce qui ne répond pas à sa métaphysique ; et encore c'est ce que Platon a dû dire, non ce qu'il a dit. Ainsi se fait la guerre des systèmes. L'histoire, plus pacifique et plus juste, réintègre la vérité qui, pour elle, est la vérité réelle et concrète, faussée souvent dans cette lutte où la logique prétend parler en maîtresse et régner en souveraine.

III. Le Dieu de la conscience religieuse (théologie morale). — Tel est le Dieu de la dialectique. Il est, si l'on veut, une autre théologie dans Platon, mais non différente à ce point de la première qu'elle la contredise. Plus rapprochée de celle de Socrate, plus accessible au commun des intelligences, elle est faite à un autre point de vue, celui de la conscience religieuse et morale. Tirée du spectacle de la nature et de l'observation de l'homme, des besoins de sa nature morale et des croyances religieuses de l'humanité, elle s'adresse aux esprits que la première ne convaincrait pas, incapables d'en suivre les raisonnements et de les comprendre. La sanction morale en fait partie. Si elle n'est la base, elle est le couronnement des institutions sociales. Cette nouvelle théologie, qui se trouve en plusieurs endroits des écrits de Platon, le *Phèdre*, le *Philèbe*, le *Phédon*, la *République* et les *Lois*, bien qu'elle n'ait pas la même valeur philosophique que la première, ne peut être omise. Elle comprend : 1° les *preuves* de l'existence de Dieu ; 2° la détermination de sa *nature* et de ses *attributs* ; 3° la *Providence divine* et la question, qui s'y rapporte, du *mal*, ou une théodicée. Nous en donnons le résumé.

Existence de Dieu. — Aux yeux du vrai philosophe ou du dialecticien, Dieu n'a pas besoin d'être prouvé. Dieu, n'est-ce pas la raison elle-même? C'est donc faire injure à la raison que de vouloir lui démontrer ce qu'elle trouve en elle-même, ce qu'elle est en soi, dans son principe et son essence, et ce qui, pour elle, est son objet même : l'*idée* souveraine placée au sommet et à la base de toutes les opérations de sa pensée. Par cela même qu'ont été scientifiquement décrits tous les actes par lesquels l'intelligence humaine s'élève à Dieu, la preuve est donnée. Il faudrait mettre en doute la raison même, ce qu'elle voit ou conçoit par l'acte qui lui est propre; et alors plus rien ne subsiste de ce qui est la raison et la vérité. C'est l'office de la dialectique de guider l'esprit dans cette marche ascensionnelle qui le fait passer de la région basse, obscure et ténébreuse des sens à la région lumineuse, où habite la vérité et, avec elle, celui qui en est la source et la mesure. Son effet est de tourner l'œil de l'âme et de diriger son regard vers ce soleil des intelligences, de l'accoutumer à ne pas être ébloui de ses rayons (*Rép.*, VI). Cette marche ascendante, qui a été décrite, reparaît dans la morale. Mais c'est pour Platon la seule vraie manière, pour l'âme, de connaître Dieu, de se mettre par la pensée en communication avec lui, comme par le cœur de l'aimer et de s'unir à lui. Le vrai philosophe n'en connaît pas d'autre; il se croirait humilié d'avoir à recourir à d'autres témoignages.

Il n'en est pas de même du vulgaire ou du commun des esprits. Quoique la croyance en Dieu soit innée et naturelle à tout homme, la notion peut en être obscurcie et la foi ébranlée dans les âmes. Les préjugés, les passions, les habitudes sensuelles, une mauvaise éducation, la contagion de l'exemple, l'enseignement des faux sages et leurs sophismes engendrent trop souvent dans les âmes l'incrédulité, d'autant plus difficile à vaincre et à déraciner que ses causes sont ailleurs que dans la raison. On peut douter alors, nier même que Dieu existe et les preuves pour ceux-là deviennent nécessaires. Il faut combattre et détruire l'athéisme.

L'athéisme est, nous dit Platon (*Lois*, X), une maladie de l'esprit, la plus funeste aux États comme aux particuliers. On doit s'efforcer de la guérir. Le moyen est d'abord la persuasion et le raisonnement. De là, les preuves que Platon expose assez longuement : 1° celle du *consentement général*; 2° de la nécessité d'une *cause première*; 3° d'un *premier moteur* et d'une direction du mouvement et de ses lois; 4° d'autres sont purement morales, celle d'une *justice suprême*, de la beauté absolue et d'un représentant de l'ordre moral.

Nous nous bornons à les indiquer.

1° *Consentement général.* C'est par elle que Platon débute dans le livre X des *Lois*. Mais d'abord on voit combien il répugne à donner des preuves : « Comment peut-on sans indignation se voir réduit à prouver que les Dieux existent? » Et à ce sujet il énumère les raisons qui montrent combien la croyance religieuse est naturelle aux hommes, générale et universelle. Il rappelle les discours qu'on leur tient dans l'enfance, les prières, les sacrifices, etc., qui démontrent combien les peuples sont convaincus de cette existence. L'athéisme est une maladie dont l'instruction et la persuasion doivent les guérir. Le législateur doit s'efforcer de le faire afin de donner une sanction à ses lois. Lui-même ici Platon entreprend cette tâche de réfuter le matérialisme des athées, et l'on voit par là qu'ils étaient nombreux. Il parle de ces faux sages et des maximes qu'ils débitent à la jeunesse.

2° La preuve le plus souvent reproduite est celle de la nécessité d'une *cause première du mouvement* et de ses lois. Il y joint celle d'une Providence et la réfutation des objections. C'est toute une théodicée en un magnifique langage. La nécessité d'une cause première en général est invoquée dans le *Timée*. Tout ce qui naît a nécessairement une cause, car rien de ce qui est né ne peut être sans cause, ὑπ'αἰτίου τινὸς ἀνάγκη γενέσθαι. (28, C). C'est, on le voit, la première définition très claire de la cause et du principe de causalité. La cause est ce qui produit; ce qui produit précède par sa nature ce qui est produit. La cause marche avant ses effets (*ibid.*).

3° Une autre preuve est tirée de la *pensée* et de l'*âme* qui en est inséparable comme son principe, de la nature du principe intelligent comme antérieur au corps, de la supériorité de l'esprit sur la matière et de son antériorité. « Il y a dans le monde comme dans le corps humain une pensée toujours présente, qui mérite, à juste titre, le nom de sagesse et d'intelligence. Mais il ne peut y avoir de sagesse et d'intelligence là où il n'y a pas d'âme (*Timée*, 30, B). Aussi tu diras qu'il y a dans Jupiter, en qualité de cause, une âme royale (*Philèbe*, 30). La présence en nous d'une âme suppose dans la cause première une âme de laquelle la nôtre participe. Sous ce rapport, Dieu est l'âme du monde éclairé par la pensée éternelle, elle-même fille du

Bien. » — On le voit, toutes ces preuves, même celles du sens commun recèlent un fond métaphysique; il n'y a qu'à préciser pour en voir sortir la théorie des idées.

Cette preuve dans le *Philèbe* revêt un caractère encore plus métaphysique : l'intelligence ou la raison divine y est donnée comme le *déterminé* (la mesure), πέρας, opposé à l'indéterminé, ἄπειρον, et par là cause de l'ordre dans l'univers. « Ce que nous avons dit souvent qu'il y a dans cet univers beaucoup d'*infini* (indéterminé), et une quantité suffisante de fini auxquels préside une cause, non méprisable, arrangeant et ordonnant les années, les saisons, les mois, et qui mérite à très juste titre le nom de sagesse et d'intelligence, σοφία καὶ νοῦς λεγομένη. (*Philèbe*, 30, C.)

4° La preuve du *premier moteur*, que revendique Aristote (*Mét.*, X), est déjà, par le fait, dans Platon. « Ce qui se meut soi-même a en soi le principe de ses mouvements; mais la matière est inerte et ne peut par elle-même se mouvoir. Cette preuve donnée dans les *Lois*, ne se distingue pas de celle qui la suit : Dieu y est à la fois cause efficiente et cause finale. Au mouvement s'ajoute sa direction qui est l'ordre. Non seulement la matière est inerte, mais les lois du mouvement supposent une intelligence. La matière ne peut se régler ni se gouverner elle-même. La raison seule, le rationnel, est cause de l'ordre, l'irrationnel du désordre. Donc l'âme, l'intelligence, la raison seule explique la formation du monde (*ibid.*).

On est étonné qu'Aristote refuse à Platon ces preuves comme n'étant plus du système. Encore sont-elles de la doctrine totale et, pour cela, ne perdent pas leur valeur.

5° Quant à la preuve *morale* proprement dite, on la trouverait non moins explicite partout où est affirmée la nécessité d'un représentant de l'ordre moral, celle d'une justice suprême qui elle aussi gouverne le monde moral, qui répare les injustices et les désordres qui y règnent. Cette nécessité d'une dernière sanction donnée aux lois morales est prouvée de la façon la plus rigoureuse et la plus éloquente dans le X° livre de la *République*, dans le *Gorgias* et dans les *Lois*. C'est aussi la pensée qui est au fond des mythes qui terminent les grands dialogues.

IV. — La valeur dogmatique de ces preuves a été tant de fois discutée et appréciée que nous n'y insisterons pas. Nous voulons en marquer le *caractère historique* en constatant le progrès des idées, et ce qui est particulier à Platon.

Elles sont socratiques sans doute autant que platoniciennes. D'autres, comme celles du mouvement et de l'ordre, remontent à Anaxagore. La partie pythagoricienne se reconnaît en quelques mots : dans l'âme qui se meut elle-même, dans le déterminé et l'indéterminé. Mais partout, dans Platon qui les précise, elles ont un cachet particulier qui leur vient du rapport avec le système. Platon y revient sans cesse aux idées, ce qui fait que le lien n'est jamais rompu de cette théologie avec la théorie première.

Ainsi la cause motrice acquiert un nouveau titre de la présence de l'esprit, ou d'une intelligence présente dans l'univers. « Ne va pas croire que nous ayons fait ce discours en vain, mais il a pour but d'appuyer le sentiment de ceux qui ont avancé que l'intelligence gouverne toujours cet univers (*Philèbe*, 30), τοῦ πάντος νοῦς ἄρχει; qu'elle y répand ses idées, l'arrange d'après elles, non d'une façon purement mécanique, mais selon un dessein. »

Déjà Socrate avait appuyé sur ce point et trouvé insuffisante la conception de son illustre prédécesseur Anaxagore. (*Phédon*.) De même la définition de l'âme, de cette âme qui se meut elle-même, antérieure à la matière morte, qui la détermine, l'ordonne et la régularise, semble venir du pythagorisme. Mais cette âme qui se meut elle-même, elle est intelligence, elle est un esprit, revêtue de ses attributs, sagesse, bonté, justice, ce qui est étranger à toutes ces écoles, au système des nombres, etc.

La croyance religieuse elle-même n'y est pas simplement affirmée contre les sophistes; l'athéisme publiquement enseigné de ceux-ci n'est pas seulement réfuté. Contrairement à ce qu'ils enseignent, il est démontré que sans la sanction religieuse, la loi humaine, qui a sa révélation dans la conscience, est impuissante; son autorité ne garantit pas son observation. Il y a plus, au point de vue des adversaires, son efficacité est nulle. Expression de la volonté humaine, elle-même est arbitraire, changeante, capricieuse. Elle n'a de garantie que dans la force, la crainte qu'elle inspire ou l'intimidation.

Toutes ces preuves du reste, quand on les sonde et les examine de près, ont un fond commun qu'elles recouvrent et qui à un œil exercé se révèle. Elles ne sont qu'une application directe de l'idée supérieure et toute platonicienne du *Bien*, cause première et but final des existences. Dieu est le Bien suprême, idéal de perfection auquel toute âme aspire, son principe et sa fin. Elle y tend comme à son objet en vertu de son essence, d'où elle est sortie, où elle remonte sans cesse quand elle est délivrée de ses chaînes. Elle n'a besoin que d'être purifiée de ses erreurs et de ses préjugés.

Ces preuves ne sont donc qu'une préparation, une introduction à la preuve principale, qui elle-même n'en est pas une au sens vulgaire et se suffit à elle-même.

CHAPITRE VII

DIEU, SA NATURE ET SES ATTRIBUTS

Difficultés de cette partie du système : jusqu'à quel point Dieu, suivant Platon, peut être connu. — Nature et attributs de Dieu : 1° unité et simplicité; 2° éternité, immensité, immutabilité; 3° attributs de la personnalité divine : intelligence, volonté, amour. — De la science divine. — Puissance, sagesse, véracité, etc. — La Trinité platonicienne et le nombre ternaire.

Prouver que Dieu existe, réfuter l'athéisme soit par des raisons tirées de la métaphysique d'un système, soit par d'autres plus aisées à comprendre et à la portée de tous les esprits, est une tâche relativement facile, bien qu'il s'y mêle nécessairement d'autres questions où la notion de Dieu étant impliquée, les plus graves dissidences, on l'a vu, peuvent se produire. Il en est bien autrement, lorsque, abordant de front le sujet lui-même, on essaie de pénétrer les mystères de la nature divine. En face des problèmes que la raison humaine se pose sur ce qu'elle s'efforce vainement de comprendre, elle est obligée d'avouer sinon sa totale impuissance, son insuffisance manifeste.

Moins que tout autre philosophe, Platon l'ignore. Il sait aussi combien, en ce qu'il nous est donné de connaître de plus clair et de moins sujet au doute des choses divines, la langue humaine est imparfaite à l'exprimer et à le communiquer à d'autres esprits habitués comme nous à la considération des choses sensibles. Il en est même pour lesquels cela devient impossible. Lui-même, Platon le dit dans ce passage bien connu du *Timée* : « Quant à l'auteur et au père de cet univers il est difficile de le découvrir, et l'a-t-on découvert, le faire connaître à tous n'est pas possible, τὸν μὲν οὖν ποιητήν καὶ πατέρα τοῦδε τοῦ παντὸς εὑρεῖν τε ἔργον, καὶ εὑρόντα εἰς πάντας ἀδύνατον λέγειν. » (28, C.) Ces derniers mots qui semblent confirmer ce qui a été dit de l'ésotérisme de la doctrine, ne doivent pas être pris à la lettre. Ce qu'on ne peut nier, c'est que la pensée de Platon est loin d'avoir toute la clarté désirable; si l'on vient à l'approfondir et à la préciser, elle peut prêter à des interprétations diverses. Bien des points, par leur nature, restent inconnus, φύσει ἄγνωστα; mais il en est d'autres sur lesquels le philosophe n'hésite pas à se prononcer; c'est à eux seuls que l'on doit ici s'attacher.

Ainsi en est-il de l'idée de Dieu et de ses attributs métaphysiques ou moraux, que l'on ne saurait nier sans contredire la notion même, plus haut mentionnée, de la divinité.

1° *Unité, simplicité*. — A peine serait-il nécessaire de s'y arrêter si, dans la langue dont Platon se sert, le pluriel ici, qui alterne sans cesse avec le singulier : Dieu ou les Dieux (θεός, θεοί), n'était propre à jeter quelque confusion dans l'esprit de ceux qui le lisent. Nous aurons à nous expliquer sur ces personnages divins, en accord avec le système et qui ne sont autres que les idées.

Le *monothéisme* de Platon, venant après celui d'Anaxagore et de Socrate, après l'Unité de Parménide et des autres philosophes, Xénophane, Empédocle, etc., leurs attaques très vives contre le polythéisme (*Phil. anc.*, 47-75), ne peut faire le moindre doute. La simplicité même du Dieu unique n'est pas à démontrer. Il en est ainsi d'abord de la substance et aussi des attributs. 1° Il ne peut y avoir deux êtres parfaits; le dédoublement pour la raison est absurde. 2° Ses attributs eux-mêmes rentrent les uns dans les autres, quand il s'agit de l'être souverain. Vérité, bonté, beauté, justice, c'est tout un dans l'être qui possède en soi toutes les perfections. Ce sont des manières de voir de notre intelligence finie que l'infini ne comporte pas. Pour ce qui est des dieux au sens platonicien, de la place assignée dans le système à ces divinités subalternes dont on a fait aussi des anges, des démons et auxquels dans le *Timée* est confié le soin d'achever l'œuvre de la création, ils ne sont pas plus difficiles à comprendre, quand on connaît bien le platonisme en soi et dans son rapport avec la religion populaire, comme on le verra plus loin.

La difficulté est plus grande, si, au lieu de la pluralité des idées, on envisage celle des êtres individuels dont le monde réel se compose; des âmes individuelles, etc. Car ce sont aussi des êtres. Pour Platon c'est le non-être par rapport à l'être véritable dont ils participent, ils ne sont rien sans lui. Ils existent néanmoins, distincts sinon tout à fait séparés de l'existence divine. Mais ici nous rentrons dans la grande difficulté du système. Nous n'avons pas à y revenir.

Plus loin sera traitée la question d'une autre pluralité dans Dieu, celle-ci plus difficile à comprendre et qui elle aussi laisse intacte l'unité de substance (*infra*, Trinité).

2° Les attributs appelés métaphysiques, *Éternité*, *Immensité*, *Immutabilité*, etc., n'ont pas besoin non plus d'être prouvés, étant compris dans l'idée elle-même que la raison humaine se fait de la divinité. Ce sont les divers aspects de l'être qui seul mérite ce nom, par lesquels nous le concevons dans son infinité. Ainsi en est-il de l'éternité par rapport au temps fini et successif, inséparable du mouvement.

Le passage du *Timée* est formel à ce sujet. « Dieu est au commencement, au milieu et à la fin de toute chose. Le passé, le présent et le futur, ce sont là des parties du temps, χρόνου εἴδη. Dans notre ignorance, nous avons l'habitude de nous servir de ces expressions au sujet de l'essence éternelle : il est, il a été, il sera. Voici ce qu'il faut dire selon la vérité : le passé et le futur ne conviennent qu'à ce qui naît dans le temps, car ce sont des mouvements; mais ce qui est toujours le même et sans changements, on ne peut dire qu'il devient plus jeune ou plus vieux, de même qu'il ne peut ni être, ni avoir été. » (*Timée*, 38, *a*.)

Ce qui est vrai du temps l'est aussi de la notion corrélative, l'espace ou l'*étendue*, Dieu n'est en aucun lieu qui le contienne, comme il n'est en aucun temps qui le mesure. L'infinité ici, c'est l'*immensité*, l'absence de bornes et de limites. Mais, bien que, par son être absolu, il n'ait de rapport ni aux temps ni aux lieux, il remplit le monde de sa présence; il est présent partout sans qu'on puisse dire qu'il est quelque part[1]. Cette *ubiquité*, l'âme humaine elle-même, quoique finie, nous aide à la comprendre, elle qui anime le corps et répand la vie dans toutes les parties de l'organisme, sans qu'on puisse dire quelle est toute en une seule. L'antinomie se résout d'ailleurs comme pour le reste là où l'unité, qui s'oppose à la pluralité, s'accorde avec elle.

Il en est de même de l'*Immutabilité* opposée au changement et à l'*instabilité*. Outre ce qui est dit dans la *République* (liv. II) contre la mythologie des poètes où cet attribut est sans cesse méconnu, Dieu, et tout ce qui appartient à sa nature, est parfait; à ce point de vue, il n'est pas susceptible de changement. Le passage suivant est formel : « Subsister toujours dans le même état et de la même manière, être toujours identique à soi-même est un attribut qui ne convient qu'aux êtres divins. » (*Polit.*, 269, C.)

La perfection d'ailleurs exclut le changement. Si Dieu est parfait, rien ne lui manque, il ne peut changer sans acquérir ou perdre quelque chose, ce qui est contraire à sa nature. (*Parménide.*) Dieu n'est donc pas dans un perpétuel devenir, comme le dit Héraclite et comme il sera dit plus tard de l'évolution divine (Hegel).

3° *Intelligence, Volonté, Amour. La Personnalité divine.*
— Ces attributs d'un ordre plus élevé nous font concevoir Dieu comme esprit, esprit infini, il est vrai, et cependant déterminé, dont participent ou émanent les autres esprits. En cette idée est comprise la personnalité divine.

Trois éléments, en effet, constituent la vraie personnalité dans un être : 1° l'intelligence, une intelligence consciente d'elle-même ou qui se sait; 2° la volonté libre ou qui se détermine par elle-même; 3° l'amour, qui chez les êtres sensibles engendre le plaisir et la douleur, chez l'être parfait la félicité.

---

1. Nihil vacat ab illo, ille implet opus suum. (Senec. *de Benef.*, IV, 18.) — In eo vivimus, movemur et sumus. (Saint Paul.)

Le Dieu de Platon est-il en ce sens un Dieu personnel ou impersonnel? Ce qui est évident, c'est qu'il est un Dieu vivant. C'est ainsi que Platon le conçoit et le définit. Principe de la vie (*Rép.*, VI) dans les êtres, lui-même la possède éminemment, et c'est parce qu'il la possède qu'il la répand dans ces êtres et leur communique la vie. (*Ibid.*)

Cause *efficiente* et *finale*, malgré ce qu'en dit encore Aristote, principe du mouvement et de l'ordre dans l'univers, il en est aussi l'âme, l'âme royale. A ce titre il est doué d'intelligence. Il a en lui les attributs de l'esprit, supérieurs à ce qu'ils avaient été dans les systèmes antérieurs (*supra*, p. 61). Mais ce qu'il importe de préciser, c'est de savoir s'il est une intelligence qui se sait, s'il a conscience de lui-même et si à ce titre la personnalité véritable doit lui être attribuée. A prendre Platon en lui-même, dans la teneur de ses écrits, il n'y a pas à en douter. Il n'y a qu'à citer les passages où ces attributs sont affirmés de la manière la plus formelle et qui ont toujours été donnés en preuve : « Mais quoi? par Jupiter, nous laisserons-nous facilement persuader qu'en réalité l'être absolu ne possède pas le mouvement et la vie, l'âme, l'intelligence, que cet être auguste et saint ne vit, ni ne pense, mais qu'il est immobile et sans intelligence[1]? »

Qu'opposer à un texte aussi formel? qu'il n'est pas de Platon? ou que Platon n'a fait que soulever le problème sans y joindre sa réponse? Cela est malaisé à concevoir. Mais si l'on nie l'authenticité du *Sophiste*, voici un autre texte qui ne souffre ni doute ni équivoque. « Il faut combattre, par toutes sortes de raisons, celui qui, détruisant la science, la pensée et l'intelligence, affirmera quoi que ce soit de quelque chose. » D'autres passages ne paraissent pas moins formels. « Car tous les sages sont d'accord, et en cela ils se vantent eux-mêmes, que l'esprit est roi du ciel et de la terre, ὡς νοῦς ἐστι βασιλεὺς ἡμῖν οὐρανοῦ τε καὶ γῆς » (*Philèb.*, 38, C).

« Dirons-nous qu'une *puissance dépourvue de raison*, téméraire, et agissant au hasard, gouverne toutes choses et ce que nous appelons l'univers, ou au contraire, qu'une

---

1. Τί δὲ πρὸς Διός; ὡς ἀληθῶς κίνησιν καὶ ζωὴν καὶ φρόνησιν ἡ ῥᾳδίως πεισθησόμεθα τῷ παντελῶς ὄντι μὴ παρεῖναι; (*Sophist.*, 248, C.)

intelligence, une sagesse admirable, νοῦν καὶ φρόνησίν τινα θαυμαστήν, président à l'arrangement et à l'administration du monde?

« Quelle différence entre ces deux sentiments, divin Socrate! Il ne me paraît pas qu'on puisse soutenir le premier sans impiété; mais dire que l'intelligence gouverne tout, τὸ δὲ νοῦν πάντα διακοσμεῖν, c'est un sentiment digne de l'aspect de cet univers.... Je ne pourrais ni parler ni penser autrement sur ce point. » Platon ne dit-il pas que l'intelligence est de la même famille que la cause (*Philèb.*, 30, E), que l'intelligence a de l'affinité avec la cause et qu'elle est à peu près du même genre, τούτου σχεδὸν τοῦ γένους (*ibid.*, 31, A).

Les contradictions apparentes avec le système auxquelles on a recours ne peuvent prévaloir contre de pareils témoignages, infirmer ce qu'on doit penser de ce point capital de la philosophie platonicienne.

Et cependant l'opinion contraire persiste (Hegel, Teichmüller) : Dieu serait bien cause, αἰτία, cause ordonnatrice, κόσμοῦσα, mais cela, dit-on, ne suffit pas à la personnalité divine. Le mouvement, la vie, l'intelligence n'ont pas le même sens pour les anciens que pour nous, Dieu est toujours l'être général sans conscience. Platon verse entièrement dans la pensée pure (reinen Gedanken, Hegel, 293)[1].

Pour nous, ce sont là des assertions dogmatiques et que contredit l'esprit comme la lettre du système. La pensée pure et qui ne se sait pas n'est pas la pensée véritable. Comment le disciple de Socrate l'aurait-il admise? La vraie pensée, c'est la pensée consciente d'elle-même, à la fois objective et subjective; c'est la pensée comme Aristote la définit, comme partout Platon l'affirme ou la suppose. Placer l'être au-dessus de la pensée dans une hypostase supérieure, c'est verser dans l'idéalisme alexandrin, hégélien ou autre; ce n'est plus l'idéalisme platonicien.

La *Science divine*, c'est l'omniscience. Elle se confond avec

---

[1]. Hegel pourtant reconnaît qu'il n'y a pas deux philosophies dans Platon. Il n'y a pas de mystère. La pensée n'est cachée que pour qui ne se donne pas la peine de la pénétrer. C'est la différence de la pensée et de la perception (Gedanken, Vorstellung, *ibid.*).

l'intelligence elle-même et avec la vérité, objet de la science. Dans Dieu, la science, c'est la conscience qu'il a de lui-même, la vraie vérité, la vérité absolue. Platon ne s'arrête pas à le prouver. Cela résulte partout du système. Mais cette science, la science divine, comment doit-elle se comprendre?

1° Elle ne ressemble pas à la science humaine, celle-ci imparfaite, mélange d'erreur et d'ignorance, souvent vaine, composée d'ombre et de lumière, dans ce qu'elle a de vrai, divisée, fractionnée, successive, laborieusement acquise, fruit de l'expérience et du raisonnement. En Dieu, elle est adéquate à sa pensée; elle consiste dans un acte simple d'intuition par lequel l'intelligence infinie embrasse, d'un regard unique, l'université des choses. Celles-ci lui apparaissent, comme on l'a dit (Spinoza), dans l'idée de l'éternel, *specie æterni*.

2° Comment les voit-il? D'abord il les voit en lui-même, dans ses propres idées, le monde et ses êtres n'étant que des images et des copies de l'exemplaire divin (*supra*). Non seulement les genres et les espèces lui sont ainsi connus, mais les êtres particuliers, les individus et leurs actes, les choses même viles et grossières qui ne le sont pas pour lui et ne peuvent souiller sa pensée, de même les choses, pour nous contingentes, comme les nécessaires, la distinction n'étant pas pour lui, mais pour nous qui les concevons ainsi placés dans le temps.

3° Cette connaissance ne lui vient pas des choses, mais il les voit parce qu'il les a faites et qu'elles tirent de lui leur existence; la connaissance ici est antérieure à l'existence. L'ordre des termes est renversé. — Tout cela dérive de la notion même de Dieu telle que la donne le système, de ce qui a été dit du rapport de Dieu aux idées et des idées au monde (*supra*).

Volonté, Liberté. — Ce point est plus difficile. La volonté est dans Dieu. A la rigueur même, on peut dire que, en Dieu, vouloir et penser ne sont distincts que pour la logique qui les sépare. Est-ce la volonté libre? N'est-elle pas déterminée par sa nature même qui est ici la sagesse et la raison? Ce n'est pas ici l'aveugle *fatum* de la mythologie qui pèse sur toutes les divinités. Mais elle n'est pas moins assujettie à des lois nécessaires. On sait combien ce problème a suscité de controverses depuis parmi les philosophes et les théologiens. On peut dire que dans Platon il n'existe pas. On voit que partout, chez lui, la liberté se confond avec la raison, dans Dieu comme dans l'homme. La question du *libre arbitre* n'est pas non plus posée comme elle le sera plus tard. Mais, héritier de Socrate, on voit que, pour lui, cependant, le type de la volonté est pris dans l'homme, dans la volonté humaine, celle-ci dépouillée de ses défaillances et de ses imperfections, souvent indécise et ayant à délibérer. En Dieu, la délibération, le choix même n'existent pas. La volonté est toujours conforme à sa bonté et à sa sagesse, partout faisant partie du souverain bien, cause première et aussi cause finale. On peut le dire de Socrate lui-même qui nie en un sens, théoriquement, le libre arbitre de l'homme, quoiqu'il se contredise en pratique (*Phil. anc.*, 143).

Mais ces questions depuis si vivement débattues ne sont pas mûres. Il ne faut pas s'étonner de ne pas les rencontrer. Tout ce qu'on peut affirmer ici de Platon et de sa doctrine, c'est que, pour lui, l'idée préside à la volonté, en ce sens la régit et l'éclaire. La volonté est ainsi à la fois nécessaire et libre. Dieu est libre en ce sens et agit librement. Dieu se détermine par lui-même, si sa volonté est sa pensée même, dans les actes qui la réalisent. Là réside la plus haute liberté.

A ce point se rattache l'*omnipotence* divine. Dieu qui peut tout peut-il les choses impossibles? Cela dépend du sens donné à ce mot. Eu égard à la puissance humaine ou à toute autre puissance, cela va sans dire. Mais au point de vue de la raison, en ce qui est contraire à la vérité des choses, il n'en est plus de même. A la puissance divine sont soumises toutes les choses qui n'enveloppent pas contradiction. Dieu ne peut rien contre la vérité et la justice, qui sont lui-même, dont il est le principe. Il agirait contre sa propre nature, ce qui est absurde. Peut-il changer le cours des événements? Ceci peut être une difficulté. Mais si sa volonté échappe au temps, la question n'a plus de sens. Peut-il abroger les lois que lui-même a faites dans sa sagesse? Il ressemble alors, dit Platon, à l'ouvrier malhabile, obligé de retoucher sans cesse son œuvre. Ce qu'on peut dire, c'est que la puissance, adéquate à sa volonté, est aussi conforme à sa sagesse. Les limites de la puissance divine, ce sont ses perfections. Sont-elles de véritables limites? Pour ce qui est de la contingence et des actes des êtres libres (*infra*, Providence), Platon ne s'explique pas davantage.

L'*Amour* et la *Félicité*, comme faisant partie de la nature divine, se démontrent facilement. Si Dieu en effet est vivant et actif et s'il se connaît, si librement il se détermine, il ne peut rester indifférent à lui-même, plongé dans l'impassible contemplation de son être et de ses attributs. L'amour en Dieu, amour infini, a pour objet l'être parfait infiniment aimable, le πρῶτον φίλον (*Lysis*). De plus, s'il agit et s'il est fécond, il s'aime aussi dans ses créatures faites par lui et à son image et qui le manifestent. S'il est le bien, il doit le vouloir partout où le bien se réalise, l'aimer en lui et dans les êtres sortis de lui. L'amour en Dieu n'est pas ce qu'il est dans les créatures (*Banquet*), le désir né du besoin de ce qui manque, le fils de la Pauvreté et du Dieu de l'abondance, il est lui-même ce Dieu. Mais s'il se voit et s'il s'aime dans ses perfections, par là même, il en jouit, il y trouve son bonheur et sa félicité. Il n'en est pas, il est vrai, de cette jouissance, comme du plaisir chez l'homme ou de la jouissance sensible. La divinité, Platon le dit, se tient loin de la douleur et du plaisir (*Philèbe*, 3); mais si le plaisir et l'émotion passagère sont indignes de la majesté divine, on n'en peut dire autant de ce qui est le principe même de la sensibilité chez les êtres animés, l'amour inné que l'être qui se sent, se porte à lui-même. S'il en est ainsi, l'être parfait doit puiser dans la contemplation de lui-même et de ses perfections, dans l'exercice de sa puissance, une inaltérable félicité.

Or, cette idée du bonheur et de la félicité dans Dieu, comme inhérente à sa nature, est exprimée dans Platon partout où il est fait mention de la nature divine de Dieu et des Dieux. Dieu est appelé le plus heureux des êtres. (*Théétète*. Cf. *Rép.*, III, IV. Voyez le mythe du *Phèdre*, etc.)

ATTRIBUTS MORAUX. — Quant aux attributs moraux proprement dits (*Sagesse, Bonté, Véracité, Justice, Sainteté*, etc.), vouloir prouver que Platon les admet tels que le vrai théisme lui-même de tout temps les a compris et reconnus, serait superflu. Ses écrits abondent en passages qui les expriment. Implicitement ou explicitement dans sa polémique contre l'athéisme (*Lois*), sa censure du polythéisme et de la religion des poètes (*Rép.*, II, III, X, *Euthyphron*), partout où ils sont altérés, faussés et défigurés par les théologiens de la croyance vulgaire, Platon les maintient dans leur pureté avec une inflexible sévérité. Le Dieu de Platon, comme celui de Socrate, est par excellence le Dieu moral. Déjà compris dans l'idée souveraine du Bien, ils en sont les corollaires naturels et directs. Ce n'est donc pas parce que la théologie populaire les réclame, que lui-même les reprend et les expose; seulement par des arguments directs il les met à la portée de tous. Il est seulement à craindre qu'elle ne se fasse de la divinité une fausse idée en la faisant condescendre aux passions humaines (*Lois*).

La Trinité dans Platon. — L'unité de Dieu et sa personnalité, avec les corollaires qui s'y joignent, étant admises, peut-on attribuer à Platon, comme l'ont fait plusieurs Pères de l'Église [1] et depuis de religieux auteurs, plus ou moins favorables au platonisme, en assez grand nombre, quelque chose qui ressemble à la Trinité chrétienne ou même alexandrine? S'il n'en est pas ainsi, qu'y a-t-il dans le système platonicien qui puisse autoriser cette comparaison?

L'historien, sans être théologien, ni traiter à fond le sujet, doit chercher à l'élucider. Les réflexions suivantes, propres à motiver son opinion, pourront peut-être y contribuer.

Une véritable trinité, telle qu'elle est la base du dogme chrétien, n'est selon nous, ni formellement, ni implicitement dans Platon. Les raisons qui en sont données [2], faciles à concevoir, pour nous sont péremptoires:

1° Si l'on vient à préciser, en effet, trois termes distincts en eux-mêmes et dans leurs rapports seraient nécessaires pour la constituer.

---

[1]. Saint Justin, Eusèbe, Théodoret, saint Cyrille, Bernard de Chartres, Abailard; — auteurs modernes : Mourgues, de Maistre, Gratry, etc.

[2]. Voyez H. Martin, *Études sur le Timée*, II, 51 ; Alf. Fouillée.

Rien de pareil n'est dans Platon. On peut trouver trois termes, mais qui rentrent les uns dans les autres, dont le rôle et le rang n'ont rien de fixe et de déterminé. Les trois hypostases des Alexandrins admises par Plotin ou Proclus, etc., conçues comme telles, ne sont nullement à ce titre dans la dialectique ni dans la théologie de Platon. Chez lui, elles ne se distinguent tout au plus que comme de simples attributs. Ce ne sont pas même des puissances, de vrais principes en dehors les uns des autres, ayant leur nature propre, leur rôle ou leur fonction spéciale ou particulière.

2° Encore moins trouve-t-on dans Platon rien qui ressemble au Dieu en trois *personnes* de la Trinité chrétienne. Celle-ci en effet consiste essentiellement dans la personnalité des trois termes qui sont des personnes divines et dans leur unité substantielle ou consubstantialité. Rien de semblable dans Platon. Dans le *Timée* il est vrai Dieu, l'auteur du monde, est appelé aussi le père, πάτηρ. Pour créer le monde à son image il se sert de l'exemplaire divin qui est en lui, sa pensée. Celui-ci peut être considéré comme le Verbe divin, λόγος θεῖος. Est-il le fils engendré par le père? Au sens métaphysique, cela peut être; mais il en est aussi autrement. Au sens réel et à la rigueur, le fils, c'est le monde lui-même, appelé ainsi τόκος, engendré éternellement. C'est par là que finit le *Timée*. Le troisième terme, que serait-il? l'âme du monde? Mais celle-ci n'est qu'un intermédiaire. Ce principe de la vie dans les êtres ne procède ni du père ni du fils. Ce n'est pas l'*esprit*; car l'esprit, c'est le νοῦς. Est-ce l'amour? Dans Dieu, il n'existe que comme attribut. Encore tout cela n'est-il pas clair, se confond et se mêle sans cesse au point de s'identifier.

3° Mais il y a un autre élément, la *matière*, qu'on oublie, et qui à elle seule forme un dualisme (*supra*). Elle vient prendre rang dans le système et briser cette unité. Ou bien elle constitue un quatrième terme. Elle est appelée la mère, μήτηρ, ou la nourrice des êtres. D'ailleurs, je le répète, ce qui est appelé personne divine ou hypostase est tout au plus un attribut distinct dans Dieu.

Il n'y a donc pas lieu d'admettre une trinité réelle dans Platon. Le point d'ailleurs est si obscur et si confus qu'il y a autant de trinités différentes que de partisans de l'opinion qui l'admet. Tout au plus aperçoit-t-on le germe ou l'ébauche de ce qui deviendra plus tard une théorie plus précise chez les alexandrins. Quant à la Trinité chrétienne, celle des trois personnes divines, elle a une autre source.

Si l'on vient à préciser, dans la comparaison avec la Trinité chrétienne, une autre différence apparaît. Non seulement on trouvera : 1° que ce ne sont pas des personnes; 2° que le troisième terme manque ou se complique d'un quatrième, la matière; 3° mais la participation remplace la procession.

Le ternaire dans Platon. — Mais s'il n'y a pas trinité dans Platon, il y a triplicité. C'est ce qui a donné lieu à cette confusion chez les auteurs qui, au lieu d'une notion précise, se sont contentés d'une vague assimilation. Seulement une semblable trinité se trouve partout dans la métaphysique de toutes les religions et de toutes les philosophies anciennes et modernes, qui appartiennent à l'idéalisme. Elle est dans Pythagore, dans les Orphiques, comme dans les religions de l'Inde et de la Perse, etc. Platon en cela hérite du pythagorisme comme, si l'on veut, des plus antiques traditions. La triade pythagoricienne, c'est le nombre ternaire (*Phil. anc.*, p. 34). Ce nombre est partout dans Platon et se reproduit dans toutes les parties du système avec les changements ou progrès qu'il comporte.

La dialectique, la physique et leurs divisions partout la reproduisent.

1° Dans la *Dialectique* (théorie des idées), l'*idée* est à la fois unité et pluralité; elle est une dans sa pluralité. Elle est immobile et mobile, identique et diverse, le même et l'autre, l'être et le non-être, le repos et le mouvement, l'infini et le fini. Le troisième terme est le lien qui unit les deux autres. Il y a retour à l'unité qui est le terme principal. La méthode elle-même organisée en synthèse réconcilie les deux termes dont le résultat est le troisième.

Il y a trois degrés dans la connaissance : sensation, opinion, science. De même dans l'amour, etc.

2° Dans la *Physique* : Dieu, l'exemplaire divin et le monde. — Psychologie : l'âme a trois facultés. Le corps est divisé en trois parties, supérieure, inférieure et moyenne.

3° *Éthique* : trois vertus, prudence, courage, tempérance, la justice fait l'accord. — Politique : trois classes de citoyens; artisans, guerriers, magistrats, etc., etc. [1].

---

[1] Voyez Hegel, t. II, p. 256. — Ed. Zeller, 601. — Vacherot, *École d'Alexandrie*. — Jules Simon, *Études sur la Théodicée d'Aristote et de Platon*, t. I, p. 145. — Bouillet, *Sur Plotin et les hypostases*, t. I, p. 340. — Teichmüller, *Studien*, p. 110. — H. Martin, *Études sur le Timée*, t. II, p. 50 et suiv. — Alf. Fouillée, t. I, p. 551 et suiv. — Freppel, *les Apologistes chrétiens*.

CHAPITRE VIII

DIEU, LA PROVIDENCE, ETC.

I. La Providence dans Platon (le X° livre des *Lois*). — Objection et réponse. — II. Preuves *a priori* de la Providence et réfutation des opinions contraires. — Objections tirées de l'existence du mal, métaphysique, physique et moral. — III. L'optimisme de Platon, en quoi il consiste, ses mérites et ses côtés faibles. — IV. Rapport du platonisme et du polythéisme. Emprunts à la religion populaire. — Dieu et les dieux. Explication par le système. — Le symbolisme de Platon.

I. — Le X° livre des *Lois*, sous forme de prélude ou de préambule aux lois pénales portées contre les impies, contient en abrégé toute une théologie populaire en trois points : 1° contre les athées qui ne croient pas aux dieux; 2° contre les déistes qui les admettent, mais prétendent qu'ils ne s'occupent pas des affaires humaines; 3° contre les hommes superstitieux, en grand nombre, qui s'imaginent qu'on peut les apaiser par des prières et des sacrifices et se livrer à ses passions, continuer le genre de vie qui permet de les satisfaire.

La forme d'exposition et le langage du législateur, qui s'adressent au sens commun et à l'imagination, en même temps qu'à la raison, ne doivent pas faire méconnaître le fond sérieux et vrai dans la doctrine du philosophe. Le second point, qui traite de la providence, quoique le mot n'y soit pas [1], et les questions qui s'y rattachent, telles que l'existence du *mal*, les

---

[1]. Mais il est ailleurs : dans le *Timée*, 45, A; *ibid.*, 30 : διὰ τὴν τοῦ θεοῦ πρόνοιαν. 44, C : δι' ἃς τέ αἰτίας καὶ προνοίας γέγονε θειῶν. — *Phèdre*, 254; 241. — *Lois*, IV, 721, C; VIII, 838.

objections et les réponses, l'*optimisme* platonicien, en y joignant les rapports avec le *polythéisme* grec et la religion traditionnelle, forment une espèce de théodicée, dont l'esquisse doit achever cet exposé de la théologie platonicienne.

Mais d'abord cette notion elle-même de la providence n'est-elle pas en contradiction avec ce qui a été dit plus haut de l'intelligence divine? Dieu y est placé en dehors du temps et de la durée? La prescience implique l'idée du temps. Or, le présent, le passé, l'avenir pour Dieu n'existent pas. Dieu ne prévoit pas plus qu'il ne se souvient. Dire qu'il se souvient ou qu'il prévoit, c'est attribuer à Dieu les formes de l'intelligence finie. Il n'y a donc en Dieu ni prévoyance ni prescience. Dieu voit tout dans un éternel présent. L'acte par lequel il connaît, c'est l'intuition, intuition de lui-même et des choses, qui sont à la fois en lui et distinctes de lui. Il voit les choses futures ou passées comme présentes. Il les voit en lui-même comme possibles dans l'exemplaire qui est sa pensée, en elles-mêmes comme réalisation de cet idéal par sa volonté toute-puissante.

L'objection est fondée; mais la réponse est facile et il n'y a pas un théologien philosophe qui ne l'ait faite (saint Augustin, saint Thomas, Bossuet et Fénelon, etc.). Si elle n'est pas dans Platon, c'est qu'il n'a pas eu besoin de la faire. Pour lui elle est dans la nécessité de se servir du langage humain pour faire comprendre ce qui d'ailleurs n'est intelligible qu'à la raison proprement dite placée au-dessus des sens et du raisonnement. Platon ici parle la langue vulgaire. Mais, en cela, on ne saurait dire qu'il y a contradiction avec ce qui est sa pensée véritable. Il n'est pas question de deux doctrines inconciliables dont l'une contredit l'autre. Cela est parfaitement d'accord avec son système. Ce qu'il faut dire ici, c'est que la science humaine diffère essentiellement de la science divine. Aussi l'homme est obligé de se servir des termes de sa propre science qu'il applique à Dieu sans être dupe de leur inexactitude.

II. — Voici en abrégé la doctrine platonicienne.

La preuve est *a priori*, tirée de la nature de Dieu même,

comme être parfait et de ses attributs. « Dieu ayant créé le monde par un acte de sa bonté, n'a pu l'abandonner à lui-même, livrer au hasard une œuvre aussi parfaite que la sienne. Lui ayant donné l'existence, il ne doit pas moins en assurer la durée, pourvoir à l'accomplissement de ses lois, étendre sa sollicitude aux choses humaines », etc. (*Lois*, X.)

Il faut donc admettre qu'il le dirige et le gouverne selon les règles de la plus parfaite sagesse. « Celui qui prend soin de tout a pris des mesures efficaces pour maintenir l'univers dans son intégrité et sa perfection. » Il ne faut pas croire que sa pensée qui embrasse l'ensemble, ne s'étend point aux détails, en particulier aux affaires humaines. Platon s'élève avec force contre cette opinion, qui avait, à ce qu'il paraît, beaucoup de partisans, selon la maxime depuis ainsi formulée : *magna curant, parva negligunt*. Il le répète : « Les dieux prennent soin des plus petites choses. » L'opinion est indigne de l'idée qu'on doit se faire de la nature de Dieu, de sa puissance, de sa sagesse. « Il ne faut pas faire à Dieu l'injure de le mettre au-dessous des ouvriers mortels. » — « Toi-même, chétif mortel, tu entres pour quelque chose dans l'ordre général et tu t'y rapportes sans cesse. » (*Ibid.*) — L'*omniscience* divine n'y est pas moins contraire. « Les dieux connaissent tout, voient tout, entendent tout. » Déjà Socrate avait exprimé cette croyance (Xénoph., IV). — Quant à l'objection tirée de la prospérité des méchants, des infortunes et des injustices auxquelles les bons sont soumis par suite de leur conduite même, Platon qui en voit toute la gravité, d'avance s'attache à la détruire. Sa réponse, conforme à sa doctrine et qui apparaîtra mieux dans sa morale, c'est que le mal, le mal moral, entraîne comme conséquence nécessaire le malheur. L'un étant la cause, le second en est l'effet inévitable. De même la vertu, le bien moral a pour effet nécessaire le bonheur dans celui qui la pratique. Il n'y a pas, il ne peut y avoir d'exception; ou plus tard, le mal, le désordre sera réparé. On conçoit qu'il s'élève de toute la hauteur de son éloquence contre la supposition toute naturelle et la révolte qu'elle fait naître, les murmures que provoque le spectacle des choses humaines si bien capable d'ébranler la foi en la providence divine. Mais cette prospérité du méchant n'est qu'apparente. L'erreur vient de notre ignorance. « Tu murmures parce que tu ignores ce qu'il y a de meilleur à la fois pour toi et pour le tout selon les lois de l'existence générale. » (*Lois*, X.) Il faut descendre dans la conscience des individus, pour savoir ce qu'est en réalité ce bonheur si faussement apprécié; il faut aussi pénétrer dans l'âme des justes, pour reconnaître qu'au fond c'est à eux qu'il appartient d'être vraiment heureux. D'ailleurs l'immortalité est là, comme le dernier mot de la réponse. Mais, pour Platon moraliste et métaphysicien, le vrai châtiment de l'injustice est l'injustice même, comme la vraie récompense de la vertu est la justice, la conformité à l'ordre, l'union avec Dieu son principe. Le résultat de l'injustice est de s'éloigner de Dieu, d'en être de plus en plus séparé selon le degré de perversité. Il le dit en termes formels : « Il y a dans la nature des choses deux modèles : l'un, divin, très heureux; l'autre, ennemi de Dieu, très malheureux. » (*Théétète*, 176, E.)

Pour Platon ceci est le vrai *criterium*. Toute sa morale doit le démontrer. Ici son langage est tout dogmatique, il se borne à affirmer. Mais il a une véhémence singulière. « Ni toi, ni qui
« que ce soit, en quelque situation qu'il se trouve, ne pourra
« jamais se vanter de s'être soustrait à cet ordre établi par
« les dieux pour être observé plus inviolablement qu'un
« autre et qu'il faut infiniment respecter. Tu ne lui échap-
« peras jamais quand tu serais assez petit pour pénétrer
« dans les profondeurs de la terre, ni quand tu serais assez
« grand pour t'élever jusqu'au ciel [1]. » (*Lois*, ibid.)

Toutefois cette réponse générale ne suffit pas pour résoudre un problème aussi compliqué et qui a des faces si diverses, l'existence du mal. On est ainsi conduit à l'examiner de plus près. Pour cela, il faut à la fois élargir le sujet et davantage le préciser. Chez Platon, il est, comme il a été depuis, à considérer sous le triple point de vue métaphysique, physique et moral (cf. Leibniz), et à voir la réponse qui est faite aux grandes et mystérieuses difficultés qui y sont contenues.

1. Cf. *Gorgias*.

1º *Métaphysiquement*, la réponse a déjà été faite. Elle résulte de toute la manière d'envisager Dieu en lui-même et dans son rapport avec le monde. Dieu a créé le monde par un acte de sa bonté, Dieu est parfait, le monde est son œuvre; il doit donc être lui-même aussi parfait que possible. S'il n'est l'égal de Dieu, il lui est semblable, conçu et exécuté d'après l'exemplaire divin (*supra*). « Il ne convenait pas, il ne convient pas au meilleur des êtres de faire autre chose que la plus belle des œuvres. » Le beau et le bien sont toujours identiques.

Mais, cela étant, d'où vient le *mal*? quelle en est la nature et la cause? Au point de vue *ontologique* ou *métaphysique*, la nature du mal s'explique aisément dans le système. Le mal, c'est le *non-être* opposé à l'*être*; la négation y est l'*imperfection*, l'*opposition* au bien, qui ne peut être le *bien parfait* que dans l'être *parfait* lui-même, mais ne saurait exister sinon d'une manière imparfaite chez les êtres finis. Il en est ici comme de l'erreur qui est la négation du vrai, du laid par rapport au beau, etc. L'origine du mal est ici la nécessité, ἀνάγκη, sa possibilité.

A un autre point de vue (*physique*), le mal, on l'a vu, est dans la *matière*. C'est une conséquence de ce dualisme plus haut signalé. Celle-ci, l'élément aveugle indéterminé mais éternel, s'oppose à l'action divine et lui résiste. Telle qu'elle est ainsi, elle est le principe de l'imperfection et du désordre dans la nature, et qui est partout dans les choses créées. Le monde est entraîné par la nécessité et son désir inné, εἱμαρμένη καὶ ξύμφυτος ἐπιθυμία; la cause du mal était dans l'essence corporelle, σωματοειδές, parce qu'elle est pleine de désordre [1]. « Car tout ce que le monde a de beau, il le tient de celui qui l'a ordonné; mais tout ce qui arrive de mauvais et d'injuste, ὅσα χαλεπὰ καὶ ἄδικα, il le reçoit de cet état antérieur. »

Le passage suivant du *Théétète* ne laisse aucun doute sur cette nécessité de l'existence du mal, dès qu'on sort de la nature divine pour entrer dans le monde des choses terrestres ou sensibles. « Il n'est pas possible, Théodore, que le mal soit

---

[1]. *Polit.*, 273, B.

tout à fait détruit, parce qu'il faut qu'il y ait toujours quelque chose de contraire au bien. On ne peut pas non plus le placer parmi les dieux, et c'est une nécessité qu'il circule sur cette terre et autour de notre nature mortelle. » C'est pourquoi nous devons tâcher de fuir au plus vite de ce séjour dans l'autre. Cette fuite consiste dans la ressemblance avec Dieu autant qu'il dépend de nous, φύγη δὲ ὁμοίωσις θεῷ κατὰ δύνατον. (*Théétète*, 176, A.)

2° Mais ceci, dans la généralité, n'est que l'ordre physique. Le problème se complique et devient autrement difficile à résoudre, quand, sans aborder l'ordre moral proprement dit, on considère le mal chez les êtres vivants, sensibles et intelligents, chez l'homme et dans la vie humaine en particulier. Le spectacle qui s'offre aux yeux n'est pas seulement propre à les affliger. Mais pour la raison se dresse le mystère de la douleur et de la *souffrance*, ce mal dont toute la création animée est remplie, dont l'homme comme individu et l'humanité entière ont une si large part, réparti sur la terre dans de si effroyables proportions. Quelle est la cause de ce mal? Pourquoi est-il si universellement répandu et sous tant de formes diverses, avec une telle profusion et intensité? Pourquoi la lutte organisée des êtres, le triomphe de la violence et de la destruction, les catastrophes, les fléaux de toute espèce, la guerre, la misère, les maladies, la mort, etc.?

Ce côté de la question, il faut bien en convenir, Platon l'effleure à peine. Il semble qu'il l'évite et craint de l'aborder. C'est en quelques mots qu'il en parle et dans la plus grande généralité. Il n'a pu cependant lui échapper. Mais Platon est Grec et la Grèce est la jeunesse du monde. La vie chez les Grecs, telle que l'histoire nous la montre, leur apparaît plutôt bonne que mauvaise, riante que triste. Le bien y domine. Le bonheur de vivre, « la douce lumière de la vie », c'est ainsi qu'elle se nomme dans la bouche des poètes (*Euripide*). Ce qu'ils voient, c'est sa face lumineuse, non le côté sombre, voilé, mélancolique. L'horizon d'ailleurs pour eux est borné, le spectacle ne s'étend pas comme pour nous à l'humanité tout entière avec ses diversités de races, de mœurs sauvages, grossières ou sanguinaires, d'usages souvent horribles. L'esclavage, cette grande oppression de l'homme par l'homme, leur semble tout naturel. Leur religion, qui est une fête perpétuelle, est exempte des rites sanglants et des sacrifices humains que décrira Lucrèce. La mort elle-même, qui termine la vie, n'est pas un mal, ou ses traits hideux sont dissimulés. Il fallait qu'une autre religion, la religion de la douleur, venant guérir les plaies de l'humanité souffrante, fît voir le monde et la vie présente sous un autre aspect; qu'une autre civilisation, succédant aux catastrophes, aux désordres et à la corruption du monde ancien, changeât la manière de voir, pour que l'objection apparût dans toute sa force et appelât une autre réponse. On ne peut que signaler l'insuffisance de celle que donne ici Platon, qui, du reste, ne s'y arrête pas ou n'a pas l'air de s'en préoccuper.

3° Si de là on passe à l'*ordre moral* proprement dit, le problème revêt une forme plus embarrassante encore. Le spectacle, qui s'offre aux yeux, n'est pas moins propre à ébranler la foi en la providence divine. Ici c'est la violation perpétuelle de la loi morale que conçoit la raison comme la règle qui doit gouverner les actions humaines. Le mal opposé au bien, c'est le vice, la méchanceté, le crime, l'injustice et la perversité, dans toutes les formes où ils se produisent dans la société humaine, dans tous les temps, dans tous les lieux, chez tous les membres qui la composent, souvent dans les lois, les institutions, les usages, etc.

III. — Ce côté déjà signalé, celui du triomphe de la force et de l'injustice, la prospérité apparente des méchants a eu déjà sa réponse, mais insuffisante. Platon reste ferme en sa foi que rien n'ébranle; mais à la hauteur où il se tient, il faut encore le dire, il ne résout pas les difficultés; ou sa manière de les résoudre est toute dogmatique. Il affirme sans cesse que tout est bien *autant que possible*, κατὰ τὸ δυνατόν (c'est sa formule); mais il ne prouve pas et ne discute pas. Il n'entre pas dans l'examen de ces questions. S'agit-il du mal moral et de sa cause, il répond seulement que Dieu n'en peut être responsable. Il va jusqu'à dire que l'âme de l'homme, avant d'entrer dans la vie, choisit elle-même sa destinée, qu'elle accomplit à son gré. L'homme est responsable de son choix (*Rép.*, X), vertueux ou méchant librement, malgré ce que cette affirmation a de contraire à ce qui est dit ailleurs de la volonté.

Mais Dieu a-t-il créé l'homme réellement libre et pourquoi l'a-t-il ainsi créé, maître ainsi de sa propre destinée? Ce point si important reste obscur dans le platonisme. On entrevoit bien le dogme de l'*épreuve*, de l'*expiation*, de la *purification* des âmes, plutôt symboliquement que rationnellement exprimé. Il l'est comme complément de la doctrine entière. Le dogme de l'immortalité, comme sanction définitive des lois morales, c'est le dernier mot de cet optimisme et qui seul le justifie.

Autrement Platon a beau partout le répéter : « L'âme est une divinité qui gouverne toute chose et conduit au vrai bonheur », ceci, c'est l'âme en général, non l'âme humaine, individuelle et libre. — Belle et grande doctrine mais incomplète et qui chancelle; elle laisse une grave lacune. On sent le besoin de preuves directes plus rigoureusement déduites; le problème n'est pas abordé de front; les applications sont trop sommaires. Ce *desideratum* est le défaut de toute la théodicée platonicienne, très belle, mais incomplète, qui ouvre le champ dans l'avenir à de hautes et difficiles controverses, aux théologiens et philosophes.

La conclusion est celle-ci : Platon est-il optimiste? Oui, sans doute. Il l'est *a priori*. Car tout son système l'exige; il l'est comme métaphysicien, comme théologien, comme moraliste. Il l'est comme physicien, qui considère l'univers dans son ensemble et dans sa durée totale, passée, présente et future. Il l'est parce qu'il croit à la bonté divine et à une justice éternelle. C'est sur cette base seule, toute rationnelle, non empirique (la seule vraie du reste), que son optimisme est fondé. La sagesse, la justice, la bonté de Dieu exigent que toutes les créatures soient heureuses dans le rang, la place, qui leur sont assignés et que comporte leur nature. Et cela surtout est vrai des créatures raisonnables, selon leurs mérites et leur conduite. L'homme fait à l'image de Dieu doit participer de la félicité divine, mais à une condition, c'est qu'il ressemble à Dieu autant qu'il est possible, en accomplissant sa véritable fin, ou sa destinée terrestre, comme il convient à l'être raisonnable. Ce dogme, Platon partout l'affirme et lui donne pour sanction dernière la destinée future. Il croit que l'homme, même en cette vie, s'il est vertueux, ne peut manquer d'être heureux, qu'il l'est déjà et que son sort est préférable à celui du méchant dont la prospérité, fausse et trompeuse, ne doit être enviée de personne.

Platon est donc optimiste. D'autre part, comment a-t-on pu soutenir (Schopenhauer) qu'il est pessimiste? Certes si l'on considère en lui-même l'idéalisme platonicien, rien de plus faux. Mais si l'on se place à un point de vue plus restreint, celui où l'on se borne à envisager le monde actuel et la vie présente, on ne sera pas éloigné de partager cette opinion.

On connaît les conséquences de cet *idéalisme* exagéré, la manière dont Platon conçoit la vie réelle, la vie des âmes et de l'âme humaine; les suites de son union avec le corps. Alors le mépris du monde réel s'exhale çà et là dans ses écrits. Qu'on relise en particulier le *Phédon*. La *mort* y est la délivrance de l'âme; le corps est une prison, un tombeau qu'elle traîne après elle. Les philosophes s'appliquent ici-bas à mourir; « ils vivent comme s'ils étaient déjà morts ». La vie, c'est la mort; la mort, c'est le commencement de la vie. Le philosophe doit travailler à détacher son âme de la société du corps. C'est ainsi qu'affranchis de la société du corps, nous connaîtrons l'essence des choses. L'allégorie de la caverne (*Rép.*, VI) est dans le même sens.

Platon n'est pas pessimiste; mais il regarde la condition humaine en cette vie d'un œil mélancolique comme tous les hommes supérieurs (Cf. Aristote, *Problèmes*). Ce qu'il faut ajouter, c'est que, comme son maître Socrate, il ne s'y arrête pas; il voit l'*au delà*. Pour lui, la vie est un combat, le plus noble des combats (*Rép.*, X). Les dernières paroles du *Phédon* sont significatives : « Qu'il soit donc plein d'espérance dans la destinée de son âme, celui qui pendant sa vie a repoussé loin de lui le plaisir et les ornements du corps. » (Cf. *Gorgias*.)

IV. Rapport avec le polythéisme. — Toute la philosophie de Platon est essentiellement religieuse. Elle-même est une religion. Au culte de la pensée se joint celui de l'amour, l'élan vers Dieu, de toutes les puissances de l'âme. Le philosophe est un homme pieux, adorateur de Dieu en esprit et en vérité. Dans quel rapport cette religion toute rationnelle est-elle avec la religion positive, celle des Grecs en particulier? Sans entrer dans le détail, on doit ici l'examiner brièvement.

Depuis que Socrate, lui aussi « le plus religieux des hommes » (Xén., *Mém.*, I, 1, IV), accusé d'impiété comme « coupable de ne pas reconnaître les dieux de l'État et de corrompre la jeunesse » (*ibid.*), avait été condamné à boire la ciguë, le temps avait marché; l'esprit des Grecs semblait avoir changé. La hardiesse de Platon a même de quoi étonner. On dirait les rôles intervertis. C'est lui, le disciple, qui, éducateur et moraliste, dans son État idéal, accuse les dieux de la croyance populaire de corrompre la jeunesse par leurs exemples (*Rép.*, II, III, X). Le polythéisme, en ce qui est de la moralité de ces fables, n'a pas de censeur plus sévère et de juge plus impitoyable (*ibid.*).

Ce n'est pas, toutefois, qu'il ait rompu tout à fait avec le culte traditionnel, si étroitement lié à l'esprit de la Grèce, à ses institutions, à ses mœurs, à ses lois. On sait ce qu'il pense en général des anciennes traditions, de ces croyances, des oracles, de toute cette sagesse inspirée des âges primitifs. Il les traite avec les plus grands égards. Ses écrits sont pleins des emprunts faits aux mythes traditionnels, même altérés et défigurés par les poètes. Il y voit une sorte de révélation indirecte, où la vérité, cachée sous le voile allégorique, s'adresse à la fois à l'imagination et à la raison, chez des esprits incapables de la comprendre autrement, entretient et réveille la foi dans les âmes simples. — Nous n'avons pas à y revenir (*supra*, 35, 79).

Mais dans quelle position spéciale la manière de voir personnelle du philosophe est-elle vis-à-vis du polythéisme grec? Quelle est la nature du conflit, là où il existe? Quel esprit le dirige dans ses emprunts? C'est ce qui est à préciser, au moins dans la généralité.

Formuler ce rapport, en disant que « le platonisme est le plus haut point du développement de la religion grecque », nous paraît contraire à tout ce que l'on sait être l'esprit de la philosophie platonicienne.

« Thalès, Héraclite, etc., dit-on, avaient engagé contre la religion populaire une polémique en dehors de tout accommodement. Les pythagoriciens, à l'inverse, avaient tenté cet accord sur la base d'une critique intégrale. De là, avec les Éléates, la philosophie passa à une polémique ouverte. Platon, au contraire, continuant Socrate, s'efforce d'opérer une réforme des mythes qu'il croit s'accorder avec sa philosophie. » (Von Stein, *Sieben Bücher*.)

C'est méconnaître, selon nous, le sens, le vrai rôle du platonisme dans l'histoire religieuse.

Pour qui s'attache au fond des choses, c'est l'opposition, une opposition radicale, sinon intégrale, qui est à signaler. Les apologistes chrétiens des premiers siècles ne s'y sont pas trompés. La plupart ont proclamé hautement l'affinité du platonisme et du christianisme, tout en maintenant les différences [1]. Platon est, en effet, beaucoup plus près du christianisme que du paganisme hellénique. Et il s'agit de ce qui est l'essence même du dogme, si ce mot peut s'appliquer à une religion sans dogme, comme l'était et l'avait toujours été le polythéisme grec. Une véritable révolution s'était déjà accomplie en Socrate dans ce sens (*Phil. anc.*, 171, 175, 182). Elle se continue plus réelle et plus manifeste chez son grand disciple, et cela en morale, en religion, comme en toute la partie spéculative, qui est aussi le fond de la métaphysique chrétienne.

Ce qui est vrai du platonisme, c'est que, loin de réaliser l'idéal hellénique, il le contredit, en recèle et en formule un autre. Il fait mieux que le contredire, il le détruit s'il ne le remplace et n'ose le dire formellement. Et toutefois, ce qui n'est pas moins la vérité, éclos au sein du paganisme, il ne saurait s'en dégager tout à fait, ne pas penser encore à sa façon, surtout ne pas parler sa langue, qui est la langue commune. Mais ce qu'il en conserve, c'est la forme extérieure. Encore il la corrige tellement qu'elle est méconnaissable.

---

1. Saint Augustin, *C. de D.*, I, 8; *De ver. relig.*, 4. — Saint Justin, Clém. d'Alexandrie, Origène, saint Irénée, etc. — Voir Freppel (abbé), *les Apologistes au II⁰ siècle*, et les leçons consacrées à chacun de ces auteurs. Voyez aussi Bossuet, Fénelon, Thomassin, etc., etc.

Seulement le fond est tout autre. L'esprit est tourné vers l'avenir d'une religion nouvelle essentiellement spiritualiste, non vers le passé, dont il s'éloigne à jamais, comme toute l'histoire ultérieure le démontre.

Sans doute, et on a raison de le dire, « la religion, dans « l'opinion de Platon, n'est pas simplement pour les enfants, « mais aussi rigoureusement un besoin pour le système. Le « contenu le plus propre de celui-ci, ce sont les pensées qui « en sont la base ou le centre : un Dieu immuable et invi- « sible, sa bonté sans envie et sa justice, etc. » (Id., *ibid.*)

Mais où trouver cela, ce Dieu, ces pensées, dans l'anthropomorphisme grec? N'est-ce pas justement le contraire?

« Le platonisme est pénétré de la religiosité la plus pro- « fonde. Du milieu du monde païen, Platon aspire à une « conception aussi pure et aussi parfaite que possible de la « divinité. » (*Ibid.*) — Rien de plus vrai; mais cette conception si pure, on ne voit pas que le philosophe l'applique à la purification de l'ancienne mythologie d'après ses sources. (*Ibid.*) — « Aucun philosophe, dit-on, n'a reçu une influence aussi féconde de la religion grecque. » (*Ibid.*) — Cela peut être; mais c'est pour la détruire, non pour la réformer. Les attaques contre le polythéisme des poètes en sont la preuve. Or, on le sait, les poètes étaient les théologiens pour le peuple. Là où il n'y avait pas de dogme révélé et formulé, ni de corps sacerdotal pour l'enseigner et en conserver le dépôt, ce rôle leur appartenait. La religion grecque était incapable d'une réforme. Remonter aux sources inconnues, incertaines, oubliées et altérées, ne se pouvait. Platon ne l'a pas essayé. Les stoïciens plus tard et les alexandrins, il est vrai, le firent; on sait comment, et quel fut le résultat.

Ce point établi, il est très vrai, on l'a dit, que Platon ne rompt pas tout à fait avec le polythéisme. Sans chercher un accord que l'idéalisme platonicien, si dédaigneux, pour ne pas dire destructeur de la forme sensible, n'admet pas et rend impossible, on peut néanmoins reconnaître les concessions au culte public, partout même des emprunts à la religion traditionnelle et nationale. Le point de jonction le plus faible serait l'unité de Dieu, non tout à fait absente, mais presque effacée du polythéisme, où tout au plus la hiérarchie des dieux admet au sommet un chef ou un roi souvent lui-même détrôné ou menacé de l'être. Mais comment Platon se sert-il des dieux de la mythologie grecque, en particulier comme législateur, éducateur, etc., sans déroger à son système?

L'esprit général a été marqué ailleurs (p. 81). Platon se sert des dieux grecs, de leurs noms, de leurs attributs, plus rarement de leur histoire, dans le sens qui lui convient le mieux, traditionnel ou non, le plus rapproché de son système. Ainsi, par exemple, Jupiter reste le père des dieux et des hommes. A sa suite viennent les autres divinités. Lui sera le roi, l'âme royale : puis Junon, Neptune, Adès, Vulcain, Minerve, Apollon et les Muses. Les démons, les héros, les génies, Esculape, Eaque, les Parques reprennent leurs attributions. L'Amour est un demi-dieu, un démon, après avoir été le plus ancien des dieux (*Banquet*). Platon n'y tient pas. Tout l'Olympe grec est ainsi réintégré. De même la terre, l'air, l'océan se repeuplent de leurs divinités avec les fables qui leur sont consacrées. Mais partout non seulement il traite ces fables avec la plus grande liberté, il les interprète à sa façon plus librement encore (*Cratyle*). On voit qu'il n'y croit pas, qu'il les prend pour des symboles. Dans le sens platonicien, ces symboles, que sont-ils? C'est une étude intéressante à faire.

Le point, plus haut indiqué, de cette symbolique seul appelle ici une explication.

Platon est monothéiste. A côté de son Dieu, θεός, apparaissent aussi les dieux, θεοί. Le singulier et le pluriel alternent ou s'accompagnent sans cesse. Il y a aussi les choses divines, θεῖα.

On lui en a fait un grave reproche. Ses plus grands admirateurs, parmi les auteurs chrétiens, saint Augustin, Origène, etc., le blâment vivement, lui, Socrate, etc., de n'avoir pas eu le courage de leur opinion ou d'être inconséquents, d'être restés dans l'équivoque [1]. — Chez des apologistes cela

---

[1]. Origène, *contra Celsum*, VI, 17. « Le chef de l'Académie lui aussi a retenu la vérité captive sur ses lèvres. Ceux qui ont écrit avec tant d'élévation sur le souverain bien n'en descendront pas moins dans le Pirée pour adresser

se conçoit. Louer, accuser, blâmer est le rôle de la polémique. L'histoire est plus juste et moins sévère; elle explique et donne les raisons. Elles sont ici aisées à donner. Platon est Grec, pénétré de l'esprit grec. Pouvait-il se soustraire au mode de penser, aux habitudes d'esprit, aux mœurs, aux usages, aux idées même de son temps et de sa nation? Pouvait-il, étranger au monde où il vivait, parler la langue d'une religion nouvelle qui n'existait pas encore et n'avait pas eu son apostolat? Ce monde, le monde où il vit, c'est le monde grec, peuplé de divinités. Le ciel, la terre, les eaux en sont remplis. Il y a aussi partout des choses divines. La langue commune les prodigue [1]. Avec Bossuet on peut dire : « Tout était dieu, excepté Dieu lui-même ». Ce n'était pas moins des dieux.

De plus, Platon y trouvait un moyen d'accorder son système à la croyance commune. Rien pour lui n'était plus facile. Que sont, en effet, pour Platon les dieux? Et que sont les êtres divins, les choses divines? Ce sont les *idées*. Dieu, le Dieu des Dieux, le Dieu suprême, est le *Bien*, l'idée des idées. Les autres idées, dérivées, mais éternelles comme la pensée divine, sortent de lui, se distribuent et se hiérarchisent. Le monde se peuple de ces divinités; elles apparaissent dans les êtres sensibles qui en sont les images. Lui, donc aussi, pouvait peupler le monde de dieux sans sortir de son système.

C'est ce qu'il a fait pour toute sa mythologie, beaucoup moins précise que celle de ses successeurs les stoïciens, les alexandrins, moins surtout que chez ses interprètes postérieurs (M. Ficin, etc.). Mais, dans la généralité, les traits principaux sont aisés à reconnaître. Pour choisir quelques exemples, le Dieu suprême, qui est l'idée suprême, est partout appelé le roi, l'âme royale de Jupiter : solution conforme au monothéisme. Les autres idées sont partout dans le monde visible, soit physique, soit moral. Ainsi les astres sont des dieux. Le monde est formé par les dieux auxquels le Dieu

---

des prières à Artémis comme à une divinité », etc. — Socrate sacrifie un coq à Esculape. — Ils font de beaux raisonnements sur la nature de Dieu, puis sacrifient aux idoles. — Voir Freppel, *Origène*, t. II, 392.

1. Exemple : dans l'*Odyssée* (XVI), le fidèle Eumée, gardien des porcs du divin Ulysse, est lui-même appelé le divin porcher.

suprême confie le soin d'achever son œuvre (*Timée*); ce qui veut dire que l'homme subit les lois générales. La pensée, la raison dans l'homme sont aussi des *demi-dieux*, des *démons*. Chaque homme a son *génie* qui n'est autre que la raison qui l'inspire, appelée à le diriger, à le conseiller. Le monde, rempli de Dieux, lui-même est un Dieu, Dieu engendré, mais éternel (*Timée*). Les lois, qui sont des types, les exemplaires des êtres, les esprits, etc., sont des démons, des êtres supérieurs : Platon ne répugne pas à le croire. Mais le génie particulier à chaque homme, c'est avant tout sa raison : ainsi le démon de Socrate. Les mauvais génies, les génies du mal, ce sont les passions mauvaises, l'orgueil, le mensonge, l'ignorance, la concupiscence, etc. — Nous n'irons pas plus loin, ne voulant pas nous aventurer sur ce terrain que Platon lui-même dit être livré à la conjecture et où il n'est guère possible de s'avancer sans risquer de faire des faux pas et s'égarer. Nous renvoyons au *Cratyle* où toute cette mythologie a, en partie, son explication dans les noms des dieux et leur étymologie [1].

---

[1]. Quant au rapport de la théologie *platonicienne* avec la théologie *chrétienne*, sur un pareil sujet, qui dépasse infiniment nos moyens comme notre dessein, et où il est si difficile de garder la mesure, nous renvoyons aux auteurs qui l'ont avec le plus de succès abordé. Par malheur, ils sont loin d'être d'accord sur la part véritable à faire au philosophe qui a été appelé *Plato christianus* (*supra*, 15), et qui, selon nous, ni chrétien ni païen, est plutôt l'un que l'autre. Il est simplement le philosophe grec dont la philosophie a été plus justement honorée du titre de préface humaine de l'Évangile. Il suffisait, pour notre but, d'indiquer les analogies qui ressortent de l'exposé général du système et qui laissent subsister les différences non moins grandes et moins profondes à côté des ressemblances.

TROISIÈME PARTIE

ÉTHIQUE

PHILOSOPHIE PRATIQUE

MORALE, POLITIQUE, ÉDUCATION, ESTHÉTIQUE, ETC.

Observations générales.

I. L'éthique ou science des mœurs; sa place et son importance dans la philosophie platonicienne. — II. Sa double tendance pratique et contemplative. — Ses rapports avec la morale socratique. — III. Difficultés d'exposition. — Plan et division.

I. — Venant à la suite de la dialectique et de la physique, cette partie de la philosophie platonicienne peut paraître, aux esprits spéculatifs, de moindre importance et occuper une place inférieure dans le système. Ce serait gravement se tromper. D'abord la spéculation elle-même y est comprise. Elle en fournit la base ou les principes (voyez *supra*, 59, 64, 168). L'*idée* du *bien*, l'idée suprême est cette base. A cette idée est comme suspendu l'univers entier, physique et moral.

Le Bien, τὸ ἀγαθόν, le dernier terme où s'arrête la pensée de l'homme, objet final de l'amour et du désir, est aussi le but auquel doit tendre sa volonté. Elle est la règle de sa vie entière. Quoique Aristote le conteste (*Mét.*, I), cette idée est principe d'activité et de mouvement, non simplement un type immobile, l'idéal qu'aspire à contempler l'intelligence. L'âme humaine, unie à un corps, dans sa condition présente, a une autre destination, qui est de se perfectionner sans cesse en exerçant toutes ses facultés. C'est surtout par ses actes qu'elle doit s'efforcer de ressembler à ce modèle divin de perfection idéale et par là se rendre digne de lui être réunie. Elle ne le peut que par la pratique constante de la justice et des autres vertus.

La notion même que Platon donne de la philosophie (64, 68), sa définition de la sagesse, ne laisse aucun doute à cet égard. La philosophie n'est pas seulement une science, la science la plus haute, μέγιστον μάθημα. La vérité des idées n'est pas son unique objet. Ce bien et le beau qui s'y joignent, l'amour même qu'ils excitent, appellent un culte plus réel et plus effectif. La réalisation du bien sous toutes ses formes, dans toutes les situations et les relations de la vie privée et sociale, est pour l'homme la fin véritable de son existence présente; toutes les puissances de l'âme doivent y concourir.

Cette doctrine que Socrate avait enseignée dans ses entretiens et réalisée dans sa vie, par sa mort scellée et sanctionnée, Platon également la professe. La morale, pour lui, n'est pas toute la philosophie, elle en est la partie essentielle, la fin véritable[1]. A l'ensemble du système elle donne son vrai caractère. C'est comme l'âme répandue en tous ses écrits, le ton dominant qui y règne. La pensée morale y est partout présente; elle le suit jusque dans les froides régions de la science pure où sa théorie des idées est exposée et discutée. Ainsi en est-il dans les dialogues tout à fait spéculatifs, le *Parménide*, le *Sophiste*, le *Timée*, dans les discussions les plus arides et les plus subtiles de la dialectique. Là où le sujet paraît le plus étranger à la vie pratique et devoir la faire oublier, on se sent comme enveloppé d'une sorte d'atmosphère morale (*supra*, p. 59).

Entre mille exemples de cette préférence accordée à la morale sur le savoir purement spéculatif et théorique, on pourrait citer ce passage d'un des plus petits dialogues, il est vrai, mais des plus authentiques : « Si quelque science pouvait nous apprendre à devenir immortels sans apprendre à bien

---

[1]. C'est ce que Sénèque, en cela non moins platonicien que stoïcien, exprime ainsi : « Nec philosophia sine virtute, nec sine philosophia virtus. » (*Ep.*, 89.)

user de l'immortalité, elle ne serait pour nous d'aucune utilité. » (*Euthydème*, 189, B.)

La même pensée est exprimée dans les *Lois* : « Cultiver son âme par les sciences et les actions vertueuses est le grand but de la vie ».

II. — Ce n'est pas cependant qu'on n'ait eu raison de signaler dans la morale platonicienne, deux tendances opposées et qu'il semble difficile de concilier ; l'une ultra-idéaliste, contemplative sinon mystique, l'autre tout à fait positive et rationaliste. Dans celle-là, Platon engage son sage (*Phédon*) à fuir le monde ; lui-même semble ne vouloir vivre que dans la région supérieure des idées. Dans celle-ci, au contraire, c'est du réel qu'avant tout il s'occupe. Rien par lui n'est oublié de ce qui est relatif aux devoirs et aux intérêts de l'homme dans sa condition présente. Il s'attache aux particularités et aux détails de la vie individuelle et sociale. Ces deux directions, le génie de Platon a-t-il su les accorder? C'est un problème dont la solution doit ressortir de cette morale elle-même fidèlement exposée et jugée. Il ne suffit pas, selon nous, de trancher le nœud en disant que Platon est Grec, que lui-même est en tout amoureux de l'harmonie, qu'à ce double titre il sait tenir le juste milieu entre les extrêmes. Ce sont là des raisons extérieures qui ont leur valeur sans doute ; mais on aimerait à voir la raison principale déduite de la doctrine elle-même.

En attendant que la suite le démontre, le fait ici à signaler chez Platon, c'est que, si la méthode le porte vers les régions supérieures où sa pensée se plaît à habiter, son sens moral ne lui permet pas de trop y séjourner, de se détacher de la terre, de la vie pratique, et de la perdre de vue. C'est ce qui donne tant de prix à cette partie de son système et de sa philosophie. Le monde présent, on le voit, n'est pas moins pour lui le monde réel, le théâtre de l'activité humaine. Platon, sans doute, ne serait ni Grec, ni disciple de Socrate, si, pour obéir aux exigences d'un idéalisme outré, il eût, sur cette base et selon cet esprit, fondé une morale ascétique voisine au moins du mysticisme. C'est ce que firent ceux qui, plus tard, se sont déclarés ses disciples, surtout les alexandrins. Mais Platon est resté fort en deçà de cette direction que prit la pensée. La vérité est qu'il y a dans ses écrits toute une doctrine morale très positive, à la fois théorique et pratique; et que, malgré les erreurs qu'on peut y relever, elle contient d'éternelles vérités exposées dans le plus beau langage. Le moraliste ne s'y écarte pas, disons-nous, de son véritable objet. Son but clairement annoncé, constamment poursuivi, est de tracer des règles à la conduite humaine, privée et sociale.

C'est la vraie morale platonicienne. Son auteur, là où sa pensée secrète se révèle, laisse entrevoir qu'il n'est pas satisfait du réel, qu'il est un autre ordre de choses plus conforme à son idéal. De lui s'échappe comme un soupir vers l'invisible. Mais, en somme, il accepte le monde tel qu'il est. La nature humaine, telle que l'observation la lui montre au physique et au moral, est la base constante sur laquelle il s'appuie, dont il tire toutes ses règles de conduite. Cet homme, si imparfait qu'il s'offre à lui, il ne renonce pas à le perfectionner et à le réformer. Loin de là, il s'y emploie tout entier; il entreprend de lui tracer la route qu'il doit suivre pour accomplir ici-bas sa destinée. Après lui avoir montré le but auquel il doit tendre et qu'il doit s'efforcer d'atteindre, et lui avoir fait entrevoir une autre existence, suite et récompense de la première, en ce qui est du présent il expose les règles d'une conduite raisonnable et vertueuse, la seule qui contienne et engendre, même en cette vie, le véritable bonheur.

Cette morale n'est pas toute de maximes et de préceptes; les théories les plus hautes et les plus précises en fournissent les principes. Toutes ces questions de la nature du bien, de la justice, du bonheur, de la vertu et des vices y sont régulièrement traitées. Les règles de conduite en sont clairement déduites. Il en est ainsi pour l'homme individuel. D'autre part, l'idéal de la société civile est donné comme servant de base à une organisation complète de l'État, aux institutions, aux lois, à l'éducation, comme devant assurer sa prospérité et sa durée. L'art et sa mission y sont rattachés.

Toute cette partie de la philosophie de Platon, quoiqu'on l'ait contesté (Grote), a un caractère non seulement dogmatique, mais essentiellement théorique et pratique, ce que fera voir l'exposé qui doit suivre.

Ici encore entre Platon et Socrate, avec la ressemblance, la différence subsiste et celle-ci marque un progrès.

Si en effet Platon, fidèle à son maître, est partout pénétré de son esprit, il ne cesse pas pour cela d'être lui-même. Supérieur à lui par la profondeur de ses conceptions théoriques, il ne l'est pas moins dans sa morale, par l'avantage qu'a un système précis, raisonné, constitué, sur une doctrine un peu vague, à peine éclose d'une méthode, elle-même, à son début et non fixée, plus investigatrice que dogmatique (*Phil. anc.*, 188). Aussi, Platon, venant après Socrate, le continue; mais il s'aventure bien au delà du point où celui-ci avait conduit la science. Ceci est vrai surtout de la partie relative à la sociabilité dans le système. Mais par là même qu'il est plus systématique, il est aussi plus exposé à s'égarer. Et toutefois, s'il s'écarte du droit chemin, son sens moral pur autant qu'élevé l'y ramène, grâce à d'heureuses contradictions, que, en dépit de la logique des systèmes, on a chez lui souvent à signaler. Le vrai, c'est que, dans tout ce qui est des principes mêmes de la moralité et de leurs plus voisines conséquences, la conscience humaine n'a pas de plus admirable interprète dans toute l'antiquité.

On appréciera mieux les mérites et les défauts de cette grande doctrine, quand elle aura été mise sous nos yeux. Il était bon d'en marquer d'abord l'esprit et le caractère le plus général.

III. — Quoique cette partie de la philosophie de Platon soit plus aisée à comprendre, surtout moins sujette à controverse que les deux autres, elle n'est pas sans avoir aussi ses difficultés d'exposition. Cela tient d'abord à l'abondance même des matières et à la richesse des détails qu'un cadre étroit, tracé par la logique, laisse nécessairement échapper. Un autre embarras est d'accorder ce qui est épars dans des écrits de date et de nature différentes, dont quelques-uns sont de provenance incertaine ou suspecte. Bien que l'esprit en soit le même, il n'est pas aisé de former un tout homogène et tout à fait concordant de ces éléments dont l'empreinte comme la source est différente.

Ce qui rend la tâche encore plus difficile, c'est que la critique, qui partout se mêle à la théorie, laisse au lecteur le soin de dégager celle-ci et de la formuler. Malgré l'invariabilité des principes, l'élévation et la fermeté qui y règnent, la morale de Platon, avec celle d'Aristote, le fruit le plus mûr de la civilisation hellénique, n'est pas sans obscurités de détail qu'il n'est pas toujours possible de dissiper. Cela tient à la forme moins rigoureuse de la science, à ce degré moins avancé de la conscience humaine à cette époque.

Quant à la forme dramatique qui prête aux débats, en ce genre, un plus vif et plus puissant attrait, si elle fait le charme extérieur de la pensée et la rend vivante, elle est inaccessible à l'exposition abstraite. Ce qui est vrai du système entier l'est ici encore plus et le fait d'autant plus regretter.

Une dernière cause est la nécessité de séparer ce qui, dans l'original, est presque identifié et forme une indissoluble unité : la morale et la politique, l'une et l'autre mêlées à la législation, à l'éducation, à l'art et à la poésie, etc. L'historien, astreint à un ordre méthodique, est obligé de repasser par les mêmes voies, souvent de se répéter, sous peine d'omettre l'essentiel des problèmes dont il retrace la solution.

DIVISION. — Cela étant, le plan le plus naturel semble être le suivant : 1° la *morale* proprement dite, qui fournit des principes à l'ensemble, doit être la première; 2° viendront ensuite les autres parties de la science des mœurs, la *politique*, etc. En ce qui est de la morale elle-même, les bases de la doctrine platonicienne doivent être posées selon l'ordre et les termes de la philosophie ancienne : du bien, du bonheur, de la vertu et des vertus avec les questions, à ce sujet débattues, de l'unité et de la pluralité des vertus, etc., leur rang, leur fonction particulière, etc. La question du *libre arbitre*, omise chez Platon ou qui y figure si peu, mais d'une haute importance pour la philosophie pratique tout entière, s'ajoute à cet examen. Quelques sujets de morale spéciale, les plus dignes d'intérêt, auront eux aussi accès dans ce cadre déjà très étendu.

Mais, auparavant, il est toute une portion de la morale platonicienne que les historiens négligent ou indiquent à peine et qui, selon nous, ne peut être omise sans que le rôle du moraliste philosophe soit considérablement amoindri, sans que même sa pensée risque de n'être pas bien comprise : la critique et la réfutation des doctrines contraires. Une pareille omission est presque une injustice à l'égard d'un philosophe dont la mission fut autant de combattre l'erreur que d'établir et de démontrer la vérité et qui, dans cette moitié de sa tâche, n'a pas d'égal par la manière dont il l'a remplie. Il en est ainsi avant tout de la vérité morale quand celle-ci est altérée, défigurée, corrompue, et qu'il s'agit de lui rendre sa pureté comme de l'établir sur sa base véritable. C'est un des plus grands services qui aient pu être rendus à la conscience humaine.

Dans cette polémique, il est difficile, il est vrai, de séparer le disciple du maître. On doit l'essayer néanmoins afin de marquer le progrès qui s'accomplit de l'un à l'autre et cela même sur le terrain de la réfutation comme de la théorie.

SECTION PREMIÈRE

MORALE

CHAPITRE PREMIER

LES FAUX SYSTÈMES DE MORALE

I. Morale *hédonique* (les Sophistes, Aristippe). — Le plaisir comme but final et motif unique des actions humaines. — Réfutation de cette doctrine. — Principaux arguments. — Variabilité, diversité, contradiction, etc. — Insatiabilité des désirs, etc.; comparaison de la vie réglée, tempérante et de la vie déréglée, etc. — Distinction de l'agréable et du bien, etc. (*Gorgias, Philèbe, Rép.*, IX.) — Conclusion. — II. Morale de l'*intérêt*. — Caractère de cette morale. — But de la polémique de Platon : nécessité de distinguer les deux motifs : l'utile et le bien, et de les subordonner. — Son argumentation : résultat de sa dialectique; les deux modèles ou les deux portraits; l'injustice parfaite et la justice parfaite ou désintéressée. — Supériorité théorique de la morale platonicienne sur la morale socratique ou eudémonique. — III. Morale des poètes et du *polythéisme*. — Les dangers de cette morale. La polémique de Platon, ce qui en fait l'intérêt moral et historique. — Ses arguments contre le polythéisme dans l'*Euthyphron* et les premiers livres de la *République*, les *Lois*. — La volonté divine, la sainteté, etc. — De l'immoralité de ces fables. — Le côté métaphysique moins marqué.

Toute la morale antique, avant et après Platon, roule sur le souverain bien, que toutes les écoles cherchent à déterminer, bien qu'elles le conçoivent d'une manière différente (voir Arist., *Eth. Nic.*, I; Cic., *De finib.*; *Tusc.*; Senec., *De vit. beat.*, etc.). — Ce bien, auquel se rapportent tous les autres biens, est la fin, τέλος, en laquelle consistent, à la fois, le bien et le bonheur; c'est le but auquel tendent toutes les affections, le principe de toutes les actions, l'objet de la volonté. Platon le formule ainsi : τέλος εἶναι ἁπασῶν τῶν πράξεων τὸ ἀγαθόν, καὶ ἐκείνου ἕνεκεν δεῖν πάντα τἆλλα πράττειν (*Gorgias*, 500).

I. — Ce bien, le motif unique d'après lequel agissent tous les êtres intelligents aussi bien que sensibles, les *hédoniques* le placent dans le *plaisir* sensible, ἡδονή.

Professée par Aristippe, chef de l'école cyrénaïque, cette doctrine était aussi celle des Sophistes (*Phil. anc.*, 92). Socrate sans doute l'avait combattue et réfutée par des arguments que Xénophon nous fait connaître (*Mém.*, I, 6; II, 1; III, 14; IV, 5). Mais ce qu'il met à la place est une sorte d'*eudémonisme* moral qui, sans rejeter le plaisir, le modère, et le soumet à une règle supérieure prise dans la conscience, l'idée même du bien, base de toute sa doctrine (*Phil. anc.*, 140).

Platon, dans une partie de ses Dialogues, ne fait guère en cela que reproduire ce qu'avait dit Socrate. Dans d'autres, les grands dialogues, la polémique prend un autre caractère. Plus savante, plus régulière, elle s'élève aussi à une hauteur que n'avait pas atteinte le maître dans ses conversations familières. Les éléments métaphysiques ou spéculatifs s'ajoutent ou font suite aux arguments pratiques. Partout intervient, plus ou moins voilée ou transparente, la théorie des idées.

L'argumentation mérite d'être rappelée. En voici le résumé :

Il n'y a, disent les *Sophistes*, et après eux Aristippe, leur disciple, rien d'absolu dans la morale comme dans la science. La distinction du *bien* et du *mal*, du *juste* et de l'*injuste*, n'est pas mieux fondée que celle du vrai et du faux; elle est arbitraire et ne repose sur aucune base certaine. La seule base (et elle est mobile), ce sont les *lois* et les *conventions* humaines. Or, celles-ci sont opposées à la loi de la nature. Cette loi qui régit tous les êtres animés, c'est la *force*, le droit du plus fort. La nature entière la proclame et n'en connaît pas d'autre. Les hommes, comme les autres animaux, y sont soumis. Elle veut que le plus fort *commande*, que les plus faibles obéissent. La justice, c'est que ce qui est avantageux au plus fort soit considéré comme juste (*Rép.*, I; *Gorgias*).

Quant au motif déterminant qui nous fait agir, en vue duquel tous les êtres sensibles agissent, ce motif est la *sensation agréable* et *désagréable*, le *plaisir*, ἡδονή, ou la *peine*, λύπη. Elle est la règle et la mesure de toutes les actions. C'est le principe en vertu duquel toujours et en tout se détermine la volonté humaine (*ibid.*).

Platon, comme Socrate, combat cette fausse et pernicieuse doctrine. Une partie étendue de ses plus grands dialogues (le *Gorgias*, le *Philèbe*, le *Théétète*, la *République*) est consacrée à la réfuter.

Dans le *Gorgias* ou de la *Rhétorique*, la lutte s'engage sur le terrain de la distinction absolue du *bien* et du *mal*, du *juste* et de l'*injuste*, que l'orateur doit connaître et respecter, l'éloquence elle-même n'ayant d'autre base solide que la vérité morale, et son plus noble emploi étant de la faire triompher. Ce caractère absolu est opposé au caractère *relatif*, *mobile* et *contradictoire* du plaisir et de la peine ou de la sensation que professent les sophistes. L'adversaire de Socrate (Calliclès), l'hôte et l'ami des sophistes, plus hardi et plus franc, n'étant pas tenu aux ménagements que ceux-ci emploient pour déguiser l'odieux d'une telle doctrine, en convient. Il accepte sans hésiter les conséquences de cette théorie.

La réfutation se fait par l'absurde, mais c'est l'analyse de la sensation qui fournit la base de l'argumentation dont voici quelques traits.

Ce que Platon veut surtout établir, c'est la différence de l'*agréable* et du *bien*, ἕτερον δὲ τὸ ἡδὺ τοῦ ἀγαθοῦ (500).

1° Si le plaisir est le but de toutes les actions, l'égoïsme est le motif avoué ou secret qui les détermine. Ceci est accordé. Le plaisir, faut-il le régler? Non, car alors d'où vient la règle?

2° Qu'est-ce alors que la tempérance? Une sottise. Commander à ses passions et à ses désirs, c'est n'être pas libre. Pour être heureux et libre, il faut laisser prendre à ses passions tout l'accroissement possible et se procurer tous les moyens de les satisfaire. Calliclès le déclare en toute franchise « Tous ces beaux principes, ces conventions contraires à la nature ne sont que des chimères humaines, auxquelles il ne faut avoir aucun égard. » (492.)

3° Le bonheur ne peut résider dans une vie intempérante et déréglée. Par sa comparaison des tonneaux percés, image de la vie déréglée, Platon rend frappants le fait de l'insatiabilité des désirs sensibles et l'impossibilité de les satisfaire.

4° Ne doit-on faire aussi aucune distinction des plaisirs *honnêtes* et des plaisirs *déshonnêtes*? N'y a-t-il pas des plaisirs honteux? Si l'agréable et le bien sont les mêmes, cette distinction s'efface; on n'a pas le droit d'appeler honteux un plaisir quel qu'il soit, ni les moyens de se le procurer.

5° Les contraires ne peuvent exister ensemble et le bien ne peut naître du mal; or, dans le plaisir des sens, les contraires se mêlent. Les plaisirs les plus vifs se changent en douleur. Comment le bien et le mal peuvent-ils concourir à former le bonheur?

6° Quelque hardi que soit le langage que l'on tient, on ne peut effacer tout à fait la distinction des vertus et des vices, ranger parmi les gens de bien les insensés et les lâches, ni parmi les méchants les sages et les braves. Or, le sage et l'insensé, le lâche et le brave éprouvent également la joie et la douleur. Si donc le plaisir est le bien, il rend bons ceux qui l'éprouvent; ceux qui souffrent sont mauvais parce qu'ils souffrent.

La conclusion est : 1° la différence essentielle des deux principes, l'*agréable* et le *bien*; 2° l'un étant le but, l'autre le moyen, l'*agréable* doit être cherché en vue du *bien*, non le bien en vue de l'agréable : τὸ ἡδὺ ἕνεκα τοῦ ἀγαθοῦ, ἢ τὸ ἀγαθὸν ἕνεκα τοῦ ἡδέος (*Gorgias*, 506, B).

Le *Philèbe*, qui a pour titre du *Plaisir* (περὶ ἡδονῆς), contient encore mieux la vraie doctrine platonicienne. La solution de Platon au problème moral, en ce qui concerne le plaisir et son véritable rôle dans la conduite humaine, est donnée d'une façon critique et théorique, relativement au *bien* dont le bonheur est inséparable.

La question est de savoir si le *souverain bien* consiste dans le plaisir comme étant supérieur aux autres biens. Platon, disciple de Socrate, mais plus métaphysicien que lui, nourri, de plus, des doctrines pythagoriciennes et habitué au langage de cette école, réfute la doctrine hédonique par des arguments dont plusieurs reflètent le pythagorisme. D'autres, déjà connus, sont tirés de la nature du plaisir dont les caractères sont la *mobilité*, la *diversité*, etc.

Platon fait admirablement ressortir ces caractères. Ce

qui a été répété depuis n'a rien ajouté à la force de ses arguments [1].

L'argument métaphysique lui-même ne fait que reproduire celui-ci sous une autre forme. Le plaisir, c'est l'*indéterminé*, τὸ ἄπειρον ; le bien est le *déterminé*, πέρας, la mesure, μέτρον, ou la règle, νόμος ; c'est la loi qui établit l'*ordre*, τάξις, dans les actes, dirige la conduite et la rend sage, etc.

La conclusion est que le plaisir n'est pas le vrai bien de l'âme et qu'il est absurde de prétendre que les autres biens, la tempérance, l'intelligence, ne doivent être comptés pour rien, ou qu'ils doivent être ramenés à ce bien unique, la jouissance. Ce qui amènerait à dire qu'on est méchant uniquement parce qu'on souffre et qu'on est vertueux, par cela seul qu'on goûte le plaisir ; qu'on l'est d'autant plus que le plaisir est plus grand, etc. [1].

Dans le huitième livre de la *République*, la réfutation se reproduit sous une autre forme ; c'est la psychologie qui la fournit. Elle est empruntée à la théorie des facultés de l'âme, à la hiérarchie de ses puissances. Platon, on le sait, reconnaît trois parties ou puissances dans l'âme. De plus, il établit, entre le gouvernement extérieur de l'État et le gouvernement intérieur de l'individu, une correspondance parfaite. L'un est l'image de l'autre, là en grand, ici en petit (*Rép.*, II). L'ordre y est le même, le *désordre* également et aux mêmes conditions. Si l'on admet que l'âme est composée de trois facultés, la *raison*, le *courage*, la *sensibilité*, il en résulte aussi trois ordres de plaisir, selon le rapport qui est maintenu entre elles. La raison doit commander, le courage ou la volonté obéir et lui prêter main forte, les passions être soumises. Si c'est le contraire qui arrive, si cet ordre est renversé, l'homme ne peut être heureux ; les plaisirs qu'il goûte ne sont pas eux-mêmes de vrais plaisirs ; ils le rendent plutôt malheureux. Il

---

[1]. « Quant au plaisir, je sais qu'il est de plus d'une forme. A son nom seul on le prendrait pour une chose simple. Néanmoins il prend des formes de toute espèce et à quelques égards dissemblables entre elles. Nous disons que l'homme débauché goûte du plaisir dans le libertinage, que l'homme tempérant en goûte dans la tempérance, que l'insensé plein d'opinions et d'espérances folles a du plaisir, que le sage en trouve pareillement en la sagesse. Or, si on osait dire que ces espèces de plaisir sont semblables entre elles, on passerait avec raison pour un extravagant. »

est d'autant plus malheureux qu'il s'écarte plus de la justice et du bien. Le malheur suit dans la même proportion.

Bref la thèse est celle-ci : l'homme tyrannisé par ses passions, esclave du plaisir ne saurait être heureux. Si ce sont les appétits sensuels qui dominent et prennent le dessus, la partie basse l'emporte sur la partie haute ; l'homme alors est injuste, il est au même degré malheureux. Platon établit même une proportion exacte ou mathématique, comme il se plaît à le faire en continuateur des pythagoriciens, sinon leur disciple.

Telles sont les faces diverses que présente cette polémique de Platon contre les hédoniques, soit *sophistes*, soit *cyrénaïques*. La conclusion est celle du *Philèbe* : « Je vois bien, Socrate, que c'est une grande absurdité, de mettre le bien dans le plaisir », ἐάν τις τὴν ἡδονὴν ὡς ἀγαθὸν ἡμῖν τιθῆται (*Philèbe*, 55) [1].

II. Morale de l'intérêt. — Cette partie de la polémique de Platon est d'autant plus à remarquer, qu'elle est tout à fait nouvelle et vraiment platonicienne. Ce n'est plus du plaisir, en effet, qu'il s'agit, de la morale des sophistes et des hédoniques. Platon le dit lui-même, cette morale, c'est celle des honnêtes gens de tous les temps et de tous les pays. Socrate lui-même, en la réformant et la corrigeant, ne s'était guère élevé au-dessus d'elle (*Phil. anc.*, 140). Les moralistes ordinaires, les législateurs et les éducateurs de la jeunesse, n'en ont pas d'autre. Elle s'enseigne dans les gymnases et les lieux publics. Les écrits des poètes et des théologiens en sont remplis. La conscience, même la plus éclairée, elle-même ne la désavoue pas. Seulement elle la subordonne, et la remet à sa place, qui est la seconde et non la première. Écrite dans

---

[1]. On objecte (Grote) que dans le *Protagoras* (358), l'auteur met dans la bouche de Socrate la doctrine que lui-même réfute, celle de l'utile, ὠφέλιμον, et de l'agréable comme identique au bien, τὸ ἀγαθὸν καὶ τὸ ἡδύ (354).

Sans invoquer, comme on fait, un changement d'opinion et la différence des dates, on peut dire que la contradiction n'est qu'apparente. Socrate, avec son ironie habituelle, raisonne au point de vue de Protagoras ; il se place sur son terrain pour le combattre. On n'en peut rien inférer pour sa doctrine propre, d'ailleurs si différente non seulement de celle des sophistes, mais de celle qu'il appelle l'opinion vulgaire, τὴν πολλῶν δόξαν. En tout cas, si c'est celle de Socrate, Platon la rejette et son admirable réfutation de la morale *utilitaire*, depuis comme de son temps, reste irréfutée.

les lois, en vigueur dans les mœurs, base de l'éducation publique et privée, elle y est avec une équivoque qui la sauve et la justifie en apparence, mais qui doit disparaître dans la théorie, afin qu'aucune confusion ne fasse prendre le change.

L'idéal platonicien ne peut la laisser subsister à côté de lui comme établissant le vrai principe, la base véritable. Ce qu'elle a d'opposé à la sainteté, à la pureté, à l'autorité de la loi doit être dévoilé. Car la loi s'adresse d'abord à la raison, qui seule doit régir la volonté et a droit de lui commander, comme aussi seule elle engendre l'amour, un amour pur et désintéressé, dans l'âme de celui qui la voit et la contemple. C'est là ce qui est vraiment platonicien et selon le système.

La question se pose ainsi. L'*intérêt*, même *bien entendu*, est-il et doit-il être le motif unique ou premier des actions humaines? Voilà le point qu'il s'agit d'éclaircir et de mettre en pleine lumière.

En raison de tout son système, à la fois métaphysique et moral, dont la base est l'idée du bien, idée pure et désintéressée, Platon devait combattre cette opinion, ne souffrir aucune équivoque, dissiper toute confusion chez une doctrine qui ne se défend qu'à l'aide de malentendus, de termes vagues et d'équivoques. Il est le premier qui ait rempli cette tâche parmi les philosophes.

« Tous les autres, dit-il, vantent la vertu pour les avantages qu'elle procure. Personne encore n'a osé la louer pour elle-même indépendamment de ses avantages. » (*Rép.*, II.)

Cette thèse nouvelle, dont l'honneur lui revient tout entier, comment l'a-t-il soutenue? avec quelle puissance de dialectique, quelle élévation de pensée et quelle éloquence, c'est ce qu'on ne comprend bien qu'en le lisant. Cette belle discussion remplit le deuxième et une partie du troisième livre de la *République*. On doit au moins en marquer les traits principaux.

Usant d'un procédé de sa dialectique, qui est de séparer ce qui est distinct, de l'opposer à ce qui lui paraît contraire, et ensuite de réunir les deux termes et de les concilier, Platon oppose à l'idée du bien ou de la *justice* absolue, εἶδος ἀγαθοῦ (357), celle de l'injustice parfaite. Les deux portraits que le peintre, ici le théoricien ou le métaphysicien, met sous nos yeux se correspondent comme l'affirmation et la négation, l'ordre et le désordre. Mis en face des deux portraits, le spectateur ou le lecteur doit prononcer quel est le meilleur ou le préférable.

On le voit, quoique ce soit Socrate qui parle, c'est bien du pur platonisme qui est le fond de cette polémique et la caractérise.

« La cause de tous ces désordres, nous dit Platon, c'est qu'à commencer par les héros, tous ceux qui se sont portés pour les défenseurs de la justice n'ont loué la vertu qu'en vue des honneurs et des récompenses qui y sont attachés et n'ont blâmé dans le vice que les châtiments qui le suivent. Personne, en considérant la justice et l'injustice telles qu'elles sont en elles-mêmes et dans l'âme du vertueux ou du méchant ignorés des dieux et des hommes, n'a encore prouvé en vers ou en prose que l'injustice est le plus grand mal de l'âme et la justice le plus grand bien. Car si vous vous étiez accordés, dès le commencement, à tenir ce langage et si, dès l'enfance, on vous eût inculqué cette vérité, au lieu d'être en garde contre l'injustice d'autrui, on craindrait de lui donner l'entrée dans l'âme comme au plus grand des maux. » (*Rép.*, II.)

La thèse est toute dans ces mots : « La justice est meilleure que l'injustice et cela en elle-même, fût-elle dépouillée de tous ses avantages matériels et immatériels, dans cette vie et dans une autre, fût-elle ignorée des hommes et des dieux : ὅτι δικαιοσύνη ἀδικίας κρεῖττον, καὶ αὐτὴ δι' αὑτὴν ἐάν τε λανθάνῃ, ἐάν τε μὴ θεοῦς καὶ ανθρώπους. » (367, E.) Par conséquent ce qu'il faut dire, c'est qu'elle est *bonne en soi*, τοιοῦτόν τε εἶναι ἀγαθόν, et qu'on doit la rechercher *à cause d'elle-même*, ἀλλ' αὐτὸ αὑτοῦ ἕνεκα ἀσπαζόμενοι (II, 357, B).

Pour mettre au jour cette grande vérité, le procédé de *purification* dont souvent se sert Platon, ailleurs décrit (p. 61), sera celui qu'il emploie. Par une suite de *suppositions*, il entreprend de dépouiller successivement la justice de tous ses avantages, afin de la montrer ensuite en elle-même nue, telle qu'elle est dans son *essence* ou dans son *idée*, αὐτὸ καθ' αὑτὸ (358, B), alors qu'elle brille de sa propre essence, et dans toute sa beauté. On verra alors ce qu'elle est, si elle doit être embrassée en elle-même et *pour elle-même.*

La manière de procéder est celle-ci.

Il commence par les biens *temporels*, la richesse, la santé, les honneurs, l'estime, la gloire, etc. Usant du procédé contraire, il accumule sur la tête du *juste* toutes les disgrâces, les maux et les infortunes. Il le représente bafoué, fouetté, tourmenté, mis aux fers, frappé de verges, mis en croix (362), au point qu'on a vu en lui une figure anticipée du Christ. Il va plus loin, il n'hésite pas à lui ôter même les biens d'une autre vie, les récompenses que l'immortalité procure. Il lui retire même la faveur des dieux qui doivent ignorer ce qu'il est et s'il existe. (*Rép.*, II.)

Comme pendant, il trace le portrait de l'homme *injuste*, auquel tout réussit dans sa vie et ses entreprises par les plus mauvais moyens, trompant les hommes et les dieux, se faisant décerner les honneurs dus à la vertu, réalisant ainsi le chef-d'œuvre de l'injustice parfaite, ἀδικίας τέλειας. La dernière injustice, n'est-ce pas de paraître juste sans l'être? ἐσχάτη ἀδικία δοκεῖν δικαίον εἶναι μὴ ὄντα. Les deux portraits mis en présence, il demande qu'on prononce et qu'on choisisse. Il veut que chaque homme ait sans cesse sous les yeux ces deux modèles et qu'il se dise avec Pindare : Monterai-je avec effort vers le palais qu'habite la justice? Ou bien marcherai-je dans le sentier de la fraude oblique? Quel guide prendrai-je pour assurer le bonheur de ma vie?

C'est à la vue de ces deux modèles, l'un de justice, l'autre d'injustice consommée, que je veux que vous prononciez sur le bonheur du juste et du méchant (*ibid.*).

On est ici, ce semble, assez loin de l'*eudémonisme* de Socrate, plus près de Zénon, du stoïcisme que du pur socratisme. On ne peut dire que Platon ici ait copié son maître, encore moins, comme on a osé le dire (Grote), qu'il marche à la suite des sophistes, ce qui en est une singulière façon. Il est bien lui-même comme moraliste à la fois et comme métaphysicien. C'est le corollaire de la théorie des *idées* et de l'amour.

La vertu ou la justice, c'est le bien par excellence, le bien moral, le reflet le plus pur des idées, de l'*idée* des idées.

L'idée du bien ici est personnifiée ou incarnée dans le juste, l'image en petit, mais l'image vraie de ce qui en est le modèle. Tout cela vient d'une doctrine conforme sans doute à celle de Socrate, mais plus haute. La théorie est, surtout au point de vue théorique, celle qui fait de l'idée du bien, et du bien absolu, la base et le but de la moralité humaine. Le bien moral y est la plus haute réalisation du modèle idéal, dont aucune considération d'intérêt, de bonheur même, autre que celui qui est puisé dans la conformité à la loi, doit être écartée comme altérant sa pureté et en ternissant l'éclat.

Il s'agit d'ailleurs de savoir si cette idée a une vertu par elle-même de se faire aimer et obéir, τινα ἔχει δύναμιν αὐτὸ καθ'αὑτὸ (*ibid.*). Descendue d'en haut elle garde ses caractères de fin suprême, de souveraineté et de majesté. Objet d'*amour* comme d'*intuition* pure, elle veut un culte désintéressé.

Elle le réclame de la raison qui la voit et la contemple, de la volonté qui doit lui obéir, et de l'amour qui doit tourner vers elle ses désirs et trouver en elle sa félicité [1].

III. MORALE DES POÈTES ET DU POLYTHÉISME. — Cette morale touche de près, sans doute, à la précédente; elle s'en distingue en ce qu'elle n'est pas seulement fondée sur un calcul intéressé de plaisirs et de peines et sur la notion plus ou moins réfléchie du bonheur. Elle a sa base dans l'idée de la puissance souveraine qui gouverne le monde, et elle puise, dans cette origine sacrée, une autorité dont l'autre est dépourvue. De plus, elle emprunte à l'exemple venant d'en haut une efficacité dangereuse, l'homme étant porté à imiter ce qui est au-dessus de lui, ce qu'il admire ou révère. Elle lui permet, en outre, de justifier, par ces exemples, les actes que la conscience réprouve ou condamne. C'est de la croyance religieuse qu'elle relève, celle-ci est une sorte de révélation extérieure et traditionnelle. Sans dogme fixe chez les Grecs pour la retenir, par là même elle était livrée aux interprétations les

---

[1]. Cicéron a traduit Platon dans ces mots : Quæ si oculis cerneretur mirabiles amores excitaret sapientiæ. (*De Offic.*, 1.) Ne peut-on pas dire que Platon a frayé la voie à Aristote, à sa doctrine du bien (*Mét.*, X) qui attire le monde à lui par sa vertu propre?

plus diverses, elle était sujette à se plier à l'arbitraire du jugement personnel et intéressé des devins et des hommes qui s'étaient donné pour mission de la représenter et de l'interpréter.

La morale religieuse y est mêlée à la poésie et se confond avec elle. Les théologiens, ce sont les poètes. Les poèmes d'Homère, d'Hésiode, etc., la renferment et sont une sorte de bible populaire, où se puise dès les premières années, avec l'instruction pour la jeunesse, l'éducation morale qui en est inséparable. Rien n'était plus propre à pervertir les âmes que cette religion anthropomorphique des dieux grecs, personnifications symboliques des forces de la nature, si l'on veut, à l'origine, mais dont le côté saillant, le côté moral, le seul qui apparaît au vulgaire, n'offrait que le tableau idéalisé des passions humaines. Dans ce drame qui se joue dans l'Olympe, les dieux assimilés aux hommes sont dispensés des obligations les plus simples de la moralité. Ces croyances étaient sans doute alors fort ébranlées, mais pas assez pour avoir perdu leur puissance sur des âmes vives si faciles à séduire et à égarer. C'est au point que Socrate n'avait osé les attaquer ouvertement (*Phil. anc.*, 58). Comme religion d'État et culte public, elles étaient restées debout. En elles, dans cette mythologie des poètes, se résume tout le passé glorieux de la Grèce. Mêlée à toute son histoire, elle est un abrégé des mœurs, des faits et des idées en elle personnifiés. Le temps n'est pas loin où, pour avoir été accusé de vouloir innover en ces matières, Socrate avait bu la ciguë. Ces fables d'ailleurs avaient pour elles l'avantage d'être belles ; et la beauté chez les Grecs, on le sait, qu'elle fût physique ou morale, fut toujours pour eux la divine beauté. Par là même, à cause de ses charmes, cette religion du beau, comme elle se caractérise, et où la beauté plastique ou corporelle s'unit à la vie spirituelle, n'était que plus propre à altérer le sens moral en l'assujettissant au goût, faculté délicate, plus voisine de la sensibilité que de l'austère raison. L'éducation de la jeunesse et de l'enfance se faisait tout entière au moyen de ces fables. Au point de vue métaphysique, n'était-ce pas aussi une idée fausse de la divinité et de ses attributs que renfermaient ces mythes et leurs changéantes histoires, une idée opposée à celle de l'immutabilité et de la majesté divine? Dans le christianisme, religion de l'esprit, et qui combat les sens, le danger n'est plus le même. Et encore, comme on l'a remarqué, que n'a-t-il pas fallu de sûreté de coup d'œil, de pureté et de fermeté, chez les plus grands docteurs, pour arrêter sur cette pente où il est si aisé de glisser, le commun des esprits toujours prêts à s'en autoriser, comme à y tomber. Si comme métaphysicien Platon condamnait ces fables ou les expliquait à sa façon (*supra*), comme moraliste, il ne pouvait qu'être choqué de ce désaccord entre ces deux puissances, la morale et la religion, qui doivent toujours s'accorder et marcher ensemble, ne jamais se séparer. Sur ce point, Socrate avait été discret; lui ne le sera plus. Le temps, on l'a dit, a marché. Le moment est plus favorable. Tôt ou tard les voiles devaient être déchirés. Platon impitoyablement les déchire. Il ne ménage plus rien de ce qui était sacré jusque-là dans ces symboles. Ce qu'il y a d'immoral et de révoltant au point de vue moral dans les récits des poètes et les fables du polythéisme, il l'attaque de front et l'accable de ses anathèmes. Le progrès qui sur ce point s'est accompli est visible. Il importe d'en préciser le caractère.

Ces fables, ou inventions des poètes, les anciens philosophes, Héraclite, Xénophane, plus tard les sophistes (Protagoras) les avaient attaquées (*Phil. anc.*, 53, 75, 93). Les Mégariques et les Cyniques, chacun à son point de vue, ne les avaient pas épargnées; mais c'était accidentellement à propos de leurs opinions spéculatives soit physiques, soit métaphysiques. On ne s'en était pas ému. On les avait laissés dire. Platon ne fait plus de même; c'est directement, régulièrement qu'il les attaque. Lui transporte la lutte du terrain de la spéculation sur celui de la morale et de la pratique. Et là, prenant l'adversaire corps à corps sur une question admirablement choisie, celle de l'éducation, il l'étreint de sa dialectique. Tous les coups qu'il porte sont mortels. Ce qui donne à cette polémique un si haut intérêt (d'autres l'ont dit), c'est qu'on assiste à une phase nouvelle de l'histoire, celle du polythéisme aux prises avec la philosophie elle-même animée d'un esprit nouveau.

Le duel est engagé publiquement, non sous les yeux de la foule qui y reste étrangère, mais de tous les esprits éclairés capables d'y prendre part et d'en être témoins.

Cet antagonisme, c'est celui d'une religion des sens, ou qui fait alliance avec le sensible, et d'une philosophie hautement spiritualiste; l'une s'adressant à l'imagination, l'autre à la raison et à la conscience; l'une armée d'une dialectique savante jointe à une éloquence incomparable; l'autre n'ayant, pour se défendre, à faire valoir que son passé traditionnel et la coutume, rehaussée, il est vrai, par la perfection des chefs-d'œuvre de l'art qu'elle a inspirés. L'issue ne pouvait être douteuse. Le polythéisme ne s'en relèvera pas. Seulement, comme il a été dit, c'est devant les esprits éclairés que la cause, à ce moment, se plaide. La foule y reste encore étrangère.

Ce moment n'est pas moins grave et solennel, car c'est pour la première fois que le monde ancien voit ainsi aux prises une religion et une philosophie. On assiste à une discussion savante, suivie, régulière et méthodique. L'art qui y préside est la dialectique. C'est sur le terrain de la morale et de la conscience que la polémique est engagée.

Car, dans cette lutte corps à corps et où le polythéisme surtout est attaqué, c'est de l'immoralité de ses fables qu'il s'agit. L'anthropomorphisme grec y est mis au défi de répondre aux arguments dirigés contre lui. Tout ce qui a été dit depuis sur le même sujet est déjà dans Platon ou imité de lui. Tel est le spectacle qui est donné dans le IIe, le IIIe et le Xe livre de la *République*, dans le IIe et le VIIe livre des *Lois*, et dans l'*Euthyphron*, dialogue tout platonicien s'il n'est de Platon.

Cette polémique comme la précédente échappe à l'analyse. On n'en peut que dégager les idées principales qui peuvent ainsi se résumer.

1° Cette morale fait dépendre la loi morale de la volonté des dieux qui, l'ayant faite, peuvent aussi bien la changer.

La nature du bien et du mal, du juste et de l'injuste, du saint et de l'impie n'a donc rien d'absolu. Elle est soumise à l'arbitraire et au caprice de la volonté toute-puissante qui fait l'obligation aux hommes de la suivre; mais elle-même en est dispensée et peut en dispenser qui elle veut. Il suffit à celui qui s'est fait aimer des dieux, de se les rendre propices par des prières, des sacrifices, etc.

2° Elle présente à l'homme des modèles supérieurs très peu dignes d'être imités, attendu que, par leur caractère et par leurs actes, ils sont formellement en opposition avec la loi que révèle la conscience. Tous ces personnages divins se livrent sans frein à leurs passions; ils ne reconnaissent au-dessus d'eux que l'aveugle et impassible destin, incapable de rien voir et de rien juger.

3° Elle fournit à l'homme des moyens assurés, s'il est coupable, d'échapper aux châtiments qui sont la conséquence de ses actes, de se laver de ses souillures, d'effacer toutes ses fautes par des pratiques extérieures, des dons et des sacrifices aux dieux : doctrine d'autant plus pernicieuse qu'elle met la conscience en repos et permet de commettre impunément tous les crimes, de recommencer, sans craindre les effets de la sanction soit humaine, soit divine ou religieuse.

Sur ces trois points porte toute l'argumentation de Socrate dans l'*Euthyphron*, dans la *République* (III, IV) et dans les *Lois*.

Dans l'*Euthyphron*, l'entretien roule sur la *sainteté*, περὶ ὁσίου, laquelle est considérée comme une forme de la justice. L'adversaire de Socrate est un devin, le représentant de cette religion, elle-même abaissée au niveau de la sophistique.

Au fond, c'est du caractère absolu du bien qu'il s'agit. Toute l'argumentation est renfermée dans ce *dilemme* : « Le saint est-il saint parce qu'il est aimé des dieux ou est-il aimé des dieux parce qu'il est saint [1] ? » Dans ce dernier cas, c'est qu'il a une valeur en soi absolue, indépendante de leur volonté. Il est tel par sa propre nature ou par son essence.

L'hypothèse contraire ne peut être admise elle-même sans impiété. Vient-on à invoquer l'autorité des dieux, elle est nulle; car eux-mêmes, dans leurs débats et leurs querelles, ne s'entendent pas sur le *juste* et l'*injuste*. Leur opinion ne doit donc pas prévaloir. C'est non à eux, mais à la raison ou à la con-

---

1. Ἆρα τὸ ὅσιον, ὅτι ὅσιόν ἐστι, φιλεῖται ὑπὸ τῶν θεῶν, ἢ, ὅτι φιλεῖται, ὅσιόν ἐστιν; (10.)

science qu'il faut s'en rapporter. L'argumentation sur ce point est d'une netteté et d'une vigueur qui dissipe toutes les équivoques.

Quant à ce qui est dit des exemples, celui de Jupiter et des autres dieux, sont-ce là des modèles à imiter? Socrate (Platon) n'ose pas trop insister, mais la réponse est évidente.

Le troisième point, abordé avec plus de hardiesse, conduit à ceci : la sainteté qui consiste à se rendre les dieux favorables par des prières, des sacrifices, est une sorte de *trafic* : εὐπορικὴ τις τέχνη, entre les dieux et les hommes, l'art de prier et de sacrifier, ἐπιστήμη τοῦ θύειν τε καὶ εὔχεσθαι, de donner et de faire demander aux Dieux. La conclusion est que cette morale n'est bonne qu'à pervertir les âmes, à absoudre tous les crimes et légitimer toutes les passions. Les pratiques que recommande le devin ne sont propres qu'à sceller cette perversion, à encourager dans le mal en faisant croire que ceux qui se livrent à ces exercices sont des hommes religieux, ce qui est le comble de la perversité et de l'impiété.

Dans la *République* (I, II) et dans les *Lois*, le débat s'élève plus haut et acquiert encore plus d'importance. Car c'est de l'éducation qu'il s'agit, de la manière dont les citoyens doivent être formés à la vertu. Le polythéisme y est attaqué à la fois dans sa morale et dans sa métaphysique. L'éducation de la jeunesse doit fournir à l'État des citoyens vertueux. Elle est l'institution fondamentale, sur laquelle tout repose. C'est là le champ de discussion choisi par le philosophe. Cette éducation a deux parties : la *gymnastique* pour le corps, la *musique* pour l'âme. La musique, ce sont les Muses. Les artistes, les poètes en sont les premiers instituteurs. Or, est-ce à Homère, à Hésiode, etc., que sera confié le soin de former les âmes à la vertu, de leur proposer de bons exemples? Platon ici ne garde aucune mesure, sa censure est impitoyable. Le polythéisme y est attaqué par les deux côtés métaphysique et moral.

Tout cela, on en conviendra, est loin de Socrate, et, malgré les fréquentes attaques de ses prédécesseurs, de Xénophane, d'Héraclite et des sophistes, offre un intérêt historique et philosophique tout particulier. L'attaque sérieuse et directe n'a rien de commun avec les bouffonneries d'Aristophane. C'est une argumentation en règle, dirigée d'une main sûre, un réquisitoire inexorable, dont la réplique n'est pas possible. Le tribunal devant lequel comparaît la mythologie, avec ses fables, n'est pas le tribunal ignorant qui condamna Socrate comme coupable d'impiété. Celui-ci est présidé par un juge inflexible et incorruptible, la *conscience*.

Le côté métaphysique, moins visible, n'est pas absent. Tout ce qui a trait à l'*immutabilité* de la nature divine, à la *véracité*, à la *dignité*, à la *sainteté*, à la *majesté*, que contredisent ces fables, est également signalé. (*Ibid.*)

Mais c'est surtout l'*immoralité* de ces fables qui est le point essentiel; elle est sans ménagement mise sous les yeux et dévoilée. Ici, c'est Saturne qui mutile son père; là, ce sont les amours de Jupiter et de Junon avant le mariage, leurs querelles de ménage, les autres récits où le père des dieux et des hommes joue un rôle peu édifiant et non moins ridicule, ainsi que les autres divinités : Esculape recevant des présents, Mars et Vénus pris dans un filet par Vulcain. Tout cela n'est plus, comme chez Aristophane, un pur amusement, un sujet de gaieté et d'amusement fait pour exciter le rire et la gaieté, mais pris au sérieux, attaqué, condamné comme immoral et ne devant pas servir d'exemple. Le dilemme ici, dans lequel est enfermé le polythéisme, est celui-ci. « Ou Jupiter, Saturne, Esculape, etc., ont fait ce qu'on raconte, et ils ne sont pas des dieux; où ils sont des dieux, et ils n'ont pas fait ce qu'on raconte. » (*Ibid.*) Le moyen d'en sortir et d'y répondre?

Pour qui connaît bien le système et sait aller jusqu'au fond de toute cette polémique, l'idée inspiratrice qui partout se fait remarquer et sentir, c'est l'*idée du bien* telle que Platon la conçoit et qu'il place au sommet de sa métaphysique.

Elle-même, cette idée, deviendra la base métaphysique d'une religion nouvelle, à laquelle sera étroitement liée toute sa morale. Cette doctrine seule est capable de régénérer la société et de renouveler les mœurs; il semble que Platon l'ait pressentie; sa doctrine du moins, on ne saurait le nier, prépare la voie.

Le fond est une notion supérieure de Dieu et de ses attributs qui sert de base à toute cette polémique. Les Pères de l'Église grecque, aussi bien que les alexandrins, saint Augustin, saint Clément, etc., ne s'y sont pas trompés. Ils ont vu, en cela comme en beaucoup d'autres points, en Platon un précurseur du christianisme (*supra*).

LES MÉGARIQUES ET LES CYNIQUES. — Ceci a moins d'intérêt et mérite moins de s'y arrêter. On sait ce qu'il y a d'exclusif, d'étroit ou de négatif dans la morale de ces philosophes (*Phil. anc.*, 193, 211), qui se vantent d'appartenir à Socrate. Platon ne s'attache pas à la réfuter. Apparemment qu'il la trouve moins éloignée, celle des premiers surtout, de la sienne et moins dangereuse. A peine trouve-t-on quelques mots dans ses écrits, où il soit fait allusion à la doctrine morale de ces deux écoles. Nous n'en dirons que quelques mots.

1° *Les Mégariques*. — Platon, qui les tient en haute estime, ne les attaque pas précisément sur ce point de la morale qu'ils enseignent. Cette morale, c'est celle qui absorbe tous les biens en un bien unique, et, par là, supprime toute différence entre les vertus, de même aussi entre les vices, comme feront plus tard les Stoïciens (*Phil. anc.*, 191). Sans la réfuter Platon leur oppose la sienne. Elle est implicitement repoussée et condamnée partout où dans celle-ci avec l'unité est admise la diversité dans le bien et dans la vertu comme en tout le reste, là où il maintient la pluralité des vertus sans en rompre le lien : dans le *Philèbe* par exemple où les contraires sont réunis et conciliés.

2° Quant aux *Cyniques*, Platon avait moins, sans doute, à les ménager. Il n'eût fait qu'user de représailles envers Antisthène et surtout Diogène qui le poursuivait de ses sarcasmes (*Phil. anc.*, 205). Il n'en est rien. On n'a que quelques mots en réponse aux railleries du Cynique (*ibid.*). Cela se conçoit. Il n'y avait pas à discuter avec une secte qui méprisait la spéculation, évitait la discussion, dont la morale pratique était toute en maximes et en exemples. Le caractère aristocratique de Platon lui défendait d'engager la lutte avec de tels adversaires, de descendre à ce niveau où la satire mordante, souvent grossière du cynisme, contraste avec l'ironie calme et sereine de l'auteur des Dialogues. On a pourtant signalé, dans le *Philèbe*, un passage où l'on peut reconnaître le rejet motivé de la morale qui proscrit le plaisir comme faisant partie intégrante du bien et une allusion à la morale d'Antisthène. « Quelqu'un de vous voudrait-il vivre ayant en partage toute la sagesse, l'intelligence, la science, la mémoire qu'on peut avoir, à condition de ne ressentir aucun plaisir ni petit ni grand et qui n'éprouverait absolument aucun sentiment de ce genre? (*Philèbe.*)

Un autre passage (*ibid.*, 497) contient, avec la critique, l'éloge du caractère. « Quels sont ces gens d'un naturel généreux remplis d'une forte aversion pour tout ce qui porte le caractère du plaisir et persuadés qu'il n'y a rien de bon en lui? » Ceci ne s'applique pas mal à Antisthène et aux Cyniques, dont Platon doit préférer le caractère à celui d'Aristippe et des sophistes, sans approuver sa doctrine et le genre de vie si différents de ceux de notre philosophe.

CHAPITRE II

LES BASES DE LA MORALE PLATONICIENNE

I. L'idée du bien, idée fondamentale; son application à l'ordre moral comme règle de la vie humaine, privée et sociale. — II. Le bonheur, son rapport avec le bien. — Distinction des deux idées. — Leur accord nécessaire. — Comparaison avec la morale socratique. — Le progrès du platonisme. — III. Détermination de l'idée du bien; sa définition. — Idées qui s'y rattachent: idée du juste, du beau, du vrai, du saint, de l'utile. — Leur rapport avec l'idée première. — Critique de l'opinion qui fait du beau le principe ou le terme final de la morale de Platon. — IV. Du souverain bien dans la vie humaine (le *Philèbe*). — Éléments dont il se compose. — Leur subordination. — Conclusion.

I. — Le principe sur lequel repose toute la morale platonicienne, on le sait déjà par tout ce qui précède, est l'*idée du bien*, l'idée souveraine. Placée au sommet de la dialectique, présente au début et à toutes les parties de la physique, personnifiée en Dieu, l'être parfait, la suprême idée, elle est aussi la base de tout l'édifice moral et social. En ce qui est de la morale proprement dite, déjà la réfutation des faux systèmes qui la contredisent, ou l'altèrent et la défigurent, nous a, par voie indirecte, conduits à ce résultat. La dialectique, dans sa tâche destructive ou négative, a eu pour objet de la dégager et de la préparer. C'est le côté positif de toute cette critique, préambule nécessaire de la théorie.

Cette idée est connue. Il n'y a pas à revenir sur ce qu'elle est, ni sur les problèmes qui s'y rattachent, mais à montrer comment, de la sphère spéculative passant dans celle de l'action, elle est appelée à devenir la règle de toute la conduite humaine, privée et sociale, à faire voir comment les autres idées morales s'y rattachent et en dérivent : le *bonheur*, le *mérite*, la *justice*, la *vertu* et toutes les vertus, les *devoirs* de la vie, et à résoudre les questions qui s'y rapportent.

L'idée suprême, a-t-on dit, n'est pas une abstraction pure, uniquement destinée à être contemplée par l'intelligence capable de s'élever jusqu'à elle. Des hauteurs de la science où la dialectique l'a placée, elle descend dans le monde réel, soit physique, soit moral. Mais c'est surtout l'ordre moral qui la réalise; il en est la manifestation véritable. On peut dire qu'il est tout entier créé par elle.

Ce monde, en effet, est celui des êtres raisonnables, capables de la comprendre et par conséquent aussi de la réaliser dans leurs actes. La raison qui la conçoit la propose à la volonté qui, par cela seul qu'elle la voit, doit la prendre pour son but, s'efforcer de l'accomplir et de s'y conformer. L'homme, être intelligent, reconnaît en elle sa loi, comme elle est sa vraie nature et sa fin. Car elle est la raison même. Toutes ses déterminations et ses actes doivent s'ordonner, se régler d'après cette idée. Elle est pour lui le modèle à suivre, dont la vie entière doit être l'image la plus fidèle. Vers ce but sans cesse il doit tendre pour être bon lui-même, c'est-à-dire vertueux. Il ne le sera qu'autant qu'il l'aura en vue, qu'il l'embrassera et la pratiquera en elle-même, comme étant sa fin, sans autre considération que sa beauté, sa vérité, son autorité souveraine.

Prise ontologiquement, cette idée, c'est Dieu même, le bien souverain ou absolu, τὸ ἀγαθόν, Dieu, la source et le principe, πηγὴ καὶ ἀρχή, des êtres comme des idées. Toute bonté, toute beauté, toute justice, comme toute vérité, en dérivent (*Rép.*, VI). Tous les êtres lui doivent leur existence et sont sous sa perpétuelle dépendance. L'homme, le seul être de la création terrestre qui ait la notion de Dieu (*Timée*), doit s'efforcer de l'imiter, de lui ressembler. La *ressemblance avec Dieu*, ὁμοίωσις θεῷ, dans la mesure du possible, κατὰ τὸ δυνατόν, est ici la plus haute formule; elle indique le terme et la mesure de tout le perfectionnement moral (*Rép.*, VI, 500; *Théét.*, 167, B).

II. — Au bien est attaché le *bonheur*. C'est le second principe, qui, sans se confondre avec le premier, en est la naturelle et nécessaire conséquence. Les deux idées, quoique distinctes, sont inséparables, liées entre elles par un rapport nécessaire. Le rapport de plus est proportionnel. Ce qui *a priori* se démontre. En observant sa loi qui est aussi sa nature, l'homme, être sensible, mais avant tout raisonnable, ne peut manquer d'être heureux. Il serait absurde de supposer le contraire. De même, en violant sa loi, il va contre sa nature, il doit être malheureux. Il le sera d'autant plus qu'il sera plus méchant, plus criminel ou plus vicieux. De tels rapports sont, dans l'ordre moral, l'équivalent des lois mathématiques. Platon, grand moraliste, mais aussi géomètre et mathématicien, le dit et le répète en maint endroit de ses écrits (voy. *Gorgias*, *Rép.*, IX).

Sur cette double base, disons-nous, repose, dans sa partie pratique, tout le système platonicien. La morale proprement dite, privée et sociale, la politique, l'éducation, l'esthétique, etc., ne sont que des applications diverses de ces principes.

En cela, sans doute encore, Platon ne fait que continuer Socrate et sa doctrine est conforme à la sienne. Mais les différences ne sont pas moins réelles et, au point de vue de la science, d'une grande importance. Le devoir de l'historien est de les signaler.

Chez Socrate, en effet (*Phil. anc.*, 145), les deux idées n'offrent ni cette distinction ni cette clarté précise. Elles sont plutôt confondues et s'identifient. Platon non seulement les distingue, mais il assigne à chacune la place et le rang qui lui conviennent. L'une est le principe, l'autre est la conséquence, bien que celle-ci soit nécessaire. Or, cela est essentiel au point de vue de la théorie et encore plus de la pratique. La conduite morale tout entière change de face et d'intéressée devient désintéressée. 1° Le but de la volonté est différent, 2° le motif l'est encore plus, car il est désintéressé. Là où Socrate reste dans l'équivoque ou l'indétermination dont l'eudémonisme ne sort pas et qui le caractérise, Platon précise et distingue; il fait plus : il subordonne et coordonne. En distinguant les deux termes, il précise leur accord et au fond leur identité. Lui aussi, sans doute, ne sépare pas le bien du bonheur, ni le bonheur du bien ; mais il veut que, dans l'esprit de celui qui agit, ils ne soient pas les mêmes, et qu'il y trouve sa règle. Il veut que l'un passe avant l'autre. Cette distinction du motif dans la pensée de l'agent moral est, disons-nous, capitale. Ce que Socrate ne paraît pas avoir vu, Platon en fait le point essentiel de sa doctrine entière. Avec quelle force de dialectique éloquente il le démontre, on l'a vu plus haut.

Il le fait avec une clarté, une précision, qui, j'ose le dire, n'ont pas été depuis égalées. C'est ce qu'Aristote, avec son empirisme rationnel (*Eth. Nic.*, I, II, III), ne fera pas, en quoi sa morale est fort au-dessous de celle de son maître. Les Stoïciens le feront, mais en exagérant la vérité, ce qui a pour effet de la compromettre. Kant seul, dans les temps modernes, usant de sa critique (*Raison pratique*), a rétabli la distinction, sans savoir peut-être qu'en cela il avait un précurseur. Par là, on ne peut le méconnaître, Platon crée une doctrine originale aussi belle que neuve et vraie, que Kant en rigueur n'a pas dépassée. Elle apparaît, il est vrai, sous forme purement réfutative (*Rép.*, II). Elle n'est pas moins positive et conserve toute sa valeur théorique. Cette doctrine, fondée sur l'accord des deux termes, la *justice* et le *bonheur*, est celle qui, admettant leur identité, maintient leur essentielle différence. Cela seul suffirait à marquer au moraliste qui l'a établie une place éminente dans l'histoire des idées morales.

Dans Platon, d'autres idées se rattachent à la première, qu'il n'a pas su aussi bien distinguer. Elles sont pour lui presque identiques et les termes qui les désignent comme synonymes : le *beau*, le *juste*, le *vrai*, le *saint*, τὸ κάλον, τὸ δικαίον, τὸ ἀληθές, τὸ ὅσιον ; chez le maître, elles s'offrent aussi de même et dans le même sens, non toutefois avec la même intention précise et systématique.

Ces notions fondamentales, qui reviennent sans cesse dans sa langue, sont présentes dans toutes les œuvres de Platon, les petites comme les grandes, dans celles qui contiennent la partie négative aussi bien que dans les autres où la doctrine positive est exposée et développée. C'est pour elles, c'est pour établir les vérités qui s'y joignent, que Platon institue souvent toute sa polémique, qu'il réfute et combat les doctrines contraires ou qui s'écartent de la sienne.

III. — Afin de voir comment elles se relient à la première et en sortent comme déduction naturelle, il est nécessaire de montrer comment l'idée du bien elle-même, dès qu'elle descend de la sphère spéculative, pour s'appliquer au monde réel, se détermine et revêt des formes différentes tout en restant identique à elle-même dans sa généralité.

1° Le bien pris en soi ne se définit pas et ne saurait se définir, puisqu'il est l'idée première ou suprême, τελευταία ἰδέα (*Rép.*, VII, 533). Mais en passant de la sphère idéale dans celle du réel, il se manifeste et se réalise, et, alors, il peut jusqu'à un certain point se définir. Au moins, peut-on distinguer ses formes principales. Il ne suffit pas alors, comme le dit Platon, de dire que le bien est bien, il faut dire ce qu'il est, en quoi il consiste. Or, le *bien*, dans sa détermination ou manifestation réelle, la plus immédiate, celle où l'idée devient en quelque sorte visible, c'est l'*ordre*, τάξις, c'est aussi la *mesure*, τὸ μέτρον, la symétrie, συμμετρία, c'est aussi la *loi*, νόμος, le *convenable*, καιρόν, émanés de la raison [1]. C'est au même titre le *beau*, τὸ καλόν; car le beau lui-même réside dans la *mesure* ou la *symétrie*, ou dans l'*harmonie* (voyez *infra*). Platon ne distingue pas non plus le bien du *juste*, δίκαιον. La *justice* pour lui, on le verra, réside dans la *juste proportion*, qui règle les parties d'un tout, de l'âme comme d'une société. Le bien, c'est aussi le *vrai*, τὸ ἀληθές, c'est-à-dire la vérité en acte. Le prend-on par le côté religieux, le bien, c'est le *saint*, ὅσιον, ὁσιότης; le mal, c'est l'impiété, τὸ κακόν, ἀνόσιον, etc.

Ainsi, toutes ces idées, le *bien*, le *beau*, le *juste*, le *vrai*, le *saint*, au fond, pour Platon, sont identiques. Les termes qui les désignent s'accompagnent sans cesse dans ses écrits. De sa langue, c'est la partie la plus haute; aussi doivent-ils être pris comme de véritables synonymes.

[1]. « Nous sommes bons, nous et les autres choses qui sont bonnes, par la présence de quelque qualité, soit meuble, soit corps, soit animal. Elle doit sa présence à l'arrangement, à la règle et à l'art qui convient à chaque chose, ἀλλὰ τάξει καὶ ὀρθότητι καὶ τέχνῃ κόσμος τίς. » (*Gorgius*, 507.)

On doit y ajouter l'*utile*, τὸ χρήσιμον, mais non l'utile au sens vulgaire. Il ne faut pas s'y tromper, l'utile est mis à la suite du bien, sa légitime conséquence. Il n'en est pas, comme dans d'autres systèmes, où, usurpant sa place, il devient le principe comme il est le motif premier et déterminant des actes, cause du bien et sa mesure; c'est précisément l'inverse. Le bien engendre le bonheur; et la félicité même en cette vie en est le résultat. Changer cet ordre, c'est renverser l'ordre moral (*Rép.*, I; *Gorgias*; *Philèbe*; etc.). Ce sont là les faces principales sous lesquelles apparaît, dans Platon, l'idée du bien. Elles se retrouvent, je le répète, dans toutes les parties de sa philosophie pratique ou de sa science des mœurs.

On a dit de l'idée du *beau* qu'elle en est le trait caractéristique et le vrai but, le dernier mot de sa doctrine qui serait avant tout *esthétique*. C'est, selon nous, méconnaître l'essence de toute la doctrine platonicienne aussi bien que socratique (voyez *Phil. anc.*, 183). Il y a ici malentendu. Chez Platon, comme chez Socrate, le *beau* et le *bien* sont identiques. Mais, malgré tout, la distinction subsiste. Or, dans le rapport des deux termes, quel est le premier? c'est toujours le bien. Le beau lui-même y est engendré par le bien. Celle-ci, l'idée du bien, reste toujours l'idée souveraine ou maîtresse. Le bien, dit Platon, est le père du beau, comme on le verra ailleurs.

On a beau répéter, comme preuve, que l'État lui-même est une œuvre d'art, que la justice est définie par lui une proportion, que Platon lui-même est artiste, etc. Cela est vrai sans doute, mais à une condition, c'est que l'art lui-même soit ramené, subordonné et soumis à la loi morale ou au bien. Et l'on sait jusqu'où va la sévérité du moraliste, homme d'État, éducateur à l'égard des poètes et des artistes qui prétendent se soustraire à la loi morale ou s'en écartent. L'idée morale doit présider à toutes les œuvres. C'est au point qu'il retire à l'art toute liberté et toute indépendance, ce qui est excessif et préjudiciable à l'art, mais conséquent à la doctrine totale. C'est donc intervertir ici l'ordre des idées. Or ce point, encore, est capital. Toute la révolution qui s'opère en Socrate dans la pensée ancienne, en opposition avec l'idée et la civilisation grecque, y est contenue (*Phil. anc.*, p. 129, 182).

IV. — Le principe posé, qui sert de base à toute la morale platonicienne, et les idées qui s'y rattachent également marquées dans l'ordre où elles s'en déduisent, il s'agit de savoir comment, s'appliquant à la vie humaine, ce principe engendre et réalise ce qui peut être, pour l'homme, considéré ici-bas comme bien souverain, sa plus parfaite réalisation, quels sont les éléments qu'il comporte, dans quel ordre ces éléments doivent être groupés et coordonnés pour former ce bien total en qui résident à la fois le bonheur et le bien.

La doctrine de Platon sur ce sujet, si souvent débattu depuis dans les écoles grecques et chez les moralistes de la période romaine, est encore très claire et très positive. Implicitement ou incidemment partout contenue, spécialement dans le *Gorgias*, la *République* et les *Lois*, elle est régulièrement exposée et discutée dans le *Philèbe*, un des principaux dialogues.

Sous ce titre du *plaisir*, περὶ ἡδονῆς, c'est du *souverain bien* qu'il s'agit dans ce dialogue. Or le souverain bien dans cette vie, qu'est-il? Platon démontre, selon sa méthode, ce qu'il n'est pas et ne peut pas être dans l'opinion commune ou selon les faux systèmes. Nous n'avons pas à y revenir. Il n'est pas d'abord dans le *plaisir* ou la jouissance sensible donnée comme but aux actions humaines. Il n'est pas non plus dans d'autres éléments pris séparément, qui sont pourtant et avec raison regardés comme des biens véritables, la science, la mémoire, la sagesse, etc. « Ni l'un ni l'autre de ces biens n'est le bien parfait, le bien désirable, pour tous le *souverain bien* [1]. »

Quel est-il donc pour l'homme et quelle est son idée? Ce sera un *mélange* (μίξις), mais un mélange fait avec choix, mesure et discernement, l'accord parfait de choses éloignées et dissemblables et dans certaines conditions, où soit l'harmonie, la mesure, μετριότης, essence du beau comme du bien, τοῦ καλοῦ φύσις.

Là-dessus, Platon établit une gradation, une sorte d'*échelle* des biens. Dans ce mélange, donc, aucun élément ne sera exclu. Le vrai bien sera dans la *sagesse*, dans l'accord ou la

---

1. Οὐκοῦν τό γε τέλειον καὶ πᾶσιν αἱρετὸν καὶ τὸ παντάπασιν ἀγαθὸν οὐδέτερον ἂν τούτων εἴη. (*Philèbe*, 61, E.)

réunion des deux termes et dans leur *subordination*. Là, pour l'homme, et là seulement sera pour lui, la vie *heureuse*, à la fois le *bien* et le *bonheur*, telle que sa nature le comporte.

Voilà ce qu'on trouve exprimé partout avec une parfaite et rigoureuse clarté, comme caractère et application constante du principe, en opposition aux autres doctrines, à celles des sophistes, des cyrénaïques, des mégariques et des cyniques.

Le *souverain* bien ne sera ni dans la vie de *plaisir*, comme le prétendent les hédoniques, ni dans la vie de pure *sagesse*, comme disent les mégariques, mais dans l'un et dans l'autre et dans leur juste accord. Il ne sera pas non plus dans la vie privée de toute jouissance, comme le veulent les cyniques.

Chacun de ces principes obtiendra sa part, sera mis à sa place et à son rang, selon la loi de subordination que la raison leur assigne. Dès lors, les rangs seront ainsi fixés entre les diverses parties, dont se compose le souverain bien : 1° au premier rang la mesure, τό μέτρον, μετριότης; 2° son effet, ce qui en résulte dans le monde réel, la régularité, l'ordre, l'harmonie; 3° au troisième degré, l'intelligence, νοῦς, la sagesse, φρόνησις, 4° au quatrième degré, les arts et les sciences qui s'accordent avec l'opinion vraie; 5° au cinquième degré, les plaisirs exempts de peines, purs, καθάρας, ἀλύπους.

En ce qui est du plaisir grossier des sens, de la volupté non réglée, Platon ne lui assigne aucune place, pas même le sixième rang. — « Au sixième il faut s'arrêter. » Est-ce à dire qu'il exclut totalement le plaisir sensible? Ce serait contraire à ce qui est en d'autres endroits. Mais lui-même, pour être bon, doit être réglé, soumis à la loi de tempérance et de sobriété. Alors lui-même a sa place quoiqu'il ne puisse être pris pour fin. Il est un moyen; ce qu'il a d'impur et de grossier disparaît. Ainsi en est-il des plaisirs de la vue, de l'ouïe, etc.

Par cette échelle graduée, dont quelques degrés se ressemblent, et qu'il ne faut pas, selon nous, prendre trop à la lettre, Platon a voulu marquer la distance des deux principes en question, du bien et du plaisir, ou de la jouissance sensible. Il n'exclut pas celle-ci lorsqu'elle-même est réglée, mais les plaisirs faux, trompeurs, excessifs, opposés au bien réel et véritable, au bien moral, également opposés à la sagesse, voisins de la folie et qui y conduisent et d'où naissent avec l'intempérance les autres vices.

Tel est le sens de cette théorie dont le résultat général seul doit être maintenu, à savoir : l'*ordre*, la *proportion*, la *régularité* comme déterminations générales de l'*idée* du bien.

C'est donc l'*ordre*, la *proportion*, la *loi* qui, dans le réel, révèlent la présence du bien. L'univers entier est l'*ordre*; il en tire son nom, κόσμος (*Gorgias*, 207). Il faut l'entendre au moral comme au physique.

On voit le caractère à la fois *moral* et *esthétique* de la morale platonicienne, mais moral avant tout. Le principe ne permet pas qu'il en soit autrement; cela deviendra plus marqué encore et plus formel dans tout ce qui suit. En possession de ce principe, nous pouvons passer aux applications plus particulières qui contiennent cette grande doctrine, et dont la principale, la première, encore générale, est la *théorie de la vertu et des vertus*, *l'arétologie platonicienne*.

CHAPITRE III

DE LA VERTU ET DES VERTUS

Place de cette théorie dans la morale ancienne, en particulier dans la morale socratique et platonicienne. — I. De la Vertu en général. — Diverses acceptions du mot vertu. — De la vertu morale ou proprement dite. — Extention de la question à toute l'éthique platonicienne : 1° détermination précise de cette idée; 2° son application à l'homme, à la nature humaine et à ses divers éléments : l'âme et le corps; les parties de l'âme ou les facultés. — La vertu définie : l'ordre, l'accord et l'harmonie, etc. — Point de vue moral; point de vue religieux; ressemblance avec Dieu. — II. Rapport de la vertu au bonheur, du vice et du malheur. — Même rapport et proportionnalité. — Conséquences de ce principe. — La maxime : Mieux vaut souffrir que commettre l'injustice. — III. Mérite, démérite. — De la sanction morale. — De la peine et du châtiment. — Théorie de ̄iation. — IV. Corollaires : de l'ordre des biens; la conscience humai͟   ͟n identité dans les jugements que portent les hommes.

C'est sous cette forme, on le sait, que s'offre le plus souvent le problème moral dans les écrits des philosophes anciens.

Qu'est-ce que la vertu? Est-elle une ou plusieurs? Peut-elle s'enseigner? En quel rapport est-elle avec le bonheur? Rend-elle l'homme heureux? Suffit-elle au bonheur? etc. Tel était le sujet le plus habituel des entretiens de Socrate. Les dialogues de Platon, les grands comme les petits, qui lui sont attribués, sont remplis de ces discussions, et c'est une des parties les plus intéressantes de la morale platonicienne. Encore ici, il n'est pas aisé de séparer ce qui est du maître et du disciple. Sans entrer dans le détail, nous nous efforcerons de reproduire l'essentiel de cette grande doctrine.

I. La vertu, sa nature et son essence. — La vertu, ἀρετή, dans le sens le plus large que les anciens assignent à ce terme (cf. Aristote, Sénèque, Cicéron, etc.), ce n'est pas seulement la vertu morale, mais toute qualité ou propriété qui fait qu'une chose est appelée *bonne*, ainsi que, par son contraire, elle est *mauvaise*. C'est ce qui la rend capable d'accomplir sa fin, τέλος, conforme à sa nature, φύσις. Elle est aussi la *disposition*, ἕξις, naturelle ou acquise, qui devient une *habitude*, ἔθος. Elle se dit de tout ce qui existe, de la façon d'être ou d'agir de chaque être, et qui révèle sa nature propre. Il y a la vertu d'une plante, d'un animal, d'un meuble; de même que la vertu de l'homme en général, en ce qui le distingue des autres êtres, est sa conformité à sa vraie nature. Chaque partie de l'être complexe ou organisé a aussi sa vertu propre, ainsi la vertu de tel ou tel organe, de l'œil par exemple, ou de l'oreille, ἀρετὴ ὀφθαλμοῦ, ὤτων, τῆς γῆς (*Rép.*, I; *Gorgias*). Il y a celle d'un chien, d'un cheval, la vertu de la terre. Comme elle est ce par quoi un être est bon, elle se confond avec le bien de cet être. Bref « la vertu, c'est par là que nous sommes bons, ἀγαθοί ἐσμεν » (*ibid.*).

Quelle sera donc dès lors, au sens moral, la vertu dans l'homme? Fidèle à sa notion du bien qui est aussi celle du beau, Platon nous dit que la vertu réside dans l'*ordre*, τάξει, ou dans l'arrangement des diverses parties dont se compose la nature humaine.

Ces parties ou puissances on les connaît (*supra*). Tant qu'elles sont entre elles dans un parfait accord, que chacune d'elles remplit la fonction que sa nature lui assigne, il y a bien, la vertu véritable y réside. Cet accord a-t-il cessé, le lien de convenance réciproque et de subordination naturelle qui doit exister entre elles, est-il rompu, le mal existe. L'une des parties, au lieu de se conformer à sa loi, usurpe-t-elle la place et le rôle qui est celui des autres parties, il y a désordre; le trouble est dans l'âme, l'ordre y a disparu. Si ce mal est habituel, il crée le vice, la méchanceté, la perversité qui entraîne à sa suite les plus grands maux, comme la suite doit le démontrer.

Telle est l'idée de la vertu dans l'être moral. Elle se

retrouvé dans chaque vertu particulière comme dans la vertu en général. La définition du vice ou du mal, de la perversité, est la même; c'est le renversement de l'ordre. Tourné en habitude, cet état deviendra le vice, la *maladie de l'âme.* Prolongé, cet état contraire à la nature de l'être doit l'affaiblir, l'altérer, le corrompre et finalement le détruire [1].

Cette idée, celle de la vertu et du vice, se trouve partout dans Platon; c'est le fond de toutes les maximes qui remplissent ses écrits. Elle s'applique à la solution de toutes les questions de la morale soit privée, soit sociale, aux problèmes les plus élevés de la politique, de l'éducation, comme à d'autres d'une nature plus élevée et mystérieuse, de l'immortalité de l'âme et de sa destinée future. (Voy. *supra.*)

Pour bien en juger, selon lui, il ne faut pas s'en rapporter à l'*opinion vulgaire.* On ne doit pas se fier surtout aux apparences; mais pénétrer au fond de l'être, interroger sa nature intime, voir s'il est ou n'est pas réellement conforme à sa loi, si chaque partie de cet être, elle-même, est ce qu'elle doit être, si elle accomplit sa fonction, si elle se tient à son rang, n'empiète pas sur les autres, si par là l'être entier obéit à sa loi. C'est ainsi, nous dit-il, qu'on verra si l'homme est vraiment vertueux, ou s'il ne l'est pas. (Voy. *Gorgias*, *Rép.*, *Lois.*) On verra aussi par là même s'il est ou n'est pas heureux. C'est ainsi qu'on pourra résoudre toutes ces questions relatives au bien, à la vertu, au bonheur des individus et des États comme des particuliers.

Platon est invariable sur ces maximes. Il y revient sans cesse, partout il les applique et par là résout les difficultés; il en tire les conséquences à la vie sociale, politique et individuelle.

La *liberté* morale ou le *libre arbitre* est-elle nécessaire pour constituer la vertu? Ce point très grave de la doctrine platonicienne est loin d'être aussi clair et facile à décider. Par sa gravité, il mérite un examen particulier.

---

[1]. « La vertu, c'est la santé, la bonne habitude de l'âme. Le vice est la maladie. Être vicieux c'est loger en soi le mal et le désordre, dans sa nature intime, au fond de son être, un mal qui doit l'affaiblir, le rendre misérable et finalement le détruire. » (Voy. *Rép.*, X.)

Pour ne pas rompre ici la marche des idées, nous continuons cet exposé de ce qui a trait à la vertu morale.

Si l'on vient à déterminer d'une façon plus précise cette idée et à l'appliquer, il n'y a qu'à considérer l'homme, dans sa nature complexe, dans chacune des parties qui le composent, et dans leur rapport véritable. Or, on le sait, l'homme se compose d'abord de deux natures intimement unies, l'*âme* et le *corps*. L'âme, c'est l'homme même, l'homme véritable. Cette partie divine et supérieure doit commander au corps; le corps doit lui obéir, et jamais ce rapport ne doit être interverti ni changé. (Voir *supra*.) De plus, c'est en vue de l'âme, non en vue du corps, que tout, même dans le corps, se fait ou doit se faire, du moins dans la conduite de l'être moral. Il doit en être ainsi même des actes qui ont pour objet le corps; car c'est l'âme qui est en réalité l'homme, à elle tout doit se rapporter.

Tel est ici l'ordre dont l'observation constante ou habituelle doit constituer la vertu.

Dans l'âme (voir *supra*) elle-même, il y a trois parties distinctes, ayant chacune leur fonction particulière : la *raison* (νοῦς), l'*appétit noble* (θυμός), et l'*appétit sensible* (ἐπιθυμητικον). Ces trois parties de l'âme doivent être dans un parfait accord. Aucun trouble ni désaccord ne doit exister entre elles. Pour cela, le rapport doit être maintenu entre la partie *haute*, la *basse* et la *moyenne*, tel que leur nature elle-même le veut et le prescrit. Jamais la partie basse ou moyenne ne doit usurper la place et le rang de la première, qui seule doit commander. L'empire que celle-ci, la raison, doit exercer sur les autres, doit être constamment conservé. Toutes deux doivent être soumises à la *raison* qui est la *puissance souveraine*. Le *courage* doit lui prêter main-forte, les *appétits* rester soumis à l'une et à l'autre.

C'est là le bon état, l'état naturel de l'âme, ce qui constitue l'équilibre, l'harmonie dans l'être humain.

La vertu dans l'homme, ce sera donc le bien, résultant de cet accord et de cet équilibre. Maintenir cet accord, le rétablir, s'il est violé, sera le but et la règle suprême. Elle sera présente à l'esprit de quiconque voudra s'occuper des affaires humaines, soit privées, soit publiques, du moraliste et de l'éducateur, de l'homme d'État, du législateur, etc.

De plus, puisque chez Platon, comme on l'a vu, il y a non seulement accord, mais à peu près identité entre ces idées, le *bien*, le *vrai*, le *beau*, le *juste*, etc., on doit retrouver partout chez lui comme synonymes ces mêmes termes ou expressions : la vertu et la beauté, le vice et la laideur, la vertu et la justice, l'injustice et le vice. Ainsi, la vertu est l'harmonie en toutes choses, ἀρετὴ ἁρμονία (*Théétète*, 176), ἡ συμφωνία ξυμπασι ἀρετή (*Lois*, 232; *Rép.*, IV).

Ceci est le point de vue moral.

Si on s'élève plus haut jusqu'au principe supérieur d'où le bien ou la vertu dérive, la vertu, au point de vue religieux, sera la *ressemblance* avec Dieu, l'effort constant pour lui ressembler, εἰς ὅσον δυνατὸν ἀνθρώπῳ ὑμοιοῦσθαι θεῷ (*Rép.*, X, 613).

C'est la définition finale, qu'ont admise, répétée et copiée, avec des nuances à peine différentes, les moralistes des écoles idéalistes suivantes, *Aristote* lui-même, les Stoïciens, les Alexandrins et leurs disciples, Plutarque, Cicéron, Sénèque, Marc-Aurèle, etc.

II. LA VERTU ET LE BONHEUR. — Ici reparaît, sous une face nouvelle, cette question, déjà plus haut traitée, du rapport entre les deux idées dont se compose le bien ou le souverain bien (voir *supra*). A la vertu qui est le bien moral est attaché le bonheur. Cela est vrai pour Platon comme pour Socrate. On a vu les différences. De même le *vice* ou la *méchanceté* ont pour conséquence le *malheur*, malheur inéluctable, distinct d'un faux bonheur qui n'est qu'apparent et n'est jamais enviable. Ces idées qui sont partout dans Platon, on ne voit pas qu'il les définisse. Mais la notion est facile à dégager de toute la doctrine et du langage qui l'exprime.

Le bonheur, εὐδαιμονία, c'est la joie intime et profonde qu'éprouve, au dedans de lui-même, l'être raisonnable qui se sent d'accord avec lui-même ou avec le bien, l'essence de sa raison. C'est le *perpetuum et constans mentis gaudium*, tel que le décrivent les moralistes postérieurs, les Stoïciens surtout (Sénèque, *de Vit. beat.*). De cette union intime avec le bien, de la conscience de cette conformité ou harmonie des puissances de l'âme naît cette satisfaction profonde qui est un plaisir pur, sans mélange, calme et désintéressé. C'est ainsi que Platon le décrit (*Philèbe*) et l'oppose aux faux plaisirs, ceux-ci extérieurs, toujours mêlés de crainte, de trouble et d'amertume (*ibid.*, *Rép.*, IX).

Quant au *rapport des deux termes*, l'un, on l'a vu, est le *principe*, l'autre la *conséquence*. Ajoutons que rien n'égale la force de démonstration que Platon donne à ce point de sa doctrine. Il ne permet pas même de supposer que le désaccord soit possible. Il en raisonne, on l'a dit, comme d'une vérité mathématique. Cela lui paraît résulter de la définition même du *bien*, comme de celle de la *vertu* et du *vice*. Il y puise pour sa polémique tous ses arguments. Si la vertu est la santé, le bon état de l'âme; le vice, la maladie, le désordre porté dans la région la plus intime de l'âme, comment concevoir que le bonheur puisse y résider? Comment le malheur ne serait-il pas la conséquence du désordre ou du mal? Il n'y a que la folie des ignorants qui puisse le supposer. Donc l'homme juste vivra heureusement, le méchant misérablement. ὁ δικαίως ἀνὴρ εὖ βιώσται κακῶς δὲ ἄδικος (*Rép.*, I, 353). Demander si l'on peut être heureux en étant vertueux, c'est demander s'il vaut mieux être sain que malade, si on peut être heureux étant malade et s'il vaut mieux être sain (*ibid.*; cf. *Gorgias*, 506). Jamais Platon ne varie sur ce point qu'il affirme avec une assurance imperturbable.

Tout cela sans doute est à la fois dans Socrate et dans Platon, mais ici avec une rigueur et une précision, un enchaînement *logique* que l'esprit et les conversations du maître ne comportent pas. C'est bien le témoignage qu'en donne Aristote. Bien *vivre* et être heureux sont la même chose, τὸ εὖ ζῆν καὶ τὸ εὖ πράττειν ταὐτόν τῷ εὐδαιμονεύειν (*Eth. Nic.*, I).

Mais le point de vue plus élevé de *Platon*, joint à la rigueur *scientifique* de la méthode et du système, donne à sa pensée une valeur théorique, une force et une fermeté que le caractère seul de Socrate ne pouvait lui conférer et lui maintenir.

Cette *identité* exagérée par les Stoïciens est commune du reste à toutes les écoles socratiques. Platon est le vrai théoricien de cette doctrine par eux exagérée.

Ce qui le distingue encore plus, c'est que, comme il a été dit, non seulement il affirme et démontre ce rapport, mais qu'il établit entre les deux termes une *proportion* également nécessaire, également rigoureuse et précise. Celle-ci était bien dans l'esprit de Socrate comme pour le *sens commun* à l'état inconscient; il la tire de son vague habituel et de son indécision qui l'expose à se démentir. Il va si loin qu'il lui donne une forme mathématique et géométrique. Il en fait une sorte de *théorème de géométrie* morale comme on le voit dans le *Gorgias* et dans le livre IX de la *République*. Il établit une gradation et construit une *échelle de biens* et de maux proportionnels. Au nom de la *justice*, cette vertu des proportions et de la mesure, il se plaît à calculer les degrés et à mesurer les distances. Les chiffres et les nombres lui viennent en aide (*ibid.*). L'homme vertueux est-il heureux? Cela est évident. Il l'est d'autant plus qu'il est plus vertueux. L'homme vicieux est malheureux; il l'est d'autant plus à mesure qu'il s'écarte de la vertu et du bien. Le bon sens au fond y croit; la conscience le dit sourdement; mais que de démentis la pratique et la réalité semblent donner à cette vérité, et combien vacillante alors est la croyance humaine!

Platon n'en juge pas ainsi : sa théorie est inflexible autant qu'elle est nouvelle et d'une merveilleuse clarté. En tout et partout il se plaît à la développer et à l'appliquer. Ainsi d'abord il déclare (*Gorgias*) qu'il vaut mieux *souffrir l'injustice* que *la commettre*, que si l'on a fait le mal et commis une faute, il faut *l'expier* et toute la théorie de l'expiation n'a pas d'autre base (*ibid.*). Cela encore ne le satisfait pas. Son besoin de calculer va plus loin. Si cela est vrai pour le *juste* et l'*injuste*, on pourra calculer exactement, selon lui, de combien l'un s'éloigne de l'autre, se rapproche du bonheur ou s'en éloigne à proportion qu'ils sont distants de la justice.

Ainsi, par exemple, le tyran, esclave de ses passions, chez lequel l'injustice est arrivée à son plus haut degré, sera aussi le plus malheureux, précisément parce qu'il fait le mal impunément. Platon va jusqu'à établir ici un calcul géométrique pour le prouver (*ibid.*). Il sera 729 fois moins heureux que le roi, qui est le juste par excellence, c'est-à-dire l'homme qui règne selon la raison et commande à ses passions. On peut y voir l'abus des formules chez un admirateur du pythagorisme.

Ce qui est sérieux, c'est la proportion elle-même, celle d'une justice idéale, que conçoit la raison, supérieure à la justice humaine, qui seule saura rétablir le rapport dans son immuable vérité. Cet idéal, la conscience humaine elle-même n'en reconnaît pas d'autre, c'est pour elle le vrai, la vraie vérité dans l'ordre moral comme dans l'ordre mathématique.

Platon a le haut mérite de l'avoir démontré. Ce rapport, il l'a fait sortir du vague où le sens commun le retient exposé par là à se contredire ou à ne pas le voir. En cela, il est supérieur non seulement à Socrate, mais à tous ses successeurs, à Aristote même dont la morale est loin d'avoir cette clarté précise et cette exactitude, bien qu'il emprunte aussi sa langue quelquefois à la géométrie (*Eth. Nic.*, IV).

Cette thèse favorite de Platon est si bien la sienne que, pour l'établir, il s'y prend de toutes les manières et y emploie tous les procédés de sa méthode : 1° le raisonnement direct ou abstrait; 2° les hypothèses contraires; 3° les analogies et les comparaisons.

Pour ne citer de celles-ci qu'un exemple, l'homme est une sorte de monstre à plusieurs têtes, un assemblage de diverses natures, les unes d'animaux domestiques, les autres de bêtes féroces (*Rép.*, IV).

Prétendre que la pratique de la justice est avantageuse à l'homme, c'est comme si l'on disait qu'il est avantageux de nourrir le lion, d'affaiblir l'homme et de le laisser mourir de faim (*ibid.*, IX).

Ailleurs la même thèse est soutenue au sujet des plaisirs et des différentes sortes de plaisirs; car il y a des plaisirs vrais et des plaisirs faux. Qu'est-ce que le vrai plaisir? N'est-ce pas de se remplir l'âme des choses conformes à sa nature?

Il y a donc trois sortes de plaisirs : 1° les uns grossiers; 2° d'autres plus nobles répondent au θύμος; 3° les autres qui sont les vrais plaisirs sont ceux de la partie haute de l'âme, celle qui est en commerce avec la vertu (*Rép.*, IX).

III. LE MÉRITE ET LE DÉMÉRITE. SANCTION DE LA MORALE. L'EXPIATION. — La théorie du mérite et du démérite chez Platon est plutôt implicite qu'explicite. Elle n'est pas, comme elle devrait l'être, nettement formulée ni rattachée à son vrai principe, le libre arbitre, la liberté morale, le point faible du système. Mais la sanction morale est partout, comme on l'a vu pour l'idée de la justice, hautement proclamée et enseignée. La vraie théorie est celle de l'expiation ou de la peine.

Le principe est que, si le bonheur est uni à la vertu par un lien nécessaire, le malheur l'est aussi à l'injustice ou au mal. Il l'est des deux manières : 1° comme conséquence nécessaire du mal ; 2° mais la douleur a un autre rôle ; elle n'est pas moins nécessaire comme *expiation*, c'est-à-dire comme dette à payer à la justice absolue ; 3° elle l'est également comme condition du retour au bien chez celui qui s'est rendu coupable. C'est pour lui le seul moyen de rentrer en grâce avec la loi, d'effacer la faute, de se délivrer du mal et de se purifier. De là l'idée du châtiment ou de la *peine*, telle que le moraliste doit l'envisager, c'est-à-dire selon son essence. Ce point est capital ; on doit s'y arrêter.

La punition, nous dit Platon (*ibid.*), a pour effet d'abord de payer une dette à la justice absolue, et par là elle est dans l'ordre éternel des choses. De plus, elle a pour effet la réintégration du coupable dans l'ordre dont il s'est écarté. C'est à la fois un tribut payé à l'ordre et une réhabilitation, une purification que la peine opère, la délivrance du mal dont l'âme est atteinte, sa guérison. Aussi est-elle dans l'intérêt du coupable lui-même. La persévérance dans le mal est le sceau mis à la perversité. Un bonheur apparent au sein de l'impunité, cette prospérité trompeuse est le plus grand des maux.

Le moraliste emploie pour exprimer ses idées les expressions les plus fortes [1]. Il exagère même, car il en conclut que le coupable, loin de vouloir éviter le châtiment, doit aller

---

1. « Tu ne savais pas, Calliclès,... » (fin du *Gorgias*).

au-devant. L'avocat, au lieu d'essayer de soustraire le coupable à la justice, doit employer son éloquence à lui persuader de se présenter lui-même au juge et d'implorer la peine. A cette théorie, fausse au point de vue judiciaire, mais moralement vraie et presque chrétienne, que manque-t-il encore à elle-même par ce côté? L'essentiel, le *repentir*, ou le remords qui reste ici dans l'ombre (*Gorgias*). On verra pourquoi (*Libre arbitre*).

IV. DE L'ORDRE DES BIENS. — A cette partie de la morale platonicienne qui traite de la vertu et du bonheur, peut se rattacher comme complément ce qui est dit ailleurs (*Lois*, II, 631) de l'ordre des biens, τὰ ἀγαθά, c'est-à-dire des avantages que procurent les divers éléments dont se compose le souverain bien.

Platon y distingue les *biens temporels* et les *biens spirituels*, les uns relatifs au corps, les autres qui sont inhérents à l'âme. Des premiers on compte ordinairement quatre : ὑγίεια, κάλλος, ἰσχὺς καὶ πλοῦτος, 1° la santé, 2° la beauté, 3° la force, 4° la richesse. Il ne les exclut pas ; mais il les déclare à peine des biens. Du moins prétend-il qu'ils ne sont tels que pour les bons ou les justes qui savent les employer ; mais il soutient, ce que le stoïcisme plus tard redira, que ce sont pour les méchants des maux, non des biens. Ainsi la jouissance de ces biens est avantageuse à ceux qui sont justes et saints ; mais ils se tournent tous en véritables maux pour les méchants. Il va jusqu'à dire que « le plus grand de tous les malheurs pour un homme serait d'être immortel et de posséder tous les autres biens hormis la vertu » (*ibid.*), et qu'en cela, plus sa vie serait courte, moins il serait à plaindre (*ibid.*); car, dit-il, je le déclare nettement, ce qui passe pour un mal dans l'idée du vulgaire est un bien pour les méchants et n'est un mal que pour les justes ; au contraire ce qui est réputé bien n'est tel que pour les bons et est un mal pour les méchants (*ibid.*).

Le stoïcisme ne fera qu'exagérer ces belles maximes, ici d'une haute et éternelle vérité.

Comme complément à cette théorie de la vertu, il convient d'ajouter ce que Platon, en conformité avec ce qui a été dit de la certitude et de la vérité en général au point de vue spéculatif (177, sqq.), a soin de faire remarquer au sujet de la *conscience morale*, de l'*universalité* et de l'*uniformité* de ses jugements où il s'agit de la vérité pratique.

L'objection sans cesse renouvelée de la diversité et de la variabilité dans la manière d'apprécier la conduite des hommes et les actes humains y a sa réponse péremptoire. On peut affirmer d'ailleurs que jamais ni Platon ni Socrate n'eussent admis la validité de la distinction, depuis établie (Kant), de la raison *théorique* et de la raison *pratique*, si éloignée de l'esprit du platonisme. Chez l'un et l'autre la vérité ne se scinde pas ; la raison ne se dédouble pas. Tous les êtres raisonnables, capables de distinguer le vrai du faux, le bien du mal, en jugent de même. La vérité morale est la même pour tous. Il suffit qu'elle leur soit offerte dans sa pureté et sa simplicité. Il en est ici comme de la connaissance scientifique et de ses axiomes. Malgré la différence des opinions qui divisent les hommes et les causes qui produisent cette diversité, l'accord subsiste. Il se retrouve dans les paroles et dans les jugements que la vue de la justice ou de la vérité met sur les lèvres humaines là où elle est manifeste. Ceux-là même qui devraient la nier et y sont le plus intéressés, eux-mêmes l'affirment et la reconnaissent. Nul être humain n'est et ne peut être indifférent ni insensible au charme de sa beauté. Il en est ainsi des hommes les plus pervers. Eux aussi savent très bien la discerner de ce qui n'est pas elle.

Le scepticisme moral y a sa réfutation la plus directe et la plus palpable. Le caractère, la conduite, le degré d'ignorance et de perversité n'y font rien. L'hommage qui lui est rendu par la bouche des méchants eux-mêmes en est la preuve irrécusable. Le passage, depuis souvent cité, mérite d'être rappelé. « Les hommes méchants et vicieux, dit Platon, ne se trompent pas autant dans le jugement qu'ils portent sur la vertu des autres qu'ils sont éloignés de la pratiquer eux-mêmes. La vertu a je ne sais quel caractère divin qui ne permet pas même aux scélérats de la méconnaître ; de sorte qu'une infinité de personnes, malgré l'extrême corruption de leurs mœurs, savent faire dans leurs discours et dans leurs jugements un discernement exact des gens de bien et de ceux qui ne le sont pas [1]. (*Lois*, XI.)

La conséquence qu'en tire le moraliste, non moins d'accord avec sa doctrine entière, est celle-ci. « Aussi faut-il faire beaucoup de cas d'une bonne réputation; mais le meilleur, le plus important est de commencer par acquérir la vertu et de n'en rechercher la réputation qu'à cette condition. Jamais celui qui aspire à être un parfait honnête homme ne sera jaloux de passer pour être vertueux sans l'être. » (*Ibid.*)

L'accord ici de la théorie avec ce qui a été dit plus haut, dans la polémique, de la vertu désintéressée, indépendante de l'opinion vulgaire (chap. I), est manifeste.

1. Sénèque, *de Benef.*, IV, 17 : « Etiam qui non sequuntur illam vident... adeoque gratiosa virtus est ut insitum sit etiam malis probare meliora. » — Cic. *de Off.*, II, 11 : « Quin etiam leges latronum esse dicuntur quibus pareant, quas observent. » — *Ibid.*, ch. 11 : « Quum igitur tanta vis justitiæ sit ut ea etiam latronum opes firmet atque augeat. »

CHAPITRE IV

QUESTIONS SUR LA VERTU
LE LIBRE ARBITRE

I. La vertu et la volonté libre. — Le libre arbitre. — Importance de la question ; comment elle doit être traitée. — I. Aperçu général de la doctrine. — Maximes qui la représentent. — Identité de la science et de la vertu. — La vertu est une science. — Toutes les vertus sont des sciences. — On ne pèche que par ignorance. — Conformité de la doctrine socratique et platonicienne. — Celle-ci plus compréhensive et systématique. — Points nouveaux qu'elle renferme. — Conséquences qu'ils entraînent. — Deux sortes de vertus : philosophique et démotique. — De la vertu commune ou d'opinion. — En quoi consiste, à ce point de vue, la liberté. — II. Examen plus spécial de la théorie de Platon. — Analyse de la volonté. — Ce qu'est pour Platon la volonté : 1° sa définition ; 2° la délibération ; 3° le choix ou assentiment ; 4° l'action volontaire. — Le libre arbitre nulle part clairement désigné. — La spontanéité dans les actes ; absence de l'élément qui constitue la vraie personnalité. — III. Preuve par les conséquences. — Coup d'œil sur les principales. — Conclusion. — IV. Platon est-il fataliste, déterministe, etc.? — La critique de Platon par Aristote.
II. La vertu peut-elle s'enseigner? — Double solution. — Manière de concilier les propositions contraires non contradictoires.
III. L'unité et la pluralité des vertus. — Même solution conforme à la méthode platonicienne à la fois métaphysique et morale.

I. La liberté morale et le libre arbitre. — De toutes les questions qui, à propos de la vertu et des sujets qui s'y rattachent, apparaissent dans les écrits de Platon, mêlées à la polémique ou en divers endroits de la théorie, la plus importante, sans contredit, est celle qui a trait à la *volonté libre* de l'homme et au *libre arbitre*, cette condition première de la moralité.

On peut dire qu'à ce titre, elle prime toutes les autres. Explicite ou implicite, la solution qui en est donnée, rayonne dans toutes les directions de la science des mœurs : la morale proprement dite, la politique, la législation, l'éducation, etc.

Les autres questions, elles aussi souvent débattues déjà par Socrate (Xénoph., *Mém.*, III, 9), et qui reparaîtront plus tard dans les écoles (Stoïc., Acad.), si la vertu peut s'*enseigner* (*Ménon, Protag.*), de l'*unité* et de la *pluralité* des vertus (*ibid.*), sont à côté d'un intérêt secondaire. Faciles d'ailleurs à résoudre, si elles sont comprises selon l'esprit du système, on leur doit une attention particulière proportionnée à leur importance.

Avant d'exposer ce qui est, sur le point le plus grave, la doctrine platonicienne, il est bon de faire observer qu'elle est antérieure aux débats qu'un tel sujet depuis a provoqués et sur lequel sont loin encore de s'entendre les moralistes des diverses écoles.

Il ne faut donc pas s'attendre à y trouver la clarté précise et l'homogénéité d'une théorie formulée au cours de ces discussions et qu'a dû précéder l'analyse. Platon, d'ailleurs, nulle part n'a directement abordé le problème. Sa doctrine est plutôt implicite, éparse et fragmentaire que formelle et régulière. Elle a droit à être traitée en conséquence, non avec la rigueur logique qu'exige une théorie véritable. Platon est-il *fataliste, déterministe, prédéterministe, nécessitariste*, etc.? Il faut oublier ce langage moderne et se placer au point de vue du philosophe, disciple de Socrate, étranger à tout le mouvement de la pensée dans les siècles suivants.

En second lieu, bien que ce qui est ici de Socrate et ce qui est de Platon soit très intéressant à distinguer, nous pensons qu'il ne faut pas trop s'appesantir sur les différences, mais plutôt faire ressortir les ressemblances, d'autant plus qu'il est très difficile de marquer d'une manière bien précise, ce qui est vraiment socratique et platonicien. Qui peut dire, en effet, du *Protagoras*, par exemple, dialogue réputé socratique, et de la jeunesse de l'auteur, s'il est pris comme point de départ, que Socrate y soit bien partout lui-même et que le disciple s'y soit complètement effacé? Pour nous, qu'un examen aussi délicat, en ce qui est le point essentiel, laisse libre, sinon indifférent, nous nous bornerons à ce qui est clair et d'une véritable importance en ce qui concerne cette partie de l'éthique platonicienne [1].

Le vrai moyen aussi, selon nous, d'y voir clair et de se préserver de toute opinion trop systématique, c'est encore moins le rapprochement des textes (ce qu'il est très bon de faire) et leur interprétation, qui peut être plus ou moins arbitraire, même en s'appuyant du témoignage d'Aristote (*Eth. Nic.*), que d'avoir sous les yeux l'ensemble de la doctrine et la théorie qui sert de base au système, de se conformer à ce qui en est le véritable esprit. Un autre *criterium* non moins sûr, ce sont les conséquences que Platon lui-même a tirées de sa manière de voir dans l'application qu'il fait du principe à toutes les autres parties de l'éthique ou de la science des mœurs (la politique, la législation, etc.). Telle est la règle qui doit nous servir de guide là où la divergence des opinions qui prouve combien le sujet est délicat (Ed. Zeller, Teichmüller) exige que l'on soit très réservé dans les affirmations sur l'ensemble de la doctrine totale et les contradictions dont l'histoire de la philosophie, même chez les plus grands penseurs, offre si fréquemment l'exemple.

I. — Si l'on se demande ce qu'est, en aperçu, la doctrine de Platon relativement à ce problème de la *liberté morale*, il est aisé de la concevoir et de la comprendre d'après tout ce qui précède, de la partie spéculative aussi bien que pratique du système, de la dialectique et des idées, de la théorie de la connaissance, de l'amour, et de la physique même, en particulier de la psychologie, dont les traits principaux ont été plus haut retracés.

Platon, comme dialecticien, a foi dans la toute-puissance de l'idée. La science de l'idée, de l'idée du *bien*, l'idée souveraine (129), n'est pas seulement une science, μέγιστον μάθημα (*ibid.*), elle est aussi une force et cette force est irrésistible.

[1]. Nous rendons pleine justice à M. Fouillée, qui a longuement traité ce sujet (*Phil. de Platon*, 1 vol.; *Phil. de Socrate*, 1 vol.; *Thèse sur le premier Hippias*). Il y a montré son savoir et sa sagacité ordinaires. Mais nous ne saurions souscrire à tous ses jugements, qui nous paraissent quelquefois un peu subtilement motivés.

La vue du bien, pour celui qui est arrivé à le contempler, entraîne nécessairement l'amour (192), un amour pur et désintéressé [1]. Elle doit aussi déterminer sa volonté, obtenir son adhésion; celle-ci doit la prendre pour règle de tous ses actes. Celui qui voit le beau et le bien, qui les voit clairement, qui distingue le bien du mal, ne peut pas ne pas et en tout le pratiquer. Ce qui a été dit plus haut de l'intelligence dans son rapport avec la vérité, de l'amour au degré supérieur où l'esprit est admis à contempler la véritable beauté (203), s'applique également à sa volonté, que Platon ne distingue pas elle-même de la raison quand il n'en fait pas une forme du désir (*infra*).

L'identité de la *vertu* et de la *science* en est la conséquence.

Cette identité, que Socrate avait proclamée, pour Platon n'existe pas moins.

Lui-même partout l'admet dans ses écrits aussi bien platoniciens que socratiques. Les maximes qui la formulent d'abord chez le maître, que Xénophon a consignées, dans ses *Mémoires* et qu'Aristote reproduit (*Eth. Nic.*, III) se retrouvent chez le disciple. Socrate ne distinguait pas la vertu de la sagesse, σοφίαν δὲ καὶ σωφροσύνην οὐ διώριζεν (*Mém.*, III, 9), etc., πᾶσα ἀρετ" σοφία ἐστι. (*Ibid.*) « Il pensait que toutes les vertus sont des sciences. » (Arist., *Eth. Nic.*, VI, 101. Cf. *Eth. Eud.*, I.) Selon lui, on ne pèche que par ignorance, δι' ἄγνοιαν.

Cette doctrine, qu'avec raison critique Aristote, malgré la vérité qui y est contenue, à laquelle il substitue une autre plus vraie (*ibid.*), Platon l'adopte lui-même. S'il y met ensuite des restrictions, il en admet le principe; sous ce rapport, disons-nous, il ne diffère pas de son maître. Il serait plutôt disposé à renforcer ce point de sa théorie chez lui plus systématique.

Tel est le principe. Sur ce principe, les deux philosophes sont d'accord. Mais Platon a un système. Tout exclusif qu'est ce système, il est plus compréhensif que la doctrine à peine ébauchée de Socrate, qui d'ailleurs lui aussi, dans la pratique

---

[1]. « Tanquam faciem honesti vides, quæ, si oculis cerneretur, incredibiles amores, ut ait Plato, excitaret sapientiæ. » (Cic., *de Off.*, I, 5.)

et la théorie, ne se fait pas faute de se contredire (voyez *Phil. anc.*, p. 142).

Quant à Platon dans la partie spéculative, soit dialectique, soit physique, en ce qui concerne : 1° la connaissance humaine, 2° l'âme et ses facultés, sont contenus des éléments qui, transportés de la théorie dans la pratique, changent la face du problème et en modifient la solution.

1° Comme son maître Socrate, Platon rapporte la vertu à l'intelligence; mais dans la *connaissance* il distingue deux formes ou degrés : la *science* et l'*opinion* (*supra*, 65), elle-même *raisonnée* ou non *raisonnée*. Il y a l'opinion *droite* et l'opinion *fausse*, dont les causes varient et les sources sont différentes (*ibid.*).

2° L'âme a trois facultés : la raison, la sensibilité, et un intermédiaire, entre l'une et l'autre, le *courage* ou le θυμός, en qui réside l'énergie *courageuse*.

L'opinion pour lui est le *bon sens* ou la *raison commune*, sujette à l'erreur, mais aussi capable de connaître la vérité, de la discerner et de se laisser guider par elle. Elle a la part la plus grande dans la vie des hommes. C'est d'après elle que jugent et agissent, que se dirigent la plupart d'entre eux dans la vie soit privée, soit publique. La science est réservée au petit nombre, qui encore imparfaitement la possèdent; ceux-ci sont les philosophes (*supra*, 66).

Partout ailleurs que dans la science est le règne de l'opinion raisonnée. C'est elle qui préside, qui délibère, conseille et décide sur les plus graves intérêts dans les assemblées. La sagesse des hommes d'État, des législateurs, etc., est la sienne. C'est par elle que l'on réussit ou que l'on échoue dans les grandes comme les petites entreprises. Elle se nomme habileté, laquelle se distingue de la maladresse et de l'inhabileté, comme l'expérience de l'inexpérience, dans les arts, etc. Les hommes, même les plus admirés dans l'histoire, n'en ont pas d'autre (voyez *Gorgias, Théétète, Ménon, Protagoras*). — La science est d'autre nature et elle a d'autres conditions. (*Ibid.*)

Cela étant, il y aura aussi deux sortes de *vertus*, une vertu identique à la science, supérieure à l'opinion, et une vertu inférieure intermédiaire entre l'une et l'autre, vraie souvent mais sujette à se tromper, changeante, variable et flottante, sujette aussi à faillir, à s'égarer, à donner dans les plus grands écarts. La première est infaillible et impeccable. A elle se conforme toujours la volonté. Celle-ci ne peut vouloir que le bien, et dans la mesure du possible s'efforce de le réaliser. Elle résulte, on l'a dit, de la vue claire et distincte du bien dans son principe et dans ses conséquences. C'est la vertu *philosophique* distincte de la vertu ordinaire ou vulgaire, de la vertu *démotique*.

Quoiqu'exposée à faillir cette dernière n'est pas moins excellente, très louable et méritoire, digne même d'être souvent admirée. Seulement, comparée à l'autre, elle pâlit et s'éclipse. Platon n'a pas de termes assez forts, empruntés à sa langue métaphysique, pour marquer cette différence et la supériorité de la première sur la seconde. « S'il se rencontre au milieu des hommes ignorants d'eux-mêmes, quelque homme qui se rende compte des principes de la vertu, il sera comme Tirésias au milieu des ombres. » (*Ménon*, 285. Cf. *Phédon*, 7.)

Il y a donc une vertu, dont la vertu d'opinion n'est que l'ombre : celle qui a pour elle la science et s'identifie avec elle. En elle aussi réside la vraie *liberté*. Seulement cette liberté, qu'est-elle ? Ressemble-t-elle à ce qui est pour nous le libre arbitre, cette liberté toute humaine, laquelle fait aussi le bien, mais enveloppe la possibilité de faire sciemment le mal ? n le verra plus loin.

A ce point de vue, tout s'explique : ce qui est de cette théorie se conçoit aisément. Ainsi la *sagesse*, σοφία, comprend toutes les vertus. Sans la sagesse toutes sont inutiles ou insuffisantes. Avec la sagesse elles deviennent excellentes et salutaires. La science qui a pour objet l'être immuable, les rapports universels des choses ne peut se rencontrer dans une âme sans attirer à elle le cortège de toutes les vertus [1]. La science n'est point ce que croient la plupart des hommes. Ils pensent que la force lui manque et que sa destinée n'est pas de *commander* à l'homme.

Quiconque aura la connaissance du bien ne pourra jamais

---

[1]. Voyez P. Janet, *Hist. de la phil. mor.*, liv. I, ch. II.

être vaincu par quoi que ce soit et fera ce que la science ordonne, ἡ ἐπιστήμη οἷον ἄρχειν τοῦ ἀνθρώπου (*Protagoras*, 352). Les attraits de la volupté n'auront aucune prise sur lui.

Comment celui qui vit sans cesse par la raison avec la vérité n'aurait-il pas l'amour de la vérité et la haine du mensonge? Comment ne serait-il pas tempérant, courageux, etc.? (*Rép.*, VI, 276.) — L'opposé de la vertu, c'est le vice, la méchanceté, l'injustice. Il faut donc admettre que le vice a sa source principale dans l'*ignorance*. On ne pèche que par ignorance.

Platon ne varie pas plus que son maître sur ces maximes, c'est là le système. La théorie de la connaissance, de la certitude, etc., et celle de la volonté sont d'accord et homogènes. Toute faute est avant tout une erreur de l'esprit, y a sa source première.

La manière d'entendre et de définir la *liberté* au point de vue psychologique, n'est pas moins conséquente. L'âme est double : rationnelle et irrationnelle. Celle-ci elle-même se compose de deux parties dont l'une, supérieure à l'autre, représente ce qu'il y a de noble dans la nature sensible (le θυμός).

En elle réside l'énergie ou réside le courage. Dès lors, la liberté qu'est-elle? où est-elle? Platon répond : la vraie liberté est avec la raison. Elle est aussi dans l'énergie courageuse qui sait s'y conformer (*Rép.*, IV), qui ne cède pas à l'appétit inférieur, aux instincts et aux passions de la nature sensible. Mais celui-là seul est libre qui agit raisonnablement. Le contraire entraîne l'*esclavage*. N'être pas libre, c'est être esclave de la partie inférieure, et aveugle, δουλεύειν (*Lois*, IX). C'est être aussi inférieur à soi-même; car notre essence est la raison.

Ces maximes sont fort belles, une grande part de vérité y est contenue; mais en tout ceci, on ne voit pas où est le libre arbitre, si même il existe; pour le savoir il faut se livrer à un autre examen.

En résumé, la science est souveraine. Elle est omnipotente; elle l'est pour nous faire produire des actes conformes au bien et à l'ordre; son action est irrésistible. Lorsque la vue du bien est claire et sans obscurité, nous ne pouvons pas ne pas agir conformément à l'idée que nous en avons. Si nous n'apercevons pas le bien, c'est que notre esprit est offusqué par quelque cause qui nous dérobe sa vue, que quelque fausse apparence de vérité, de bonté, nous séduit. Bref, c'est que nous ignorons ce qui est véritablement notre bien. L'ignorance, l'erreur sont les deux causes du mal, de l'injustice parmi les hommes. Le mal volontaire, le vice sont des actes involontaires.

II. — Si sortant de ces généralités où la métaphysique a la plus grande part, on veut davantage préciser ce qui est le point principal, savoir au juste ce qu'est la doctrine de Platon sur la volonté et le *libre arbitre*, il faut, descendant sur le terrain *psychologique* et procédant par analyse, confronter cette doctrine avec les faits qu'elle est censée représenter, et qui entourent le phénomène de la volonté où la *liberté morale* est comprise.

Et d'abord si l'on se demande ce que Platon entend par volonté, il n'est pas aisé de le dire, car lui-même varie sans cesse. La confusion est partout dans sa langue et dans ses idées. Lui-même finit par être embarrassé et se contredire. On voit jusqu'à quel point l'esprit systématique est capable d'altérer la lucidité du regard chez un aussi grand penseur, intéressé à voir ce qui est d'accord avec son principe, à nier ce qui s'en écarte ou le contredit.

Ainsi en est-il, par exemple, de la distinction par lui établie dans le IXe livre des *Lois* entre les actes *volontaires* et les actes *involontaires*, de la discussion engagée sur ce point au sujet de la pénalité et qui reste vague, pleine de confusion et de subtilité.

Ce point capital doit être élucidé.

1° L'acte de vouloir, pour Platon, en réalité, qu'est-il? Cet acte, tel qu'il le définit, c'est la tendance naturelle au bien. Cette tendance qui nous porte à vouloir toujours notre bien, elle est fatale. La liberté ne peut être que dans les moyens qui sont les actes. On ne peut vouloir que son bien ou ce qui le paraît, ce qu'on croit être tel. Mais il y a ici une équivoque que Platon lui-même ailleurs admirablement réfute et dissipe. Il y a deux sortes de bien qui sont toutes deux des fins : le bien véritable, absolu, le bien en soi, identique à l'ordre général (*supra*), et le bien relatif, partiel, souvent égoïste : l'agréable et le bien. Cette distinction qui remplit le *Gorgias*, et d'autres dialogues, est capitale (*supra*). Platon paraît ici l'oublier.

Quoi qu'il en soit, cette tendance, fatale ou naturelle, au fond, c'est le désir; vouloir et désirer, ἐθέλειν, ἐπιθύμειν, pour Platon sont synonymes. C'est ce que le sophiste Protagoras (*Protag.*) distingue très bien (quoique ce soit contraire au sensualisme de sa doctrine). Socrate en contraire et Platon les confondent. Ce qui donne le beau rôle au sophiste en ce sens partisan du libre arbitre (*ibid.*).

2° Avant de vouloir et d'agir, l'homme délibère. La *délibération* qui consiste à peser des motifs, à en mesurer la valeur, qu'est-elle? Peser, c'est juger. Elle appartient tout entière à l'intelligence. La puissance délibérative, le τὸ βουλευτικόν, relève de la raison, λογιστικον.

3° Elle se détermine par des motifs. Ceux-ci sont de deux sortes : les uns rationnels, les autres irrationnels, les uns d'ordre supérieur, les autres inférieurs que fournit la sensibilité.

En cela, si l'on demande ce que fait ici le θυμός, ce pouvoir intermédiaire, il serait difficile de le dire. On ne sait trop ce que Platon en pense; sa pensée reste vague. Nulle part il ne s'explique clairement (voyez *Rép.*, IV). Le θυμός, l'appétit noble, le courage, doit se conformer à la raison. C'est son rôle; mais il prend parti aussi tantôt d'un côté, tantôt de l'autre. Il semblerait qu'il constitue la volonté libre; Platon ne le dit pas. Tout au plus on peut dans ce qu'il dit voir la spontanéité, l'activité spontanée intérieure, mais non le pouvoir de se posséder, de se déterminer par soi-même. Comme la δόξα, il cède ou il obéit à la raison et la seconde, ou il se laisse entraîner et il cède. C'est ici le point capital, sur lequel Platon ne s'explique pas. Mais poursuivons.

4° Le *choix* ou l'*assentiment*, αἵρεσις, que donne la volonté, est-il libre? On est ici comme sur le seuil de la liberté. Platon n'est pas plus clair, et reste dans l'équivoque, ce qui ne l'empêche pas d'être affirmatif. Le choix, selon lui, sera libre ou *volontaire*, si c'est la raison qui le détermine. Il sera non libre ou *involontaire*, si c'est la passion. (*Ibid.*)

Il répétera ses maximes : L'homme est victorieux ou vaincu selon..., etc. (*supra*).

C'est éluder. Victoire ou défaite, l'agent moral, qui, après avoir délibéré, se résout, est-il libre dans sa résolution ou déterminé? Rien de plus vague. Il est déterminé; du moins le système le veut.

L'homme, dit Platon, ne peut choisir que son bien, ce qu'il croit être pour lui le meilleur. S'il est éclairé, son choix sera guidé par la raison; s'il choisit mal, c'est qu'il est ignorant. Dans le premier cas, il est libre, dans le second, esclave. On ne pèche que par ignorance. Personne ne fait le mal volontiers. On n'est pas injuste volontiers, οὐδεὶς κακός μὲν γὰρ οὐδεὶς ἑκών. (*Tim.*, 86; *Lois*, V, 330.) La science du bien seule est souveraine, en elle réside la liberté véritable.

Et toutefois lui-même voit autre chose. Mis en face de cette situation où l'homme voit clairement ce qu'est le bien et ce qu'est le mal, appelé à se décider, il choisit et fait mal. Comment le fait-il? librement ou non? Platon ne se déjugera pas.

Pour lui l'ignorance sera la cause du mal. Il y a plus, il l'appellera : l'ignorance la plus grande, ὁμαθία ἡ μεγίστη (*Prot.*, 357). Le passage est à citer : « La plus grande ignorance est lorsque, jugeant qu'une chose est belle et bonne, au lieu de l'aimer, on en a de l'aversion, et, encore, lorsqu'on embrasse ce qu'on reconnaît mauvais et injuste. » (*Rép.*, 276 et sqq.; *Lois*, III, 305.) Ainsi Platon touche au libre arbitre qu'il a sous les yeux. Loin de le reconnaître, s'il ne le nie, il le transforme. Il n'a qu'un mot, l'ignorance. Qualifier d'ignorance ce qui est clairement aperçu comme beau et bon (*video meliora proboque, deteriora sequor*), n'est-ce pas pur sophisme? Autre confusion, autre équivoque. Qu'est-ce que la liberté dans Platon? c'est agir conformément au bien et à la raison; être vaincu par le plaisir, c'est la servitude.

— Très bien! mais ne peut-on se créer soi-même cette servitude, se rendre volontairement esclave? Et cela par mauvais vouloir, par lâcheté, par faiblesse. La volonté libre n'y est-elle pour rien? L'homme doit rechercher ce qui est avantageux, fuir ce qui est désavantageux ou nuisible. Cette recherche ou cette fuite, φυγή, est-elle libre? Pas de réponse, ou la réponse est toujours la même : la méchanceté n'est jamais volontaire, οὐχ ἑκὼν ἄδικος, ἀλλὰ ἐλεεινός μὲν πάντως ἄδικος (*Lois*, V, 731).

On devient méchant par une mauvaise disposition du corps ou de l'âme, une mauvaise éducation, etc. (*Timée.*) Cela est parfaitement logique, d'accord avec le système.

A côté de cela Platon, il est vrai, le dit souvent et le répète : l'homme doit *se commander à lui-même*. Sans cesse il parle de cet *empire sur soi*, qui est la sagesse. Cette vertu de l'ἐγκράτεια que son maître Socrate a si bien pratiquée, il la reconnaît et la vante. Belles maximes, admirables exemples! mais non pas moins en contradiction avec la doctrine, etc. Se commander à soi-même, dira-t-il, c'est être raisonnable; la partie supérieure doit commander à l'inférieure, la soumettre, etc. C'est la vraie liberté.

La conclusion est que nulle part, dans cette belle doctrine n'apparaît la libre détermination qui est l'attribut essentiel de la volonté humaine et constitue la vraie personnalité. Ce qui fait l'être moral, c'est la libre possession de soi, le choix libre entre des motifs d'après lesquels on se détermine, mais qui ne déterminent pas. Là réside la vraie personnalité, base essentielle de la moralité.

Platon ne dira pas moins : « L'âme agit toujours en vertu de son activité propre, elle est αὐτοκίνητον » (*supra*, 248); que ce soit par des causes intérieures ou extérieures. Il dirait aussi qu'elle est autonome, comme il en est de la raison (*supra*).

Mais cela ne fait rien. Cette *spontanéité* propre (Leibniz) n'est pas la vraie liberté; sollicitée au dedans ou au dehors, elle est toujours déterminée. Elle l'est : 1° par la vue du bien dont l'effet sur elle est irrésistible; 2° par les passions auxquelles elle cède et qui l'entraînent au mal. Elle choisit pourtant. Elle donne son assentiment; mais cet assentiment est-il libre? Non, car il vient de ce qu'elle opine bien ou mal, ou se décide par ignorance. Elle se trompe : nul n'est méchant volontairement et de son plein gré.

III. — De tout ceci, la preuve évidente bien qu'indirecte est dans les applications à toute cette partie du système. Il n'y a qu'à suivre le principe dans ses *conséquences*. La vertu, c'est la santé de l'âme; le vice, c'est la maladie (*Timée*). Mais la santé est une suite des conditions physiques ou morales indépendantes de la volonté des individus. Sur ce point Platon en plusieurs endroits peut se contredire; ce n'est pas moins sa doctrine. Partout sous ce rapport l'âme est assimilée au corps, les maladies de l'âme à celles du corps (*Timée*). De là toute sa théorie de la *pénalité* (*Lois*, IX).

La peine est un remède, une guérison, le but : la prévention, l'intimidation (*Lois, infra*). L'*expiation* dont Platon donne une si belle théorie (*Gorgias*) est conçue dans le même sens et par là très imparfaite. C'est le côté faible du système; il faut savoir le reconnaître. Nulle part n'apparaît la vraie *personnalité*, fruit de la vraie liberté, qui entraîne la *responsabilité*, l'*imputabilité*, principe du *devoir*, base du *droit*, etc.

Ainsi le coupable paie sa dette à la justice; il est guéri ou retranché de la société (*Rép., Lois*).

Le remède vient du dehors, non du dedans. Le médecin des âmes, c'est le législateur, le magistrat, le juge. Il ramène le coupable par la persuasion; mais aussi il emploie la force; il guérit par la douleur, par le fer et par le feu, et retranche le membre incurable. La réhabilitation ne se fait toujours pas par le coupable lui-même, son libre repentir, l'énergie propre de sa volonté. L'éducation a aussi la part principale. Le grand moyen, c'est d'éclairer, d'instruire. Il est excellent, mais ne suffit pas. Toute la théorie de la pénalité est empreinte de ce caractère. Le mérite et le démérite en réalité n'existent pas; car pour mériter, il faut vouloir, se créer soi-même en quelque sorte. Se faire ou refaire, du moins en partie, soi-même; le peut-on? Là est l'être moral.

Toutes ces vérités supérieures, Platon les exprime souvent lui-même en un fort beau langage; mais elles sont en dehors de sa doctrine, et rigoureusement devraient en être exclues.

Le défaut de liberté véritable dans la volonté et dans les actes, aux yeux d'une logique rigoureuse et conséquente, devraient l'en bannir. Ainsi pour y revenir, dans le patient comme dans l'agent, on ne voit pas le retour au bien par un acte de libre volonté, de conversion volontaire; nulle part la vertu du repentir, du remords, n'est préconisée ni même indiquée. C'est le côté faible de cette grande doctrine en cela très inférieure à la morale chrétienne, inférieure même sur ce point à celle d'Aristote qui en a fait la critique (*Eth. Nic.*, III; *Eud.*, I), et dont l'analyse de la volonté et des actes libres marque un progrès très grand dans l'histoire des idées morales.

IV. — Platon, direz-vous, est donc *fataliste* ou au moins *déterministe*. On le répète. (*Stegger*, *Teichmüller*.)

Le mot serait dur appliqué à un si grand moraliste. Pour nous nous avons à redire ici ce qui a été dit ailleurs de Socrate (*Phil. anc.*, 144). Ces dénominations de fataliste, de panthéiste, de déterministe sont des anachronismes. Elles ne conviennent qu'aux philosophes qui depuis ont clairement compris et formulé ces doctrines, et en ont vu et accepté les conséquences (*Hobbes*, *Spinoza*). Platon ne peut être rangé dans cette catégorie. Ce serait demander à la raison humaine, aux plus grands génies, qu'ils fussent toujours d'accord avec eux-mêmes. Platon qui continue Socrate a sa thèse favorite à soutenir et à défendre. Il est conséquent quand il la soutient. Il ne l'est plus quand, interprète véritable de la conscience humaine, il se trouve en face des grandes vérités que le *libre arbitre* seul peut expliquer et rendre possibles.

Ce qu'il y a de sûr, c'est que ces conséquences qu'aujourd'hui on tire de son système, il ne les a pas aperçues. Il est permis de croire que, s'il les avait vues, il les eût hautement désavouées. Il aurait, comme l'a fait Kant, avant lui Leibniz, cherché à lever les contradictions que, sur ce point, nous offre son système.

Les contradictions, en effet, elles sont nombreuses. Les passages où Platon reconnaît formellement ou virtuellement le *libre arbitre* sont toujours cités et méritent ici de l'être.

La vertu n'a point de maître, ἀρετὴ δὲ ἀδέσποτον : elle s'attache à qui l'honore (*Rép.*, X). L'homme est responsable de son choix. Dieu est absous, θεὸς ἀναίτιος (*ibid.*).

Ce passage est confirmé par beaucoup d'autres où le libre

arbitre est affirmé sinon démontré. « Mais il a laissé à la disposition de nos volontés les causes d'où dépendent les qualités de chacun de nous; car chaque homme est d'ordinaire tel qu'il lui plaît d'être suivant les inclinations auxquelles il se porte et le caractère de son âme. » (*Lois*, X, 290.)

« Et lorsqu'une âme a fait des progrès marqués soit dans le bien, soit dans le mal par une volonté ferme et une conduite soutenue, si c'est dans le bien et qu'elle se soit attachée à la divine vertu, jusqu'à devenir en quelque sorte divine elle-même, elle passe dans un autre domaine toute sainte et toute heureuse. »

En tout cela, selon nous, le moraliste contredit le théoricien. Le sens moral rectifie l'erreur spéculative : ce qui n'est pas rare dans l'histoire des systèmes.

Tous ces passages évidemment contredisent les premiers et l'ensemble de la doctrine. Peut-on lever les contradictions? Nous pensons le contraire. Remarquons-le d'abord : c'est sur le terrain moral et religieux que la contradiction se fait, que l'antithèse se pose. Ailleurs elle n'apparaît pas ou reste dans l'ombre. On peut dire que Platon comme théoricien ne l'aperçoit pas. Moraliste, homme d'État ou théologien, il est *embarrassé*, et n'insiste pas. Ou bien il oublie alors sa propre doctrine ou n'approfondit pas, comme il arrive à d'autres et en bien d'autres cas. Peut-être croit-il la conciliation possible. Il a recours à sa δόξα et aux explications qu'elle lui fournit. Ce *problème* pour nous si embarrassant était tout neuf; ses explications qui n'en sont pas lui suffisent [1]. Pour nous il en est autrement.

Mais soutenir que Platon a nié le *libre arbitre*, que Platon est *fataliste*, etc., est faux et injuste : logiquement si l'on veut, en fait il ne l'est pas.

---

1. Ce problème de la *responsabilité* si étroitement lié à la liberté morale et sur lequel on dispute encore, ne pouvait échapper à Platon. Dans les *Lois* (livre IX), à propos de la justice pénale et de la pénalité, il le pose. La distinction des actes *volontaires* et *involontaires* est faite, mais la solution est confuse et indécise, le raisonnement embarrassé, presque sophistique. « Doit-on punir également les fautes volontaires et involontaires? La répression ne peut être la même dans l'un et l'autre cas. Il y a trois sources de nos fautes : 1° la colère ou la crainte; 2° le goût des plaisirs; 3° l'ignorance, la fausse opinion des biens et de la sagesse. — Est-ce là résoudre le problème? »

Toutefois le principe n'a pas moins porté ses fruits et l'on verra partout cette tendance à oublier ou à méconnaître la liberté véritable dans l'*individu* et dans l'*État* directement ou indirectement en tout ce qui intéresse la liberté : la liberté de *penser*, d'*agir*, de *posséder*, la *propriété*, la *famille*, l'*esclave*, etc. Mais nous ne devons pas anticiper [1].

II. LA VERTU PEUT-ELLE S'ENSEIGNER? — Cette question avait déjà été traitée par Socrate dans ses entretiens (Xénoph., *Mém.*, III). On a pu voir dans Platon comment elle doit être résolue au point de vue spéculatif ou de la dialectique (*supra*, *Réminiscence*, p. 151).

Ce n'est pas seulement dans le *Ménon* qu'elle apparaît, mais aussi dans le *Protagoras* où elle est longuement discutée. Ce dialogue que l'on dit être tout à fait socratique et de la jeunesse de Platon, n'est pas moins de Platon. On est loin de s'accorder sur la doctrine et le sens dogmatique qui doit être donné à la conclusion (voyez Grote).

Pour nous, nous pensons qu'il faut avant tout se garder de tout y prendre au sérieux. On doit aussi ne pas perdre de vue le caractère total de la méthode dialectique elle-même et ici réfutative.

Les sophistes, on le sait, avaient la prétention de tout enseigner comme de tout savoir, d'enseigner tous les arts et toutes les sciences (*Hippias*, I). La vertu y était comprise. Instruire les hommes, παιδεύειν ἀνθρώπους (*Protagoras*, 317), et les rendre meilleurs, était leur devise. En quel sens et comment ils le faisaient n'est pas ici à examiner (*Phil. anc.*).

La question se posait donc de savoir si la vertu s'enseigne : διδακτὸν ἡ ἀρετή (*Ménon*, 70).

Le sophiste l'affirme et fait un long discours pour le

---

[1]. La critique de Socrate et de Platon que fait Aristote (*Eth. Nic.*, II, 1; III, v; *Eth. à Eudème*, I), au sujet de la volonté et des actes volontaires, est propre à jeter une vive lumière sur cette doctrine. On voit précisément ce qui manque à Platon par ce qui fait, sur ce point, la supériorité du disciple au point de vue psychologique et moral. Il suffit de citer les maximes qui résument cette critique et cette analyse. « Nous sommes maîtres de nos actes. » (Τῶν γὰρ πράξεων κύριοί ἐσμεν.) « Faut-il dire que l'homme n'est pas le principe et le père de ses actions comme il l'est de ses enfants? » (*Ibid.*, etc.)

prouver. Il invoque aussi, quoique ce soit contraire à sa propre doctrine (sensualiste), la fable, le poète Simonide, etc. Tout ce qu'il en dit est fort sensé, empreint en soi de sagesse et de vérité. C'est à tel point que Socrate qui lui succède et qui essaie de le réfuter par des arguments du reste assez subtils, semble avoir pris la défense du paradoxe, et pour lui le mauvais rôle, être lui-même le sophiste. Son argumentation du moins paraît sophistique. Aussi les éloges n'ont pas manqué à son adversaire le discoureur habile, qui serait plutôt le vrai moraliste (voyez Grote).

Selon nous il faut prendre garde et n'être pas dupe de l'ironie socratique et platonicienne.

Socrate veut avant tout embarrasser le sophiste et y réussit.

On ne fait pas attention surtout que Socrate ici, c'est aussi Platon, lequel, selon sa méthode, tout en réfutant l'opinion adverse, pourrait bien ne pas repousser tout à fait la thèse de son adversaire ni même les arguments qu'il emploie. Le véritable but de sa dialectique est de ne rien exclure, mais de tout transformer en lui donnant un sens nouveau opposé à celui qu'elle attaque et contredit. Or la question ici est complexe. La solution selon le côté qu'on envisage est double, négative ou affirmative sans qu'il y ait pour cela contradiction. Mais pour cela on ne doit pas sortir de la doctrine que Socrate et Platon tous deux professent à l'opposé de la sophistique. La vertu est une science, σοφία ἐπιστήμη, disait Socrate; il disait que toutes les vertus sont des sciences, πάσας ἀρετὰς εἶναι ἐπιστήμας. Aristote qui blâme ici Socrate (*Eth. Nic.*, I, 1) a raison sans doute en ce que la proposition a d'exclusif ou d'absolu. Platon lui-même n'enseigne pas autre chose. Seulement il faut s'entendre sur la question, la science, et sur la manière dont elle s'enseigne. On l'a vu plus haut, ce qui dispense d'y revenir.

Pour Platon et pour Socrate la vraie science, celle qui mérite ce nom, on la connaît, c'est la *science parfaite* qui aperçoit le bien comme le vrai dans toute sa clarté, son irrésistible évidence. Mais ceci n'est pas la doctrine entière; à côté d'elle il y a l'opinion qui n'est pas la science, dont la source est diverse et qui souvent trompe. Si la vertu est une science elle peut s'enseigner; mais l'idée qui la constitue, l'idée du bien ne s'enseigne pas (*Réminiscence*), elle est innée. Elle se réveille dans l'âme, où elle est endormie, qui s'en souvient, qui la possède, dont elle est l'essence. Est-ce ainsi que l'entend le sophiste? Inutile d'y revenir (*supra*, 154, 156, 158). La pratique dépend d'autres conditions, des dispositions de l'âme, de l'amour et de ses habitudes.

A côté d'elle est l'opinion droite quoique sujette à l'erreur; c'est ainsi qu'elle existe chez la plupart des hommes à un degré inférieur, mais qui n'est pas moins la vertu, la vertu démotique. Elle naît aussi de l'inspiration divine.

L'assistance divine est nécessaire. Socrate, qui se disait inspiré et n'avoir point d'autre science que l'amour, l'entend de cette manière.

Sous tous ces rapports la vertu ne peut s'enseigner. Cela est vrai pour Platon comme pour Socrate. Est-ce ainsi que l'entendent les sophistes? Non sans doute. Les deux propositions contraires sont également vraies, ne sont pas contradictoires. L'argumentation de Socrate, sophistique dans la forme, ne l'est pas au fond, on peut n'y voir que l'intention d'embarrasser le sophiste. Mais il y a plus pour qui sait voir.

Le problème offre des faces différentes. Platon les envisage toutes. Sans doute il exagère en un sens, mais sans exclure. La face saillante est toujours celle du système : l'impossibilité de transmettre et d'enseigner ce qui ne s'enseigne ni se transmet, surtout si c'est à la mémoire que l'enseignement s'adresse.

La dialectique, qui n'est elle-même que la maieutique perfectionnée, fait sortir des esprits en s'adressant à la raison pure, l'idée qui s'applique ensuite aux cas particuliers où la vertu se réalise. Et ici c'est l'idée du bien, partie intégrante de la raison humaine dans sa participation à la raison (*supra*). Platon ne le dit pas, mais il n'est pas obligé de faire la leçon au sophiste. C'est du reste la conclusion positive de tous les dialogues négatifs où interviennent d'autres idées. Aussi ailleurs il le dira dans un autre dialogue, le *Banquet*, où il est bien ici lui-même.

« Plût aux Dieux que la sagesse fût quelque chose qui peut

couler d'un esprit dans un autre esprit, comme l'eau coule à travers une chausse de laine ou une coupe pleine dans une coupe vide » (*Banquet*, 175, D). Il y a plus, comme disposition morale et originelle, venant des dieux, elle est plutôt un *don divin*. D'autre part, si théoriquement la vertu s'enseigne, elle se pratique et c'est par l'exercice surtout qu'elle s'acquiert (*Mém. Socr.*, I, 2), on ne la connaît bien que quand on l'a en soi-même pratiquée ou réalisée. Son idée n'est pas une froide conception, l'*amour* doit s'y joindre, un *amour* pur et désintéressé, qu'alimente une flamme intérieure (*Banquet*; Xénoph., Mém.).

Tout cela est vrai, à la fois socratique et platonicien. Ce qu'on regrette, c'est l'intervention de la force libre; c'est qu'une part plus forte ne soit pas faite à la volonté comme élément et facteur principal de la vertu. Ce qui est le côté faible du système, comme on l'a vu au sujet du *libre arbitre*.

Nous n'irons pas plus loin en ce qui concerne ce point de la doctrine platonicienne. Est-il vrai que Socrate soit ici et dans ce qui doit suivre plus exclusif, plus radical, que Platon? Cela est possible. Mais affirmer qu'essentiellement il est différent n'est pas possible. Au moins n'y a-t-il pas l'opposition tranchée qu'on croit y voir.

III. — Il en est de même de l'*unité* et de la *pluralité* des *vertus*. N'y a-t-il qu'une vertu ou y en a-t-il plusieurs? Cette question que les stoïciens plus tard reprendront en lui donnant, comme en tout ce qu'ils disent, une solution exagérée : *qui unam habet omnes habet virtutes* (Cic., *de Off.*, II, ix), avait eu aussi sa place dans les entretiens de Socrate (Xénoph., Mém., III, 9). L'Ecole mégarique issue à la fois du socratisme et de l'éléatisme avait donné une solution dans le sens de l'*unité* (*Phil. anc.*, 191). Socrate, qui semble y être lui-même favorable, ne disait-il pas que la prudence (σοφία) ou la sagesse est une *science* qui comprend toutes les autres vertus, bien qu'il énumère et caractérise les autres : *tempérance, courage, justice*, etc., et qu'elles aient une grande place dans ses entretiens (Xénoph.)? Le courage ne peut exister sans la sagesse ni la sagesse sans le courage, de même la tempérance. Dans le

Protagoras, Socrate encore ici embarrasse le sophiste en le forçant à admettre que le courage peut exister seul, isolé des autres vertus, la sagesse et les autres vertus : ce qui semble plus conforme à la vérité selon l'opinion vulgaire ou le bon sens de la raison commune. Si l'on n'y prend garde encore en ce qui est de Platon, on se trouvera à côté de la vérité. Mais en se reportant à l'esprit total du système et de la méthode qui sert à le former, il n'y a pas de difficulté. Ce qui est conforme à la doctrine entière est facile à comprendre. Ce serait encore oublier la règle constante qui est celle-ci : ni l'un ni l'autre, mais l'un et l'autre; opposer d'abord pour concilier ensuite, en observant ce rapport de subordination ou la gradation qui doit être suivie en pareille matière.

Le système interrogé sur ce point va répondre.

L'idée platonicienne elle-même est *une*, mais elle est aussi multiple. L'idée du bien, base de la morale, elle aussi est une et multiple à la fois. Elle-même se déploie en variété sans cesser pour cela d'être une ou elle-même. C'est ce qui fait l'harmonie dans le tout, dans les parties de cet univers. Comment ce qui est vrai de la métaphysique et de la physique, ne le serait-il pas de la morale et de ce qui a trait à la vie humaine? La vertu, c'est le bien que l'homme par son activité réalise, le bien, l'idée suprême. Aristote a tort de nier qu'elle soit commune (*Eth. Nic.*, liv. [I, ch. III) à toutes les vertus et à tous les actes de l'homme. Sur ce point, son raisonnement est très faible. C'est lui qui se trompe. Par son essence la vertu est une. Elle est le bien partout réalisé dans la vie sociale et individuelle, appliqué à tous les arts et sous toutes ses formes. Elle ne perd jamais son identité

Toutes les vertus théoriquement sont liées entre elles par une étroite solidarité, parce qu'elles participent du bien et recèlent son essence. Les stoïciens l'ont très bien vu; ils n'ont eu que le tort de l'exagérer.

Mais si la vertu est une dans son principe, elle n'est pas moins très diverse dans ses formes ou applications. Elle y est à des degrés différents, comme elle y est dans les individus qui la pratiquent. Les uns en auront plus, les autres moins; les uns seront plutôt prudents, d'autres courageux, tempérants, etc.

Il n'en sera pas comme chez les Mégariques (Euclide, avant Zénon) qui soutenaient qu'il n'y a qu'une seule et unique vertu (*Phil. anc.*, 191). Platon ne donne pas dans cet excès ni Socrate non plus. Cette unité immobile qui se refuse à la division et à la distinction, l'un et l'autre la rejettent. En quoi diffèrent-ils? Il semble bien que pour Platon, qui établit dans l'âme des facultés ou parties différentes, la distinction soit mieux marquée, plus systématique. On n'ose aller aussi loin, avec Socrate, affirmer que tout est dans l'intelligence, l'âme intellectuelle.

Chez Platon, on le verra, chaque vertu a sa nature et son caractère propre, son rang, son rôle ou sa fonction particulière; quoiqu'elle ne puisse s'isoler et se séparer des autres; elle perdrait par là son essence. Là est le progrès scientifique. Le courage séparé de la sagesse n'est pas le vrai courage, mais la sagesse a besoin du courage ou de la force pour persévérer et accomplir ce que la vertu commande, braver le danger et les sacrifices qu'elle impose. Il en est de même de la tempérance, de la justice qui, elle aussi, a son rôle propre, quoiqu'elle préside à toutes et y entretienne l'harmonie. C'est ce que l'examen de chacune des vertus particulières mettra en évidence.

Un pareil système régulier coordonné n'existe pas chez Socrate. L'ordre n'est pas fixé avec cette rigueur théorique; mais c'est le sens de sa doctrine comme de celle de Platon. La différence pour nous n'a pas un bien grand intérêt.

Ces questions sont donc aisées à résoudre quand on a dans la main la clef du système.

CHAPITRE V

LES VERTUS PARTICULIÈRES. — LES PRINCIPAUX DEVOIRS
LE COMPLÉMENT DE LA MORALE PLATONICIENNE

I. Division des vertus : prudence, courage, tempérance, justice. — Caractère de cette division. — Nature et fonction de chacune des vertus. — II. Les principaux devoirs de la vie. — Indication de quelques points de morale spéciale et appliquée. — III. Le complément de la morale platonicienne. — Les deux tendances de cette morale : leur accord, conditions de cet accord. — La vie actuelle et la vie future. — Conclusion générale.

I. Division des vertus. Les vertus particulières. — Platon divise la vertu en quatre vertus principales et solidaires, dans l'ordre suivant : 1° la *sagesse* ou la *prudence*, σοφία, φρόνησις; 2° le *courage*, ἀνδρεία; 3° la *tempérance*, σωφροσύνη; 4° la *justice*, δικαιοσύνη.

Cette division des quatre vertus, adoptée depuis avec des changements dans l'ordre, etc., par les moralistes comme base de la théorie des devoirs (Cic., *de Off.*, I), a cela ici de particulier qu'elle a un caractère scientifique. Elle est fournie par la théorie des facultés de l'âme; sa base est la psychologie. Chaque vertu y correspond à une faculté ou puissance de l'âme : la première à la raison, la seconde à l'énergie courageuse, la troisième aux appétits sensibles; la quatrième est la vertu de l'ensemble. Elle représente l'harmonie ou l'unité primitive. Elle en règle les rapports, les maintient chacune dans leur rôle ou leur fonction particulière.

On ne peut qu'indiquer ici ce qui est relatif à chacune d'elles.

1° La *sagesse* (σοφία, φρόνησις) est la *science du bien*, la raison elle-même qui conçoit le bien et commande dans l'homme. Elle seule sait et distingue ce qui est utile aux autres parties et à elle-même. Elle est le principe des autres vertus et se retrouve en chacune d'elles. Elle diffère de l'opinion même vraie. Celui qui la possède ne peut faire *le mal*. On ne pèche que par ignorance.

« Il faudra donner le nom d'action juste et belle à toute action qui fait naître ce bel ordre et le nom de *sagesse* à la science qui préside aux actions de cette nature, σοφίαν δὲ τὴν ἐπιστατοῦσαν ταύτῃ τῇ πράξει ἐπιστήμην. (*Rép.*, IV.)

« Il (l'*homme*) est prudent par cette partie de son âme qui y commande et y donne des ordres, qui seule sait ce qui est utile à elle-même et aux deux autres parties. » (*Rép.*, IV, 244.)

2° Le *courage*, ἀνδρεία, répond au θυμός, cette partie de l'âme où réside l'énergie avec les passions nobles. Le θυμός, le vrai courage est inséparable de la sagesse, « la force d'âme unie à la raison » (*Charmide*, p. 36). C'est le courage éclairé qui sait affronter le danger, mais d'abord le discerner et le mesurer, qui de plus sait aussi employer les moyens de le conjurer. Autrement ce n'est plus une vertu, mais l'énergie sauvage, téméraire et brutale, effet de la nature et du tempérament; c'est de la hardiesse et de l'audace; il est commun à l'homme et aux animaux. De plus le vrai courage est celui qui s'exerce surtout contre les *ennemis du dedans*, qui s'emploie à combattre les passions, les soumet à la raison; il consiste surtout à se vaincre soi-même et devient ainsi de la tempérance, de la justice dans l'État, où il prête main-forte à la loi dans la politique.

Platon définit le courage « l'idée juste de ce qui est à craindre et de ce qui ne l'est pas », ἡ σοφία τῶν δεινῶν καὶ μὴ δεινῶν, définition que lui empruntera le stoïcisme (*Protag.*, 396; *Rép.*, IV) [1].

---

[1]. *Phéd.*, 250, D; *Théét.*, *Cratyl.*; *Alcib.*; *Philèb.*, 13, E; ἐπιστήμη καὶ νοῦς; *Rép.*, IV, 433, C; *Banq.*, 209, πολὺ μεγίστη; *Lois*, X, 732, B; σωφροσύνη μετὰ φρονήσεως.

« C'est cette idée juste et légitime de ce qui est à craindre et de ce qui ne l'est pas, que rien ne peut effacer que j'appelle force, distincte du courage brutal et féroce. L'homme mérite le nom de fort lorsque son courage, incapable d'être ébranlé par le plaisir et par la peine, craint ou méprise les dangers que la raison lui ordonne de craindre ou de mépriser. » (*Lois*, I, 37.)

Le courage, avant tout, consiste à savoir se vaincre soi-même. Par rapport à chaque individu, la première et la plus excellente des victoires est celle qu'on remporte sur soi-même [1]; comme aussi de toutes les défaites la plus honteuse et la plus funeste, est d'être vaincu par soi-même; ce qui suppose clairement que chacun de nous éprouve une guerre intestine (*Lois*, VI).

Sur le courage comme sur chaque vertu particulière, il y aurait à relever bien d'autres maximes dans le même sens comme celle-ci (*Protagoras*, *Lachès*, etc.) : La lâcheté et le courage se montrent surtout dans la lutte contre le plaisir et la douleur. Celui qui succombe à la douleur ou qui se laisse vaincre par le plaisir est inférieur à lui-même.

3° La *tempérance*, σωφροσύνη, est la vertu relative à la troisième partie de l'âme, celle qui renferme les passions et les désirs sensibles. Ceux-ci, impatients du frein, déréglés, opposés à la règle, ont besoin d'être contenus, tempérés, modérés. Platon la définit ainsi (*Rép.*, IV, 430) : « La tempérance n'est autre chose qu'un certain ordre, un frein qu'on met à ses désirs. De là vient cette expression : maître de soi-même, et quelques autres semblables qui sont, pour ainsi dire, autant de traces de cette vertu. »

C'est aussi l'ἐγκράτεια qui joue un grand rôle dans Socrate (*Phil. anc.*, 146). Ce qui a été dit du courage peut également lui être appliqué.

« L'homme alors qui contient ses passions est maître de lui, autrement il est esclave, et c'est la pire des servitudes. »

Si on laisse de côté ce qui est du libre arbitre (*supra*), on ne peut s'empêcher de reconnaître la profondeur de vérité que

---

1. Τὸ νικᾶν αὐτὸν αὑτὸν πασῶν νικῶν πρώτη τε καὶ ἀρίστη. (I, 626.)

recèle la doctrine de Platon sur chacun de ces points de la nature morale de l'homme.

« Cette expression, *maître de soi-même*, prise à la lettre, n'est-elle pas ridicule? Car le même homme ne serait-il pas alors maître et esclave de lui-même, puisque ces sortes d'expressions se rapportent à la même personne? Sans doute. Voici donc en quel sens on doit la prendre. Il y a dans l'âme de l'homme deux parties, l'une supérieure, l'autre inférieure. *Quand la partie supérieure commande à l'autre, on dit d'un homme qu'il est maître de lui-même,* et c'est un éloge. Mais quand par le défaut d'éducation, ou par quelque mauvaise habitude, la partie inférieure prend l'empire sur la supérieure, on dit de cet homme qu'il est déréglé dans ses désirs, et *esclave* de lui-même. Ce qui est un terme de blâme et de mépris. Cette explication me paraît juste. » (*Rép.*, VI.)

4° Et la *justice*, δικαιοσύνη, cette quatrième vertu, qu'on s'étonne d'abord de trouver dans la morale individuelle, qu'est-elle? et que fait-elle? Pour la comprendre, il faut savoir (ce qui est le caractère essentiel de toute l'éthique platonicienne) que l'individu et la société civile sont en tout et partout assimilés, τοιούτους ἄνδρας καὶ πόλεις (*Rép.*, IV, 443), on peut dire identifiés. Aussi, Platon n'a qu'un mot pour désigner l'homme juste et la cité juste : δικαίον ἀνδρα καὶ πόλιν (*Rép.*, 444). L'individu pris en lui-même est déjà une société, l'image et le type de la grande société. Les éléments essentiels dont sa nature se compose sont les mêmes que ceux qui en sont les membres. La justice, dès lors, qui est la vertu sociale, a pour but et pour fonction d'établir dans l'homme ce qui est la fin de toute société, l'ordre, l'harmonie, φιλία καὶ συμφωνία (*Rép.*, IV, 443.)

Elle met aussi la paix dans l'âme. C'est la vertu de l'unité qui fait que chacune des forces, accomplissant sa fonction, n'empiète pas sur les autres. Ce qui les rend ennemies, c'est qu'elles sortent de leurs limites naturelles. Elle met l'unité dans la diversité, empêche que ces parties ne s'opposent et se combattent, et que le désordre ne s'y établisse, que l'homme ne soit en guerre avec lui-même. L'homme juste sera donc avant tout celui qui est en paix avec lui-même, dont l'âme est bien réglée et ordonnée; dont chaque faculté, restant à sa place, accomplit sa fonction à son rang, selon sa nature en rapport avec les autres facultés. Le mot dont Platon se sert a un sens général et propre.

Il l'emploie tantôt dans le sens de la vertu en général. L'homme juste, c'est l'homme vertueux et bon, ἀγάθος ἀνήρ, à la fois sage, courageux, tempérant et juste. Au sens propre, il désigne une vertu spéciale. Celle-ci ne répond à aucune partie de l'âme; mais elle s'applique à l'ensemble. Elle est la vertu de l'ordre qui règle et mesure, de νέμω, νόμος. Elle établit la juste proportion, l'harmonie en tout, dans l'âme comme dans l'État, où alors elle est appelée à maintenir l'ordre entre les individus, les classes, etc.

Ici, en ce qui est de l'individu, Platon s'explique très nettement. « Souvenons-nous donc que chacun de nous sera juste, qu'il sera dans l'ordre, lorsqu'il fera au dedans de lui-même ce qui convient à sa nature. N'appartient-il pas à la raison de commander puisque c'est en elle que réside la prudence et qu'elle a l'inspection sur toute l'âme? Et n'est-ce pas au courage d'obéir et de la seconder? » (*Rép.*, IV, 443.)

Quant à la justice *sociale*, elle joue le même rôle dans l'État que dans l'individu. Platon qui ne les sépare pas lui assigne la même fonction (*infra*). L'*injustice* dans l'un et l'autre cas produit les mêmes effets. Ici il suffit de le constater; la justice comme vertu individuelle c'est la vertu de l'*ordre* qui entretient entre les parties de l'âme l'harmonie, les empêche d'empiéter les unes sur les autres, maintient leur subordination respective. L'injustice est son contraire.

« Peut-elle être autre chose qu'une sédition entre les trois parties de l'âme, qui se portent à ce qui n'est point leur destination, en usurpant l'emploi d'autrui, qu'un soulèvement d'une partie contre le tout? Par la même raison produire la justice c'est établir entre les parties de l'âme la subordination que la nature a voulu y mettre. » (*Rép.*, IV, V.)

Tout ce que Platon dira de la justice sociale sera dans le même sens. L'*injustice* conçue d'après la même idée porte partout le trouble dans l'âme, comme l'accord rend l'homme heureux; elle détruit la santé dans l'âme et dans le corps.

C'est ainsi qu'il faut concevoir l'injustice à l'égard des autres. Ne se trouve-t-elle que dans un seul individu, elle produira les mêmes effets. Elle le mettra d'abord dans l'impossibilité d'agir par les séditions qu'elle excitera dans son âme et par l'opposition continuelle où il sera avec lui-même. Ensuite il sera son propre ennemi et celui de tous les justes. Il sera l'ennemi des dieux, car les dieux eux-mêmes sont justes (*ibid.*).

La justice rend à chacun ce qui lui est dû. Ce n'est pas assez de ne pas nuire à autrui. Elle empêche de nuire à qui que ce soit, même à ses ennemis (*Rép.*, I). Sa maxime est : « jamais le mal ni comme but ni comme moyen, ne pas rendre le mal pour le mal. » (*Rép.*, I; cf. *Criton*.) La maxime contraire : qu'il faut faire le plus de mal possible à ses ennemis, est fausse. — Par ces belles maximes Platon se trouve ici d'accord avec Socrate, de même que pour dénoncer tous les maux qu'entraîne l'injustice à sa suite.

II. DES DEVOIRS DE LA VIE. — Platon n'est pas seulement grand moraliste pour avoir, avec sa supériorité, posé les bases de la moralité humaine; ses écrits abondent en règles, en préceptes et en maximes applicables à toutes les situations de la vie soit privée, soit sociale. Cette partie de sa doctrine qui échappe à l'analyse, ne peut être ici qu'indiquée en quelques points encore généraux qui offrent le plus d'intérêt. Le principal est relatif aux devoirs de la vie. Le préambule des *Lois* (IV et V) en offre un abrégé qui peut être considéré comme un antécédent de cette partie de la morale ancienne.

Les devoirs y sont exposés dans l'ordre suivant : 1° devoirs envers les *dieux*, et envers les *parents*; 2° devoirs envers l'*âme* et envers le *corps*; 3° devoirs relatifs aux *biens temporels*, ce qui répond à l'utile dans son rapport avec l'honnête.

1° Platon distingue d'abord deux ordres de biens qu'il appelle les *biens humains* et les *biens divins* : διπλᾶ δὲ ἀγαθά ἐστιν τὰ μὲν ἀνθρώπινα τὰ δὲ θεῖα. Au premier rang sont les devoirs religieux. Le plus général, qui comprend tous les autres, est celui de s'efforcer de se rendre semblable à la divinité. (*Théétète*, 176, B; *Rép.*, VI, 500; *Timée*, 96; *Rép.*, VI, 50.) C'est ainsi qu'on l'honore véritablement, qu'on obtient la faveur de son amitié, d'après ce principe que le semblable plaît au semblable. Or quel est l'attribut essentiel de la divinité? C'est la *sagesse* et la *modération*. L'attribut divin par excellence, c'est la mesure, la règle, la proportion, l'ordre reflet du bien ou de l'idée suprême. Ceci est tout à fait platonicien.

« Tout homme sage pensera qu'il faut marcher à la suite de la divinité. L'homme modeste dans ses désirs est l'ami de dieu, ὁ μὲν σώφρων θεῷ φίλος. L'homme déréglé est l'opposé (*ibid.*). La pureté du cœur est aussi exigée comme première condition de l'hommage que l'homme doit rendre à la divinité. A la suite de ces maximes morales, ce qui est relatif aux pratiques du culte, auxquelles Platon se conforme selon les usages, a moins d'importance.

Comme une sorte d'appendice de la piété envers les dieux vient immédiatement dans cette catégorie la *piété filiale* : les devoirs envers les parents, auxquels Platon attribue un caractère presque religieux.

« Les parents, ce sont comme des statues vivantes de la divinité, des images des dieux au foyer domestique. » Aussi les prières des parents pour leurs enfants, leurs bénédictions et leurs malédictions ont une efficacité particulière. Ces devoirs sont motivés par les dettes des enfants envers leurs parents, par la naissance, l'éducation, les soins et les peines (Cf. Xénoph., *Mém.*), les travaux que leur enfance a coûtés. Suivent les préceptes de redoubler d'attention à mesure que l'âge et les infirmités rendent ces soins plus nécessaires, le respect dû aux parents pendant leur vie, etc. Des punitions sévères sont portées contre ceux qui y manquent. Un tribunal est constitué pour juger les fautes ou infractions.

En lisant ce passage, on se demande comment Platon a fait si bon marché de la famille dans sa *République*. Ceci est tiré, il est vrai, des *Lois*, l'œuvre de sa vieillesse où ses idées se sont modifiées. Les autres devoirs de la *famille*, laissés à régler par les législateurs, ne sont pas moins à remarquer : le *mariage* déclaré saint, le *célibat* flétri quand il n'est pas nécessaire, le devoir imposé à tout homme de se marier non seulement comme citoyen, mais comme homme, d'avoir des enfants et cela afin de concourir à réaliser, autant que possible, l'immortalité terrestre. Rien de plus sage que les conseils sur le choix des époux devant être assortis d'après les humeurs et les caractères, le devoir de ne pas rechercher la fortune, mais plutôt l'égalité. Les humeurs doivent se mêler. La vertu est dans les unions où entrent la proportion et l'égalité, etc. (*ibid.*).

2° En seconde ligne viennent les *devoirs de l'homme envers lui-même* : envers l'*âme* d'abord, le *corps* ensuite. L'âme a la première place dans notre estime après les dieux. De tous les biens après les dieux elle est le plus divin ; elle mérite qu'on l'honore. La manière de l'honorer c'est de la rendre meilleure. On lui nuit et on la déshonore par la lâcheté, quand on croit que la vie est le plus grand des biens, par la préférence accordée au corps sur la vertu, l'amour des richesses, etc. Car c'est vendre pour un peu d'or ce que l'âme a de plus estimable et de plus précieux. Tout l'or qui est sur la terre ne mérite pas d'être mis en balance avec la vertu. Le vrai honneur de l'homme est donc de suivre ce qu'il y a de meilleur en nous et de donner toute la perfection possible à ce qui est moins bon, mais susceptible d'amendement.

3° L'ordre naturel assigne la troisième place au *corps*. On doit discerner les honneurs qui lui sont propres. « Ce n'est ni la beauté, ni la force, ni la vitesse, ni la taille avantageuse ; ce n'est pas même la santé qui font le mérite du corps, mais un juste tempérament, τὸ μέτρον τάξις, de ces choses (Cf. *Rép.*, IX). Pourquoi ? Cela est plus sûr et plus propre à nous inspirer la modération. Ailleurs (*Rép.*, XI) la subordination du corps à l'âme et le *juste équilibre* qui doit exister entre eux sera pris pour base de la vraie *éducation* (*Rép.* VI ; voyez *infra*).

Ce qui est dit des *biens temporels*, de l'utilité de ces biens, de leur usage, etc., quoique rien de neuf et qui ne soit d'une sagesse ordinaire ne s'y trouve, mérite aussi l'attention. C'est toujours la même idée de modération qui inspire le moraliste, moins sévère que dans la *République*. Pour Platon la possession de l'or et de l'argent, les richesses excessives sont les sources des inimitiés entre les hommes. « Que personne n'amasse des trésors pour soi et pour ses enfants en vue d'un riche héritage; mais c'est un grand fonds de pudeur qu'il faut laisser à ses enfants. »

Mais l'âme, le soin de son âme, le gouvernement intérieur de cet être composé, quoique simple, que chacun de nous porte en lui-même et qui est lui-même, telle est la pensée constante à laquelle revient sans cesse le moraliste. Que de préceptes, de sages conseils, dans ses écrits, ont pour objet ce point fondamental de la morale platonicienne, ultra-spiritualiste, si l'on veut, mais non moins admirable! Qu'il suffise de rappeler ici le passage de la *République* (liv. IX), où Platon résume en ces mots ce que l'homme sensé doit faire pour se bien conduire :

« D'abord il estimera par-dessus tout et cultivera les sciences propres à perfectionner son âme. Il méprisera toutes celles qui ne produiraient pas le même effet. — Ensuite, il prendra un soin modéré de son corps, non pas dans le dessein de lui procurer la jouissance des plaisirs, ni de passer sa vie dans l'intempérance. Il ne recherchera pas même la santé du corps pour elle-même. Il se mettra peu en peine de la force, de la beauté, si tous ces avantages ne doivent pas être suivis de la tempérance; en un mot, il n'entretiendra une parfaite harmonie entre les parties de son corps, qu'autant qu'elle pourra servir à maintenir l'accord qui doit régner dans son âme.

« Il n'admettra pas cette conspiration, ce concert de la multitude insensée à accumuler trésors sur trésors; il ne se laissera point éblouir par l'idée de félicité qu'elle y attache et n'augmentera pas ses richesses à l'infini pour accroître ses maux dans la même proportion. — Mais jetant les yeux sans cesse sur le gouvernement de son âme, attentif à empêcher que l'opulence d'une part, de l'autre l'indigence n'en dérangent les ressorts, il s'étudiera à conserver toujours le même plan de conduite dans les acquisitions et les dépenses qu'il pourra faire. — Suivant toujours les mêmes principes, dans la poursuite des honneurs, il ambitionnera, goûtera même avec plaisir ceux qu'il croira pouvoir le rendre meilleur et fuira en public comme en particulier ceux qui pourraient altérer l'ordre qui règne dans son âme. » (*Rép.*, IX.)

Si l'on voulait donner une idée plus complète de cette partie de la morale de Platon que contiennent ses écrits, il faudrait passer en revue ses opinions sur un grand nombre de sujets qui sont, il est vrai, mêlés à la politique, à la législation, à l'*éducation*, mais qui ne sont pas moins avant tout du ressort de la morale et intéressent le moraliste. Il y aurait à le comparer à son maître Socrate, surtout à son grand disciple Aristote, si riche en tout ce qui est de faits d'expérience morale.

On ne peut ici qu'indiquer quelques endroits de cette comparaison :

De l'amour-propre ou de l'amour de soi (*Lois*, VIII);
De l'amitié (*Lysis*);
La justice envers les ennemis (*Rép.*, I);
De la véracité et du mensonge (*Hippias minor*);
De la femme (*Rép.*, *Lois*, VIII);
Des étrangers (*Lois*; *Rép.*, V);
Des esclaves (voy. *infra*);
Le travail manuel et les arts mécaniques (*infra*).

III. LE COMPLÉMENT DE LA MORALE PLATONICIENNE. — Deux côtés ont été, dès le début, signalés dans la morale platonicienne : 1° l'un tourné vers l'action, le véritable; 2° l'autre où se révèle la tendance plus ou moins contemplative ou mystique, laquelle, pour être moins fortement accusée, n'est pas moins réelle et en conformité avec le système.

En terminant cet exposé, on doit essayer de les mettre d'accord, s'il est possible. Cela peut être, selon nous, pourvu qu'on s'abstienne de trop préciser, et dans une certaine mesure. Réunis, ces deux côtés formeront ainsi la doctrine entière.

Le premier en effet suppose que l'homme est né, on l'a dit, pour agir, que l'activité même est l'essence de l'être humain, de l'âme qu'elle sert à définir. A cette activité, on l'a vu encore, un but a été donné vers lequel elle doit tendre sans cesse, qu'elle doit s'efforcer d'atteindre. La science morale le lui montre.

Elle lui enseigne comment il doit se comporter dans les situations principales où sa vie s'écoule; lui apprend à distinguer les vrais et les faux biens, lui trace ses devoirs, etc. Elle abonde en préceptes de sagesse pratique, décrit les vertus et les vices, etc. Elle traite de nouveau toutes ces questions que Socrate et auparavant les Sophistes avaient déjà soulevées et débattues.

A côté de cette morale, continuation de la morale socratique, apparaît l'autre (surtout dans les grands dialogues), incidemment traitée, il est vrai, ou à de rares intervalles, mais toutefois bien caractérisée. Plus métaphysique, elle rappelle à l'homme qu'il est avant tout une âme, bien qu'elle soit unie à un corps; que le but suprême de sa vie est placé ailleurs que dans le monde visible, que son existence actuelle est en rapport avec une autre et passée et future. Placée aux confins de la spéculation, cette tendance ou manière de philosopher, plus ou moins mystique, est donnée comme un mouvement naturel de l'âme, son aspiration finale, le besoin d'un retour au principe d'où elle est sortie. La forme symbolique et mystique est employée pour exprimer ce que la raison ici a peine à concevoir. On la retrouve partout dans les principaux dialogues, le *Phédon*, le *Phèdre*, le *Banquet*, la *République* et les *Lois*. Métaphysiquement ou théoriquement, que les deux côtés puissent s'accorder, on le prouve sans doute assez facilement. Platon ne paraît pas en contradiction avec lui-même et l'explication est assez plausible.

S'il est vrai en effet que l'*idée* est la vraie réalité, que la *matière* est le *non-être*, le simple reflet, qui la voile et empêche sa pure manifestation, si, d'autre part, l'âme, dans sa véritable essence, est esprit pur, servant à manifester l'idée et à la déterminer, la morale, à ce point de vue, sera plutôt quelque chose de négatif, inspirant à l'homme le dégoût de l'action et l'invitant à s'y soustraire. Le but le plus élevé sera le retrait de la vie sensible, χωρισμός ψυχῆς ἀπὸ σώματος, le détachement des choses d'ici-bas, le retour à la pure contemplation de l'idée. C'est en apparence le sens des passages du *Banquet*, du *Phèdre*, du *Phédon* et de la *République*, etc., qui mainte fois ont été signalés.

Le langage de Platon y est celui de tous les mystiques, οἱ φιλοσοφοῦντες ἀποθνήσκειν μελετῶσαν. Les Alexandrins (Plotin) s'en sont prévalus. Les auteurs chrétiens plus d'une fois l'ont reproduit (saint Augustin).

Mais, d'autre part, si l'on considère que l'idée est le principe de toute manifestation sensible, qu'elle est la cause de tout bien dans le monde réel, cet aspect positif apparaissant à son tour produit une tendance non moins légitime, celle où l'idée entre dans la vie humaine qui en devient la représentation.

A côté de la connaissance pure, de l'idée pure, s'adjoint celle de l'activité harmonique qui la développe et la réalise. Cette idée de l'harmonie a été partout conçue, appliquée, réalisée. La satisfaction qui en résulte sera le vrai bonheur.

L'amour du bien et du beau, le désir d'union et de possession ne peuvent manquer de s'y trouver. Cette satisfaction intime sera comptée comme un des éléments du souverain bien (*ibid.* Cf. Teichmüller, Zeller, Fouillée.)

L'explication est-elle suffisante? Il ne suffit pas de dire que dans Platon les deux directions se trouvent, qu'elles ne sont pas assez fortement accusées pour s'exclure. L'une des deux tendances est dans les passages où la solution aux plus hauts problèmes de la vie est cherchée dans la fuite du monde sensible; l'autre là où le bien et le beau sensibles sont donnés comme des objets dignes d'amour, là où l'activité déployée est conforme à l'ordre et à l'harmonie; il y a plus, là où la jouissance sensible quoique pure elle-même est comptée parmi les parties intégrantes du souverain bien (voir *Philèbe*).

Reste toujours à savoir pourquoi Platon a su garder cette mesure, ce qui n'est pas chez ses successeurs ou disciples. D'ailleurs est-il vrai qui l'ait lui-même toujours observée? C'est un problème qui ne peut être ici approfondi.

On aura beau dire qu'il faut faire la part du génie grec ennemi des extrêmes et aussi celle de l'influence socratique. Platon n'en est pas moins lui-même. Sa tendance au suprasensible est évidente; un esprit sévère comme Aristote saura bien le dire, y trouvera matière à ses critiques.

Des passages comme ceux-ci (Platon, *Enn.*) ont ici leur intérêt : « C'est pourquoi nous devons fuir au plus vite de ce séjour d'ici-bas dans l'autre : χρὴ ἐνθάδε ἐκεῖσε φεύγειν ὅτι τάχιστα. » Le correctif, il est vrai, est à côté où l'activité reparaît. « Cette fuite, c'est la ressemblance avec Dieu autant qu'il est possible, φυγή δὲ ὁμοίωσις τῷ θεῷ κατὰ τὸ δυνατόν. » Cette ressemblance est la justice, la sainteté avec la sagesse qui l'accomplit. Toutes choses d'ici-bas, dira-t-on encore.

Ainsi, les deux côtés se concilient, mais à la condition toutefois de ne pas trop préciser. L'un alors devient le complément de l'autre. Dans le *Phédon*, par exemple, la conciliation est facile. Il est naturel que le sage qui va mourir, jette un regard sur la vie qu'il va quitter. Car on ne peut dire qu'il l'a passée à contempler, en ascète, lui qui n'a cessé de remplir la mission que Dieu lui a confiée (*Apologie*). Il est naturel que sa vue s'arrêtant sur les maux dont elle est semée, sur ses souffrances et ses iniquités, sur celles dont il est victime, il tourne vers un monde meilleur un regard à la fois serein et mélancolique, que la mort lui apparaisse comme une délivrance, que pour lui la vie soit la mort et la mort le commencement de la vie. Mais Platon va plus loin, et cela sans sortir de sa doctrine spéculative et métaphysique.

Ainsi en est-il partout où Platon représente l'âme comme détachée de la substance divine, enfermée dans un corps qui est sa prison, son tombeau, qu'elle traîne après elle comme un cadavre, σῶμα, σῆμα. (*Gorg.*, 493; *Phédon*, 64.) La vie est comme une purification, une épreuve. N'est-ce pas ainsi qu'elle est définie dans les mystères? Platon ici est pythagoricien; sa morale est un reflet du pythagorisme, peut-être de l'orphisme. L'allégorie de la caverne (liv. VI de la *Rép.*) n'a pas d'autre sens. On sait la manière dont l'âme s'élève à la contemplation du bien (*supra*). Les hommes y sont attachés, enfermés comme des captifs, la tête tournée à l'encontre de la lumière, dont le reflet ne laisse voir que des ombres. Ils attendent qu'on vienne les délivrer de leurs chaînes (*ibid.*). Platon [1] fait la peinture la plus sombre de la vie réelle. Quand on vient à les délivrer et qu'on leur apprend à tourner leurs regards vers le soleil, à s'accoutumer à sa lumière, ils se sentent en possession du bonheur; il est dit que, s'ils venaient à se rappeler leur première demeure, ils

---

1. *Phèdre*, 67.... τὸ χωρίζειν ὅτι μάλιστα ἀπὸ τοῦ σώματος τὴν ψυχήν.

ne voudraient pas y retourner. Ils n'ont que de la compassion pour leurs compagnons malheureux. (*Ibid.*)

Telle est cette seconde face de la morale platonicienne. On ne peut nier qu'elle ne soit très fortement dessinée en plusieurs endroits. Mais il ne faut pas aller trop loin dans cette voie du mysticisme contemplatif ou passif. Même à ce point de vue le côté actif est maintenu et prédomine. C'est celui de l'épreuve. Pour l'homme c'est la vraie destinée actuelle; avant qu'il lui soit permis de porter plus haut ses regards, il doit agir, supporter, combattre. La vertu est une lutte, un combat, le plus noble des combats (*Rép.*, IX).

A combien d'épreuves son juste (*Rép.*, II) n'est-il pas soumis avant d'arriver à jouir du triomphe et de la félicité (*ibid.*, X); combien d'obstacles semés sur sa route que sa volonté doit vaincre!

Tout le système d'éducation (*ibid.*) a pour but d'armer la volonté de l'homme quand il est jeune, de l'exercer, de la fortifier contre les ennemis intérieurs et extérieurs, les passions surtout, de lui fournir les moyens de sortir victorieux de la lutte.

On ne peut donc dire de Platon qu'il détourne l'homme de l'action et que sa morale est purement contemplative. C'est seulement à la fin des grands dialogues, dans la partie allégorique et symbolique, que le côté mystique apparaît; mais avant il y a une autre destinée.

On cite le passage de la *République* (V) où il est dit des philosophes qu'ils ne se chargent que forcés ou contraints du soin de gouverner les États. Mais encore le philosophe lui-même leur en fait une obligation stricte et rigoureuse, à plus forte raison, de la sagesse active ou de la vertu. — Dans d'autres passages (du *Phèdre* et du *Banquet*), la tendance mystique est plus prononcée; toujours la partie haute de l'âme tend à se dégager de l'inférieure et à retourner au divin qui est son principe, à s'unir à lui et à s'y confondre. C'est le terme du voyage, la fin suprême du désir, l'objet final de l'amour et de la volonté. Platon ne serait pas Platon avec sa doctrine des âmes (*supra*), s'il perdait de vue un instant cet idéal. C'est le sens de sa théorie non seulement de la justice, du beau, de l'amour, mais de l'enthousiasme et du délire dont le dernier est le délire du philosophe (*Phèdre*). L'âme, y est-il dit encore, tombée du ciel sur la terre y a perdu ses ailes. La plus haute sagesse seule peut les lui rendre. Il faut qu'elle se dégage ainsi des sens et des affections terrestres, qu'elle pratique toutes les vertus de la vie ordinaire, qu'elle en remplisse tous les devoirs.

Il lui est défendu de sortir de la vie avant le temps (*Phédon*). Elle y est comme une sentinelle qui ne peut être relevée de son poste que quand les dieux eux-mêmes l'auront voulu. (*Ibid.*)

Le moyen, c'est de se dégager des désirs et des inclinations qui la ramènent en bas et la courbent vers la terre. Tout cela joint à la théorie de la réminiscence a certainement un caractère mystique, mais différent du mysticisme vulgaire, oisif et contemplatif. La vie dans Platon est partout représentée et définie formellement un effort, la vertu un combat, et un combat non purement spirituel. La vertu est le plus noble des combats (*Rép.*, X). Ceci placé à la suite d'un tableau idéal de la vie sociale nous ramène à l'action extérieure aussi bien qu'intérieure.

Dans le *Banquet* le discours que Platon prête à Diotime, la femme de Mantinée, habile dans les mystères, finit par un soupir, une aspiration. « O mon cher Socrate, si quelque chose donne du prix à la vie humaine c'est la contemplation de la beauté absolue », etc. Mais ce soupir, ce regret, cette contemplation sont précédés de toute une théorie de l'amour et du beau où l'âme ne s'élève que par degrés là où réside l'activité : la beauté absolue. La beauté sensible, celle du corps elle-même, y est hautement prisée.

Ce qu'il y a de certain, c'est que la morale platonicienne a un caractère *religieux* et *suprasensible* que n'a pas au même degré la morale socratique et surtout plus tard *péripatéticienne*. — D'abord Platon n'oublie jamais d'ajouter aux autres sanctions (*Rép.*, IX) des lois morales, dans la vie présente, la *sanction supérieure de la vie future* (*Rép.*, X). L'immortalité est le complément nécessaire, non la base de la justice et de la loi (*ibid.*). La vie, on l'a dit, pour lui, est une *purification* et une *expiation*. Mais elle est surtout une *épreuve*. Le prix en est ailleurs, dans un *au delà*. — C'est le caractère aussi vraiment platonicien de cette morale non *ascétique* ni tout à fait *mystique*, à la fois pythagorique et traditionnelle.

Ceci nous fait pressentir un autre mouvement qui commence à Socrate et à Platon, le mouvement religieux et chrétien. C'est par là que Platon est non seulement le père du néoplatonisme alexandrin, mais qu'il a paru sous cette face aux Pères de l'Église, à saint Augustin, etc.

La conclusion est donc que les deux tendances peuvent très bien se concilier, l'une étant le complément de l'autre, dans la morale platonicienne. Que l'on dise que la tendance supérieure idéaliste et mystique est la principale, comme étant d'accord avec le système, cela n'est vrai qu'avec la restriction qui a été mise. Autrement ce serait méconnaître la réalité des faits, émettre une opinion dont l'exposé qui précède de cette morale en ses parties essentielles, est la réfutation la plus manifeste.

SECTION DEUXIÈME

POLITIQUE

CHAPITRE PREMIER

LES BASES DE LA POLITIQUE

I. Caractère général de cette partie de la philosophie de Platon. — Son importance et sa place dans le système. — Méthode et division. — II. Les bases de la politique platonicienne : 1° le but moral assigné à la politique; 2° l'État assimilé à l'individu; les corollaires de ces deux principes; 3° l'idée de la justice sociale. Sa définition prise dans l'individu transportée à l'État. — III. L'idée de la politique. — La politique comme science. — Les philosophes seuls la possèdent. — La politique comme art : son objet, ses rapports avec la dialectique et la morale, avec la physique. — IV. Les idées fondamentales : idée de la société civile et du gouvernement, de la souveraineté, du rapport des gouvernants et des gouvernés. — Le bonheur dans l'État, la liberté, etc.

I. Bien que Platon se soit, toute sa vie, tenu à l'écart des affaires publiques, le problème social ne fut pas moins une préoccupation constante de son esprit, un sujet habituel de ses méditations. L'idée d'une réforme à opérer, sinon à Athènes et à Sparte qu'il ne croyait pas capables de se relever de leur chute, dans d'autres cités du monde grec où il avait des relations, fut un des plus familiers de ses rêves (voy. *supra*). Plusieurs des événements de sa vie, ses voyages en Sicile en sont la preuve.

Les *Lois*, ouvrage de sa vieillesse, achèvent sa longue carrière. On dit qu'il mourut en corrigeant le début de sa *République*. Sans parler des sophistes que, sur ce terrain, partout il rencontrait et avait à combattre, ceux de ses prédécesseurs qu'il estime et admire le plus, Pythagore et ses disciples, les Eléates, Parménide et Zénon lui avaient montré l'exemple. Socrate lui-même, s'il s'abstient de prendre part à la vie publique, est loin de se désintéresser des hautes questions qui y sont engagées. Sa réforme, en apparence toute morale, atteint l'ordre social tout entier dans sa base et ses institutions (*Phil. anc.*, 172). Il en est de même de ses disciples, de Xénophon, d'Antisthène et des Cyniques (*ibid.*, 190, 215).

Tous attaquent la société présente et en méditent une nouvelle. Chacune des sectes qu'a fait naître ce mouvement de la pensée philosophique, a son point de vue et selon son esprit particulier, se propose, par la réforme de l'individu, de refaire la société elle-même, d'en changer les éléments, la famille, la constitution, les lois (*ibid.*).

Cette partie de l'œuvre de Platon, qui, plus que toute autre, lui a valu la réputation d'esprit chimérique, n'est pas, autant qu'on le croit, de pure utopie. Elle a pour nous d'ailleurs un haut intérêt à la fois théorique et historique. La place considérable qu'elle occupe dans les écrits du philosophe, atteste l'importance que lui-même y attache et qu'elle a en effet dans tout son système. Sans parler du *Politique*, peu authentique, et qui n'est d'ailleurs qu'un essai et une ébauche, mais qui contient déjà la pensée générale, les deux grands dialogues, la *République* et les *Lois*, lui sont spécialement consacrés. Si des sujets de l'ordre spéculatif le plus élevé y sont compris, c'est à propos et en vue de la science sociale qu'ils y sont exposés ou rappelés. Le *Gorgias*, qui traite de la rhétorique, ne montre pas plus séparés l'art de la parole et l'art de gouverner, qu'ils ne le sont chez Aristote qui fait de la rhétorique « un rejeton de la politique » (*Rhét.*, I). Dans le *Criton*, le discours que Platon met dans la bouche des Lois, cette belle prosopopée, n'est pas un simple morceau d'éloquence morale ou judiciaire.

D'autres dialogues, de l'ordre plus ou moins spéculatif ou pratique, le *Timée*, le *Protagoras*, le *Sophiste*, le *Phèdre*, l'*Apologie*, etc., offrent des jugements et des vues, sur divers points de la science sociale, qui confirment ou complètent ce qui ailleurs a trait plus directement à cet ordre d'idées. Si l'on ajoute ce qui également en d'autres écrits dont la critique rejette l'authenticité, mais conçus dans le même esprit, le *Critias*, le *Ménexène*, l'*Epinomis*, etc., est destiné à éclaircir ou à développer la pensée du maître : le tout forme un ensemble aussi complet et régulier qu'on peut l'attendre d'un théoricien philosophe en ces matières.

On a beaucoup exagéré d'ailleurs ce caractère de la politique de Platon qui en fait une pure création de sa pensée. C'est en méconnaître le rôle à la fois historique et théorique.

L'auteur de la *République* et des *Lois* n'est pas simplement le rêveur spéculatif que l'on s'imagine, dont les conceptions, tout à fait en dehors du réel, n'ont aucun ou n'ont qu'un faible rapport avec ce que l'histoire ancienne nous montre de la réalité qu'il avait sous les yeux ou même avec l'expérience que l'on croit lui avoir été tout à fait étrangère. La lecture la plus superficielle de ses écrits fait revenir de ce préjugé quiconque a la moindre notion du passé et du présent de ces républiques, de leurs institutions, de leurs lois et de leurs usages, même de ceux des pays plus lointains ou plus reculés par leur antiquité, qu'il connaissait très bien, pour les avoir parcourus et étudiés, et pour lesquels lui-même est un si précieux trésor à consulter.

Et ce n'est pas seulement des *Lois* qu'il s'agit, où son idéal plus rapproché du réel lui fait apprécier longuement (liv. I, II, IV, les institutions de Sparte, d'Athènes, de la Crète, etc., mais de la *République* elle-même quoique purement idéale; où il retrace l'histoire et la filiation des gouvernements différents du sien, et dont il a esquissé le modèle (liv. VIII, IX).

L'expérience, elle aussi, a sa part comme ailleurs dans cette partie de son œuvre. On a tort de croire qu'il ne la consulte pas, qu'il la délaisse et la dédaigne, mais il la subordonne à la raison; c'est à celle-ci surtout qu'il s'adresse. Elle marque le but et préside au choix des moyens; elle gouverne et dirige l'ensemble. Il est certain que la politique de Platon est plus spéculative que pratique. C'est tout l'esprit du système. L'expérience toutefois y est mise à contribution; mais son rôle est secondaire.

La raison est toujours la première; elle domine en souveraine. Elle pose les principes et surveille les conséquences; elle résout les problèmes difficiles et décide dans les cas particuliers; elle fournit la règle qui permet de juger ce qui est faux ou contraire; la critique lui appartient. Elle inspire les règlements, etc. Il existe une loi supérieure pour tout État comme pour chaque homme en particulier : οὐκ ὑπερ εἶνες ἀλλ'ὑπερ ταύτης ὀλίς (*Rép.*, IV). Cette loi, qui est l'idée de la justice absolue émanée de la raison, détermine ce qui est bon et juste en soi, absolument pour les sociétés comme pour les individus qui en sont les membres. La science politique en est la réalisation. Quant à l'expérience, elle fournit des matériaux et donne des conseils de sagesse pratique qu'on aurait tort de mépriser et qu'il est bon de suivre tout en les appréciant. Mais il faut savoir s'élever au-dessus d'elle, la juger elle-même, la réformer, souvent la condamner; car on doit placer au-dessus du réel l'idéal que la raison conçoit, et que lui propose l'idée supérieure, celle du bien absolu, qui doit être réalisée dans la mesure du possible, κατὰ δυνατὸν.

Vers cet idéal doit tendre sans cesse l'être humain doué de raison, éclairé par le flambeau des idées.

Qui oserait dire que le publiciste philosophe a tout à fait tort en cela et que sa maxime est fausse, parce qu'il ne l'a pas ou l'a mal souvent lui-même appliquée?

Sur ce terrain, celui de la *politique*, la comparaison avec Aristote a toujours nui à Platon et accru sa réputation d'esprit chimérique, comme ne sortant pas de la sphère de l'idéal. Mais, si Aristote, esprit plus positif et plus pratique, se tient plus près du réel, s'il accorde beaucoup plus de place aux leçons de l'histoire ou de l'expérience, ce serait tout à fait se tromper que de croire que lui-même en tout s'y conforme et se laisse uniquement guider par elle. La comparaison des deux esprits fait ressortir les différences, mais aussi laisse subsister les ressemblances, ici comme partout nombreuses et importantes. Aristote, lui aussi, a son idéal de *république* parfaite, sa cité idéale et que longuement il décrit (*Polit.*, liv. IV, V). Elle est loin de ressembler à la réalité qu'il avait sous les yeux, du passé comme du présent des républiques grecques. Mais nous n'avons pas ici à faire ce parallèle.

Ce qui a pour nous de l'intérêt, c'est d'abord de comparer Platon à lui-même et de voir comment les plus hardies conceptions de ce penseur original sortent de son système et en sont logiquement déduites. Quant au côté expérimental et pratique, à la fois philosophique et historique, lui-même est hautement instructif. En quoi les idées de Platon, que l'on croit et qui sont, en effet, pour nous, souvent très chimériques, le sont-elles beaucoup moins dans le sens de la société antique? Il y a lieu, quoique brièvement, à l'indiquer. D'autre part il y a aussi à montrer en quoi elles en diffèrent et font pressentir par leur étrangeté même le besoin et l'avènement futur d'une société nouvelle. L'utopie alors acquiert la valeur d'une réalité prophétique et elle rentre elle-même dans l'histoire. Elle n'est pas non plus, par sa comparaison avec d'autres utopies postérieures ou récentes, sans fournir matière à d'utiles leçons.

A tous ces points de vue, cette partie de la philosophie platonicienne mérite, à son tour, d'être étudiée dans ses points principaux, qui pour nous sont les suivants:

Division. — 1° Marquer d'une façon précise les idées principales qui sont les bases de la politique platonicienne;

2° Montrer comment ces idées sont réalisées dans les deux grandes œuvres qu'a laissées Platon, la *République* et les *Lois*;

3° Apprécier chacune d'elles dans sa valeur théorique et historique.

II. LES BASES DE LA POLITIQUE DE PLATON. — La politique de Platon, c'est encore sa morale. Le but moral du moins est partout donné, proposé et poursuivi, dans ses principes et dans ses applications, jusqu'aux derniers détails de la science sociale.

C'est la fin que doit toujours avoir en vue l'homme d'État, le législateur, l'éducateur, le magistrat, l'artiste même et le poète, en tout ce qui concerne la constitution, les institutions, les lois, l'administration, l'éducation, les sciences et les arts. Cet objet doit être sans cesse présent à sa pensée. Tout doit s'y ramener, s'y coordonner, s'y subordonner.

Il en résulte que ces deux sciences : la *morale* et la *politique*, chez lui ne peuvent se séparer et sont en réalité identiques. Ce sera le grand côté, mais aussi l'écueil de toute cette portion si considérable de la doctrine platonicienne. Les conséquences s'en feront sentir dans tous les détails, comme dans l'ensemble. Ce sera la source d'erreurs graves, mais aussi d'incontestables et immuables vérités, hautement proclamées, que son exposé doit mettre sous les yeux.

Un second caractère qui tient au premier est l'assimilation constante de l'État à l'individu comme de l'individu à l'État. L'individu y est pris pour modèle et pour type de la société civile, celle-ci étant considérée comme personne morale et, à ce titre, devant être ordonnée, réglée, gouvernée de la même manière. Pour Platon, non seulement l'homme, comme être individuel, est appelé, ce qui est vrai, à vivre en société; ses facultés ne se développent qu'au sein de la société civile; mais l'idéal social n'est à ses yeux que celui de l'individu transporté dans l'État. L'État et l'individu, pour mieux dire, ne font qu'un, selon la conception antique. Si on les distingue, l'État n'est pas fait pour l'individu, c'est le contraire. L'individu isolé de l'État n'est rien par lui-même, quoique l'image de l'État soit prise dans l'individu. On verra où conduit l'erreur née de ce principe. Erreur si souvent depuis reproduite et qui a conservé chez la plupart des hommes politiques son influence prépondérante, malgré les droits reconnus de l'individu comme base de la société moderne.

C'est du reste aussi la pensée d'Aristote, quoiqu'il réclame davantage en faveur de l'individu, de ses droits, des intérêts et des affections de la famille. Mais pour lui, comme pour Platon (il le dit formellement), « l'individu est fait pour l'État, non l'État pour l'individu » (*Polit.*).

Platon, sans s'exprimer aussi catégoriquement, va beaucoup plus loin dans la théorie aussi bien que dans la pratique. Lui ne distingue pas les deux termes. Ou, s'il les distingue, c'est pour déclarer que la différence est purement *quantitative*, non spécifique et qualitative, en nature et en essence. L'un est plus grand; l'autre plus petit. Voilà tout (*Rép.*, II, 368). On verra encore où ce principe admis dans la théorie conduit le législateur, l'homme d'État dans les applications, ce qu'engendre cette confusion dans la pratique.

Tous deux, l'État et l'individu, je le répète, sont conçus d'après le même modèle. Aussi n'y a-t-il pas deux gouvernements, celui des âmes et celui des sociétés. Les mêmes règles émanées du même principe doivent s'appliquer également des deux côtés. Appelés à réaliser le même idéal, leur but est commun : le perfectionnement moral selon l'idée que la raison conçoit du *Bien absolu*, d'où résulte le bonheur pour l'un comme pour l'autre, le bonheur individuel et social.

Le moyen sera aussi le même, la *vertu*. Vivre pour la vertu et par la vertu, acquérir le bonheur, tout le bonheur que comporte la nature humaine, cette pensée sera partout présente, partout appliquée dans l'ensemble et dans toutes les parties de la politique platonicienne. Ce sera la base ou plutôt le centre, la maxime directrice et régulatrice. C'est la clef de toute cette partie du système, la solution à toutes les questions qui y sont soulevées et débattues.

La notion de *justice*, telle que Platon la conçoit et la définit comme base de sa politique entière, n'est pas moins importante à signaler. Cette idée, on l'a déjà vu (*supra*) pour la morale, c'est l'*idée du bien*, laquelle en se déterminant devient la vertu sociale par excellence, qui doit présider à l'œuvre totale de l'homme d'État ou du législateur. Elle fournira le modèle de l'État qui lui-même se définira la justice réalisée (son imitation, son image en grand) (*République*, II, 15, 18).

Or, cette définition qu'est-elle? On l'a déjà vu pour la morale individuelle, prise dans l'individu qui est déjà la société vivante. L'âme humaine étant composée de parties, elle y établit l'ordre dans la juste mesure, selon leur nature et leur fonction respectives. C'est le moyen d'y entretenir l'harmonie, d'y faire régner la paix et l'unité, etc. (*supra*).

On verra encore ce qu'une pareille conception doit produire dans la politique entière et dans toutes ses dépendances.

III. — D'après cela, si l'on se demande quelle idée Platon se fait de la politique, de son objet et de ses rapports avec les autres parties de la science totale, il est facile d'y répondre.

Pour Platon, comme pour Socrate, la politique est une science (*Phil. anc.*, p. 154; *Mém. Socr.*, I, 2). Mais, esprit plus systématique, cette manière de voir, chez lui, se précise bien plus, et elle a une plus haute portée, comme aussi elle entraîne des conséquences plus graves théoriques et pratiques.

Non seulement la politique, comme science, est partie intégrante de la philosophie ; mais, comme toute autre science spéciale, elle est régie par la dialectique qui y préside. A vrai dire, le philosophe seul, le dialecticien la possède. Seul il en conçoit clairement les principes et le vrai principe, le bien, qui est ici le bien social. Ce bien, le bien social, comme le bien en général, seul il est capable de le reconnaître et de l'appliquer, de trouver les vrais moyens et de les approprier au but.

A ce point de vue, s'explique le jugement qui paraît plus que sévère que Platon porte sur les plus grands hommes d'État qui ont illustré sa patrie et la Grèce entière, Périclès, Cimon, Miltiade, Thémistocle (*Gorgias*, 545). Cette science leur a manqué. Ce qui le prouve, c'est qu'ils n'ont pas su la transmettre à leurs successeurs, ils n'en ont pas compris le but véritable ou ne l'ont pas poursuivi, l'objet véritable étant de rendre les citoyens meilleurs. Ils ont agrandi la cité, bâti des murailles, rempli les arsenaux, visant à l'agréable plutôt qu'au bien. Ils ont fait faire bonne chère aux Athéniens. Ils n'ont pas su les rendre meilleurs et les ont laissés pires qu'ils n'étaient (*ibid.*). Ils n'ont pas eu ce qui fait le vrai homme d'Etat, la science du bien. L'homme d'Etat doit avoir les yeux fixés sur le modèle. Ce modèle c'est la dialectique qui y mène et le fait contempler, la science des idées qui fournit les moyens de le réaliser (*Rép.*, VI et VII). — Quoique plus éloigné, le rapport avec la *physique* ne doit pas être oublié. Suivant Platon, l'homme, le but de la création terrestre, est comme un abrégé de l'univers. La société humaine participe de ses lois. Le *microcosme* et le *macrocosme* se correspondent. En l'homme et dans la société humaine, les lois de la nature se reflètent et se reproduisent. Le cours des choses humaines suit l'ordre général et la marche des événements du monde astronomique et physique (*Rép.*, VIII; *Lois*). Le monde moral distinct du monde physique s'y rattache et en dépend. Il en subit les influences (*Timée*).

Quant à l'homme pris en lui-même, dans sa nature à la fois physique et morale et dans ses facultés, le rapport a été dit; c'est lui qui doit fournir le modèle et le plan de la société civile.

L'idée que Platon se fait de la politique et de l'homme d'État qui doit la représenter est exposée et définie dans le dialogue (authentique ou non) intitulé la *Politique* qui, s'il n'est de Platon, est tout à fait platonicien. Il s'agit de définir le politique, ou l'homme d'État, appelé le roi, le souverain [1]; mais qui peut être aussi bien plusieurs qu'un seul, une assemblée, etc.

La science politique se définira : la science de commander aux hommes en société sous la loi de la raison et de les maintenir en communauté par la loi morale. Elle doit les accorder, entretenir entre eux la concorde par un lien divin, θείω δεσμῷ (309, C), ou harmonique, harmoniser les caractères et les volontés (*ibid.*). Pour cela, il faut savoir allier les opposés, la force et la douceur, dans une juste proportion. La proportion, la mesure, c'est en cela que consiste la justice. Celui qui la connaît doit aussi l'appliquer, en faire la règle suprême comme le but de toutes les institutions. Elle doit présider à tous les règlements et descendre jusqu'aux plus petits détails de la vie publique, de l'administration comme du gouvernement.

La politique est une science; elle est aussi un art, l'art politique, l'art royal, βασιλικὴ τέχνη (*Polit.*, 311). D'autre part, elle est classée parmi les arts moins sérieux qui ont pour objet le beau. L'inspiration y est nécessaire; l'œuvre du politique à ce titre sera une *œuvre d'art*. La Muse y préside, la Muse royale, βασιλικὴ μοῦσα (*Polit.*, 309). Ce sera un véritable drame, ὥσπερ δράμα (*Lois*, II), la plus belle des œuvres, le plus beau drame, le drame de la vie la plus belle, δράμα τοῦ καλλίστου βίου (*Lois*, II).

La politique est encore assimilée à d'autres arts, à la *navigation* surtout et à la *médecine*. L'homme d'État doit diriger

---

1. Le titre ajouté de la royauté est peu exact. Il ne s'agit pas plus du monarque que du souverain en général.

la société à travers les dangers qui la menacent sur une mer orageuse semée d'écueils. Comme l'astronome, il doit connaître le ciel et les astres (*les idées*) qui peuvent servir à le guider. De même, comme le médecin qui a étudié le corps humain, il est préparé à connaître ce qui convient au corps social, les conditions, pour lui, de la santé et de la maladie, les moyens propres à entretenir la santé, à rétablir l'équilibre de ses forces et à le guérir. Ces comparaisons reviennent sans cesse dans les écrits du philosophe.

La méthode à la fois rationnelle et empirique a été indiquée ainsi que le rapport entre les deux procédés qui la constituent (*supra*).

Le but est aussi connu. Ce but, qu'il est bon ici de rappeler, c'est le but moral, l'idéal de la vertu pour l'homme et pour le citoyen. La vertu du citoyen est aussi celle de l'État, le bien à la fois pour l'ensemble et pour les individus, τὸ κοινόν καὶ τὸ ἴδιον. Former les hommes à la vertu, de mauvais les rendre bons ou meilleurs, ce qui seul peut rendre la cité juste elle-même : ἐκ χείρωνος βελτίω ποιοῦσι ὀρθὴν πόλιν (*Polit.*), voilà ce qui fait la vraie République.

Ce sera le but, l'objet que se proposera le législateur aussi bien que l'homme d'État. Il en sera de même de l'orateur, de l'éducateur, de l'artiste et du poète (voy. *Gorgias*, *Rép.*, *Polit.*, *Lois*).

IV. — Pour achever ce qui est de la politique en général et des idées qui en sont la base, ce qui a trait à la *souveraineté* doit être indiqué.

Le but suprême étant la *loi morale*, il s'ensuit que Platon la considère comme la *puissance souveraine* et *législatrice* dans l'État. C'est en cela qu'il fait consister la valeur de toutes les institutions, des règlements, dispositions dans l'État, de leur conformité avec elle. Enfin il en résulte que l'État doit être considéré comme une *personne morale*; obéir à la loi oblige chaque homme en particulier : la base est toujours la morale.

Les philosophes possèdent *cette science* du souverain bien ou du but suprême auquel tout soit se rapporter. Le droit de commander leur est dévolu (*Polit.*). Eux seuls, on l'a dit, sont en état de connaître la règle suprême, de distinguer le modèle vrai du faux modèle, de la copie infidèle ou apparente. Ils en discernent de même le principe de ses conséquences comme la veille des songes (*Rép.*, VI).

La conclusion est qu'aux philosophes seuls il appartient de gouverner les États. Il n'y a pas d'autre moyen de remédier aux maux qui les affligent que de leur confier le gouvernement. Ou bien ceux qui sont à la tête doivent philosopher. Les formes de gouvernement sont différentes, mais le gouvernement des meilleurs est l'aristocratie (*Rép.*, VIII).

Que Platon ait été conduit à cette conclusion en partie par le spectacle des maux et des vices de la société qu'il avait sous les yeux, des excès de la démocratie athénienne en particulier, cela ne fait pas de doute ; mais c'est aussi et encore plus la logique du système qui en donne la raison principale.

Avant d'examiner les formes de la société et du gouvernement qui doivent répondre à cet idéal ou s'en rapprocher le plus possible, il est bon aussi de savoir comment Platon conçoit et définit l'État. L'État, dit-il, c'est la réunion d'un nombre d'hommes en vue du bien commun, συμπάσης πόλεως ἕνεκα τοῦ κοινοῦ (*Lois*, I). On sait ce qu'est le bien commun.

On remarquera aussi que jusqu'ici et par ce côté la définition ne diffère pas essentiellement de la conception moderne. Chaque membre de la société non seulement doit être soumis aux lois en vue du bien commun ; mais celles-ci ordonnent ce qui est avantageux non à un seul, mais à tous. La volonté de suivre ces lois, de soumettre l'intérêt privé à l'intérêt commun est le seul lien qui unisse les membres de la société civile ou de la cité ; autrement, nous dit Platon, il y a plusieurs cités en une seule, la guerre est entre tous, πόλεμος ἀλλήλων.

C'est aussi ce que dira Aristote (*Polit.*, IV), ce qu'avait dit Socrate (*Mém.*). Xénophon ne dit pas autre chose.

Tous ici sont d'accord, mais le problème n'est pas aussi simple pour nous qu'il l'était pour eux. De l'*individu*, comme personne morale, aucun de ces philosophes ne s'enquiert comme tel : de sa nature propre, de ses *droits* émanant de sa *personnalité*, des *intérêts* qui en naissent privés et publics, de sa destinée spéciale et, à ce point de vue, de ses rapports avec l'État.

Le problème se complique, et l'on sait à combien d'autres problèmes difficiles à résoudre il donne lieu dans la théorie, encore plus dans la pratique.

De cette nécessité de combiner et d'accorder les deux termes, de ne pas sacrifier l'un à l'autre, mais de les concilier, d'établir entre eux l'*harmonie* au lieu de l'*antagonisme*, s'engendre la vraie *notion* de la *science politique* et de l'*art* qui s'y joint, lequel exige l'habileté, l'expérience et tant d'autres qualités.

Pour Platon, le problème n'existe pas, au moins sous cette forme : car, pour lui, il n'y a pas de *droit individuel* proprement dit, ni de bien propre en dehors du *droit commun*. La *personnalité* et tout ce qui s'y rapporte, la *propriété*, le souci de l'honneur, de la dignité propre, de la responsabilité, de la conscience même, ne relevant que d'elle-même, des droits de la volonté libre, tout cela lui est inconnu ou doit céder, s'effacer. Dès qu'un obstacle s'élève et forme opposition, il le brise. Il lui suffit d'invoquer cette maxime : « Ce qui est commun unit, ce qui est propre divise et détruit les États : τὸ μὲν κοινόν συνδεῖ, τὸ ἴδιον διασπᾷ τὰς πόλεις. » (*Rép.*, IV.)

Un autre problème lié au précédent, aussi difficile à résoudre, est celui des rapports *des gouvernants et des gouvernés*. Quels sont ces rapports ? Les gouvernants, suivant Platon, sont ceux qui donnent aux États des lois et qui les font observer (*Polit.*). S'ils sont dignes de ce nom, eux-mêmes sont les serviteurs de la loi qu'ils ont faite ; car ils doivent être justes ; eux-mêmes religieusement les observent. Ils en sont les auteurs et aussi les gardiens, φύλακες (*Rép.*). Chargés d'établir et de maintenir la justice et avec elle la félicité dans l'État, ils n'ont aucun pouvoir qui leur soit propre que celui que leur confère la loi. Ils doivent commander selon la loi, ἄρχειν κατὰ νόμον (*Polit.*, 302, E). Aucun arbitraire, aucun motif d'intérêt, aucune passion ne doit se mêler à leurs prescriptions et à leurs actes. Eux-mêmes sont soumis aux lois et doivent leur obéir.

Belles maximes sans doute en théorie ; mais, en pratique, on se demande s'il en sera ainsi.

On est étonné de voir le grand philosophe passer si légèrement sur ce point qu'à peine le problème lui apparaisse.

Nulle part il ne s'en embarrasse. La seule différence pour lui est celle de la souveraineté légitime et de la tyrannie. Le souverain agit par persuasion (*Polit.*); l'autre, le tyran, par violence. Il ne voit pas que la tyrannie elle-même peut s'introduire à chaque instant dans la loi elle-même aussi bien que dans les actes qui l'appliquent. Sa maxime constante est celle-ci : « On doit contraindre à être heureux ceux-là même qui ne le veulent pas; l'ignorant qui ne sait pas se conduire doit être conduit dans son intérêt et pour son bien, comme le médecin guérit le malade, qu'il le veuille ou non. » (*Ibid.*)

Tout cela pour nous, d'une simplicité qui étonne, est affirmé dogmatiquement, sans discussion.

Ce problème, Platon l'a-t-il aperçu? En a-t-il entrevu les difficultés? Dans l'impossibilité d'y faire face et de les résoudre, a-t-il jugé à propos de le passer sous silence?

Il répétera sans cesse que la loi seule est souveraine, δεσπότης τῶν ἀρχόντων (*Lois*, IV, 704).

Les gouvernants sont esclaves de la loi, οἱ δὲ ἄρχοντες δοῦλοι τοῦ νόμου. Là est le salut des États, σωτήρια τοῖς πόλεσιν.

Cette distinction qu'il établit entre l'ἄρχοντα κατὰ νόμους et παρὰ νόμους ne résout rien, ne simplifie rien. C'est de l'idéal, non du réel et que le réel contredit sans cesse et remet en question.

On se demande encore si, sur ce point d'une gravité extrême, il n'y a pas contradiction dans les idées du philosophe.

Lui-même (*Politique*), en effet, déclare que le souverain est au-dessus des lois et qu'il leur est soumis, qu'il doit quelquefois pouvoir les changer ou les modifier, s'il le croit nécessaire. L'antinomie est manifeste. Platon ne peut pas ne pas l'avoir lui-même aperçue. Par la loi qui peut et doit être changée, il entend la *loi positive*. L'autre c'est la *loi naturelle* ou *rationnelle*, seule invariable et absolue, que son maître avait proclamée (*Mém.*). Le *sage* qui la connaît, à la fois *savant et sage*, la respecte et ne peut la violer. Mais l'autre loi, la loi écrite, il peut la changer quand elle n'est pas conforme à la première ou que les circonstances l'exigent. Les lois positives, qui ne le sait? elles sont imparfaites; elles sont générales, ἐπὶ τὸ πόλυ. Leur généralité même les rend imparfaites. Ici, la loi est boiteuse et aveugle, elle ne saurait tout prévoir.

Si elles sont variables, elles peuvent et doivent être améliorées, corrigées d'après les principes de la science politique.

Cela est vrai, mais laisse subsister le problème. Platon tranche le nœud. On ne voit pas même qu'il ait essayé de le résoudre. Il se borne à dire que l'Etat bien gouverné, l'Etat sain, comme le corps en santé, est celui où l'équilibre subsiste, et est maintenu dans l'accomplissement régulier de ses fonctions. L'Etat alors forme un tout harmonique et moral. Autrement divisé, désordonné, il court à sa ruine. — C'est tourner dans un cercle. — Il y a là une *antinomie* que tout le mécanisme des institutions politiques ne pourra dans la pratique tout à fait lever, et que la science politique seule, sans la prudence, ne sera jamais en état de complètement supprimer.

Platon, le philosophe de l'idéal, théoricien avant tout, ne s'en occupe pas. Il se borne une fois (*Polit.*) à déclarer la chose difficile, et il l'ajourne.

Pour avoir une idée plus complète de la politique platonicienne, dans ce qu'elle a de plus général, on se demande aussi comment Platon entend le *bonheur de l'Etat*. La réponse pour lui est facile, et le grand moraliste reparaît. 1° Le *bonheur* pour l'Etat comme pour les individus est et ne peut être que dans la conformité à ce qui est son essence et son but : le bien moral ou la *vertu*. Les deux notions sont inséparables. Ainsi la *prospérité des Etats*, il ne faudra pas la chercher ailleurs, ni dans le nombre des citoyens, la puissance extérieure, la grandeur et l'étendue du territoire, les richesses, le bien-être matériel. Le vrai bien est la *bonté des mœurs*, la source première sinon unique des autres biens. Là est la mesure, tout le reste y sera subordonné. — De là ce qui a été dit plus haut de la sévérité extrême de Platon envers les hommes d'Etat, les législateurs, les plus grands politiques de la Grèce, Lycurgue, Périclès.

Quant à la *liberté*, cette base essentielle, l'un des deux grands principes de la société civile, telle que nous la concevons, ce second élément qui complique si fort le problème, on l'a dit, il ne faut pas s'attendre que Platon la respecte. Il l'entend tout autrement que nous, dans le sens antique qui est celui de son système. La *liberté*, ἐλευθερία, il en parle souvent et la vante. Le mot revient souvent dans ses écrits, mais sans faire soupçonner l'idée ou la chose que nous y mettons, ni la difficulté qu'elle recèle : savoir le *droit* de l'*individu* d'être respecté dans sa *personnalité*, comme il a été dit plus haut. Il ne la voit pas, ne la reconnaît pas. Cette idée toute moderne, pour lui c'est le *caprice*, l'*arbitraire*; elle ne mérite nullement qu'on la respecte. On en verra plus loin les conséquences.

Telles sont les bases de la politique de Platon. Nous avons à suivre l'application de ces principes dans les deux formes de société et de gouvernement que lui-même a décrites, dont il a tracé le plan et le modèle : la *République* et les *Lois*. — Mais c'est de la *République*, l'œuvre capitale, surtout, que nous devons nous occuper. Nous y ajouterons ce qui caractérise les *Lois*, en indiquant les principales différences [1].

1. Pour ce qui est du *Politique*, dont l'authenticité est fort douteuse, la forme de gouvernement qui y est indiquée comme la meilleure, la monarchie, y est conçue tout à fait dans le même esprit et d'après le même principe ; quelle que soit la main qui l'a tracée, la théorie est tout à fait platonicienne.

CHAPITRE II

LA RÉPUBLIQUE OU L'ÉTAT PARFAIT

I. Le but que s'est proposé Platon dans sa *République*. — Sa notion de l'État idéal. — II. Plan et organisation de la cité. — Son type pris dans l'âme humaine et ses facultés. — Division des classes : artisans, guerriers, magistrats. — Leurs fonctions ou attributions. — Principe de l'unité comme constituant la justice, idée fondamentale. — III. Les institutions qui en dérivent : la communauté : 1° communauté des biens; 2° des femmes et des enfants; 3° éducation commune. — L'éducation, institution principale : l'éducation des guerriers. — La musique et la gymnastique. — Les arts et la poésie. — Règlements à ce sujet. — Condamnation des poètes (Homère, etc.). — Le gouvernement par les philosophes. — Le choix des magistrats. — Leur éducation. — Les sciences qui doivent y entrer, etc. — IV. Formes de gouvernement différentes de la *République* : aristocratie, timocratie, démocratie et tyrannie. — Nature et naissance de chacune d'elles. — V. Appréciation. — La *République* de Platon n'est pas une pure utopie, mais l'idéal de la cité antique. — En quoi elle en diffère. — Éléments nouveaux et modernes. — Le vice fondamental.

I. Idée de la « République ». — Créer par la pensée le modèle de l'État parfait, παράδειγμα ἀγαθῆς πόλεως (*Rép.*, V, 472) : tel est le but que Platon s'est proposé en traçant le plan de sa *République*.

Cette société doit être l'image de la *justice* parfaite, δικαιοσύνης τελείας, de même que l'homme *juste* la représente en lui-même et nous en offre les traits dans sa personne ou sa nature individuelle. Ce sont deux images semblables de proportions différentes, l'une plus grande (ἐν τῷ μείζονι), l'autre plus petite; toutes deux formées sur le même modèle (liv. II, 368, E).

Cette cité, pour être parfaite, doit être conçue en dehors

du réel, de toutes les conditions ordinaires auxquelles l'homme d'Etat, le législateur, est obligé de se soumettre, dont il doit tenir compte, mœurs, traditions, lois existantes, climat, etc., ce qui est indiqué par ces mots : Créons une cité par la pensée : τῷ λόγῳ ἐξ ἀρχῆς ποιῶμεν πόλιν (*ibid.*, 369, C).

II. Plan et organisation de la cité. — Le type en est pris dans l'âme humaine. Celle-ci, une dans son essence, se compose de trois parties : 1° l'âme *sensitive*, siège des appétits, τὸ ἐπιθυμητικόν; 2° l'âme *irascible*, siège des passions nobles et du courage, le θυμός ou θυμοειδές; 3° l'âme *raisonnable*, τὸ λογιστικόν, νοῦς. Dans l'âme bien ordonnée et gouvernée, la raison commande, le courage obéit, les passions et les appétits sont soumis à la raison, par la force énergique de la volonté. L'Etat sera construit sur ce modèle.

Il y aura trois classes de citoyens : 1° les *artisans*; 2° les *guerriers*; 3° les *magistrats*, répondant aux trois puissances de l'âme. La même hiérarchie y sera observée que dans l'âme bien ordonnée. Les magistrats, en qui réside la raison souveraine, doivent commander, les guerriers leur obéir et faire observer la loi. Les laboureurs et les artisans sont destinés à pourvoir aux besoins matériels de la cité et à la nourrir. Les attributions sont différentes, et le rang inégal; ils n'en sont pas moins tous frères. Ayant la même origine, concourant au même but, le bien de l'Etat, ils sont membres de la même cité. L'accord entre eux sera parfait tant qu'ils ne sortiront pas des limites de la fonction que la loi leur assigne.

Cette fonction, elle résulte des dispositions que chacun apporte en naissant. La nature, qui distribue diversement ses dons, a mêlé à l'âme des hommes des métaux différents; elle a mis de l'or chez les uns, de l'argent chez les autres; le cuivre et le fer forment l'âme du plus grand nombre. Les classes seront ainsi fixées pour les individus qui doivent y entrer. Mais on pourra passer d'une classe dans une autre, monter ou descendre selon qu'il a été reconnu que chez quelques-uns les qualités rendent ce changement nécessaire [1].

---

1. La manière dont Platon expose l'origine et la formation de sa cité, la nais-

1° *Les artisans*. — Platon, il faut le dire, s'occupe fort peu de la première classe de citoyens, ce qu'avec raison lui reproche Aristote (*Polit.*, I). Destinés à nourrir l'Etat, et à pourvoir aux besoins de la vie physique, leur rôle est nécessaire, mais inférieur. Il décrit (liv. II) leur vie simple et frugale : heureuse par la tempérance, selon lui, si elle se borne à la satisfaction des besoins les plus naturels. Il leur laisse la propriété, mais sans préciser en quoi elle consiste, ni ce qui la leur garantit; il ne dit pas un mot de leur *éducation*.

2° Les *guerriers* forment une seconde classe à part dans l'Etat. Platon les appelle les *gardiens* de l'Etat (φύλακες) ou ses *défenseurs* (ἐπίκουροι). Leur rôle ainsi marqué, il ne se préoccupe guère que de leur *éducation*. Ils doivent obéir aveuglément aux magistrats. Leur genre de vie paraît être analogue à celui des hommes libres dans la société grecque. Ils se livrent principalement aux exercices du corps, mais leur esprit est aussi très cultivé : ils reçoivent une éducation très soignée, supérieure à celle qui était alors (liv. V), et tout à fait *libérale*. Ils ne possèdent rien en propre et vivent en commun (repas publics, etc.). C'est d'eux qu'est tirée la troisième classe, celle des magistrats ou des gouvernants, qui sont les philosophes.

2° *Les magistrats*. — Les gouvernants (ἄρχοντες) sont choisis parmi les guerriers. Le gouvernement de l'Etat leur est confié. La vie *contemplative* leur conviendrait mieux, le soin des affaires publiques est un lourd fardeau ; on les forcera de s'en charger. Ils doivent pourvoir au maintien de l'ordre dans l'Etat, travailler à la confection des lois, veiller à ce qu'elles soient observées, faire appliquer les règlements, administrer, juger, etc.

---

sauce de ses trois classes, ne doit pas faire prendre le change sur sa pensée véritable. Il ne faut pas confondre ici la condition avec la fin, le début avec le but. Le but c'est la vie en commun pour la vertu, le perfectionnement moral. Le début c'est de pourvoir aux besoins de la vie matérielle. La cité commence par la classe industrielle, c'est-à-dire ce qui répond aux besoins physiques. Le tableau de ce genre de vie est séduisant : c'est la cité tempérante et sobre. C'est une sorte d'idylle (II). Cette société ne peut subsister. Le luxe s'y introduit, avec lui la division qui engendre la guerre. D'où la nécessité d'une seconde classe, celle des guerriers, à laquelle s'ajoute la nécessité de gouverner, etc. On doit tenir compte aussi de l'œuvre d'art, du mode de sa composition.

Leur autorité est absolue ; ils ne peuvent en abuser, autrement ils ne seraient plus des sages, leur *éducation* n'aurait pas porté ses fruits. La cité ne serait plus parfaite. Il ne faudrait voir en eux que des Rhéteurs ou des Sophistes. L'ordre dans la cité serait renversé, son nom de cité idéale ne lui conviendrait plus.

III. Les institutions. — Par quels moyens Platon prétend-il réaliser le plan de sa cité et en assurer la durée ? par les *institutions*. Celles-ci doivent surtout vous choquer et provoquer de justes critiques. Mais il faut se placer d'abord au point de vue du philosophe.

L'idée fondamentale que tout dans l'Etat doit concourir à réaliser, c'est l'*idée de justice*. Cette idée, telle que les anciens philosophes la conçoivent, n'est pas, on l'a dit, celle que nous nous en faisons nous-mêmes ; du moins elle n'en offre qu'une seule face, l'autre est complètement voilée. Il ne s'agit nullement de l'observation du *droit*, d'une puissance souveraine qui règle l'exercice des droits, qui assure à chacun le libre développement de ses facultés personnelles et individuelles. L'idée de Platon, harmonique d'ailleurs avec son système idéaliste, est celle de l'unité d'un tout bien ordonné en lui-même, dont toutes les parties doivent concourir au but commun, l'accord parfait des membres d'un tout, réglé d'après la loi qui établit et maintient cet accord. La loi, νόμος, fait la part de chacun, lui trace ses limites qu'il ne doit ni ne peut franchir. Cette loi, qui pour Platon lui-même a son type dans l'ordre physique, doit s'appliquer aussi à l'ordre moral. Elle ne diffère pas essentiellement de la loi qui régit le monde et le gouverne dans son ensemble et ses parties. L'idée de liberté, de libre arbitre et de ce qui en résulte en est absente (*supra*).

Telle est pour Platon l'idée de *justice*. Cette idée il l'applique à l'ensemble et à toutes les parties de sa politique.

Elle existera dans l'Etat, si chaque classe de citoyens, si chaque citoyen remplit uniquement la fonction qui lui convient, et cela dans les limites et la juste proportion que la raison lui assigne. Cet *ordre*, cette *unité*, est le but que se propose le législateur ou l'homme d'Etat. De sa présence naîtra le plus grand bien, τὸ μέγιστον ἀγαθόν; de son absence le plus grand mal, μέγιστον κακόν. Que la cité soit une, μία, comme l'âme est une. Tout doit y tendre : εἰς μίαν σύντασιν.

Telle est l'idée fondamentale de la république de Platon ; tout y est conçu d'après cette idée et en dérive.

Ce qui suit en est le corollaire. Ce qui divise surtout les hommes, c'est la *propriété*, c'est que chacun dise le *mien* et le *tien*, τὸ ἐμὸν καὶ τὸ οὐκ ἐμόν. Donc, elle doit être proscrite et à la place établie la communauté, κοινωνία, selon la maxime pythagoricienne : « Tout est commun entre amis. » Sur ce principe doit être établie la *communauté des biens*, celle *des femmes et des enfants*, κοινωνία τῶν γυναικῶν καὶ παίδων, l'*éducation en commun*.

Communauté des biens. — La propriété est supprimée. Elle est exclue des deux premières classes ; la troisième classe possède, mais Platon ne nous dit pas en quoi cette propriété consiste ni comment à chacun elle est assurée. Aristote le lui reproche (*Polit.*, I) et signale avec raison cette lacune. Les deux autres classes ne possèdent rien en propre, que leur corps, dit-on. Mais c'est trop. L'*habeas corpus* amène toutes les *autres* propriétés.

Il faut que l'Etat se renouvelle. Il ne le peut que par la *famille*. Platon la supprime. C'est le côté le plus attaqué de sa République. Comme philosophe, il est conséquent. La *famille* pour lui est un petit Etat dans l'Etat; elle rompt l'unité; elle y introduit ses affections, ses intérêts, des passions égoïstes qui la divisent. Platon voit bien que cette théorie révolte le sens commun. « C'est le flot, dit-il, qui va le submerger » (liv. V). Il ne recule pas, il s'efforce seulement d'atténuer le plus possible l'effet sur l'opinion commune.

La *femme*, que sera-t-elle? et quel sera son rôle dans l'Etat? Platon le dit en termes formels (*Rép.*, V) : « La femme est de même nature que l'homme. Elle a les mêmes facultés, les mêmes talents. La différence des deux sexes n'est qu'un degré du plus ou moins, non en essence. Il en conclut qu'elle doit remplir les mêmes fonctions dans l'Etat, avoir part aux mêmes emplois que les autres citoyens, recevoir la même éducation, prendre part aux mêmes exercices du corps et de l'esprit. Plus faible, ses forces seront ménagées. Elle ira à la guerre s'il est nécessaire. Elle s'exercera dans les gymnases en public, nue comme les jeunes gens. Sa vertu (il n'est pas dit sa pudeur) lui tiendra lieu de vêtement. » C'est tout ce qu'a trouvé de mieux le grand moraliste, le divin Platon, sur ce sujet qui reparaîtra dans les *Lois*.

La *communauté des femmes*, il n'y a pas à le dissimuler ni à le défendre, elle est admise entièrement en ce qui révolte le plus par l'auteur de la *République*. Cette communauté d'ailleurs n'est pas la *promiscuité*. Les mariages, selon lui, subsistent. Il va jusqu'à dire qu'ils sont saints, entourés de cérémonies religieuses ; mais la faculté de donner des citoyens à l'État ne peut être livrée au hasard.

Les guerriers seuls et les plus braves sont capables de donner à l'État des enfants qui leur ressemblent. — Les magistrats à quarante-cinq ans ont dépassé l'âge et doivent observer le célibat. — Car les unions sont faites non en vue du plaisir et de la volupté. Quant à la dernière classe, on ne sait comment elle se recrute.

Sur la *communauté des enfants*, Platon emploie toutes les ressources de son esprit pour masquer le vice monstrueux de cette institution. Il énumère les avantages de cette communauté. Sous ce rapport il n'a rien laissé à dire aux partisans du communisme. Ce sont les enfants de la patrie. Tous le sont de tous. Il va jusqu'à dire que l'affection sera d'autant plus grande qu'elle sera répandue sur un plus grand nombre. Ici, les aberrations du philosophe sont telles qu'elles étonnent même d'un ancien. Aristote a beau jeu ici contre son maître qui, aveuglé par son utopie, méconnaît à ce point l'essence des affections humaines, d'autant plus vives qu'elles sont plus limitées. C'est faire violence aux sentiments et aux instincts les plus sacrés de la nature morale sous prétexte de les agrandir et de les idéaliser. (Voy. Arist., *Polit.*, II.)

Les enfants ainsi élevés comme dans un bercail sont ensuite répartis dans les diverses classes. Le *choix des vocations* se fait d'après leurs aptitudes et leurs capacités naturelles. On peut monter d'une classe dans une autre ou en descendre, etc. — Tout cela, à bon droit, nous choque ou nous révolte. Mais quoi de plus logique? Or la logique est impitoyable. Tout communisme conséquent doit y arriver; sans quoi, tout ce bel ordre est détruit ou sans cesse menacé. Le rêve de la perfection s'évanouit. Il n'y a qu'une chose à en dire : c'est qu'une œuvre ainsi parfaite est absurde, aussi éloignée de l'idéal que du réel.

Il est inutile de poursuivre, comme de faire remarquer que le despotisme le plus absolu, l'absence complète de liberté, sont le cachet de toutes ces institutions.

L'*Education*, voilà l'institution principale. C'est le beau côté du système. Platon lui a consacré tous ses soins. Sur elle seule il s'étend et la développe, ce qui fait dire à Rousseau de la *République*, que c'était un traité d'*éducation* [1].

La raison est facile à voir et à donner. Elle est souvent donnée ou rappelée. Suivant Platon, les lois ne sont rien sans les mœurs, et les mœurs c'est l'éducation qui les forme. Aussi la République a peu de lois, ou plutôt n'en a pas ; ses institutions les rendent inutiles; de celles-ci l'éducation est la principale. En réalité, elle n'existe que pour les deux premières classes, les guerriers et les philosophes.

1° *Les guerriers*. Leur éducation se compose de deux parties : la *Musique* et la *Gymnastique*. Celle-ci comprend les exercices du corps, celle-là les *arts de l'esprit*. Platon en décrit les règles et s'attache surtout à la première. Les guerriers sont d'un caractère énergique qui pourrait devenir féroce. Leur naturel doit être adouci. C'est aux Muses que sera confiée leur éducation.

Les Muses, ce sont les arts et la poésie.

Mais la *poésie* et les *arts*, tels qu'ils ont formé jusqu'ici la jeunesse athénienne, ne sont bons qu'à corrompre les âmes. Les ouvrages des poètes, d'*Homère*, d'*Hésiode*, etc., sont remplis de fables et de récits licencieux, où les Dieux qui sont mis en scène se livrent à toutes les passions des hommes. Ce sont de fort mauvais modèles. Platon fait de la *mythologie* d'*Homère* et des autres poètes, la censure la plus sévère.

---

[1] « Ce n'est point un ouvrage politique, c'est le plus beau traité d'éducation qu'on ait jamais fait. » (Rousseau, *Émile*, I.)

Ces poëtes, il les bannit, les renvoie, des parfums sur la tête, le front orné de bandelettes, de sa République (*Rép.*, III). A leurs fables il substitue d'autres fables, une poésie et des arts dont le caractère est exclusivement moral (liv. II, III, IV).

La république est fondée. Qui doit la gouverner? Platon (liv. V) fait ici le tableau de l'état social des cités grecques et de la *démagogie athénienne* à cette époque. Il signale ses vices et ses excès. Il conclut qu'il n'y aura pas de remède aux maux des États, tant qu'ils ne seront pas gouvernés par les *philosophes*. La philosophie, n'est-ce pas la raison la plus haute? Elle doit commander dans l'Etat comme dans l'individu. Les philosophes seront les magistrats appelés à gouverner la cité.

2° Choisis parmi les guerriers, leur éducation est la chose la plus importante, et l'on conçoit l'étendue qu'elle occupe dans ce plan idéal. C'est le morceau capital de la *République*. Les livres V, VI et VII y sont consacrés. On y retrouve les parties les plus hautes de la philosophie de Platon : son *idée de la philosophie*; sa *théorie des idées*; l'*idée du bien*, couronnement de sa métaphysique et de tout son système; l'*esprit* et le caractère philosophiques; et, comme préparation à la philosophie, l'étude des *sciences mathématiques* et *physiques*, de l'*astronomie* surtout et de la *musique* envisagées du point de vue mathématique, selon la tradition pythagoricienne (liv. VI).

IV. LES FORMES DE GOUVERNEMENT. — Platon ne se borne pas à tracer le plan de sa République idéale. Il passe en revue les autres formes qui plus ou moins s'en écartent, images selon lui imparfaites de la justice dans la société, comme elles se reproduisent également dans les individus.

Tout ce qui est né doit périr: γενομένῳ παντὶ φθορά ἐστι. C'est la loi de l'univers visible; elle régit les corps célestes et les révolutions des astres. Il y a des périodes fatales mesurées par les combinaisons des nombres, pour tous les êtres de la nature, les animaux, les plantes, etc. Parmi les œuvres des hommes plus périssables encore, ce qu'il y a de meilleur ne peut y échapper.

Un jour viendra donc où cette belle constitution elle-même devra s'altérer, se détruire, et cela au temps marqué par le nombre fatal auquel est attachée sa destinée. Nous omettons ce nombre, qui, d'après Platon, disciple des pythagoriciens, marque la durée de sa cité idéale.

Ce passage célèbre, qui a tant exercé les commentateurs, malgré leurs efforts, est peut-être encore une énigme. S'il peut offrir aux mathématiciens de l'intérêt, il en a peu aujourd'hui pour les philosophes.

Ce qui suit en a beaucoup plus; mais il est impossible, dans une analyse, de reproduire cette suite de drames où l'auteur, à la fois philosophe, artiste et historien, nous montre, sur le double théâtre de la société et de la conscience, la série des formes de gouvernement qui s'engendrent de la forme principale et, par une dégradation successive, aboutissent à la forme la plus éloignée de la justice et qui est la tyrannie.

Platon, dans ces peintures, n'est pas aussi loin du réel qu'on le croit; on y voit figurer tour à tour la Sparte dégénérée de Lycurgue et la Crète de Minos, l'*Athènes* oligarchique de Solon, la démocratie de Périclès et la démagogie de son temps, la tyrannie syracusaine et d'autres espèces que lui offraient les républiques anciennes, sans doute, et qu'il peint avec les plus vives couleurs. A côté sont tracés, avec la plume du moraliste que Théophraste dut envier, les caractères principaux qui, dans l'homme et son gouvernement intérieur, répondent à ces formes de la société : le caractère *aristocratique, timocratique, oligarchique* et *tyrannique*.

Nous nous bornons à marquer la suite et l'enchaînement logique de ces formes.

1° L'ARISTOCRATIE. — La première, la forme parfaite, on la connaît; Platon la nomme *aristocratie* (le gouvernement des *meilleurs*). Après s'être longtemps conservée, elle s'altère et se corrompt. Mais elle ne périra pas tout entière et tout à coup. D'elle naîtront des formes de plus en plus imparfaites, images défigurées de la justice, mêlées de justice et d'injustice, et qui, toutes destinées à périr par l'excès de leur principe, doivent aboutir à une forme dernière, la plus mauvaise de toutes, image de l'*injustice parfaite*, la *tyrannie*.

Comment la forme parfaite doit-elle périr et se dissoudre? La cause principale est la discorde qui doit se mettre entre les classes et entre les citoyens.

L'unité n'y sera plus. Les trois races viendront à se mêler et à se confondre. L'éducation sera négligée, ses règles ne seront plus observées; la constitution en sera ébranlée. Dans l'État s'introduit la sédition. De là les combats qu'engendrent les haines réciproques. Il naît alors une forme imparfaite de gouvernement qui tient le milieu entre l'*aristocratie* et l'*oligarchie* et qui peut s'appeler *timarchie* ou timocratie. C'est celle où la passion guerrière l'emporte sur la sagesse et la raison. L'ambition, l'amour de la gloire s'empare du cœur des hommes. Cette forme, *Sparte* en offre le modèle. Platon la décrit, et à sa suite il trace le portrait de l'homme ambitieux.

2° LA TIMOCRATIE. — Cette forme retient quelque chose de l'aristocratie, le respect des magistrats, l'aversion des gens de guerre pour l'agriculture, les repas publics, l'ardeur des exercices gymnastiques et militaires. Ce qui lui est propre, c'est la crainte d'élever aux dignités les gens sages, le choix d'esprits bouillants, d'une valeur peu éclairée, plus portés à la guerre qu'à la paix. Elle a aussi quelque chose de l'oligarchie, l'avidité pour les richesses. Adorateurs farouches de l'or et de l'argent, ils les confient aux ténèbres. D'où viennent ces défauts? De ce qu'ils ont négligé la véritable muse (la philosophie) et préféré la gymnastique à la musique. Son vice radical est l'ambition et la brigue.

3° L'OLIGARCHIE. — La forme qui succède à la précédente est l'*oligarchie*, celle où le cens décide de la condition des citoyens. Les riches y commandent, les pauvres n'y ont aucune part au pouvoir. Comment se fait le passage? Les richesses accumulées dans les coffres des particuliers perdent à la fin la timarchie. Le luxe va toujours croissant. De là l'infraction aux lois, le luxe et la jalousie des femmes, les rivalités, un progrès toujours croissant de la passion des richesses. La vertu diminue dans le même rapport; car l'or et la vertu sont comme deux poids dans une même balance ; quand l'un monte, l'autre baisse. Mais le vice capital, c'est que l'État n'est pas un. Il y a au moins deux États dans un seul, l'un des riches, l'autre des pauvres, ennemis acharnés à se détruire. Qu'arrive-t-il ? Un riche ruiné se met à la tête des scélérats de toute espèce qui pullulent dans cette société et s'empare du pouvoir. Suit le portrait de l'homme oligarchique.

4° La démocratie. — Le morceau capital est ce qui a trait à la démocratie.

Platon avait présents devant lui les excès de la démagogie athénienne, les malheurs et la tyrannie qui en avaient été la suite ; il est très sévère pour cette forme de gouvernement éloignée de la sienne ; il en fait plutôt la satire. Mais le tableau, tel qu'il l'a peint, de la société démocratique est instructif.

Le désir insatiable des richesses chez les uns, le libertinage et l'intempérance chez les autres, l'engendrent ou sont la cause principale. De là un corps de gens oisifs, armés de puissants aiguillons, perdus de dettes ou notés d'infamie, qui n'aspirent qu'à une révolution, nombreux essaim de pauvres ou de frelons. Le contraste de la misère du grand nombre avec l'opulence et la vie molle et voluptueuse des autres, du pauvre maigre et robuste à côté du riche élevé à l'ombre et chargé d'embonpoint, frappe de plus en plus les regards et trahit la maladie inévitable du corps social. De là les séditions, les guerres intestines entre les riches et les pauvres ; la victoire des pauvres sur les riches amène l'établissement de la démocratie.

Quant à ce qu'elle est en elle-même, Platon, pour la peindre, emploie des couleurs qui d'abord semblent assez favorables ; il veut, dit-il, en indiquer le bien avant le mal ; il en détermine d'abord le principe. Ce principe, c'est la *liberté*. Mais laquelle ? Celle de tous et de tout faire, l'indépendance, le choix laissé à chacun de vivre à sa guise. Ce régime a sa beauté apparente, celle d'une prodigieuse diversité de caractères, bigarrure séduisante. Il y a aussi plusieurs gouvernements en un seul. Tous les plans s'y succèdent et offrent toutes sortes d'échantillons. La vie y paraît douce et commode. N'être soumis à aucune autorité, n'est-ce pas un sort à envier? Il y a une chose plus admirable encore : c'est l'impunité des criminels; les coupables marchent en public la tête levée. Personne n'est maître ni n'a de maître, variété charmante : l'égalité règne entre les citoyens.

Mais à ces avantages, que Platon énumère non sans ironie, sont joints des défauts qu'amène avec elle la liberté excessive. Ils entraînent cette société à sa ruine et l'établissement inévitable de la tyrannie. Le passage est célèbre, et nous devons le citer :

« L'Etat populaire trouve la cause de sa perte dans ce qu'il regarde comme son vrai bien, lorsqu'il en est insatiable... N'est-ce pas cet amour de la *liberté* porté à l'excès et accompagné d'une indifférence extrême pour tout le reste, qui perd enfin ce gouvernement et lui rend la tyrannie nécessaire? — Lorsqu'une ville dévorée d'une soif ardente de la liberté est gouvernée par de mauvais échansons, qui la lui versent toute pure et la font boire jusqu'à l'enivrer, alors, si les magistrats ne portent pas la complaisance pour elle jusqu'à lui laisser faire tout ce qu'elle veut, elle les maltraite, sous prétexte que ce sont des méchants qui aspirent à l'oligarchie. — Elle traite avec le dernier mépris ceux qui ont encore pour eux quelque respect et de la soumission. En public, comme en particulier, elle vante et honore cette précieuse *égalité* qui met de niveau les magistrats et les citoyens. Se peut-il que dans une telle ville la liberté ne soit portée à son comble, qu'elle ne pénètre jusque dans l'intérieur des familles et qu'à la fin l'esprit d'indépendance et d'anarchie ne passe jusqu'aux animaux?

« Je veux dire que les pères s'accoutument à traiter leurs enfants comme leurs égaux, à les craindre même, et ceux-ci à s'égaler à leurs pères, à n'avoir ni respect ni crainte pour ceux à qui ils doivent le jour, parce qu'autrement leur liberté en souffrirait... Les maîtres, par une raison semblable, y craignent et ménagent leurs disciples; ceux-ci se moquent de leurs maîtres et de leurs gouverneurs. Les jeunes gens veulent aller de pair avec les vieillards et balancer leur autorité; les vieillards, de leur côté, prennent leur place parmi les jeunes gens et s'étudient à copier leurs façons, dans la crainte de passer pour des gens d'un caractère bourru et despotique... On aurait peine à le croire, les animaux eux-mêmes y sont plus libres qu'ailleurs. Nous voyons les chiennes, selon le proverbe, sur le même pied que leurs maîtresses; les chevaux et les ânes, accoutumés à marcher la tête levée et sans se gêner, heurtent celui qui se rencontre sur leur passage, s'il n'a soin de se ranger. Enfin tout y jouit d'une pleine et entière liberté.

« — Vous me racontez mon propre songe. Je ne vais presque jamais aux champs que cela ne m'arrive. — C'est de cette forme de gouvernement, si belle, si hardie, que naît la *tyrannie*... En général, on peut dire qu'on ne peut tomber dans un excès sans s'exposer à tomber dans l'excès contraire. C'est ce qu'on remarque à l'égard des saisons, des plantes, des corps et surtout des États. Ainsi, par rapport à la société entière, comme pour un simple particulier, la liberté excessive dégénère tôt ou tard en extrême servitude.

« Il est donc naturel que la tyrannie ne prenne naissance d'aucun autre gouvernement que du gouvernement populaire, c'est-à-dire qu'à la liberté la plus pleine et la plus entière succède le despotisme le plus absolu et le plus insupportable : c'est l'ordre même des choses. »

5° LA TYRANNIE. — Platon fait ensuite le tableau de la tyrannie, auquel il joint le portrait du tyran et de l'homme tyrannique lui-même esclave et tyrannisé par ses passions.

Tel est, en abrégé, le contenu principal de la *République* de Platon, en ce qui concerne la politique elle-même. Le reste : 1° la discussion qui d'abord s'engage selon la méthode platonicienne (livres I et II) sur la notion de la *justice*, où est préparée et dialectiquement établie la définition par l'examen des opinions contraires; la suite (liv. IX) sur le bonheur que procure la justice aux États comme aux particuliers; 2° l'épilogue (liv. X.) où est reprise la question de la poésie et des poètes et établie la sanction religieuse (*Mythe de Her. l'Arménien*), doit être considéré comme le complément de la composition philosophique et artistique, le chef-d'œuvre du philosophe.

V. APPRÉCIATION. — Ne voir, comme il a été dit, dans la République de Platon qu'une conception chimérique, l'écart d'un beau génie, c'est ne pas la comprendre. D'abord, comme philosophe, Platon est d'accord avec lui-même. Tout son système idéaliste le conduisait à cette conception de l'*Etat* dont la base est l'*unité*. Sa notion de la *justice*, qu'il définit la *mesure*, l'*harmonie*, la *proportion*, est le corollaire de l'*idée du bien*, le centre ou plutôt le sommet de toute sa philosophie (*Rép.*, VII). Elle devait se trouver dans sa *Politique*.

I. Cet idéal de la cité parfaite, que lui-même reconnaît ne pouvoir entièrement se réaliser, n'est-ce pas l'idéal des républiques anciennes, du moins des plus célèbres, de Sparte, de la Crète, etc., celui dont elles-mêmes offrent le modèle en partie réalisé dans leur histoire? Les législateurs ou les hommes d'État, qui les ont fondées ou gouvernées, n'en ont pas une notion différente. C'est l'objet principal, sinon unique, qu'ils poursuivent, dans la constitution, les institutions, les lois, etc.

L'Etat, suivant Platon, doit être formé à l'image et selon le modèle de la *justice*. Comme il la conçoit et la définit, n'est-ce pas précisément la justice telle que l'ont comprise aussi les philosophes des diverses écoles, pythagoriciens, éléates, mégariques et cyniques, stoïciens, académiciens et alexandrins? Aristote lui-même la définit une proportion géométrique (*Polit.*, IV), de même qu'il définit la vertu un juste milieu (*Eth. Nic.*, IV). Lui qui fait de la république de son maître une critique si sévère (*Polit.*, I) n'a pas de la vertu sociale une autre notion. Pour tous ces publicistes philosophes, être juste, rendre à chacun ce qui lui est dû (Plat., *Rép.*, II), ce n'est nullement respecter la liberté individuelle. La loi qui exprime et applique cette idée n'est pas la loi qui garantit les droits et favorise la liberté des individus; c'est la loi qui assigne à chacun sa fonction dans l'Etat, qui partage et mesure (νόμος, νέμω). Elle fixe à chacun la tâche à remplir dans la vie commune, comme membre de la cité dont il est partie intégrante.

C'est bien là l'idée antique. Tous les grands esprits de cette époque: Thucydide, etc., les plus dégagés de préjugés, les plus hardis novateurs ou réformateurs, ne l'ont pas dépassée et n'en ont jamais professé d'autre. Pour nous modernes, la société humaine a deux bases : l'*ordre* et la *liberté*. Chez Platon elle n'en a qu'une ; la seconde, non seulement il ne l'admet pas ; mais toutes les fois qu'il la rencontre, il la supprime. La personnalité humaine pour lui n'existe pas ou ne lui apparaît pas. Sous ce rapport, Platon est Grec et reste Grec. L'idéal de sa cité est celui de la cité qu'il a sous ses yeux. Sparte, la Crète lui en offraient déjà le modèle ; Lycurgue et Minos sont les prédécesseurs qu'il suit sans les copier, mais qu'il imite en les corrigeant d'après le modèle supérieur que lui fournit son système. Nous n'irons pas jusqu'à dire avec Montesquieu (*Pensées*) « que la République de Platon n'est pas plus idéale que celle de Sparte ». C'est, au contraire, une cité toute idéale, éclose de la pensée du philosophe. Platon lui-même a condamné Sparte (*Rép.*, III ; *Lois*, II et III). Mais il est vrai qu'en traçant son idéal, il n'est pas sorti de la conception du monde antique.

Autre face importante, elle aussi déjà signalée, celle de l'assimilation de l'*Etat* à l'*individu* et qui partout se poursuit depuis le commencement jusqu'à la fin de la *République*. Le parallèle s'y soutient même pour les formes secondaires (VIII et IX) les plus éloignées. Cette idée est éclose aussi du système. Platon, idéaliste, va du général au particulier, de l'idée à la réalité. Pour lui, l'individu n'est qu'un reflet de l'idée ou de la généralité. Ce sont, comme il dit, deux copies ou images, l'une plus grande, l'autre plus petite. Cette conséquence métaphysique n'est pas moins conforme à l'idée ancienne de l'Etat, celle des membres de l'Etat avec l'Etat lui-même. (Voy. Arist., *Polit.*)

Or, l'erreur ici n'est pas moins grande que la précédente. Il n'est pas vrai que l'Etat ne soit que l'individu en grand, ni que l'individu soit l'Etat en petit. Cette analogie est une pure métaphore. Une telle confusion entraîne les plus graves conséquences, dont la première est précisément de faire méconnaître ce qui fait l'essence de l'un et de l'autre terme, de la société humaine comme de l'individu. L'Etat, c'est l'association es êtres libres. Associés ou non, ils restent, ils doivent rester bres. (Là est l'absurdité du contrat social.) Loin d'abandonner leur liberté, la société est destinée à la garantir, à lui permettre de se développer dans ses vraies limites. Ils doivent le faire librement, sous l'empire de la loi qui la protège, mais qui, sous le prétexte de la protéger, ne doit pas la supprimer ou, ce qui est la même chose, la diriger et la régulariser dans tous ses actes. Cette liberté est inaliénable comme le droit qui en est la source. L'Etat est la puissance supérieure qui règle l'exercice des droits, mais en même temps les respecte et les consacre, comme elle réprime toute atteinte qui leur est portée. Elle n'a pas le droit d'en supprimer un seul. Elle ne les crée pas; elle les maintient, les garantit, imposant des limites à leur exercice. Favoriser le libre essor des libertés individuelles est la vraie mission, comme le premier devoir de l'Etat.

Ceci aujourd'hui est devenu un lieu commun; c'est la conception moderne opposée à la conception antique. Ce que d'incorrigibles plagiaires (disciples de Hobbes ou de Rousseau) ont (sinon en théorie, du moins dans la pratique) de tout temps méconnu. Nous n'avons pas à faire ici un cours de droit naturel, mais dans notre rôle d'historien, à le constater.

Platon ne l'a pas compris. 1° Tout son système y est contraire. Chez lui l'erreur a son excuse. 2° Il était de son temps ; son utopie par là n'est pas une utopie. Malgré son génie original, Platon élevé dans ce milieu, esprit spéculatif qui vit au sein de cette société, n'est pas aussi spéculatif qu'on le croit. Dans sa république, le côté empirique s'ajoute au côté théorique qui n'est pas de pure invention. Il crée, dit-il, *a priori*, ἐξ ἀρχῆς, une société de toute pièce; il se trompe. Il a bien les yeux fixés sur son modèle idéal, mais ne regarde pas moins autour de lui. On l'a très bien démontré (Morgenstern, Schwegler, Zeller, Susemihl, Hegel, etc.). Toutes les institutions de sa cité se retrouvent dans les républiques grecques : le régime des classes et leur séparation (Hilotes, citoyens, métèques); les repas publics, la communauté des biens (à Lacédémone), les exercices guerriers communs aux deux sexes, les enfants considérés comme appartenant à l'Etat, leur éducation commune, les exercices gymnastiques, le rôle de la musique, etc. Ce qui choque le plus, la communauté des femmes, existe à peine mitigé, dans les Etats de

Sparte et de Crète. Ils n'en étaient pas bien éloignés (V. Morgenstern).

Nous n'aurions qu'à répéter sur ce point ce qui a été dit par d'autres [1] et n'a pas besoin de preuve pour qui connaît cette histoire. Nous aimons mieux insister sur ce qui, moins apparent, n'est pas moins réel et ne se révèle qu'à une attention plus particulière.

II. Si, en effet, par ces côtés, cet idéal d'une société abstraite semble n'offrir rien de bien nouveau à l'historien lui-même, nous trouvons dans la conception du philosophe grec disciple de Socrate, d'autres éléments qui s'éloignent singulièrement de cet idéal d'une société qui n'est plus la nôtre. S'ils n'annoncent pas encore l'avènement d'une société nouvelle, ils la font pressentir. Du moins, le besoin y est clairement marqué de briser le moule antique ou de l'élargir, de renouveler la société humaine en lui donnant des bases nouvelles.

Par ce côté la République de Platon en restant ce qu'elle est, une utopie, nous intéresse. Elle n'appartient plus au passé, elle s'en détache. Elle forme plutôt avec lui une opposition latente sinon manifeste.

Platon y est tourné vers *l'avenir* dont sur bien des points il a le pressentiment. Bien des pensées surgissent dans son esprit, étranges et nouvelles, faibles parce qu'elles ne peuvent se réaliser dans un pareil milieu; vraies si on les transporte dans un autre en les corrigeant. Ce sont des germes féconds qui, sur un sol capable de les recevoir, doivent se développer, croître et porter des fruits.

D'abord, selon l'esprit de toute sa doctrine ultraspiritualiste, c'est une *société des âmes ou des esprits* que Platon aspire à fonder, dont il conçoit même la réalisation possible par son aristocratie philosophique dont le caractère est essen-

---

[1]. « La *République* de Platon, qui est passée en proverbe comme synonyme d'un idéal vide, ne renferme rien qui ne soit dans la nature même des mœurs grecques. Le principe tombait en ruines; Platon crut le relever. Le moyen d'empêcher cette destruction, c'est précisément celui par lequel elle violait le plus profondément la tendance moderne, celle de la personnalité infinie. » (Hegel, *Phil. des Rechs.*, 17.)

tiellement moral. Chez lui, les membres de cette société ne s'isolent pas comme font les cyniques, comme firent plus tard les Stoïciens et les Epicuriens même; mais il est clair que le but qu'ils poursuivent en s'associant ou vivant ensemble est le soin de soi-même, pour chacun, le perfectionnement de ses facultés propres, en un mot l'amélioration des âmes. Rendre les hommes meilleurs, telle est la devise. Vivre pour la *vertu* et par la *vertu*, c'est le but de la vie, le bien et le bonheur. La vertu pour eux, la vertu la plus haute, la vertu du citoyen est encore plus la vertu humaine.

Celle du citoyen est de s'identifier avec la chose commune. Dans la société platonicienne, au contraire, la destinée de l'homme y est avant tout la sienne. L'individu, il est vrai, ne s'isole pas, mais son premier souci est le souci de lui-même. Travailler au perfectionnement de soi-même est la chose essentielle. Son bonheur y est placé. L'Etat lui en fournit les moyens. Il ne possède rien en propre, cela est vrai; mais il a une âme, et qui se possède elle-même. Le but de la vie, de la vie la meilleure, ἀρίστου βίου, c'est de se rendre lui-même meilleur.

Ce qui le prouve encore, c'est que l'Etat cessant d'exister, la destinée individuelle se poursuit ailleurs (*Rép.*, X; *Lois*, X; *Gorgias*). Autre preuve encore plus évidente, le modèle de l'Etat est pris dans l'âme humaine et dans la hiérarchie de ses facultés. Cela est nouveau, disons-nous, presque chrétien. Travailler avec d'autres à son avancement moral, cela fait songer plutôt à la société religieuse que le christianisme a établie, ressemblance qui a été plusieurs fois signalée.

C'est une révolution qui s'accomplit. Le centre se déplace; il est au *dedans*, non au *dehors*, comme il a été dit de Socrate (*Phil. anc.*, 175). L'individu lui-même est le centre, le but qu'il poursuit est lui-même. Il le fait avec d'autres, en communauté, mais c'est pour lui comme pour les autres que la société est faite, en lui qu'elle a sa raison d'être. On ne peut nier que ce ne soit là au fond la pensée de Platon dans sa *République*.

A ce point de vue, il est bon de le remarquer, le *communisme* de Platon diffère essentiellement du communisme moderne. Les deux fins sont diamétralement opposées. L'un, matérialiste ou positiviste, poursuit comme but le bien-être matériel; l'autre, né d'un spiritualisme exagéré si l'on veut, a pour but le bien moral ou spirituel. Sa pratique est la plus austère vertu, la plus éloignée du plaisir des sens. Par là même il a plus de rapport avec l'ascétisme chrétien, ou avec les associations religieuses (couvents, monastères) qu'avec la forme de société que rêve le communisme ou le socialisme actuel. Sa base est l'obéissance absolue aux lois expression de la raison. Le moderne communisme, de même qu'il poursuit avant tout comme but la jouissance, ou le bien-être matériel, place son idéal dans l'absence de tout frein, de toute règle : une liberté sans limite. « Ni Dieu ni maître », c'est sa devise.

III. Si, entrant dans cet examen, on considère la façon dont l'Etat platonicien s'organise : son plan, ses principales institutions, on trouvera la différence ou l'opposition non moins frappantes encore que les ressemblances plus haut signalées avec la société antique.

1° Le type ou le modèle du plan total est pris dans l'âme humaine, sa nature, le nombre et l'ordre de ses facultés. Le petit modèle sert à former le grand. Or, dans la cité antique c'est l'inverse ou le contraire. Tout vient du dehors ou de la société elle-même. Les mœurs, les traditions, les lois antérieures, les conditions physiques, de race et de climat, les nécessités sociales, topographiques ou géographiques, expliquent la forme et les institutions de ces petites sociétés. Ainsi ont procédé *Minos*, *Lycurgue*, *Solon*, *Charondas*, tous les législateurs.

Ici au contraire, on l'a dit, tout vient du dedans ou de l'intérieur; dans cet idéal parfait il est déclaré clairement qu'on ne tient pas compte du milieu environnant. L'âme humaine, sa constitution intime, invariable, seule fournit le modèle. L'Etat se crée et s'organise d'après ce type abstrait et unique, comme on dirait aujourd'hui, de la *subjectivité* opposée à *l'objectivité*. On reconnaît là l'idée socratique, idée nouvelle, essentiellement régénératrice, comme il a été démontré ailleurs (*Phil. anc., ibid.*).

La situation est changée, l'évolution est manifeste. Cela étant, il faudra bien que l'Etat lui-même reconnaisse qu'il n'est pas tout. Ce à quoi il doit son existence, ce qui le crée, lui donne sa constitution, c'est la nature et la personnalité de cet être, ses droits, sa dignité, son inviolabilité.

Socrate et son disciple sont ici parfaitement révolutionnaires, bien que le premier surtout ne le voie pas. Tout un monde nouveau est en germe dans ce changement dont il est aisé de prévoir les conséquences.

2° L'assimilation de l'Etat à l'individu dont l'erreur a été signalée, elle-même présente une autre face. Le type de l'un étant la condition de l'autre, l'absorption de l'individu dans l'Etat n'est plus possible. C'est au contraire l'individu (son âme éternelle) qui donne à l'Etat sa dignité et sa valeur. Les vertus de l'Etat sont les vertus des individus, des personnes morales qui le composent. Et ici Platon est dans la vraie, on doit dire la grande vérité.

L'Etat n'est et ne vaut que par les individus qui le composent et cela, on ne peut le nier, par leurs vertus, la sagesse, le courage, la tempérance et la justice qui sont aussi celles du citoyen et qui font aussi la force et la vraie prospérité des Etats. Hors de là, tout est faux, mensonger, faiblesse et danger, vice et corruption, dans une société menacée de sa ruine. Partout où se poursuit le parallèle de l'Etat juste et de l'homme juste, l'irréfragable preuve en est donnée. La pensée de cette genèse est éternellement vraie. Or partout dans Platon est proclamée cette grande maxime : *quid leges sine moribus?* C'est l'alpha et l'oméga de toute sa politique, l'âme de ses institutions. C'est aussi le grand côté de sa doctrine, malgré ses aberrations (V. Cousin, *Arg. des Lois*, CIV).

3° Dans ces institutions mêmes, si choquantes qu'elles nous paraissent, n'y a-t-il pas souvent une condamnation de ce qui existait alors et un avant-goût de ce qui doit être, mais s'effectuer par d'autres moyens dans une société assise sur des bases différentes?

Ainsi la *division des classes*, où l'on a vu un retour au régime des castes, en réalité n'y ressemble pas. Ailleurs, en Egypte ou à Sparte, c'est la caste *sacerdotale* ou *guerrière* qui domine; ici c'est la caste *savante*. Celle-ci même n'est pas une caste fermée qui se recrute par l'hérédité; elle est renouvelée sans cesse par un choix éclairé, résultat des dispositions naturelles et du mérite personnel, fruit d'une éducation donnée à tous, à la suite d'épreuves où l'esprit a la part principale, non le corps. Cette constitution aristocratique ou des meilleurs, fondée sur le mérite personnel, ne donne pas d'autres privilèges que ceux du savoir et de la vertu. Le pouvoir n'y est autre que la sagesse et la raison unies à la science politique.

Ce n'est donc pas à Sparte ou à l'Egypte qu'est emprunté le modèle. Le pouvoir est exercé par les *savants* qui sont les *philosophes*, eux-mêmes savants de longue main préparés, qui, à la préparation par les sciences exactes, mathématiques et physiques (liv. VII), joignent l'expérience et surtout les lumières de la plus haute sagesse. Si l'on avait à citer quelque chose de pareil chez nous, ce serait plutôt, on l'a dit (Zeller), les Académies et les Universités, les corps savants qui fourniraient le terme de comparaison.

La *classe guerrière* ne ressemble pas non plus à ce qu'elle était à Lacédémone. Platon s'en explique très nettement (*Lois*, I, 2). Elle-même reçoit une éducation libérale fort avancée qui adoucit le caractère naturel farouche et féroce (*Rép.*, II), l'apprivoise, tempère l'ardeur guerrière, le courage bouillant : l'éducation par les Muses (*ibid.*).

C'est d'elle que sont tirés les magistrats eux-mêmes par une culture supérieure qui s'ajoute à la première. Toute propriété leur est interdite. On y a vu le type des armées permanentes (Zeller, Morgenstern) vouées à la défense de l'Etat, ses défenseurs. C'est peut-être aller trop loin.

Les laboureurs et les artisans que Platon a le grand tort de négliger ont eux-mêmes un rôle tout nouveau dans l'Etat. Ils remplacent les esclaves, mais ils sont eux-mêmes citoyens. La plaie du monde antique semble guérie. Leur condition est inférieure mais améliorée; ils ont la propriété. Platon fait de leur genre de vie un tableau idyllique. Nourriciers de l'Etat, ils sont élevés à la fraternité. « Vous êtes tous frères, quoique le métal dont vous êtes formés soit dans des proportions différentes » (liv. II). La plaie n'est pas guérie, mais il semble que Platon prélude à l'abolition de l'esclavage.

4° La *famille*, sans doute, est supprimée; c'est là le grand reproche à faire. La communauté des femmes et des enfants, les unions tirées au sort, cet accouplement des mâles et des femelles comme pour les animaux, ces mariages déclarés saints, comme les plus avantageux à l'Etat, le mensonge employé pour que les femmes les plus belles échoient aux meilleurs sujets, les enfants enlevés à leur mère, conduits au bercail où ils seront élevés sans que leurs parents puissent les reconnaître, attendu qu'ils sont les enfants de la République (liv. V), tout cela pour nous est à peine concevable d'un si grand esprit. Ce qui surprend le plus, c'est que chez un si grand moraliste, l'immoralité elle-même ne lui soit pas apparue, que sa conscience ne lui en ait rien dit. Cela, en effet, est détestable. Encore faut-il, pour être juste, le juger et juger la chose au point de vue d'un ancien.

A Lacédémone, le spectacle n'était guère plus édifiant. Les jeunes vierges y partageaient les exercices du corps avec les jeunes gens sans nul souci de la pudeur. Platon, qui méconnaît la différence des sexes, reconnaît l'identité de nature de la femme et de l'homme, quoiqu'elle lui soit en tout inférieure à cause de sa faiblesse. Il proclame la femme sinon l'égale de l'homme, digne d'être sa compagne. Entre elle et lui, la différence n'est qu'en degré. Selon lui, ayant la même nature, elle doit partager les mêmes travaux; elle a les mêmes droits, aussi les mêmes devoirs; elle doit concourir à la défense de l'Etat, se livrer aux exercices guerriers, etc. Qu'on ne s'y trompe pas, c'est l'affranchissement de la femme qui est au fond de ces maximes. Socrate et d'autres disciples, Xénophon (*Banq.*, II; *Economiques*), Antisthène (*Diog. L.*, VI), avaient dit de même de la femme qu'elle était capable de tout ce dont l'homme l'était lui-même. Ils étaient restés dans la mesure. Platon va plus loin et s'égare. Il ne s'aperçoit pas qu'en supprimant la différence, loin d'élever la femme, il l'abaisse et la dégrade. Mais enfin il la tire du gynécée où elle vit dans une infériorité qui la rend, sinon indigne de l'homme, trop au-dessous de lui, loin de toute communauté d'idées, remplacée par les hétaïres, etc. Voyez plus loin (*Lois*). Platon supprime ce dualisme de la famille par un communisme pire encore, mais qui, par son étrangeté même, a l'avantage de provoquer une solution meilleure du problème.

5° Quant à l'*éducation*, cette partie essentielle, la meilleure du système, à bon droit admirée des modernes (Rousseau, Locke, Montaigne), elle aussi a des côtés qui nous choquent et qu'on voudrait retrancher : comme le *bannissement des poètes*, un joug trop rigoureux imposé à l'art et aux artistes.

Il faut encore voir ce qu'il y a de vrai ou d'excessif dans les jugements divers d'éloge ou de blâme portés à ce sujet (Bossuet, Fénelon, Rousseau). Ce qui est vrai, c'est que, dans un système politique dont le but est tout moral, et où l'éducation est l'institution fondamentale, rien ne devait être sacrifié ou subordonné à ce but. Ce qui n'est pas plus à contester, c'est que rien n'est moins édifiant que l'enseignement par la poésie et les arts, tel qu'il était puisé dans la mythologie chez les Grecs (*supra*). Platon fait très bien de vouloir que pour les enfants et les adultes, ces modèles soient écartés, que d'autres modèles leur soient proposés que ceux qu'offrent les fables licencieuses, où le maître des dieux et les autres divinités jouent un rôle peu fait pour être imité des simples mortels, à cet âge surtout où les passions sont faciles à émouvoir et où l'esprit est incapable de discerner le sens symbolique (*Rép.*, IV).

Il est très sévère à l'égard d'Homère, d'Hésiode et des autres poètes, d'Eschyle, de Sophocle et d'Euripide. Il l'est comme moraliste. S'il a tort à un autre point de vue, il a raison en celui-ci. Ce qui est absolument vrai, c'est que la morale ne doit point être cherchée dans les poètes ni chez les artistes. La morale et l'art sont ou doivent être choses harmoniques mais distinctes. Les confondre n'est pas sans danger. Dans l'art, il y a un élément sensible qui souvent masque et déguise l'autre. S'il prend sa place, l'apparence peut rendre le vice aimable, la vertu fade ou ridicule. Le grand moraliste l'a bien vu, il faut avec lui le reconnaître. Ses anathèmes contre les poètes, jugés à ce point de vue, perdent de leur étrangeté.

Ce qu'on peut ajouter, c'est qu'il y a un autre art que l'art païen, celui-ci amoureux de la forme et des charmes de la beauté sensible, souvent voluptueux et capable d'exciter les passions. Platon, qui condamne ce dernier, eût été, sans doute, plus indulgent pour un autre art et une autre poésie qui, sans avoir pour fin de moraliser, ni en faire profession, le font d'autant mieux, en réalisant un idéal plus élevé, plus spiritualisé. Cet art a des grâces plus sévères, sa beauté est d'un autre caractère, sa sublimité a plus de profondeur : celui de *Raphaël*, de *Dante*, de *Michel-Ange*, de *Corneille*, de *Racine*, etc. Celui-là, Platon, s'il l'eût connu, l'aurait-il condamné et banni de son système d'éducation? Il est permis d'en douter [1].

La *République* de Platon n'est pas seulement un plan idéal de société, dont la politique seule fait les frais et qu'il déclare lui-même irréalisable. Beaucoup d'autres questions y sont traitées, qui en font partie, mais s'en distinguent. Toute la philosophie de Platon s'y reflète. C'est, du moins comme œuvre d'art, l'œuvre la plus parfaite du philosophe. Elle renferme un grand nombre de hautes et importantes vérités qui ne sont ni anciennes ni modernes, mais qui sont simplement des vérités immuables. Il suffit de citer : 1° toute la discussion sur la *justice* qui remplit les premiers livres; 2° tout le plan d'éducation physique et intellectuelle, la partie maîtresse de l'ouvrage dont le point culminant est la métaphysique; 3° l'analyse profonde des caractères, des vertus et des vices et des formes de gouvernement qui y correspondent; 4° enfin tout ce qui est relatif à la sanction de la morale; l'épilogue lui-même où cette sanction est donnée et qui achève l'œuvre entière.

La *République* de Platon est son chef-d'œuvre non seulement au point de vue littéraire, mais à celui de toute sa philosophie. Les *Lois*, ouvrage de sa vieillesse, offrent un idéal moins élevé, qui mérite à son tour d'être connu et apprécié.

---

1. Voir Schelling, *Leç. sur la Méth. des Études acad.*, dans notre trad. des Écrits phil. de Schelling, XIV° leçon.

CHAPITRE III

LES LOIS

I. Aperçu général. — Caractère particulier des *Lois*; comparaison avec la *République*. — Plan et organisation de la nouvelle cité. — But que s'est proposé le législateur. — Division des classes, établissement des magistratures, etc. — II. La constitution. — Théorie du gouvernement tempéré. — La justice politique ou l'égalité proportionnelle. — Vraie et fausse égalité. — III. Les institutions : 1° la propriété, lois et règlements, division par lots ; 2° la famille. Les femmes : comment Platon envisage la femme. — Sa nature, ses qualités, son rôle dans la vie privée et sociale. — Du mariage et de l'amour conjugal, etc.; 3° l'éducation, la procréation des enfants, leur éducation, de celle des femmes en particulier. — IV. Les esclaves et les artisans. — Ce que pense Platon de l'esclavage et des professions serviles. — V. Des lois pénales et des principes de la criminalité. — VI. Du conseil suprême. — Conclusion générale.

I. — Dans les *Lois*, Platon a tracé le plan d'une seconde forme de gouvernement moins parfaite, à ses yeux, que la première, mais plus rapprochée du réel. Le législateur, ou l'homme d'État, y tient plus compte des conditions nécessaires à l'existence et au développement des sociétés humaines et des circonstances où elles sont placées. Les principes sont les mêmes; mais il s'efforce de concilier avec ce que la raison conçoit comme le vrai modèle, ce que l'expérience et la sagesse pratique enseignent relativement à toutes ces conditions.

Lui-même, au livre V, indique en termes formels le caractère de la nouvelle cité :

« L'État, le gouvernement et les lois qu'il faut mettre au

premier rang sont ceux où l'on pratique le plus à la lettre, dans toutes les parties de l'État, l'ancien proverbe qui dit que « tout est véritablement commun entre amis », que les femmes soient communes, les enfants communs, les biens de toute espèce communs... Qu'on apporte tous les soins imaginables pour retrancher du commerce de la vie jusqu'au nom même de propriété, de sorte que les choses mêmes que la nature a données en propre à chaque homme deviennent, en quelque sorte, communes à tous, autant qu'il se pourra, comme les yeux, les oreilles, les mains.

« C'est pourquoi il ne faut point chercher ailleurs le modèle d'un gouvernement.

« L'État que nous avons entrepris de fonder, est très peu éloigné de cet exemplaire immortel. »

Il en annonce aussi un troisième dont le plan n'a pas été exécuté.

Cette seconde forme, telle qu'elle est conçue et exposée, comporte un bien plus grand nombre de matières à traiter et aussi plus de détails que la précédente. Beaucoup de nouveaux problèmes y sont résolus, qui ne figurent pas dans la *République*. Cela tient précisément à ce qu'elle est plus rapprochée du réel. Tout ce qui est relatif au plan et à l'organisation de la cité, sa situation géographique et topographique, la division des classes et leurs attributions, la constitution, les institutions, les lois, les règlements, la magistrature et ce qui concerne l'industrie, le commerce, les arts, la guerre et l'éducation elle-même, à un point de vue nouveau, agrandissent le cadre et doivent le remplir. Le titre seul des *Lois* indique ce changement. La *République* est une conception abstraite, affranchie de toutes les causes qui compliquent la vie réelle, elle n'a pas de lois ou en a très peu. L'éducation en tient lieu ou les rend inutiles. Les *Lois* commencent par un vaste préambule où, avec l'esprit qui doit y présider, sont exposés les principes de la moralité humaine comme leur base véritable.

La morale elle-même n'y étant pas séparée de la religion, celle-ci a partout une place bien plus grande que dans la République où préside la science. Elle y est mêlée aux lois et aux règlements. Le législateur pénétré de cette idée que la loi s'adressant à des êtres raisonnables, il ne suffit pas, pour être obéi, de leur commander, mais qu'il est besoin avant tout de les persuader, se croit obligé pour l'ensemble de ses lois et pour chaque loi importante de donner la raison de ce qu'il ordonne ou défend. De là un exposé des motifs ou une sorte de *prélude* qui l'accompagne ou le précède. La critique et l'histoire ont aussi à réclamer dans l'œuvre nouvelle une part plus grande. Là où l'auteur, sans s'assujettir à ce qu'ont fait avant lui les législateurs ou hommes d'Etat, ni sans les prendre tout à fait pour modèles, leur emprunte ce qu'ils ont de meilleur, le devoir est de les faire connaître, d'en faire ressortir les mérites, les vices et les défauts. Une revue et une appréciation des législations et des constitutions antérieures, des formes de gouvernement qui ont eu le principal rôle en Grèce et ailleurs, accompagnera presque partout la théorie.

Le plan d'éducation lui-même, quoique composé dans le même esprit, sera modifié pour être approprié à la nature et au but de la constitution nouvelle. Une foule de règlements de détail s'y ajoutent et doivent s'y introduire. Ce n'est pas tout. Les lois ont besoin d'une sanction qui n'a pas sa raison d'être là où les lois sont remplacées par les mœurs. La loi pénale amènera une discussion sur la criminalité, et la liberté, la responsabilité des actes volontaires et involontaires qui en est le principe (liv. IX). La religion qui a été donnée comme la base des lois en est aussi le couronnement. La législation contient des détails sur le culte, les sacrifices, les cérémonies, le sacerdoce, etc., et une épuration de la religion vulgaire. Tout un abrégé de théologie populaire, dont on a plus haut l'aperçu, remplira un livre presque tout en entier (liv. X).

La philosophie proprement dite, pour être au second plan, n'est pas exclue de la nouvelle cité. Les philosophes ne la gouvernent plus; mais elle a d'autant plus besoin d'une réunion d'hommes éclairés d'une sagesse éminente plus pratique ou moins spéculative, formés à l'étude des sciences encore élevées qui précèdent la philosophie et dont la connaissance d'ailleurs est nécessaire à l'homme d'Etat qui doit diriger les affaires publiques, veiller à l'observation de ses lois. Ils formeront un conseil suprême dont le choix de ses membres, les attributions seront fixés. Par là se terminera la composition totale et s'achèvera l'édifice.

Tel est, en aperçu, le contenu principal des lois de Platon, après sa *République*, l'écrit le plus considérable sorti de sa main, l'un des deux monuments principaux de sa philosophie que nous avons à faire connaître et à apprécier [1].

L'ensemble offre un tout un peu confus ou disséminé où il n'est pas aisé de se reconnaître. Outre ce qui est de l'œuvre d'art, qui cache le dessein, du dialogue qui permet la liberté des conversations, on y signale des obscurités de détail, des répétitions, une certaine pesanteur ou moindre élégance de style, un ton plus solennel, le tour quelquefois embarrassé des périodes, ce qui trahit une œuvre non achevée et la main affaiblie de la vieillesse [2]. Ce n'est pas une raison d'en nier, comme on l'a fait (*Ast.*), l'authenticité. Le témoignage seul d'Aristote qui en fait la critique (*Polit.*, II, 4) est décisif. Ce qui est vrai, c'est que le chef-d'œuvre, l'œuvre capitale c'est la *République*. Cela est au point de vue de la science comme de l'art. La science qui l'a conçue seule, en a tracé le modèle et l'a exécuté. Par là elle garde sa supériorité. Mais ce modèle, l'auteur le dit bien, il est trop parfait pour convenir à des hommes. Les dieux ou les enfants des dieux seuls pourraient

---

1. V. Cousin (*Argument des Lois*, XVIII) a tracé ainsi le plan général : « Les quatre premiers livres renferment les principes généraux des Lois, l'esprit qui y règne, la méthode qui préside à toutes les recherches. L'ouvrage véritable commence au V° livre et comprend, avec l'ordonnance extérieure de l'État et la répartition de la population, son organisation intérieure, savoir : en premier lieu, la constitution politique et la composition du gouvernement; en second lieu, la législation proprement dite, avec le nombreux cortège de ses lois de toute espèce, tout cela jusqu'au IX° livre, où les lois sont établies sur leur base nécessaire et rattachées à un code pénal qui occupe les trois derniers livres tout entiers et embrasse tous les grands délits politiques, civils, religieux, commerciaux et militaires.

« Telle est l'économie sur l'ordonnance philosophique des Lois. »

2. Diogène de Laërte, liv. III, ch. III, rapporte comme une opinion généralement reçue, que Platon n'avait pas publié les *Lois*, qu'elles furent trouvées dans ses papiers par son parent Philippe d'Oponte, qui les transcrivit et les publia. (V. Cousin, *Arg. des Lois*, CXXV.)

le suivre et s'en accommoder. (V. 739, D.) La forme, ainsi que la méthode, aussi est inférieure. Rapprochée autant que possible du réel, elle est une forme mixte, à laquelle manque la pureté avec la simplicité. C'est l'œuvre combinée de la sagesse pratique et de la raison spéculative plutôt de la première, laquelle est l'opinion raisonnée, la δόξα, non la science même (*supra*). Pour la faire et la conduire à bonne fin, la prudence éclairée par l'expérience, une sagesse commune est nécessaire, il suffit d'être éclairé et prudent φρόνειν καὶ σωφρονεῖν. La formule qui lui convient est celle-ci : νοῦ διανομή, une sage distribution, où l'intelligence préside. (Liv. IV, 713.)

Cela explique pourquoi cette œuvre, tout imparfaite qu'elle est avec ses défauts, quoiqu'elle soit très inférieure à l'autre, du côté de la logique ou de la dialectique comme de la composition artistique, mais plus riche en aperçus nouveaux, en questions spéciales, en détails et en faits historiques, d'un vif intérêt, sera toujours préférée des hommes pratiques, des savants, des historiens, des légistes, etc.

Cette richesse même de détails, qui en rend pour nous l'analyse impossible, simplifie aussi notre tâche. Ce qui suffit à notre dessein, c'est, après en avoir indiqué les ressemblances générales et fait ressortir les différences avec l'œuvre principale, la *République*, d'insister sur les points particuliers les plus importants, dont le parallèle nous intéresse le plus, afin d'en tirer la conclusion générale sur l'ensemble de la politique platonicienne.

Au fond, les principes sont les mêmes que dans la République. Ce sont les mêmes grandes vérités, à côté aussi d'erreurs souvent aussi grandes, surtout aux yeux des modernes, et qui dérivent les unes et les autres des principes déjà connus comme servant de base à toute la politique platonicienne. Il n'y a qu'à les brièvement rappeler.

1° Le *but moral* est partout proclamé et appliqué ici dans la législation comme dans la politique. Platon, qui partout ailleurs en fait l'objet principal sinon unique et qui prend soin souvent de le rappeler, le fait (au livre VI) dans des termes qui méritent d'être cités :

« Le but qu'il ne faut jamais perdre de vue se réduit à un seul point essentiel, savoir ce qui peut rendre l'homme vertueux et accompli moralement.

« C'est là le but vers lequel tous les membres de la société, hommes et femmes, jeunes et vieux, doivent diriger tous leurs efforts durant toute leur vie. C'est sur cette règle qu'il faut juger toutes les lois, soit pour les approuver, soit pour les blâmer. Condamnez d'avance celles qui ne seraient pas capables de produire cet effet, mais pour celles qui y seraient propres, embrassez-les avec joie et conformez-y votre conduite. » (Liv. IV.)

Ainsi la vertu, faire éclore toutes les vertus, voilà ce à quoi doit tendre le législateur homme d'Etat. Ce sera l'objet de sa pensée en tout ce qu'il fera, disposera, ordonnera. Dans les lois, ce sont aussi les mêmes vertus (sagesse, tempérance, etc.), mais on remarquera que l'ordre en est interverti. La sagesse est en tête et conserve son rang. Viennent à sa suite la tempérance et la justice. Le courage est relégué au quatrième. La pensée du législateur est celle-ci : telle qu'on la conçoit ordinairement, cette vertu trop prêchée des législateurs anciens et en honneur dans les républiques n'est qu'une vertu particulière. Isolée des autres, est-elle une vertu? On doit se rappeler ce qui a été dit de l'unité des vertus. Pour être une vertu, le courage a besoin d'être précédé, accompagné et inspiré des autres vertus. Le courage vrai est le courage éclairé, qui se modère, que la justice inspire et qui ne doit jamais s'en séparer, mais se mettre à son service. Platon fait à ce sujet une critique sévère de Sparte où la vertu guerrière, comme ailleurs, passait avant les autres.

2° Même assimilation de l'*État* et de l'*individu*, celui-ci étant donné comme type devant servir à organiser la société civile; seulement ce type sera moins exact, moins pur et bien dessiné. Il y aura quatre classes au lieu de trois, qui ne représentent plus les facultés ou puissances de l'âme. Le bon sens, la fortune, servira à les distinguer et à les établir.

3° L'idée de la *justice* y sera conçue et définie de même, comme la puissance régulatrice et harmonisatrice, distribuant les rôles, maintenant à chacun et à chaque chose sa fonction spéciale, empêchant qu'ils ne sortent de leurs limites ou attributions. Seulement il faudra y faire aussi une part sinon à l'injustice, au hasard et à la nécessité.

4° L'*unité* sera toujours le principe dominant, car l'unité, on ne l'a pas oublié, c'est l'*idée*. Ce principe métaphysique ici descendu de sa hauteur idéale n'aura plus la même rigueur absolue; l'unité comportera plus de variété.

Ce sera toujours le point de mire vers lequel seront dirigés les regards du législateur, de l'homme d'Etat. L'unité, c'est, il est vrai, aussi la diversité, mais la variété ramenée à l'unité, c'est-à-dire l'harmonie.

5° Appliquée à l'Etat, l'unité c'est sa *communauté*. Quoique modifiée, l'auteur, qui l'abandonne avec regret, y revient sans cesse. Ce sera, lui-même l'a dit, *supra*, la tendance incessante, dans les lois, les règlements, les institutions, etc. L'Etat nouveau lui-même s'écartera le moins possible de ce but. Le tout sera constitué, organisé, régularisé d'après ce principe.

6° Les *corollaires* seront les mêmes : l'absence de liberté individuelle, la *liberté* placée dans la raison, l'obéissance volontaire à la loi. L'absolutisme de l'Etat sera moins grand. Il y aura plus de liberté dans les institutions. Des concessions, pour nous d'une importance capitale, sont faites sous ce rapport à la propriété, à la famille, à l'éducation, aux arts et à la poésie. Les citoyens choisissent leurs magistrats, etc., mais le tout réglementé, corrigé, resserré dans les limites les plus étroites et les plus précises.

7° L'*immobilité* sera une autre conséquence, l'horreur de tout changement, la fixité, la stabilité dans les lois, les arts, la musique, la danse, etc.

8° Une chose aussi à remarquer et qui vient de la confusion de la législation proprement dite avec la morale, c'est que le législateur sortant souvent de son rôle et usurpant sur celui du moraliste, se croira obligé d'entrer dans le domaine de la vie privée, d'en réglementer tous les détails. Ce qui est exhortation, précepte de sagesse pratique devient objet de lois spéciales souvent très sévères. Exemple ce qui concerne la famille, etc.

Telles sont les ressemblances principales entre les deux

conceptions, toutes deux idéales, mais la seconde, comme on l'a dit, plus rapprochée de la réalité.

Quant aux *différences*, les plus générales ont été déjà indiquées. Toutes dérivent du même principe : de l'idée qui est le point de départ, la nécessité de se plier aux exigences du réel et d'y accommoder les lois, les institutions, etc. Mais ce sera toujours dans le même esprit. Le même cachet déposera partout son empreinte dans les cas particuliers comme sur l'ensemble. Dans les innovations elles-mêmes se fera sentir l'idée dominatrice qui est la pensée du philosophe, dans le plan, l'organisation de la cité, etc. Il n'y aura plus de libéralité dans les institutions. Les citoyens jouiront de plus de liberté. La propriété sera rétablie; le peuple prendra part aux délibérations. Par lui, se fera le choix des magistrats. L'élection en sera la base ainsi que pour les charges et emplois publics. La communauté des femmes et des enfants disparaît. Les mariages sont en honneur; mais les règlements pour la vie privée, les repas en commun, sont établis pour les femmes comme pour les hommes. L'éducation aussi est commune quoique séparée pour les deux sexes. Cette éducation se fait d'après les mêmes principes; elle a les mêmes objets et des exercices semblables.

Au lieu de passer en revue plus ou moins légèrement tous ces points, il vaut mieux s'arrêter à quelques-uns des plus importants où la différence qui, avec la ressemblance, s'accuse dans la pensée du philosophe, apparaît en ce qu'elle a de plus original; ce qui constitue pour nous un progrès, bien que lui-même y voie souvent une déchéance ou une déviation de son type principal à ses yeux le plus parfait.

II. CONSTITUTION. — La *République*, à vrai dire, n'a pas de constitution. Si ce nom lui convient, c'est celui qui lui a été donné, d'aristocratie de l'esprit, de *sophocratie*, pour désigner le gouvernement par des philosophes. Les Lois en ont une qui est réelle et définie. Que sera-t-elle? L'ouvrage commence par ce problème de la meilleure forme de gouvernement (liv. I).

Platon, qui fait la critique, avec l'éloge, des États existants ou avant lui, d'Athènes, de Sparte, Mycènes, la Crète, etc.

(liv. II, III), trouve que le vice radical est : 1° de s'être constitués en vue d'un but exclusif qui n'est pas même le vrai but : les uns en vue de la guerre (Sparte, la Crète), les autres en vue du commerce et de l'industrie (l'Egypte); tandis que le vrai but de toute société ou de la vie en commun est la paix, celle-ci ayant pour objet principal, sinon unique, la vie vertueuse, par là même aussi la plus heureuse. En elle seule est la garantie véritable de l'accord entre tous les citoyens, comme aussi de l'accord de la paix avec les autres Etats.

Les paroles sont à citer :

« Le plus grand bien d'un Etat n'est ni la guerre ni la sédition; au contraire on doit faire des vœux pour n'en avoir jamais besoin; mais la paix et la bienveillance entre les citoyens. » Celui-là ne sera jamais un bon politique qui a pour objet les guerres du dehors, ni un sage législateur; mais il faut qu'il règle tout ce qui concerne la guerre en vue de la paix, plutôt que de subordonner la paix à la guerre.

« Quiconque sera tant soit peu versé dans la police des États ne peut se proposer dans ses lois d'autre but que la plus excellente vertu [1]. (Liv. I.)

2° Le meilleur gouvernement sera celui qui, conçu en vue de la paix, sera aussi le plus propre à assurer sa durée, à maintenir sa stabilité. Il ne le peut qu'autant qu'il sera éloigné de tout *excès*, l'excès étant ce qui en toute chose amène le désordre et avec le désordre la maladie, la mort dans le corps social comme en tout être organisé. Ce sera le gouvernement *tempéré*, comme étant le mieux équilibré, le plus capable d'éviter les excès, les chocs, la division. Platon a l'honneur d'avoir le premier exposé et formulé la théorie du gouvernement tempéré, avant Aristote à qui ordinairement on l'attribue et qui n'a fait ici encore qu'imiter son maître et perfectionner sa théorie (*Polit.*, III). Platon fait plus, chez lui à la théorie s'ajoute la leçon de l'histoire. Il passe en revue les deux formes de gouvernement où cet excès est le plus visible et le plus funeste par ses conséquences.

---

[1]. Aristote (*Polit.*, ch. vii) remarque comme Platon qu'à Sparte et en Crète, presque toute l'éducation et la plus grande partie des *Lois* n'avaient d'autre but que la guerre. (Grou, note 13.)

Les deux formes dont toutes les autres sont composées, la *monarchie* et la *démocratie*, se sont toujours ainsi perdues, l'une où l'excès d'autorité, c'est-à-dire le despotisme d'un seul, amène les révolutions, l'autre où la liberté excessive, c'est-à-dire la licence, a toujours conduit par l'anarchie à la tyrannie.

Il s'exprime ainsi (liv. III, 85) :

« On peut dire avec raison qu'il y a en quelque sorte deux espèces de gouvernement mères, d'où naissent toutes les autres : l'une est la *Monarchie* et l'autre la *Démocratie*. Chez les Perses la monarchie et, chez nous autres Athéniens, la démocratie sont portées au plus haut degré : et presque toutes les autres constitutions sont, comme je l'ai dit, composées et mélangées de ces deux-là. Or, il est absolument nécessaire qu'un gouvernement tienne de l'une et de l'autre, si l'on veut que la liberté, la sagesse, la concorde y règnent... Les Perses et les Athéniens se sont écartés du juste milieu qui leur eût procuré ces avantages en portant à l'excès, les uns les droits de la monarchie, les autres l'amour de la liberté, etc. (VII).

Il examine les maux qui proviennent de l'une et de l'autre et il en donne la cause : 1° d'abord les inconvénients du pouvoir absolu confié à un seul ou de la royauté.

« Il n'est pas un homme sur la terre, s'il est jeune et n'a de compte à rendre à personne, qui puisse soutenir le poids du souverain pouvoir, de manière que la plus grande maladie, l'ignorance ne s'empare de son âme, etc.

« Cette maladie est la plus ordinaire aux rois en qui la mollesse engendre l'orgueil »; etc.

L'amour excessif de la *liberté* n'est pas moins funeste aux démocraties, et il en cite les exemples (Athènes, Sparte, Mycènes [1]).

Cela a été dit à propos de la République, mais en termes moins énergiques.

---

1. Le même malheur qu'aux Perses est que nous avons porté l'excès de la liberté aussi loin qu'eux l'excès du despotisme. A mesure qu'on approche du terme de l'extrême liberté, on arrive à secouer le joug des lois et lorsqu'on en arrive à ce terme, on ne respecte ni les promesses ni les serments, on ne connaît plus de dieux.

« On imite et on renouvelle l'audace des anciens Titans et l'on aboutit comme eux au supplice d'une existence affreuse, qui n'est plus qu'un enchaînement de maux. » (*Ibid.*)

Le milieu est donc essentiel à tout bon gouvernement, ἀεὶ δεῖ μετεύειν τὴν πολιτείαν (VI, 757).

A cela peut se rapporter comme dérivant du même principe ce qui est dit ailleurs de la *justice politique* (liv. VI), à propos du mode d'*élection* par le tirage au sort (voy. *Phil. anc.*, 153) en vigueur dans les républiques grecques et qui avait aussi en partie causé leur perte, et cela à cause du vice qui lui est inhérent, comme destiné à apaiser la soif d'*égalité* qui a perdu et perdra toujours les démocraties. (Voy. *Xénoph.*, *Mém.*; *Mém. Socr.*, III.)

Ce que Platon dit à ce sujet de l'*égalité proportionnelle*, comme opposée à l'égalité simple qui est la fausse égalité, ne mérite pas moins d'être cité.

« Il y a deux sortes d'égalité qui se ressemblent pour le nom, mais bien différentes pour la chose. L'une consiste dans le poids, la mesure et le nombre... Elle est facile en laissant à la disposition du sort la vraie égalité, ἀρίστην ἰσότητα, non facile à reconnaître, dont le discernement appartient à Jupiter. Celle-ci produit les plus grands biens; c'est celle qui donne plus à qui est plus, moins à qui est moins et à chacun dans une juste mesure. C'est la *justice* même : αὐτὸ τὸ δίκαιον (VI, 757). Un État qui veut se maintenir doit l'observer [1].

---

[1]. Voici le passage entier : « Il n'y a d'égalité entre les choses inégales qu'autant que la proportion est gardée : et ce sont les disproportions extrêmes qui remplissent les États de séditions. Rien n'est plus conforme à la vérité, à la droite raison et au bon ordre que l'ancien mot qui dit que l'égalité engendre l'amitié. Ce qui nous jette dans l'embarras, c'est qu'il n'est pas aisé d'assigner au juste l'espèce d'égalité propre à produire cet effet : car il y a deux sortes d'égalités qui ne se ressemblent pas, mais qui sont bien différentes pour la chose. L'une consiste dans le poids, le nombre, la mesure. Il n'est point d'État, point de législateur à qui il ne soit facile de la faire passer dans la distribution des honneurs en les laissant à la disposition du sort. Mais il n'en est pas ainsi de la vraie et parfaite égalité qu'il n'est point aisé à tout le monde de connaître. Mais quelque part qu'elle se rencontre, soit dans l'administration publique, soit dans la vie privée, elle y produit les plus grands biens ; car elle donne plus à celui qui est plus grand, moins à celui qui est moindre, à l'un et à l'autre dans la juste mesure ! Et voilà en quoi consiste la justice politique à laquelle nous devons tendre, ayant toujours sous les yeux cette espèce d'égalité : l'égalité entre les choses inégales. — Platon se verra

III. Les Institutions. — Elles sont tout autres dans les *Lois* que dans la *République*. Le *communisme*, du moins en partie, disparaît avec ce qu'il avait d'utopie choquante, quelquefois révoltante. Nous n'avons pas à nous y appesantir, si ce n'est en ce qui concerne la *propriété*, la *famille*, l'*éducation*, etc. Quelques mots d'abord de la propriété.

1° *La propriété*. — Bien qu'à regret Platon la maintient, mais il ne l'a pas mieux comprise et son principe étant donné, il ne le pouvait pas. Pour lui c'est toujours une nécessité fâcheuse, nullement reconnue comme un droit dans celui qui possède : le droit de l'individu comme extension de sa personnalité[1]. Aussi, bien qu'étant admise aussitôt elle est réglée, limitée de toutes les façons, ce qui la rend presque illusoire. La terre appartient à l'État seul propriétaire. Elle est divisée en lots, 5,0440. Pourquoi ce chiffre? Pour la commodité qu'offre ses nombreux diviseurs. Ces lots sont inaliénables, intransmissibles. En réalité, le citoyen reste fermier de l'État. Il en est de même de ce qui se rapporte à la propriété, l'acquisition, la transmission, la succession; de même pour les professions, l'industrie, le commerce, les échanges; la monnaie d'or et d'argent supprimée, ou réservée aux besoins de la guerre; le prêt à intérêt défendu, etc., etc. On verra ce qui est d'une autre possession, les *esclaves* (*infra*).

Le *Sénat*, la *magistrature* et l'*élection* des *magistrats*, l'*administration*, le *pouvoir judiciaire* mériteraient aussi notre attention. Obligé de choisir, ce qui concerne la famille est pour nous le principal intérêt.

2° *La famille*. — Elle est réintégrée, cela seul est une différence capitale. Elle l'est comme nécessaire au renouvellement de la population, pépinière de l'État. Mais dans quelles conditions pour les membres qui la composent, pour la femme en particulier, qui a ici une place nouvelle, même dans la société civile et politique?

La promiscuité disparaît; avec elle ce qui nous révolte le

toutefois obligé de faire une concession au goût de la multitude passionnée pour l'égalité simple, les autres espèces de justice. Autant de brèches faites contre la vraie justice à ce qui est parfait et exact. » (Liv. VI).

[1]. Aristote lui-même ne semble pas avoir mieux compris ce principe, qui pour lui est l'affection, le désir et l'amour de la propriété (*Polit.*, I).

plus dans la *République*. L'union conjugale est rétablie; le mariage déclaré saint, entouré de respect, consacré par des cérémonies religieuses qui en montrent la sainteté. D'excellents conseils ou préceptes sont donnés sur le choix des époux, l'accord des caractères, la proportion à garder dans la fortune comme lien des familles. Le législateur n'oublie rien, jusqu'à sortir de son rôle; il s'étend sur les devoirs des époux avant et après le mariage, ce qui concerne la procréation des enfants, etc.

Il reproche aux législateurs avant lui de ne pas s'être occupés des femmes et en fait voir les dangers. Il réclame pour elles une éducation distincte, propre à les tirer de leur ignorance et de l'état d'infériorité où, sous ce rapport, on les a laissées, etc. (*Lois*, VIII.)

Il y a beaucoup à louer dans ce que dit Platon à ce sujet, dans les *Lois*. Mais on a peut-être aussi exagéré l'éloge [1]. A côté du bien et de ce qui est un réel progrès, il y a aussi à signaler ce qui reste conforme à l'esprit antique et ne tient pas moins à un vice du système. Ceci nous oblige à y regarder de plus près.

D'abord, la femme en elle-même, comment Platon la comprend-il? Il la déclare de même espèce ou de même nature que l'homme. C'est déjà beaucoup pour un ancien, on l'a dit à propos de la *République*. Mais prétend-il en faire son égale, du moins de cette égalité proportionnelle que lui-même a si bien décrite? On ne le voit pas. Elle lui est inférieure en tout, à cause de sa faiblesse, ἐπὶ πᾶσι ἀσθενέστερον γυνὴ ἀνδρός (*Rép.*, 455). Elle participe de tout ce qui fait sa nature, πάντων μὲν μετέχει γυνὴ ἐπιτηδευμάτων κατὰ φύσιν (*ibid.*). En tout plus faible, elle est capable de tout ce dont lui-même est capable.

Douée des mêmes facultés, elle a aussi les mêmes talents et les mêmes aptitudes. Elle a montré qu'elle peut réussir en tout ce en quoi il excelle, dans les arts, les sciences, la philosophie. Elle a les mêmes vertus. En cela il la relève et

---

[1]. Nous avons sous les yeux une page éloquente de V. Cousin où l'illustre traducteur de Platon (*Arg. des Lois*, LXXX) nous semble avoir dépassé la mesure.

l'honore. C'est pour cela qu'il la fait participer à tous les exercices du corps et de l'esprit, qu'il réclame pour elle la même éducation. Est-il vrai qu'il ait « voulu la placer au même rang » (V. Cousin)? Ce serait selon nous le contraire de la vérité. Est-il vrai surtout qu'il ait compris ce qu'est la femme, sa nature et son rôle? Ceci est l'opposé de toute la pensée du philosophe. Pour s'en convaincre, il suffit de jeter un coup d'œil sur ce qui est dans ses autres écrits.

D'abord ce qui est dit dans le *Timée* de l'origine de la femme et de sa naissance fait voir ce qu'il entend par son infériorité.

Dieu, qui crée les êtres organisés, dit que « le genre humain étant divisé en deux sexes, l'un, l'espèce virile, serait plus parfait que l'autre, κρεῖττον ποιοῦτον. Les femmes naissent des hommes, ἐξ ἀνδρῶν γυναῖκες. Elles naissent de ceux qui ont mal vécu; ceux-ci, à cause de leur injustice, sont menacés de devenir femmes après la deuxième génération (*Timée*, 32); de sorte que la naissance de la femme est une espèce de châtiment, de péché originel, ce qui est peu propre à nos yeux à la relever. Ce qui est dit du caractère des femmes ne l'est pas plus. Au commencement du *Timée*, Platon, rappelant ce qu'il a dit des femmes dans la *République*, de la nécessité de mettre leur caractère d'accord avec celui des hommes dont elles se rapprochent, τοῖς ἀνδράσι παραπλησίας (*Timée*, (I, 8), ne dit pas en quoi consiste cet accord ni ce qu'est ce caractère.

Sous ce rapport, on en convient, « il n'est pas tendre pour elles » (*ibid.*). Il les traite partout fort mal, ne voit que leurs défauts, non leurs qualités; ces défauts sont la légèreté, la frivolité, la ruse, le goût du luxe, une certaine obstination à vivre dans l'ombre d'une vie retirée, qui leur permet de se livrer sans contrainte à leurs mœurs dissolues, de cacher leurs dérèglements (*Lois*, VIII). Nulle part il ne saisit les vraies différences. Les qualités distinctives de la femme qui, au moral comme au physique, en font non un être à part, mais la moitié dans un tout harmonique, lui échappent entièrement. Ces qualités par lesquelles elle est non seulement l'égale de l'homme, mais lui est supérieure, je veux dire les qualités de sentiment, il les ignore ou paraît les ignorer. Pas un mot n'est articulé, chez lui, qui en fasse mention. L'amour, qui est pour la femme comme le centre de sa vie, est oublié ou rabaissé (*infra*). La beauté féminine elle-même, ce qui en fait le charme principal, la grâce, « plus belle que la beauté », il semble, s'il la voit, qu'il ne l'apprécie pas. Sur tout cela, du reste, tout son système est moins propre à l'éclairer qu'à lui fermer les yeux. Le θυμός par exemple, qui représente le cœur, placé au-dessous du νοῦς ou de l'intellect, n'a rien de commun avec cette faculté supérieure à laquelle il doit seulement obéir. Cette lacune de la psychologie ici se retrouve. Aussi le sexe plus faible, à cause de sa faiblesse, est déclaré moins disposé à la vertu : θήλεια φύσις ἐστι πρὸς ἀρετὴν χειρῶν. Il n'est pas étonnant que le rôle de la femme, faite pour la vie intérieure, lui ait encore plus échappé. Il veut la produire au grand jour, εἰς φῶς. Il sent bien qu'elle y résistera, mais il espère vaincre son opiniâtreté (*Lois*, VIII).

Ce qui prouve encore plus que Platon n'a rien compris de la nature de la femme, c'est l'amour comme il l'entend, l'amour platonique. Cet amour, loin d'être pour lui l'amour de la femme, est resté ce qu'il était, quoique purifié, idéalisé, l'amour antique, celui du bel adolescent, de l'éphèbe. Il n'a pas vu que l'amour vrai « même idéal », c'est l'amour de deux êtres différents, mais faits l'un pour l'autre, et qui, précisément parce que ce qui est à l'un n'est pas à l'autre, et que ce qui manque à celui-ci l'autre le possède, est ce en quoi consiste l'harmonie et les attire. Lui-même est resté, sous ce rapport, tant est grande la force du préjugé, infidèle à sa propre théorie (*Banquet*, *supra*).

L'amour pour la femme reste ainsi au degré inférieur où il est l'amour physique, dont le but est la génération, l'amour populaire ou démotique. L'amour idéal, le véritable amour, c'est l'amour masculin. Platon le dit formellement dans le *Banquet*. « Mais la Vénus céleste n'étant pas née de la femelle, mais du mâle, l'amour qui l'accompagne ne recherche que les jeunes gens. Attachés à une déesse plus âgée et qui par conséquent n'a pas les sens fougueux de la jeunesse, ceux qu'il inspire n'aiment que le sexe masculin naturellement plus fort et plus intelligent. » — L'intelligence et la force, voilà ce qui rend supérieur.

Tout ce que Platon peut faire ici, c'est de corriger, de purifier cet amour, d'en écarter tout désir sensuel. Il s'y attache et le fait le plus possible.

Il faut lui savoir gré de la condamnation la plus sévère et en termes les plus énergiques qui soient d'un ancien, portée contre le vice antique [1], l'amour contre nature. « La nature a attaché les plaisirs de l'amour à cette union des sexes qui a pour fin la génération, et toute autre union des mâles avec les mâles ou des femelles avec les femelles est un des plus grands attentats contre la nature que l'excès de l'intempérance eût produit. » (*Lois*, I.)

Quant aux moyens à employer pour déraciner ce vice si général et si profondément enraciné dans les mœurs, on ne peut qu'admirer la confiance du moraliste législateur (*Lois*, VIII). Ces moyens, pour nous chimériques, sont d'abord la persuasion, l'éducation, les lois non écrites, ἄγραφοι νόμοι, c'est-à-dire les usages. Le deuxième moyen est la voix publique, l'opinion, pour tenir le même langage à tous les habitants libres ou esclaves.

Le philosophe a beau dire : « Je soutiens qu'une fois que cette loi aura été consacrée d'une manière suffisante elle subjuguera tous les cœurs ». Il a beau répéter encore plus sa définition de l'amour parfait et de l'amant véritable (*Lois*, VIII). « L'amour est à la fois l'amour du corps et de l'âme, mais de l'âme avant tout. Celui qui se met peu en peine de la beauté du corps, qui en voit la beauté avec les yeux de l'âme, transporté d'un amour légitime pour l'âme de son ami, plein de respect pour la sagesse et la tempérance, la force, la grandeur d'âme, souhaite que son commerce avec l'objet aimé n'ait jamais rien que de chaste. L'amour fondé par la vertu, lequel n'aspire qu'à rendre parfait celui qui en est l'objet, celui-là nous l'introduisons volontiers dans notre République. »

Belles maximes! faible digue à opposer, en un tel sujet, aux passions humaines.

---

1. « Nous réussirons à en bannir entièrement l'amour des garçons... » (*Ibid.*)

Platon ne songe pas qu'il y ait un autre amour légitime et permis que celui qu'il décrit, celui des âmes, de deux âmes distinctes et semblables qui se conviennent, que cet amour, c'est l'amour de la femme. Il ne soupçonne pas ce qui fait la sainteté de l'amour conjugal, que lui-même préconise. Mais Platon, qui s'élève au-dessus de son temps, y retombe.

Le christianisme est encore loin, qui doit donner de la femme un autre idéal, de l'amour pur d'autres définitions que celles de l'amour platonique, du mariage et de sa sainteté une autre idée, proposer aussi à la chasteté d'autres modèles que ceux du divin Platon dans le *Phèdre*, le *Banquet* et dans les *Lois* : je ne parle pas de la *République*.

La conclusion est que Platon n'a pas compris la femme, que pourtant il a voulu relever; qu'il relève, en effet, en proclamant son identité de nature avec celle de l'homme et qui réside surtout dans ses facultés. Il n'a pas compris sa nature propre qui en fait l'égale de l'homme, quoique différente de lui, qui lui assigne un rôle distinct dans la famille et dans l'Etat, dans la société domestique surtout qui est son monde véritable et où elle est souveraine. Elle l'est en effet, mais seulement par toutes les qualités propres qui lui assurent cet empire, d'où son influence s'étend au dehors, dans la vie publique; mais qu'elle perd dès qu'elle veut être ce qu'elle n'est pas et ne peut être, sans cesser d'être elle-même ou inférieure, pour devenir ce qui lui est non interdit mais moins séant ou peu naturel : médecin, avocat, magistrat, politicienne, amazone ou guerrière.

Il n'a pas compris davantage ce qui fait l'essence de l'union conjugale, la sainteté du mariage, lequel, avec ses autres fins, sans doute réelles et nécessaires, est l'union des âmes, ce que le christianisme doit également proclamer.

Par tous ces rapports, il est resté de son temps, de sa nation, on peut ajouter de son système.

Mais il ne faut pas moins le louer de ce qu'il a fait et voulu faire pour réhabiliter la femme, plus et surtout beaucoup mieux dans les *Lois* que dans la *République*.

Ayant dû nous attacher à ce point principal, nous passerons sur ce qui est relatif au *mariage*, les sages conseils relatifs au choix de la femme, aux unions bien assorties des caractères, qu'il assimile au mélange, en une seule coupe, de liqueurs différentes, dont la saveur trop âpre ou trop douce a besoin d'être tempérée, ce qui est dit contre l'ivresse dans les festins, etc. Platon suit les époux jusque dans les plus petits détails de la vie privée, qu'il veut autant que possible être commune; sa sévérité est très grande à l'égard des unions illégitimes.

« Quant à l'amour des femmes, si quelqu'un en connaissait une autre que celle qui est entrée en sa maison sous les auspices des dieux et sous le titre sacré du mariage, soit qu'elle lui soit acquise par achat, etc., qu'il soit déclaré infâme, privé de ses droits de citoyen. » (Liv. VIII.)

On remarque aussi ce qui est dit de l'éducation des femmes, oubliée ou presque négligée des législateurs anciens : « Ils n'ont fait que la moitié de leur tâche. Je veux qu'un législateur soit parfait, qu'il ne laisse pas les choses à demi en laissant les femmes mener une vie voluptueuse, sans règle ni conduite » (ἀτάκτως, II, 664).

Mais il va trop loin, quoique d'accord avec ce qui précède, en voulant que cette éducation, quoique séparée, soit la même que celle des jeunes gens. La femme est soumise aux mêmes exercices de gymnastique, etc.

« On dressera les filles à toutes espèces de danses et de combats à armes pesantes. Les femmes apprendront les évolutions, les ordres de bataille », etc.

3° *Éducation*. — Devant en traiter plus loin à part, nous n'avons ici que peu de mots à dire sur ce qui est particulier aux *Lois*. Son importance est reconnue, mais non plus comme étant l'institution fondamentale. Elle occupe une grande place. Les livres II et VII y sont presque en entier consacrés. Des modifications importantes sont néanmoins apportées. Le fond est le même pour l'éducation des magistrats : la musique et la gymnastique, la danse, les chants, la poésie, le tout réglementé, entouré de prescriptions et de règles étroites.

La poésie est réhabilitée. Même épuration des fables antiques, un adoucissement à la sévérité des jugements de la

République. De nouveaux genres sont introduits, là exclus, ici tolérés : la tragédie et la comédie sont également surveillées, réglementées, soumises à une censure sévère. Cela ne peut étonner.

Quant à l'éducation *scientifique* ou par les sciences, elle est également modifiée de la part du moraliste législateur et de l'homme d'Etat qui voit dans le poète un rival, dans l'œuvre théâtrale une autre œuvre propre à favoriser la sienne mais aussi à la gâter et à corrompre les mœurs. Elle a un caractère plus pratique d'abord aux premiers degrés de l'éducation commune. Celle des magistrats est plus étendue et plus approfondie. Mais la haute dialectique des livres VI et VII de la *République* n'y est plus. Les sciences mathématiques et physiques dans le sens pythagoricien ont le premier rang. La science des nombres, la géométrie, dans un sens plus pratique, entrent dans l'éducation des magistrats comme préparation aux plus hautes fonctions, pour le Conseil supérieur.

Il est impossible d'entrer ici dans le détail de ces lois ou règlements, comme des lois civiles, militaires, etc. Ce qui doit fixer notre attention, c'est ce qui concerne les esclaves et les artisans.

IV. LES ESCLAVES. — Dans la *République*, il n'y a pas d'esclaves, c'est qu'ils sont inutiles. Les esclaves y sont remplacés par les artisans. La troisième classe travaille pour les deux autres, dispensées de tout travail manuel. Est-il vrai que, « dans toutes les classes, Platon respecte la liberté[1] »? Singulière liberté, surtout chez les artisans, que celle qui exclut tout choix de la profession par celui qui l'exerce, qui doit cultiver la terre, travailler le fer sans pouvoir même changer de métier, ni plus sortir de sa condition que de la caste où il serait né! (*Rép.*, III, et *Lois.*)

« Tous les citoyens sont frères. » On a pu voir (*supra*) en quoi consiste cette fraternité.

---

1. Nous regrettons de nous trouver peu d'accord avec M. H. Wallon, sur ce qui est dit de Platon à ce sujet, dans sa belle et savante histoire de l'*Esclavage dans l'antiquité* (t. I, 303 et suiv.). On peut voir, par ce qui suit, en quoi diffère notre opinion de la sienne.

Dans les *Lois*, l'esclavage est admis sans objection aucune. Une foule de lois, de règlements, de prescriptions, de conseils, ont pour objet les esclaves. La criminalité est remplie de peines portées contre eux. Platon, comme législateur, se trouvait ici en face du réel, qu'il ne pouvait changer, obligé d'admettre par nécessité l'esclavage dans une société organisée de telle sorte qu'elle ne pouvait exister sans les esclaves. Il l'admet donc. En a-t-il au moins compris l'injustice? Cette plaie de la société antique lui est-elle apparue dans sa laideur et sa difformité? S'il n'a pas vu de remède, l'a-t-il au moins décrite et signalée comme telle? On n'en voit pas la moindre trace dans tout ce qu'il en a écrit, ce qui, d'abord, étonne d'un tel moraliste; il est seulement embarrassé. Il est vrai, de belles paroles ensuite nous rassurent : « qu'on doit traiter les esclaves avec douceur, être juste, équitable envers eux plus encore qu'envers des égaux. » On s'est laissé trop prendre à ces paroles. La comparaison avec Aristote lui a été aussi favorable.

Au moins [1], dit-on, s'il n'a pas protesté contre l'esclavage, il n'a pas fait de plaidoyer pour le justifier. Chez lui, pas de ces misérables sophismes par lesquels l'auteur de la *Politique* s'est efforcé d'en démontrer la légitimité (liv. I).

A notre grand regret, nous serons moins indulgent; il n'y a guère mieux, selon nous, à dire, sur ce sujet, du maître que du disciple, de son silence et de sa neutralité.

Nous en dirons les raisons.

D'abord, il ne semble rien voir ni entendre de ce qui se passe et se dit autour de lui. La protestation des cyniques, grossière, hautaine, burlesque, si l'on veut, en actes comme en paroles, pourtant énergique et sérieuse, quelquefois formulée en termes d'un grand sens et très élevés, le laisse tout à fait sourd ou indifférent [2].

La vive répartie de Diogène [3] à propos du sobriquet d'andro-

---

1. Voir Cousin, *Arg. des Lois*.
2. Aristote l'a entendue. L'objection d'Antisthène qu'il s'efforce de réfuter (*Polit.*, I) le prouve clairement.
3. Diogène, à qui on demandait : d'où vient le nom d'andropodes donné aux esclaves, répondit : parce qu'ils ont des pieds d'homme et une âme semblable à la tienne (*Diog.*, liv. VI).

pode, dont était affublé l'esclave et la raison, presque platonicienne, qu'il donne n'arrivent pas à ses oreilles. La distinction très nette d'Antisthène, qui supprime la différence de nature de l'homme libre et de l'esclave [1], semble de même lui être ignorée. On dirait qu'il n'a pas assisté à l'entretien de Socrate rapporté par Xénophon (*Mém.*, II, ch. vii), sur les arts manuels relevés et presque déclarés libres. Il a pour compagnon Antisthène, fils d'une femme esclave, le nothos, comme lui auditeur assidu de Socrate. Lui-même Platon a été esclave, racheté par Annicéris, et semble n'en pas avoir gardé le souvenir (p. 10). Rien de tout cela n'éveille chez lui le soupçon que la chose en elle-même, quoique d'un usage général, pourrait bien être injuste, même, en un sens, non naturelle et devrait réclamer une réforme. Tant est grande la force d'un préjugé universel, enraciné dans les mœurs, même sur un esprit, comme le sien, épris de l'idéal, préjugé consacré par les institutions, ayant pour lui l'autorité des législateurs, que Platon imite en les corrigeant! Tant est grande, dirai-je aussi, la force latente d'un système, qui loin d'éclairer ici son auteur, lui intercepte la lumière. Il est vrai qu'elle est faible, trouble et limitée. D'autres yeux cependant que les siens l'apercevaient. Elle ne brillera de toute sa clarté, que quand apparaîtra au grand jour la vraie vérité sur l'esclave comme sur la femme, à la conscience humaine mieux éclairée par le flambeau d'une religion nouvelle.

Ceci nous oblige à y regarder de plus près et à voir : 1° comment, pour Platon, la question se pose; 2° comment il la traite et la résout à la fois comme moraliste, législateur et criminaliste.

1° C'est d'abord au point de vue économique, c'est-à-dire purement utilitaire, que le problème lui apparaît (liv. VI, p. 776). Il s'agit des biens, instruments ou possessions, κτήματα, nécessaires à l'entretien d'une famille.

« Parmi les possessions, l'esclave en est une, seulement plus embarrassante que les autres. Il n'est pas difficile d'imaginer

---

[1]. La loi fait l'esclave et l'homme libre; par la nature en rien ils ne diffèrent : νόμῳ τὸν μὲν δοῦλον εἶναι, τὸν δ'ἐλεύθερον, φύσει δ'οὐδὲν διαφέρει. (*Ibid.*)

la plupart des choses dont on a besoin pour l'entretien d'une famille; mais l'article des esclaves est, de tout point, embarrassant, χάλεπὰ πάντη » (776).

Dans cet embarras, que faut-il penser et faire? Car les avis sont partagés. « Les uns parlent dans un sens, qui est vrai, et ne l'est pas dans un autre, qui en font voir l'utilité et le danger. » (*Ibid.*)

De l'illégitimité de cette possession, on le voit, la pensée ne s'élève pas même dans l'esprit du moraliste philosophe.

Il trouve bien qu'il y a quelque difficulté à la justifier, non au point de vue du droit, mais de l'usage, χρείας (*ibid.*). On a condamné l'usage des esclaves, tel qu'il est établi à Lacédémone, chez d'autres peuples de la Grèce, au sujet des Ilotes, etc. Pour lui, il ne sait trop que régler touchant leur possession. Il est indécis, il hésite. Le côté moral pourtant lui apparaît : « Nous savons qu'il n'est personne qui ne dise qu'un esclave fidèle et affectionné est un bien dont on ne peut se passer, qu'il s'en est trouvé sur la vertu desquels on pouvait compter plus sûrement que sur celle d'un frère ou d'un fils. Mais on dit, d'un autre côté, qu'il n'y a aucun fonds à faire sur un esclave, que son âme n'est capable d'aucun sentiment vertueux, que Jupiter prive de la moitié de leur intelligence ceux qui sont réduits en servitude. » (*Ibid.*) Dans cette divergence d'opinions, que fera-t-il? Voici la réponse : « Ce que nous ferons, mon cher Clinias : l'homme étant un animal difficile à manier et paraissant se prêter avec peine à cette distinction de libre et d'esclave, introduite par la nécessité, il est évident que l'esclave est un meuble bien embarrassant, χαλεπὸν δὴ τὸ κτῆμα » (777).

Toujours incertain du parti à prendre, il trouve deux expédients : le premier c'est de n'avoir pas d'esclaves qui, n'étant pas de la même nation, parlent des langues différentes afin qu'ils ne puissent s'entendre. Le second (qui n'est pas le premier), c'est de les bien traiter, non seulement pour eux-mêmes, mais dans son propre intérêt. Le moraliste ajoute : « n'avoir jamais envers eux des manières hautaines et méprisantes. Il faut, s'il se peut, être plus équitable vis-à-vis d'eux qu'à l'égard de nos égaux. Et c'est seulement dans la manière dont on en use envers eux qu'on reconnaît si l'on est sincèrement juste et si on hait l'injustice. » — Ceci a désarmé tout à fait la critique. Mais, dira-t-on, quelle justice? Et, par ce mot, que faut-il entendre? La reconnaissance d'un droit? Ce serait oublier tout le système. Ce qui suit éclaire mieux sur le vrai sens : « Quelque chose qui ait lieu, toujours prendre un ton de maître, ne jamais se familiariser avec les esclaves, soit hommes, soit femmes, autrement c'est affaiblir son autorité, rendre l'obéissance plus pénible. « Rien de plus sensé que ce que vous dites. » — Très sensé, en effet, mais très loin de ce qu'il faut entendre par justice, du moins telle que nous la concevons.

C'est que, pour voir clair dans cette énormité, « cette monstrueuse injustice », comme avec raison on l'appelle (V. Cousin), qui consiste dans la possession de l'homme par l'homme, l'esclavage, il faut admettre que l'homme a, par nature, la libre possession de lui-même ou le libre arbitre, ce qui rend sacrée la personne humaine : idée, on l'a vu, absente du système, le vice radical de toute cette partie de la philosophie platonicienne (*supra*).

2° Par là s'explique toute cette législation en ce qui concerne les esclaves. Dans les *Lois*, non seulement la sévérité est excessive; mais le manque d'équité, de justice apparaît à chaque instant, de la part de celui qui, comme moraliste, l'a réclamée en termes si formels et qui édifient. La pratique n'y répond guère, on doit l'avouer, à la théorie. L'esclave est acheté, vendu, transmis, échangé, livré à l'arbitraire du maître, au mépris de tous les droits de la nature humaine.

Nous ne suivrons pas Platon dans toute cette partie de son œuvre, où chacun est à même de le faire.

Il est vrai que, dans la *République* (liv. V), en ce qui concerne l'esclavage, il est recommandé comme juste aux guerriers de ne pas réduire en servitude les villes grecques, de se faire une loi d'épargner la nation grecque et cela de sorte qu'elle n'ait pas à craindre l'esclavage de la part des barbares. Et aussi par conséquent de n'avoir aucun esclave grec. Il est conseillé à tous les autres Grecs de suivre en cela leur exemple (*ibid.*). Mais pourquoi? afin que, au lieu de se détruire, ils tournent toutes leurs forces contre les barbares (*ibid.*).

On peut en savoir gré à Platon ; mais on ne voit là aucune idée de justice sociale ou même d'humanité ; c'est du pur patriotisme.

Et il faut bien le dire, ici encore le beau rôle est aux cyniques.

Antisthène se disait citoyen du monde [1]. « Le sage n'a point de patrie, sa patrie est la terre entière. » On dira que c'est de l'orgueil, qu'il ne s'agit que du sage. Ce n'est pas moins une vue supérieure.

Cela prouve au moins une chose, c'est que l'idée d'humanité déjà en germe chez les cyniques, plus tard formulée nettement par les stoïciens, commence à poindre, encore à peine liée à celle de justice qui ne va pas sans elle. Elle est étrangère à Platon, à cause : 1° de la notion qu'il se fait de la justice ; 2° de la notion plus fausse encore de la liberté morale (*supra*), qui l'empêche de voir clair en ce point comme dans la question de l'esclavage [2].

3° Nous passons sur tout ce qui est de la criminalité au sujet des esclaves.

Elle est, disons-nous, encore souvent injuste et arbitraire. L'esclave y est laissé souvent à la discrétion de son maître, qui peut non seulement en disposer comme il veut, l'échanger, le vendre, le transmettre, etc., mais le punir sans que la proportion de la faute en soit clairement marquée (V. 192, 227, 199). Souvent battu de verges, il est mis à mort pour la plus petite infraction. Platon, qui donne d'abord des conseils de douceur, les oublie dans l'application. Nous n'insisterons pas [3].

---

1. ἀνδρὶ σοφῷ πᾶσα γῆ πατρίς κοσμοπολίτης ἔφη. Socrate, qui se disait philanthrope, φιλάνθρωπος (*Mém.*, I, 2), est plus près du vrai et semble encore mieux inspiré. (*Phil. anc.*, 123.)

2. H. Wallon, *Hist. de l'escl.*, 371. « Platon tient une sorte de milieu sur la question de l'esclavage. Il s'abstient d'en réprouver comme d'en justifier l'institution ; et de fait il l'accepte avec les avantages et les périls qu'il offre dans les sociétés présentes ; mais il ne laisse point sa pensée sous le joug du préjugé commun. » — C'est précisément le contraire qui résulte de cet examen. Il avait aussi à supporter un autre joug.

3. Voici un échantillon : « Si un esclave blesse par colère une personne libre, son maître le livrera au blessé pour en tirer tel châtiment qu'il voudra. » (*Ibid.*, 227 ; *Lois*, IX, 227, G.) « Si un esclave frappe un homme libre soit étranger, soit citoyen, les témoins garrotteront l'esclave et le livreront à celui

Dans la comparaison avec Aristote, la seule chose que l'on peut invoquer en faveur de Platon c'est qu'il n'a pas, en effet, cherché à justifier l'esclavage et cela par des raisons tenant de la nature même de l'esclave. Il l'admet, voilà tout, parce que la nécessité le lui impose. Il traite l'esclave comme il le voit traité à Sparte, à Athènes. Il adoucit même sa situation. (Ceci est plus contestable.) Enfin il interdit les esclaves grecs.

C'est quelque chose. Mais selon nous cette supériorité a besoin de restrictions. Platon embarrassé ne discute pas; Aristote, plus embarrassé encore, se voit obligé de discuter, de prouver. Son argumentation est mauvaise, ses arguments sont détestables. Encore voit-il qu'il y a là un gros problème.

La question a marché et fait du bruit. Des opinions se sont produites; des objections ont été faites. Il a au moins entendu la voix discordante des cyniques, ce qu'a dit Antisthène, τοῖς παρὰ φύσιν τὸ δεσπόζειν, etc. (*Polit.*, I, II). Il se voit obligé de réfuter, de fournir des preuves. Il les prend partout, dans la réalité qu'il voit, surtout selon sa méthode; il analyse l'esclave comme un animal, une plante. Platon, lui, le philosophe de l'idéal, n'a pas cette excuse. On regrette d'être pour lui si sévère. *Sed magis amica veritas.*

Les artisans (*Les arts manuels et les professions serviles.*) — Sur ce point, l'opinion de Platon ne peut différer de ce qui précède. Le préjugé est le même et le système, loin d'y contredire, le confirme. La différence des arts libéraux et des arts serviles, admise par tous les anciens, chez lui est maintenue dans toute sa rigueur et dans de plus étroites limites. Elle est, du reste, chez tous les auteurs, dans Aristote comme dans Platon, dans Xénophon, Cicéron, Pline, Plutarque, etc., et par les mêmes raisons. Il n'y a de divergence que sur tel ou tel art, l'agriculture par exemple, classée tantôt dans l'une, tantôt dans l'autre catégorie, ici relevée par son utilité, déclarée noble, là exclue, rabaissée selon l'esprit romain ou grec [1].

qu'il a frappé. Celui-ci le mettra dans les étrivières aussi longtemps qu'il le jugera à propos, sans néanmoins faire tort au maître de l'esclave (c'est-à-dire endommager sa propriété). »

[1]. Voir Cicéron, *de Off.*, 1. Nihil agricultura melius, etc.

Platon va plus loin, jusqu'à la division du travail, l'interdiction de changer d'état ou de profession; et cela dans les *Lois* comme dans la *République*.

1° Qu'aucun citoyen ni même serviteur d'aucun citoyen n'exerce de profession mécanique. Le citoyen a une occupation qui exige beaucoup d'étude et d'exercice (*Lois*, VIII, 1495; Cf. VIII, 847) [1].

Aristote, dans sa Cité parfaite (*Polit.*, III), dit absolument de même. « Dans cette république parfaite, où la vertu des citoyens sera réelle, ils s'abstiendront de toute profession mécanique, de toute spéculation mercantile, travaux dégradés et contraires à la vertu. Ils ne se livreront pas davantage à l'agriculture. Il faut du loisir pour acquérir la vertu et pour s'occuper de la chose publique. »

L'un et l'autre philosophe s'accordent en ceci que c'est dans l'intérêt de la vertu que cette exclusion est faite. C'est comme moralistes que « les arts mécaniques sont interdits aux hommes libres dans la cité idéale ». Ce qui est encore à noter, c'est la raison que donne Platon (*Rép.*, IX). C'est parce que « ces professions supposent dans ceux qui les exercent une faiblesse de raison si grande qu'ils ne peuvent avoir d'empire sur leurs passions ». Toujours le caractère aristocratique se décèle, d'une aristocratie de l'esprit où l'intelligence, νοῦς, placée au-dessus des autres facultés, surtout de la nature sensible, ne permet pas de les mêler. Le sensible et le corporel sont tenus à distance, celle-ci infranchissable. Dans la *République*, les artisans sont de simples nourriciers de l'État (*supra*).

V. Les lois pénales. — Sur ce sujet, la criminalité, il suffira de faire remarquer que la théorie platonicienne est en parfait accord avec le système quant aux principes, lesquels peuvent se ramener à trois : 1° l'idée de la peine ou de la jus-

---

1. « Qu'aucun ouvrier en fer ne travaille en même temps au bois, aucun ouvrier en bois n'ait sous lui des ouvriers en fer; — que chacun dans l'État n'ait qu'un seul métier. » (*Lois*, VIII, 150, G.)
Opifices omnes in sordida arte versantur; nec enim quidquam ingenium habere potest officina. (Cic., *de Off.*, I, 42.) Nihil est agricultura melius, nihil uberius, nihil dulcius, nihil homine libero dignius. (*Ibid.*)

tice pénale ; 2° celle de son utilité ou de la prévention, de l'intimidation ou de l'exemple ; 3° l'amélioration du coupable [1].

Platon s'y montre toujours le même, grand moraliste, imparfait législateur, très imparfait par la raison qui a été dite. Cette raison lui fait oublier que le terrain où il est placé n'est pas seulement celui de la morale et que, là encore, il y a à compter avec la *liberté* humaine ; que la justice humaine n'a pas précisément à punir ni à faire expier le crime ou le délit, mais surtout à le prévenir ; que l'amélioration du coupable elle-même, ce grand but, ne doit pas être oubliée sans doute, mais qu'il est atteint par d'autres moyens que la loi ; qu'elle se fait avant tout par le coupable lui-même en qui réside la liberté. Sur la proportion entre les crimes et les châtiments, la gradation, etc., nous sommes obligé de passer [2].

On a ici beaucoup à louer, aussi à reprendre et à blâmer, de ce que Platon s'est cru obligé de placer un *prélude* à chaque loi principale qui en fait une leçon, afin d'éclairer le coupable.

Sur l'obligation de distinguer entre les actes volontaires et involontaires, ce qui a été traité plus haut, p. 376, doit suffire.

VI. LE CONSEIL SUPRÊME. — Il convient de dire aussi un mot, en terminant, du *Conseil suprême*, qui est comme le couronnement de l'œuvre, la clé de voûte de l'édifice entier.

(Liv. XII.) « Platon pourvoit à la solidité et à la durée de l'État qu'il vient de fonder en établissant au-dessus de tous les pouvoirs, un pouvoir suprême uniquement chargé de veiller au maintien du principe de l'État, qui, par conséquent, possède ce principe au plus haut degré avec la vertu et les lumières. Ce pouvoir supérieur à tous les autres, Platon l'appelle le Conseil divin. Il le tire du corps le plus élevé, celui des gardiens des lois. Il sera composé des dix plus anciens gardiens des lois et de quelques autres citoyens plus jeunes qui ne pourront être admis qu'à l'unanimité... Il doit avoir toutes

---

[1]. Nous renvoyons pour le développement et les points particuliers à V. Cousin (*Arg. des Lois*), où le sujet est traité avec le plus d'ampleur en ce qui est relatif aux lois pénales.

[2]. Le caractère de moralité de V. Cousin donne au code pénal de Platon une originalité frappante, p. 14.

les vertus, c'est-à-dire les quatre vertus tant de fois rappelées et énumérées dans les *Lois*, en même temps posséder leur unité, car la vertu est une. Chacun de ses membres devra posséder la science du bien et du beau, qui constitue la science morale. Celle-ci serait imparfaite sans celle de la religion. Or, la science de la religion suppose une connaissance approfondie du système du monde, pour combattre à la fois les superstitions des poètes et cette science athée qui ne voit dans le monde qu'un mécanisme matériel, tandis que ce mécanisme est l'image et le produit de l'intelligence. De là la nécessité des hautes connaissances de la géométrie et de l'astronomie. On voit que toutes les connaissances que Platon impose au conseil suprême sont à peu près les diverses parties de la philosophie et qu'ainsi c'est à la philosophie appuyée sur la morale qu'il remet le gouvernement de l'Etat.... » (V. Cousin, *Arg. des Lois*, CXXII.)

Pour ce qui est de la conclusion générale à tirer de toute cette partie de la doctrine de Platon, des *Lois* comme de la *République*, on peut la formuler en deux mots, dont la preuve est tout l'exposé qui précède. Platon y est partout grand moraliste. La notion fondamentale, cette notion du bien, immuable et divine, qui plane sur tout le système et que conçoit la raison, c'est ici le bien moral. On peut dire qu'il en est le grand interprète ; il l'applique avec une inébranlable fermeté, la maintient et la suit dans toutes ses formes, ses développements et ses applications à la science morale et sociale.

C'est l'essence et le haut mérite de son idéalisme. Le côté faible, qui est aussi celui de l'idéalisme, non retenu et tempéré par le réel, exposé à se perdre dans le général, a été aussi partout signalé : le droit méconnu de la personne humaine et du libre arbitre, que la conscience humaine seule directement et clairement nous révèle. Ce qui nous est apparu également partout comme le vice radical du système.

SECTION TROISIÈME

ÉDUCATION, ESTHÉTIQUE, RHÉTORIQUE

CHAPITRE PREMIER

ÉDUCATION

Sa place dans la philosophie de Platon. — Les antécédents. — L'éducation en général. — I. Son importance. — II. Son but moral. — III. Principes et maximes générales. — IV. Plan d'éducation. — Conditions premières, la connaissance de l'homme. L'homme à la fois âme et corps, son importance. — Règle fondamentale. — Le juste équilibre. — Éducation physique, exercices qui s'y rapportent; éducation intellectuelle et morale. — Les arts et la poésie (éducation esthétique). — La poésie et la musique. — Les sciences et la philosophie. — Défauts à éviter : la polymathie, etc. — L'éducation des femmes.

Quoiqu'elle soit mêlée à la politique, à la morale, à la dialectique, etc., la théorie de l'éducation, dans le système platonicien, a une place si étendue et si importante qu'elle mérite d'être ici l'objet d'une étude particulière. Ce qui suit en donnera au moins en aperçu les points principaux.

Sans parler des législateurs et des hommes d'État qui avaient posé les bases de l'éducation et l'avaient réglementée dans leurs institutions, déjà, au point de vue théorique, des sages ou des philosophes en avaient conçu et appliqué les principes. L'institut de Pythagore en fournissait un modèle. A la fin de cette période, les Sophistes y avaient introduit une révolution dont on connaît le caractère (voir *Phil. anc.*, 85).

Eux-mêmes s'intitulaient « maîtres de la jeunesse ». Instruire les hommes : παιδεύειν ἀνθρώπους (*Protag...*), était leur devise. De cet art, ils avaient posé les règles et rédigé les préceptes. (*Hippias*, I...)

Socrate s'était efforcé de leur arracher la jeunesse athénienne, d'abord séduite par l'éclat brillant de leur fausse éloquence, l'universalité de leur savoir et la multiplicité des objets de cet enseignement nouveau (*Hippias*, I). C'est sur ce terrain que s'était engagée la lutte. Lui-même Socrate ne se donne pas une autre mission que d'instruire et de former les hommes (*Apol*...). Il marque à l'éducation un autre but et lui trace une voie différente. Par lui est inaugurée une ère nouvelle pour la culture des âmes comme pour la direction de l'esprit dans l'ordre scientifique. C'est par là qu'il compte parmi les grands précepteurs de l'humanité (*Phil. anc.*, 120).

Mais aucun de ces personnages, quel qu'il fût, homme d'Etat, législateur, rhéteur ou philosophe, n'avait tracé le plan d'une éducation régulière. Aucun n'en avait discuté les principes, exposé les règles générales et formulé les maximes. Platon, encore ici le premier, l'a entrepris. Comment s'est-il acquitté de cette tâche? avec quelle sagesse et supériorité de vues, quelle élévation et fermeté de langage? Ce qui suit en partie le montrera. S'il est un titre qui ne puisse lui être contesté, c'est le rang qu'il occupe comme éducateur aussi bien que comme moraliste entre tous les philosophes de l'antiquité.

S'il n'a pas, sur ce sujet, laissé de traité spécial, sa doctrine est aisée à dégager de ses œuvres. Le mot de Rousseau sur la *République*, qu'elle est un traité d'éducation (*Emile*, I), est vrai en ce sens que celle-ci y occupe la plus large place et en est la principale institution. Le IIe et le VIIe livre des *Lois* en sont le complément; le *Protagoras*, le *Gorgias*, le *Ménon*, etc., conçus selon le même esprit, contiennent, mêlées à la polémique, des vues sur chacune des parties essentielles de l'éducation.

Les objets principaux qu'elle doit contenir, la manière de les enseigner, la gradation à y observer, le rôle réservé à chacune des parties, à l'éducation physique et intellectuelle, aux arts et aux sciences, à la philosophie, y sont clairement exposés. Un aperçu général en fournira la preuve suffisante.

I. IMPORTANCE DE L'ÉDUCATION. — Ce qui est dit au premier livre des *Lois* mérite d'être cité.

« Ce qui est vrai à l'égard des plantes ne l'est pas moins à l'égard des animaux, et en particulier de l'homme. Car, bien que l'homme soit naturellement doux, néanmoins, lorsqu'à un heureux naturel il joint une éducation excellente, il devient le plus doux des animaux et le plus approchant de la divinité ; au lieu que, s'il n'a reçu aucune éducation, ou n'en a eu qu'une mauvaise, il devient le plus farouche des animaux que produit la terre. » (*Lois*, VI, 766.)

« C'est pourquoi, ajoute-t-il, le législateur doit faire de l'institution des enfants le premier et le capital de ses soins : οὐ δεύτερον οὐδὲ πάρεργον δεῖ τὴν παίδων τροφὴν. »

Ailleurs (*Lois*, I), il l'appelle de tous les avantages que peut posséder l'homme, le plus considérable. « Les jeunes gens bien élevés seront un jour de bons citoyens. (*Ibid.*, 47.) Jamais une bonne éducation n'a été funeste à personne. »

Dans le *Timée*, à l'endroit où sont recherchées les causes des vices, qui sont les maladies de l'âme, la première place est faite au tempérament et aux dispositions originelles, la seconde à l'éducation. « C'est une mauvaise disposition du corps et une mauvaise éducation qui rendent l'homme vicieux. Chacun doit, autant que possible, à l'aide de l'éducation, de l'étude et de l'exercice, s'efforcer d'éviter le vice et rechercher la vertu [1].

II. SA NATURE ET SON BUT. — Mais si de tels avantages sont attachés à l'éducation, ce n'est qu'autant qu'elle est bonne, ὀρθὴ τροφή, et répond à son but. Mauvaise, elle produit tous les effets contraires.

Le début du *Protagoras* en fait admirablement ressortir les dangers. S'adressant à un jeune homme qui brûle de suivre les leçons des sophistes : « Sais-tu, lui dit Socrate, ce que tu vas faire ? Tu es sur le point de confier la culture de ton âme à un homme qui est, dis-tu, sophiste ; et sais-tu à quel danger tu vas exposer ton âme, ton âme qui est infiniment plus que

---

1. *Timée*, Προθυμητέον φεύγειν μὲν κακίαν τοὐναντίον δὲ ἑλεῖν (*Timée*, 87).

ton corps, de laquelle dépend ton bonheur et ton malheur, selon qu'elle devient bonne ou mauvaise? »

Et l'entretien continue ainsi : « Mais de quoi l'âme se nourrit-elle? de sciences. Il faut bien prendre garde, que le sophiste, en nous vantant sa marchandise, ne nous trompe comme font les marchands... qui vendent les choses nécessaires à la nourriture du corps. Tous les vendent sans distinction, ils louent indistinctement tout ce qu'ils vendent.

« La plupart d'entre eux ignorent si ce qu'ils débitent est bon ou mauvais, pour l'âme... Si donc tu sais ce qu'il y a de bon ou de mauvais parmi les sciences, tu peux en toute sûreté en acheter de Protagoras et de tout autre; mais si tu ne t'y connais pas, prends bien garde, mon ami, d'exposer au hasard et de risquer ce que tu as de plus cher; car le danger est bien plus grand dans l'achat des sciences que dans celui des provisions de bouche. Après avoir acheté des aliments et des boissons d'un marchand domestique ou forain, on peut les emporter chez soi, dans d'autres vaisseaux... consulter quelque expert qui vous dise ce qu'il faut ou non manger et boire; mais, pour les sciences, on ne peut pas les emporter chez soi dans un autre vaisseau; mais, dès que le prix en est payé et qu'on les a reçues ou apprises, c'est une nécessité qu'on s'en retourne meilleur ou pire. »

Il faut donc, avant tout, déterminer en quoi consiste la bonne ou la vraie éducation. Pour Platon, c'est avant tout le côté moral. Cette fin prime toutes les autres : former les hommes à la vertu. Vers cet objet, sinon unique, le principal, doivent converger toutes les parties de l'éducation; tout doit y concourir ou s'y subordonner.

Les sophistes le disaient également : « rendre les hommes meilleurs », ἀμείνους, était aussi leur but, disaient-ils. On sait ce que ce mot voulait dire, leur doctrine étant admise. Socrate l'entendait autrement. (*Phil. anc.*, 95.) Platon, son disciple, n'en a pas une autre idée, quoiqu'il vise encore plus haut et que sa doctrine soit plus systématique et plus développée que la sienne.

Pour lui, ce n'est pas non plus au sens vulgaire, celui de l'opinion commune, κοινὴ δόξα, que la fin, ici, doit en être poursuivie. Le bien ou le bonheur, aux yeux du vulgaire, consiste à jouir des plaisirs et des douceurs de la vie. L'éducation a aussi sans doute pour but de rendre capable de se les procurer, d'exercer avec fruit les professions utiles. Mais le premier, le vrai but « qu'il ne faut jamais perdre de vue, c'est le perfectionnement moral de l'homme, à la fois comme homme et comme citoyen, ce qui ne doit jamais se séparer.

Ceci est la base. Telle est la pensée qui ne doit jamais cesser d'être présente à l'esprit de l'éducateur, homme d'Etat, législateur, maître chargé d'enseigner et de diriger la jeunesse.

III. PRINCIPES ET MAXIMES GÉNÉRALES. — Les principes et les maximes qui les expriment sont toutes selon cet esprit socratique et platonicien.

Savoir ce qu'est l'homme, connaître sa vraie nature et aussi sa destination véritable, telle est la condition première, la maxime générale que Socrate avait proclamée, qui, au physique et au moral, doit dominer tout le système de l'éducation.

Or, l'homme est un être raisonnable, c'est ce qui le distingue des autres êtres créés. Donc, assurer l'empire de la raison, en tout et partout, « apprendre à se commander et à se gouverner soi-même » sera la règle suprême.

Cette première condition remplie, il convient ensuite de rendre l'homme capable d'accomplir en tout, ce que cette loi exige et prescrit, quant aux devoirs et aux fonctions que chacun de nous est appelé à remplir, par sa nature propre, par sa vocation, ses goûts, le rang et la place qu'il occupe dans la société, etc.

Le parallélisme de l'individu et de l'Etat, on s'en souvient, est un autre principe que Platon adopte et qu'il applique à son plan d'éducation comme à celui de la République idéale.

Nous n'avons pas à y revenir.

Apprendre à se gouverner soi-même, établir le règne de la raison dans ce petit Etat, qui est nous-mêmes, maintenir la hiérarchie entre les diverses parties de l'âme; faire que l'ordre n'y soit jamais troublé, l'y rétablir s'il l'a été, s'applique au gouvernement intérieur. C'est ce qu'on a vu dans ce qui précède à propos des diverses formes de gouvernement, où l'homme, comme individu, est partout mis en parallèle avec l'Etat, deux modèles de grandeur ou de proportions différentes mais semblables, et devant être soumis aux mêmes lois. (*Rép.*, VIII, IX.)

Telle est de même la base de tout ce système d'éducation. Cela est si bien l'idée que Platon se fait de l'éducation, qu'elle entre dans la définition même qu'il en donne : « Apprendre à commander selon la justice et à obéir, c'est ce qui mérite le nom d'éducation. Quant à celle qui est dirigée vers les richesses, ou la force du corps, ou quelque talent que ce soit, c'est une éducation basse ou servile. »

Ce but doit apparaître dès l'éducation première, celle de l'enfant. « Je définis donc l'éducation : une institution bien entendue qui conduit l'âme de l'enfant à aimer ce qui, lorsqu'il sera devenu grand, doit le rendre accompli dans le genre qu'il aura embrassé. En parlant ainsi, nous avons en vue cette éducation qui inspire à l'homme d'être un excellent citoyen et lui apprend à obéir et à commander selon la justice. »

Ce premier principe posé, si, spécifiant davantage, on se demande en quoi consiste la vraie éducation de l'homme et quel est son objet, la réponse encore générale sera celle-ci : « La bonne éducation est celle qui peut donner au corps et à l'âme toute la bonté dont ils sont capables. » (*Lois*, VII.) Elle doit développer la nature humaine tout entière dans les deux parties qui la composent, corporelle et spirituelle, en observant le rapport de subordination naturelle et nécessaire qui doit être maintenu entre elles.

L'âme, en réalité, c'est l'homme. Si ce n'est l'homme tout entier, c'est sa vraie nature ou sa véritable essence (*supra*). La nature spirituelle a le premier rang et doit en tout le conserver. C'est en vue de l'âme que tout doit se faire et se régler dans un vrai système d'éducation comme dans la vie entière. Le corps, ou l'homme physique, quoiqu'il se développe le premier et qu'il appelle les premiers soins, doit être cultivé et soigné, non en lui-même et pour lui, mais en vue de la fin supérieure. Sur ce point capital, Platon est invariable.

Tout son plan d'éducation repose sur cette distinction fondamentale, l'accord mutuel qui doit exister entre les deux parties y correspondant : l'éducation physique et l'éducation intellectuelle et morale.

Un autre principe, ailleurs déjà indiqué (p. 158), mais qu'il convient ici de rappeler parce qu'il tient à tout le systhème (Théorie des idées), est celui-ci ; L'éducation par elle-même ne crée rien et ne saurait rien créer; elle ne fait que développer ce qui est déjà implicitement contenu dans la nature humaine. Son rôle est de susciter, d'exciter la force cachée, ἐνοῦσαν δύναμιν, que cette nature virtuellement recèle, de la diriger et, par une sage direction (Rép., VI), de lui faire produire tout ce dont elle est capable (Ménon). Ce que dira plus tard Aristote de tout art : qu'il achève la nature, τὴν φύσιν ἐπιτέλει, est vrai de l'art d'élever les hommes. Ce que peut faire l'éducateur c'est d'écarter les obstacles, de faciliter le développement, de façonner, de corriger, d'épurer, de perfectionner. Mais il est aussi impossible d'implanter dans l'âme ce qui ne serait pas au moins en germe dans quelques-unes de ses facultés que de donner la vue à un aveugle. Seulement aucune de ces puissances naturelles et légitimes ne doit être laissée à l'état inerte, inculte et négligée.

Le corollaire de la maxime précédente, c'est que c'est du dedans non du dehors que doit se faire cette éducation. Le véritable éducateur ne doit jamais l'oublier. Rien ne doit être appris ou enseigné que ne soit avant tout une révélation ou consultation du maître intérieur. « L'homme n'enseigne pas l'homme », sera toujours la devise. (Ibid.)

Il suffit de renvoyer à ce qui a été dit de la *Réminiscence* (p. 158) et du *Langage* (p. 167, 171).

Une autre règle générale et fondamentale, tout à fait selon l'esprit de la doctrine platonicienne, est relative à l'équilibre ou à la *mesure* et à la proportion qui doivent être gardées dans l'exercice des diverses parties de la nature humaine. Dans le plan total de l'éducation, il importe que chacune d'elles soit développée selon sa nature, ce qui lui est convenable et approprié à sa fonction véritable. Ni trop ni trop peu ; ne pas tendre à la fois tous les ressorts. Que chacune reçoive en son temps, à sa place, sa culture propre, en harmonie avec l'ensemble. Étudier et suivre le développement progressif des organes et des facultés; accorder à chacun ce qui lui est dû, au corps la nourriture et l'exercice qui lui conviennent, à l'esprit et à ses facultés ce qu'ils réclament en vertu de leur supériorité. La grande maxime est toujours celle de l'*ordre*, de l'harmonie, de ce juste milieu et du parfait équilibre. L'éducateur doit être, en son sens, un parfait musicien, dit Platon. Ce mot, il le répète sans cesse : si nous voulons être de parfaits musiciens...

Cette règle partout proclamée est admirablement observée. Aristote, son successeur et son disciple, n'a fait que la reproduire (*Polit.*). Le nom même de musique (*Rép.*, *Lois*) au sens large sert à la formuler.

IV. LE PLAN D'ÉDUCATION. — Nous n'entrerons pas dans les détails de ce plan d'éducation (ce qui nous exposerait d'ailleurs à des redites) tel qu'il est tracé dans la *République*, IV, V, VI, VII, et dans les *Lois*, II, VII. L'éducation y embrasse tous les exercices, tels qu'on pouvait les concevoir alors dans la société antique comme les plus propres à développer le corps et l'esprit (V. *Protag.*, *Hippias*, *Rép.*, *Lois*). La gradation y est observée pour tous les âges de la vie, l'enfance, l'adolescence et la jeunesse.

Dans l'enfance, le physique prédomine; mais déjà, dans les amusements et les jeux, c'est l'homme, l'être intelligent, moral et raisonnable qu'il faut avoir en vue, ce que l'enfant sera et devra être plus tard. L'éducation intellectuelle dans la jeunesse se fera par les arts et les sciences, que Platon ne distingue pas assez, mais qu'il ne confond pas non plus. L'éducation supérieure est réservée à la philosophie. Il ne s'occupe que de celle qui doit former des hommes libres; c'est pour lui l'éducation libérale comme il en sera du reste pour Aristote (*Polit.*, VII).

Pour ce qui est de l'éducation religieuse, Platon n'en pouvait faire un objet spécial d'examen ni de prescriptions directes. Les rapports du polythéisme grec et de la philosophie ne le permettaient pas (*supra*, p. 313); mais le côté religieux n'est pas omis. Loin de là, il est à chaque degré où le sentiment religieux est sans cesse excité et ravivé dans les âmes et cela, il est vrai, au point de vue du système. On le voit d'abord par les fables qui s'adressaient à l'enfance. Il est ce qu'il pouvait être vis-à-vis d'une religion telle qu'elle existait chez les Grecs où le sentiment du beau sensible est loin de s'allier toujours au sentiment moral. Le dogme est évité, non contredit formellement. La partie morale seule est abordée de front, réformée, corrigée, épurée.

De ce plan lui-même, il suffit d'extraire les lignes principales, en y ajoutant quelques remarques.

1° *L'enfance.* — Platon prend l'homme à sa naissance ou plutôt avant sa naissance. On ne peut dire de combien de précautions il s'entoure, afin d'assurer au corps et à l'âme de l'enfant leur parfait développement. Il entre dans des détails dont la science moderne de l'Éducation, en particulier Rousseau [1], ont fait leur profit. Sur les jeux des enfants, les habitudes à leur faire prendre, leur caractère, etc., il donne d'excellents principes. Il insiste sur la nécessité de régler de bonne heure leurs premiers mouvements, surtout les sentiments de joie et de douleur, etc. (*Lois*, II). L'éducation première est une institution bien entendue, qui, par voie d'amusement, conduit l'âme de l'enfant à aimer ce qui, lorsqu'il sera devenu grand, est bon et approuvé des sages, ce qui doit le rendre accompli; elle aspire à l'honneur, a le désir d'être un excellent citoyen, lui apprend à obéir et à commander selon la justice.

Rien de plus difficile et de plus délicat que cette éducation première. L'enfant est le plus difficile à manier des animaux : ὁ δὲ παῖς πάντων θηρίων ἐστι δυσμεταχειριστότατον (*Lois*, 808). Conformément à toute sa doctrine, Platon veut qu'on évite les deux excès de la mollesse et de la trop grande sévérité. « Posons comme principe certain qu'une éducation efféminée

---

1. Montaigne, *Essais*, I, 22. « C'est merveille combien Platon se montre soigneux, en ses *Loix*, de la gayeté et passetemps de la jeunesse de sa cité, et combien il s'arrête à leurs courses, jeux, chansons, sauts et danses, desquelles il dit que l'antiquité a donné la conduite et le patronage aux dieux mêmes, Apollon, les Muses et Minerve. Il s'étend à mille préceptes pour les gymnases. »

rend à coup sûr les enfants chagrins, colères et toujours prêts à s'emporter sur les moindres sujets; qu'au contraire, une éducation contrainte, qui les tient dans un dur esclavage, ἄγρια δούλωσις, n'est bonne qu'à leur inspirer des sentiments de bassesse, de lâcheté, de misanthropie et qu'à en faire des hommes d'un caractère très difficile. » (*Ibid.*)

Mais il s'élève surtout contre l'opinion qui, faisant du plaisir le but de la vie, conçoit en ce sens l'éducation. Flatter chez les enfants les goûts de la nature sensible, ce qui s'appelle aujourd'hui gâter, c'est en effet pour lui d'avance les corrompre; et il en parle avec tout le sérieux qu'on doit attendre d'un si grand moraliste.

« Car qu'on le sache, et trop souvent on l'oublie, le plaisir n'est pas le but de la vie. Faire contracter aux enfants cette habitude qui, pour eux, devient une seconde nature, c'est oublier que les mœurs en dépendent, que celles qu'on prend alors ne changent plus dans la suite. »

« Je suis persuadé que cette attention à flatter les goûts des enfants est la chose du monde la plus propre à les corrompre, et d'autant plus efficacement qu'on s'y prendra de meilleure heure. »

« Mon sentiment est que, pour bien vivre, il ne faut point courir après les plaisirs ni mettre tous ses soins à éviter la douleur, mais embrasser un certain milieu ἀσπάζειν τὸ μέσον que je viens d'appeler un état paisible. Par conséquent il ne faut pas nous livrer à une recherche empressée des plaisirs, d'autant plus que nous ne serons jamais tout à fait exempts de douleur. Ne souffrir que l'enfant, moins que tout autre, soit dans cette disposition, parce qu'à cet âge l'habitude passe aisément en nature et que les mœurs qu'on prend ne changent plus dans la suite. » (*Ibid.*)

Il y aurait à citer bien d'autres maximes empreintes du même esprit et de la même sagesse. La suivante, qui a trait à l'*exemple*, mérite d'être remarquée. « La véritable éducation de la jeunesse et de toute la vie ne consiste point à reprendre, mais à faire constamment ce qu'on dirait aux autres en les reprenant. » — Sur le sommeil et la veille, sur les jeux des enfants voy. *ibid.*

La puissance de l'*habitude* n'est pas moins bien décrite. La formule tant citée d'Aristote : l'habitude est une seconde nature, est-elle bien différente de celle-ci : ἦθος διὰ ἔθος (*Lois*, VII, 794).

2° *La jeunesse*. — Différente, quoique empreinte du même esprit, l'éducation de la jeunesse offre un plan plus détaillé. Elle se compose de deux parties relatives l'une au corps, l'autre à l'âme, sous les noms de *gymnastique* et de *musique*, et dont le rapport a été indiqué.

De l'éducation physique, on ne peut pas dire que Platon ne reconnaît pas toute l'importance. Partout il lui fait sa part très large et très positive dans tout ce qui est des exercices du corps. Lui-même, on le sait, y avait excellé; s'il n'avait été athlète dans sa jeunesse, il s'était beaucoup livré à ces exercices, comme son maître Socrate; mais l'excès, ici encore, est à éviter [1].

La supériorité par lui est maintenue à ce qui s'adresse à l'âme et à l'esprit. Ces deux parties, il faut les accorder dans une juste mesure. La grande maxime est celle-ci : ne pas exercer l'âme sans le corps ni le corps sans l'âme. L'homme doit être fort, courageux et intrépide; mais s'il ne fait rien autre chose qu'exercer son corps, s'il n'a aucun commerce avec les Muses, son âme devient faible, sourde et aveugle. Il vit dans l'ignorance et la grossièreté, sans grâce et sans politesse, μήτε τὴν ψυχὴν ἄνευ σώματος κινεῖν, μήτε σῶμα ἄνευ ψυχῆς (*Timée*, 88).

La musique est donc la partie essentielle de l'éducation. Par là il faut entendre tous les arts et même toutes les sciences, dont Apollon et les Muses sont, avec Minerve, la personnification principale dans la mythologie grecque [2]. Les arts proprement dits, entre lesquels la poésie et la musique, à laquelle il faut joindre la danse, occupent le premier rang dans ce qu'on appelle aujourd'hui l'*éducation esthétique*.

1. Cf. Aristote, *Polit.*, VIII. Ce que dit Aristote est dans le même sens : « l'éducation des hommes libres n'est pas de former des athlètes », etc.
2. Tout le reste des animaux n'a aucune idée de l'ordre (Cic., *de Off.*, I) et du désordre. Pour nous, la divinité nous a donné la mesure et l'harmonie. Nous tenons d'Apollon et des Muses notre première éducation. Bien chanter, bien danser (*Lois*, I).

Platon a compris admirablement l'efficacité morale, la vertu éducatrice des arts et de la poésie. Il s'en exprime excellemment en plusieurs endroits. Personne n'a mieux compris cette partie de l'éducation par le beau, comme devançant, préparant et suivant l'éducation morale proprement dite. Il voit très bien que ce n'est pas la science qui peut remplir cette mission, ni y suppléer, bien que les sciences exactes, selon lui, peuvent y contribuer (voy. *infra*).

Cette efficacité morale, elle, appartient en réalité aux *arts*, surtout à la *poésie*[1]. De là, toute sa sévérité contre les poètes qui, selon lui, s'écartent de ce but; c'est que les leçons que leurs œuvres renferment sont ou lui paraissent contraires aux bonnes mœurs. Qu'il dépasse le but, soit; mais il faut lui en savoir gré comme moraliste. Nul n'a mieux exprimé cette puissance morale qui appartient aux arts, dont l'action est d'autant plus réelle et plus pénétrante qu'elle est insensible, latente et indirecte.

Ce qui est dit de la *musique* et s'applique à tous les autres arts, souvent cité, ne l'est jamais trop et doit être ici rappelé :

La musique (musique, art et poésie) c'est la partie principale de l'éducation. Pourquoi? précisément parce qu'elle établit entre les âmes et la droite raison un parfait accord; parce que le nombre et l'harmonie s'insinuent de bonne heure dans l'âme et s'en emparent. Ils y font entrer à leur suite la grâce et la décence, lorsqu'on donne cette partie de l'éducation, comme on doit la donner, au lieu que le contraire arrive lorsqu'on la néglige. (*Rép.*, III; *Lois.*) « Le jeune homme élevé comme il faut dans la musique saisira avec la dernière justesse ce qu'il y a d'imparfait et de défectueux dans les ouvrages de la nature et de l'art; par un sentiment dont il n'est pas le maître, il louera avec transport tout ce qu'il y remarquera de beau, lui donnera entrée dans son âme, en fera sa nourriture et se formera par là à la vertu; tandis que, d'un autre côté, il aura une aversion naturelle pour ce qu'il y trouvera de vicieux, dès l'âge le plus tendre, avant d'être éclairé des lumières de la raison, qui ne sera pas plus tôt

---

1. Aristote aussi le reconnaît. (*Polit.*, VII.)

venue qu'il s'attachera à elle par le secret rapport que la musique aura mis par avance entre la raison et lui [1]. »
(*Rép.*, III.)

Quant aux points particuliers de cette partie du système d'éducation, nous n'en pouvons ici dire autre chose, sinon que la poésie en reste la base. Ce qui a trait aux genres de poésie trouvera sa place ailleurs (esthétique). Qu'il suffise de rappeler ce qui a été déjà dit : qu'il est loin de la pensée de Platon, comme on le croit communément, d'exclure la poésie et de se priver de son concours (*supra*). Il reconnaît au contraire son importance. Les vers des poètes qui vantent cette mission éducatrice semblent inspirés par la pensée du philosophe ou au moins la traduisent :

Os pueri tenerum balbumque poeta figurat. (HORACE.)

Sylvestres homines, etc. (HORACE.)

Scilicet ingenuas didicisse fideliter artes
Emollit mores nec sinit esse feros... (OVIDE.)

Il n'est si sévère à l'égard de certains genres de poésie, de la poésie dramatique en particulier (la tragédie et la comédie), que parce qu'il la regarde comme ayant pour effet d'exalter et de flatter les passions au lieu de les calmer et de les purifier (*Rép.*, XX). Il veut que l'on compose des chants lyriques et des dithyrambes en l'honneur des héros et à la louange des dieux, où l'on célèbre les exploits des bienfaiteurs de la race humaine. Il admet aussi la poésie gnomique

---

1. Le passage suivant des *Lois*, non moins significatif, ne mérite pas moins d'être cité : « Ainsi j'appelle *éducation*, la vertu telle qu'elle se montre dans les enfants, lorsque les sentiments de joie ou de tristesse, d'amour ou de haine qui s'élèvent dans leur âme sont conformes à l'ordre. Ces enfants ne peuvent pas encore être vertueux par raison; mais lorsque la raison est survenue, ces sentiments sont d'intelligence avec elle à cause des bonnes habitudes auxquelles on les a dressés. C'est dans cette intelligence que consiste la vertu prise en entier. Ces sentiments de plaisir et de douleur dirigés vers l'ordre et qui constituent l'éducation se relâchent ensuite et se corrompent dans le cours de la vie. Mais les dieux, touchés de compassion pour le genre humain, ont voulu que les Muses, Apollon leur chef, ces divinités qui président à nos fêtes, nous aient donné avec le plaisir le *sentiment de l'harmonie*. Ce sentiment règle nos mouvements sous la direction de ces dieux. Goûtez-vous ce discours? Convenez-vous que nous tenons d'Apollon et des Muses notre première éducation? — Oui. »

et sentencieuse, les belles fables, les chants des chœurs (*Rép.*, *Lois*). Dans les *Lois*, il se relâche même un peu de sa sévérité à l'égard des spectacles, qu'il veut être propres à exciter à la vertu. Tous les auteurs chrétiens l'ont suivi dans cette voie. Qu'il ait été trop loin, cela est évident; mais qui oserait blâmer le principe, surtout en manière d'éducation? Mais ceci a sa place dans une autre partie du système.

Quels sont les genres de poésie que Platon fait entrer dans son plan d'éducation? Pourquoi bannit-il certains genres, la poésie dramatique (*Rép.*, X) en particulier? Quelles sont les raisons de la censure des poètes les plus célèbres, d'Homère, Hipocrède, etc. Ce n'est pas le sujet que nous avons à traiter. Il en est de même pour le choix des chants, de la musique proprement dite et de ce qui a trait aux autres arts, à la danse, etc. Platon, d'ailleurs, n'a pas tracé de programme et nous devons nous borner à ces règles générales.

Les sciences. — Platon leur accorde aussi une grande place dans l'éducation; il s'y étend très longuement dans sa *République* (liv. VI et VII). Les sciences doivent être enseignées aux jeunes gens de la classe des guerriers parmi lesquels doivent être choisis les magistrats appelés à gouverner. Elles sont de deux sortes, celles qui s'adressent au raisonnement et à l'expérience, et celles qui s'adressent à la raison, νοῦς, la science dernière et la plus haute, la philosophie, la dialectique (V. *supra*, p. 75).

Les premières sont surtout les mathématiques ou sciences exactes, auxquelles il donne la préférence. Elles ont elles-mêmes un double objet, l'*utile* ou le *vrai*, et doivent être cultivées à ce double point de vue, utile et pratique ou spéculatif et théorique. L'astronomie, la musique, la physique ne sont pas négligées. Mais le but moral, celui de la culture de l'esprit, est le principal et devra toujours prédominer. Ces sciences ont pour objet le perfectionnement de l'esprit. En elles-mêmes, elles sont désintéressées. Ce qu'il dit de l'étude des mathématiques pures comme exercice de l'esprit, n'a rien de quoi surprendre. « Le plus grand avantage qu'elle procure est de réveiller un esprit engourdi et grossier et de lui donner de la facilité, de la mémoire, de la pénétration et, par un artifice vraiment divin, de lui faire faire des progrès en dépit de la nature. (*Lois*, V, 747, B.) Trois sciences surtout lui semblent nécessaires, et les plus belles : la science des nombres, la géométrie et l'astronomie (*Lois*, VII, 818). Sous leur direction, l'esprit s'élève à des connaissances plus hautes [1].

Le côté pratique ou utile pourtant n'est pas négligé. L'astronomie doit servir à la navigation, à mesurer un champ, à connaître les saisons; mais le but supérieur est toujours d'élever et de cultiver l'esprit. Il y a une astronomie qui apprend à regarder en bas au lieu de regarder en haut. (*Rép.*, VII, 529.)

L'éducation intellectuelle ou scientifique doit conduire graduellement l'esprit jusqu'à la science la plus haute, celle-ci tout à fait pure et désintéressée. On sait ce qu'elle est, comment elle se nomme, quel est son objet et quels sont ses caractères (*supra*, 63).

Ainsi l'éducation scientifique, comme l'éducation par la poésie et les arts ou esthétique, a elle-même un caractère moral; elle conduit au même but : le perfectionnement des âmes. Elle met sur le seuil de la science véritable, celle qui est aussi appelée le premier des arts, μέγιστη τέχνη : la science des sciences; cette science est la dialectique ou la philosophie.

La philosophie. — Au point culminant de ce système, se place donc la philosophie dont l'organe est la dialectique. Cette science, réservée aux esprits d'élite, nous est connue. On en connaît aussi la méthode (*supra*).

On sait également ce que pense Platon des conditions qu'exige cette étude, de la préparation qu'elle suppose, de la nature des esprits qui doivent s'y livrer, de leur caractère, de la manière dont ils doivent être dirigés, etc. (*supra*, p. 72). Quelques réflexions sont à ajouter.

La première est relative à l'âge auquel cet enseignement doit être donné. Cette étude ne doit pas se faire prématuré-

---

1. *Lois*, VII, 818, D.

ment. Un esprit trop jeune peut être doué des plus heureuses dispositions, avoir exercé des facultés précieuses, cultivé sa mémoire, enrichi son imagination, formé son jugement, appliqué son raisonnement à des questions difficiles et délicates, et néanmoins se trouver incapable d'aborder des sujets de l'ordre le plus élevé, lesquels s'adressent à la raison, que celle-ci est appelée à concevoir et à apprécier. Ce sont les idées et ce qui tient aux idées, ce qui dépasse la sphère des sens et du raisonnement lui-même. Il est à craindre alors qu'il ne fasse un mauvais et dangereux emploi des opérations de son esprit auxquelles il est accoutumé, que, trop tôt voué à la dialectique, il ne comprenne pas ce que veut cette méthode et ne s'arrête à des procédés inférieurs, les seuls à sa portée. Le maître qui doit, selon cette méthode, lui exposer le pour et le contre, ne l'y exerce que trop bien. Lui-même, habitué à voir plaider le pour et le contre, finit par ne rien croire et être tout à fait sceptique. Cette méthode ne sera bonne qu'à former des rhéteurs et des sophistes.

Cela est d'autant plus à craindre que le naturel des esprits, à cet âge, les y porte.

Le passage où Platon signale ce danger mérite d'être cité :

« Vous n'ignorez pas, sans doute, que les jeunes gens, lorsqu'ils ont reçu les premières leçons de la dialectique, s'en servent comme d'un amusement et se font un jeu de contredire sans cesse. Semblables à de jeunes mâtins, ils se plaisent à quereller et à déchirer avec leurs sophismes tous ceux qui les approchent... Après tant de disputes, ils finissent par ne rien croire de ce qu'ils croyaient auparavant [1]. » (*Rép.*, VII.)

Un autre point relatif à tout le système d'éducation, à la fois par les *sciences* et par les *lettres*, concerne le nombre ou la

---

[1]. L'éducation ancienne n'était pas dans les mêmes conditions que l'éducation moderne, surtout contemporaine. Le jeune homme dont l'esprit avait reçu une culture intellectuelle à peu près complète, mais fort simple, par les arts, la poésie, etc., restait libre. Platon, neuf ou dix ans, a écouté Socrate; Aristote vingt ans Platon. Chez nous, le jeune homme entend parler d'Aristote, de Descartes avant seize ans, avant de passer ses examens, conquérir ses diplômes. Raison de plus pour que le maître chargé d'enseigner la philosophie ne se croie pas obligé d'exposer simplement les doctrines et d'aiguiser l'esprit de ses élèves en discutant le pour et le contre sans lui-même bien clairement conclure sur d'aussi grands sujets.

multiplicité des connaissances auxquelles le jeune homme doit être initié et qui lui sont enseignées. Ce que Platon dit à ce sujet de ce qu'il nomme la *polymathie* et la *polyempirie* ne mérite pas moins d'être médité.

La manie du savoir universel, on le sait, introduite par les sophistes, avait produit de fâcheux résultats, bien que ce fût un progrès réel d'élargir le cercle jusqu'alors trop restreint des matières et des exercices de l'éducation publique des jeunes Athéniens. Les sophistes enseignaient toutes les sciences et se vantaient d'être habiles dans tous les arts (Plat., 1er *Hippias*). Un savoir encyclopédique mais superficiel, une espèce d'omniscience étaient devenus à la mode. Platon, après Socrate, s'élève avec force contre ce système (*Protag.*), cette prétention à tout savoir qui conduit à ne rien savoir et rend incapable de rien apprendre véritablement.

Partout, comme Socrate, il raille impitoyablement cette méthode qui, en somme, n'apprend rien, remplit l'esprit et ne l'exerce pas, l'accable et l'énerve au lieu de le fortifier; qui, loin d'exciter sa curiosité et le désir de pénétrer plus avant, de l'engager à apprendre par lui-même, le dégoûte, le rend vaniteux, bavard et frivole, peuple le monde de rhéteurs et de sophistes. Selon Socrate un tel savoir n'est que l'ignorance et la pire de toutes, celle qui consiste à croire que l'on sait quand on ne sait pas, qui emplit la mémoire, laisse l'esprit vide et qui, pis est, incapable de rien comprendre et de trouver par soi-même.

Les deux philosophes, le maître et le disciple, sont implacables contre une telle éducation.

Il y a ici, en effet, deux choses à considérer : 1° la nature des matières que l'on apprend; 2° la manière dont on les apprend, qui mène à ne rien savoir quand on croit tout savoir. Platon cherche à prémunir la jeunesse contre ce double danger.

A ce faux savoir, il n'hésite pas à préférer l'ignorance. « L'ignorance absolue n'est pas le plus grand des maux ni le plus à redouter; une vaste étendue de connaissances mal digérées est quelque chose de bien pire [1]. »

---

1. Οὐδαμοῦ γὰρ δεινὸν οὐδὲ σφοδρὸν ἀπειρία τῶν πάντων, οὐδὲ μέγιστον κακόν.

L'éducation des femmes. — Il n'y a qu'une chose à en dire, c'est que Platon ne s'en est pas occupé, si ce n'est sur ce qui touche au principe. Et cela est aisé à comprendre.

On le sait, dans sa *République* (liv. V), les femmes sont assimilées aux hommes. C'est à la fois une erreur et une vérité. C'est une grande vérité en ce sens que le philosophe y proclame l'identité de nature de la femme; une erreur en ce qu'il méconnaît les différences. Il lui assigne le même rôle et les mêmes fonctions dans l'Etat. La femme donc est soumise aux mêmes exercices, parce qu'elle a les mêmes facultés, quoiqu'à un degré moindre. L'éducation physique doit être la même : la gymnastique, la course, faire des armes, etc. Il n'est pas dit qu'elle doive cultiver de même son esprit, se livrer aux arts, aux sciences, etc. Mais cela est implicite.

Ayant les mêmes aptitudes, soumise aux mêmes devoirs, elle a les mêmes droits. L'éducation doit donc être commune. Le philosophe ne s'explique pas. La logique l'y conduit. Il y a donc ici une lacune dans le système. Aristote ne manque pas de la relever (*Polit.*, VI). Toutefois, comme on le fait remarquer (Tennemann), on doit savoir gré à Platon de deux choses : 1° c'est que la femme, avant lui négligée, entre en partage avec l'homme des droits de la nature humaine non seulement au physique mais au moral, ce qui est nouveau et un grand pas dans les républiques grecques; 2° en ce qui concerne l'éducation intellectuelle, on ne doit pas oublier que Platon déclare la femme inférieure à l'homme seulement en degré; elle a les mêmes facultés. Ce qui prouve qu'il est loin de la dédaigner, même en ce qui regarde la science la plus élevée, la philosophie, c'est que des femmes (Lasthénie, Axiothée) suivaient ses leçons (*supra*, 12).

ἀλλ'ἡ πολυεμπειρία καὶ πολυμαθία μετὰ κακῆς ἀγωγῆς γίγνεται, πολὺ τούτων μείζων ζημία. (*Lois*, VII, 819, A).

CHAPITRE II

ESTHÉTIQUE

DU BEAU, DE L'ART ET DE LA POÉSIE, ETC.

Platon fondateur de la science du beau. — I. Du beau, partie critique, fausses définitions : l'utile, la convenance, le bien, l'agréable, etc. — Partie théorique. — Définition du beau attribuée à Platon : splendeur du bien, du vrai. En quoi elle lui appartient. — Autres définitions : l'ordre, la proportion, etc. Du laid. — Les formes du beau; gradation de ces formes, la beauté absolue ou divine. — Appréciation : mérites et défauts de cette théorie. — II. L'art et les arts. — Idée de l'art en général. — Les arts. — Division des arts. — L'art comme art du beau, absent du système. — L'art divin et l'art humain. — Autre division : arts sérieux et arts d'agrément ou arts imitatifs. — Le principe de l'imitation dans l'art; comment l'entend Platon. — Contradiction apparente. — III. De la poésie en général. — La poésie comme art imitatif, sa définition. — La condamnation des poètes dans la *République*. — Les arguments que fait valoir Platon. — Ses restrictions. — IV. Les genres de poésie. — Poésie épique et dramatique. — La tragédie et la comédie. — Définition du ridicule. — Poésie lyrique ou dithyrambique, gnomique, etc. — Quelques mots des autres arts, en particulier de la musique et de la danse. — Conclusion.

On ne peut, sans injustice [1], contester à Platon le mérite d'avoir été, dans l'antiquité, le fondateur de cette science, la science du beau, qui, détachée seulement depuis un siècle du faisceau des sciences philosophiques, sous le nom d'esthétique, occupe aujourd'hui une place distincte et indépendante dans le cadre de la philosophie contemporaine. C'est dans ses écrits qu'apparaissent, pour la première fois, philosophiquement traitées, ces importantes et délicates questions

---

1. Dans son *Hist. de l'esthétique* (Krit. Gesch. der Æsth.) dont nous reconnaissons volontiers les mérites, M. Max Schasler a eu le tort de contester ce titre à Platon, comme de rabaisser la valeur de l'esthétique platonicienne.

de la nature du beau, de ses formes ou espèces, des sentiments qu'il excite dans l'âme, du principe qui en est la source première, etc. Les noms seuls de beauté idéale et d'amour platonique (*supra*) rappellent ses titres avec le caractère de sa philosophie.

Cette région, que l'art grec avait peuplée de ses chefs-d'œuvre, que la poésie, douée d'un génie égal, avait enrichie de ses immortelles créations, restait jusqu'ici à peu près étrangère à la spéculation, oubliée, sinon dédaignée des philosophes. Socrate, il est vrai, qui avait été artiste lui-même, avant d'être philosophe, y avait hasardé quelques pas. Encore était-ce en moraliste surtout et selon sa méthode, plutôt propre à éveiller la curiosité sur ces questions et à engager les autres à chercher la vérité qu'à l'enseigner soi-même et à la formuler. (*Phil. anc.*, 162.)

Il avait, en questionnant les artistes, essayé de leur expliquer le sens principal de leurs œuvres, qui devait être, selon lui, l'expression de la vérité morale. (*Mém.*, III, IV.) Mais ses aperçus isolés, sans liaison ni valeur théorique, avaient tout au plus indiqué la voie. Ce que, sur ce sujet, avaient dit les rhéteurs et les sophistes, se réduisait à quelques brillants discours, où se reflétait le sensualisme sceptique et superficiel de leur doctrine. (*Hippias*.) Les autres écoles étaient restées à peu près indifférentes.

Platon, disons-nous, est le premier philosophe qui, d'une façon méthodique et raisonnée, ait abordé, dans ses dialogues, le problème ardu et difficile du beau, et ait cherché à en déterminer l'idée. Le premier aussi, il a décrit les faits qui s'y rattachent, l'amour, l'enthousiasme, l'inspiration poétique, etc. S'il est difficile de souscrire en tout à ses jugements, sur l'art et sur la poésie, la manière dont il les conçoit n'a pas moins un haut intérêt en soi et en rapport avec les autres parties de sa philosophie. Platon d'ailleurs, si grand artiste et poète lui-même, ne pouvait, en traitant en philosophe ces sujets, ne pas laisser une trace profonde de son génie. L'influence qu'il a exercée, de tout temps, sur les plus grands artistes, comme sur les meilleurs théoriciens de l'art, suffirait pour attirer l'attention de l'historien sur cette portion de sa doctrine, d'autant plus que beaucoup d'éminents esprits encore aujourd'hui n'en connaissent et n'en professent pas d'autre, du moins en ce qui en est le principe, où se bornent à la modifier.

En terminant ainsi cet exposé de la philosophie platonicienne, nous avons à nous arrêter sur les points principaux : 1° la théorie du beau ; 2° celle de l'art et des arts en général; 3° celle de la poésie en particulier et de ses genres ; 4° quelques mots des autres arts devront s'y ajouter. La théorie de l'art oratoire mérite une place à part et formera le complément.

I. DU BEAU. CRITIQUE. — Plusieurs définitions, avant Platon, avaient été données du beau, les unes de sens commun, les autres superficielles ou fausses, par les sophistes (*Phil. anc.*, 95).

Sans approfondir ce sujet, Socrate avait émis son opinion qu'il est malaisé de préciser, et non exempte de confusion (*Xénoph.*, *Mém.*, *Socr.*, III, 8, IV, 6; (*ibid.*). Le problème, chez Platon, se pose plus clairement et prend une tout autre importance.

Soumis à la discussion, la dialectique l'envisage d'abord par sa face négative. C'est le sujet du 1ᵉʳ *Hippias*, dialogue platonicien, s'il n'est de Platon. Là, sont successivement examinées et réfutées les définitions alors généralement admises des esprits cultivés. Socrate démontre contre le sophiste : 1° que le beau (son idée) n'est pas la même chose que les choses *belles*, ce qui n'est pas le définir; 2° qu'il n'est pas la *convenance*; 3° qu'il n'est pas l'*utile*; 4° qu'il n'est pas même le *bien*, dont il diffère au moins comme l'effet de sa cause; 5° on ne saurait surtout le confondre avec l'*agréable*, ce qui est la définition des sophistes. Ses raisons quelquefois un peu subtiles, mais non sans vérité ni sagacité, ne peuvent être ici reproduites. Sans nous y arrêter, nous ferons remarquer un changement dans le problème, qui en marque le progrès. Plusieurs des définitions de Socrate (*Mém.*, IV), entre autres celles du beau, comme identique au bien, y sont contredites. Ce qui s'expliquera plus loin par la subordination de l'un à l'autre, le beau n'étant que l'effet, par rapport au bien, qui est sa cause.

De la partie critique si, passant à la partie théorique, on se demande ce qu'est le beau en lui-même, c'est ailleurs, dans les grands dialogues, le *Phèdre*, le *Banquet*, le *Philèbe*, le *Phédon*, qu'il faut chercher la pensée du philosophe.

En réalité, Platon s'abstient de le définir. Le beau, pour lui, comme le bien, comme le vrai, en réalité échappe à la définition. Le beau, c'est l'*idée* ou une des faces de l'idée. Or, l'idée objet de la raison se conçoit, elle ne se définit pas. Il en est ainsi de toutes les idées supérieures ou les plus générales, qui, servant à définir les autres, elles-mêmes ne se définissent pas. Si chacune, dans sa spécialité, a un attribut qui la distingue, cet attribut qui a sa valeur réelle ou n'est qu'accessoire n'atteint pas l'essence. Toutes étant au fond identiques, l'élément différentiel qui les caractérise ne va pas jusqu'à altérer leur identité.

Voilà pourquoi Platon répugne à définir le beau.

Mais, si l'on ne trouve pas dans ses écrits une véritable définition du beau, sa pensée peut être assez clairement exprimée, d'accord avec toute sa doctrine, pour que ses successeurs aient cru pouvoir la dégager et la formuler. De là la définition célèbre qui lui est attribuée, que la plupart des auteurs anciens et modernes ont, tour à tour, reproduite avec quelques variantes : « Le beau, c'est la splendeur du bien ou du vrai », *splendor bonitatis aut veritatis*. D'autres (saint Augustin) disent : *splendor ordinis*. Le premier terme est le bien, ou le vrai, ou l'ordre; le second, l'éclat, la splendeur, caractérise le beau et le distingue.

Bien qu'elle ne soit pas textuellement dans Platon, cette définition, selon nous, est tout à fait platonicienne et l'on a tort de la contester.

Le mot, sans doute, n'est pas de Platon; on le chercherait vainement dans ses écrits; mais il traduit parfaitement sa pensée. Si d'ailleurs le substantif n'y est pas, le verbe y est partout répété. Il l'est avec les épithètes qui à l'acte ajoutant la qualité ou propriété, attribut du sujet, le qualifient. La beauté brillait, ἔλαμπεν, parmi les autres essences (*Phèdre*, 250, B), κάλλος δὲ τότ' ἦν ἰδεῖν λαμπρόν (*ibid.*). Le beau, c'est de l'idée l'éclatante image, ἑαυτῆς ἐναργὲς εἴδωλον (*ibid.*, D). Le beau est le plus manifeste des êtres, ἐκφανέστατον (*ibid.*).

Tombée en ce monde (la beauté), nous l'avons reconnue par le plus lumineux de nos sens. La vue est, en effet, le plus subtil des organes du corps (*Rép.*, VI).

On ne peut donc douter que cette définition attribuée à Platon ne soit en réalité la sienne. De plus, le beau a la propriété d'être souverainement aimable, ἐρασμιώτατον (*Phèdre*). « L'amour (*Banquet*) suit toujours la beauté. »

Il y a cependant une remarque à faire. Le vrai, le beau, le bien sont identiques; mais si on les distingue, l'antériorité et la supériorité appartiennent au bien. Le bien, n'est-ce pas l'idée suprême? N'est-il pas dit du bien qu'il est le père du beau? Celui-ci n'est que l'effet; le bien est la cause, le beau un de ses attributs. Mais la différence n'altère pas l'essence et l'identité subsiste (*Rép.*, VI). C'est ce que le sophiste (*Hippias*, *supra*) n'a pas compris, ce qu'il est à regretter que d'autres n'aient pas su mieux comprendre.

D'autres définitions du beau dans Platon s'ajoutent à la première, dont il est aisé de se rendre compte toujours selon le système.

Dès que l'idée descend de sa sphère idéale pour apparaître dans le monde sensible, elle y introduit l'*ordre*, l'*harmonie* (*supra*). Le beau alors s'y manifeste par ces caractères; il devient lui-même l'ordre, la mesure, la proportion, l'harmonie; sa définition alors est possible quoique le caractère scientifique puisse lui être refusé.

Le beau naît lorsque la mesure et la symétrie que renferme en soi l'idée se communiquant à la multiplicité, l'ordonnent et la régularisent. Le déterminé, τὸ πέρας, entre dans l'indéterminé, τὸ ἄπειρον, lequel est aussi le déréglé, τὸ ἀμέτρον; il le rend par là même harmonique, τὸἅρμοττον. (*Polit.*, IV, 144. Cf. *Philèbe*, 64, 65.)

Seulement, si tout cela est vrai du beau, cela se dit aussi du vrai, du bien, du juste, etc.

La définition est celle-ci : μετριότης καὶ συμμετρία κάλλος; « le beau est la *mesure* et la *symétrie* » (*Philèbe*, 65). « Tout ce qui est bien est beau, et tout ce qui est beau n'est jamais sans mesure : πᾶν δὴ τὸ ἀγαθὸν κάλον, τὸ δε κάλον οὐκ ἀμέτρον[1]. »

---

[1]. Κάλλει καὶ ξυμμετρίᾳ καὶ ἀληθείᾳ. (*Rép.*, 588.)

A côté de ces définitions, on en trouverait d'autres qui s'y ramènent également, conformes au système. Ainsi, toutes les choses que nous appelons belles se composent de deux termes opposés, mais qui s'accordent : ὅσα κάλα παντὰ, sont les idées de choses contraires, πρὸς ἀλληλα τἀναντία (*Philèbe*, 25). De cette opposition, ramenée à l'unité, naissent l'ordre et la proportion. Leur fusion harmonique engendre le beau, auquel préside l'âme royale de Jupiter, amie de l'ordre. (*Polit.*, 306.)

La définition du laid, αἰσχρὸς συνειδές, fait la contre-partie. Le *laid*, c'est le défaut de mesure ou de proportion, la difformité ; ἀλλ' αἶσχος ἀλλὸ τὶ πλὴν τῆς ἀμετρίας πανταχοῦ συνειδός ὂν γένος (*Soph.*, 357).

Ainsi, la mesure introduite en chaque chose (*splendor ordinis*) et dans le tout comme reflet ou manifestation de l'idée, voilà le beau ; sa présence, imitation ou participation, est le beau ou rend les choses belles, etc. Celle-ci elle-même, la mesure, conçue dans son principe générateur, en est l'effet. Le bien est sa cause ; il est le père ou la cause génératrice du beau, appelée ici, l'âme royale. — Tel est le principe, la base ou le centre de toute l'esthétique platonicienne.

D'autres définitions ont été données depuis par divers auteurs anciens ou modernes qui peuvent être considérées comme des variantes de celles qui précèdent.

Dire que le beau, c'est l'unité dans la variété, ou la variété dans l'unité (saint Augustin), n'est-ce pas user presque de synonymes ? Aristote définit la symétrie : ce qui est un, ou ce qui met l'unité là où elle n'est pas : ὅτι τὸ σύμμετρον ἐστιν ἕν, καὶ ἡ συμμετρία, ὅτι τὸ μάλιστα ἕν ποιεῖ (*Problèmes*, XVI). L'idée est la même. Pour lui, ce beau, qui apparaît partout dans la nature, dans la vie humaine, et aussi dans l'art, etc., est ce juste milieu, μέτρον, μετριότης, qu'il prend pour règle ou mesure dans la morale (*Eth. Nic.*, II, VI), et dans sa Politique (IV, IV). Son esthétique n'a pas d'autre principe. Lui aussi, s'il essaie de distinguer le beau du bien, comme étant dans l'immobilité du nombre, ἐν ἀκινήτοις, n'a pas d'autre manière de le définir : l'ordre dans la grandeur, τάξις ἐν μεγέθει. (*Poét.*, VII.)

L'un et l'autre philosophe sont donc d'accord sur ce

principe. Platon, lui aussi, l'étend à tout : aux arts, et aux sciences, aux lois, aux paroles; il régit tous les arts πάσας τέχνας [1].

La théorie de Platon ne fait, dira-t-on, que reproduire ce que l'esprit grec avant lui avait trouvé et mieux encore réalisé et rendu visible dans ses œuvres. — Sans doute; mais parler ainsi c'est confondre l'art et ses œuvres avec la science qui en fait la théorie. Elle seule en donne la formule. Celle-ci vient d'un système, et elle est pour l'esprit lui-même un progrès. Elle fait passer la notion concrète, inspirée, c'est-à-dire encore inconsciente, à l'état de connaissance abstraite, réfléchie, consciente d'elle-même et raisonnée. Par là est révélée à l'art lui-même la conscience de ses œuvres, que sans cela il n'aurait jamais eue. Ce que l'art agissant plus ou moins spontanément avait conçu, créé, exécuté d'inspiration, la raison spéculative le conçoit rationnellement et l'explique de même. Elle dégage l'idée plus ou moins liée à la forme sensible dans l'œuvre d'imagination dont elle ne peut se séparer. Ainsi en est-il ici de l'art grec, et du philosophe grec qui, mis en face de ses œuvres et cherchant à les expliquer, en donne la formule. Adéquate ou non elle est et restera pour cet art et pour tout art un critérium de ses œuvres; et cela pour la postérité entière qui n'en a pas encore trouvé de meilleure.

Ceci est la tâche de la philosophie et du philosophe. Platon le premier l'a remplie. De plus, le principe trouvé, il y a rattaché les faits qui en dérivent. Ce qui lui manque, on le verra plus loin. Mais ainsi se fait la théorie. Là est l'originalité, la nouveauté et le progrès qui ne sauraient être niés et avec Platon ici se réalisent.

Platon ne se borne pas à définir le beau, il en décrit aussi les effets. Le côté subjectif répond chez lui, comme on dit, à l'objectif. C'est la partie psychologique. Son analyse porte : 1° sur les faits sensibles qu'engendre dans l'âme la perception du beau; 2° sur le fait principal qui les domine et en est le principe : l'*amour* déjà décrit; 3° l'acte intellectuel par

---

[1]. Voy. notre livre l'*Esthétique d'Aristote et de ses successeurs*, p. 11 et suiv.

lequel le beau est saisi ou perçu n'est pas oublié et est aussi clairement indiqué.

Quelques mots suffiront à déterminer ces effets.

1° En présence de la beauté, cela a été dit déjà à propos de l'amour (p. 192), l'âme ne reste pas passive ni indifférente. Elle est émue, elle frémit ou tressaille (*Phèdre*). Elle éprouve un plaisir, une jouissance d'une nature particulière, plus ou moins pure (*Philèbe*). Une sorte de délire, μανία, ou d'enthousiasme s'empare d'elle et la transporte (*Phèdre*), qui n'est ni le délire ordinaire de la folie, ni celui des initiés, etc.

2° Un désir particulier y succède, désir d'union ou de possession, qui est l'amour (ἔρως) et qui a été plus haut étudié et expliqué (*supra*).

3° Quant au fait intellectuel, il suffit aussi de le rappeler. Ce n'est pas par un acte de raisonnement mais d'intuition que le beau comme le bien se perçoit. Les termes ici sont significatifs pour l'exprimer, ὄψιν τέ καί θέαν (*Phèdre*, 250). Le beau se voit, se contemple. Il se voit non par l'œil du corps qui, même pour la beauté sensible, ne sert que d'intermédiaire. Les sens ne saisissent toujours dans les objets visibles où la beauté nous apparaît, que le côté extérieur, non l'idée elle-même. L'ordre ou la symétrie eux-mêmes ne sont toujours qu'un reflet de la beauté réelle, invisible ou intelligible. Il suffit de renvoyer ici à la théorie de la connaissance, à celle de la réminiscence et de l'amour (*supra*).

Des formes du beau ou de ses espèces. — Nous n'aurions encore ici qu'à rappeler ce qui a été dit à propos de l'amour (p. 205). Dans Platon il ne faut pas s'attendre à les voir longuement décrites et en détail. Selon l'esprit de sa doctrine, il se borne à les indiquer. Il les reconnaît néanmoins et il énumère les principales.

Le rang et l'importance qu'il assigne à chacune de ces formes n'a rien d'exact et de scientifique. Le rapport avec le principe est ce qui le préoccupe. Et en effet, quelles que soient la variété et la multiplicité de ces formes, le beau qui y apparaît n'est toujours le beau que par sa participation à l'idée absolue qui est le beau en soi, le τὸ καλὸν αὐτὸ κατ' αὐτὸ (*Phèdre*). Les beautés d'ici-bas ne sont que des beautés imparfaites, reflet plus ou moins éloigné de la beauté véritable ou invisible. Elles en sont les copies ou des images de cette beauté parfaite (*Banquet*).

La présence seule de cette idée peut rendre les objets beaux. Platon insiste sur ce point et y revient sans cesse.

L'*échelle* du beau ou la gradation ascensionnelle de ces formes, a été également marquée avec précision plus haut, à propos de l'amour (p. 201-206), dans le *Banquet*, par la manière dont l'esprit s'élève des degrés inférieurs à la beauté absolue. 1° Au premier degré, a-t-on dit, est la beauté physique ou corporelle d'abord individuelle, puis générale, la généralité étant le signe de l'idéalité ; 2° au degré supérieur se place la beauté de l'âme ou spirituelle, beauté plus vraie et plus précieuse que celle des corps ; 3° au troisième degré est la beauté morale proprement dite, celle des actions et des lois ; 4° à un degré encore plus élevé, est la beauté des sciences. C'est la beauté intellectuelle non des sciences particulières, mais de celle qui les comprend toutes, la philosophie, inséparable de la sagesse ou de la vertu la plus haute. Arrivé à ce terme il n'y a plus pour l'esprit qu'à s'élever dans la région de l'intelligible, celle où habite la beauté absolue que seule la raison peut contempler.

« Lancé dans l'océan de la beauté, l'esprit affermi et agrandi par cette sublime contemplation n'aperçoit plus qu'une science, celle du beau. » (*Supra*, 202.)

On reconnaît ici la méthode platonicienne, cette méthode, « le droit chemin de l'amour », comme Platon la nomme, et qui est de commencer par les beautés d'ici-bas pour s'élever jusqu'à la beauté suprême en passant par tous les degrés de l'échelle du beau, « d'un seul beau corps à deux, de deux à tous les autres, des beaux corps aux belles occupations, des belles occupations aux belles sciences, jusqu'à ce que de sciences en sciences on parvienne à la science par excellence, qui n'est autre que celle du beau lui-même, et qu'on finisse par le connaître tel qu'il est. » (*Banquet, sup.*, 205.)

Avant d'aller plus loin, nous ferons quelques remarques

sur ce qui est ici la base de toute l'esthétique platonicienne.

Cette base c'est la définition du beau. Le beau y est donné comme simple attribut du bien, ou du vrai, mais avant tout du bien, l'idée suprême. Le bien est le premier terme de la définition. L'éclat, la splendeur est le second terme. Qu'est-il et que vaut-il? Aux yeux de Platon il est simplement accessoire, nullement essentiel. Le beau c'est le bien, ou il rentre dans le bien; comme le bien lui-même est le vrai, comme il est le saint, le juste, etc. Les trois idées du *beau*, du *bien*, du *vrai* sont identiques. Cette trinité métaphysique, depuis Platon, s'est maintenue dans toutes les écoles idéalistes anciennes et modernes.

On ne peut, sans doute, en nier la vérité. Le vrai, le bien, le beau au fond sont identiques. Elles le sont substantiellement dans le principe dont elles émanent. Toutefois, la science n'a pu s'y arrêter; car, si l'unité est réelle, la différence subsiste; et elle aussi est essentielle. L'effort de la science moderne a été de l'établir et de démontrer en quoi les trois idées diffèrent, tout en conservant leur commune origine et leur identité.

Le résultat qu'il suffit d'énoncer, c'est que la caractéristique du beau précisément réside dans le second terme que subordonne trop ou qu'efface l'idéalisme platonicien. Ce second terme, essentiel au beau, idée complexe, c'est ce qui, de différents noms, s'est appelé depuis : la *forme*, l'apparence visible ou la manifestation sensible, ou encore l'activité déterminée, le développement, le déploiement harmonieux de la force, etc. Le beau consiste dans *l'accord*, la fusion harmonieuse de *l'idée* et de la *forme*, de la forme à travers laquelle reluit ou resplendit l'idée. Cet élément concret de l'apparence, visible à l'œil de l'esprit ou du corps est ce que Platon a négligé et avec lui depuis toute l'école idéaliste qui relève de lui. C'est le grand reproche qui lui est adressé et il n'est que trop fondé[1]. Or, ce point est capital. Toute la théorie platonicienne de l'art en dérive. Elle en est comme le corollaire. On en verra aussi plus loin les conséquences.

[1]. Kant, Schiller, Schelling, Solger, Hegel.

La seconde définition, elle-même issue de la première, bien qu'elle se soutienne mieux, n'échappe pas tout à fait à la critique. L'ordre, la mesure, la proportion, etc., restent comme caractères généraux essentiels du beau, applicables à toutes les formes de la beauté. Ils se retrouvent à tous les degrés de l'échelle ou doivent s'y retrouver.

Mais c'est seulement aux premiers degrés, aux degrés inférieurs, là où la forme domine, ou est la principale, qu'ils ont toute leur importance. A mesure qu'on s'élève dans l'échelle du beau, sans perdre celle-ci, ils se subordonnent à d'autres qui ont une valeur prépondérante, savoir : la vie, l'esprit, l'âme, les idées, avec leur contenu, leur déploiement, les sentiments et les actes, les luttes et les péripéties, les conflits, la passion, ses violences, ses déchaînements, les malheurs qu'elle occasionne, tout ce qui est vraiment le fond de l'œuvre d'art. L'*unité*, l'harmonie, la proportion, l'*ordre*, latents ou visibles, doivent s'y retrouver, comme loi essentielle de l'art; mais leur rôle est accessoire et secondaire : celui de condition; essentielle mais comme condition. Autrement la forme elle-même paraît vide et l'est réellement; elle est peu intéressante et froide. C'est le vice de l'idéalisme abstrait, le grand reproche fait au classique de seconde main, au faux classique, qui n'est pas le classique véritable. — Mais nous devons couper court à ces remarques.

Quoi qu'il en soit, la théorie platonicienne du beau, placée au début de la science, et comme formule spécialement de l'art grec, n'en conserve pas moins sa haute valeur; mais elle est trop étroite : 1° elle fournit le premier terme qui est l'idée; elle laisse le second à un rang trop effacé; 2° dans la seconde définition (l'ordre), le terme qui représente l'activité, la vie, le mouvement devient une abstraction pure sans vitalité.

Les hautes puissances de l'âme et de l'esprit, dont elle doit régler le mouvement, sont absentes. Ce qui suit sur l'art et la poésie le rendra plus évident.

II. L'ART, τέχνη ποίησις, est la puissance qu'a une cause de produire ou de créer, ποιεῖν, une chose qui n'existait pas (*Soph.*,

265, B); c'est de faire passer du non-être à l'être ce qui n'était pas. (*Banquet.* Cf. Arist., *Mét.*, VI; *Éth. Nic.*, VI, IV.)

Cette définition qui s'applique à toutes les formes de l'art, aux arts vulgaires, mercenaires comme aux arts *libéraux*, ne peut être contestée; mais, pour nous, est trop générale. La condition expresse est d'agir d'après une règle. L'artiste, τεχνίτης, l'ouvrier, δημιουργός, le poète, ποιητής, le producteur d'une œuvre quelconque, agit selon une règle, qui le conduit et dirige ses actes. Tout exercice pratique aussi bien que la poésie est un art. Les sciences elles-mêmes sont des arts et la philosophie, à ce titre, est appelée le plus grand des arts. (*Phédon.*)

A l'art s'oppose la *routine*, ἐμπειρία, τριβή, dénuée de toute règle, aveugle, livrée au hasard. (*Phèdre*, 276; *Philèbe*, 56, 62.)

Cette définition ne nous dit pas ce qu'est l'art proprement dit et cela se conçoit aisément. Le beau, dans Platon, n'étant pas en réalité distinct du bien, du vrai, du saint, du juste, etc., on ne doit pas s'étonner qu'il n'y ait pas, pour lui, d'art du *beau*, ni une catégorie particulière des arts qui s'appellent ou doivent s'appeler les *beaux arts*. Il en est ainsi, du reste, dans toute l'antiquité où les trois idées également se confondent et leur domaine propre n'est ni délimité ni séparé. Les beaux-arts, ce sont les *arts libéraux*; la science en fait partie, etc. Les beaux-arts proprement dits sont des arts d'*imitation* ou d'*agrément*.

Chez Platon, l'art est soumis à la morale ou lui est identique. Il en est de même de la politique où le juste est aussi le beau. Elle aussi a pour objet de réaliser une œuvre d'art. La plus belle des œuvres d'art sera l'État bien ordonné, gouverné selon les règles de la justice (*supra*, Lois).

Les arts. — Une *division exacte* et systématique des arts ne se trouve pas non plus dans Platon. C'est le propre de l'idéalisme d'effacer les différences ou de n'y accorder qu'une importance secondaire (*supra*). La distinction des arts utiles et agréables elle-même n'a rien de fixe. Le but moral seul partout se maintient; lui seul marque la différence entre les arts, la distance qui les sépare. Il en mesure la valeur selon qu'ils s'en rapprochent ou s'en éloignent. Nulle part n'est établie, on a dit pourquoi, la différence précise des arts et des sciences, des arts utiles ou serviles et des arts libéraux, encore moins des beaux-arts.

La seule distinction réelle, mais capitale, est celle de l'art *divin* et de l'art *humain* : δυὸ μέρη, τὸ μὲν θεῖον τὸ δ'ἀνθρώπινον (*Soph.*, 265, B).

Sur elle il convient d'insister : L'art divin est celui qui travaillant directement sur un modèle éternel produit des œuvres réelles et semblables autant que possible au modèle[1]. Dieu en ce sens est le premier, le véritable artiste. Le monde, κόσμος, œuvre divine, pleine d'harmonie, est appelé la plus belle des œuvres et c'est par ces mots que finit le *Timée* : μέγιστος καὶ ἄριστος κάλλιστός τε εἰς οὐρανός. (*Timée*, 91.)

L'art humain, imitateur de l'art divin, lui-même est double. Ou il crée des œuvres réelles, utiles, ou bonnes (l'ouvrier, le savant, l'architecte, etc.); il en est de même du savant, du moraliste et de l'homme d'État. Ou il se borne à représenter des images de la réalité, comme le peintre, le musicien, le poète. Il crée des simulacres du réel (*Sophiste*).

On le voit, c'est l'idéal abstrait, l'idéal moral, qui fournit en tout le modèle. Ceci est capital si l'on veut comprendre Platon et la théorie platonicienne de l'art.

Il en résulte, comme premier corollaire, que l'art humain lui-même est double. Il y a l'art sérieux, celui qui vise au bien ou à l'utile; il a pour but l'amélioration des âmes; c'est l'art moral. Il y a l'art non sérieux plus ou moins frivole, qui ne vise qu'à l'agréable. Son but unique est le plaisir, art trompeur, souvent corrupteur, qui n'a pour fin que d'amuser et dont le moyen est l'imitation du réel.

Or, l'art vrai (art humain) est celui qui, imitation de l'art divin, s'efforce de réaliser le modèle éternel, l'idée divine. Cette idée est, on le sait, l'idée du bien, le bien que la raison conçoit comme l'idée suprême. Cet art, art sérieux, art moral,

---

[1]. « L'artiste qui, l'œil fixé sur l'être immuable et se servant d'un pareil modèle, en reproduit l'idée et la vertu, ne peut manquer d'enfanter un tout d'une beauté achevée, tandis que l'œil fixé sur le modèle périssable ne fera rien de beau. »

n'est pas un art spécial. C'est l'idée vraie de tout art. Le savant, le législateur, l'homme d'État, le magistrat, l'éducateur comme le poète, le sculpteur et le peintre, le musicien, sont à ce titre tous de vrais artistes.

Le philosophe surtout. Car la philosophie est le premier des arts, μέγιστη μουσική (*Phédon*).

L'objet est toujours de faire passer dans les mœurs, dans les lois, dans la société, comme dans l'individu, l'idée que la raison conçoit et dont le type est la raison divine, d'y réaliser ce modèle éternel. L'autre art, l'art humain encore, sinon tout à fait méprisable, mais non sérieux, le plus souvent frivole, est un simple jeu, παιδιά, un divertissement, un amusement, ou un ornement. Son modèle est la réalité sensible qu'il cherche à imiter plus ou moins habilement. Son principe est l'imitation, μίμησις, qui a pour effet l'illusion. Il forme une catégorie à part, celle des arts imitatifs.

A cet art appartient la poésie, du moins (car il faut s'entendre) la poésie imitative, celle en particulier qui, art imitateur par excellence, représente les actions et les passions humaines, la poésie épique et dramatique, dont Platon s'occupe presque exclusivement.

Avant d'examiner ce qu'il en dit, nous toucherons en passant à une question qui, pour nous, n'en est pas une, mais qui, souvent controversée, a besoin d'être élucidée.

Platon admet-il, oui ou non, l'*imitation*, en tout et partout, comme principe de l'art et de la poésie? Oui, disent les uns, et ils citent le dixième livre de la *République*. — Non, disent les autres, et ceux-ci s'appuient sur ce passage bien connu des *Lois* (II, 86) où Platon semble admettre et proclamer au contraire l'idéal dans l'art. Il a dit, en effet, à propos de la peinture, que le juge éclairé de ses œuvres doit connaître trois choses : 1° l'objet imité; 2° si l'imitation est exacte; 3° si elle est belle. — D'abord c'est mal traduire : il y a ὀρθῶς, qui désigne la convenance. Or qui ne voit qu'ici la justesse, si l'on veut la beauté, pour Platon, la vraie beauté, c'est la bonté morale. Le beau étant identique au bien y a aussi sa mesure. C'est pour cela qu'ayant à se prononcer sur l'art, en fait d'éducation, le législateur, qui l'admet, est pour lui si sévère dans les *Lois* comme dans la *République*. Ce qui fait rentrer le passage dans la théorie générale.

Platon n'est donc nullement en contradiction avec lui-même. Sa théorie reste celle de l'imitation. Mais ce que l'art doit imiter c'est l'idéal moral.

En fait, Platon admet que l'art humain, l'art des poètes (Sophocle, Euripide), comme on l'entend vulgairement, est essentiellement imitatif. Il se trompe; mais c'est sa théorie. Et c'est ce qui le rend si exclusif ou si sévère. C'est sur ce terrain qu'il se place pour combattre la poésie en particulier comme art imitatif par excellence. En principe, sans doute, il voudrait que l'art représentât l'idéal; mais pour lui, cet idéal, je le répète, est un idéal abstrait, ou c'est l'idéal moral, lequel, engendre un idéal également abstrait, privé de mouvement et de vie, immobile. Il est soumis aux règles les plus sévères que le législateur, c'est-à-dire le moraliste, lui impose. Toute l'argumentation contre les poètes (*Rép.* X), n'a pas d'autre sens.

Avant d'y arriver, il convient d'examiner quelle idée Platon se fait de la poésie elle-même comme art particulier parmi les autres arts.

III. De la poésie. — Platon, a-t-on dit, n'attache qu'une importance secondaire à la division des arts. Celle qui s'introduit dans le genre particulier des arts imitatifs ne semble pas en avoir une plus grande à ses yeux. Il les place à côté les uns des autres, sans essayer de les classer, ni indiquer les rapports de coordination qui en forment la hiérarchie. Les arts du dessin, la peinture et la sculpture, sont cités à propos de la poésie et de la musique, selon qu'il est besoin d'exemples à l'appui de ses jugements. Tous sont soumis à la règle sévère que leur impose le moraliste.

Il est pourtant des arts qui sont pour lui les principaux. Ce sont ceux qui, plus voisins de l'esprit, exercent sur l'âme le plus d'influence, la *Musique* et la *Poésie*. Ils ont la plus grande place dans l'Éducation.

La poésie surtout dont le moyen d'imitation est la parole exerce l'action la plus puissante sur les mœurs. La musique vient ensuite. Les arts figuratifs, la peinture, la sculpture, sont également mentionnés. Il est très peu question de l'architecture. Mais la danse, l'art chorégraphique, mêlé à la gymnastique, et qui joue un rôle si important dans les sociétés antiques, associé à toutes les cérémonies du culte, à l'art dramatique et même à la poésie lyrique, etc., devait appeler l'attention du législateur et du moraliste. (Voy. *Lois*, II.)

Tous ces arts et aussi les sciences, par le côté pratique, sont compris sous la dénomination commune de musique, μουσική, comme arts de l'esprit, soumis aux lois de l'harmonie et du nombre, inspirés par Apollon et les Muses. Ils sont opposés aux arts serviles. Ce sont les arts libéraux.

Ne pouvant suivre ici Platon dans ce qui est relatif, dans ses écrits, à chacun de ces arts, nous nous attacherons seulement à la poésie et au jugement célèbre porté au dixième livre de la *République*, adouci dans les *Lois*, II, VII.

Voyons d'abord ce qui est dit, comme art particulier, de la poésie.

Tout art, en un sens, selon la définition générale (*supra*), est poésie. Mais dans le genre, Platon distingue l'espèce, qui est la poésie proprement dite et qui lui mérite ce nom particulier. Ce n'est pas, on l'a dit p. 77, que Platon la méprise. Lui si grand poète en parle souvent avec éloge. Loin de là, il en vante poétiquement les charmes et en célèbre la puissance : « Ce n'est pas que je méprise les poètes, leur race entière, etc. Les poètes, race chérie du ciel, pleine d'enthousiasme, font quelquefois servir le langage des Grâces à célébrer des événements qui n'ont rien que de vrai, καθ'ἀλήθειαν. » (*Lois*.)

Ce qui fait à ses yeux son défaut, c'est que, d'après son système, l'imitation en est, comme de tout art, le principe : δῆλον ὅτι τὸ μιμητικὸν ἔθνος, et que ce qu'elle imite est le réel. A l'imitation elle mêle aussi la fiction. Ce qui la rend doublement dangereuse, c'est qu'elle est indifférente à l'erreur comme à la vérité, qu'elle ne donne que des apparences (μιμήματα).

Comme art d'imitation elle est assimilée à la peinture. Ce qui la distingue c'est le moyen qu'elle emploie, son instrument, la parole ou le discours, soumis aux lois du rythme et de l'harmonie. « De même que le peintre, le poète par une couche de mots et d'expressions figurées rend en quelque sorte la couleur des différents arts. » Elle est ainsi l'art universel, sans y entendre rien comme art imitateur. De sorte que la poésie semble contenir en elle tout ce que les autres arts expriment ou imitent, ou représentent. Cet art imite même les arts les plus éloignés : l'art militaire, les arts les plus humbles, l'art du tanneur, du cordonnier (*Rép.*, X).

« De sorte que pour ceux qui ne regardent qu'aux mots avec la mesure et l'harmonie de son langage, le poète semblera avoir parlé pertinemment, soit qu'il s'agisse de cordonnerie, de la conduite des armées ou de tout ce qu'on voudra. » (*Rép.*)

« Il ne produit pas moins son effet, tant il y a naturellement de prestige dans ses discours. » (*Rép.*, X.)

Pour résumer l'idée totale que Platon se fait de la poésie : 1° elle est un art d'imitation ; 2° elle imite par les paroles ; 3° son langage est figuré ; 4° soumis à la mesure et à l'harmonie ; 5° elle embrasse la vertu des autres arts ; 6° elle imite le vrai comme le faux, l'apparence. Elle crée l'illusion ou le prestige.

Elle emprunte beaucoup à la musique. Le lien des arts n'est pas moins fortement marqué. « Au reste, tu sais, je pense, quelle figure font les vers dépouillés du coloris musical, réduits à eux-mêmes. N'en est-il pas comme de ces visages qui n'ont d'autre beauté qu'une certaine fleur de jeunesse ? Lorsque cette fleur est passée, etc. » Platon reconnaît aussi dans le poète un être inspiré. Il parle lui-même de l'inspiration en poète (*Phédon, Ion*). Mais le reproche principal qu'il fait à la poésie c'est de tout imiter, d'être un simple écho, de dire le pour et le contre et de se contredire.

« Quand le poète est assis sur le trépied des Muses, il n'est plus maître de lui-même. Semblable à une fontaine, il laisse couler tout ce qui se présente. Son art n'étant qu'une imitation, lorsqu'il peint les hommes dans des situations opposées, est souvent obligé de dire le contraire de ce qu'il a dit, sans savoir de quel côté est la vérité, ἐναντίως ἐναντία λέγειν. » (*Lois*, IV.)

Ce reproche comprend en principe tout ce qui est dit contre

la poésie, surtout la poésie dramatique qui, pour Platon, est une simple imitation des actions ou des passions humaines.

Cette condamnation des poètes est trop célèbre pour qu'il ne soit pas nécessaire dans cet exposé d'y insister.

La condamnation des poètes. — Dans le dixième livre de la *République*, Platon, on le sait, institue une argumentation en règle contre la poésie qui, pour lui, est surtout la poésie *dramatique*. Sa thèse, qu'ont reproduite tous les adversaires du théâtre, les Pères de l'Eglise, Bossuet, Rousseau, peut se résumer en trois arguments principaux : 1º de la nature même de la poésie comme art imitatif; 2º de la faculté à laquelle s'adresse surtout le spectacle, la *sensibilité*; 3º de la sympathie qu'excitent en nous les personnages, la vue de leurs malheurs même futiles ou des ridicules que la comédie nous représente.

1º Il en est de la *tragédie* comme de la peinture et de tout art imitateur. Ce qu'elle imite, c'est le réel; mais le réel, ce sont de simples apparences propres à faire illusion. Le vrai, dans la nature et dans l'art, c'est l'idée, le modèle présent à la pensée de l'artiste. Pour Dieu, l'artiste divin, c'est le modèle éternel dont la réalité visible n'est que l'image. Il s'ensuit que le poète, comme le peintre qui imite le réel, imite une copie, la copie d'une copie, εἴδωλον εἰδώλου. Il est à trois degrés de la vérité, τρίτον τί ἔστιν ἀπὸ τῆς ἀληθείας (602).

Imitateurs de fantômes, les poètes ne connaissent pas même la réalité qu'ils imitent. Ils sont néanmoins habiles à tromper; on connaît les enchantements de la poésie. L'ouvrier ordinaire, lui, connaît au moins ce qu'il fait; il connaît les mérites et les défauts de son œuvre. La beauté, la bonté d'une chose étant la conformité à sa fin, l'ouvrier n'a pas de ce qu'il fait, il est vrai, la science; mais en rapport avec celui qui sait, il se laisse guider par celui-ci, au lieu que l'imitateur n'a ni la science ni l'opinion juste. Il proposera à la multitude ignorante ce qui paraît beau, n'ayant aucune connaissance de ce qu'il imite. Son art, qui n'a rien de sérieux, n'est qu'un badinage d'enfant.

2º A quelle partie de l'âme s'adresse cette imitation? A la

partie faible, siège de toutes les illusions (aux sens, à l'imagination), à qui l'art des charlatans dresse des pièges. Elle est opposée à la raison dont la fonction est de dissiper les illusions. L'imitation, frivole en soi, venant à s'unir à ce qu'il y a de plus frivole en nous, ne peut produire que des effets frivoles.

Si on l'examine plus à fond cette partie de l'âme, source du pathétique, on reconnaîtra encore mieux ces effets. Le drame en réalité représente des situations forcées. L'homme y est en proie à des passions violentes, aux contradictions dont son âme est remplie. L'homme sage soumet ses douleurs à une juste mesure. Or rien ne prête plus à l'imitation variée que la douleur et le chagrin, c'est-à-dire la passion qui se révolte, τὸ ἀγανακτικόν. Au contraire, rien de moins propre à frapper la multitude qui s'assemble au théâtre que le caractère calme du sage toujours semblable à lui-même, c'est-à-dire la raison.

3° Mais le plus grand mal que cause la poésie imitative c'est qu'elle est capable de corrompre les plus sages. Comment? A cause de la sympathie pour les personnages et les héros dans l'affliction, déplorant leur sort et poussant des cris; l'émotion qu'elle excite passe dans l'âme du spectateur le plus raisonnable. A cela se joint l'admiration pour le poète, auteur de cette représentation pathétique : nous laissons ainsi flotter cette partie de l'âme qui est affamée de pleurs et de lamentations, au lieu de tenir en bride la partie pleureuse, sans songer que les sentiments d'autrui y deviennent infailliblement les nôtres.

Cette conclusion s'applique à la *comédie* comme à la tragédie. Malgré notre aversion pour le personnage bouffon, nous éprouvons du plaisir à ses bouffonneries. Ce désir de faire rire, devenu une habitude, se manifeste dans notre conduite, etc. Il en est de même de l'amour et de toutes les passions de l'âme. Au lieu de les dessécher, elle les nourrit et les arrose.

— Tant que la vraie notion de l'art et de ce qui est l'idéal artistique n'a pas été donnée, il a été difficile de réfuter Platon et de montrer le vice de ses arguments : nous l'essayerons à la fin de cette exposition qu'il vaut mieux ne pas interrompre.

Platon semble s'être douté pourtant lui-même de ce qu'avait d'exagéré sa théorie, mais sans l'abandonner.

A cette censure si sévère s'ajoutent des restrictions qui corrigent sa pensée. Platon d'ailleurs ne blâme pas toute poésie, mais seulement la poésie imitatrice, la poésie dramatique dont l'épopée fait partie. Dans la *République* même, il admet un genre de poésie morale et religieuse : 1° la poésie lyrique destinée à chanter les actions des héros, à composer des hymnes aux dieux; de plus, une poésie qu'on peut appeler morale, gnomique ou sentencieuse, des fables morales. La comédie elle-même est admise dans les *Lois* quoique soumise à des règles sévères.

Dans la thèse même qu'il soutient en moraliste et comme dialecticien, il se sent lui-même ébranlé; il craint d'avoir été trop loin. Cela se voit dans la fin du plaidoyer qui est une accusation si formelle en termes très précis, par la permission accordée à la poésie de se défendre, par l'admiration qu'il professe pour cet art et les grands poètes dont la Grèce entière se glorifie. Aussi, la permission est accordée à la poésie de défendre sa cause et de se justifier.

« Nous la recevrons à bras ouverts, car nous ne pouvons nous dissimuler la force et la douceur de ses charmes, etc.

« Nous conserverons toujours une certaine affection pour la poésie à cause de l'amour que nous avons conçu pour elle et qu'on nous a inspiré pour ces belles républiques où nous avons été élevés. » (*Ibid.*)

Quant à la poésie considérée comme inspiration divine, il ne faut pas s'y tromper, c'est toujours pour lui une forme inférieure de la pensée. L'erreur s'y mêle à la vérité; c'est une sorte de mensonge utile où il est difficile de démêler le vrai. Le poète ne se rend pas compte de ce qu'il fait, ce qui l'expose à donner l'erreur pour la vérité.

Dans l'*Ion*, dialogue platonicien, le poète, interprète de la pensée divine, n'a pas la conscience de ce qu'il fait. Platon y fait la satire des rapsodes, interprètes d'interprètes. (*Ibid.*) Le poète est un organe inconscient et inintelligent. Il ne peut rendre raison de ce qu'il crée. Le but est de prouver que la poésie est une forme inférieure de la pensée, inférieure à quoi? A la science et à la philosophie.

On s'est demandé comment Platon qui décrit si bien l'inspiration poétique (*Phédon, Ion*), qui, ailleurs, fait des poètes des interprètes, des révélateurs divins, est si sévère ici à leur égard, comment les plus grands poètes, Homère, Hésiode, Eschyle, Sophocle, Pindare ne sont pas par lui épargnés. — La contradiction n'est qu'apparente. D'abord Platon ne bannit pas tous les poètes; il leur impose ses conditions. Il n'est sévère qu'à l'égard des fables immorales du polythéisme. Il l'est aussi à l'égard du théâtre grec. La licence des poètes comiques, le souvenir des *Nuées* d'Aristophane, enfin la fureur des Athéniens pour les représentations théâtrales, la théâtrocratie, comme il l'appelle (*Lois*), entrent dans ce jugement. Mais la manière de comprendre l'art est la cause première. Le philosophe n'y voit que le côté sensible, un excitant dangereux pour les passions, qu'Aristote demande à être *purifiées*.

IV. Des genres ou espèces de la poésie. — Platon le plus souvent, s'il traite de la poésie, en parle en général; s'agit-il d'un genre particulier, c'est de la poésie épique et dramatique, que rarement il sépare. Ce qu'il a en vue c'est leur action commune sur les mœurs. Toutefois, il ne néglige pas tout à fait les autres genres ou espèces. Avant d'examiner les jugements qu'il en porte, il n'est pas sans intérêt de savoir comment il définit chacune de ces formes en particulier. On peut aussi, sous ce rapport, le comparer à Aristote. (*Poétiq.*, I, 1.)

La poésie étant, elle-même, une imitation par la parole, qui se sert du discours mesuré ou rythmé, si l'on veut y établir des genres ou espèces, c'est le mode de discourir ou de diction qui doit fournir le critérium.

Le premier genre sera celui qui se sert du récit *simple*; le second, du récit *imitatif*; le troisième, du récit *composé* des deux premiers. L'exemple des trois genres en est dans le passage d'Homère sur Chrysès. (*Rép.*, III.)

Le premier, employé d'ordinaire dans le dithyrambe, constitue la poésie dithyrambique ou lyrique : les hymnes, chœurs, odes, dithyrambes, etc.

Le second, exclusivement employé dans la tragédie et la comédie, est la poésie dramatique.

La troisième combinaison des deux autres est réservée surtout à la poésie épique.

Si l'on compare avec Aristote (*Poétiq.*, I, II, III), on trouvera sans doute chez celui-ci un progrès, en ce que pour lui ce n'est pas seulement le mode de diction qui sert à caractériser les genres, mais aussi et surtout le mode d'imitation, comme pour l'art en général. Le poëte parle en son nom, ou il fait parler les personnages, ou il les fait agir sous les yeux. (*Ibid.*) C'est toujours la forme qui est prise pour but, non le fond à représenter. L'épopée ainsi ne se détache pas bien de la tragédie, ni celle-ci de la comédie ou du genre lyrique. La différence dans les formes du vers est accessoire et dérivée.

Quoi qu'il en soit, Platon ne s'attache guère qu'à la poésie dramatique, soit tragique, soit comique, et à l'épopée représentée surtout par Homère, Hésiode, etc. Il s'agit pour lui de savoir si la poésie de ces trois genres doit être admise pour l'éducation des guerriers (*Rép.*, II, III, IV; ou dans les *Lois*, II, VII).

1° *La tragédie.* — La définition que Platon donne de la tragédie, moins célèbre que celle d'Aristote, mérite cependant d'être remarquée.

« Mais quoi ! si quelqu'un se rendait auprès de Sophocle et d'Euripide et leur disait qu'il sait trouver sur un petit sujet de longs développements, et traiter en peu de mots une ample matière, qu'il sait faire des discours pathétiques ou terribles et menaçants et beaucoup d'autres choses de ce genre et qu'en enseignant cet art à quelqu'un il lui apprendrait celui de faire une tragédie (*Phèdre*), je crois que les deux poètes se moqueraient de lui, s'il pensait que la tragédie est autre chose que la réunion de toutes ces parties, de manière qu'elles s'accordent entre elles et composent un ensemble. » (*Phèdre.*)

Moins précise que celle d'Aristote, cette manière de définir la tragédie ne contient pas moins les traits principaux de la définition célèbre donnée par Aristote. (*Poét.*, VI.) La tragédie est un sujet qui fournit une ample matière à des discours pathétiques et terribles. L'effet produit est d'exciter la pitié et la terreur. Mais le point essentiel et distinctif, ce qui assure à Aristote toute la supériorité, c'est ce que Platon n'a pas vu et ne pouvait voir : qu'un pareil spectacle, s'il est ce qu'il doit être, purifie les passions qu'il excite : la κάθαρσις.

Platon d'ailleurs ne donne pas la définition tout entière ; mais le cadre est tracé, il n'y a qu'à le remplir.

Pour Platon comme pour Aristote (ceci est à noter), le but de cet art comme de tout art imitatif et d'agrément c'est le plaisir que ce spectacle procure. Le moraliste esthéticien n'y voit que son unique but à lui : l'amélioration des âmes que, selon lui, le drame corrompt ou met en péril ; chez le disciple, il les améliore en les purifiant (κάθαρσις).

Le passage du *Gorgias* est significatif : « Et la tragédie, ce poème imposant et magnifique, σεμνός, à quoi tend-elle ? son but, sa grande affaire est-elle uniquement de plaire aux spectateurs ? Or lorsqu'elle représente quelque chose d'agréable, mais en même temps de mauvais, prend-elle sur soi de le supprimer et de déclamer, de chanter ce qui est désagréable, mais utile, que les spectateurs y trouvent du plaisir ou non ? »

2° *La comédie.* — On croit communément qu'Aristote est le premier qui ait donné une définition du comique et de la comédie. Platon l'avait devancé. Dans le *Philèbe* (48, B), parmi les différentes espèces de plaisir, figure ce sentiment mêlé de plaisir et de peine que nous fait éprouver la comédie ou le spectacle du ridicule. L'explication conforme à la doctrine de Platon et de Socrate est celle-ci. « Le ridicule est un certain vice de l'âme, πονηρία, né de l'ignorance et qui est accompagné de faiblesse. » L'homme ridicule ne se connaît pas lui-même. L'ignorance avec la force est redoutable ; unie à la faiblesse et ne pouvant nuire aux autres, elle n'est que ridicule[1]. Aristote au fond n'a fait que modifier cette définition, en retranchant l'ignorance[2]. « Dans la grande

---

1. Τὴν ἀβλαβῆ τοῖς ἄλλοις γελοίαν εἶναι.
2. On connaît sa définition (*Poét.*, V).

tragédie et comédie de la vie humaine, ajoute Platon, le plaisir est mêlé à la douleur ainsi que dans les autres plaisirs. » (*Ibid.*) Du reste, le fond de la vie est sérieux. Aussi Platon est au moins aussi sévère pour la comédie que pour la tragédie. Le *rire* est toujours pour lui une passion, qu'il ne faut pas trop exciter, mais plutôt réprimer. « Le rire est la marque d'une grande altération dans l'âme. » (*Rép.*, II, 22.) On ne mêlera jamais dans sa conduite le sérieux avec le ridicule. (*Lois*, VII.) On ne doit connaître la bouffonnerie que pour ne pas y tomber. Dans les *Lois* (liv. XI, 354), Platon, il est vrai, est moins exclusif. Il n'exclut pas la plaisanterie. Il tolère même la comédie; mais le comique doit être modéré, de bon goût, la plaisanterie fine, douce, enjouée. Aristophane, qui l'a exagérée, n'est pas mieux traité qu'Euripide, Eschyle, etc. Pour lui, l'ironie socratique est le modèle; elle est reproduite admirablement dans ses dialogues. Celle-ci, loin d'être bannie, fait partie de la sagesse même, car elle en a la sérénité. « Les dieux eux-mêmes, dit Platon, aiment la plaisanterie. » (*Cratyle*, 189.) — En résumé, Platon qui soulève la question et ne la traite qu'en passant ne s'y arrête pas, mais on voit ce qu'il en pense en conformité avec toute sa doctrine et avec son caractère. (Voy. *supra*, p. 15.)

3º *Les autres genres, lyrique*, etc. — Même dans sa *République*, Platon, on l'a dit, est loin d'exclure la poésie tout entière. Il admet et conserve la poésie lyrique, le dithyrambe et un autre genre de poésie qu'on peut appeler morale ou gnomique, consacrée à faire l'éloge des belles actions des grands hommes; les hymnes en l'honneur des dieux, etc. [1].

La poésie lyrique est surtout le chant; elle s'allie à la musique et ne peut guère s'en séparer. Les chants comme les mélodies sont soumis à la même règle.

En quoi est-elle imitative? sans doute en ce qu'elle exprime ou imite les situations, les sentiments de l'âme, comme la musique elle-même les exprime ou les imite. Il y aura ici

---

[1]. « Souvenez-vous qu'il ne faut admettre dans notre *République* que les hymnes en l'honneur des dieux et les éloges des grands hommes. » (*Rép.*, X.)

encore une muse sérieuse, simple, etc., et une muse voluptueuse, amoureuse de la variété, qui exprime les sentiments et les passions, l'amour sensuel, la muse de *Sapho*, etc.

Nous laissons de côté les arts du dessin, dont Platon dit peu de chose et seulement comme exemples. Mais ce qui concerne la musique et la danse ne peut être omis sans laisser une lacune importante.

1° Sur la *musique* surtout proprement dite, sur son influence morale, la place qu'elle doit occuper dans le système d'éducation, il y aurait beaucoup à dire. Comme tous les auteurs de l'antiquité, c'est le point de vue moral qui serait à examiner.

Pour Platon, la musique est surtout le chant doué au plus haut degré de la vertu expressive. « On a donné, je ne sais pour quelle raison, le nom de musique à l'art qui, réglant la voix, passe jusqu'à l'âme et lui inspire le goût de la vertu. » (*Lois*, II, 1102.)

Il ne néglige pas toutefois la musique instrumentale, qu'il s'attache aussi à régler et soumet à des conditions sévères (*ibid.*). En cela du reste il ne fait qu'imiter tous les législateurs anciens. Il était défendu à Sparte d'ajouter une corde à sa lyre.

Chez lui comme chez Aristote, la musique est qualifiée d'art d'imitation. Ce qu'elle imite ce sont les mouvements de l'âme, les passions qu'elle excite, qu'elle exalte et suit dans les situations diverses, qu'elle harmonise ou calme, etc. Il la veut simple et il exclut tous les modes variés et compliqués qui répondent aux mouvements variés de la sensibilité. Cela est en parfait accord avec ce qui est de la poésie. Il n'y a ici encore qu'à comparer avec Aristote [1].

On ne peut omettre ici la *danse*, qui s'allie avec la musique et qui, chez les anciens, avait un rôle qu'elle a perdu en partie chez les modernes [2].

Platon, qui jamais ne sépare le côté esthétique du côté moral, qui en tout ce qui concerne le corps, sa beauté, etc., a toujours en vue ce qui est relatif à l'âme, devait conformé-

---

[1]. Voir l'*Esthétique* d'Aristote, p. 119 et suiv.
[2]. Voir notre article sur *la Mimique dans le système des arts* (Rev. philos.).

ment à sa doctrine assigner à la danse une double fin, à la fois physique et morale, mais surtout morale.

« La beauté de la danse consiste dans une juste imitation des attitudes naturelles aux beaux corps et aux belles âmes; toute contenance contraire ne peut être belle. » (*Lois*, VII.) Il distingue deux sortes de danse. Pour lui, la danse est à la fois un exercice gymnastique, et une sorte de mimique exprimant les passions.

La gymnastique a deux parties : la danse et la lutte. Il y a aussi deux sortes de danse : l'une qui rend, par ses mouvements, les paroles de la Muse et conserve toujours un caractère de noblesse et de grandeur; l'autre destinée à donner au corps et à chacun de ses membres la santé, l'agilité, la beauté, leur apprenant à se fléchir et à s'étendre dans une juste proportion au moyen d'un mouvement bien cadencé, distribué avec mesure et soutenu dans toutes les parties de la danse. (*Lois*, VII, p. 21.)

Ce qui est dit de l'origine de la danse n'est pas moins à remarquer. (*Lois*, VII.)

« Je dis qu'il n'est presque aucun animal qui, lorsqu'il est jeune, puisse tenir son corps et sa langue dans un état tranquille et ne fasse sans cesse des efforts pour se mouvoir et crier. Aussi voit-on les uns sauter et bondir, comme si je ne sais quelle impression de plaisir les portait à danser et à folâtrer, tandis que les autres font retentir l'air de mille cris différents. Tout le reste des animaux n'a aucune idée de l'ordre et de l'harmonie ou du désordre dont le mouvement est susceptible, et que nous appellons mesure et harmonie. Pour nous, ces mêmes divinités qui président à nos fêtes nous ont donné, avec le plaisir, le sentiment de la mesure et de l'harmonie.

« Ce sentiment règle nos mouvements. Sous la direction de ces dieux, il nous apprend à former ensemble une espèce de chaîne par l'union de nos chants et de nos danses. » De là le nom de chœur, dérivé naturellement du mot qui signifie joie, χάρα. La chorée embrasse le chant et la danse. La bonne éducation consiste donc à savoir bien chanter et bien danser.

Nous omettons ce qui concerne le choix des danses comme

pour la musique celui des instruments. Mais il convient, pour tout résumer, de citer ce passage sur les chœurs où est compris l'esprit de l'esthétique platonicienne : « Le but de tous les chœurs est d'enchanter l'âme des enfants en leur répétant sans cesse ces belles maximes: « La vie la plus juste est la plus heureuse au jugement des dieux. » (*Lois*, I.)

Ici s'arrête ce que nous avons à reproduire de cette partie de l'esthétique platonicienne qui comprend la théorie des arts. Nous y ajouterons quelques réflexions, comme sur la théorie du beau, propres à en faire apprécier l'ensemble.

Conclusion. — *Idéal abstrait, idéal moral*, ces deux mots qui résument toute l'esthétique de Platon s'appliquent à l'art comme au beau, à la poésie, l'art universel, le plus élevé des arts. On a vu ce qui manque à la définition du beau.

1° L'idéal abstrait c'est l'idéal séparé du réel ou qui n'accorde au réel qu'une valeur secondaire, le néglige ou le méprise comme n'étant qu'un reflet ou une copie de la vérité idéale.

Or c'est méconnaître la notion vraie de l'art. L'art est la représentation du beau ou de l'idéal sous des formes sensibles. Il ne vit que des formes qu'il emprunte à la réalité. Le véritable idéal de l'art, c'est le réel idéalisé ou l'idéal incarné dans la forme qui le rend visible. La *forme sensible* est son élément. Elle ne peut s'en détacher sans se perdre dans le vague de la conception rationnelle, abstraite, ou qui s'adresse à l'esprit pur, non à l'imagination ou aux sens.

C'est l'erreur du platonicisme de l'avoir méconnu. De là, sa définition du beau entachée de ce vice radical (*supra*); de là, sa notion de l'art qui en est le colloraire direct. L'élément sensible individuel, réel et vivant, y est sacrifié à l'idée abstraite et pure. L'art y périt tout entier ou se réduit à quelques formes secondaires, lyriques, etc. Pour lui, la poésie comme art d'imitation, qui imite le réel, non le modèle idéal, n'est plus qu'une copie plus ou moins exacte du réel, rejetée au troisième rang de la vérité.

Ce défaut déjà sensible aux degrés inférieurs de l'art et dans les arts imitatifs, la peinture, etc., devient palpable aux degrés supérieurs surtout de la poésie, dans l'épopée, le drame, où l'action et la lutte des passions sont l'objet principal. La condamnation des poètes et de la poésie dramatique, de la tragédie, s'explique, elle est en parfaite concordance avec le système; mais par là même elle l'accuse lui-même et le condamne. L'idée vraie de l'art réintégrée, tous les arguments du philosophe portent à faux et se retournent contre sa théorie.

L'argumentation, en effet, repose sur une double hypothèse, laquelle est une double erreur : 1° que l'art représente le réel, imitation pure et simple; qu'il en est simplement la copie; 2° que le but moral est le vrai but de l'art (ce qui est faux); 3° si l'art représente l'idéal dans le réel, lui-même idéalisé, dépouillé des détails qui masquent et obscurcissent l'idée, s'il la rend plus visible et s'il exprime l'idée plus clairement, il est par là une image plus vraie que la réalité. La vérité qu'il exprime est la vraie vérité, non un vain simulacre du réel.

C'est ce que Platon méconnaît absolument.

Loin d'être à trois degrés de la vérité, le réel idéalisé par l'art est la vérité elle-même, du moins sa révélation. C'est le sens du mot d'Aristote : « La poésie est plus sérieuse et plus philosophique que l'histoire. » (*Poétiq.*, IX). Ce qui est dit de la poésie s'applique à l'art entier.

2° La poésie s'adresse à la sensibilité, mais elle parle aussi à l'esprit par l'expression des idées, des images sensibles. Le spectacle, qu'elle met sous nos yeux, de la lutte des passions, des intérêts, des idées, s'il est digne de l'art et vraiment idéal, élève l'âme au-dessus du réel; il purifie, selon le mot d'Aristote, les sentiments qu'il excite. (*Ibid.*)

3° La sympathie pour les personnages n'est pas une sympathie vulgaire. La terreur et la pitié elles-mêmes se trouvent ennoblies, calmées, purifiées. Aristote a ici raison contre son maître. L'art avec le réel est réintégré dans ses droits.

Il serait injuste néanmoins de méconnaître les services qu'a rendus Platon à la théorie de l'art et de la poésie. Le mérite principal est d'avoir maintenu à une grande hauteur les droits de l'idéal, sans lequel l'art est impossible ou descend dans les bas-fonds du réalisme et du naturalisme. Son argumentation contre l'imitation exacte en est une réfutation victorieuse. Par là est aussi démontré que l'art n'est pas un instrument de jouissance destiné à flatter les passions, à nourrir et abreuver, comme il est dit, cette partie inférieure de l'âme qu'il corrompt ou aide à corrompre tout entière. Cette condamnation des poètes dans la *République* est hautement instructive et fondée à son point de vue. Elle est la réfutation par l'absurde de l'hypothèse réaliste. Mais en soumettant l'art à des règles trop sévères qui en détruisent la liberté, Platon prouve aussi que le but de l'art n'est pas le but moral [1].

1. Voir notre *Mémoire* lu à l'Académie des sciences morales et politiques sur les rapports de l'*Esthétique* et de la *Morale*, t. CXXXIV-CXXXV.

CHAPITRE III

RHÉTORIQUE

I. La Rhétorique avant Platon, sa place dans ses écrits. Deux côtés de sa doctrine : l'une négative, l'autre positive. Erreur à ce sujet. — II. Exposé de la doctrine positive du *Gorgias*. Maximes fondamentales : 1° le but de l'art oratoire doit être le triomphe de la vérité et de la justice ; 2° l'orateur doit être juste pour persuader le juste ; 3° il doit posséder la science du juste, en avoir la connaissance raisonnée. — III. Conditions plus spéciales de l'art oratoire (*Phèdre*). 1° Le savoir nécessaire à l'orateur. Rapport avec la philosophie en général, avec la dialectique ou la logique, la psychologie et la science des mœurs, etc. 2° Rapport avec l'art proprement dit. — IV. Appréciation. — Rôle de la doctrine platonicienne sur l'Éloquence, dans l'histoire.

I. — On sait quel fut le rôle de l'éloquence dans les républiques anciennes, en particulier à Athènes, au temps de Périclès, etc. ; ce qu'elle devint quand apparurent les sophistes, le caractère qui, chez eux, la distingue, la place qu'occupe dans leur enseignement l'art oratoire, dont ils furent les inventeurs ; les règles et les préceptes qu'ils donnèrent de cet art, à la fois sophistes et rhéteurs, etc. (*Phil., anc.* 193 et suiv.)

Jointe à la dialectique, la rhétorique était pour eux l'art par excellence, « qui contient la vertu des autres arts » (*Gorgias*, 92). Cet art, ils l'avaient enseigné avec le plus grand succès. La jeunesse athénienne, éprise d'abord de leur sagesse apparente, φαινομένη σοφία (Arist., *Mét.*, IV, II), avait été non moins séduite par les charmes extérieurs de leurs discours (*Rép.*, X)[1].

1. Le rhéteur est capable de parler sur tout, ἐπὶ παντὸς λέγειν (*Gorg.*, 457).

A cette éloquence, parée de faux ornements, fardée et pompeuse, Socrate avait opposé la sienne, simple et familière, vulgaire même en apparence, mais relevée par la vérité morale qui en était l'âme et par l'irrésistible ascendant de sa dialectique, elle-même, toute pénétrée de sa fine et spirituelle ironie.

Platon le continue. Il n'y a pas à revenir sur tout ce qui a été dit à ce sujet dans ce qui précède. Cet art mensonger des rhéteurs, il le démasque, en dévoile les artifices et les ruses, et le livre au ridicule. Quant à l'art oratoire en lui-même, on aurait tort de croire qu'il n'en reconnaît ni apprécie l'importance. Un de ses plus grands dialogues, le *Gorgias*, a pour titre *de la Rhétorique*. Platon y prend à partie le plus illustre de ses représentants, le rhéteur Gorgias, et son principal disciple, Polus. Dans le *Phèdre*, c'est l'orateur Lysias, également leur admirateur ou disciple, qu'il attaque, mêlant comme toujours à la discussion, dans l'un et l'autre dialogue, les plus hauts problèmes de la morale, de la politique et de l'esthétique, qu'il ne croit pas pouvoir séparer.

Mais de toute cette polémique ce n'est que le côté négatif, qui échappe ici à l'analyse. Moins aisé à reconnaître est le côté positif qui, comme toujours, quoique mêlé au premier, doit se reconnaître, pouvoir s'en dégager et être formulé. Il est étonnant qu'il ait été méconnu des plus anciens théoriciens de cet art, de Cicéron, en particulier, qui ne voit dans le *Gorgias* qu'un exercice dialectique, dont l'auteur se plaît à embarrasser le sophiste par ses arguments et à tourner en ridicule les orateurs (*in irridendis oratoribus*), sans professer lui-même son opinion sur la nature et le but de l'éloquence et de l'art oratoire [1].

Sur ce point comme sur bien d'autres de sa doctrine philosophique, Platon a été, je ne dis pas tout à fait éclipsé, mais masqué par l'œuvre plus complète et plus régulière, conçue

---

[1] « Maxime mirabar Platonem.... in irridendis oratoribus..... neque assentiebar Platoni cujus.... » (*De Orat.*, I, 19.)

dans un autre esprit, exécutée selon une autre méthode, de son disciple Aristote, regardé avec raison, mais en ce sens seulement, comme le vrai fondateur de la rhétorique proprement dite.

Notre but est ici de réintégrer en peu de mots et de remettre à sa place véritable ce qui est ici le fond essentiel de la doctrine de Platon, de faire ressortir ce qui en fait le principal mérite, sans méconnaître ce qui appartient en propre à l'auteur de la Rhétorique proprement dite et ce qui lui a valu les justes éloges de ses juges les plus éclairés [1].

II. IDÉE DE L'ÉLOQUENCE. — Quelle idée d'abord Platon se fait-il de l'éloquence? Il est certain que, aux yeux du métaphysicien ou du philosophe, elle occupe comme la poésie (*supra*, 78) une place inférieure parmi les formes de la pensée. Cela tient à ce qu'elle n'est pas la science et que ce n'est pas la vérité pure qui est son objet. Par cela seul que l'imagination y a sa part, que la sensibilité est en jeu, que la passion y est sollicitée, et que la raison elle-même, si elle n'est étrangère, peut être aveuglée, égarée, séduite, le rang qu'il lui assigne est inférieur à la science. L'art par excellence est toujours la philosophie. Il en est de l'éloquence comme de la poésie, qu'il appelle la rhétorique du peuple, δημηγορία. (*Phèdre*, 261, D; *Gorgias*, 205; *Théétète*, 162, D; *Apol.*, 36, B.)

Cela se voit dans les définitions qu'il en donne et qu'il réfute ou critique. Suivant la définition qu'en donnent les sophistes, son but unique est de persuader. Elle est « l'ouvrière de la persuasion ». (*Ibid.*) Mais persuader c'est faire désirer qu'une chose soit sans montrer si elle est, ou si elle n'est pas, ni ce qu'elle est. Le vraisemblable plutôt que le vrai sera son objet. Voilà le but. Pour l'atteindre, tous les moyens sont bons. L'emploi de ces moyens est indifférent pourvu que le but soit atteint ou qu'on réussisse. C'est là du moins toute la rhétorique des sophistes.

Ailleurs, elle se définit l'art d'attirer les âmes (ψυχαγωγία; *Phèdre*, 261, A), de les conduire au but que l'orateur se propose,

---

1. On nous permettra de renvoyer pour plus de détail à notre *Étude sur le Gorgias* de Platon et à l'aperçu historique qui vient à la suite.

qu'il soit bon ou mauvais. Les moyens dont elle se sert sont de deux sortes : 1° L'apparence à la place de la réalité. C'est l'art de tromper les âmes ou de les séduire. Elle s'adresse pour cela à l'imagination, à la sensibilité, aux passions plutôt qu'à la raison. — 2° Cet art emploie aussi le raisonnement, mais c'est aussi bien l'art de tromper que de faire croire à la vérité. Le plus souvent, c'est à la fausse dialectique, à ses sophismes qu'elle a recours et qu'elle sait employer avec habileté. C'est par de tels moyens que la rhétorique excelle à conduire la multitude ignorante et facile à séduire, avide de mensonges qui la flattent et répondent à ses goûts, toujours dupe des promesses qui caressent ses désirs et ses espérances. Sous ce rapport, elle est une puissance sans doute et un art, mais un art vil et méprisable. Platon l'assimile aux arts les plus vils, à la cuisine, à la toilette, à la parfumerie. (*Gorgias*.)

Tel est le fond de la discussion qui remplit en partie le *Gorgias*. C'est la partie réfutative et négative.

Mais cela, c'est la fausse éloquence. Il ne faut pas dire avec Cicéron (*de Orat.*, I, XI) et avec d'autres (Quintilien) que Platon condamne l'éloquence comme il a condamné la poésie, ni même qu'il la dédaigne. D'abord il est faux, on l'a vu, qu'il condamne absolument la poésie en elle-même et dans tous ses genres (*supra*).

Platon, le plus éloquent des philosophes, et qui donne un si grand soin à ce qui est de la persuasion dans ses dialogues, ne pouvait rejeter l'éloquence ni l'art qui la perfectionne et en donne les règles. Il attaque la fausse éloquence comme il attaque l'art faux et ce qui est pour lui la fausse poésie. Mais l'art vrai, ou du moins qu'il regarde comme tel, il l'estime et l'honore. Il y a plus, il en pose les principes, en marque le but et en indique les règles les plus générales.

Quant aux règles et aux préceptes particuliers, sans tout à fait les exclure, il en fait peu de cas. Il ne croit pas nécessaire de pousser trop loin leur analyse et d'entrer dans le détail.

C'est toujours pour lui de l'*idéal* qu'il s'agit. Le reste est accessoire.

En d'autres termes, il y a deux rhétoriques comme il y a

deux espèces d'art et de poésie : 1° la rhétorique flatteuse ou adulatrice qui ne vise qu'à l'*agréable*, non au *bien* (*Gorgias*), qui s'étudie à flatter ou exciter les passions dans un but intéressé; 2° il y a la vraie rhétorique dont le but est d'assurer le triomphe de la *vérité* et de la *justice*. Elle exige de l'orateur que lui-même soit juste pour représenter la justice, qu'il défend et dont il est l'organe. Il doit en avoir la connaissance claire, réfléchie et raisonnée. Tout le fond de l'argumentation du *Gorgias*, si on le lit attentivement, roule sur ces points et peut ainsi se résumer.

Laissant de côté les règles et les préceptes, qui ne sont que le corps de la rhétorique, non son âme et son esprit, Platon s'efforce de démontrer que cet art, si on le considère dans sa nature et son essence, ne peut s'isoler de sa fin morale, le bien, la justice : que sans cela on ne saurait le définir. Séparé de sa fin, il n'a plus rien de fixe, rien qui offre une base ni une prise à la raison. C'est donc par sa conformité au bien qu'il est un art vrai, noble, non une pratique vile et méprisable, une coupable industrie.

Il y a plus, sans rejeter les moyens que cet art emploie, mais qui doivent ainsi eux-mêmes se légitimer, Platon pense que c'est dans la conformité au but moral que se trouve le moyen le plus sûr et le plus puissant de la persuasion : qu'ainsi sa force principale réside dans la vérité elle-même, qui anime l'orateur, qui le pousse à la communiquer et à la faire triompher.

L'orateur, organe de la vérité, la possédant ou plutôt possédé par elle, doit puiser dans une conviction intime et profonde la vertu de convaincre les esprits et d'émouvoir les âmes. Pour remplir sa mission, qui est d'éclairer et d'améliorer les hommes, il doit mettre son caractère d'accord avec ses discours, être juste pour persuader le juste. Mais il y a plus, il doit posséder en outre la connaissance raisonnée de la justice et du bien.

Telle est la pensée fondamentale qui contient en abrégé toute la doctrine de Platon sur l'art oratoire.

Si l'on veut la spécifier davantage, on arrive à la formuler dans les trois propositions suivantes :

1° Le but de l'éloquence n'est pas la persuasion, ce qui la

rend indifférente à la vérité, selon l'opinion des sophistes; mais de persuader le vrai, de faire prévaloir la justice. Il y a deux rhétoriques, l'une qui vise à l'agréable, l'autre qui a pour objet le bien. La première est une flatterie et une routine, la seconde est un art noble (LVIII).

2° Le véritable orateur doit être un homme juste et pratiquer la justice (*vir bonus*).

3° Il doit avoir approfondi l'idée de la justice, que la philosophie seule lui fait connaître : d'où l'alliance de l'éloquence et de la philosophie.

Ces trois maximes contiennent toute la théorie positive du *Gorgias* sur la rhétorique.

III. — A cette théorie se joint celle des conditions de l'art oratoire que Platon ne fait qu'indiquer, mais qu'il trace lui-même dans le *Phèdre* comme essentielles pour former le véritable orateur. Aristote en fera l'objet principal de son traité où, selon sa méthode, sont étudiées les questions plus en détail, et soumis à l'analyse les faits qui s'y rattachent.

Ces conditions sont les suivantes :

1° Voulant donner à la rhétorique une base philosophique en opposition à celle des sophistes et de Lysias, leur disciple, Platon fait entendre, comme on l'a dit ailleurs, que sans cette base philosophique elle n'est pas un art véritable, mais une recette, une *routine* [1]. Elle ne possède que les accessoires, des moyens nécessaires, mais simplement extérieurs. Il se moque de l'orateur Lysias, de sa manière de composer ses discours. La rhétorique donne une multitude de règles et de préceptes dont il ne nie pas l'utilité, mais dont l'ensemble ne constitue pas un art. Peut-être Platon dédaigne-t-il un peu trop la composition artificielle du discours, les divisions, les moyens propres à produire le pathétique, l'élocution, la diction, l'arrangement des phrases, des mots et des syllabes, la contexture savante des périodes, la correction, l'élégance du style, le rythme, etc., etc.,

---

1. « Pour être bon orateur il faut être juste et versé dans la connaissance des choses justes. Τὸν μέλλοντα ὀρθῶς ῥητορικὸν ἔσεσθαι δίκαιον ἄρα δεῖ εἶναι καὶ ἐπιστήμονα τῶν δικαίων. » (*Gorg.*, 508.) « Ainsi celui qui ne connaît pas la vérité et ne s'attache qu'aux opinions, s'il possède l'art de la parole, ne possède qu'un art ridicule et qui même n'est pas un art. » (*Phèdre*.)

ce que sa verve ironique tourne en ridicule. Pour lui, la vraie rhétorique ne peut se séparer de la philosophie, de la science du vrai, qui apprend à connaître les principes, ou ce qui est la vraie vérité et la fait aimer. Elle est aussi la connaissance des choses dans leur ensemble, ce qui élève l'âme. Elle sait distinguer les idées générales et les propriétés essentielles. Ce qui est le fond même du discours et de la vraie éloquence, c'est le riche trésor d'idées et de connaissances que doit posséder l'orateur; sans quoi, il n'est qu'un artisan de paroles, un rhéteur et un sophiste, c'est là ce qu'il faut opposer au savoir universel et superficiel dont se vantent les sophistes.

2° La *dialectique* ou la *logique* comme méthode et comme instrument ne sont pas moins nécessaires. Et ici la logique, ce n'est pas seulement l'art de raisonner et de discuter, c'est aussi celui de définir, de diviser, d'ordonner (voy. *supra*) tout ce qui a trait à la composition, ou à la texture même du discours.

L'art oratoire ne peut exister sans la dialectique qui apprend à ordonner le discours, à disposer et produire les preuves. Platon, qui prend pour exemple le discours de Lysias (*Phèdre*, 282), montre qu'il manque d'art. Il pèche quant à l'ordonnance. Le plan en est défectueux. Les idées y sont jetées pêle-mêle. « J'espère que tu comprendras que tout discours doit être composé comme un animal et avoir un corps qui lui soit propre : une tête, et des pieds, un milieu et des extrémités dans une convenance parfaite et avec l'ensemble, etc.

3° « La Rhétorique s'adresse à l'âme, comme la médecine au corps. » Pour être orateur, il faut donc connaître l'âme et les diverses espèces d'âmes, c'est-à-dire non seulement savoir ce qu'est l'âme en général, mais étudier les caractères, les mœurs, les dispositions de chaque âme en particulier. C'est ici la *psychologie* et de plus la psychologie morale, tout ce qui a trait aux mœurs, aux caractères, la science des mœurs telle que l'a comprise Aristote (*Eth. à Nic.* et *Rhétorique*), l'*Éthique* tout entière qui embrasse la politique, etc. (Voy. *Gorgias*.)

Ainsi est marqué le lien qui unit l'art oratoire aux diverses parties de la philosophie.

4° Quant à ce qui est de l'*art* proprement dit, ceci est le côté esthétique que Platon n'oublie ni ne dédaigne, auquel il attache la plus grande importance. Il le considère comme essentiel à l'art oratoire. Il en est de même de la beauté du langage, et de tout ce qui appartient au beau dans le discours, du souffle puissant qui anime l'orateur, du pathétique et de l'inspiration, de ce qui est en un mot la vraie éloquence comme de ce qui est la vraie poésie. Platon n'en parle pas isolément. Il n'avait qu'à rappeler ce qui a été dit de la poésie elle-même qu'il appelle la rhétorique du peuple, de tout ce qui la concerne, de l'amour et de l'enthousiasme, etc.[1].

IV. — Il est certain que cette belle et profonde doctrine fut assez peu comprise dans l'antiquité. Les contemporains et les successeurs de Platon semblent n'avoir guère vu dans son œuvre que la partie polémique; la partie positive et dogmatique passa pour eux presque inaperçue.

L'idée platonicienne n'est devenue claire et féconde que quand elle a rencontré son analogue dans la pensée chrétienne. Le stoïcisme, sans doute, avait envisagé ainsi tous les arts et l'éloquence en particulier; mais ses exagérations et ses subtilités lui avaient retiré tout crédit sur le grand nombre des esprits même les plus éclairés.

On aurait tort cependant de croire que la doctrine de Platon n'ait pas, dans l'antiquité, exercé une salutaire influence. Dès le début, elle produisit ses effets. Tous ceux qui écrivirent sur l'éloquence, Aristote le premier, au fond l'adoptèrent; mais cette idée, dans leurs ouvrages, n'est qu'incidemment exprimée: elle n'y est ni à sa place ni au rang qui lui convient. Il était réservé aux orateurs chrétiens de la reproduire dans toute sa rigueur, et de lui donner un caractère plus

---

[1]. Cette théorie est résumée à peu près dans le passage suivant : « Avant de connaître la vérité de ce qui fait le fond du discours parlé ou écrit, de pouvoir définir l'essence de chaque chose et, après l'avoir définie, la diviser en ses diverses espèces jusqu'à celles qui sont indivisibles; avant d'avoir approfondi de cette manière la nature de l'âme, trouvé la forme de discours qui convient en chaque caractère, et disposé et ordonné le discours de manière qu'on offre à une âme mobile des discours pleins d'harmonie, et à une âme simple des discours simples, il n'est pas possible de manier avec talent l'art de la parole, ni pour enseigner ni pour persuader, comme nous l'avons montré longuement dans tout ce qui précède. » (*Phèdre*, 277, B.)

élevé encore. Plus tard, cette doctrine s'est trouvée conforme aux tendances les plus sévères de l'esprit et de la philosophie moderne.

Deux esprits différents, en effet, ont inspiré les travaux des auteurs anciens et modernes qui ont écrit sur l'éloquence. Les uns ont considéré la parole simplement comme moyen d'agir sur la volonté des hommes, sans s'inquiéter du but vers lequel celle-ci doit tendre et être dirigée. Pour eux, la persuasion est la fin même de l'éloquence; l'art oratoire est tout entier dans les moyens de la produire; ils se sont bornés à les étudier pour en accroître l'efficacité. Cette manière de voir, qui fut celle des anciens rhéteurs et qui est restée l'opinion commune, est aussi celle d'Aristote; il définit la rhétorique : « l'étude des moyens de persuasion ». Son livre est le type des travaux de ce genre, le monument le plus considérable élevé à la théorie de cet art, dans le sens empirique et pratique.

Mais il est des esprits que cette théorie ne pouvait satisfaire. A leur tête se place le plus grand des moralistes anciens, le vrai disciple de Socrate. En présence des rhéteurs et des sophistes qui avaient corrompu l'éloquence, et qu'avait combattus son maître, il conçut et enseigna une autre doctrine. Il voulut que, sans négliger les moyens de persuader, on s'attachât avant tout à déterminer le but même de la persuasion, la fin de cet art merveilleux de la parole, par lequel l'homme s'empare de l'esprit et de la volonté de ses semblables, et dont il peut faire un si funeste usage. Il se refusa à reconnaître dans le pouvoir seul de persuader, malgré tout le talent qu'il suppose et tous les prestiges dont il s'environne, un art véritable et digne de ce nom. Il flétrit pour toujours, comme fausse, mensongère et vile, l'éloquence qui se proclame indifférente à la vérité et qui est sans principes. Il rattacha la vraie éloquence à la morale, dont elle s'était tout à fait séparée avec les sophistes.

Platon et Aristote, voilà les deux modèles et comme les chefs de deux grandes écoles. On les retrouve ici, comme partout, à la tête des directions imprimées à la pensée humaine. A eux se rattachent deux séries de travaux : les uns, où il s'agit plus particulièrement des *règles* et des *pré-*

ceptes de l'art oratoire ; les autres, où l'on s'efforce de dégager l'*idéal*, et de remonter au principe, pour en déduire les conditions essentielles et générales de l'éloquence.

On ne peut nier l'intérêt et la valeur des analyses qui ont été faites par ceux qui ont suivi la première de ces deux méthodes, ni l'utilité de leurs préceptes. Cet art de la parole, les rhéteurs et les sophistes eux-mêmes en ont démêlé les secrets et décrit les finesses avec une rare sagacité. Aristote a fait, de l'aveu de tous, un chef-d'œuvre, en décrivant tous ces moyens ou en cherchant, comme il le dit lui-même, « en chaque chose tout ce qui est propre à persuader ». Mais, en lisant son traité, ainsi que tous ceux qui ont été composés à son imitation, on ne peut s'empêcher de partager le sentiment de Fénelon, quand il dit de la rhétorique d'Aristote qu'elle « explique l'art plus qu'elle l'anime et le dirige » (*Dialog. sur l'Éloq.*).

Il n'en est pas de même des écrits composés selon l'esprit qui a inspiré l'auteur du *Gorgias* et du *Phèdre*. Ici on ne trouve aucune de ces savantes et souvent trop subtiles analyses, point de ces divisions et subdivisions de genres et d'espèces, de ces distinctions un peu factices et artificielles, point de ces préceptes multipliés et de ces conseils plus ou moins sages et utiles. Vainement on chercherait rien qui ressemble à cette décomposition minutieuse des formes du langage et des artifices du discours ; mais dès l'abord s'annonce clairement l'intention formelle de marquer le but moral et de remonter aux principes. Le fond principal, comme le vrai mérite de ces œuvres, est dans quelques pensées grandes et fécondes qui élèvent l'âme et la fortifient. Ce qui n'est pas assez marqué ailleurs s'y reconnaît sur-le-champ : des principes fixes, une conviction ardente et profonde, la foi à la vérité comme plus puissante et plus persuasive par elle-même que le talent le plus habile et le plus consommé, mais sans convictions, et que tous les moyens et artifices qu'il peut y employer.

Le modèle y est nettement dessiné : un homme, doué sans doute du talent de la parole et exercé, mais inspiré par la vérité, digne d'être son organe et son interprète.

Ce qu'on y rencontre encore c'est l'indication claire et précise des devoirs qui sont imposés à l'orateur et qu'il ne doit jamais oublier : une ferme assurance du but vers lequel doivent tendre tous ses efforts, le dédain des vulgaires intérêts, la force de se mettre au-dessus des opinions et des préjugés de la foule, le courage de braver l'injustice des hommes et de les servir malgré eux, loin de flatter leurs passions et de vouloir leur plaire; enfin le sentiment de la dignité de l'art. Si à cela se joint la pensée religieuse, pour servir de complément à la pensée morale et politique, alors l'orateur s'élèvera à ce que l'art de la parole a de plus sublime.

Platon et avant lui son maître Socrate ont les premiers ouvert cette voie. Leur doctrine, vivifiée par le souffle chrétien, et s'identifiant avec l'esprit sévère et précis de la philosophie moderne, est devenue générale au point de paraître aujourd'hui presque commune et banale. C'est elle qu'on retrouve dans tous ces écrits où sont retracés les devoirs de l'orateur, non seulement de l'orateur religieux, mais de l'orateur politique, de l'avocat, du magistrat, du maître qui enseigne en public, du publiciste et de l'écrivain lui-même, qui s'est fait sa tribune dans les temps modernes. Tous, sous peine d'être, et à bon droit, appelés rhéteurs et sophistes, doivent faire ce que dit Platon en termes si énergiques et si clairs : viser, non à l'agréable, mais au bien; consacrer leur talent au triomphe de la vérité; travailler à l'instruction, à l'amélioration des hommes, au perfectionnement moral de leurs semblables et de l'humanité.

Cet exposé de la philosophie platonicienne ne pouvait mieux se terminer que par ce qui est, sur ce sujet, la pensée véritable du plus éloquent des philosophes.

CONCLUSION

La philosophie platonicienne, dans le cours de son histoire, a eu ses alternatives et subi bien des vicissitudes. Dans la succession et la lutte des systèmes, son sort a été différent selon les temps, les lieux, la disposition des esprits, etc. Elle a eu ses mouvements d'éclipse ou presque d'oubli après ses époques florissantes. Malgré les jugements divers ou opposés, dont elle a été l'objet, son auteur n'a jamais cessé d'être regardé comme un des plus beaux génies qui aient apparu dans le monde de la pensée. Les Grecs le surnommèrent le divin [1]. La postérité, admiratrice de sa doctrine et de ses œuvres, lui a conservé ce titre « par un consentement universel », dit le sceptique Montaigne, peu porté, on le sait, à exagérer l'éloge, assez rare, qu'il fait, quoiqu'il les cite souvent, des philosophes anciens. Cette admiration toutefois ne doit pas ôter à l'historien la liberté de son jugement.

On serait mal venu de répéter aujourd'hui avec Cicéron qu'il faut l'écouter comme une sorte de dieu des philosophes [2]. Mais nul parmi les anciens sages ne mérite plus d'être écouté, lu, médité dans sa doctrine et ses écrits.

L'exposé qui précède, tout imparfait qu'il est, de sa philosophie, a pu en donner, sinon la connaissance approfondie et détaillée, une idée générale que nous croyons exacte et fidèle.

---

1. « Platon a emporté ce surnom de divin par un consentement universel qu'aucun n'a osé lui dénier. » (*Essais*, I, 12.)
2. « Audiamus Platonem quasi quemdam deum philosophorum. » (*De nat. deor.*, II, 12.)

Chaque point principal a été, en une certaine mesure, également apprécié. Il resterait à porter un jugement sur l'ensemble, et, à côté des mérites supérieurs, à signaler les défauts qui ont dû amener sa chute et provoquer à sa suite l'apparition de nouveaux systèmes.

Cette tâche, que tant d'autres, philosophes, historiens, critiques, etc., ont, à des points de vue différents, diversement remplie, n'est pas la nôtre. Du moins n'avons-nous pas la prétention d'y satisfaire, comme on serait en droit de l'exiger d'un critique véritable. Nous ajouterons seulement quelques réflexions propres à compléter ce que nous avons pu déjà dire, selon l'esprit de ce livre et les limites où il doit se renfermer.

I. — La valeur historique du platonisme est déjà suffisamment attestée par le rôle qu'il a joué dans l'histoire du monde et l'influence qu'il a exercée sur les plus hautes manifestations de l'esprit humain à toutes les époques. Elle l'est par ce seul fait que, malgré ses imperfections, ses erreurs et ses lacunes, malgré les objections qui lui ont été faites et auxquelles il lui a été impossible de répondre, il s'est cependant maintenu et s'est survécu à lui-même. Toujours après ses moments d'éclipse, il a reparu avec son cortège d'enthousiastes partisans ou d'adhérents illustres, de zélés défenseurs et propagateurs, les uns qui lui sont restés tout à fait fidèles, les autres qui, en l'adoptant, l'ont plus ou moins modifié ou développé, d'autres enfin qui, tout en se déclarant ses adversaires, lui ont plus ou moins considérablement emprunté, bien que ces emprunts ne soient pas toujours visibles.

Il en a été ainsi non seulement des vues particulières sur chaque point considérable de cette grande doctrine, mais du principe qui est le centre ou la base de tout le système. Attaqué, réfuté, remplacé par d'autres principes, toujours il s'est conservé et a gardé son nom. Souvent il se retrouve en eux transformé, modifié ou complété. Ainsi en est-il chez Aristote lui-même, qui, le premier, s'est séparé de son maître, qui fait à la théorie des idées une guerre acharnée, dont la polémique remplit toute une partie de ses œuvres.

La valeur intrinsèque de ce principe, ce qui en fait l'absolue vérité a été déjà mis en lumière dans la première partie de ce livre consacrée à la Dialectique. Tout le système y étant virtuellement contenu, il est bon en terminant d'y revenir.

L'*idée* telle que Platon la conçoit, telle qu'après lui elle est restée la base de tout véritable idéalisme, n'est-ce pas, comme lui-même l'affirme et le démontre, la raison elle-même, l'élément essentiel qui la constitue?

N'est-elle pas à la fois l'essence de la pensée et aussi de l'être, « l'être de l'être », pour emprunter à l'auteur son langage? Elle est la condition de toute science. Toute sa polémique le prouve avec une irrésistible évidence. Il y a plus, elle est le principe d'*intelligibilité* qui rend toute vraie connaissance digne de ce nom.

Appliquée à chaque objet, quel qu'il soit, physique aussi bien que moral ou intellectuel, elle seule le fait comprendre; de sorte que, si elle vient à manquer, l'objet quoique perçu ne se conçoit pas; il ne va pas jusqu'à l'esprit et reste inintelligible. Sans elle, le raisonnement n'ayant aucune base solide ni aucune règle supérieure qui l'éclaire et garantisse sa légitimité, n'est plus qu'un vain exercice de l'esprit qui ne peut rien établir de certain et n'arrive lui-même qu'à se contredire. Le monde où l'idée n'est pas présente, où elle n'apparaît pas derrière la multiplicité de ses phénomènes n'est plus qu'une collection de faits sans liaison, sans ordre et sans lois, une apparition fantastique d'ombres sans réalité ni fixité, sans substantialité. L'esprit lui-même qui, en présence des objets sensibles, les perçoit et se perçoit lui-même, qu'est-il sinon le miroir passif où ils se reflètent, un réceptacle d'images, une collection de sensations ou de pensées, qui se succèdent, se groupent et s'associent ou se disjoignent, et cela dans un sujet lui-même toujours variable, sans qu'il lui soit possible de se saisir lui-même dans ce qui est le fond de son être, dépourvu qu'il est de toute véritable unité, d'identité, de personnalité?

Si, comme nous le croyons, et avons tâché de le faire voir, Platon, sur ce point capital, celui de la connaissance humaine, qui embrasse toute vérité, est irréfutable dans sa réfutation des systèmes contraires, il ne l'est pas moins en ce qui est des nouveaux systèmes qui se sont succédé depuis et dont les principes sont les mêmes. S'il a raison contre Héraclite et Protagoras, son disciple, qui en a déduit et formulé le scepticisme; si son argumentation, plus difficile à suivre, contre Parménide, ne met pas moins à nu l'erreur sophistique des trois thèses qu'à un autre point de vue a soutenues le rhéteur Gorgias, il est permis de dire qu'il en sera de même de tous les successeurs, continuateurs, imitateurs ou disciples qui sont venus après eux et qui, depuis Platon, ont professé ou professent aujourd'hui une doctrine au fond toute semblable : Héraclitéens, Épicuriens, sensualistes, positivistes ou sceptiques et pessimistes de toutes les époques et de toutes les écoles. Ce qu'il y a de certain, disons-nous, c'est que cet élément de fixité qu'on appelle l'*idée*, étant retiré, toute vérité avec toute certitude disparaissent et la science est impossible.

L'idée, qu'elles le sachent ou non, est l'objet et le but final, que poursuivent avec tant d'ardeur et de succès aujourd'hui, les sciences les plus positives; car elle est la loi, qui, telle que l'intellect la conçoit, n'est autre que l'idée. Elle est aussi dans la méthode de ces sciences qui leur sert de guide. Le savant ne marche qu'à la lueur de ce flambeau : l'idée inspiratrice et régulatrice de ses expériences. Elle dirige et affermit tous ses pas comme elle sert à vérifier les résultats de l'observation et de l'expérience. Sans elle, sa méthode n'a pas la portée qu'on lui assigne; il n'y a pas d'induction véritable. Celle-ci a la vue trop courte, son horizon est borné, l'espace se rétrécit devant elle, l'avenir lui-même lui est fermé, rien de la loi ne garantit la durée et l'universalité. Le raisonnement n'a pas plus de valeur dans les sciences exactes qui sont des sciences rationnelles. Il y aurait à en dire autant des sciences morales où l'élément rationnel joue le principal rôle, comme le disciple de Socrate l'a si bien démontré.

Partout, malgré les affirmations contraires, le réalisme le plus étroit, le positivisme le plus enchaîné aux faits sont forcés de revenir à ce principe, de s'y conformer, souvent même de lui emprunter sa langue.

L'idée c'est le type invariable qui donne aux genres et aux espèces leur fixité et qui permet de les coordonner. L'évolutionnisme lui-même ne peut s'y soustraire. Car l'évolution suppose un principe (matière ou force, etc.) qui, en se développant, reste le même, sans quoi il n'y aurait pas de développement. *Immanence, permanence, évolution*, peu importent les mots. La raison ne s'y laisse pas prendre, elle réclame impérieusement ce en quoi seul elle-même se reconnaît, ce qui est son aliment et son véritable objet, ce qui est sa nature même et son essence.

Le conceptualisme ou le *subjectivisme* moderne (Kant), qui se pose en intermédiaire, ne peut garder ce milieu : lui-même, forcé de s'expliquer, est placé dans l'alternative d'admettre quelque chose d'objectif et d'absolu, ou bien il rentre lui-même dans le scepticisme.

Ce qui est venu à sa suite dans la série des grands systèmes en est la preuve manifeste.

Et ce n'est pas seulement dans la sphère de la science proprement dite ou de la raison théorique que l'*idée* se montre en souveraine. Dans toutes les autres régions où la pensée et l'activité humaine se déploient, l'idée apparaît toujours comme le but et le moteur principal. L'idée alors se nomme l'*idéal* : idéal moral, religieux, social, politique, artistique. L'industrie elle-même, qui semble s'en passer, a le sien qui n'est pas seulement l'utile. N'est-ce pas, en effet, un plus haut et plus pur idéal que poursuivent, par l'amélioration progressive du bien-être et de la condition de tous les membres de la société humaine, les arts industriels à la suite des conquêtes de la science sur la nature et par lesquelles l'homme établit sur elle son empire ?

Pour ce qui est des *beaux-arts*, l'idéal est non seulement leur but, mais la raison d'être de leur existence, ce sans quoi ils ne sont pas même des arts ou sont au-dessous des arts utiles.

En tout et partout, le nom d'idéal lui vient de l'idée que chacune de ses formes, selon ses conditions, est appelée à réaliser.

Pour en revenir à la spéculation philosophique, l'idéalisme

est le nom donné par Platon à l'un des deux grands systèmes qui, à toutes les époques, se sont partagé le domaine de la pensée, et dont la lutte forme ce qu'on peut appeler la dialectique de l'histoire; son opposé, le *réalisme*, même quand il a paru triompher un moment, n'y a jamais tout à fait réussi. Aujourd'hui même que sa victoire semble assurée, il s'aperçoit qu'elle ne l'est pas. Il voit qu'il ne pourra parvenir à se faire tout à fait admettre qu'à la condition de se rapprocher de son opposé, le système contraire, en ce qui est du moins le but poursuivi, le terme final. Il essaye en cela de s'accorder avec lui, de concilier ce qui en effet est loin de s'exclure (tout en se faisant la part la plus forte et la meilleure) : l'*idéal* et le *réel*, le réel et l'idéal, combinés, fusionnés, sinon identifiés. Les plus intelligents du moins de ses partisans le comprennent et l'isent.

Les noms donnés, ailleurs, à cette tentative nouvelle, après l'ère des grands systèmes : d'*immanence*, d'*idéalisme concret*, d'*idéalisme réaliste*, etc., sont significatifs. Nous souhaitons aux auteurs que le succès vienne couronner leurs efforts. Mais cela suffit pour constater la permanence de l'élément qui est la base du système et sur lequel s'élève toute la philosophie platonicienne.

Ce système, il serait absurde d'y voir la vérité tout entière, qui n'est nulle part ailleurs dans aucun système, et ne pouvait être, à ce degré du développement de la pensée. Il n'est que trop aisé d'en apercevoir aujourd'hui les défauts, d'en signaler les côtés faibles, d'en faire voir les lacunes et les contradictions. Nous-même ne les avons pas dissimulés sur chacun des points principaux de cette doctrine, là où est appliqué le principe à tous les problèmes essentiels de la philosophie.

Le vice fondamental, on l'a dit cent fois (et cela est un lieu commun), c'est de faire la part trop grande à l'idée, trop faible à l'élément empirique ou réel, à la réalité soit sensible et soit spirituelle, de les séparer, de les isoler, au lieu de les distinguer et de les réunir. Ce défaut est apparu dans toutes les parties du système où il a eu ses conséquences. Mais à une véritable critique, il ne suffit pas de le dire, elle doit le montrer; mieux encore, la vraie critique est tenue de faire voir comment les deux principes doivent et peuvent s'accorder et se concilier. C'est ce que tous les systèmes suivants tour à tour ont essayé ou cru faire, à partir d'Aristote.

L'accord des deux termes, voilà le grand problème dont la solution se poursuit à travers les siècles. Il eût été singulier qu'elle eût été trouvée au début quand on la cherche encore.

L'idée telle que Platon la conçoit, c'est l'*universel*. Non seulement, il la proclame comme l'élément premier, essentiel, mais le seul vrai. Est-elle pour lui une pure et vide abstraction? Ce point délicat a été examiné. Mais il est certain que sa méthode a pu autoriser à le croire. Ce qu'il y a de sûr, c'est que le métaphysicien, le dialecticien, sans tout à fait sacrifier le particulier qui est aussi le réel, l'y ramène sans cesse; ou il n'en tient pas compte. Le plus souvent il le dédaigne. L'expérience qui seule le donne par lui est beaucoup trop négligée. Quelquefois il lui fait violence. A peine a-t-il mis le pied dans le monde réel qu'il se hâte d'en sortir, de s'élancer dans la région des idées dont il a peine ensuite à descendre. Le monde réel lui apparaît alors comme une ombre dont il reconnaît à peine l'existence. Pour lui, c'est le non-être. Obligé cependant de s'en occuper, de chercher le rapport avec l'idée, c'est à regret qu'il le fait. L'intervalle qui sépare le sensible du suprasensible, reste infranchissable. Les moyens qu'il emploie pour le franchir, les termes dont il se sert et qui les désignent, sont insuffisants ou illusoires. Participation, imitation, présence, communication, ces termes déguisent mal cette impuissance à expliquer le rapport. Aristote qui les traite de métaphores poétiques est trop sévère; mais il n'a pas tort. Sa tâche et son mérite ont été de réintégrer le réel, de lui rendre ses droits comme à la méthode d'observation ou à l'expérience.

Ce défaut inhérent au principe et à la méthode, comme on l'a pu voir par tout ce qui précède, atteint le système entier dans ses applications les plus voisines et les plus éloignées. Une critique sévère, qui qualifie d'inconséquence tout ce qui sort du principe, fait ressortir ces défauts.

Par là, en effet, sinon se trouvent tout à fait exclus, à tous les degrés de l'existence, atténués, quelquefois niés, effacés : le mouvement, le développement, la vie, et aux degrés supérieurs dans le monde spirituel, l'individualité, la personnalité, la liberté et leurs corollaires, tels qu'ils sont apparus dans la morale, le droit, la politique, la législation, l'esthétique.

Notre critique n'a pas été et ne pouvait être aussi sévère. Elle eût été injuste. Le but a été plutôt de montrer en tout, principalement le côté vrai de cette grande doctrine, de recueillir et d'accepter même les heureuses inconséquences qui tempèrent les écarts de la spéculation. Nous l'avons fait pour toutes les divisions de la philosophie platonicienne.

Sans y revenir, nous croyons devoir atténuer certains reproches, selon nous exagérés, qu'il est du devoir de l'historien de réduire à leur juste valeur, en se plaçant au point de vue du développement de la pensée philosophique que représente le platonisme dans la succession des systèmes.

II. — Et d'abord, quant à la *méthode* qui a servi à édifier ce système, s'il est absurde aujourd'hui de vouloir la défendre et d'en dissimuler les défauts, il ne faut pas non plus en méconnaître le vrai caractère, ni en trop rabaisser les mérites.

Au fond, la dialectique platonicienne est la même qu'avait pratiquée Socrate. Ce qui est vrai c'est qu'elle est, chez Platon, plus systématique. Non seulement elle poursuit un but auquel le maître n'aurait pas osé prétendre; mais cette méthode à la fois négative et positive, inductive et déductive, est destinée à créer un vaste et beau système et à l'organiser dans toutes ses parties. Sa marche est logique et régulière. On n'arrive aux degrés supérieurs qu'après avoir passé par les inférieurs; tous appartiennent comme on a pu le voir par l'exposé de chacun d'eux (p. 86) à la science la plus exacte et la plus rigoureuse. C'est ainsi que, guidé par elle, celui qui s'en sert, le dialecticien ou le philosophe, sûr de lui-même après avoir parcouru tous les détours de ce labyrinthe d'erreurs et de préjugés qu'il réfute et dissipe, sait se frayer un chemin vers la vérité cherchée et finalement la découvre et s'y arrête. Il s'avance, en ordre, lentement, toujours raisonnant et discutant, marquant tous les pas qu'il fait dans sa longue carrière. Et c'est ainsi que s'obtient la solution des problèmes les plus élevés et les plus épineux. Il s'aide même de procédés accessoires qu'il sait être tels, de la *comparaison*, de l'*analogie* et de l'*hypothèse*, également décrits. (*Ibid.*)

Le reproche de *mysticisme* adressé à cette méthode a été aussi apprécié à sa juste valeur (p. 94). Nous n'insisterons pas de nouveau sur ce qu'il y a d'injustice à qualifier, comme on le fait souvent, cette méthode de *mystique* et d'*enthousiaste*, ou même de purement *a priori* ou *spéculative*. La vérité est qu'elle est éminemment *discursive* comme elle est avant tout *inquisitive*. Tous les procédés qu'emploie aujourd'hui la science plus ou moins s'y trouvent. L'expérience seule, quoiqu'elle ne soit pas négligée, n'a pas sa place convenable.

La recherche de la vérité dans Platon est toute rationnelle. L'intuition y est au début sans doute et au terme; mais la distance qui sépare ces deux extrémités, le raisonnement la remplit tout entière. La discussion dont il fait tous les frais lui appartient; lui seul constitue la science. Souvent même il est d'une sévérité excessive qui va jusqu'à la sécheresse. Quelquefois elle affecte la forme mathématique ou celle de l'abstraction la plus subtile (*Parménide*, *Euthydème*). Platon n'y fait grâce à l'initié d'aucun effort et ne lui épargne aucune fatigue. Il y a plus, le procédé mystique et enthousiaste qu'ailleurs il célèbre en plusieurs endroits (*Phèdre*, *Banquet*) lui-même est soumis à une règle et tenu sous la dépendance de la raison. La réflexion qui s'y mêle encore y garde le premier rang et le contrôle. Platon prend soin lui-même de le dire dans un passage qui n'est pas assez remarqué du *Timée*.

« C'est à un homme de bon sens (ἐμφρόνως) qu'il appartient de tout raisonner et de discuter, πάντα διαλογισμῷ διελέσθαι. Lui seul peut agir convenablement, connaître ce qui le concerne et se connaître lui-même, ὑφ' ἑαυτοῦ φρόνειν τὸ πράττειν καὶ γνῶναι τά τε αὐτοῦ καὶ ἑαυτό. » (*Timée*, p. 72.)

Tel apparaît Platon dans ses œuvres qui sont des dialogues. Telles sont les allures de son esprit comme philosophe et de son génie. Et cela caractérise tout le système dans la méthode qui l'a élaboré comme dans les résultats. Esprit calme et méthodique, inspiré sans doute, mais mesuré dans son enthousiasme et qui se possède, Platon n'est nullement mystique au sens habituel, au sens des Alexandrins, qui pourtant se réclament de lui, ni comme le seront les mystiques de tous les temps et des autres écoles.

D'autres caractères plus extérieurs et qui tiennent plus à la forme avaient déjà été signalés à propos de la vie et des écrits de Platon, tels que l'art s'alliant à la science, l'emploi du *mythe* et de l'élément *traditionnel*, etc. (p. 35).

Ce qui est ici à remarquer c'est qu'aucun de ces éléments n'y est porté tout à fait à l'excès. Tout dans Platon garde une certaine mesure. Il en est ainsi au moins dans son esprit, c'est le vœu sans cesse exprimé de sa méthode. Tout est proportionné, dans un accord parfait et une vivante harmonie. Cela ne veut pas dire qu'il ne se soit pas trompé et que lui-même ait gardé en tout la mesure, qu'il n'y a pas chez lui de grands écarts auxquels la logique elle-même l'entraîne ; mais l'harmonie existe dans le système comme accord cherché de ses parties, d'où résulte l'unité. Cela prouve au moins qu'on exagère quand on prodigue à l'auteur de ce système les épithètes d'esprit chimérique, d'enthousiaste mystique, etc., ce qui n'empêche pas de l'appeler aussi *sceptique*.

On efface ainsi la principale différence qui le distingue de ses successeurs, platoniciens des diverses écoles, académiciens, nouveaux académiciens, néoplatoniciens. Comme chez Socrate, le côté sceptique est réel lui-même ; mais il reste dans les limites d'une sage réserve et de l'opinion qu'on doit se faire de la science humaine toujours par quelque côté imparfaite et sujette au doute. Il en est ainsi quand il s'agit des plus hauts problèmes de la raison. Ce qui ne nuit pas au dogmatisme qui, en bien des points, suit des affirmations de la vérité démontrée. De même le côté mystique, ce souffle qui pénètre les écrits du philosophe grec, ne ressemble pas à ce qu'on a pu croire de son génie et de sa ressemblance avec le génie oriental, ou même de ses communications avec l'Orient.

Platon, on ne saurait trop le dire, est Grec par la pensée comme par la forme qu'il lui a donnée et que nous offrent ses écrits. Cela ne veut pas dire que le lien *traditionnel* soit rompu en lui tout à fait ou n'existe pas, ni qu'il n'y ait aucune réminiscence du passé, aucune trace ou emprunt dans l'esprit et l'ensemble de cette philosophie. Le παλαιὸς λόγος souvent même s'y reconnaît ou s'y reflète. Mais l'imitation, si elle existe, est inconsciente; la filiation ou l'hérédité sont simplement naturelles. L'intuition, la contemplation sont le caractère de la pensée orientale, comme sa forme est symbolique. L'esprit grec, profondément réfléchi, raisonneur et dialecticien, aborde les problèmes d'une tout autre manière. Dans Platon en particulier, la dialectique est l'âme de la méthode; elle a le pas sur tous les autres procédés de l'esprit pour atteindre et exposer la vérité. En somme, c'est la raison réfléchie qui a conçu le système, qui l'a construit, formulé d'une façon abstraite comme l'a démontré l'exposé complet de chacune de ses parties.

Toutes ces différences admises et le platonisme reconnu ce qu'il est en lui-même et par lui-même dans le développement de la pensée antique, à un autre point de vue néanmoins où les différences l'effacent, on ne peut nier que Platon n'autorise ces comparaisons, que son regard ne soit quelquefois tourné vers l'*Orient*. Il l'est aussi et bien plus encore vers l'avenir qui est le *Christianisme*. Lui-même est en ce sens un prophète inspiré. Mais on doit ici être encore plus réservé que quand on dit que la Grèce renoue avec lui le fil des traditions primitives, que la doctrine des idées est un reflet des mythes et des dogmes religieux de l'Orient.

Nous n'avons rien à ajouter à ce qui a été dit sur les questions plus spéciales qui se rattachent à la *Dialectique* ou à la théorie de la connaissance, la Réminiscence, le Langage, la Vérité et l'Erreur, ni sur la théorie de l'Amour. Ce qu'il y a de vrai comme de profond, d'élevé et d'original dans cette partie de la doctrine platonicienne, n'a pu échapper à personne pour peu que l'on soit au courant des travaux de la science de l'esprit humain, des débats soulevés depuis sur ces problèmes, sur lesquels la raison humaine s'exerce depuis tant de siècles sans pouvoir se satisfaire et se mettre d'accord avec elle-même. Qui n'admirerait la manière dont ils sont déjà traités dans Platon, quelle vive lumière est répandue dans les divers écrits où sont abordées et discutées ces matières? Et ce qui prouve que ce n'est pas sans résultat solide que la vérité, bien qu'incomplète, y est contenue, c'est qu'il n'est pas un philosophe moderne, ayant lui-même repris ces questions d'un souverain intérêt, qui n'ait cru devoir le consulter et recourir à ces sources, profiter de la vérité, toujours de la sagacité et de la profondeur des analyses et des aperçus.

La *Physique* est la partie la plus faible du système. Encore faut-il savoir gré à Platon d'avoir fait rentrer dans le domaine de la philosophie ancienne, l'étude de la nature qui, avec Socrate et les sophistes, venait d'en être à peu près bannie, et d'avoir ainsi renoué avec les systèmes de l'époque précédente. Malgré la hardiesse des hypothèses et des conjectures, le peu de sérieux que l'auteur lui-même y attache, la forme énigmatique sous laquelle il les expose, on ne peut méconnaître les grandes vues de l'ensemble. La conception générale de l'univers comme œuvre émanée d'un acte d'amour de la bonté divine, conçu et exécuté d'après un plan ou modèle éternel de la raison, l'origine du monde ainsi expliquée, ses grandes lois et son harmonie affirmées d'avance et proposées aux découvertes futures de la science, ne sont pas d'un médiocre génie, bien que Pythagore et ses disciples l'aient précédé dans cette voie. Dans la physique spéciale où il y a aussi beaucoup d'emprunts à signaler, plus d'une vue originale et profonde se mêle à d'autres où se joue l'imagination du philosophe. Il n'y manque pas aussi de ces erreurs fécondes qui, selon la remarque de Bacon, servent plus que la vérité banale, à faire découvrir la vérité. Nous laissons à d'autres à les signaler. (Voy. B. Saint-Hilaire, *Phys. d'Aristote*, préface.)

Nous rappellerons surtout ce qui a été dit de l'*anthropologie* de Platon, de la méthode qui y est suivie, du principe qui éclaire cette méthode, à savoir que l'homme, à la fois âme et corps, mais l'âme étant son essence et l'un étant fait pour l'autre, cette idée, l'idée platonicienne appliquée à la structure générale du corps humain, amène à des résultats que les grands anthropologistes n'ont pas dédaigné de suivre et d'emprunter, bien qu'elle exige d'être contenue dans ses véritables limites.

Ce qui a trait à la santé et aux maladies du corps et de l'âme, à l'équilibre qui doit exister entre eux, à la rupture de cet équilibre et aux moyens généraux de le rétablir, tout cela d'accord avec la doctrine du plus grand médecin de l'époque (*Hippocrate*), n'a pas cessé d'avoir sa valeur dans les temps plus avancés et malgré les réformes ou les découvertes positives de la science et de l'art.

Pour apprécier la valeur de la *Psychologie* de Platon, il y aurait d'abord à distinguer la partie métaphysique ou transcendante relative à la nature de l'âme et des âmes en général à leurs destinées, etc., de la partie qui concerne l'âme humaine en particulier, ce qui est de sa nature et de ses facultés, en distinguant également le côté empirique ou d'observation, du côté rationnel ou ontologique où il s'agit de l'essence de l'âme, de sa nature, de son immatérialité, de son immortalité. Au premier point de vue, si Platon le cède à Aristote venu après lui, quel profond observateur de la nature humaine, morale et intellectuelle, ne doit-on pas reconnaître dans le disciple de Socrate qui a si bien suivi et appliqué son précepte et pratiqué sa méthode? Quel trésor d'analyses bien faites sur chacune des parties de l'âme et les faits qui s'y rapportent : les actes de l'intelligence, les opérations de l'esprit, les sensations diverses, les passions et le principe qui les engendre, l'amour! Si la volonté est méconnue dans sa vraie nature et dans ses actes, on peut y voir l'effet direct d'un vice du système, de la prédominance exclusive de la raison avec laquelle la liberté humaine est confondue. Cela n'ôte rien au mérite des autres parties éclairées par le principe et plus à l'abri de ses conséquences.

L'*Ontologie* de Platon et sa *Théologie* nous ont conduits aux plus hauts sommets de sa philosophie spéculative. Cette partie du système, la plus ardue, enveloppée de tant de mystères, sur Dieu, l'être des êtres et le principe des choses, sur la nature et ses attributs, ses rapports avec le monde, a été dans les âges suivants le sujet d'interminables disputes qui ne seront jamais apaisées.

Ces questions qu'on voudrait aujourd'hui bannir de la science philosophique et qui seront toujours pour elle d'un suprême intérêt (excepté aux époques d'abaissement des esprits), Platon n'a pas craint de les aborder.

Bien comprendre sa pensée sera toujours difficile. Nous avons écarté ici comme pour le reste le conflit de deux doctrines, l'une orthodoxe, l'autre hétérodoxe, symbolique, l'une spéculative, l'autre populaire, l'une poétique, l'autre philosophique. Nous n'y reviendrons pas. Nous voulons seulement signaler ce fait, que, malgré ses obscurités, la pensée de Platon sans cesse interprétée, commentée, discutée, soit par les philosophes, soit par les théologiens, sera toujours invoquée; c'est qu'en outre, malgré les obscurités, la forme symbolique et mythique dont elle s'enveloppe, on n'en peut nier la profondeur, l'élévation et la vérité. L'influence seule qu'elle a exercée, la part qu'elle a eue à la formation du dogme chrétien appartient à l'histoire. C'est à d'autres à le développer.

Quant à la partie du système qui contient la *Philosophie pratique* et dont la base est la *Morale*, nous n'avons pas hésité à nous ranger parmi ceux qui regardent Platon comme le plus grand des moralistes anciens. Aristote lui-même lui cède sur ce point, et aucun des autres philosophes des époques suivantes ne saurait lui être comparé. Ce n'est pas que là aussi, dans sa doctrine et ses écrits, il n'y ait à signaler de graves erreurs. Mais, s'il fallait ajouter quelque chose à ce qui a été dit des mérites supérieurs de Platon, de sa doctrine et de ses écrits, il nous suffirait de faire remarquer que, pour être un grand moraliste, il ne suffit pas d'analyser avec exactitude et sagacité les faits de la nature morale de l'homme, ni même de savoir discuter les principes et les appliquer aux relations de la vie privée et sociale, ni encore de donner des préceptes et des conseils d'une parfaite sagesse.

La condition première, selon nous, la principale, c'est l'élévation, la fermeté, la solidité de ces principes, c'est la manière dont ces principes sont établis, défendus, approfondis et appliqués. Sous ce rapport, nul philosophe dans l'antiquité, on pourrait ajouter dans les temps modernes, ne peut être mis en parallèle avec l'auteur du *Philèbe*, du *Gorgias*, du Ier et du IIe livre de la *République*, des *Lois*, etc. Au moins ne lui refusera-t-on pas d'avoir été le premier à démontrer la vérité des grands principes de la moralité humaine. Un autre mérite, où il n'a pas eu d'égal, c'est de les avoir défendus avec une lumineuse clarté et une éloquence telle que la comparaison ne serait plus possible.

Qui pourrait être mis à côté de Platon, soit pour la force de sa dialectique, soit pour le génie qu'il a déployé dans cette lutte partout engagée avec les sophistes, les soutiens de l'opinion vulgaire, les théologiens du paganisme, la morale des poètes et des artistes, ces premiers éducateurs de l'enfance et de la jeunesse? Un autre côté encore à signaler dans Platon, c'est qu'avec cette hauteur, cette inflexibilité qu'on lui reconnaît, il a su toutefois n'être pas exclusif, et encore ici ne rien exclure de ce qui est vrai des autres doctrines, mais les admettre et les concilier, tout en sachant les subordonner. Il a évité les exagérations du stoïcisme, comme les hésitations et les équivoques des demi-sceptiques et des probabilistes, les erreurs et les contradictions de l'épicuréisme. Ce n'est pas à dire qu'il ait toujours su tenir la balance égale, et se tenir lui-même en parfait équilibre.

Ce qui a été dit de cette morale un peu trop portée au mysticisme et à l'ascétisme nous défend en cela de la justifier comme de ce qui a trait à la *liberté* humaine, bien que d'heureuses contradictions tempèrent ces défauts et rachètent en partie les erreurs de la théorie : surtout visibles dans la science sociale, l'éducation, etc. La morale particulière, la théorie des vertus et des devoirs ne sont pas au-dessous de ce qui est des principes.

Il est plus difficile d'apercevoir les côtés supérieurs de la *Politique* de Platon, tant l'utopie est visible surtout aux yeux des modernes. Les erreurs, très grandes pour nous autres modernes, sont bien faites pour les voiler à nos yeux. Toutefois elles ne doivent pas nous rendre injustes et tout à fait incapables d'apprécier les vérités non moins grandes qui y sont mêlées. Voilà pourquoi on a cru devoir insister sur ce sujet qu'une critique étroite ne voit pas, qu'une plus large est seule en état de reconnaître. Il est inutile d'y revenir. Une seule remarque est à faire, c'est que précisément ce qui a induit en erreur le philosophe, homme d'État, publiciste, législateur, éducateur, etc., c'est son principe même, le principe moral qui a égaré Platon. Ce principe, c'est l'*idéal moral*, vrai pour l'individu, devenu par là aussi l'idéal vrai de la société humaine auquel il lui semble que tout doit se ramener ou être sacrifié.

Le but moral, il le poursuit partout, dans les institutions, les règlements, les lois, etc. Or, ce but, l'amélioration des âmes, le perfectionnement moral pour l'individu et pour la société, qui oserait le déclarer faux, contraire à celui vers lequel tend l'humanité et, dans son sein, toute société particulière? Platon n'a pas vu qu'à côté, il y avait un autre principe, ce qui est pardonnable à un ancien, que le mode d'accomplissement de cette destinée, soit individuelle, soit sociale, est la *liberté*. Ce qui pour nous est instructif, c'est que, ne l'ayant pas vu, il a été conduit aux plus étranges et déplorables conséquences, en ce qui concerne la famille, l'État, l'éducation, les lois, etc.

Toutefois, si l'erreur est grande, la vérité subsiste. Ce qui, chez lui, reste vrai, n'est-ce pas cette grande vérité, partout proclamée et appliquée, qu'il en est ici des États comme des particuliers? Qui mieux que Platon a démontré que le plus ferme appui des États, que leur prospérité réside dans la vertu des citoyens, que les lois ne sont rien sans les mœurs? Si lui-même a méconnu les droits de la personne et de la famille, s'il a établi le despotisme dans l'État, dans l'éducation, supprimé la famille, c'est qu'il était imbu de cette idée. Encore faut-il lui savoir gré d'avoir compris que son idéal était chimérique, et d'être revenu à une forme plus vraie. On doit ajouter qu'il était Grec, qu'en idéalisant la cité grecque, il faisait voir qu'elle était devenue impossible, que par là il prophétisait sa chute et a pressenti l'avènement d'une société nouvelle.

Nous ne reviendrons pas sur ce qui a été dit sur cette partie du système qui concerne l'*éducation*, l'*esthétique* et la *rhétorique*, dont les mérites et les défauts s'expliquent de la même manière.

Telle est l'œuvre de Platon. Ce qui a été dit de la forme du système et de son mode d'exposition en parfait accord avec le fond lui-même à ce moment de la philosophe ancienne (p. 29), n'a pas besoin d'être rappelé; mais nous ne pouvons nous dispenser de jeter un coup d'œil sur le rôle du platonisme dans l'histoire et la place qu'il occupe dans le développement de la pensée aux âges suivants.

III. — Longtemps Platon a partagé avec Aristote la royauté dans le monde des idées. Si pour lui, comme pour celui qui fut son rival après avoir été son disciple, ce règne a depuis longtemps cessé, sa gloire n'en a pas souffert.

La philosophie de Platon a eu le sort de tous les systèmes. Les progrès de l'esprit et de la science y ont fait apercevoir des imperfections, des lacunes et de graves erreurs, ou même des chimères. Ce n'est pas moins une des plus hautes et des plus belles conceptions de la raison humaine dans l'ordre à la fois spéculatif et pratique.

Dans l'antiquité, un seul nom peut être mis à côté du sien. Et encore celui qui le porte, s'il lui est supérieur à beaucoup d'égards, comme logicien ou même comme métaphysicien, surtout comme physicien, naturaliste, ou en politique, lui est inférieur à d'autres, non seulement comme artiste et comme écrivain, mais surtout comme moraliste. Jamais, on l'a dit, sur le terrain de la morale spéculative, Aristote ne s'est élevé aussi haut que son maître. De lui la science des mœurs, malgré tout le mérite de ses écrits sur la morale, est loin d'avoir reçu de pareils services et d'avoir été assise sur des bases aussi fermes, d'être traitée d'un point de vue aussi clair et aussi net, aussi élevé, enseignée avec la même éloquence. Sous ce rapport, Platon est le vrai disciple de Socrate.

Et ce qu'il ne faut pas non plus oublier pour les autres parties de la science philosophique, quand on met en présence ces deux grands esprits et qu'on fait la balance de leurs mérites respectifs : c'est que l'un est venu après l'autre et qu'ayant été vingt ans son disciple, il n'a pas peu profité de ses leçons; c'est qu'il lui a emprunté plus que lui-même ne le croit et ne le dit, qu'il a été initié par lui aux plus hauts problèmes que tous deux ont diversement résolus; qu'enfin, ce que l'histoire aujourd'hui démontre, ils s'accordent souvent plus qu'ils ne le paraissent, même sur les points essentiels où ils se contredisent.

Le platonisme, dès sa naissance, marque une date dans l'histoire du monde [1]. L'influence qu'il a exercée, très grande déjà au moment de son apparition, n'a pas cessé de s'accroître et de s'étendre en tout sens, et d'abord dans les écoles qui lui succédèrent au sein de la philosophie grecque. Aristote lui-même qui contredit son maître ne le fait qu'en adoptant ce qui est le fond même de ses idées (voy. Teichmüller). Il ne le dépasse qu'en s'inspirant de sa pensée. Les sectes suivantes, les académiciens, péripatéticiens, stoïciens, sceptiques, même quand ils le critiquent, eux-mêmes en sont pénétrées. Leurs doctrines renferment des éléments qu'un œil exercé découvre et qui lui sont empruntées.

Toute la philosophie des Alexandrins cherche à combiner les deux systèmes de Platon et d'Aristote; mais c'est surtout de Platon qu'elle relève et s'autorise, que prétend renouveler le néo-platonisme. La pensée platonicienne s'est mêlée au dogme chrétien qu'elle a contribué à fonder et à constituer. S'il y a de l'exagération à dire de Platon qu'il a droit de figurer parmi les Pères de l'Église, on ne peut nier ce qu'ils lui doivent et ce qu'eux-mêmes en disent (saint Augustin, saint Justin, Clément d'Alexandrie, saint Irénée, etc.).

Aristote domine au moyen âge. C'est le tour de Platon à la Renaissance. Dans sa réaction, souvent injuste, contre l'antiquité, l'esprit moderne, il est vrai, à son début (XVIIe siècle)

---

1. « Platon est un des individus qui appartiennent à l'histoire du monde. Sa philosophie, dès son apparition et dans les âges suivants, est un des évènements qui ont exercé l'influence la plus décisive sur la culture et le développement de l'esprit humain. La religion chrétienne, qui renferme en soi ce haut principe de l'idée, de la raison (*des Vernunftigen*), est parvenue à établir ce règne du supra-sensible. La grande initiative est dans Platon. Cette direction vers le monde intellectuel, l'élévation de la conscience dans le royaume de l'esprit, si ce principe a été ensuite organisé, Platon y a eu la plus grande part. » (Hegel, t. IX, 170.)

les renie tous deux. Il croit pouvoir marcher seul; mais s'il les méconnaît c'est parce qu'il ne les connaît pas. Bacon et Descartes sont dans une parfaite ignorance de ce qui leur vient des âges précédents, de la Grèce surtout et de ses plus grands penseurs. Mais l'éclipse n'est pas de longue durée, Leibniz bientôt refait sur eux la lumière. Depuis, sauf l'aveugle partialité, due à l'ignorance, plus grande encore, des encyclopédistes, tout ce qu'il y a de plus illustre parmi les philosophes, y compris Kant lui-même, mais surtout ses successeurs (Fichte, Schelling, Hegel, Herbart, etc.), tient à honneur de renouer avec eux.

En ce qui est de Platon en particulier, pour qui sait voir clair dans cette histoire, suivre et apprécier le mouvement des idées, aucune des grandes conceptions de l'esprit moderne, non seulement dans l'ordre spéculatif, scientifique et philosophique, mais moral, religieux, artistique et littéraire, social, politique et pédagogique, n'est restée étrangère à cette action que le philosophe grec, père de l'idéalisme, a exercée par sa doctrine et par ses écrits. En toutes ces œuvres se retrouve la pensée platonicienne plus ou moins entière, plus ou moins latente ou manifeste chez ceux qui en sont ou se croient les auteurs. Beaucoup des doctrines dissidentes qui l'attaquent ont été par elle au moins provoquées, ne fût-ce que par l'opposition qu'elle suscite, lui doivent en partie ce qu'elles sont et ce qu'elles ne seraient pas, sans elle. Seuls les esprits superficiels et les ignorants seraient tentés d'élever des doutes à cet égard.

Un point qui n'est pas non plus à omettre et n'est pas assez remarqué, c'est ce que ceux-là même qui rejettent tout à fait ces théories (Grote, Lewes, etc.), se voient obligés d'admettre, à savoir l'impulsion féconde que l'auteur du platonisme par ses écrits a imprimée à l'esprit humain. Il a ouvert à la science de vastes horizons et provoqué en tous sens de nouvelles recherches. Eux aussi ne peuvent qu'admirer le dialecticien, son habileté à manier sa méthode, souvent la justesse et la profondeur de ses analyses. (*Ibid.*) Dans Platon ils ne peuvent non plus ne pas rendre hommage au génie de l'artiste aussi bien que du penseur; l'intérêt dramatique de ses dialogues, l'art inimitable avec lequel ils sont composés, la richesse unie à la simplicité, la magnificence de son style, sont des mérites appréciés de tous les critiques. Tout cela explique et justifie le haut rang qu'il a toujours occupé parmi les plus grands esprits de tous les temps.

Indépendamment de toute vue systématique ou théorique, les œuvres de Platon sont remplies de grandes et impérissables vérités qui n'ont pas vieilli ; elles sont exprimées dans un langage et sous une forme que nul écrivain n'a depuis égalés sinon en rigueur scientifique, en beauté poétique et en éloquence.

Aussi, abstraction de toute opinion sur le fond et l'ensemble de la doctrine du philosophe, contenue dans ses œuvres, il est difficile de refuser à celui qui en est l'auteur les titres qui lui ont valu l'admiration souvent enthousiaste de ses sectateurs aux époques les plus diverses, et de ses adversaires même le respect qu'on doit toujours au génie. Pour qui en effet est habitué à lire et à méditer ses écrits et s'est rendu capable de les comprendre, d'en saisir le sens profond, la fécondité, la portée, souvent la sublimité de la pensée qu'ils renferment, comme de goûter la beauté de la forme dans laquelle elle est exprimée, il n'y a guère à rabattre des éloges donnés à un si grand penseur et à un tel écrivain.

Mais, nous en convenons, une étude préparatoire longue et difficile est nécessaire pour en révéler tous les mérites. Puisse ce travail, en y conviant le lecteur, la faciliter !

FIN

TABLE DES MATIÈRES

Préface de l'auteur.. v
La Vie de Platon.. 1
Les Écrits de Platon.. 21
Les Sources de sa philosophie....................................... 49

PHILOSOPHIE DE PLATON
PREMIÈRE PARTIE

Introduction : Caractère général du platonisme ; sa place dans la philosophie ancienne.. 55

DIALECTIQUE

Chapitre I. — De la Philosophie en général, ses rapports, etc........ 63
— II. — Dialectique ou science des idées........................... 86
— III. — Théorie des Idées... 111
— IV. — Théorie des idées (suite).................................. 135
— V. — De la Réminiscence.. 150
— VI. — Du Langage... 160
— VII. — De la Vérité et de l'Erreur............................... 176
— VIII. — De l'Amour... 191

DEUXIÈME PARTIE

PHYSIQUE

Cosmologie, Anthropologie, Psychologie, Théologie.

Chapitre I. — Le Monde (Cosmologie)................................. 213
— II. — Le Monde (Cosmologie)...................................... 225
— III. — L'Homme (Anthropologie)................................... 235
— IV. — L'Homme (l'Ame, Psychologie)............................... 244
— V. — La Destinée des âmes ; l'Immortalité........................ 258
— VI. — Dieu (Théologie), son Existence............................ 270
— VII. — Dieu, sa Nature et ses Attributs.......................... 289
— VIII. — Dieu, la Providence etc.................................. 302

TROISIÈME PARTIE

ÉTHIQUE

Morale, Politique, Éducation, Esthétique.

SECTION I

MORALE

Chapitre I. — Les faux Systèmes de morale	324
— II. — Les Bases de la morale platonicienne	342
— III. — La Vertu et les vertus	351
— IV. — Questions sur la vertu; le Libre Arbitre, etc.	363
— V. — Les Vertus particulières. Le complément de la morale platonicienne	383

SECTION II

POLITIQUE

Chapitre I. — Les Bases de la politique	399
— II. — La République ou l'État parfait	414
— III. — Les Lois ou seconde forme de gouvernement	438

SECTION III

ÉDUCATION, ESTHÉTIQUE, RHÉTORIQUE

Chapitre I. — Éducation	466
— II. — Esthétique	484
— III. — Rhétorique	513
Conclusion	524

Coulommiers. — Imp. Paul BRODARD.

www.ingramcontent.com/pod-product-compliance
Lightning Source LLC
Chambersburg PA
CBHW070831230426
43667CB00011B/1750